财务报告与分析

一种国际化视角

| 第2版 |

[法] 丁远（Yuan Ding）

[法] 埃韦尔·施托洛韦（Hervé Stolowy）　　著

[法] 卢克·伯格姆（Luc Paugam）

江　瑾

Financial
Reporting
and
Analysis

机械工业出版社
CHINA MACHINE PRESS

本书是中欧国际工商学院资深教授丁远及其他作者多年教学和实践经验的总结，有五大特点：
（1）从使用者的角度，而不是从财务报告编制者的角度进行讲解；（2）基于实际案例，包括大量从国内和国际知名公司年报中选编的内容和从金融报刊上摘选的信息，并对部分年报和报刊内容进行了详细分析；（3）对会计准则和实务操作进行了深入探讨与剖析，在分析财务问题的时候，首先探讨背后的经济逻辑，然后提出可能的解决方案，并研究每一种解决方案对公司决策的影响，而不只是简单提出技术性解决方案；（4）适当地引用并解释国际会计准则理事会制定的最新的国际会计准则（IFRS 和IAS）；（5）配备精心编写的习题和答案。

本书在帮助非专业人员更好地理解和使用财务信息的同时，还为专业人员开拓了新的视野，让他们从使用者的角度重新审视自己编制的财务信息，并重新考虑传达财务信息的策略，以便更好地满足使用者的需求。

北京市版权局著作权合同登记　图字：01-2024-4697 号。

图书在版编目（CIP）数据

财务报告与分析：一种国际化视角 / （法）丁远等
著 . -- 2 版 . -- 北京：机械工业出版社，2024. 11.
ISBN 978-7-111-77179-1

Ⅰ. F231.5

中国国家版本馆 CIP 数据核字第 2025918P53 号

机械工业出版社（北京市百万庄大街22 号　邮政编码100037）
策划编辑：石美华　　　　　　　　　　　责任编辑：石美华　牛汉原
责任校对：杜丹丹　甘慧彤　马荣华　景 飞　责任印制：李 昂
河北宝昌佳彩印刷有限公司印刷
2025 年 2 月第 2 版第 1 次印刷
185mm×260mm · 44 印张 · 1插页 · 983千字
标准书号：ISBN 978-7-111-77179-1
定价：169.00 元

电话服务　　　　　　　　　　网络服务
客服电话：010-88361066　　　机　工　官　网：www.cmpbook.com
　　　　　010-88379833　　　机　工　官　博：weibo.com/cmp1952
　　　　　010-68326294　　　金　书　网：www.golden-book.com
封底无防伪标均为盗版　　　机工教育服务网：www.cmpedu.com

作者简介

丁远

丁远是中欧国际工商学院凯辉基金会计学教席教授，于2015～2023年担任学院副院长兼教务长。在加入中欧国际工商学院之前，他是巴黎高等商学院会计与管理控制系的终身教授。丁远教授于法国波尔多第四大学企业管理学院获得会计学博士学位，还拥有法国普瓦提埃大学企业管理硕士学位。

丁远教授的研究成果发表于《算盘》(*Abacus*)、《会计学、组织和社会》(*Accounting, Organizations and Society*)、《国际会计前沿》(*Advances in International Accounting*)、《公司治理：国际评论》(*Corporate Governance: An International Review*)、《欧洲会计学评论》(*European Accounting Review*)、《国际财务披露和公司治理》(*International Journal of Disclosure and Governance*)、《会计教育问题》(*Issues in Accounting Education*)、《会计与公共政策》(*Journal of Accounting and Public Policy*)、《商业道德》(*Journal of Business Ethics*)、《创业风险》(*Journal of Business Venturing*)、《公司金融》(*Journal of Corporate Finance*)、《国际商业研究》(*Journal of International Business Studies*)、《管理财务》(*Managerial Finance*)、《国际管理评论》(*Management International Review*)、《会计学与金融学评论》(*Review of Accounting and Finance*)、《国际会计学》(*The International Journal of Accounting*)和法国一些主要学术期刊。

丁远教授是欧洲会计学会、法国会计学会及美国会计学会成员，2016～2019年曾担任《欧洲会计学评论》副主编。他还曾担任多个国际会计和审计杂志的主编或编委。

丁远教授现在的主要研究领域包括无形资产、国际会计协调、盈余管理与会计舞弊、分析师预测、中国公司治理问题、上市问题、对外投资和中国会计改革。

丁远教授在欧洲和中国讲授管理学硕士课程、工商管理硕士课程、高级工商管理硕士和博士课程，主要包括财务会计、财务报表分析、国际会计、公司治理和兼并与收购等。此外，他还讲授中国和欧洲一些公司特设课程，参与高层经理培训公开课程的咨询、策划和授课工作。在中欧国际工商学院，他是 2005 年中国首届首席财务官公开课程的共同发起人之一，并参与了学校与哈佛商学院、沃顿商学院、欧洲工商管理学院、IMD 商学院、纽约大学、伦敦政治经济学院、IESE 商学院和巴黎高等院校共同举办的高层经理培训课程。

丁远教授还为许多跨国企业和中国企业提供包括财务沟通、公司治理、成本控制体系设计、投资、兼并与收购在内的多方面的咨询服务。2011 年 5 月，丁远教授在 A 股市场创立了"丁远指数中性基金"，成为中国内地金融会计学术界对冲基金第一人。他同时也在中国内地、中国香港地区、欧洲和北美地区的多家上市公司与金融投资公司出任董事。

埃韦尔·施托洛韦

埃韦尔·施托洛韦（Hervé Stolowy）是法国巴黎 HEC 管理学院会计学教授，拥有工商管理硕士学位（ESCP，巴黎高等管理学院）、私法硕士学位（Université Paris-Val de Marne）以及财务会计博士学位（Université Paris-Panthéon-Sorbonne），并担任博士生导师（habilitation à diriger des recherches）。他同时还是法国公认会计师。

埃韦尔·施托洛韦教授独自撰写和与他人合作撰写了 15 部著作，并参与撰写 23 部著作中的部分章节。埃韦尔·施托洛韦教授有超过 90 篇研究成果发表于学术杂志，例如《算盘》《会计与商业研究》(*Accounting and Business Research*)、《会计、审计及会计责任》(*Accounting Auditing & Accountability Journal*)、《欧洲会计》(*Accounting in Europe*)、《会计学、组织和社会》《国际会计前沿》《会计 – 控制 – 审计》(*Comptabilité-Contrôle-Audit*)、《当代会计研究》(*Contemporary Accounting Research*)、《欧洲会计学评论》《财务 – 控制 – 策略》(*Finance-Contrôle-Stratégie*)、《国际会计学》《会计教育问题》《会计与公共政策》《商业道德》《国际商业研究》《回声报》(*Les Echos*)、《会计学与金融学评论》、*Revue de Droit Comptable*、*Revue Française de Comptabilité* 以及《战略管理》(*Strategic Management Journal*) 等。

埃韦尔·施托洛韦教授的研究教学领域涉及财务会计和国际会计，主要集中于非财务信息、ESG 报告和绩效、会计欺诈、账户操纵、"吹哨人"、激进卖空者、无形资产和国际会计协调。他是法国会计学会（AFC）、欧洲会计学会（EAA）、美国会计学会（AAA）和加拿大会计学会（CAAA）成员，曾任《欧洲会计学评论》的主编，法国会计学委员会主席以及《会计 – 控制 – 审计》的联席主编。他是欧洲委员会会计准则建议小组（Standards Advice Review Group，SARG）的成员，主要负责向欧盟执行委员会汇报欧洲财务报告咨询集团（European Financial Reporting Advisory Group）所提出意见的客观性和中立性。

埃韦尔·施托洛韦教授在法国巴黎 HEC 管理学院讲授管理学硕士课程（Master of Science in Management-Grande Ecole）以及 MBA 和 EMBA 课程，主要包括财务会计和财务报表分析。

卢克·伯格姆

卢克·伯格姆（Luc Paugam）是法国巴黎 HEC 管理学院会计学副教授，拥有管理学学士和国际经济学学士学位（ENS Paris-Saclay）、金融硕士学位（Université Paris-Panthéon-Sorbonne）和财务会计博士学位（Université Paris-Panthéon-Sorbonne）。卢克·伯格姆教授现任巴黎高等商学院"有意义治理"（Purposeful Governance）中心主席。他同时还是金融特许分析师。

卢克·伯格姆教授的研究领域主要包括兼并收购下的财务报告（商誉、无形资产）、公司"吹哨人"、ESG 报告、激进卖空者以及银行财务报告。卢克·伯格姆教授的学术论文发表于《算盘》《会计与商业研究》《欧洲会计》《会计学、组织和社会》《会计－控制－审计》《当代会计研究》《欧洲会计学评论》《会计与公共政策》《商业法律》（Journal of Business Law）、《商业、金融和会计》（Journal of Business Finance & Accounting）以及《战略管理》等。卢克·伯格姆教授与他人合著的图书还包括 Brand Valuation（Routledge）、Evaluation Financière et Normes IFRS（Economica）以及 Evaluation Financière de la Marque（Economica）。

卢克·伯格姆教授是《欧洲会计学评论》的副主编，同时担任《商业、金融和会计》《会计与商业研究》《欧洲会计》《会计－控制－审计》《会计论坛》（Accounting Forum）以及《国际会计研究》（Journal of International Accounting Research）的编委会成员。在进入学术界之前，他还是财务估值咨询师。

卢克·伯格姆教授在法国巴黎 HEC 管理学院讲授管理学硕士课程（Master of Science in Management–Grande Ecole）以及 MBA 和 EMBA 课程，主要包括财务会计。

江瑾

江瑾是西交利物浦大学国际商学院会计系助理教授，拥有管理学学士学位（上海财经大学）、会计哲学硕士学位（岭南大学）和会计博士学位（法国埃塞克高等商学院）。江瑾博士还是资深英国特许公认会计师（FCCA）。

江瑾博士的研究领域主要包括审计、公司治理、财务报告、以及会计信息在资本市场的作用。江瑾博士的学术论文发表于《审计：实践与理论》（Auditing: A Journal of Practice & Theory）、《会计视野》（Accounting Horizon）、《国际会计学》（The International Journal of Accounting）、《金融稳定性学报》（Journal of Financial Stability）、《公司治理: 国际评论》（Corporate Governance: An International Review）、《会计与金融》（Accounting and Finance）以及《管理审计》（Managerial Auditing）等。她还同时担任多个国际会计杂志的匿名审稿人。

在进入学术界之前，江瑾博士曾在元胜投资管理（上海）有限公司（英国量化基金 Winton Group 在中国的独资公司）担任量化策略师，并在普华永道会计师事务所担任过审计师。

江瑾在西交利物浦大学国际商学院讲授本科课程，主要包括公司估值和会计欺诈。

作者为本书提供了不同的视角。丁远、埃韦尔·施托洛韦、卢克·伯格姆和江瑾博士主要从会计和报告实务操作者 / 研究者，以及外部财务分析师的视角进行解读；本书原第 1 版的作者米歇尔·J. 勒巴教授从内部控制和管理实践的角度描述信息系统的设计与会计信息的解读。本书四位作者现于两个不同的大洲（欧洲和亚洲）生活和工作，为当今会计问题和管理实践带来了独特的全球视角。

第 2 版　前言

很多后来成就商业帝国的变革性创业都起源于地下室、车库，而且都缺少资金来源。谷歌、Facebook 和亚马逊等在创业初期都缺乏资金支持。创业公司面临的困难是多样的，很多初创公司没能撑过几年甚至几个月。现在，有越来越多的商业依赖于无形经济、信息技术和网络效应，企业的成功不仅取决于良好的管理，还取决于创新。创业公司面临的共同困境包括错误的商业模式、资金缺乏、核心商业思维不可拓展、盈利受困以及不受控的增长模式。

随着创业公司越来越多，大家可能更看重大数据和人工智能，而忽略了财务会计。事实上，财务会计在创业公司中的作用越来越重要。首先，会计帮助创业者更好地理解公司的业绩。在没有雄厚资金的情况下，创业者需要明白如何更有效地使用资产来平衡成本。仅有好的商业创意不足以产生价值，创业公司还需要借助会计来更好地分析商业模式。

其次，在创业公司不断成长和壮大的过程中，创业者通常需要从风投、私募、银行和其他投资者处获得资金支持。创业者需要和投资者进行沟通。投资者不仅需要了解公司的商业模式，还需要掌握财务预测方法以衡量公司的商业价值。投资者通常会要求创业公司提供一份基于财务会计的商业计划，以便了解更多的财务信息。

越来越多的人，包括商学院学生和公司管理层，意识到使用和理解专业会计人士编制的财务报表的重要性。本书旨在强调会计在创业公司和创新中的重要作用，并在尊重各国文化差异和协调会计实务操作的前提下，提供财务工具以帮助财务信息的使用者更好地管理这类公司。

此外，环境、社会和公司治理（ESG）因素在当今与企业财务绩效高度相关，因为它们使投资者、公司和利益相关者能够评估企业的长期可持续性、复原力和社会效益，在需要适当信息以做出相关决策的世界中促进负责任和可持续的实践。这一版已更新涵盖了 ESG 报告主题，反映其在当今商业环境中日益重要的相关性以及当今商业环境不断增长的对可持续性和社会责任感的金融实践的需求。

本书满足财务会计学习者的预期

本书前一版的成功证实了作者的原创性观点是正确的：世界各地商业领域或管理领域的大多数学生，无论他们的职业规划如何，都希望并且都需要了解会计数据和文件是如何生成的，以便更好地解码它们并提取其信息内容以供决策。

本书作者教授的企业高层经理、硕士和本科学生越来越国际化，不论是因为项目的发展不受国界限制，还是因为高管培训生、学生和教师在全球范围内的流动性不断增强。作为这本书读者的大多数学生或企业高层经理，无论他们在哪里接受教育，他们的职业道路都是或者即将是国际化的。

本书作者的背景就反映出了这种国际化。丁远在中国教学，并在亚洲和欧洲开展企业咨询工作；埃韦尔·施托洛韦和卢克·伯格姆主要在法国居住和工作，带来欧洲会计视角；江瑾博士在中国教学并有丰富的实务经验；本书原第1版的作者米歇尔·J.勒巴教授居住在美国，在全球四大洲开展教学和咨询工作。四位作者都讲授国际化课程，有不同的文化教育背景、实务咨询经验和职业目标。

希望本书能够给企业经理和商科学生带来启示，并给他们的实践操作带来帮助。企业经理和商科学生都希望通过持续学习，不断从理论和实务的角度加深对财务会计和财务报告的理解。从本书中获取的知识和工具将帮助他们更好地理解在各种会计准则下编制的财务会计报告。本书从实务角度出发，在章节和习题中提供了很多不同行业、不同规模、不同地区公司的实际案例并进行分析。本书中讲解的会计原则、实务操作和分析工具可以直接运用于各种复杂的商业环境。

本书的三种视角

本书的作者从以下三个角度向非专业读者讲解财务会计和财务报告。

- 本书无论是解释会计原则，还是分析财务报表，都是从财务信息使用者的角度来讲解。
- 本书基于国际会计准则，从实务角度出发：从实际商业和常识角度解释问题，提供多种解决方案，并分析每种方案的利弊。本书中的会计语言通俗易懂，没有使用深奥的术语。
- 本书具有国际化视野。本书虽然主要基于国际财务报告会计准则进行讲解，但同时也考虑并解释了其他会计准则对相关问题的处理方法。本书的讲解反映了各国会计准则和国际会计准则的逐渐趋同（尽管进程比较缓慢）。

本书的目标读者

本书主要面向：

- 商学和管理学硕士生，尤其是工商管理硕士，他们过去学习的单一（或本国）会计系统不足以帮助他们面对未来职业道路的国际化环境。
- 本科生，他们比较缺乏实际工作经验。

- 非财务出身的公司高层经理，他们希望了解公司的财务状况和理解财务报告。
- 为学习财务分析、财务报告和国际会计等中级课程做准备的人。

讲解方法符合目标读者的特征

本书的讲解方法基于以下几个理念。

- 本书是从使用者而不是从财务报告编制者的角度讲解的。因为商科学生（硕士生、高年级本科生）或企业高层经理，无论他们的专业背景和实务经验如何，都是财务报告的首要使用者。

  不管这些商科学生是作为企业内部管理者还是作为外部使用者（投资者、分析师等）来使用会计和财务信息，他们都需要对会计信息进行解读并做出决策。

  商科学生对于财务报表和财务报告编制的知识，只需要掌握关键的原则，就能不受财务报表编制者的支配和摆布。如何造桥，需要看河流。如果管理者想做出正确决策，就需要了解企业如何报告财务状况和现金流，并了解企业的商业模式。理解企业过去的经营财务状况，可以帮助决策者在全球经济环境下，预测企业主体未来的财务状况和风险，并以此做出商业决策。

  本书的目标读者包括财务专业和非财务专业人员。本书在帮助非专业人员更好地理解和使用财务信息的同时，还为专业人员开拓了新的视野，让他们从使用者的角度重新审视自己编制的财务信息，并重新考虑传达财务信息的策略，以便更好地满足使用者的需求。

- 本书基于实际案例进行讲解，包括大量从国内和国际知名公司年报中截取的内容以及从金融报刊上截取的信息，并对部分年报和报刊内容进行了详细讲解，以便读者准确地理解公司年报和金融报刊文章披露的财务信息。

- 本书对会计准则和实务操作进行了深入探讨与剖析，在分析财务问题的时候，首先探讨背后的经济逻辑，然后提出可能的解决方案，并研究每一种解决方案对公司决策的影响，而不只是简单地提出技术性解决方案。

- 本书适当地引用并解释国际会计准则理事会（IASB）制定的最新的国际财务报告会计准则（IFRS）和国际会计准则（IAS）。在大多数情况下，国际会计准则的建议性规定提供了很好的统一标准，但又留有灵活的余地。本书将会指出国际会计准则的哪些建议性规定仍然存在争议，并从使用者的角度说明作者的看法。本书中也涉及其他会计原则和实务操作规定：国际会计准则理事会（制定 IFRS）、美国财务会计准则委员会（制定美国财务会计准则）、金融市场监管机构（如国际证券委员会组织，IOSCO）和美国证券交易委员会（SEC）以及中国监管机构的规定与要求。

- 本书每章后都有六个部分：①关键知识点；②实战练习；③挑战练习；④参考书目；⑤扩展阅读；⑥注释。

- 本书的官方网站有所有章节的补充资料，例如，练习答案等。

- 作者希望告诉读者，财务报告对于决策者来说是非常关键的。对于公司管理层来说，阅读和理解财务报表的能力与他们阅读报纸、杂志和书籍的能力一样重要。好的会计就像好的新闻从业者，他们遵循一定的原则并只受职业、道德、文化和传统的约束。会计师和记者的才能都取决于他们如何选择正确的方式传达真实、公允的信息。会计通过一种复杂的语言描述了企业的经济现实。作者希望通过本书帮助读者更好地理解财务报告。

一些实务考虑

- 因为货币的选择对本书讲解的内容没有影响，所以本书中的举例遵循 IASB 的惯例，统一使用"货币单位"（除了在实际案例中使用原本的货币单位）。
- 所有基于实际公司案例的习题都会在公司名称旁边标上星号（*）。
- 一些实际案例的表格中使用括号表示负数（这也是很多国家的通用惯例）。
- 本书中的表和图都按章节标号，例如表 12-1 是本书第 12 章中的表格。

第 2 版更新部分

- 符合 2023 年夏季颁布的新版 IFRS、IAS。
- 将文中和练习中的实际案例更新到了最新年份，扩充了案例并且更多案例中提及的公司总部在亚洲。
- 第 5 章更新了可持续发展报告、ESG 报告的新进展，介绍了国际可持续发展准则理事会（ISSB）。
- 重新编写了第 15 章现金等式部分，对相关术语进行了更新（如净稳定资金、净经营性营运资本、净现金）。
- 第 18 章更新了可持续发展分析、ESG 分析和重要比率（如投入资本回报率）。
- 对会计术语进行了更新："按性质划分的资产负债表"更新为"按功能划分的资产负债表"。
- 对几乎所有章节新增了财务分析内容。
- 对习题和相关案例进行了更新。

本书的练习题答案

受篇幅限制，本书的练习题答案以电子文件形式提供，请读者从网上下载。下载网址是 http://qr.cmpedu.com/CmpBookResource/show_resource.do?id=167468。习题答案的二维码如下所示。

目　录

⊖　受篇幅限制，这本书的练习题答案以电子文件形式提供，请读者从网上下载。下载网址是 http://qr.cmpedu. com/CmpBookResource/show_resource.do?id=167468。

第1章 会计：商业语言

本章教给你什么

1. 会计作为一种语言，怎样帮助你理解和描述商业活动。
2. 会计、财务会计和管理会计的意义和区别。
3. 财务会计在实际应用中的流程。
4. 财务核算的结果是财务报表，而财务报表体现的是整个企业的财务状况。
5. 财务会计信息满足不同类型使用者的需求。
6. 基本的业务记录及其对财务报表的影响。
7. 财务报表的组成：资产负债表（财务状况表）、利润表、附注和现金流量表。
8. 每种财务报表的特点及作用。
9. 从历史的角度理解会计是记录交易和管理决策的工具。

会计与商业管理是密不可分的。在本书中，我们主要讨论会计和财务报告，同时从管理者和投资者的角度来讨论商业活动与商业决策。我们经常能听到的一句话是："会计是一门商业语言。"现在我们来看一下这句话背后的意义。

1.1 商业活动的模式

商业活动是以买卖方式使商品流通的经济活动，这个活动的过程就是把不同的资源进行整合和转移，其中包括了不同的交易，这些交易在不同的人之间产生。鲁滨逊在无人岛上虽然进行了一些活动，但是因为没有人与之交易，所以这些活动不能称作商业活动。

商业活动要有供应者和客户，同时还有许多其他人的参与。所有参与者都会在商业活动中发挥他们特有的作用，这些作用都会对企业的业务模式产生影响。

商业活动就是把现有的业务转化[1]成另外一种形式（有形或无形的产品和服务），从而满足客户的需要。市场给生产企业提供了实现价值的可能。产品的价值包括实用性、存在性、持续性、选择性和定位性。创造价值需要消耗资源，选择购买产品的客户会为生产企业提供这些资源。所以，从这个角度来说，商业的目的就是通过销售将资源从消费者转移到企业，从消费者那里转移来的资源如果大于已使用的资源，就创造了利润。

个人或集体参与到生产过程中，在提供市场产品的同时，也带来了采购能力、生产能力、营销能力、研发能力、工程能力、管理能力和协调能力等。

商业决策涉及如何获取资源并分配到各个职能部门，并利用（即转化）这些资源来"服务"客户。企业的这些决策通过转化完成，其中包括对每个职能的角色描述。不同的企业对转化流程有不同的理解，这种不同的理解会对资源的分配产生影响，这就是我们所说的企业战略。同一行业的公司，比如全球服装零售商，其战略可能在目标市场细分、采购、品牌政策或门店位置等方面有很大的差异。例如，西班牙的 Inditex 是全球最大的服装零售商[2]，旗下经营着 7 个不同的品牌，以满足广泛的市场需求[3]。其中最知名的品牌 Zara 主要满足年轻人的需求。瑞典的 Hennes&Mauritz 是仅次于 Inditex 的全球第二大服装零售商[4]。Inditex 的商业模式主要是纵向整合，拥有自主的设计和生产线（只有一小部分生产外包给低成本国家）。Hennes & Mauritz 的经营则更为分散化，没有自己的工厂，而是将所设计服装的生产外包给低成本国家的独立生产商，并经常借助外聘设计师的帮助。因此，这两家公司的供应链存在差异。Inditex 在 213 个市场拥有 5 815 家门店[5]，而 Hennes&Mauritz 其中一个子品牌在 79 个市场拥有 4 465 家门店[6]。这两家公司是服装分销领域的两大全球领导者，尽管它们面临相同的行业风险，但这两家公司所采用的企业战略和商业模式是截然不同的。然而会计必须提供同一模板的财务报告，便于使用者分析比较这两家公司的财务绩效与发展前景。因此，会计必须具有足够的普遍性，以适用于各种情况和商业模式。

图 1-1 展示了现金泵循环，这个循环反映了一个企业的正常商业活动。在这个循环中，所有获取的资源都会转化成体现市场价值的产品，产品通过商品或服务的形式交付给客户。在交付商品或服务的同时，客户必须为这些商品或服务支付现金或其他与现金等同的资源，这些又会用于购买新一轮的生产资源。现金泵循环是一种无限循环，只要企业能够不断地获取资源，不断地满足客户的需求，同时客户对它的满意度高于其他竞争者，企业就能从客户处获取更多的现金支付给供应商（供应商包括在劳动力市场提供劳动力和在资本市场提供资金的人），从而保持企业运转的持续性。

企业的运转需要被企业的管理者监控。每一笔交易——企业和供应商之间的交易、企业和客户之间的交易，以及企业内部的运作过程（包括物资采购、生产加工、资金回笼等），都必须被记录，使管理者能够针对整个经营过程进行分析、提出问题，比如：

- 与上期相比，企业需要更多还是更少的资源？是否需要为客户提供新的产品或服务？
- 从不同角度与竞争者相比，企业业绩如何？
- 企业是否需要购买比竞争对手更多的资源？怎样找到可靠的供应商？怎样留住人才？

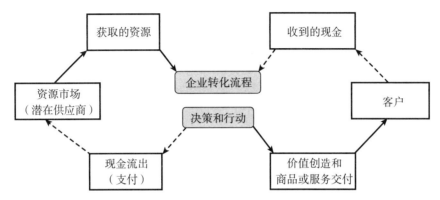

图 1-1　现金泵循环：正常商业活动

注：1. 现金流向，指向左边的虚线箭头。
　　2. 资源、商品或服务的流向，指向右边的实线箭头。

企业的参与者必须同时对这些经营业务进行分析，从而采取相应的行动来保持企业的竞争力。做到这一点的唯一途径是，它们使用相同的语言和规则来描述这些经营活动，以便于彼此之间的交流。换言之，它们需要一种分享的语言，这种语言包括共同的词汇和语法规则，用来形容、描述所有的事件和业务活动。这些事件和业务活动都反映在前面提到的现金泵里，这种语言就是会计。

1.2　会计：一门商业语言

会计是一门商业语言，这种语言的特点是：

- 描述一种状况或结果。比如，企业从客户处获得的销售收入在 10 月达到 1 200 万货币单位。
- 描述一个投入多少资源取得多少结果的事件。比如，10 月的第一周，企业在电视台花费了 75 万货币单位的广告费用；10 月 1 日至 31 日，企业的市场占有率增加了 10%；与上一年同期相比，从 10 月 1 日起，产品价格下降了 5%；新客户增加等。
- 将不同的结果进行排序，以便于对会计信息进行评估。比如，比较特定时期内，不同市场或责任中心经营结果的差异。

所以，一定要在图 1-1 里加上会计怎样支持企业决策的部分，这些部分将在图 1-2 中体现。

会计会对整个现金泵或商业周期中的所有经济活动进行记录。会计主要以货币单位来记录经济变化，在特定情况下也会记录一些非货币的指标，比如，企业消耗的原材料的重量应该等于产成品的重量加上废品的重量[7]。

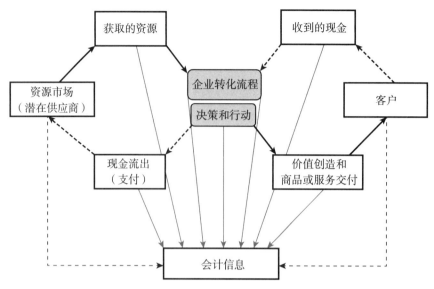

图 1-2　会计对企业活动的描述

注：细的实线代表内部产生的会计信息，而细的虚线代表从供应商或客户处获取的信息。

会计工作是整个商业活动中不可分割的一部分。会计能帮助管理者做出需要做的决定，这些决定将改变管理者未来的行动以产生更佳的业绩，同时推动目标及目的的实现。

本书的书名是《财务报告与分析：一种国际化视角》，为什么要有"报告"部分呢？

1.2.1　商业带来代理关系和报告需求

商业是一种代理行为：

- 首先是资本提供者委托管理者进行代理，要求管理者用他们提供的资本创造财富。
- 在组织内部，代理赋予有专业技术的经理通过协同合作创造价值的权力。这些经理在为资本提供者创造价值的同时，也为商业活动的参与者创造价值。

代理需要控制：下放的权力和自主权是否被合理地使用？控制需要信息，信息能反映代理人的行为和结果。这种信息是由代理人传递给委托人的，这种传递的过程叫作报告。

在会计中，报告反映的是下级与代理人使用上级和委托人所提供的资源的过程。报告需要包括为达到目的所付出的努力或结果，或者二者兼有。会计需要用非常详细的参数来反映代理人为达到目的所付出的努力及其程度，反映整个商业活动将企业价值转化为向客户提供的产品和服务的过程。关于代理人的努力程度的报告，一般是内部的、以商业为目的的，这就是管理会计；只报告结果，而且这个结果相对而言是具有普遍性的，对于使用者来说，在使用结果时不用具体考虑企业的商业特点，这就是本书着重分析的财务会计。

那么在报告中哪些信息是必须提供的呢？主要从以下三方面来看。

- 企业是否在为资本提供者创造价值，这些资本提供者包括现有的和潜在的。企业在承担一定风险的情况下能否取得正的投资回报，而且能保持正回报并带来成长性。

- 从过去到现在，管理者所采取的行动是增加还是减少了企业所承担的风险。
- 企业控制的资源能否保证未来经营活动的持续性，以及这种持续性保持时间的长短。这对于商业活动中的参与者[8]，如职工、客户、供应商，都具有重大意义。

1. 对资本提供者的报告

在图 1-1 中，现金泵的循环并不具有可操作性，因为这是一个简化的流程。商业获得资源来完成整个流程需要一部分资金的先期投入，这些资金需要在企业开始运转前到位。尽管供应商会给企业提供一定的商业信用，但实际情况往往是企业的运转周期远比供应商所提供的商业信用周期要长，所以初始的现金投入是必须的。

企业必须找到资金的提供者来提供企业最初期的财务资源，帮助企业开始整个业务流程。经理人就是这些资本投资者的代理人，他们被授权使用这些资金，并为资金的提供者创造可接受的正回报。在某些情况下，创业者、经理、资本提供者可能是同一人，但是接下来我们将会谈到，把资本提供者和商业运营者区分开是十分重要的。

因为在一个商业环境中，资本提供者提供资本的唯一动机就是获得资本回报。从这个角度而言，企业必须向资本提供者汇报资金的使用情况、资金的产出情况以及这些产出的流转过程，以说明财富是怎样创造出来的。

资本提供者包括两类：

- 股东。股东在一个注册的企业中，提供资金并获得企业的股票，也就获得了企业的所有权。对于企业的投入，股东承担着风险，同时也希望获得相应的回报——分得股利⊖或者卖出股票获取资本利得。股东的资金是不能赎回的。股东通过董事会代表参与企业的决策。
- 债权人。债权人不像股东那样承担高风险，他们获得固定的回报。时间上，他们有长期、中期和短期的选择。

每种类型的资本提供者都有具体的报告需求，会计的信息系统必须满足这些需求。

股东最感兴趣的是两方面的信息：一方面，从委托代理的角度而言，股东希望定期了解和控制他们所投资的企业，并通过合理的控制和审核保证资产不被非法转移，这个报表就是资产负债表（或者叫作财务状况表）；另一方面，股东也希望了解企业如何通过转化流程为其创造剩余价值，这个报表就是利润表或者叫作损益表。

债权人主要感兴趣的是企业在债务到期时的还款能力及按期支付利息的能力，即企业未来产生现金的能力。

除此以外，无论债权人还是股东，都想了解企业商业活动的总体情况，以及流转过程的有效性和活力。

由此，图 1-2 的流程更丰富，可以反映复杂企业中其他一些复杂的因素。图 1-3 除了反映现金泵的商业周期，还反映了资本的情况。这些资本是启动商业周转活动所必需的，资本

⊖ 本书中将同时使用股利和红利两种叫法，指代内容相同。

提供者希望以此获取回报。

- 回报以红利或利息支付的形式体现。
- 获得企业的报告以获得企业运作的信息。
- 在商业模式不变的情况下，利用获得的信息评估企业的前景。

正是因为会计反映了所有的经济活动，所以它是重要的沟通工具。这种沟通工具被用于企业内部，以及企业与其合作者、关联方和资本提供者——债权人和股东的沟通。

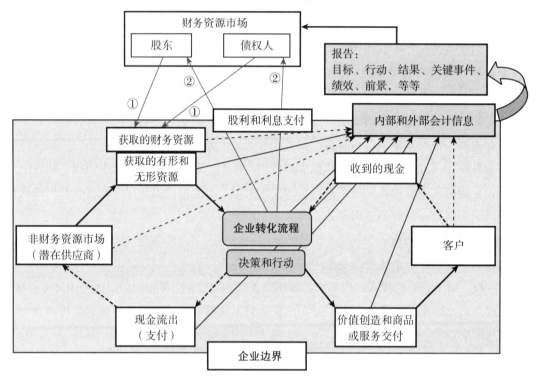

图 1-3　企业与资本提供者之间的资本和会计信息流动

注：1. 细的实线代表内部经营活动产生的会计信息，而细的虚线代表从供应商或客户处获取的信息。

　　2. 箭头①和②代表企业和资本提供者之间的资源流动：箭头①代表资本提供者向企业提供资本；箭头②代表企业向资本提供者支付股利和利息。

　　3. 会计信息是另一种形式的资源。企业向资本提供者报告会计及目标、行动、结果等信息。

2. 对"合作伙伴"的报告

尽管从技术上而言，企业并不是雇员、客户或者供应商的代理人，因为企业并不是从他们那里获得经营许可的，但他们是保证企业长期成功的关键。如果企业要与这些合作伙伴持续合作，也必须定期向他们提供信息。合作伙伴需要对企业未来持续生存的能力、企业的发展及风险做出评估，所以他们同样需要分析主要针对资本提供者的报告。他们会对企业的商业模式进行分析，也会对报表和比率进行剖析，从而了解企业现金泵的健康程度、有效性和可靠性，以及资本提供者所提供资本的安全性。（第14~18章，财务报表分析部分会对这个问题进行详细的解释。）

对向企业的合作伙伴和利益相关者进行外部报告的另一个重要因素是可持续性。对于经理、政治家和公民而言，他们主要关心的是企业在可持续性方面的作用，根据可持续性会计准则委员会（SASB）的定义，这被《布伦特兰特报告》（又称《我们共同的未来》）定义为"在满足当前需求的同时，不损害未来世代而满足其自身需求的能力"[9]。企业的活动不仅关系到资本提供者，还关系到所有其他利益相关者，他们经常关注的不仅仅是财务表现这一个方面。因此，现在越来越多的企业提供关于其活动的各个方面的信息，如其对环境的影响、对社会问题的影响以及公司治理，这些因素被称为 ESG（环境、社会和公司治理），将在第 5 章进一步讨论。

3. 对上级和同事的报告

会计用于报告各项业务，这些业务与企业的决策和行为互相关联、互为因果。在企业里，与资本提供者需要用会计信息监控企业一样，上级也会使用会计信息来检查下级的职责是否合理地完成。如果上级只对结果感兴趣，那么他所需要的信息与资本提供者是一样的，也就是说，财务会计是以结果为导向的。但如果上级需要对下级的努力程度进行评估，就需要对下级完成工作中的每一个步骤进行了解，这时的会计报告就以流程为导向，即管理会计。

1.2.2　会计是一种有生命力的语言

正如我们在前面提到的，会计反映了企业业务转化模式中所有参与者的活动。现金泵的循环周期是价值创造的过程。只有当这个流转过程与消耗相比能创造更多财务的或非财务的资源时，商业活动才是有意义的。

企业的商业活动随着时间的推移而变化，也就是说，现金泵是持续变化和发展的。这些变化是由创新或外部竞争引起的。商业活动也会受到技术的影响，比如互联网的引入就极大地改变了商业组织。一些以互联网为基础的市场和通信方式，改变了企业之间或企业与供应商、客户之间的关系。一些新的问题也随着社会的发展而产生。20 世纪 30 年代中期，很少有企业会对退休职工的收入感兴趣，而现在养老金问题已成为企业的重要问题之一。现在，每天都会有新的商业理念[10]出现，而会计必须能够反映丰富多彩的商业活动。会计要反映的现实是有生命力的、不断变化的，会计语言因此必须是强有力的并且具有灵活性的。也就是说，会计必须基于一些会计准则，同时必须允许具有一定的灵活性。

会计是一门描述商业活动的语言，它的词汇是一种"符号"，这些"符号"是从会计的角度对商业世界的反映。正像我们日常使用的语言不断发生变化一样，会计语言也必须跟上时代的步伐。

会计这门特殊的语言，用于反映商业世界中财富的确认与衡量。举一个非常简单的例子，如果一个人买了一台机器，就必须将购入机器的成本与使用这台机器而产生的收入进行比较。如果将成本与第一年产生的收入相比较，就是现金会计。如果将成本与使用机器的所有年份产生的收入相比较，在第一年只记录一部分机器成本，也就是在使用机器的所有年份内进行折旧，就是权责发生制会计。我们可以清楚地看到，这两种不同的选择会对当期财富创造的结果产生巨大的影响。正是因为会计会对社会活动产生巨大的影响，所以几乎没有国家允许财务会计完全独立而不受任何制约。

语言对有组织的社会活动是非常重要的。法国的黎塞留（Richelieu）于1635年成立了法兰西学院，统一了法语的遣词造句，对法语进行标准化管理。他的这个决定既是政治性的也是经济性的，这也代表了整个王国的真正统一。当时的法兰西王国有25种不同的地方语言，统一语言从政治上来说，便于对不同地区的管理；从经济上来说，如果不同地区说不同的语言，进行贸易就比较困难。与法语标准化一样，很多国家也建立了会计基本准则，规范了这门特殊语言专业名词的定义，这有利于更好地衡量财富创造的过程、企业间的交换并鼓励资本市场的发展。

在商业活动越来越全球化的今天，会计语言的规范化正在全球范围内实施，从而推动资本市场也越来越全球化。

1.2.3　会计是一门有操纵空间的语言

对会计的应用，不同的商业环境有不同的要求。会计语言只包括相对宽泛的准则，以适应商业的个性化，更好地满足不同会计信息使用者的需求。会计语言必须描述不同的商业活动，也必须让任何使用者都能通过阅读报表理解商业实体的经济情况以形成他们自己的观点。所以财务报表是会计整个流程的最终产品。

使用者对商业实体潜力的评估基于以下几个方面：根据资产负债表理解企业的财务状况，通过对利润表的分析了解企业在消耗经济资源产生销售方面的业绩和有效性，通过现金流量表理解企业产生现金的能力。

财务报表能够帮助使用者做出相对具体的决策，这些决策包括是否应该对一个商业实体进行投资，是否应该为一个商业实体提供进一步的资源，是否应该为一个商业实体提供商业信贷的条款（这主要指客户和供应商的关系），是否应该贷款给一个商业实体。对于税务部门来说，它们使用财务报表可以计算出一个商业实体应交纳的税金。

对于同一经济现象存在不同但合法[11]的描述，尤其是在利润的确认时间上，选择不同的会计解决方案会影响资本市场对一个经济实体的理解，也会影响资本提供者对商业实体的印象。

因此，公平、有效地对外公布企业创造的价值和企业创造价值的潜力是一件极其重要的事情。从业者、管理者和媒体都会提到"会计战略"的问题，"会计战略"上存在用不同的会计方法体现经济实质的做法。从理论上来说，"会计战略"对于使用者来说也反映了一个问题：有时某些人可以通过改变对企业的展示达到特定的目的。当然，会计操纵的空间是被监管的，尽管在不同的估值选择、时间选择和分类上存在一定空间，但就长期而言对企业价值的影响是相同的。会计信息使用者的决策会受到不同的时点、不同的会计方法的影响。

另外，也有一些会计的变化是由会计监管环境的变化引起的，下面的几个例子就反映了这一点。

例 1-1

关于在日本和亚洲其他国家经营零售店的 Aeon Co Ltd 对于 2022 财年，我们预测其营业收入为 9 万亿日元。……请注意，我们已经将新的营业收入确认会计准则纳入 9 万亿日元的营业收入预测中。……如果采用上一财年使用的营业收入确认标准，该预测数额将为 9.2 万亿日元，同比增长 5.6%。

资料来源：Factiva 数据库，VIQ FD 披露，2022 年 4 月 8 日。

这个例子是关于日本企业会计准则[12]下收入确认的会计变更（见第 6 章）。这个例子显示会计变更对公司营业收入的确认产生了负面影响。

例 1-2

在 2021 年 1 月，我们完成了对服务器和网络设备使用寿命的评估，并将服务器的预计使用寿命从 3 年调整为 4 年，某些网络设备的预计使用寿命从 3 年调整为 5 年。这一会计估计的变更从 2021 财年开始生效。根据截至 2020 年 12 月 31 日的服务器和某些网络设备的账面价值以及在 2021 年 12 月 31 日结束的年度内获取的设备，这一估计变更的影响减少了 26 亿美元的折旧费用，并使 2021 年（截至 12 月 31 日）的净收入增加了 20 亿美元……

资料来源：Alphabet，10-K，2021 年。

这个例子说明了在计算有形资产折旧中所应用的使用寿命的变更（这一概念将在第 7 章中更详细地讨论）。Google 的母公司 Alphabet 解释说，由于延长了服务器和网络设备的使用寿命，折旧费用将减少，因此净收入将增加。这一修改被称为会计估计的变更。

例 1-3

智利国家航空公司 LAN Airlines 宣布：经初步估计，在 2007 年 12 月 31 日，由于采用国际财务报告会计准则[13]，公司的净资产（企业的资本金和未分配利润，见第 2 章和第 11 章）下降了 4.3%，相当于减少了 4 200 万美元。调整以后的股东权益将变成 9.46 亿美元。

资料来源：Factiva 数据库，Business Wire，2008 年 9 月 30 日[14]。

LAN 航空公司的案例显示，采用新的国际财务报告会计准则（IFRS）对公司的影响是：整个报告体系分类的变化。这个变化可以理解为对企业当期的回报率产生影响，企业的净资产减少了，就会造成当期的净资产收益率提高。其实这只是由会计准则的变化带来的。如果一个公司从一种财务会计准则向另一种财务会计准则转变，或者从一种框架向另一种框架转变，比如从地方会计准则转变成国际财务报告会计准则，对公司的利润（或净资产）通常会有非常大的影响，但影响的方向并不能预先设定。令人疑惑的是，国际财务报告会计准则往往会有一些短期的正面或负面的影响，这对于一个没有准备的使用者来说是很难解释的。因为国际财务报告会计准则覆盖的会计准则和内容是非常宽泛的，覆盖的不同内容对不同公司的会计影响不同，这取决于公司的环境和过去所选择的准则。但是从长期来说，这些影响是可以忽视的，这些不同往往只是因为会计对经济业务完全确认的时间差。

以上这些例子说明，之所以会计这一领域能吸引如此之多的注意力是因为它并非一个盲目、机械、照章办事的制度。使用有限的制度和原则，会计语言向使用者提供了有效、真实和公允地反映模糊不清的事实的途径，尤其是在确定费用和收入的时间性时。

在本章中，我们定义了财务会计，介绍了不同的会计信息使用者，也介绍了会计流程的要点。接下来，我们将再次展示前文中我们所提到的差异，即给股东和第三方的报告（财务会计）与显示企业使用资源有效性的报告（管理会计）之间的差异。在此之后，本书还将介绍一套有效的财务报表应具有的质量上的指标特征。

会计的历史与人类的经济活动史一样悠久，所以我们还将介绍会计的历史和发展变化。会计作为一门商业语言，是一门开放的语言。不同的画家会采用不同的技巧展示图画（比如肖像），与艺术不同，会计具有普遍性，必须遵循一些已经被广泛接受的描述经济现象的规则。这些规则随着时间的推移而不断演变，就像绘画和雕塑的技术随着社会价值的演变而演变一样。

1.3 财务会计的定义

1.3.1 会计

会计提供关于企业财务和经济活动的信息，而这些信息是为企业做决策准备的。它的作用主要表现在以下三个方面。

- 对经济活动进行计量和计算。
- 对企业现有的资产进行确认和描述。
- 对资产管理者的责任进行界定并监控。

通过前两个方面的工作，会计可以实现第三个方面的作用，它也是整个报告中最重要的部分。会计是计量和计算的一种方法，它能把整个经济活动及其结果"现实化"（我们不谈论无法衡量的东西——卡尔文勋爵[15]）。会计也会用社会学所定义的一些参数对企业的经济活动进行描述。通过对企业的经济活动及其结果的反映，会计成为一种问责和报告的工具，其报告的内容也成为分析决策的基础。

从广义上说，会计信息是决策所必需的工具。大量的商业决策都是关于资源规划、资源获取、资源分配和使用的，以实现企业战略决策的目标。这些决策都需要基于财务或非财务的信息来做出。

这样的信息是整个识别、获取、管理、分析、解释、发布信息处理过程的结果，反映的是企业的经济活动。

会计具有以下两大责任。

- 通过对资源获取、分配和使用等决策的支持来创造价值。如果完全从股东的角度来看，价值可以被压缩简化成企业经济价值，因为这些投资者最关心的是投资回报率。但是这里所说的"价值"有一个更宽泛的含义，包括很多其他企业相关者的利益，而这些人的利益并不一定完全由经济价值或货币价值体现出来。

- 向企业各参与方报告企业在一定时期内创造的价值。

尽管会计是一个完整的领域，但以上两方面的责任使会计形成了两大分支，从而使不同的使用者达到各自的目的。

- 第一分支被称为管理会计。它主要反映企业资源（包括非财务资源，如雇员、客户忠诚度、创造企业资源提供者网络的能力等）在不同的商业过程中是如何获取、管理和使用的，以达到对企业内部管理者而言的价值最大化。

- 第二分支叫作监管、法律或者财务会计，这是本书要讨论的核心内容。它是以一种较为精炼的方式将企业的经营业绩向企业外部的使用者进行报告，这些外部使用者包括普通股股东、银行、债权人、客户、工会、税务部门等。财务会计着重讨论财务和货币表现反映出来的企业业绩。因为财务会计的最终报告是给企业的外部持有者和相关利益者使用的，他们使用这种会计信息对自己的资产进行分配，所以财务会计是一种社会产品，并因此被监管。所有不同类型的使用者都会及时收到同等重要的信息。

我们后面会提到，会计的这两大分支在有些情况下边界并不是很明显。

1.3.2 财务会计

财务会计是描述企业生命当中一系列活动的过程。这些活动一般来说就是企业与外部（资源供应商以及客户）的交易。所有对这些交易的描述都需要材料来证明，其原始凭证包括财务和非财务的信息，以便确定交易的价值。随后这些交易活动又被记录、分类和分析，制成我们能够定期看到的综合性文件，即财务报表。这些报表包括利润表、资产负债表及附注，在大多数遵循国际财务报告会计准则和美国通用会计准则的国家，还包括现金流量表。财务报表是定期编制的，传统来说至少一年编制一次，很多国家的企业通常选择在交易淡季时编制，中国现行的会计法规要求企业按照公历年度（1 月 1 日～12 月 31 日）编制会计报表。

财务报表按年度编制的特点可以追溯到自然活动的周期性，传统的打猎和耕种都具有周期性。在丰收之后，人们就开始计算这一年的财富创造情况，并将财富在不同的参与者之间进行分配。分配的依据往往是预先签订的协议，比如农场主和农民间签订的收割合同等。无论是共同分享收获、农民承包地块并上交地租，还是农场主付给农民工资并自己承担风险，一般来说都会在收割季结束之后分配所创造的财富（对于北半球就是年终的时候），所以很多国家都以公历年度为会计年度来结算。但很多商业活动，比如电子产品、玩具、礼品的销售，一年的年末正是销售旺季，所以在商业活动进入淡季再处理会计报表更具有逻辑性。因为那时商品的存货比较少，整个商业周期所产生的价值能够比较好地衡量，因此我们常看到国外的玩具零售商在 2 月底或 3 月底进行会计结算。

在财务会计的关键词中，下列几项需要我们注意。

会计流程： 会计流程是指描述事件和交易以及收集信息的组织过程，包括一些规则和会计操作，有专门的硬件和软件支持，需要在不同的参与者之间进行协调，相关的对象不仅有会计部门的工作人员，还涉及订货、支付、存货管理、材料管理等多个部门。

交易： 交易包括获取资源、销售企业产品、签订租赁合同以保证工作空间、支付每个月的租金、从金融机构获取贷款等。财务会计只对有或者将有货币影响的交易活动（也就是将在某一时点产生现金交换的活动）进行确认。但是，在财务会计的规范中也有一些例外，比如，折旧就是在固定资产购买之后在使用中分期确认现金流的（将在第 2 章和第 7 章中详细讲解）。

交易的完成： 每笔交易的完成确认都需要有具体的材料，比如发票、银行的报账单、收据或者电子信息往来中的加密信息等，如果一个交易无法用文件来支持，会计是不能够进行确认记录的。比如，在一个商业活动中购买了一种资源，但并没有收到相应的发票，或者支付了工人的工资却没有相应的凭证，这在会计上是无法确认的。

交易的分析： 对业务活动的分析，首先要了解该活动属于哪一类，然后把同类业务活动分入相应的项目。这一过程（在第 3 章中会具体讨论）一般来说是由人工操作的，会出现一些失误和不一致，现在逐渐由自动化程序来完成。比如，在一些文件上设置条码用来判定交易活动的性质；或者把不同软件（如会计电子账簿和发票记录）整合起来，使得交易发生后程序自动将其录入相应的账户；还可以通过一些人工智能的方法，基于交易的信息以及事先设定好的逻辑分类方法进行分类。这样一来，出现不一致时也更容易发现。

记录： 记录是指以一个固定的时间频率（往往以天为单位）并且按照时间顺序把整个交易活动记录下来，这在会计中称为日记账（详见第 3 章）。

估值： 估值是确定一个交易的货币金额。一般来说，一个交易的货币金额通过相应的发票就能够容易地确定下来，但在有些情况下，金额的确定也可能是非常主观的。比如两个非货币性资产的交换，或者购买一个资产时包括了有形资产和无形资产（比如忠诚客户群或品牌效应）。无形资产的价值完全取决于购买者在购入资产后如何对其加以运用。

财务报表： 财务报表又称报表或年报，是反映企业财富价值创造业绩的总结报告。资产负债表显示的是企业在某一时点所拥有的所有资产和对外部承担的所有责任。利润表反映的是在年初、年末两张资产负债表之间，财富是怎样被创造出来的，创造了多少。附注显示了企业是怎样在不同的会计方法之间进行选择的，也给出了各笔交易更多具体的信息。现金流量表（详见第 16 章和第 17 章）反映了企业的现金状况和整个会计期间现金流的变化。

财务报表的分期： 财务报表的分期也叫财务报告的频率。一般一个公历年度至少要编制一份财务报表（IAS 1，IASB 2018b：§ 36），但是也可以根据决策者的需要，编制任意期间长度的报表。

1.4　财务会计的使用者

1.4.1　不同使用者的介绍

财务会计反映了一个企业的经济活动，目的在于帮助使用者全面、综合地了解企业的活动。财务会计为管理者和相关利益方提供信息；财务会计也经常用来确定企业的税务责任，因此也受到税务部门的监管和控制；债权人希望通过财务会计更好地了解企业的盈利能力和未来产生现金归还贷款的能力；客户、供应商和雇员也能从中了解企业的持续经营能力。由此可以看出，财务会计有各种不同的使用者，从定义也能看出，他们对信息有不同的要求和期待。

但是，财务信息的第一使用者应该还是企业自身。企业管理者需要对总体的业绩有一个综合的了解（因为企业是正在航行的船，他们则是船长）。

对使用者进行分级是非常困难的，不同的分类方法本身也是一种地区文化的体现。从图 1-4 可以看到，财务会计潜在的使用者没有任何的等级分类。

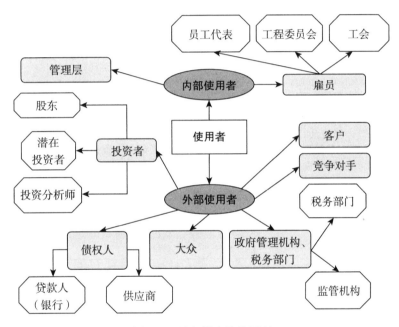

图 1-4　财务报表的使用者

不同使用者需求的多样化在表 1-1[16] 中列示，我们可以看到不同的使用者是如何将财务报表作为决策依据的。

尽管所有使用者的需求无法通过一套财务报表来满足，但他们的需求还是有一定共性的。国际会计准则理事会（International Accounting Standards Board，IASB）是世界上最大的两个会计监管机构之一，在本书中我们也将遵循其所制定的国际会计准则。IASB 认为，大部分现有的和潜在的投资者、贷款人和其他债权人很难要求报告主体直接向其提供信息，而只能依赖通用的财务报告获取需要的信息。根据 IASB 2018：§1.5[17] 的理论框架，现有的和潜在的投资者、贷款人和其他债权人是财务报告的主要使用者。

不同国家的公司法都要求有限责任公司必须定期向监管机构提供它们的财务报表。

表 1-1　财务报表的使用者及其不同的需求

使用者	需求	会计材料	可获得的会计及其他信息	获得信息的时间
管理层	信息用于制订计划，做出战略、资源分配决策并进行控制	交易文件、财务报表	从原始材料到财务报表的完全访问权	可以持续获得信息，由商业机构本身决定
投资者	关心投资的风险和回报：通过信息来确定是否应该买入、持有或卖出；通过信息来评估企业支付红利的能力	财务报表	财务报表以及其他公开发布的关于企业在市场和经营上的信息	在股东大会之前公布，不同国家有不同规定，趋势是规定的披露时间越来越早
银行（债权人之一）	根据信息决定是否放贷，确定利息水平及还贷期限	财务报表（历史和预测）	财务报表以及其他公开发布及私下提供的关于企业在市场和经营上的信息	商业机构会提供额外及专门准备的信息向银行贷款
供应商（债权人之一）	用信息来决定给予企业的商业信贷的额度，对短期情况更感兴趣（除非与企业存在长期合作），根据企业提供的商业机会决定是否为企业提供各项优惠政策	财务报表	从理论上说，无权要求企业提供除财务报表以外的其他信息，但是仍可以通过与标杆企业的比较分析来详细了解企业的财务状况	个案处理
客户	信息用于了解企业持续经营的性质（尤其当与企业存在长期合作关系时），评价企业的长期偿付能力，从而了解企业未来完成订单和提供售后服务的能力	财务报表	类似于供应商，客户会比较同行业公司的信息，从而发现可能存在的机会和问题	个案处理
竞争对手	对相对业绩进行比较	财务报表	基于大量财务报表、商业情报以及对经济状况的理解做出竞争性分析	个案处理，由企业花费在经济分析上的资源来决定
雇员	信息用于了解雇主的稳定性和盈利能力，了解企业未来提供报酬、养老金和就业机会的能力	财务报表	在每一个国家，信息渠道都是被监管的	在地方法规基础上的个案处理
政府管理机构、税务部门	对资源分配感兴趣，因此需要了解企业的经营活动。根据信息决定经济刺激政策、税率政策和税务评估，统计全国经济数据	财务报表经常被调整为以税务为基础的报表格式，这种报表格式可能与财务原则有差异	定期以税务为基础编制的财务报表、税务审计时需要所有相关文件	每个国家都有不同的规定。如英国，大部分公司需要在会计年度结束后的9个月零1天内支付所有公司税
大众	企业会从个体和整体上影响所有社会成员。比如企业可能会对地方经济做出各种显著贡献，包括企业雇员人数、对当地供应商的支持。财务报表用于评价企业近期的发展和未来持续经营的能力	财务报表	信息获取源受监管	个案处理

1.4.2　财务报告准则：如何满足使用者的需求

前面我们提到财务会计有责任满足众多不同使用者的需求，这样财务信息就必须采用一致的编码方式对事件及交易进行记录。因此在每个国家，当地的监管部门都会发布统一的会计准则[18]，也叫作财务报告准则。会计准则是一些规范化的要求，对每一项具体的业务活动和时间应该如何进行记录和反映在报表中做出规定，包括具体原则、会计基础、会计规定、会计制度和会计实务，这些方面都是获取信息和制作财务报表所必需的。财务报告准则的概念和它在全球范围内的变化将在第 5 章论述。

同样地，随着越来越多的利益相关者要求获取关于公司在可持续发展方面作用的信息，可持续发展（或 ESG）报告的标准化程度在不断增加。监管者已经采取了一些举措，以规范可持续发展报告。可持续发展报告面临着许多挑战，我们将在第 5 章中讨论主要的可持续发展举措。

1.5　会计流程的介绍

下面我们通过一个例子来展示对会计的需求是如何从一组人或公司之间的简单交易中产生的，我们还将说明如何利用会计流程来监督和记录这些交易活动。虽然我们的例子设计在 15 世纪，但是这个例子具有通用性和简易性，能形象地展示会计在交易中的应用。虽然用来表述商业交易的词语已经发生了变化，但是 21 世纪的现代商业与 600 年前的古老交易在本质上并没有太大不同。

假设我们身处于 15 世纪末的威尼斯。卡斯特斯（Costas）是一位年轻的希腊裔商人，希望自己变得富有而强大。他对自己所处的环境进行了一次快速调查，并得出这样一个结论：要实现自己的目标，最有效的方式就是与东方人做贸易。他的家族资助了他 120 个金币。为了将他的个人风险与他正在考虑建立的高风险创业企业区分开，卡斯特斯以个人的身份投资 100 个金币创建了一个独立的实体，并命名为 "卡斯特斯创业企业"（Venture Costas，VC）。卡斯特斯作为 VC 唯一的投资者，对该企业未来可能创造的一切利润拥有索取权。他是拥有 100% 索取权的所有者或 "股东"。

但是，要创造利润，仅靠 100 个金币的投资是不够的。要和东方人做贸易，首先需要购买并装备好一艘船，而这大约需要 1 000 个金币。于是，卡斯特斯以企业管理者的身份拜访了佛罗伦萨的一位银行家。该银行家应允借给 VC 900 个金币，用以补足其购买并装备好一艘船所需的资金。这笔贷款的还款期限为 5 年，年利率为 10%。利息在商船归来之日与 5 年期到期之日（即本金必须清偿的日子）中取较早者，一次性付清。

这样，VC 就承担了两项义务，必须加以记录：一是它同意在从现在起的 5 年内偿还从银行家处得到的资金（即贷款本金）；二是它同意按 10% 的年利率支付借款期间的利息。在一个空白的笔记本（我们称之为 "日记账"）上，卡斯特斯以 VC 管理者的身份，记录了这个企业做出的承诺。如果要 "盘点" VC 此时所拥有的财富，则一方面要列示它所持有的现金（即卡斯特斯以个人的身份提供的 100 个金币的初始资本，加上从银行家处获得的 900 个金币），另一方面也要记录它所做出的债务承诺——当银行家收回贷款时，就会减少 VC 的财富。

实质上，VC 的"净状况"会以如下方式演变。

- 与银行家达成贷款协议前的状况：财富或"净值"=100 个金币。
- 与银行家达成贷款协议后的状况：财富 =100 个金币 +900 个金币（从银行家处获得的现金）−900 个金币（债务）=100 个金币。

借款本身不会创造财富，最终创造财富的是使用资金的地方。

表 1-2 列示了 VC 在初始阶段的"财富账目表"（财务状况表或资产负债表）。

表 1-2 VC 在初始阶段的"财富账目表"

VC 的资产		VC 的负债	
持有的现金（100+900）	1 000 个金币	欠银行家的债务	900 个金币
总计	1 000 个金币	总计	900 个金币
		VC 的"净值"[在概念上，这是 VC"欠"卡斯特斯（以个人的身份投资的资本家）的]	100 个金币

会计核算本身（记账）不会创造财富[19]。它只是记录一个经济主体（在本例中即 VC）拥有及使用资源的情况，以及在任何时点存在的对企业资源的索取权（在本例中即债权人和投资者的索取权）情况。所有者（或资本家）的索取权在任何时候均等于企业的净值，即资源的加总减去债权人的索取权。由于 VC 到目前为止尚未有任何创造财富的行动（既没有"生产转换"活动，也没有将产出销售给第三方的交易活动），卡斯特斯以个人身份拥有的索取权仍然等于他投资到企业中的 100 个金币。

接着，卡斯特斯（以 VC 管理者的身份）用上述现金资源（1 000 个金币）购买了一艘好船，将它装备好，配备了人员，并在货舱里装上了货物和商品，供船长到东方（实际上是"近东"或中东，位于地中海东端）进行贸易。VC 的财富值没有变化，只是现金变成了有形的货品。如果 VC 处于一个完全市场中，则无论它持有的是现金还是商品，都不会有任何不同。对于这两种资源，VC 作为一个经济主体，都能够而且会加以使用，从而努力创造未来的经济效益，即财富。

VC 在商船准备就绪、可以出发远征时的"财富账目表"如表 1-3 所示。

表 1-3 VC 在即将出发远征时的"财富账目表"

VC 的资产		VC 的负债	
持有的现金（微量）	10 个金币		
船长持有的现金（用于船员未来工资的发放、船只的维修以及贸易）	150 个金币		
船上的食品和物料用品存货	330 个金币	欠银行家的债务	900 个金币
待贸易商品存货	350 个金币		
船和设备	160 个金币		
总计	1 000 个金币	总计	900 个金币
		VC 的"净值"	100 个金币

由于 VC 拥有价值 1 000 个金币的货品、船和现金，但同时又有 900 个金币的欠款，因此它的净财富（或净值）仍然是 100 个金币。表 1-3 不仅列示了 VC 的"净值"，而且还按不

同的类别罗列了它所有的资产。这样的文件对于"控制"船长（VC 的代表或代理人）在创造更多财富方面所做的工作具有十分重要的意义。它还可以用于验证是否有"盗窃行为"发生（内部控制）。在任何时候，卡斯特斯（或其他任何人）都可以验证企业资产的有形存在。

卡斯特斯成功地甄选到一个好船长、一个优秀的船员团队以及一艘坚固的船，这一点非常重要：成功的概率取决于船长及其所带领的船员团队的素质。现在，卡斯特斯（以个人的身份）不仅实际拥有 VC 的资产（他是 VC 唯一的业主），而且还拥有潜在的利润——当商船归来，连同随船带回的商品一起被出售，并且出售所得大于 VC 欠银行家的债务时，就会产生利润。此外，卡斯特斯还期望船长带回来的不仅仅是一艘船，他鼓励船长扮演私掠者的角色，去俘获尽可能多的"敌方"船只并将它们置于自己的控制之下。卡斯特斯期待着 VC 的这次贸易远征活动取得成功。

卡斯特斯预期，商船会在 4 年后归来，而且载回商品的价值应该会高于它出发时所载商品的价值。在此期间，卡斯特斯需要资源来维持生活。他意识到，他把绝大部分的自有现金都投到了企业中，但对企业能否获得成功并没有十足的把握和信心。以个人的身份而言，他想要获得更多的现金来维持生活，并对自己所做的投资进行对冲（即分散他的风险）。因此，他开始为自己计划中的"贸易远征活动"寻求愿意共担风险、共享收益的合作伙伴。他找到了一位富有的朋友。这个朋友认为，卡斯特斯确实购买了一艘坚固的船，而且聘用了一位出色的、富有创业精神的船长，在这位船长的带领下，商船很可能会载回高价值的商品。于是，这个朋友用 600 个金币的现金，从卡斯特斯对企业的权利和索取权中购去了一半的"份额"，即拥有企业当下净值的一半，并且有权获得在商船归来时 VC 可能实现的利润 50% 的份额。实质上，卡斯特斯（以个人的身份）以 600 个金币的价格私下出售了某种有状态条件的索取权（50% 的未来利润或损失，无论该利润或损失是否存在或有多少），从而将自己对未来利润的索取权从 100% 减少到了 50%。

VC 的财富仍然是 100 个金币，不过卡斯特斯（以个人的身份）所拥有的财富却因为他获得了 600 个金币的现金而发生了变化。创立 VC 的根本好处是"股东"可以私下出售"股份"（即对未来利润的索取权）。这样的出售对 VC 本身的状况没有任何影响。卡斯特斯对 VC 未来利润的索取权原本为 100%，但在与他的朋友进行私下交易后，就减少为 50%。在出售一半"股份"之前，卡斯特斯的个人财富是：手头的 20 个金币（他将自己绝大部分的现金财富都投到了企业中），加上对企业未来利润 100% 的索取权。

在私下出售了企业 50% 的权益后，他的财富就变为：手头的 620 个金币（从家族获得的资助 120 个金币 − 投资 100 个金币 + 出售"股份"给朋友获得的 600 个金币），加上对企业未来利润 50% 的索取权。卡斯特斯通过交易，将他对某种不确定的回报（未来利润）所拥有的 100% 的索取权，换成了手头的 600 个金币，加上对上述不确定的未来回报所拥有的 50% 的索取权。他分散了自己的风险，但他原本在企业最终结业时可能索取的高收益也减少了。

表 1-4 中所总结的 VC 的"财富账目表"体现了这宗交易，即卡斯特斯将自己对未来利润的个人或有索取权出售了一半。正如读者所见，卡斯特斯将自己在企业中的一半权益出

售，对企业本身是完全没有影响的。这只是两个合作伙伴之间的私事——他们俩现在都是"股东"了。唯一需要记录的要素是，当企业清算或赚取利润时，有两个索取权持有人，并且他们对净值或利润拥有同等的索取权，而以前只有一个索取权持有人。

表 1-4　VC 在卡斯特斯出售 50% 索取权后的"财富账目表"

VC 的资产		VC 的负债	
持有的现金（微量）	10 个金币		
船长持有的现金（船员未来工资的发放、船只的维修以及贸易）	150 个金币	欠银行家的债务	900 个金币
船上的食品和物料用品存货	330 个金币		
待贸易商品存货	350 个金币		
船和设备	160 个金币		
		总计（2）	900 个金币
总计（1）	1 000 个金币	VC 的"净值"（1）-（2）	100 个金币
		卡斯特斯在"净值"中持有的份额 朋友持有的份额	50% 50%

我们可以看到，账目表中记录了欠银行家的债务，但并没有用相同的方式来记录"股东"所持有的索取权。"股东"（卡斯特斯和他的朋友）当然希望回收自己的资本，但这并不是通过偿还的方式，而是通过分享企业利润的方式来实现的。每个"股东"都对未来的利润拥有索取权。卡斯特斯的朋友所支付的那 600 个金币属于卡斯特斯以个人的身份拥有的净值，而不属于企业的净值。企业所有权结构的变化并没有为企业创造财富[20]。

如果我们计算当下应归每个"股东"所有的企业净值分别是多少，那结果就是每个"股东"拥有企业净值的一半，即 50 个金币。卡斯特斯的朋友实质上是用 600 个金币向卡斯特斯购买了价值 50 个金币的净资产，但还要加上对企业在未来几年中所获收益的一定比例（50%）的索取权。这个朋友所支付的价格比他所获得的净资产的"账面价值"高出 550 个金币，因为他认为未来的收益会多于他所支付的"溢价"。当然，购买股票支付的金额大小和对未来利润的索取权并无关联：无论股票的市场价值如何，每份股票都拥有同样的索取权（我们将在第 11 章说明一些偏离这一原则的情况）。

卡斯特斯的个人财富现在是 620 个金币，加上对企业未来利润 50% 的索取权。VC 是一个独立的主体，它和以个人的身份存在的卡斯特斯是相互区分开来的。在会计核算中，很关键的一点就是要准确地知道所论经济主体的界定范围。从现在开始，我们所论及的相关经济主体将只是指这个"企业"。

我们可以记录这个从事"航海 / 贸易远征活动"的企业的状况，列报它"拥有"价值为 1 000 个金币的有形资源[21]（或"资产"），并且欠 900 个金币的债务。VC 的净值现在（以及在未来任何时点，直至卡斯特斯与他的合作伙伴之间的合同终止）将对半分配给卡斯特斯和他的合作伙伴。当商船归来时（应该会在最初计划的时间范围内），船上所载的商品将被出售。出售所得扣除支付给银行家的利息、发放给船长和船员的奖金等各项费用之后，即从企业的收入中扣除企业所有的经营费用之后，如有剩余，就是产生的利润。

假设 4 年后，VC 远征商船的船长带回了 3 艘船（原来那艘船加上在海上俘获的两艘"敌方"船只），船上所载的商品被出售[22]，出售所得为 10 008 个金币的现金。

鉴于此次贸易远征活动大获成功[23]，卡斯特斯决定在原先商定的 150 个金币的工资之外，再发放给船长和船员 1 000 个金币的奖金。

那位银行家也认为企业获得了成功，并且对企业的管理者做出了很高的评价。他向卡斯特斯表示，如果他和他的朋友决定继续经营这个企业，哪怕是另辟业务线，他都可以提供贷款展期，而且利率保持不变。也就是说，那位银行家同意推迟偿还贷款本金的期限（推迟后的到期日将重新商定，但肯定是在我们的故事结束之后）。不过，企业必须支付贷款本金在过去 4 年的应计利息，共计 418 个金币（$900 \times 1.10^4 - 900 = 417.69$，为简便起见，我们将结果四舍五入为 418 个金币）。这笔利息是一项费用。

卡斯特斯在得到朋友的同意后，决定将企业继续经营下去，而不是予以解散或清算。但是，"股东"决定将企业的重心转移到一种风险较低的业务上。他们计划将企业的业务转向农业生产，这项业务虽然有风险，但更具可预测性。这样，企业就不再需要商船了，所以他们将 3 艘船全部出售。接下来，卡斯特斯（以企业管理者的身份）就能非常明确地预见到，企业会有多少流动资金可用来投资收购一个大农场及其设备。

第一艘船的初始价值是 160 个金币，由于损耗，它的价值现在已经降到 100 个金币。如果企业继续从事航海—私掠—贸易的业务活动，那我们就要将这艘船的价值损失（即航海潜力的损失）确认为一项经营费用——折旧 [此处的金额为 60 个金币，即 160 个金币（初始价值）–100 个金币（转售价值），我们将在第 2 章和第 7 章对这项内容展开讨论]，并在计算企业的经营利润时，将这项费用从收入中扣除。但是，由于企业完全改变了自身业务的性质，所以情况可能会简化一些。实际上，我们可以忽略这项经营费用，因为这艘船被出售了。我们可以记录一项金额为 160 个金币的费用，也就是这艘船的初始成本，以及一项金额为 100 个金币的收入，也就是出售这艘船的所得。其他两艘船分别以 75 个金币和 125 个金币的价格出售。这样，3 艘船的出售所得共计 300 个金币的现金。

为了总结与贸易远征活动及其"最终结果"相关的要素，我们编制了如表 1-5 所示的利润表或业务活动报表（表中数据单位为金币个数）。

创造财富的正面要素称为"收入"，消耗（破坏）财富或资源的负面要素称为"费用"。收入与费用之间的差额就代表企业所生成的收益（或所创造的财富）。

表 1-5　VC 4 年的业务活动报表

收入	
商品出售所得	10 008
商船出售所得（100+75+125）	300
收入总计	10 308
费用	
工资与费用（用初始的现金支付）	−150
发放给船长和船员的奖金	−1 000
食品和物料用品存货的消耗	−330
待贸易商品存货的消耗	−350
支付给银行家的利息费用	−418
第一艘商船的使用消耗（折旧）	−60
第一艘商船的消耗后净账面价值	−100
另两艘商船的消耗费用	0
费用总计	−2 408
收益	7 900

表 1-6 中计算了期末现金余额（表中数据单位为金币个数）。

表 1-6　期末现金余额

期初现金余额（1）	0
现金收入	
卡斯特斯的注资	100
从银行家处获得的现金	900
商品出售所得	10 008
商船出售所得	300
现金收入总计（2）	11 308
现金支付或支出	
各种用途的现金支付（用于工资与费用 150，食品和物料用品存货 330，待贸易商品存货 350，商船 160）	−990
发放给船长和船员的奖金	−1 000
利息费用	−418
现金支付总计（3）	−2 408
期末现金余额（4）=（1）+（2）+（3）	8 900
本期间生成的现金流（5）=（2）+（3）	8 900

表 1-6 显示了期末现金余额的确定过程。此外，还可以将该表重新编排成表 1-7 的格式，区分现金的三种来源和用途：经营活动、投资活动和融资活动（表中数据单位为金币个数）。

表 1-7　现金流量表

期初现金余额（1）	0
经营活动现金流	
商品出售所得	10 008
各种用途的现金支付（用于工资与费用、食品和物料用品存货、待贸易商品存货的现金，不包括用于商船的现金）	−830
发放给船长和船员的奖金	−1 000
利息费用	−418
经营活动现金流总计（2）	7 760
投资活动现金流	
第一艘商船的购置成本	−160
所有商船的出售所得	300
投资活动现金流总计（3）	140
融资活动现金流	
卡斯特斯的注资	100
从银行家处获得的现金	900
融资活动现金流总计（4）	1 000
本期间生成的现金流（5）=（2）+（3）+（4）	8 900
期末现金余额（1）+（5）	8 900

表 1-7 为分析现金流的生成情况提供了一种角度。现金流被分为三类：①经营活动现金流（包括利息费用，因为经营活动现金流包含所有与财富的创造和破坏相关的要素）；②投

资活动现金流（在本例中包括商船的购置和出售）；③融资活动现金流。对于"现金流量表"，我们将在第 3 章、第 16 章和第 17 章中详加探讨。

我们还可以从表 1-8 中看到 VC 在远征商船归来并出售后的"财富账目表"。

表 1-8　VC 在远征商船归来并出售后的"财富账目表"

VC 的资产		VC 的负债	
持有的现金（参见表 1-6 和表 1-7）	8 900 个金币	欠银行家的债务	900 个金币
总计（1）	8 900 个金币	总计（2）	900 个金币
		企业的"净值"（1）-（2）	8 900-900=8 000 个金币
		卡斯特斯在"净值"中持有的份额	50%
		朋友拥有的份额	50%

与最初 100 个金币的净值相比，VC 的净值增加了 7 900（=8 000-100）个金币，这一差额就代表企业的利润。由于我们考虑的不是 VC 在其完整生命周期中的账目表，所以净值和期末现金余额的金额并不一致。在现实世界中，考虑任何企业在完整生命周期中的状况都是极不寻常的事。大多数企业在创立时都以持续经营假设为前提，没有任何预先给定的清算日（如果有指定的"诞生日"和"终结日"，那通常称为一个活动或一个项目，而不是一个企业）。因此，通常而言，正如本例中所显示的，持有的现金和净值的金额永远都不会是一致的（我们在第 2 章和第 3 章会做进一步讨论）。

企业在这期间所赚取的利润（7 900 个金币）可以作为"股利"分配给股东，即卡斯特斯和他的朋友（股利的总额可以是不超过 7 900 个金币的任何金额，每个股东各分得一半），也可以全部或部分留存在企业中，也就是我们所说的留存收益。利润可以部分或全部留存下来，以便为企业未来的经营活动提供资金。由于 VC 打算在农业领域开辟新业务，所以股东知道，他们需要大量的可用资金来购置一个优质的农场。VC 持有现金，所以它可以不必通过额外借款来为自身的增长和发展提供资金。我们假设一个优质的农场及其设备可以用大约 5 000 个金币购得，企业的持续经营活动需要长期占用现金 600 个金币。因此，VC 仍然可以向两个股东派发丰厚的股利，而不会危及它"持续经营"的能力。这样，卡斯特斯（以个人股东的身份）就可以得到 1 150[=（7 900-5 600）/2] 个金币的现金股利（他的朋友也能得到相同金额的股利），这并不会危及企业获得长足发展的能力。我们将在第 2 章和第 11 章进一步讨论利润和留存收益的概念。

这个投资项目获利如何？如果从出海前股权转让后算起，卡斯特斯 4 年得到的总投资回报率为：

（1/2×7 900）/100=3 950/100=3 950%（年回报率超过 150%[24]）

他的朋友 4 年得到的总投资回报率为：

（1/2×7 900）/600=3 950/600=658%（年回报率约为 60%[25]）

当然，卡斯特斯组织航海的能力能否复制到农业开发事业中并不明朗，这需要卡斯特斯和他朋友以及银行做进一步沟通。

这个小故事显示了以下步骤的必要性。

- 记录一个名为 VC 的经济主体的财务状况 [我们称之为资产负债表，分别在期初（见表 1-2）和期末（见表 1-8）各编制了一份，还在期间编制了两份（见表 1-3 和表 1-4)]。
- 承认企业主体是独立的，是与其股东相区分的。
- 记录企业主体在任何时候的资源构成情况。
- 记录未来利润的分享情况。
- 确立基线，作为计算财富创造值的基准。
- 制定规则，规定在分享所创造的财富之前，如何计算。
- 编制一个综合性文件，记录企业的经济活动创造了多少价值（利润表）。
- 了解船长（代表企业两个联合所有者行事的管理者或代理人）是如何做到带着 3 艘商船满载而归的，从而使卡斯特斯（该企业以及未来可能建立的企业的发起人）能够做出分析，知道可以通过哪些方式使这次贸易远征活动更加高效地运作，或者可以在哪些环节增加资源的投入，来促进价值创造的过程。在"日记账"中，船长记录了在 4 年的"活动"过程中所发生的每一宗交易。研读这本"日记账"对卡斯特斯将会大有帮助。
- 提供商业概念获得成功的证据，以便在需要时从更多银行家或其他潜在合作伙伴处获取更多的资金，用来支持企业的继续经营或扩张。

此外我们还注意到：

- 该期间的收益和现金流的金额不一致。这样的情况并不特殊。之所以会出现此种情况，是因为一些现金流入并非收入。例如，在本案例中，从银行家处获得的贷款并不是一项收入，而是一项债务。我们将在第 3 章和第 16 章进一步讨论在持续经营的业务中利润和现金的关系。
- 从业务活动直接计算出的利润等于净值的变化额。正如我们将在第 2 章说明的那样，这一结果并不是巧合。

会计包括对相关信息进行记录、分析和报告的整个流程。它的目的是多方面的，可以是帮助商业活动结束后的利益分配，或者是更好地理解和管理商业价值创造的流程。

1.6 财务会计和管理会计

正如前面提到的，会计分为面对内部使用者的管理会计和面对外部使用者的财务会计。

管理会计主要满足企业内部决策者的信息需求，正因如此，需要处理一些复杂的事务，比如，一些产品具体成本的计算、商业活动的成本分析以及企业内部信息的传导，从而达到使所有企业员工团结一致努力工作的目的。它的领域较广，涉及成本问题、业绩管理问题（包括预算管理、激励、绩效考核等）以及目标偏离分析等。

财务会计和管理会计使用同样的基本信息（企业为创造现在或未来的经济收益而发生的经济事件），但使用的目的有所不同。简单来说，财务会计通常是对历史现象的综合记录，而管理会计会保留信息的具体内容和结构，从而通过比较精确的商业活动模型来预测未来的情况。从这个角度来说，这两种不同的信息处理方式对于衡量企业在一定时间内创造的利润来说是相同的。

除了在一开始两者之间是相互关联的（对某一事件的单一基础记录是两者共同的导入信息），最后又都形成一个单一的利润表，财务会计和管理会计在整个数据处理过程中也是相互关联的。比如，管理会计的成本信息被用于产品和客户的资产组合管理，同时也被财务会计应用于对成品、半成品存货和在产品的价值估计。表 1-9 反映了一些财务会计和管理会计的主要不同点。

表 1-9 财务会计和管理会计的主要不同点

项目	管理会计	财务会计
目的	详细了解价值是怎样创造的，便于对内部决策进行评估	衡量企业作为一个整体的业绩如何，并把这一信息报告给相关的决策者
产出信息的主要使用者	企业内部具有不同责任的各个层面的经理和决策者	企业高层经理，但主要面向外部决策者（包括投资者、银行、客户等），他们通常将企业作为一个整体进行考核
监管背景	在大多数国家没有监管（与政府签订协议的成本控制除外），主要关注企业成本和收益之间平衡的持续改进	财务会计信息是一个社会产品，因此被资本市场管理机构、税务部门以及会计职业部门所监管，以达到真实和公允地反映企业状况的目的。尽管成本和收益的平衡并没有在监管当中提到，但也希望管理者能够做到，即制造信息和数据的成本不应该超过给决策者带来的效益
行为影响	主要目的在于通过使用合适的信息进行分析，以调动企业内部的积极性	不希望影响行为，希望对所有的参与方都公平
时间窗口	通过一些内部和市场有关的商业模型的设计达到预测的效果，然后分析预期和实际实现的结果之间的差异	对已产生的结果进行客观记录，主要是反映过去。当然，对不同期进行比较也能够便于预测
时间周期	灵活和持续的，只要决策者感兴趣，随时都可以收集信息	财务报表是在事先约定的时间段发布的
目标方向	具体分析单元有：商业周期、企业各部门职能、知识集合、客户市场、客户类型、产品、资源市场分类等	通过将简单、基础的事件加总和分类建立业务的不同结构，最后编制财务报表，从而给出企业在一个特定时间点的业务状况
精致程度	重视信息的相互交流和商业模式的运作，如有需要可以继续细分下去	事后的总结性展示
边界	由数据的有效性界定：在决策中包括商业、战略、行为、经济各方面的重要性。在管理会计中经常能看到分析的范围超越了企业的法律界定	财务会计记录了法律规定范围内的法律实体之间的交易，以及实体和第三方之间的交易

最后应该牢记的一点是，会计是统一的学科。尽管在分析时有不同的方法和角度，但最后财务会计和管理会计对于一定时期内企业的净财富创造会给出相同的结果。

1.7 有效财务报表的质量指标

有效财务信息的质量特征，用来识别对现有的和潜在的投资者、贷款人以及其他债权人，以财务报告信息（财务信息）为基础，做出与报告主体相关的决策，很可能是最有效的信息（理论框架，IASB 2018：§2.1）。图1-5展示了有效财务信息的特征和必须符合的标准。

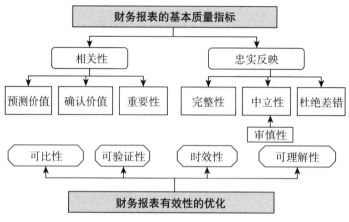

图1-5   财务信息有效性

两个基本的质量指标是：相关性和忠实反映。可比性、可验证性、时效性和可理解性可以优化具有相关性和忠实反映特质的信息，增强其有效性。

1.7.1   相关性

1. 定义

具有相关性的财务信息，是指能够让使用者做出不同决策的信息（理论框架，IASB 2018：§2.6）。如果财务信息具有预测价值、证实价值的作用或兼而有之，则能够导致不同的决策（理论框架，IASB 2018：§2.7）。

财务信息对评估企业过去的行为和预测未来的结果都是有用的。所以，下面即将描述的一些规则和原理，归根到底，都说明只有能帮助使用者评估过去（尤其是代理人如何履行职责）和预测未来（通过一些推断或者复杂的模型）的财务信息才是有用的。

2. 和重要性的关系

信息的相关性会被它的特征和重要性所影响。如果省略或误报信息将影响使用者基于特定报告主体的财务信息做出决策，则该信息具有重要性。换言之，重要性是相关性的一个企业特定层面的次级特征，基于相关财务信息在特定主体财务报告中的性质或金额（或两者兼有）（理论框架，IASB 2018：§2.11）。因此，IASB无法为重要性制定一个统一的量化门槛，也无法预先决定在特定情况下什么是重要的。

具体来说，财务报表在符合成本—收益平衡的情况下，可以接受一些估计和细微的差错。只要它们的重要性在显著水平以下，就不会有太大问题（不会影响使用者的决策）。但是在新兴经济中，由于商业决策的速度和决策带来的影响程度（在知识型经济中，信息对经济的影响是非常迅速的），重要性原则往往与商业活动息息相关，媒体也热衷于对此进行讨论和报道。越来越多的情况下，法庭诉讼中的一些弱信号对于某一领域中的先行者来说往往意味着机会的转移或者问题的产生。

1.7.2　忠实反映

财务报告使用文字和数字反映经济现象。财务信息要具有有效性，不仅要反映相关的经济现象，还必须忠实地反映意欲反映的现象的实质。在大多数情况下，经济现象的实质[26]和其法律形式相同。但当某一经济现象的实质与其法律形式不同时，如果仅按其法律形式提供信息，就没有忠实反映该经济现象（理论框架，IASB 2018：§ 2.12）。完美的忠实反映具备三个次级特征：完整性、中立性和杜绝差错（理论框架，IASB 2018：§ 2.13）。

完整性是指包含了使用者理解经济现象所必需的全部信息，包括必要的描述和解释（理论框架，IASB 2018：§ 2.14）。中立性是指在选择和列报财务信息时，不带有倾向性（理论框架，IASB 2018：§ 2.15）。审慎性是中立性的基础，是指在不确定条件下做出判断时应慎重。审慎处理意味着资产和收益不被高估，负债和费用不被低估……同样，审慎处理也意味着不低估资产和收益或者高估负债和费用（理论框架，IASB 2018：§ 2.16）。审慎概念在IASB 2010 年版的财务报告理论框架中被剔除了，但是又被 2018 年新版的财务报告理论框架重新引入。我们将在第 4 章重点介绍。

忠实反映并不要求在所有方面都做到完全精确。杜绝差错是指对经济现象的描述没有差错或遗漏，以及选择和使用报告信息的程序没有差错（理论框架，IASB 2018：§ 2.18）。

1.7.3　可比性

使用者必须能够比较某一实体在不同时点的财务报表，从而得知该企业的财务状况和业绩趋势。因此，对业务和其他事件的财务影响的展示与记录必须采用一种持续、稳定的方法。

另外，使用者也有可能将不同企业的财务报表进行比较，从而评估它们相对的财务状况和业绩变动。但是可比性往往又会和相关性的要求产生冲突。对于不同企业选择同一编码的程序，有时也会导致被选中的是"最小公分母"，这样对于使用者来说，信息的可使用性就下降了。比如，对于一个业务复杂的企业来说，不把业务进行细分，不根据不同的市场和技术进行区分，总收入这个衡量指标就会造成误导，例如在一个狭窄市场上的增长可能掩盖了在更广阔市场上的萎缩。除非有更多的信息，否则总收入是难以进行分析和比较的。但是如果让企业自主选择，那么每个管理团队都会从自己的战略眼光来描述商业过程和结果最好的一面，这样则会造成可比性下降。

采用统一编码对事件和会计进行描述之利弊的争论永无止境。在第二次世界大战结束后，法国就选择了一种统一的会计报表格式，也规定了所有企业采用统一的记账账目设置方法（详见第 3 章）。西班牙和比利时也采用了标准化的会计账目，但在很多欧洲其他国家这并不常见。

既然不同实体往往不会采用和同一行业的其他企业完全一样的会计格式，那么就需要做出一些信息上的选择。为此，一些服务机构，比如券商、银行、咨询公司或半官方机构，有偿提供用复杂模型和有进一步信息调整的财务报表，使其符合行业的需求。

1.7.4　可验证性

可验证性让使用者更加确信财务信息忠实反映了其试图反映的经济信息。可验证性是指对于已忠实反映的特定描述，知识结构不同、互不关联的人也能够得出相同的意见，尽管不是完全一致的。量化信息不一定需要一个精确的点才可以验证，一个大致的范围和相关概率都可以被验证（理论框架，IASB 2018：§ 2.30）。

1.7.5　时效性

如果信息的披露滞后，那么它就会失去其有效性。管理者必须平衡提供及时报告的成本（包括使用信息技术的成本和能够满足及时报告的程序）和为决策者提供及时信息的利好。对于商业企业来说，在时效性和有效性之间寻求平衡是其每天都会面对的工作。有时效的信息是昂贵的，但是错过一个战略性机会可能会让你损失更多。有句话说，一个粗略但时效性强的信息比一个准确但过时的信息有用得多。但对于企业来说，两者到底哪个更好呢？每个管理团队都会有自己的衡量标准。

1.7.6　可理解性

财务报表提供的信息应该是容易被使用者理解的，这里的使用者通常指一些已经掌握了商业流程、经济活动及会计基础知识的人。他们应该愿意为了解财务报表中的信息付出努力（理论框架，IASB 2018：§ 2.36）。

1.8　会计的演变史：从苏美尔到卢卡·帕乔利

会计不是现代社会的新产物。一些历史学家（Colasse，2013：28）认为，两三万年前石头上的标记也是会计的一种形式，它记录了各部落成员对狩猎中获得的猎物的索取权。下面让我们看看现代会计是如何从苏美尔时代（即公元前 1795 年到公元前 1750[27] 年汉谟拉比 [28] 统治古巴比伦时期）演变到卢卡·帕乔利时代（1494 年）的，帕乔利的一本著作记录了威尼斯商人的会计实践（基于佛罗伦萨银行家的实践，而佛罗伦萨银行家又是从早期的阿拉伯商人那里学习来的），进而开创了现代会计的先河 [29]。

1.8.1　苏美尔时代

会计的起源通常可以追溯到美索不达米亚的苏美尔时代。在底格里斯河和幼发拉底河之间的地域，考古学家发现了刻在石头或黏土碑上的大量会计记录。黏土碑的易碎性是记录安全性的保证，因为任何篡改记录的行为都会毁坏黏土碑。保护这些黏土碑就是为了保证契约和计数的准确。

在乌尔王朝，会计分录变得更加复杂和精细。现代会计的所有特征都记录在了黏土碑上，比如交易物品的性质、契约双方的名称、物品的数量及交换价值。一些黏土碑上甚至记录着上一期的余额，分开记录增项和减项，并记录期末余额。

在有些情况下，法规要求使用更坚固的石头来记录官方或宗教的会计报表。其中一个例子就是公元前 18 世纪的《汉谟拉比法典》(后文简称《法典》)。这本法典记录了古巴比伦的社会规范，主要关于合同法、家庭法以及与会计和管理相关的代理合同法。《法典》规定，代理人需要以账目形式 (簿记) 记录一些特殊交易。从那以后，会计经常被放在代理的情境下：①以委托人 (所有者) 的名义定义代理人 (管理者) 经营产生的财富增长 (利润)；②为在委托人、代理人和其他参与者之间分配财富提供依据；③保持记录谁拥有什么、控制什么以及谁欠谁什么。

令人惊讶的是，当更为有效的阿拉米语和腓尼基语代替楔形文字[30] 时，这个史上第一会计文明并没有留下多少痕迹。这到底是因为会计原则将其遗弃，还是因为实体支持的变化，或是战争毁灭了考古文档，还有待考证。

1.8.2　古埃及会计

会计在古埃及的发展中起到了举足轻重的作用。抄写员有一套简单的手写体文字 (没有象形文字复杂) 来记录家政和商业经济。他们被要求熟悉算术和簿记。他们把信息记录在莎草纸上，莎草纸比石头和黏土碑更轻便，但也更易碎。交易先用草稿记录，然后按确定的时间顺序正式记录。按时间顺序记录的账目定期汇总成综合文档，至少一年一次。这个账目具有所有普通账户的特征：名称、日期以及金额。收入与支出分开记录。从公元前 300 年起，古埃及人成为希腊文化的一部分，银行业中采用希腊语和希腊方式。希腊方式包括账户之间的转账，账户转账的出现是现代会计发展至关重要的一步，因为它可以使账户中的金额增加或减少而不用发生实际的现金交易。

1.8.3　古希腊会计

古希腊会计则更为先进。一些历史学家认为，寺庙是第一个需要会计的组织 (偶尔扮演银行的角色)。在古巴比伦和古埃及，祭献给上帝的贡品都要记录在大理石石碑或石灰石石碑上。独立于寺庙会计之外，古希腊银行家保留着更为完整的会计记录。银行网络的复杂性引导了会计控制系统的发展，会计控制系统是审计的前身。追溯到公元前 300 年，雅典有一个审计法庭，由 10 个逻辑学家[31] 组成。然而，整套的实践体系，包括完整的记录和控制、公开的账目、会计责任制和民主性，都随着审计法庭的解散而消失了。

1.8.4　古罗马会计

在古罗马，每个家庭 (那时候的家庭比现在 21 世纪核心家庭的概念更为广泛，包括所有长辈、兄妹、子孙后代以及仆人和奴隶）实质上都是一个有着自身的生产和交换系统的经济体。（家庭的概念一直延续到意大利会计和管理体系，称为企业经济[32]。）保存账簿是一家之主的责任，就像现在是企业领导者的责任一样。古罗马哲学家西塞罗描述过他那个时代的簿记体系，认为最主要的记录是收入和支出的法典（日记账）。会计分录一开始记录在草稿上，然后有条理地记录到法典里。*Codex Rationum* 是有考证价值的永久性文献，是总分类账的前身（详见第 3 章）。古罗马文明的陨落导致了古罗马会计体系的消亡。

1.8.5　中世纪会计

虽然哥特野蛮人攻占并摧毁了西罗马帝国，但是东罗马帝国（包括古希腊、君士坦丁堡以及中东地区）未受侵犯。希腊会计知识体系在拜占廷帝国得到存续。阿拉伯文明和交易的日益繁荣充分利用了其所攻占领土的会计知识，并融入数学和天文学知识将其不断改进。

公元 13 世纪，会计在西欧（主要是意大利北部、荷兰以及佛兰德斯）复兴，但不清楚是西欧商人从拜占廷人和阿拉伯人那里学得会计知识，还是西欧人自己重新开发了管理和会计实践体系。

无论是商人创立具有多个分支机构的大型公司（跨国公司的前身），还是通过代理人进行交易，都需要严谨的会计支持。会计可以记录发生的交易、创造的财富以及财富的转移。会计使代理人对他们的行为负责。跨国交易、资本提供者和决策者的分离以及代理合同的发展使会计在中世纪重新出现。会计的再现经历了 3 个阶段：备忘录、单式记账和复式记账。

1. 备忘录

备忘录只是每天记录经济实体发生的交易，并不将相同性质的交易统一归类。备忘录是远古时代最原始的记录方式。

2. 单式记账

相对于简单的备忘录，单式记账是一个很大的进步。中世纪商业交易的日益复杂使备忘录将相同性质的交易归类（比如购买、支付工资、销售等）。每个类型的交易记录在专门的表格中，形成会计账目。

3. 复式记账

复式记账标志着现代会计的诞生。每一笔经济业务都用两个金额相等、方向相反的科目进行记录。一个科目是应贷[33]（credit）账户，另一个科目是应借[34]（debit）账户。1340 年，最早的复式记账出现在热那亚财务官的账簿中。1494 年，卢卡·帕乔利在他的数学著作《算术、几何、比与比例概要》中正式详细地描述了复式记账法的步骤。卢卡·帕乔利在数学书中插入会计章节，本意并不是要阐述商业活动，而是举例说明已经在西欧数学家中失传的

"零"概念。实质上，会计的基本等式"借方＝贷方"和"资产＝融资（负债＋权益）"显示账户余额应该为零。如果一项债务被还清，对于借款人来说，账户余额实际上为零，但是债务和还款都应该记入会计分录。借款人的账簿上应当同时记录现金（资产）科目金额的减少和债务所在借方科目金额的减少。在第3章中，我们将看到会计师用专业词汇（借和贷）来描述资产科目的增加或减少，以及负债和权益科目的相反变动。现代会计诞生于卢卡·帕乔利的著作《算术、几何、比与比例概要》。卢卡·帕乔利的这本著作被广泛传播，本书中的复式记账和会计知识也源自这本著作。我们在本书中将较少使用借和贷这样的词汇，因为本书主要针对管理学学生，而不是会计师。

1.8.6　中国会计

中国有长期的会计发展传统，与西方相比，到20世纪初，中国会计体系一直处于相对独立的演变过程中。

中国会计的起源可以追溯到新石器时代（郭道扬，1982；李宝震，1991）。中国的考古发现显示，在公元前5000年到公元前2000年，存在一些基本的会计记录，这些记录被刻在石头和陶器上，也有一些采用打结的方法进行的记录。在西安附近的新石器时代半坡遗址中，考古人员发现了30多个刻画在陶器上的符号，这些符号被认定为中国语言文字的起源，也是中国史前人所做的记录和衡量的努力的见证。

据迈克尔·查特菲尔德（Michael Chatfield，1974）叙述，中国的会计尤其是国家会计体系曾在商周时代达到鼎盛时期。当时会计人员采用单式记账法建立了一个相当复杂的会计体系。这个体系包括定期发布的月报和年报，还有一位国家委派的专职官员（称为财计长）对年度财政预算进行独立监督，并通过抽样调查对预算的执行情况进行评价。在春秋时期，一些中国历史上的名人也从事过会计行业，比如孔子在当时鲁国的季氏家族做过会计（郭道扬，1982）。到10世纪左右，用于衡量经营业务结果的平衡等式逐渐显现，这就是中国历史上著名的四柱平衡等式："旧管＋新收－开除＝实在"。这个平衡等式可以用不同方式来控制企业的业务量：可以用"旧管＋新收＝开除＋实在"的方式来衡量企业当期的业务总量，也可以用"新收－开除＝实在－旧管"的方式来确定本期的业务波动情况。通过以上方式能够比较有效地反映企业对存货的管理和监督。

到14世纪，也就是明朝（1368～1644年），中国出现了由单式记账法向复式记账法过渡的记账方式，被称为"三脚账"。到明末，三脚账演变成相对初级的复式记账法，被称为"龙门账"，该做账方式被山西的票号、银行业从业人员广泛使用。到18世纪中期，龙门账又进一步发展成更先进的复式记账法，被称为"四柱结算法"，该方法一直使用到20世纪初，直到中国逐渐引入西方的复式记账法。

19世纪末20世纪初，由于中国和西方国家的商务交流日益增多以及西方承办的工商业在中国兴起，西方的复式记账法逐步取代了中国传统的记账方法（郭道扬，1988）。

关键知识点

- 会计是一门商业语言，便于那些对企业经济活动感兴趣的人相互之间进行交流。交流内容包括作为一个经济实体的企业的过去、现在和未来。
- 总体来说，会计信息是支持决策不可或缺的工具。在商业中，很多决策（包括资源计划、收购、再分配和使用）的目的在于完成企业既定的目标。
- 会计信息来自一个持续流程的结果，这一流程包括对企业经济活动产生的数据和信息的识别、获取、分析、解释、分配。
- 会计是任何商业活动的必要组成部分，它能够帮助使用者通过分析财务报表来建立起他们对经济实体各方面的观点。
- 财务报表是会计商业活动综合性的最终产品，包括利润表、资产负债表、附注（用来解释企业所选择的会计方法，并提供复杂和关键交易活动的具体内容），在多数国家，还包括现金流量表。
- 财务报表是定期编制的，传统上至少要一年编制一次，一般在交易淡季编制。
- 不同会计信息的使用者都需要了解会计信息，因此每个国家的监管部门都会制定会计准则或者称作财务报告准则，包括具体原则、会计基础、会计规定、会计制度以及会计实务，以便编制财务报表。
- 会计分为对外报告的财务会计和对内报告的管理会计，这也反映了不同报表使用者的不同需求。
- 为使用者提供的财务报表必须符合四个要求：可比性、可验证性、时效性、可理解性。
- 会计实践不断创新以满足企业和投资者的需求。
- 会计准则基于权责发生制，会计包括了业务活动的各个方面，对同一时间框架内的事件进行确定和记录，这些事件并不一定是和现金有关的。

实战练习

实战练习1-1 选择题

请选择正确答案（除非特别说明，正确答案只有一个）。

1. 通常财务报表包含下列哪几项？（多项选择）

  （a）资产负债表或财务状况表　　　　　　　（b）现金流量表　　　　（c）财务报表附注

  （d）利润表　　　　（e）增值表　　　　（f）价值创造表

2. 只有那些会导致现金流发生变化的经济业务需要记录在财务会计中。

  （a）对　　　　（b）错

3. 财务会计为决策者提供了完全客观的信息，所以决策者在做决策时不需要任何主观判断。

  （a）对　　　　（b）错

4. 簿记属于以下哪项？

  （a）管理会计　　　　（b）财务会计　　　　（c）审计　　　　（d）以上都不是

实战练习 1-2 问题讨论

1. 决策者为什么需要使用会计信息？
2. 为什么需要财务报告准则来规范会计记账？
3. 如何区分财务会计和管理会计？

挑战练习 1-1 选择题

请选择正确答案（除非特别说明，正确答案只有一个）。

1. 财务报告的目标基于以下哪一项？
   (a) 通用会计准则　　(b) 使用者需求　　(c) 管理层对所有者 / 投资者的会计责任
   (d) 权责发生制　　(e) 税务机关制定的税务政策

2. 下列哪一项正确描述了财务报告的目的？请解释为什么选择该答案。
   (a) 列示企业的资产、负债和权益
   (b) 在过去现金流的基础上预测企业未来的现金流
   (c) 估算企业的市场价值
   (d) 公正客观地描述企业过去财富的创造，帮助预测企业未来能够创造的财富

3. 企业的经营周期由以下哪一项定义？
   (a) 税务机关　　(b) 季节
   (c) 从消耗现金购买资源到通过销售收回现金（现金周期）
   (d) 每个行业的交易协会

4. 对于一个制造企业来说，报告日期（关账并制作资产负债表、利润表和现金流量表）的选择主要基于以下哪一项？
   (a) 税收规定　　(b) 成品存货最少时点
   (c) 大多数员工放假的时间　　(d) 会计师时间的可行性

5. 在下列会计信息的质量特征中，请选择两个你认为最重要的特征并解释。
   (a) 可验证性　　(b) 公正性　　(c) 精确性　　(d) 相关性
   (e) 清晰性　　(f) 可靠性　　(g) 一致性　　(h) 可比性
   (i) 中立性　　(j) 重要性　　(k) 谨慎性　　(l) 时效性

6. 怎样的会计信息被认为具有重要性？请解释你的答案。
   (a) 与原材料相关　　(b) 与决策相关
   (c) 利润变动超出预先设定的百分比　　(d) 与客户导向供应链业务相关
   (e) 性质和金额可能改变使用者的决策　　(f) 税务机关规定的重要信息
   (g) 金额超过预先设定的数值

7. 对于服务性企业，报告日期（关账并制作资产负债表、利润表和现金流量表）的选择主要基于以下哪一项？
   (a) 高级管理层决定　　(b) 税务规定
   (c) 客户需求最低的时点　　(d) 大多数员工放假的时间
   (e) 客户未支付的账单余额最低的时点　　(f) 会计师时间的可行性

挑战练习1-2　问题讨论

1. 企业管理层（企业内部决策者）是否应该被认为是财务报告的使用者？

2. 财务报告使用者的需求是否会有冲突？如果是，请举例说明；如果不是，请解释原因。

3. 决策者如何获得非公开的企业财务报表（比如非上市企业的财务报表和竞争对手的财务报表）？

4. 为什么供应商和客户会对公司的财务报表感兴趣？

5. 除了财务报表，还有哪些反映企业经济状况的信息是公开的？

挑战练习1-3　科塞纳基斯

要　　点：资产负债表

难度系数：低

希腊青年科塞纳基斯于夏季第一天到达比布鲁斯（腓尼基港口城市）。科塞纳基斯的父母是雅典富有的商人，决定送他环游世界了解各地的商业活动。他们提供给他一些物资和少量现金。科塞纳基斯带着这些物资和现金开始了他的交易之旅，并创建了科塞纳基斯公司（Venture Xenakis）。

科塞纳基斯打算在比布鲁斯待10天，他刚到达比布鲁斯的时候，科塞纳基斯的财富如下。

- 6套金属餐具，每套在雅典市场上值50个银币。
- 10套水晶玻璃器皿，每套在雅典市场上值15个银币。
- 112个银币（他离开家的时候带着160个银币，船费花了48个银币）。

科塞纳基斯一到比布鲁斯就在希达旅馆租了一个房间，租期为10天，每天1个银币。安顿下来后，科塞纳基斯开始外出寻找他父母推荐给他的腓尼基商人。当他漫步在狭窄的街道和洒满阳光的露天广场时，他回忆起导师的教诲：详细记录每一笔交易。

科塞纳基斯遇见了一个餐具商，他同意以70个银币的单价买下6套金属餐具。然后，科塞纳基斯又以25个银币的单价卖出了10套水晶玻璃器皿。他以45个银币的单价买下12个调料罐，同时以90个银币的单价买下2匹丝绸布。科塞纳基斯花费50个银币买了返程的船票回到比雷埃夫斯（雅典港口城市）。他一回到比雷埃夫斯就出售了所有带回来的商品。

- 每个调料罐60个银币。
- 每匹丝绸布120个银币。

要　求

1. 请计算科塞纳基斯离开雅典前往比布鲁斯之前科塞纳基斯的总财富。

2. 科塞纳基斯回到雅典卖出所有商品后，科塞纳基斯拥有多少银币？

3. 请计算科塞纳基斯最后产生的利润。

4. 请计算科塞纳基斯回到雅典后科塞纳基斯的总财富。

（请在 Excel 表中列出每个问题的计算过程。）

挑战练习1-4 企业财务信息的使用者

要　　点: 财务信息使用者

难度系数: 低

要　求

　　列出一个企业（详细描述企业的状况）财务信息的至少 5 类使用者（至少包括一个非营利组织），并列示每一类使用者关注哪方面的信息（如有必要，区分短期和长期）。看看企业提供的财务信息能否满足这些使用者的需求。如果判断企业的财务报表不能提供使用者所需的所有相关信息，请详细列出至少 3 个合理原因。

挑战练习1-5 企业财务信息的重要性

要　　点: 财务信息使用者和投资者

难度系数: 中

　　下面列示出企业的一些信息。

（1）管理层和董事会成员名单。

（2）管理层和董事会成员的薪酬方案。

（3）市场及产品组合的主要竞争对手。

（4）责任分配方案。

（5）员工和管理层年龄分布金字塔图。

（6）企业各分支工会的选举结果。

（7）企业各部门的氛围。

（8）财务报表（资产负债表、利润表和现金流量表）。

（9）工厂及仓库分布地图。

（10）所有销售点的位置。

（11）过去 3 年企业每个重要产品组合的销售趋势。

（12）销售的产品的年限分布（1、2、3 年或更早年份推出现在仍在销售的产品）。

（13）员工数量。

（14）股权分配（主要股东、其股权份额以及每月交易的股票百分比）。

（15）贷款明细（金额及偿还计划）。

（16）企业的投资机会及回报率。

（17）过去 3 年企业批准的主要投资项目。

（18）企业自身拥有和租赁所得资产的分类。

（19）过去 3 年企业启动的投资项目完成的百分比。

（20）外界专家关于企业过时技术和资产的报告。

（21）企业激励制度的明细（包括期权激励）。

（22）在泛欧证券交易所上市的一家企业过去 3 年的股价走势（包括与同行业其他企业的对比）。

（23）企业产品在每个市场的销售秘籍。

（24）为吸引新客户和刺激需求所花费的支出（如营销、广告、促销和销售费用）。

（25）企业过去3年的税务申报表以及未交税款。

（26）现金和速动资产状况。

（27）重要客户信息，其与企业商务关系持续时间，以及每个客户的销售额占企业总销售额的百分比。

（28）高级管理层对企业未来及市场的分析讨论。

（29）各项研发支出。

（30）过去10年企业每个研发项目从开始到最终成功或失败的持续时间，以及成功研发项目的百分比。

（31）用外币进行交易的销售额百分比，以及出口商品的销售额百分比。

（32）法律诉讼的明细。

（33）企业历史总结。

（34）公司章程。

（35）企业拥有的专有技术的价值（自身研发或者从其他企业购买）。

（36）用于人道主义和慈善活动的费用占总费用的百分比，以及活动清单。

（37）第三方机构出具的评估企业对噪声、空气、水质量以及工厂10公里范围内居民生活环境影响的报告。

（38）过去10年企业因公伤亡的统计数据。

（39）合伙人协议，以及与供应商和客户签订的质量保证协议。

（40）子公司及分支机构清单。

（41）通过局域网或互联网能联系到一起的员工的百分比。

要　求

从上面列出的信息中选择10条你认为投资者想从公司年报中获得的最重要的信息，并解释原因。判断你希望提供给投资者的信息是来自会计系统还是其他信息系统。如果这些信息不是来自会计系统，请说明哪些会计法规可以解释为什么这些信息可以不在会计系统中披露。

挑战练习1-6　卡罗米里斯建筑公司

要　　点：信息有效性

难度系数：中

卡罗米里斯建筑公司是当地一家重要的建筑公司，并在交易所上市。它主要为私人或开发商建造独栋住宅。在20X2年年末，该公司宣称20X2年的利润有很大可能比20X1年高1/3，但是在手订单（收到的总订单减去已经发货的订单）将下降40%。该公司还宣称20X2年年末的现金将比年初减少50%。

要　求

下列群体分别对卡罗米里斯建筑公司20X2年及前3年财务报表的哪些内容感兴趣？基

于财务报表中的信息，他们分别会有什么决策？

- 现有股东。
- 潜在投资者。
- 债权人。
- 签订合同的客户。
- 税务机关。
- 银行家。
- 当地房产开发商协会。
- 全国木材及建筑材料供应商协会。
- 行业理事会（代表卡罗米里斯建筑公司的全体员工）。

挑战练习 1-7　尼克普罗斯公司

要　　点：账面价值与市场价值

难度系数：高

尼克普罗斯公司是一家生产电脑游戏微芯片的公司。伊丽莎白·罗斯特是这家公司的所有者，正在为公司的未来发展寻找长期融资。迄今为止，公司的账面净值为 500 000。

要　求

假设你正考虑买下公司 20% 的股权，请问为什么你可能愿意出高于 100 000 的价格？

挑战练习 1-8　谢赫·斯莱姆 [35]

要　　点：财务报告及决策

难度系数：高

很久以前，迦太基的一个城堡里居住着一个地主谢赫·斯莱姆。他负责城堡附近居民的衣食住行。

每年秋天，在天气变冷之前，谢赫都要决定播种哪种冬作物。一年秋天，谢赫决定播种冬麦。他认为他的 30 英亩⊖土地（每英亩可以生产 25 蒲式耳⊜小麦）产出的小麦足以养活城堡的居民一整年。他决定让阿尼斯和萨米负责耕种事宜，于是他把他们召集到城堡大厅宣布这项决定。

阿尼斯负责河湾处 20 英亩的土地，萨米负责下游 10 英亩的土地。谢赫将提供给阿尼斯 20 蒲式耳小麦种子和 200 磅⊕肥料（价值相当于 20 蒲式耳小麦），而萨米将得到 10 蒲式耳小麦种子和 100 磅肥料。谢赫还将给阿尼斯和萨米各提供一头公牛来拉犁，并由马哈茂德提供新的犁。公牛只有 3 岁，虽然经过训练，但是还从来没有被用于农耕。两头公牛的耕种寿命还有 10 年，每头公牛在市场上值 40 蒲式耳小麦。新的犁在市场上值 3 蒲式耳小麦，预计

⊖　1 英亩 ≈ 4 047 平方米。

⊜　1 蒲式耳 ≈ 35 升。

⊕　1 磅 ≈ 0.454 千克。

可以使用 3 年。到来年夏天，阿尼斯和萨米将收获小麦，并归还公牛和犁。阿尼斯和萨米离开了城堡大厅并领取了谢赫所提供的生产资料。

春去夏来，到了收获的季节，阿尼斯和萨米到大厅向谢赫汇报。阿尼斯使用了全部肥料和小麦种子，归还了公牛，并上交了 223 蒲式耳小麦，但是犁已经损坏且无法修复。因为犁已经损坏，所以阿尼斯还欠马哈茂德 3 蒲式耳小麦。谢赫几星期前已经从阿尼斯这里拿走了 20 蒲式耳小麦。萨米也使用了全部肥料和小麦种子，归还了公牛和完好的犁（已经支付给马哈茂德 1 蒲式耳小麦），并上交了 105 蒲式耳小麦。谢赫几星期前也从萨米这里拿走了 30 蒲式耳小麦给村民。

谢赫认为两个人都做得很好，但是他想知道谁做得更好。

要 求

请根据以下三个假设的情景回答后面两个问题。（因为阿尼斯和萨米及其家人都能依靠自己土地上的农作物生活，所以他们的生活费用与本例无关。）

A. 假设阿尼斯和萨米受雇于谢赫，谢赫每个季度末每英亩土地分别付给他们 4 蒲式耳小麦。

B. 假设阿尼斯和萨米是个体农民。他们需要向土地所有者谢赫支付每英亩土地 6 蒲式耳小麦，而且需要向谢赫支付公牛、种子和肥料的使用费（以多少蒲式耳小麦计量）。其余剩下的小麦则由阿尼斯和萨米自由支配。土地租金和其他费用在收获季节末支付。

C. 阿尼斯和萨米分别与谢赫成立了合伙企业。谢赫向每一个合伙企业投入土地、种子、肥料和公牛，而阿尼斯和萨米投入辛勤劳动和智慧。合伙协议规定，阿尼斯和萨米将分别分得合伙企业 1/3 的利润。

1. 将每一块土地（阿尼斯 20 英亩，萨米 10 英亩）定义为一个经济实体。从谢赫的角度（如果可以，再从阿尼斯和萨米的角度）为每一块土地准备一份描述生产季节初和季节末资源状况的报告，以及一份描述资源消耗和新资源创造的报告。

2. 从谢赫的角度来看，谁利用他提供的资源产出的小麦更多？对于下个生产季节，你对谢赫有什么建议？

参考书目

Andrews W T. (1974) Another improbable occurrence. The Accounting Review 49(2), 369-370.

Carmona S, Ezzamel M, Gutierrez F. (1997) Control and cost accounting practices in the Spanish Royal Tobacco Factory. Accounting, Organizations and Society, 22(5), 411-446.

Chatfield M, Vangermersch R. (eds) (1996) The History of Accounting, an International Encyclopedia, Garland Publishing, New York & London.

Colasse B, Lesage C. (2013) Comptabilité générale, 12th edition, Economica, Paris.

Degos J G. (1998) Histoire de la comptabilité, Que-sais-je ? No. 3398, PUF, Paris.

Fiore P. (2009) Fiori Successione Zappa: Controversia Tra la Grecia e la Romania, Bibliobazaar/Bibliolife (online publisher).

IASB (2007) International Accounting Standard No. 1 Presentation of Financial Statements, London.

IASB (2010) Conceptual Framework for Financial Reporting, London.

IASB (2018) Conceptual Framework for Financial Reporting, London.

IASB (2022) International Accounting Standard No. 1 Presentation of Financial Statements, London.

IASC (1989) Framework for the Preparation and Presentation of Financial Statement, London.

Lebas M J. (ed) (1999) Management Accounting Glossary, ECM, Paris and CIMA, London.

Mattesich R. (2008) Two Hundred Years of Accounting Research, Routledge, New Works in Accounting History, New York.

郭道扬．中国会计史稿（上册）[M]．北京：中国财政经济出版社，1982.

郭道扬．中国会计史稿（下册）[M]．北京：中国财政经济出版社，1988.

李宝震．会计全书 [M]．天津：天津人民出版社，1991.

扩展阅读

Aiken M, Lu W. (1998) The evolution of bookkeeping in China: Integrating historical trends with western influences. Abacus, 34(2), 220-242.

Carmona S, Ezzamel M. (2007) Accounting and accountability in ancient civilizations: Mesopotamia and ancient Egypt. Accounting, Auditing & Accountability Journal, 20(2), 177-209.

Sangster A. (2016) The genesis of double entry bookkeeping. The Accounting Review, 91(1), 299-315.

注　释

1　这里所说的转化包括生产和服务活动。比如，一个零售商预先把不同种类的商品放在一个商店或一个网站上（让客户选择），这样就为客户节省了交易成本，客户不需要为每一种商品挑一个供应商。

2　资料来源：https://www.statista.com/statistics/242114/sales-of-the-leading-10-apparel-retailers-woldwide/. 2021 年统计。

3　资料来源：Inditex 2022/2023 年年报。

4　资料来源：https://www.statista.com/statistics/242114/sales-of-the-leading-10-apparel-retailers-worldwide/. 2021 年统计。

5　资料来源：Inditex 2022/2023 年年报。

6　资料来源：Hennes & Mauritz 子品牌 2021/2022 年年报以及可持续发展报告。

7　请参照 Carmona、Ezzamel 和 Gutierrez（1997）关于 1773 年一家西班牙工厂称重过程的描述。

8　商业活动的参与者（stakeholders）是指与企业经济活动的业绩有利益关系（stake）的个人或群体。除了西方经济学中提到的企业资本主要提供者（大股东），下面列出了一些其他的商业活动参与者。

- 员工，与企业之间雇佣关系的稳定性。
- 客户，成为企业长期的忠实客户。
- 供应商，与企业维持长期供应关系。
- 健康与环保机构，保护员工、社区居民和使用者的生活环境不受企业经济活动的影响。
- 政府机构，关注企业经济活动对宏观经济收支平衡和就业水平的影响。
- 社会监督组织，关注企业经济活动的社会价值和责任，比如不雇用童工、用工无歧视等。

9 资料来源：http://www.sasb.org/wp-content/uploads/2019/05/SASB-Conceptual-Framework.pdf?source=post_page

10 比如，企业的社会责任、全球二氧化碳排放量限制和污染控制，将来都会在相关企业的财务报表中披露。

11 一个德国人和一个北美人就可能不会用同一种形式和术语来表达同一个经济事实，比如收益。德国人的商业文化是企业、银行和工会紧密联系，趋向于用长期发展的观点看待企业价值的创造，希望会计报表中的收益长期来看是平滑的。北美人的商业文化是快速发展和短期投资，"今天的一美元总好过明天的一美元"，希望短期业绩尽快在会计报表中反映。

12 截至2020年3月31日，ASBJ发布了修订后的会计准则ASBJ第29号《营业收入确认会计准则》。

13 国际财务报告会计准则（IFRS）由国际会计准则理事会（IASB）颁布。两大制定会计准则的机构是：国际会计准则理事会和财务会计准则理事会（FASB），后者的组织和影响力主要在美国，详见第5章。

14 虽然这不是最近年份的例子，但是该例子仍然反映了重大会计变更对净利润的影响。

15 卡尔文勋爵（威廉·T.卡尔文，1824—1907）："衡量是为了了解，如果不能衡量，就无从改善。"

16 表1-1中投资者、债权人、供应商、雇员、政府管理机构和大众的需求采用了IASC（IASB前身）理论框架（1989：§9）中的内容，2010年版和2018年版IASB的理论框架中没有重述相关内容。

17 1989年版的IASC理论框架中只标明投资者是财务信息的主要使用者，这一点与2018年版IASB理论框架不同。

18 美国注册会计师协会（American Institute of Certified Public Accountants，AICPA）会计原则委员会在1970年的《企业财务报表的基本概念和会计原则》第4号报告中定义一般公认会计原则为在某一特定时刻下指导会计实务公认的惯例、规则和程序。一般公认会计原则不仅包括广泛的指导方针，还包括详细的方法和程序。这些惯例、规则和程序为财务报表编制提供了标准。每个国家根据自身的传统、原则、价值观和实践制定自己的会计准则。

19 但是只有资产、债务和交易都由会计记录下来，才能衡量财富和创造财富。

20 企业的资本不会因为股份的买卖而变化。我们将在第11章讨论企业如何通过增发股票来增加资本。

21 注意，船长和船员的"市场价值"并没有作为资产列入账目，因为他们有自由的权利，可以随时离开企业，企业对他们并没有所有权和控制权。

22 用从威尼斯购买的商品交换获得的商品（350 个金币，见表 1-3）+ 俘获的两艘船上的商品。

23 而且船长诚实地记录了每一次支付和交易的授权。

24 （3950%）$^{1/4}$ = 2.5，年回报率近似为 150%。

25 （658%）$^{1/4}$ = 1.60，年回报率近似为 60%。

26 实质重于形式的概念将会在第 4 章和第 12 章重点介绍。

27 在本书中，我们采用金融市场普遍使用的公元纪年。

28 关于《汉谟拉比法典》，请参考古代历史资料。

29 本节内容主要参考了 Degos（1998）。读者还可以参考 Chatfield 和 Vangermersch（1996）。

30 楔形文字是古代西亚所用文字，笔画成楔状，颇像钉头，楔形文字（Cuneiform）源于拉丁语，是 cuneus（楔子）和 forma（形状）两个单词构成的复合词。

31 逻辑学家从议事会 500 名成员中随机选出，来审核官员的会计账目。

32 请参照 Gino Zappa 的著作。

33 贷（credit）源于拉丁文 credere（借出去或相信）(见第 3 章)。

34 借（debit）源于拉丁文 debere（拥有）(见第 3 章)。

35 这道题来自 The Accounting Review，49（2），pp.369-370.American Accounting Association。

第2章 财务报表导言

本章教给你什么

1. 财务报表至少包括资产负债表（财务状况表）、利润表（损益表），以及与之相关的附注（用于解释会计假设、会计原则及一些具体的数字）。
2. 财务报表是如何定义和编制的。
3. 资产负债表具体反映了企业的商业平衡等式：企业用于商业活动的所有资源＝来自不同利益方的资金投入，这是会计的奠基石。
4. 对每项业务记账时，必须遵守基本商业平衡等式。
5. 什么是复式记账法。
6. 利润表也起源于商业平衡等式，反映了两个不同日期间资产负债表的变动情况。
7. 什么是折旧。
8. 利润是如何分配的，股利（分给股东的部分）和留存收益（留在企业增加股东投资的部分）是如何分配的。
9. 采购货物（商品或原材料）的记账方法。
10. 存货变动在年中和年末是如何入账的。
11. 基本的财务报表分析方法是如何使用的，包括趋势分析、报表内部结构分析（同比分析）和财务比率的使用。

在第1章中我们了解到财务报表是财务会计流程的一个重要产出，它们形成了整个财务报告，其中包括以下文件。

- 资产负债表（财务状况表）、利润表（损益表）和这些报表的附注（所有国家都要求编制）。

- 现金流量表（详见第 3、16、17 章）、留存收益表（详见第 11 章）以及股东权益变动表（并非所有国家都要求编制，详见第 11 章）。

本章主要介绍两个重要的报表：资产负债表（财务状况表）和利润表（损益表），为此我们将介绍基本商业平衡等式（后文简称"商业平衡等式"，basic business equation），也经常被称为资产负债表平衡等式（balance sheet equation）或者会计平衡等式（accounting equation）。我们还会介绍一些重要的会计概念，为后面几章进一步展开讨论做准备，如折旧、利润分配和存货计价。

2.1　资产负债表（财务状况表）

所有的好水手都知道，一个船长在航行中的每一时点都要知道船所在的位置。企业管理者也一样，他们需要根据会计信息决定怎样获得、分配和使用企业的资源，并为企业的股东创造价值（这是他的目标）。企业管理者必须了解企业拥有哪些资源，也要了解企业要对第三方承担怎样的责任。

资产负债表在国际财务报告会计准则中称为财务状况表（statement of financial position），其结构中包括一个重要信息：在由两列组成的报表中，左边反映了企业拥有的所有资源，也就是资产（assets），右边反映了企业对外部各方承担的责任（对债权人承担的债务，以及净资产——企业作为独立法人属于股东或业主的资产）。两列的总和都要以货币单位计价，而它们的金额总是相等的，这样两边即为平衡。

资产负债表强调在某一特殊时点上，企业的资源和其责任之间的平衡关系，所以从这一角度说，资产负债表反映的是在某一时点上资源和责任之间的平衡关系。

IAS 1，IASB 2022[1] 中选用了财务状况表来代替传统意义上的资产负债表（balance sheet）。在本书中，我们将继续使用资产负债表。

资产负债表反映了企业在某一特定时点上，从其控制的资源中减掉所有对第三方（除股东以外）承担的责任后剩下的净财富。在整本书中，我们有很多机会发现会计的净财富和企业的市场价值之间并没有太多关系。因为净财富反映的是在历史数据的基础上，企业控制和创造的资源超过企业所消耗资源的差额，这是历史性的回顾，而企业的市场价值取决于企业未来创造的财富的净现值。资产负债表能够使人们了解企业拥有和控制的资源，这些资源从战略意义上为未来企业创造价值提供了基础，它也反映了企业为取得各项资源对外部承担的种种责任。

责任被分为两个部分：负债和股东权益。负债反映了企业对第三方承担的责任，而这些第三方不参与企业的活动，也不承担企业经营带来的风险。股东权益（净资产）反映了在某一时点上，企业控制的所有资源减去负债后剩下的部分。股东权益反映了企业对股东承担的责任，也反映了企业的所有者集体拥有一个企业目前的净资产和未来创造的价值的追索权。

每一个股东的追索权都取决于他对企业的资本投入。由于股东权益金额的大小取决于企业经营成功与否，而股东对企业的支持是没有时间期限的，因此股东对企业的追索权和债权人是不同的，两者应被分开记录。

这样，资产负债表平衡等式如下：

$$资产 - 负债 = 净资产 = 股东权益（净财富）$$

或者，

$$资源（资产）= 对第三方的责任（负债）+ 股东追索权（股东权益）$$

我们更愿意将上述公式称为商业平衡等式，因为这个公式把会计和企业的商业模式紧密联系起来，其中包括：发现、记录企业与社会各方的动态关系，发现、记录企业资源的使用、协调、价值创造过程。

第一个公式与第1章卡斯特斯案例中创造财富的方式是一致的，而第二个公式更强调资产负债表平衡的概念，这是最普遍的使用方式（除了英国会计，详见第5章）。

资产负债表是反映企业所有资源和责任的一张表，因为必须以货币单位入账，所以每一项都需要确切的金额记录。

资产负债表是企业财务状况在某一特定时点的"照片"[2]，它聚焦在企业财务状况的结构上（见图2-1和表2-1）。

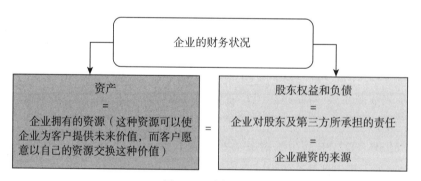

图 2-1　财务状况

表 2-1　欧洲大陆普遍采用的资产负债表　　　　　　　　　（千货币单位①）

资产		股东权益和负债	
土地和设备	200	股东权益	400
存货	100		
应收账款	150		
现金	50	负债	100
总计	500	总计	500

①　货币单位的选择对我们的示例没有影响，只有在实际案例中才会标示实际货币单位。

资源和责任可以按照流动性进行罗列，虽然根据流动性来列表并不能改变企业状况的本质，但从行为影响来说，这还是具有一定意义的。因为至少在西方，大家通常认为放在最上面的是最重要的。如果一个企业希望将阅读者的注意力吸引到企业的稳定性和未来创造价值的能力方面，管理层可能更愿意把企业的房产、机器设备、存货放在资产的最上面，而把净资产（股东权益）放在负债和股东权益的最上面。相反，如果一个企业希望强调其支付短期负债的能力，它就会选择把现金和交易性金融资产放在资产的最上面，把短期负债放在负债的最上面。一个需要注意的要点是，从逻辑角度看，资产方和负债、股东权益方必须采用同样的编排逻辑。

欧洲大陆传统上偏向介绍资产的盘存情况与企业的长期资源，从而强调企业长期发展的潜力。北美传统上更强调通过财务报告了解企业短期生存的能力，所以喜欢把资产和负债按照流动性递减的顺序排列。中国自 1992 年会计改革后采用了北美的编制方法。

在表 2-1 中，资产按照流动性递增排列，而股东权益放在负债和股东权益的最上面。但是，北美的一些企业采用相反的顺序排列（见表 2-2）。英国的一些企业则按照第一个资产负债表平衡等式排列资产负债表：资产 - 负债 = 股东权益（见表 2-3）。

表 2-2　北美采用的资产负债表（即中国1992 年以后采用的形式）

（千货币单位）

资产		负债和股东权益	
现金	50	负债	100
应收账款	150		
存货	100		
土地和设备	200	股东权益	400
总计	500	总计	500

表 2-3　英国采用的资产负债表

（千货币单位）

土地和设备	200
存货	100
应收账款	150
现金	50
－ 负债	−100
＝净资产	400
股东权益	400

第 5 章会具体介绍财务报表的格式，也会介绍每一种编制方法的优点和不足。在现阶段学习资产负债表，无论各项内容的展示顺序如何，左右都必须平衡，反映基本平衡等式，这就需要在记录每一项业务时都要满足这种平衡关系。当一些业务被录入造成左右不平衡时，就需要通过股东权益来调整。所以股东权益的增加或减少就反映了股东的盈利或亏损。

2.2　股东权益的账面价值和市场价值

在 1.5 节卡斯特斯的例子中，我们介绍了一个非常重要的会计流程：卡斯特斯为了增加个人现金流，以 600 个金币的价格向其好友出售 VC 50% 的股权。这 50% 的 VC 股权的市场价值为 600 个金币，而其账面价值仅为 50 个金币。会计遵循谨慎原则，按历史价值记录交易，只记录完成的交易或者有很大可能性完成的交易。卡斯特斯的好友向其支付 600 个金币，获取 VC 未来利润 50% 的索取权。这个交易确定了 VC 股权的市场价值。当公司股票在股票市场进行交易（通常公司无法控制股票的公开交易）时，股票的价格基于股票所代表的对公司未来利润的索取权。我们需要回顾一下财富的概念，并比较账面价值（现行历史成本，能反映出企业履行受托责任的状况）和市场价值（企业通过生产经营有望实现的未来盈利的折现值扣除投资成本）的区别。

2.2.1 股东权益的账面价值

当讨论一个企业的账面价值或者企业生产经营带来净值的增加或减少时，需要引入一个最基本的会计原则：成本与市价孰低法[3]。

会计准则和会计实践是为了满足不同信息使用者的不同需求，是一个相对折中的结果。企业资产的市场价值会因通货膨胀、稀缺性等的影响而变化，如果资产在账面上以市场价值列示（市场价值会因与企业管理无关的一些因素的影响而变化），账面价值（企业总资产减去总负债）就会发生变化。

所以，会计上采用成本与市价孰低法来对资产进行估值（对于金融资产有些例外，我们将在第10章详细讨论）。负债的名义价值通常由债务合同决定，故不会发生变化。账面价值等于同一时点的总资产减去总负债，反映的是过去发生的业务，只随着管理层的决定而变化。

2.2.2 股东权益的市场价值

股票代表着股东在公司的投资。如果一家公司在股票交易所上市，股东就可以自由地交易股票，所以股票是有市场价值的。账面价值反映的是过去的业务，而股票的价值基于现有和潜在投资者对公司未来收益的期望。

股票的价值源于公司在可持续经营的时间范围[4]内创造的收益超出所消耗的资源。现有或潜在投资者根据管理层过去的决策（包括投资决策、人员变动、发展策略等），以及对市场、技术、竞争等外部和战略因素的考虑，来估算公司创造未来净收益的成长性。公司的未来净收益通过折现率（比如无风险利率[5]等）进行折现[6]得到的净现值，就是投资者所获得的期望超额回报[7]（以补偿投资风险和通货膨胀）。

股票的价值就是企业未来收益或现金流的净现值（即公司在一定时间范围内创造的财富减去消耗的资源所获得的净收益的现值）。

所以，股票的价值基于每一个现有或潜在投资者对未来参数的估算。每个投资者对参数（时间范围、原材料成本、货币风险、盈利增长率、风险承担补偿或未来的通货膨胀）都有不同的估算。总有一些投资者愿意在合适的价格（在他们的估算下，他们认为股票价格被高估）卖出股票，而另一些投资者愿意在合适的价格（在他们的估算下，他们认为股票价格被低估）买进股票。所以股票的价值基于未来参数，而账面价值反映的是过去的状况。一家公司的市场价值（股票的价值乘以股票份数）通常远大于公司的账面价值。例如，在2021/2022财年结束时（2022年9月24日），苹果公司的资产负债表显示净值为510亿美元，而其市值为2 221亿美元[8]，是净值的4.35倍。市场价值和账面价值的差别反映了那些用成本与市价孰低法记账的资产（尤其是公司自身研发的软件，还有土地、房屋、品牌效应等）被低估，也反映了金融市场对苹果公司未来收益和风险的综合估算。

2.2.3 会计在价值管理中的作用

财务会计不仅是对企业过去业务和业绩的描述，也为投资者提供了对企业未来价值进行估算所需的信息。投资者综合考虑反映过去的会计信息和关于市场、竞争的信息，来估算企业未来价值的四个重要参数。

- 未来盈利或现金流的成长性。
- 可持续经营的时间范围。
- 高于无风险利率的超额回报率。
- 公司决策带来的风险变化（比如对研发和商业战略活动的投资）。

财务报告的价值取决于它在多大程度上帮助决策者对上述四个参数的决策，以及对账面价值增长的衡量。

2.3　商业平衡等式或资产负债表平衡等式

2.3.1　基本原则：会计复式记账法

商业活动中的任何一项交易都会影响到资产负债表中的项目。尽管资产负债表每一边的总计都有可能发生变化，但是一项交易的净影响对于左边和右边来说应该是一个完美的平衡。这是现代会计的一个最基本的原则。每一项交易的记录都将从两个不同的方面去影响原来的平衡，从而保持均衡不被打破，这就是会计上的复式记账法。

交易的双重影响（复式记账法）可以通过以下 3 种组合中的任意一种来体现。

- 只在资产之间发生变化。如购买设备、减少现金。一个零售企业购买商品就会减少现金，增加可供销售的存货。
- 只在负债之间发生变化。如由于还款期的变化，部分长期负债转变为短期负债。
- 同时影响资产负债表的两边。如新的银行借款会同时增加现金和负债，或者企业支付给供应商应付账款会同时减少现金和企业应付账款。

我们在图 2-2 和图 2-3 中列示出可能和不可能进行的交易。

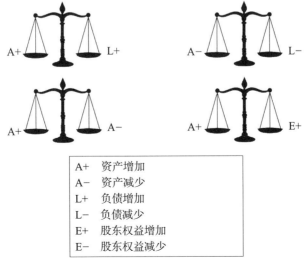

A+	资产增加
A−	资产减少
L+	负债增加
L−	负债减少
E+	股东权益增加
E−	股东权益减少

图 2-2　可能进行的交易

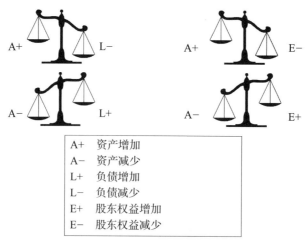

A+	资产增加
A–	资产减少
L+	负债增加
L–	负债减少
E+	股东权益增加
E–	股东权益减少

图 2-3　不可能进行的交易

2.3.2　名词概念

1. 资产

资产是指由于过去事项而由主体控制的经济资源（理论框架，IASB 2018：§4.3）。经济资源预期会使未来经济利益流入主体（理论框架，IASB 2018：§4.4）。在本书中，资源指资产。

表 2-1、表 2-2 和图 2-4 显示，资产可以分为不同类别。传统上资产分为非流动资产和流动资产。简单来讲，我们把非流动资产或固定的资产定义为不用于企业正常经营周期中转售或消耗的资源，或者不会在报告期后的 12 个月内被销售或转化为现金的那部分资源。当某项资产符合以下标准之一时，主体应将其划分为流动资产或经营性资产（IAS 1，IASB 2022：§66）：①主体预期在其正常经营周期中实现或打算出售、消耗该资产；②主体主要为交易目的而持有该资产；③主体预期在报告期后 12 个月内变现该资产；④该资产是现金或现金等价物。

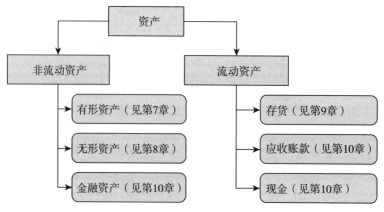

图 2-4　资产的主要分类

非流动资产又分为有形资产（如企业拥有的房产、厂房和设备）、无形资产（如商标、专利、软件）和金融资产（如对其他公司的债券或股票投资、对第三方提供的中长期贷款）。流动资产又分为报告期内企业持有的存货（如转售商品、原材料、企业生产装配过程中需要的零部件、在制品和产成品）、应收账款（如由于销售产生的应收账款，即企业商业信贷产生的结果）和现金。

2. 负债

负债是指主体由于过去事项而承担的现时义务（IASB 2018：§4.26）。

3. 股东权益（权益资本）

股东权益经常以股份的形式体现，反映了所有股东作为一个集体对公司的总追索权。

股东权益是指主体资产扣除主体全部负债以后的剩余利益（IASB 2018：§4.63）。

$$资产 - 负债 = 股东权益（净财富）$$

股东权益可分为两部分：股本和留存收益。这两部分从性质上来说是一样的，都反映了股东对企业的追索权，但来源不同。

股本（share capital）是股东在企业成立初期或整个经营过程中对企业投入的历史价值。股东对企业的出资方式是多种多样的，可以是现金，也可以是无形资产（商标、专利等）或其他有形资产。

留存收益（retained earnings）反映了企业在经营过程中创造的累计价值，这部分价值基于股东的决定没有作为红利分发给股东，而是作为企业继续经营的投入。与股本不同，如果股东不决定增加，股本总是持续稳定的，而留存收益的金额会在不同的会计期间波动。它反映了企业经营结果的积累（创造利润或亏损），也反映了股东对这些财富是否以红利形式发放的决定。一些国家的税法、商法甚至一些企业的章程要求企业保留一个最低的留存收益，这部分留存收益称为法定留存收益。在目前阶段，我们不对留存收益和公积进行区分，它们都反映了企业的股东决定暂不分配的利润。在实际中，企业使用这些专有名词也是比较随意和混乱的。关于利润如何在留存收益和股利之间分配，我们将在第 11 章展开讨论。

4. 利润

收入（revenues）指主体在正常经营活动中形成的、导致本期内权益增加的经济利益的总流入，但不包括权益参与者出资导致的权益增加。换句话说，收入反映了企业通过销售产品和服务、版税或者从短期投资获得利息所增加的股东权益。收入会增加股东权益，同时增加现金或应收账款。

根据不同的标准，IASB 对收入有不同的定义。主要的收入类别定义为主体在正常经营活动中产生的收益（比如，向客户销售产品和服务产生的收入）。这里的收益定义为因为资产增加或负债减少带来的股东权益的增加，但不包括权益所有者出资导致的权益增加（IASB 2018：§4.68）。

费用（expenses）指因资产减少或负债增加而引起的权益减少，但不包括与向权益所有者分配有关的权益减少（IASB 2018：§4.69）。费用的来源是企业从外部购买服务、支付工资和其他员工福利、使用有形资产带来的租金、设备的损耗、使用无形资产产生的使用费等。换句话说，费用源于资源的消耗，反映出企业通过经营活动导致的股东权益的减少。

收益（earnings）[或者净利润（net income 或 period earnings）] 反映出企业通过经营活动创造的资源（总收入）和消耗的资源（总费用）之间的净差额，反映了本期的利润或亏损。从本质上来说，收益反映了当期股东权益的净增加或净减少，也就是本期商业活动创造的价值。以下等式展示了这一点：

$$T 期收益（净利润）$$

$$=$$

$$T 期期末的股东权益$$

$$-$$

$$T 期期初的股东权益$$

$$（以其他所有事项保持不变为前提）$$

即

$$T 期期初的股东权益$$

$$+$$

$$T 期收益$$

$$=$$

$$T 期期末的股东权益$$

净利润通常采用一个单独的账目进行计算，这就是利润表（美国常称为 income statement）或损益表[9]（statement of profit or loss，最新 IASB 中的术语）。这张特殊的表将会在本章的后面部分详细讨论。利润表使管理者能够对企业的收入和费用分别进行跟踪，而不需要在每一项业务之后就来计算它对股东权益的影响。利润表的差额便是净利润，反映了本期的业务活动对股东权益的净影响。

2.3.3　交易

下面我们按时间顺序展示一家虚构公司——"无敌"的一些交易，来看看商业平衡等式是如何实现的。尽管这个例子的交易只覆盖了很短一段时间，但为了方便，我们假设这是一个会计期间（一年）仅有的交易。没有明确说明已经结束的交易被认为在这一期间结束时仍未完成。

在这个例子中，我们将交易按照流动性从高到低排列。需要指出的是，按目前的学习进度，这一排列对会计结果没有影响。

交易 1：股东的原始投资

王思雅（一位英语老师）与她的合作伙伴李特琪（一位图像设计师）决定在 X 年 1 月 1 日创办一个公共关系与交流代理公司。她们建立这个公司一共投入了 150 货币单位的现金。她们共同决定，王思雅投入 3/5 的原始资金，获得单位面值为 1 货币单位的股票 90 股，李特琪投入剩下的 2/5 原始资金，获得 60 股同样面值的股票，她们为公司起名为"无敌"，并以公司名义开立银行账户[10]。两位投资者都按照协议将资金打入了公司账户。

当无敌公司的账户开立之后，这些资金就不再属于王思雅和李特琪个人，这些钱变成了无敌公司的净财富（这里银行存款和净财富是相等的，因为还没有发生任何交易，也没有创造任何价值）。王思雅持有净财富 3/5 的追索权，李特琪持有净财富 2/5 的追索权。这个净财富因公司业务的不断变化而变化，但是每个股东对净财富持有的追索权的比例是不变的，除非她们中的一方在另一方同意的前提下增加或减少对公司股本的贡献。

我们在第 1 章提到，股东个人的净财富不等同于他们所投资企业的净财富。有些企业组织形式强化经济实体的净财富与其每一位个人投资者净财富之间的区分（比如有限责任公司），有些减弱这种区分（比如个体经营或非法人性质的公司等）。这些不同的组织形式将在第 11 章进一步讨论。

图 2-5 显示的是公司作为一个独立经济实体成立后的商业平衡等式。

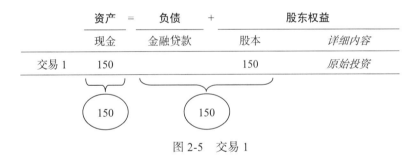

图 2-5　交易 1

交易使资产（现金）和股东权益同时增加了 150 货币单位。股东的投资并不能为企业带来收益，所以被排除在净收益计算之外。现金和股本将被设立为分开的账户以便于追查，并以此了解它们对商业平衡等式的影响。

商业平衡等式的平衡关系表现为资产方和负债方加权益方之间的平衡。我们将会在之后的交易中看到，随着时间的推移，权益将会变得越来越复杂。比如，股东也许会选择将本期所产生收益的一部分或者全部追加到原始投资中，以增加对企业的投入。股东权益（或净财富）最终会等于股本加上过去年份股东再投资（留存收益或公积）和本期净收益。

从无敌公司的建立到股东开立银行账户支付原始投入，本期的净收入为零。这笔交易并不能创造任何价值（只有和客户交易才能创造价值），也没有减少价值（企业价值会在消耗资源或资产的过程中降低）。收益对应一个时间段，而资产负债表对应某一特定时点。

净收益是在任何一个期间的期末计算的，反映本期内所有的活动。从概念上讲，净收益（股东权益的变动）可以在每一次交易完毕后就进行计算，但是这样工作就会非常烦琐。对于股东来说，一年至少要计算一次净收益，以告诉股东最近一期企业的经营情况。但是管理层和越来越多的使用者以及资本市场要求企业更频繁地公布净收益，从而帮助他们更好地衡量企业的业绩，了解企业的运营情况。管理者可以由此调整预期结果和实际结果之间的差异，或者根据企业运行环境的变化对其决策进行修改。投资者也需要运用这些信息来重估他们的投资决策，以决定是否继续投资该企业。

交易2：无敌公司取得贷款

X1年1月初，无敌公司从银行取得了60货币单位的贷款，贷款被存入无敌公司的银行账户。合同约定，无敌公司根据本期期初的借款本金额在每期期末支付6.67%的利息。

在无敌公司签订贷款合同后，它有义务在未来归还60货币单位的本金，也必须支付本金带来的利息。因为获得贷款增加了无敌公司对外的责任，所以要在其负债项下增加60货币单位（因为利息在期末支付，所以目前时点上只记录本金）。当然，作为对应项，现金也增加了同样的金额。因为商业平衡等式的两边同时增加，所以这笔交易对权益的影响为零。借钱本身不会增加或减少企业的价值，但随着时间的推移，企业需要支付利息，利息费用会减少现金或者增加未来支付的义务。

期末，利息到期就会成为应付账款。应付利息计入账内确认费用，就减少了股东的权益（同时增加应付利息这一负债项）。它实际支付又会减少企业的现金，同时减少应付利息的负债项。由于按照时间顺序记账，而利息只有到期末时才需要支付，所以目前不会记录利息费用。

如图2-6所示，借款这笔交易同时增加了无敌公司的现金和负债。

	资产	=	负债	+	股东权益
	现金		金融贷款		股本
期初余额	150				150
交易2	+60		+60		
期末余额	210	=	60	+	150
	210		210		

图2-6　交易2

图2-6反映了前述所有业务累计的影响。在这笔交易完成后，净收益仍为零，简单地进一步取得资金并没有创造任何价值。

交易3：购买设备

在1月上半月，无敌公司买入了一些设备：一台电脑、一台彩色打印机和一套网页设计软件，一共花费100货币单位；另外还花了25货币单位购买了另外一台电脑和一台小型黑白打印机，这两样设备主要用于企业管理。这样，所有的资产购买一共花费了 125 货币单位。无敌公司签发了一张支票给供应商作为支付。

设备都是企业未来用于创造新产品或服务于创造新产品的，这些创造出来的新产品将被转售给客户来完成企业最初定下的发展战略。这些设备具有潜在的创造未来收入（经济效益）的能力，所以是企业的一项资源（也就是资产）。

一个有趣的问题是，如何确定该资源的价值，并把它记录到无敌公司的资产负债表里？通过了解保持商业平衡等式平衡性的需求，我们找到了答案。购买这些设备她们一共花费了 125 货币单位，资产的价格应该等于发票上的金额，称为购置成本，也称为历史成本。用一项资源代替另一项资源（也就是说其他资源，即现金被消耗掉了）本身并不能创造或损耗价值，价值的创造和损耗只会在股东权益增加或减少时发生。所以资源之间的替换本身不影响价值的增减。尽管资源的替代改变了其未来创造价值的潜力，但审慎原则要求企业在操作过程中忽略这些变动，除非销售消耗这些资源带来的产出能够创造更多的资源。

购置的设备使无敌公司的资产增加了 125 货币单位，对供应商的立即支付造成了银行存款同时下降 125 货币单位，所以购置设备对企业总资产的净影响为零 [（+125）+（-125）=0]，对权益的影响也为零。这笔对设备投资的交易并没有增加或减少财富。

当然，在未来就不一样了。有两件事情将会随即发生：第一，使用这些设备就会产生销售，从而直接或间接为企业带来收入，这样更多的资源就被创造出来了；第二，设备在使用过程中会有损耗，这样它未来创造资源的能力将会随着使用下降，所以该设备的价值会不断减少。因此在未来，使用这一设备的净影响可能是一个资源的创造（当产生的资源超过了消耗的资源），就产生了利润，或一个资源的消耗（当资源的消耗超过了资源的创造），就产生了亏损。

总之，资产的购入交易同时增加和减少了资产，所以并不影响无敌公司的总资产、负债和股东权益。图 2-7 显示了这笔交易通过增加设备、减少现金只改变了企业的资产结构。

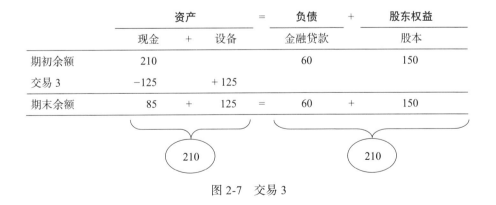

图 2-7　交易 3

交易 4：服务的提供

舒丽精品店（一家零售商）于 5 月 14 日联系无敌公司，与无敌公司签订了一个公共关系促销活动的合同。这个活动将在 6 月舒丽精品店新门店开张时进行。在就促销活动的内容和形式进行谈判之后，舒丽精品店同意为无敌公司的服务支付 250 货币单位，同时答应在收到无敌公司的发票后 30 天内付款，发票将在公共关系促销活动完成后寄出。也就是说，舒丽精品店同意不晚于 7 月 31 日支付所有款项。无敌公司将在整个 6 月完成一项带来 250 货币单位的业务，这项业务将在 7 月 1 日无敌公司向舒丽精品店寄出发票后入账。舒丽精品店如约支付现金的可能性是非常高的，所以我们预计无敌公司在未来会有现金流入。简单来讲，无敌公司在寄出发票后将计入 250 货币单位的收入，并将潜在的现金流记入"应收账款"——并不是真正意义上的现金，而是代表了无敌公司在 7 月 31 日对舒丽精品店有一个追索权。事实上，就像其他资源一样，这个追索权可以卖掉以获得现金（需要按时间折现，这将在第 12 章具体讨论）。

订单的获取本身并不作为一笔交易记入会计分录，因为在提供服务之前没有任何资源、负债或净财富受到影响。

这笔开立发票的交易在建立应收账款的同时也增加了收入，所以必须记入一个对应的科目。这里可以是增加净财富（收益或净收益），还可以是减少其他资源，也可以是两者的组合。

在这个简化的例子中，我们假设在执行公共关系促销活动的过程中没有费用支出。寄出发票对资产负债表的净影响是：在左边账户增加对客户的追索权（应收账款）250 货币单位（增加资产：应收账款是企业的资源，可被用来增加现金或转化为其他资源），在右边账户增加相同金额的净资产（对负债没有影响）。

收入增加了股东权益。由于在本例子中，服务的销售并没有增加现金，因此其他非现金的资产就要增加，这里增加的是应收账款。确定企业的净收益时将会包括收入（见图 2-8）。

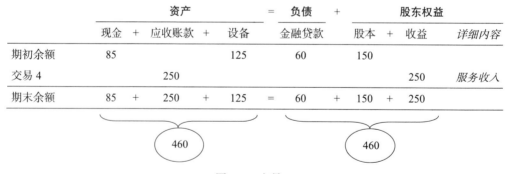

	资产			=	负债	+	股东权益			
	现金 +	应收账款 +	设备		金融贷款		股本 +	收益		详细内容
期初余额	85		125		60		150			
交易 4		250						250		服务收入
期末余额	85 +	250 +	125	=	60	+	150 +	250		

460   460

图 2-8　交易 4

要了解所有交易对股东权益的影响，我们必须把股东权益分为两部分。

- 股本，用来表明投资者对企业初始的投入资金（无敌公司的案例中有两个股东）。
- 净收益，反映了所有业务对股东权益的累计影响。

净收益属于企业的所有者（股东），当他们不拿走有追索权的净收益时，这些净收益就形成了留存收益（净收益的留存能够减少企业现金的流出，也就是说，股东追加了对企业的投入，支持企业未来的成长）。

　　说明 1：股东权益增加了 250 货币单位，因为假设在创造收入的过程中没有任何成本，所以销售就完全体现为净资产的增加。在左边账户，我们记录的是应收账款的增加，而销售收入本身属于右边账户股东权益中的子科目。收入减去成本等于收益，收益会增加或减少股东权益。当企业增加新的资源，同时又没有减少其他资源或增加新的义务时，这个资源就为企业创造了价值。

　　说明 2：资产负债表一直是平衡的，这个平衡关系是通过计入收益来完成的。

　　说明 3：由于客户还未付款，现金状况并没有发生变化。这次销售是一次信用销售，所以反映在应收账款中。这个应收账款是一项资源（资产），因为无敌公司对舒丽精品店有一个合法的追索权，可以要求对方支付货款。如果舒丽精品店无法在约定时间内支付，无敌公司可以通过法律诉讼维护自己的权利。

交易 5：应收账款支付收入的现金

　　7 月 31 日，舒丽精品店给无敌公司寄来了一张价值 180 货币单位的支票，部分支付在无敌公司总计 250 货币单位的负债。这张支票随即被存入了无敌公司的银行账户。无敌公司的债权被部分收回。就像交易 3 一样，本交易反映了资产内部的等量增减，并不影响无敌公司的总资产、负债和股东权益，只是通过增加现金、减少应收账款改变了企业的资产结构。舒丽精品店和无敌公司之间的应收账款业务并没有完全解决，剩余部分还会反映在无敌公司的应收账款金额中。新的平衡关系显示在图 2-9 中。

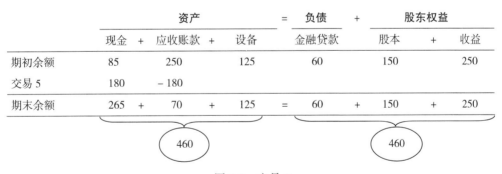

图 2-9　交易 5

　　这 180 货币单位的收入实际已经入账（包含在交易 4 的 250 货币单位之中），所以不能再次增加股东权益。应收账款新余额 70 货币单位（= 原余额 250− 客户已支付 180）反映了仍需要从客户处收取的金额。应收账款或负债的现金支付并不能创造价值（不能改变股东权益）。

交易 6：用现金或赊账支付的费用

　　现在，我们改变一些前面所做的假设（之前我们假设无敌公司为舒丽精品店所提供的服务没有产生任何的资源消耗）。为了完成交易 4 中提到的公共关系促销活动，无敌公司需要向两位员工支付价值 101 货币单位的工资，其中包括了对员工福利和社会保险的支付（向从事新店宣传及店内销售服务的人员支付 56 货币单位，向另一位会计工作人员支付 45 货币单位）。这 101 货币单位以支票的形式直接支付给个人或其工作单位，在本例中我们将其简化为一笔交易。另外，无敌公司与一家广告公司签订合同来完成向其潜在客户促销的广告活动。这个广告活动现在已全部完成，无敌公司 10 月收到发票，金额为 85 货币单位，必须在 60 天内支付。最后，无敌公司的借款银行在期末（12 月 31 日）从无敌公司的银行账户上扣除了应支付的利息 4 货币单位。

从供应商处购买的服务或由员工完成的工作都不是免费的，他们完成了这些工作从而对企业的资源拥有追索权，这个追索权就是我们所说的费用（资源消耗）。这些追索权的处理，就产生了对相关方的现金支付，这些业务完成的结果是无敌公司现金账户的减少（资源的减少）。

如果无敌公司对追索权没有立即进行现金支付，首先需要记录在应付账款栏内（无敌公司的负债），之后在实际支付时就会有现金流出，支付对象在这个例子中是供应商和员工。

例如，无敌公司使用 85 货币单位的资源获得了供应商为其提供的服务（由于无敌公司获得了一个使用供应商资源的服务，故这一消耗称为外部费用）。这笔金额对股东权益产生了直接影响。假如这张发票分两期进行支付，在 X1 年支付 80 货币单位，在 X2 年支付剩余费用，支付方式对股东权益没有影响（见交易 7）。

一个金融机构贷款给无敌公司，是希望获得本金的归还（出借的面值）和定期支付的利息。利息（interest）是由于获得属于银行资金的使用权所支付的"租赁费"，"租赁费"是银行希望通过提供资源（即现金）而得到的补偿。利息是在合同约定的生效日支付的一笔费用，故也被称为财务费用。

费用用来确认资源的消耗而产生的外部对企业的追索权，这个追索权代表着现在或未来企业现金的流出（折旧费用除外，折旧费用反映了企业已经购买的资产在生产过程中的消耗所记录的费用，并不直接带来现金的流出），费用反映了企业股东权益的减少。

利息费用会减少无敌公司的股东权益，而无敌公司支付全部或部分贷款本金，或者银行以不同方式收取利息，都不会影响股东权益，因为这只是资产项下现金和负债项下应付账款的改变，详见交易 8。

总结

- 所有费用（除折旧费用外）都将以现金的形式支付。
- 无论是否以现金支付，对费用的确认都会引起股东权益的减少，这与收入的确认引起股东权益的增加正好相反（见交易 4）。
- 费用的支付方式并不影响股东权益。

这 3 笔业务对企业资产负债表平衡关系的影响如图 2-10 所示。

	资产			=	负债		+	股东权益		
	现金 +	应收账款 +	设备		应付账款 +	金融贷款		股本 +	收益	详细内容
期初余额	265	70	125			60		150	250	
交易 6	− 101								− 101	*工资费用*
	− 4								− 4	*利息费用*
					85				− 85	*外部费用*
期末余额	160 +	70 +	125	=	85 +	60	+	150 +	60	

图 2-10 交易 6

交易 7 显示了解决一个延后追索权对资产负债表的影响。前面提到的 3 笔费用都是在无敌公司的业务活动中全部消耗掉的。一般我们认为这些费用的消耗是创造收入的必要条件。

收入和费用都会影响股东权益（利润），所以我们有必要将同一类型的费用归类，以便于更好地了解企业的经营模式，以及企业是如何创造财富（价值）的。这里，我们根据费用的性质将费用分为经营性费用和财务性费用，在第 5 章我们将进一步了解费用是如何根据其职能进行分类的（包括满足需求、创造需求或管理企业）。费用也可以按照产生的领域进行划分（包括产品或服务、客户、市场、部门）。费用的归类是了解费用对收益（股东权益）变化影响的基础。

交易 7：应付账款的支付

无敌公司在到期日支付了 85 货币单位应付账款中的 80 货币单位，剩下的 5 货币单位将在 X2 年年初支付。供应商寄来的发票在交易 6 中已被记为应付账款，这笔支付同时减少了资产（现金）和负债（应付账款）。这项业务对商业平衡等式的影响如图 2-11 所示。

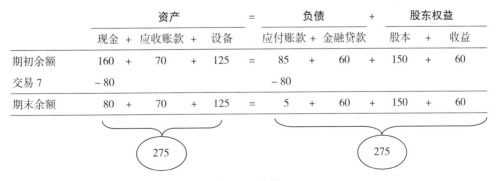

	资产			=	负债		+	股东权益	
	现金 +	应收账款 +	设备		应付账款 +	金融贷款		股本 +	收益
期初余额	160 +	70 +	125	=	85 +	60	+	150 +	60
交易 7	− 80				− 80				
期末余额	80 +	70 +	125	=	5 +	60	+	150 +	60

图 2-11 交易 7

剩余的 5 货币单位表示无敌公司还对供应商有剩余的债务，必须在未来支付（如果想继续维持与供应商的良好关系，支付时间不能晚于 X2 年年初）。这项业务没有创造或损耗价值，对股东权益的影响已经在交易 6 中记录了，无须在本次交易中再次记录。

交易8：负债的支付

无敌公司向债权人支付了原先60货币单位贷款中的12货币单位。

- 资产项（现金）减少了12货币单位。
- 负债项也同时减少了12货币单位。

部分偿还负债，无敌公司并没有创造价值，没有增加或减少财富。由于还款在同一时间以相同金额影响资产和负债，因此对股东权益没有影响。

这里我们注意到会计的一个重要局限：尽管从数学（会计）的角度来说，无敌公司没有创造或损失任何价值是完全正确的，但企业的杠杆效应会带来另外的思考。

在商业中，如果不归还本金，这部分现金就可以用来完成一项销售业务，从而对企业产生回报，而当回报超过利息费用时，就为企业创造了价值。在这种情况下，企业就有了通过借款创造收入的机会，因为该本金在企业中创造的价值超过了其利息费用。此时企业就不应该过早地归还本金，归还会造成现金减少，就降低了为股东创造潜在收益的可能性，从而使股东损失了获得更多财富的机会。当然，相反来说，如果没有这样的机会，对于股东来说无敌公司最好早点归还这部分银行借款，因为它会造成利息的支出。当不存在使用现金创造利润的机会时，提前还款可以避免未来的利息支付，相当于为股东创造了价值。但从会计角度来说，由于这些机会具有不确定性，因此并不能被展现出来。

总的来说，会计是非常审慎的，只承认确定的要素，并按照历史或合同确认金额，而不能按照不确定的未来价值确认。

交易8与交易7非常相似，减少了资产（现金）也减少了负债（金融贷款）。图2-12显示了这一交易对负债的影响。

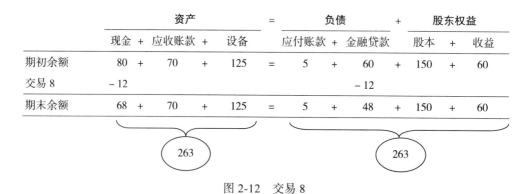

图 2-12　交易 8

总结

以上8笔交易对无敌公司的影响总结在图2-13中。

当所有业务都被计入后，资产负债表的总影响反映在表2-4中。

前面提到过，按流动性从低到高排列也是可以的（见表2-5和第5章）。

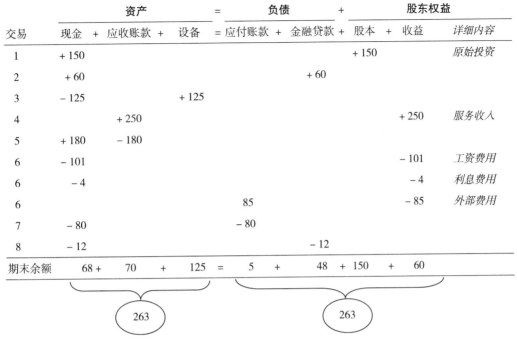

交易	资产			=	负债		+	股东权益		
	现金 +	应收账款 +	设备	= 应付账款 +	金融贷款		股本 +	收益	详细内容
1	+ 150						+ 150		原始投资
2	+ 60				+ 60				
3	− 125		+ 125						
4		+ 250						+ 250	服务收入
5	+ 180	− 180							
6	− 101							− 101	工资费用
6	− 4							− 4	利息费用
6					85			− 85	外部费用
7	− 80				− 80				
8	− 12				− 12				
期末余额	68 +	70 +	125	= 5 +	48	+	150 +	60	

图 2-13 总结表

表 2-4 X1 年 12 月 31 日的资产负债表（按流动性从高到低）

资产		负债和股东权益	
流动资产		**负债**	
现金	68	应付账款	5
应收账款	70	金融贷款	48
非流动资产		**股东权益**	
设备	125	股本	150
		收益（净利润）	60
总资产	263	**负债和股东权益**	263

表 2-5 X1 年 12 月 31 日的资产负债表（按流动性从低到高）

资产		股东权益和负债	
非流动资产		**股东权益**	
设备	125	股本	150
		收益（净利润）	60
流动资产		**负债**	
应收账款	70	金融贷款	48
现金	68	应付账款	5
总资产	263	**股东权益和负债**	263

我们再重申一次，排列的顺序并不影响所举案例业务的本质意义。

结论要点

前面的业务展示了以下几点。

（1）在每一项业务中，商业平衡等式的两边必须是平衡的。

（2）对每一项业务都必须仔细进行分析，从而了解其对股东权益可能产生的影响。

（3）所有创造或损耗价值（创造利润或亏损）的业务，都将影响收益（留存收益）账户。留存收益账户是股东权益下面的子账户。我们可以用下面的公式表示：

$$期初留存收益余额$$
$$+$$
$$本期利润（亏损）$$
$$-$$
$$分红$$
$$=$$
$$期末留存收益余额$$

这个例子因为没有进行红利分配，而且我们只看了一年的交易，期末的留存收益余额反映了当期的净利润（这里是＋60货币单位）。

由于利润是属于股东的，所以部分或全部的利润可以以红利的形式进行分配。当期的利润或亏损只反映了当期的情况。当股东决定提取企业创造的财富（本期或过去创造的，这是他们的权利）时，期末留存收益余额（留存收益账户的累计金额）用前面的公式计算。

留存收益有时也被称为公积，反映了企业经营积累创造而股东没有提取的那部分利润。在某些国家通常由股东代表大会投票决定股利分配，然后将剩余的未分配利润计入留存收益。从关账到股东大会决定股利分配之日，公司盈利单独记入股东权益下不同于留存收益的一个科目。在大多数国家，利润进行分配之前，直接记入留存收益。

（4）什么创造了利润。

在这个例子中，无敌公司在交易4（服务销售）之前都没有创造任何利润。由于业务活动影响到股东权益，交易4是第一笔创造利润的交易，正面影响了股东权益，也就是股东权益账户。所有不能平衡资产和负债的交易都会影响股东权益（这些交易产生的余额被称为净利润）。利润是企业和客户进行交易创造的价值与企业为客户服务损耗的价值之间的差额。

（5）净利润和现金不同。

在这个例子中，我们只列举了无敌公司第一期的业务活动，没有红利支付，本期的利润和留存收益相等，金额为60货币单位。企业的现金从开始的0增加到68货币单位，现金的变化并不能直接和利润的变化相关联。在现阶段，对于这种不同有两个解释（第三个解释是折旧，将在后面提到）。

- 一些业务活动只影响企业现金的余额，而不影响收益。交易1创办公司投入资本、交易2取得贷款和交易3购买资产就是这样。

- 一些业务活动只影响企业的收益，而不影响现金余额。有些销售会对客户提供信贷，有些资源的获取也会从供应商处得到信贷，这就会造成当业务活动发生时收益账户已被影响，但来自客户的支付或对供应商的支付还没有完成，这就是交易 4 服务销售（收益增加但现金没有增加）和交易 6 支付费用（收益减少但现金余额并未变化）的情况。

现金和利润之间的时间差是一个重要的问题，尤其是对于快速增长的企业。下面，我们用一个简单的例子来说明：一项业务的销售收入每期翻倍，费用占销售收入的 80%，客户在完成销售后 2 期支付货款，供应商要求在供货后 1 期收到货款，资源的获取和销售的产生都在同一期完成（见表 2-6）。

表 2-6　现金与利润的比较

时期	1	2	3	4	5	6	7
销售额	10	20	40	80	160	320	640
费用	8	16	32	64	128	256	512
利润	2	4	8	16	32	64	128
期初现金余额	0	0	−8	−14	−26	−50	−98
现金流入	0	0	10	20	40	80	160
现金流出	0	8	16	32	64	128	256
期末现金余额	0	−8	−14	−26	−50	−98	−194

从表 2-6 可以看出，这项业务本身的收益很好，但企业的现金状况相当危险，如果不采取一些措施，该企业甚至会面临破产。可采取的措施包括：在企业开业时获取更多的现金（增加股东投资或借款），改变给予客户的信用条件（对于一个新企业并不容易），从供应商处获得更好的信用条款（对于小的新创办的企业也非易事）。很多快速成长的企业破产往往就是因为它们不能获取长期资本来保证长期资源，无法使企业在快速增长过程中生存下去。

现金流量表见第 3、16、17 章，其详细介绍了利润和现金之间的关系。

（6）资产负债表上项目的顺序并不是随机的。

每一个国家或企业都会根据它们自己的价值观来罗列项目，在第 5 章我们会介绍一些国家甚至规定了标准的罗列顺序。建立一个标准罗列顺序的好处是使不同企业的财务报表具有可比性。但反对方则强调，增加可比性的代价是降低会计的质量和灵活性，所以这样的可比性是没有价值的。很多跨国公司都要求在不同国家的子公司用同样的格式（不管当地格式如何）向母公司报告，也要求使用统一的会计专有名词，以便于总部管理层对每一个子公司的价值创造进行评估和比较。同样，证券分析师和投资顾问也会对这些同质化的财务报表更感兴趣，这便于他们找到某一行业中业绩出色的企业。

2.3.4　不同交易类型

表 2-7 罗列了一些常见的业务和其对资产、负债、股东权益的影响。这张表不全面，只罗列了一些常见的业务，只介绍企业常见业务对商业平衡等式的影响。

表 2-7 常见的业务影响

例子	资产	=	负债	+	股东权益
注资创办一个公司	+				+ C
用现金购买设备	+/−				
用信用购买设备	+		+		
现金或信用销售	+				+ E
收到应收账款	+/−				
用现金支付费用	−				− E
用商业信用支付费用			+		− E
支付负债（应付账款）	−		−		
取得贷款（计入负债）	+		+		
偿还债务	−		−		
把债务转为股本			−		+ C
减少股本（或支付股本）	−				− C
股东权益账户被分为：股本（C）和收益（E）					

2.4 利润表（损益表）

在前一节中，每项业务产生的收入和费用都通过它们对股东权益的影响进行记录（记入留存收益账户）。我们选择这种方式主要是为了展示商业平衡等式的最基本构架。在商业活动中，由于业务量非常大，将所有业务变动都记录到留存收益，或将所有收入和费用的账户都罗列在资产负债表的股东权益中，会显得非常累赘。另外，如果将每一项业务都直接计入股东权益，也会加大我们分析企业在会计期间内创造的价值的难度。应该指出的是，留存收益的余额反映了从企业创办以来，所有业务活动累计的影响，其中包括向股东支付利润。

在实务中，这些业务都会被记录到一个一期一建的特殊账户，组成了利润表。

资产负债表是一张反映企业财务状况的静态照片，而利润表是一个反映企业在一定时期内变化的动态报表，它反映了从期初资产负债表动态演变成期末资产负债表的过程。

这里我们需要讲解两个重要的会计名词。

- **业务活动**：这个名词主要指一个企业如何在服务、工业或商业活动中运作，也说明了企业业务活动的频繁程度（业务活动水平）。业务活动指企业从事的事务。利润表揭示了企业的业务活动，说明企业如何从一张资产负债表过渡到另一张资产负债表。利润表不能反映企业的财务状况或报告企业的净财富情况，它反映的是企业在一定时期内的变化过程：资源如何消耗，收入如何创造。这些消耗的资源可以是短期的（如工资费用、能源消耗、公用事业），也可以是非流动或固定的，包括有形资产（如土地、建筑、机械设备、固定资产、办公用品）的消耗和无形资产（如专利）的消耗。就非流动或固定的资产而言，我们要根据其未来创造利润的整个流程进行估计，并在这个过程中逐步计入其资源消耗（损耗或过期等），这个过程叫作折旧。

- **会计期间**：利润表反映了在某一特定会计期间（在第 1 章已有讨论）企业为客户服务所进行的所有活动（创造需求、满足需求和管理整个流程）。

利润表便于管理者和会计信息的使用者分析企业的收入、费用以及成本（收入一般放在利润表的右边，反映了股东权益的增加，成本和费用放在左边）。

利润表是一个临时报表，在每一年的年末都要关账，并把其余额转入资产负债表中股东权益项下的留存收益。当收入大于费用时，就产生了利润，也就是股东权益增加。收益（收入和费用的差额，正值是利润，负值是亏损）被用于平衡资产负债表左右两边的差额。当利润表关账时，利润就会反映在利润表的左边，相对应地，就需要在资产负债表右边的股东权益项中记入增加。如果是亏损（费用超过收入），那么这个亏损就会反映在利润表的右边，作为对应项，在股东权益中记一个减项，对股东权益产生负面影响。

根据会计期间的划分来确定相关的收入和费用的方法叫作权责发生制（accrual principle），这是编制财务报表的关键准则。这一准则反映了收入（费用）是在其业务完成的时点记入利润表的，而不是在现金流入（收入）或流出（费用）的时点记入的。管理者和外部信息使用者可以直接通过利润表（根据权责发生制编制）了解企业的资源是如何使用从而创造收入的。通过不同会计期间的比较，这些使用者还可以看到企业资源使用的效率是否被改善（变化的原因包括管理质量、外部竞争环境、给客户提供价值的相关性等）。

2.4.1　商业平衡等式和利润表

图 2-14 展示了商业平衡等式（资产负债表）和利润表之间的基本联系。

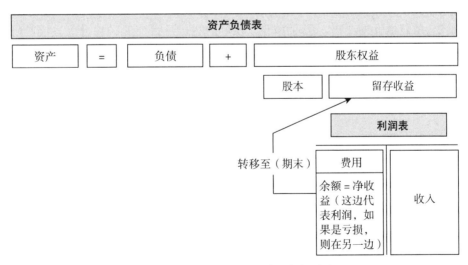

图 2-14　资产负债表与利润表的联系

2.4.2　利润表的要素

1. 收入

收入反映了企业经济资源的流入，来自第三方，通常源自一个商业交易。收入反映了股东权益的增加。

　　企业的最终目标是创造利润，也就是为股东获取一个正的回报。企业通过满足客户需求创造收入。销售（sales）收入（或营业收入）是反映在某一时点上企业如何创造和提供给客户需要的产品及服务的指标。这个价值的提供包括产品或服务的提供，也包括设施、技术或货物的出租。租赁收入确认的概念在新经济活动中越来越重要，我们将在第 6 章讨论。销售收入增长率是比销售收入绝对值更有效地体现企业为客户创造其需要的产品或服务的指标，我们将在第 14 章进一步讨论。收入在会计上是用发票入账的形式确认的，发票（包括电子版）是实际交易存在的证明。

　　会计确认收入的假设是客户会根据规定的时间付款。关键在于，收入和到款是两个不同的概念。实际款项的收取有可能发生在：①收入确认之前（预付款）；②收入确认的同时（现金交易）；③收入确认之后（赊销或信贷）。

　　收入也可能来自企业的金融投资（利息或投资收益）。比如，一个零售商收到客户的现金，而它只需要在 30 天后向供应商支付，零售商就可以用这笔资金进行 30 天的投资以获得利息收入。大型零售分销商，比如沃尔玛、荷兰皇家阿霍德德尔海兹集团、家乐福、苏宁等都利用这一时间差获取大量财务收益或减少借款。这些活动带来的结果从财务上评估比较困难。例如，对于荷兰皇家阿霍德德尔海兹集团，在截至 2023 年 1 月 1 日的财年中，销售后的第 9 天就完全收回了应收账款，而供应商给予的赊销期限是 45 天，存货周转期是 24 天。从价值的角度来看，年末库存加上应收账款减去应付账款的总和呈负值，达到了 11.89 亿欧元。（正如我们将在第 15 章中看到的，这个指标被称为净经营性营运资本。）考虑到 5% 的资金成本（对债务和权益的较低估计），这相当于至少避免了 5 900 万欧元的利息支出，约占净利润总额 25.46 亿欧元的 2.3%，从而减少了实际的利息开支。在 2022 年，其实际的利息支出为 2.48 亿欧元，约占利息前利润的 6.6%。通过降低利息支出在利润表中的比例，荷兰皇家阿霍德德尔海兹集团的负净经营性营运资本使它能够保持较低水平的交易保证金，从而支持了它的发展，相当于部分融资由供应商提供。

2. 费用

　　费用是对资源的消耗，也就是股东权益的降低。成本是指和第三方进行交换获得一个资源所付出的价值，也可以扩展到为完成一个产品或服务的创造、生产而需要消耗的所有资源。

　　例如，生产 1 个产品或服务需要消耗 3 个部件（每 20 个部件需要花 100 货币单位获取，每 1 个部件需要花 5 货币单位）外加 1.5 小时劳动（劳动成本为 20 货币单位 / 小时），还需要其他附加成本（间接费用每个 14 货币单位），这样这件产品的成本为 59（=3 × 5+1.5 × 20+14）货币单位。为避免词汇复杂（实际工作中也是如此），我们将成本和费用当作同一个意义使用。

　　费用可以分为现金费用（包括直接用现金支付的费用和商业信贷产生的未来必须用现金支付的费用）以及非现金费用（折旧，将在后面进一步讨论）。

　　商业活动产生的收入，代表了客户在购买企业提供的产品或服务时愿意支付的交换价值。这个产品或服务也是企业有效协调资源消耗的结果。资源是多种多样的，会计只反映那些可以用现金等价物衡量的资源，包括：

- 工人、雇员和管理者花费的时间（通过支付给雇员的各项工资来衡量）。
- 第三方提供的服务或供应（由直接或间接向第三方支付的现金来衡量）。
- 信息和信息技术系统的支持（通常会与第三方提供的资源区分，因为它在企业中具有战略性的重要地位）。
- 原材料、零部件和产成品（生产过程中需要消耗各种资源，这些资源都是以现金交换获得的存货，未来也需要不断地支付现金，以确保存货维持在企业战略确定的水平上）。
- 地产、房产和设备（包括房屋、设备、电脑、电话系统、商业设施等）。

在获取日，设备资产的价值至少等于其未来能产生的现金流的净现值。把一个非流动资产费用化（折旧），也就反映了这一设备由于使用和损耗降低了未来产生现金的能力，同时也降低了其价值。

收入和费用确认的一个要点是**配比原则**（matching principle）。在一个规定的时期内，配比原则来自权责发生制原则，反映出当收入确认时，与之相关的所有费用必须在同一期内得到确认。

执行这一原则并不容易，比如研发、获取客户、开发市场或开拓新产品销售等的资源消耗并不能与这些活动产生的收入同时进行。会计在执行收入和费用的配比时需要非常注意，在利润表中尽量把同一商业活动在同一时期的收入放在右边，费用放在左边。配比原则将在第 4 章进一步讨论。

3. 收益或盈亏底线

每一年（会计年度末）企业都需要计算当年所有收入和费用之间的差额，计算方法就是确认当年所有正常业务活动带来的股东权益增加和减少的差额。正如我们在前面提到的，收入和费用之间的差额称为收益。

当收入超过费用时，股东权益就有一个净增加，这时收益就为利润。如果当期收入不足以支付所有费用，这意味着本期股东权益将减少，此时收益就为亏损。

如果利润表以垂直式罗列（见表 2-8），利润或亏损反映在利润表中收入和费用的下面，所以被称为盈亏底线。

总的来说，对任意一个会计期间都可以进行如下等式计算：

$$收入 - 费用 = 收益（利润或亏损）$$

2.4.3　在无敌公司案例中的应用

在 X1 年中，无敌公司完成了净销售额 250 货币单位，这也就意味着它寄出了 250 货币单位金额的发票，同时也消耗了一些外部供应商提供的资源。这些供应商一共寄来 85 货币单位的发票。另外，无敌公司支付了员工工资，产生的费用为 101 货币单位。最后，无敌公司产生 250 货币单位的收入，除了初始资本投入，还需要使用一些其他资源，包括金融负债，这些负债产生了4货币单位的利息费用（股利不被看作费用），也应与本期250货币单位的收入配比。在这一阶段我们有意不考虑非流动资产损耗的成本，这将在2.5.2节中说明。

整个期间的活动可以用表2-8概括。

在X1年中，无敌公司的业务活动创造了60货币单位的利润（在支付所得税前）。在表2-8中，收入和费用是以垂直式罗列的，而收益反映在报表的底线上。

业务活动也可以被视为股东权益账户的子项目，这样我们可以采用比较传统的股东权益记账方法，把增加方记在右边，把减少方记在左边，这被称为水平式（见表2-9）。

表2-8　无敌公司X1会计年度利润表（垂直式，按性质分类）

总收入		250
销售收入	250	
总费用		190
购买及外部费用	85	
人工费用	101	
利息费用	4	
收益（总收入－总费用）		+60

表2-9　无敌公司X1会计年度利润表（水平式，按性质分类）

费用		收入	
购买及外部费用	85	销售收入	250
人工费用	101		
利息费用	4		
利润	60		
总和	250	总和	250

在水平式利润表中，利润反映在费用或成本的同一列中，这说明利润是收入减费用产生的，并将被转记到股东权益账户（见图2-14）。

如果由于费用超过收入产生了亏损，净收益就会反映在利润表的右边，因为记账对应项是股东权益的减少。

在无敌公司的案例中，费用是按照性质（by nature）罗列的，反映了所有业务都是按照同一性质罗列的，没有进行进一步计算。美国、加拿大、中国等国家，都选择按照职能（by function）分类，在这些国家，费用被体现在不同的组别中，为同一职能服务的费用会被放在一起，比如销货成本（cost of goods sold）、获取和为客户服务的费用、行政管理费用等。这种以职能分类的报表格式潜在意味着，这些费用的具体性质对于管理者来说并不是那么重要，他们最感兴趣的是这些资源是如何围绕不同的职能进行消耗的。

按照职能分类的方法，至少包括4种不同的成本费用分组：销货成本、销售费用（在很多情况下包括企业的营销和促销费用，也包括相关的运输费用）、管理费用以及财务费用。按照职能划分费用将在第5章进一步展开讨论，在目前阶段，利润表的不同格式并不是重点。表2-10介绍的X1年无敌公司的利润表是垂直式的，按照职能进行划分。在按照职能划分的利润表中几乎见不到水平式的。

表2-10　无敌公司X1会计年度利润表（垂直式，按职能分类）

销售收入	250
销货成本（生产人工成本）	−56
毛利润	194
销售费用（广告费）	−85
管理费用（会计人员工资）	−45
营业利润	64
财务费用	−4
税前利润	60

2.4.4　交易对财务报表的影响

在这之前我们按照商业平衡等式（资产 = 负债 + 股东权益）逐项记录了每笔交易，下面我们将了解交易对财务报表的具体影响。在这之后不再将利润表的每一项当作股东权益的子项目，而是在期末才和资产负债表关联（见图 2-15）。这样我们就会在利润表内记录企业所有的业务活动（这样的记账方法也将所有的业务归档，为将来的分析所用），而只在期末才将利润表的最终余额记录到资产负债表，作为股东权益余额的期末调整。

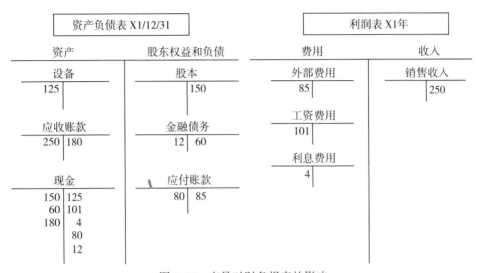

图 2-15　交易对财务报表的影响

从现在开始我们将使用 T 型账户（T-account）来展示每一笔交易的入账方法。

T 型账户是一个微缩版的商业平衡等式：资产 = 负债 + 股东权益。因为资产反映在平衡等式的左边，资产的增加就反映在 T 型账户的左边，资产的减少则反映在右边。相对地，负债和股东权益反映在平衡等式的右边，所以负债和股东权益的增加反映在 T 型账户的右边，减少则反映在左边。

T 型账户的使用原则也适用于利润表。由于收入增加了股东权益，因此会被记录到利润表 T 型账户的右边。相反，由于所有的费用减少了股东权益，因此会被记录到利润表左边。收入的减少（比如按照目录价格给予的折扣）或者费用的减少，都会记录到与增加方相反的方向（收入减少记在左边，费用减少记在右边）。

图 2-16 列示了 T 型账户的平衡性。

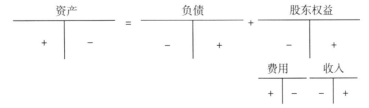

图 2-16　T 型账户的平衡性

2.5　折旧

2.5.1　原则

想要通过为客户提供价值（以提供商品或服务的形式）来完成为股东创造价值的责任，商业企业必须对长期的生产工具进行投资。这里的生产是一个宽泛的概念，包含了如采购、存储、准备、生产、研究、发货、销售和管理等所有活动。从营运角度来说，长期的生产工具是指长期的生产要素，并以下列形式存在：房屋、厂房、设备、仓储间、零售商店的设施、电脑、软件、汽车、整个销售系统等。这部分资产的使用寿命都会超过一整个会计期间，因此被称为非流动资产或固定资产（non-current assets or fixed assets），以便与流动资产（或经营性资产、短期资产）区分开来。流动资产指在一个会计期间或一个生产周期（两者取短）内被购入然后消耗掉的资产。

非流动资产或固定资产随着使用时间的增加而逐渐消耗，就会损耗价值（损耗创造未来经济效益的能力），它们必须定期更换才能保证企业创造价值的能力。非流动资产价值的损耗可以被理解为资产消耗带来的经营成本。如果没有这些非流动资产的支持，企业的经营活动是不能完成的。非流动资产或固定资产的消耗被称为折旧费用（depreciation expense），反映了该资产价值的逐步损耗，从而使权益减少。

折旧反映的是一项非流动资产账面价值（book value）（或称净值）逐步减少的过程，在这个价值损耗的过程中，这一资产并不完全耗尽。如果在购买资产的时候把全部价值作为费用就违反了配比原则，因为这项资产的使用会在未来几年不断为企业产生效益。在无敌公司的案例中，我们了解到这些资产可以为企业的若干个会计期间创造收入。

通过折旧，一个企业就可以将其收入的产生和非流动资产的消耗进行配比。然而，估算一个企业的非流动资产在一期内的实际消耗情况是非常困难的，所以实务中采用的是根据最初确定的资产可折旧价值在折旧期内进行分摊。总体上说，非流动资产可折旧的价值为购买和安装的费用减去未来再出售价值（如果存在）。IAS 16（IASB 2020：§6）将折旧定义为，在资产的使用寿命内系统地分摊其应折旧金额（将在第 7 章进一步讨论）。

账面价值（或称净值）指确认的资产金额扣减相关累计折旧和累计减值[11]损失后的余额（IAS 16：§6）。

在很多情况下，非流动资产或固定资产累计折旧（accumulated depreciation）的费用反映了企业从购买后开始使用至某一会计期间所提取的所有折旧，当一项非流动资产提完折旧之后，其账面价值就为零了（将在第 7 章进一步讨论）。但根据会计不可抵销原则，在宣布报废之前，一项提完折旧的资产仍必须保留在资产负债表上，显示为购置成本减去所有累计折旧。购置成本的金额与累计折旧的金额相等，因此这两项资产对资产负债表的影响为零。当一项资产提完折旧但还在使用时，该资产对当期利润表就没有进一步的折旧费用的影响了。

折旧费用必须每年在利润表中记录，就像企业的采购费用和工资费用等一样。但折旧费用只在期末进行计算，而不是在资产每次使用时计算。

2.5.2　在无敌公司案例中的应用

无敌公司在 X1 会计期间的期初购买非流动资产共花费 125 货币单位（一台电脑、一台彩色打印机、一套网页设计软件用于生产环节，还有另一台电脑和打印机用于企业管理环节）。我们假设这些资产的期望使用期限为 5 年，即在 5 年内它们能为企业的经济效益做出贡献，5 年后它们将不再有产出，价值为零。在这 5 年中无敌公司将这些非流动资产完全消耗了。如果我们选择一种简单的方法，可以认为该项资产每年消耗其原始价值的 20%。这被称为直线折旧法（straight-line approach）：根据时间长度按比例摊销。在第 7 章，我们还将看到除直线折旧法以外的折旧方法。不同折旧方法的选择尽管会改变折旧费用入账的时间，但不会改变折旧原则：由于使用该项非流动资产而带来的所有产出，必须承担该资产折旧产生的成本。

在无敌公司的案例里，每年的折旧费用为 25 货币单位，在第一期结束时，这些非流动资产的账面价值是 100（=125−25）货币单位。折旧费用 25 货币单位还未记录到 X1 年的利润表中，必须在当年的利润中扣除，且在接下来的 4 年中，无论业务活动的规模如何，根据直线折旧法，每年都会记录 25 货币单位的折旧费用。在 5 年结束时，这些非流动资产的账面价值将会为零。从理论上讲，到第 5 年年末，这些非流动资产将会被新资产替代，而它们创造价值的能力也已经消失。但如果这些资产在 5 年后并没有被废弃，那么就会反映在资产负债表的两行，资产原始成本 125 货币单位，减去累计折旧 125 货币单位，这样净值也为零。

图 2-17 反映了加入折旧以后的无敌公司的资产负债表和利润表。可以发现，资产负债表中新增了"累计折旧"项目，利润表中增加了"折旧费用"项目。因为这里只记录了一期的业务活动，所以这两个数字相同。到第二期时，它们就不再相同了，因为资产负债表中的累计折旧是购入资产之后所有折旧费用的总和。

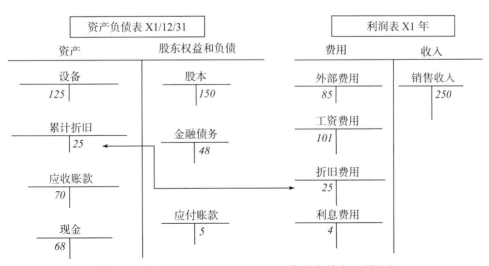

图 2-17　加入折旧以后的无敌公司的资产负债表和利润表

注：期初余额用斜体字表示。

资产负债表被调整为表 2-11。

表 2-11　记录折旧之后的资产负债表

X1 年 12 月 31 日

资产		股东权益和负债	
非流动资产		**股东权益**	
设备（原值）	125	股本	150
－ 累计折旧	−25	收益	35
设备（净值）	100		
流动资产		**负债**	
应收账款	70	金融债务	48
现金	68	应付账款	5
总资产	238	**股东权益和负债**	238

利润表被调整为表 2-12 和表 2-13。

表 2-12　记录折旧之后的 X1 会计年度利润表（水平式，按性质分类）

截至 X1 年 12 月 31 日的利润表

费用		收入	
外部费用	85	销售收入	250
人工费用	101		
折旧费用	25		
利息费用	4		
税前收益（利润）	35		
总和	250	**总和**	250

表 2-14 反映的是按职能分类编制的利润表，我们把折旧费用放入了职能项中。在无敌公司案例中，与生产有关的设备使用带来的折旧费用为 20 货币单位，被记录到销货成本，而用于管理的 5 货币单位的折旧费用被记录到了管理费用。

表 2-13　记录折旧之后的 X1 会计年度利润表（垂直式，按性质分类）

收入	
销售收入	250
总收入	250
费用	
外部费用	85
人工费用	101
折旧费用	25
利息费用	4
总费用	215
税前收益（利润）	35
（收入－费用）	

表 2-14　记录折旧之后的 X1 会计年度利润表（垂直式，按职能分类）

销售收入		250
• 销售费用（销售人员工资）	−56	
• 折旧费用（技术设备）	−20	
销货成本		−76
毛利润		174
销售费用（广告费）		−85
• 工资费用（会计人员工资）	−45	
• 折旧费用（管理设备）	−5	
管理费用		−50
营业利润		39
利息费用		−4
税前利润		35

2.6　利润分配

2.6.1　原则

资产负债表的辅助账——利润表中计算的收益（利润或亏损）反映了股东权益的增加或减少，也表示了企业是否为股东创造了新的财富[12]。在会计期末，每个利润表科目都要进行关账，而整个利润表的余额则结转到资产负债表下的留存收益。图 2-18 以无敌公司的案例展示了这一关账过程。把利润表想象成"一帧一帧的电影"，每一帧结束后都归零重新开始新的一帧。

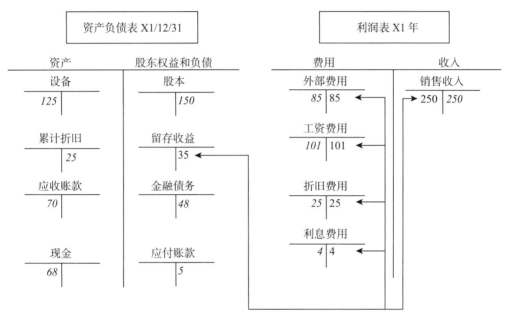

图 2-18　利润表关账并确认收益

注：期初余额用斜体字表示。

利润反映了企业通过经营创造的价值，而这些价值是属于股东的，因此股东可以选择从企业内以分红的形式将它拿走，也可以选择把全部或部分价值留在企业，以增加企业的股东权益。那部分未被分配的利润被称为留存收益。

一个有限责任公司有很多股东，根据他们期初在股本中的投资比例以及上期的留存收益，可得出每个人能分享的本期收益。但让股东各自来决定是否提取收益是不合适的，所以一般通过股东大会投票做出决定，此决定适用于所有股东。

关于如何处理本期利润的决定，可以有以下 3 种不同的选择。

- 将本期利润全部分红给股东。
- 将本期利润部分分红给股东，剩余部分作为留存收益，成为股东根据其原来的投资比例对企业的追加投资。
- 不进行任何利润分配（profit appropriation），把所有利润全部投入企业。因为再投资，股东无须支付由于分红带来的所得税。

关于是否应该分配利润的讨论受到多方面的影响，包括所得税制度、股东个人对现金的需求（是否有别的投资机会）以及公司中长期的利益。当支付股利时，股东的权益就降低了，同时企业的现金也会减少。企业的现金流出量过大，会严重影响企业继续经营的能力（请牢记，利润和现金常常是割裂开的，见表2-6）。所以，一般来说，通过股东讨论就会在企业的所有者和企业之间找到一个利润分配的平衡点。在这个平衡点上，能保证股东收到足够的所需现金，而企业又不会遭受现金枯竭，以确保企业未来经营的平稳和企业的发展，同时可以避免企业过度借债，因为借债是有成本的。

当股东大会通过了利润分配方案时，一部分利润就会以股利的形式支付。在支付前，会确认一个对股东的短期负债（应付股利）。当股利实际支付时，负债就取消了，同时现金也等量下降。

企业的留存利润是股东权益中的一部分，但由于法律或规定的要求，留存利润要与股本区分开来。在国际财务报告会计准则的定义下，留存利润被称为留存收益。留存利润在中国、美国、加拿大一般叫作留存收益，在北欧国家和德、法、英等国家被称作公积（reserves）。

必须指出的是，留存收益（或公积）和企业所拥有的现金没有对等性，因为利润和现金在权责发生制中是分开的，比如由于赊销以及收入和费用确认的时间差，可以使一个看起来利润很高（甚至有一大笔留存收益）的公司面临资金链断裂的窘境（见表2-6和表2-15）。

关于利润分配的话题还会在第11章进一步讨论。

2.6.2　在无敌公司案例中的应用

无敌公司的股东发现，在X1会计年度，公司获得了35货币单位的利润（扣除折旧费用，不考虑所得税问题）。股东决定分红3货币单位，余下的32货币单位作为留存收益。这也意味着他们对企业再投资了32货币单位。这里，从个人所得税角度是有一定优惠的，由于32货币单位没有分红，股东就不必支付这32货币单位的个人所得税。当股东决定支付红利后，企业就要将分红金额转入应付股利项下作为负债，但只有在实际分红后才会对现金产生影响（假设红利支付会在X2年年初完成）。

红利支付的决定对报表的影响反映为留存收益的减少和负债（应付股利）的增加。在支付当日，该负债会被取消，而现金会减少。图2-19显示了利润分配对财务报表的影响。由于使用应付股利账户的中间环节对理解利润分配没有太大帮助，因此我们并未将其包括在图2-19内。为简化例子，我们也没有考虑税收因素。在实际情况下，利润在被记录到资产负债表前首先需要支付企业所得税，税金是根据无敌公司所在国家的税法得出的。在不同的国家或企业，留存收益的记账有两种不同方法。在一些国家（例如美国），期间收入并不会作为单独一项会计科目出现在资产负债表上，它直接包含在"留存收益"中（见图2-19中方法1），如果分发股利，留存收益就会减少。在其他国家（例如法国），当年的收入作为单独一项会计科目出现在资产负债表上，而"留存收益"账户仅对应于以前年度累积未分配的利润（见图2-19中方法2）。

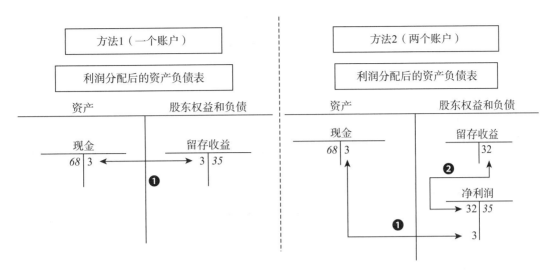

图 2-19 利润分配对财务报表的影响

注：期初余额用斜体字表示。

在方法 1 下，净利润直接计入资产负债表下的"留存收益"科目。在方法 2 下，净利润单独计入资产负债表下的"净利润"科目。

❶ 支付红利。

❷ 将部分利润转移到留存收益（或公积）。通过这两个分录，净收益账户本质上被清空为零。

2.6.3 现金、利润和公积

尽管有可能显得重复啰唆，但我们还是希望强调一下，留存收益（或公积）对于很多学生甚至管理者来说，都存在混淆的可能。当学生没有透彻了解权责发生制时，他们经常难以区分利润和现金之间的差别，就像我们在表 2-6 中所显示的，一个企业可能利润丰厚，但面临现金短缺。当然也有可能出现相反的情况，如表 2-15 所示，一个企业一直是不盈利的，但其销售收入以每期翻倍的速度增长。从表 2-15 可以看出，企业每产生 1 货币单位销售收入，其成本达到 1.1 货币单位。客户会马上进行支付，而企业在两期以后才向供应商支付。

表 2-15 现金与利润的比较

期间	1	2	3	4	5	6	7
销售收入	10	20	40	80	160	320	640
费用	11	22	44	88	176	352	704
收益（损失）	（1）	（2）	（4）	（8）	（16）	（32）	（64）
期初现金	0	10	30	59	117	233	465
现金流入	10	20	40	80	160	320	640
现金流出	0	0	11	22	44	88	176
期末现金	10	30	59	117	233	465	929

我们可以看出，这个企业的现金水平在不断提高，但实际上每笔生意都是亏钱的。如果我们假设企业没有把产生的现金进行较好的投资（投资盈利有可能能够弥补经营的亏损），这个企业最终会把股东的投入全部亏完。因为亏损会降低股本，所以如果继续这样经营下

去，股本会被负的留存收益完全蚕食掉。在企业这样亏损的情况下，现金居然一直是正的。所以，亏损不代表现金短缺，同样盈利也不代表现金充足。

2.6.4　留存收益的减少

学生、投资者和企业管理者经常问关于如何使用留存收益的问题。值得注意的是，严格来说，留存收益不是用来使用的。如之前所解释的，留存收益只是反映了管理层不支付股利的决定。留存收益会减少，但是这种减少并不是因为被使用了。我们将在第 11 章进一步解释。在以下 3 种情况下，留存收益会减少（见图 2-20）。

- 留存收益的分配：如果公司有足够的现金，可以将过去累积的留存收益以股利的形式支付给投资者。
- 抵销亏损：可以将过去累积的留存收益抵销亏损。
- 从留存收益转化成股本：留存收益可以转化成股本。因为该过程不涉及现金，所以可以认为是将股票免费发放给股东。

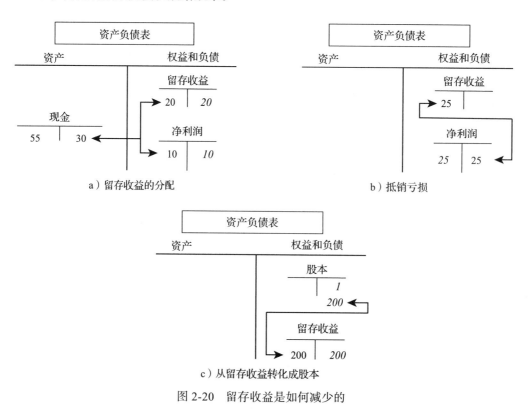

图 2-20　留存收益是如何减少的

注：期初余额用斜体字表示。

2.7　资源的消耗和存货的估值

下面我们简要介绍一下资源消耗和存货估值的问题（将在第 9 章进一步讨论）。在无敌公司的案例中未涉及存货的概念，因为无敌公司是销售服务的，而服务是不能被存储以供今后销售的。另外，我们也假设在本会计期间内没有为客户在下一期定制的公关活动做任何准备工作。这样，我们就处于一个非常少见的比较简单的状况：所有收入和费用可以在同一会计期间内配比。

费用反映了资源的消耗。假设在 X1 年度一个印刷厂消耗了外部采购和服务共计 80 货币单位。纸张、墨盒等必须在消耗前买入，而且为了防止生产环节中断，企业需要持有一些采购品的存货（如果断货就无法满足那些着急的顾客而使企业丧失商机）。采购物流和消耗物流并不同步，存货就起到了缓冲作用，防止在整个供应链中出现断货事故。通常来说，就算在零存货的生产模式下，也会有一部分资源在消耗前存储在工厂，这样，在会计期末时就会有一部分资源的存货需要进行估值并计入资产负债表的资产中。存货价值是用以下两个等式计算出来的。

零售或批发企业（没有加工环节）或生产企业的半成品车间：

$$期初存货 + 本期采购消耗品资源 = 可供消耗的资源$$

$$可供消耗的资源 - 实际消耗的资源 = 期末存货$$

生产企业或产成品：

$$期初产成品存货 + 生产产成品成本 = 可供销售的产成品$$

$$可供销售的产成品 - 售出产成品 = 期末产成品存货$$

下面我们通过一家制伞厂——喜雨公司，来展示存货对财务报表的影响。

2.7.1　用于销售（商品）或用于加工（原材料、部件和消耗品）的存货

假设 X1 年喜雨公司购入了价值 100 货币单位的原材料（布料、机械零部件、把手等）和消耗品（线）用于生产雨伞。下面把这些东西统称为"原材料"。在该会计期间内，喜雨公司只消耗了 80 货币单位的原材料，所以期末该公司仍然持有 20 货币单位的原材料。

有两种方法记录这种情况。第一种叫作永续盘存法：在每一次生产消耗原材料时就将原材料从存货中提出并记录到生产费用中。第二种叫作定期盘存法：只在期末时根据调整的期末存货、期初存货和存货的增加，计算出本期总消耗。

方法 1：采购作为存货记入资产负债表（永续盘存法）

在这种方法中，存货提取或为满足客户需求产生的消耗在发生时就被记录。购买的原材料首先记入喜雨公司的存货账户，直到被使用时才会扣除。这样，采购就会带来资产负债表中资产方存货账户的增加，同时也会减少现金或者增加应付账款。当生产雨伞需要原材料时（可能在本期内有几次），厂长（或仓储经理，如果是零售企业）就会签发一个领货单，然后这些原材料就会从存货中提取，它们的价值也会在提取的时候被逐步计入费用（资源的消耗），同时资产项中的存货减少。所有的提取都会被记录，如果仅仅是转售而没有加工处理，提取就会被作为销货成本记录，否则记录为生产成本，在产成品被售出时最终计入销货成本。

这一过程我们可以总结如下：

期初存货

＋采购（本期内所有订单的总额）

－消耗或提取（所有原材料或商品出库的总额）

＝期末存货（期末也会通过仓储盘点工作来确定存货的确切价值）

X1 年没有期初存货，采用第一种方法记录存货对财务报表的影响如图 2-21 所示。这里我们假设生产是在客户订单下达后才执行的，所以原材料的消耗直接计入销货成本，不存在产成品存货的账目。

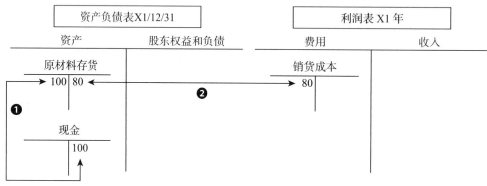

图 2-21　原材料存货对财务报表的影响（X1 年）（永续盘存法）

❶ 购买。

❷ 消耗。

假设在 X2 年喜雨公司购买了各种原材料 200 货币单位，那么公司可供消耗的原材料总金额就是 200 货币单位加上期初的 20 货币单位，即 220 货币单位。假设 X2 年的总消耗为 211 货币单位，那么期末的存货就为 9（=20+200−211）货币单位。对财务报表的影响如图 2-22 所示。

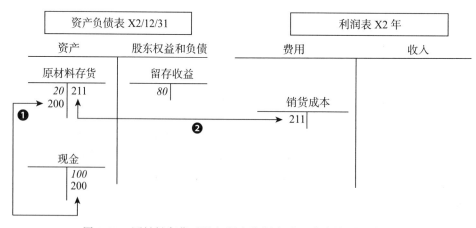

图 2-22　原材料存货对财务报表的影响（X2 年）（永续盘存法）

注：期初余额用斜体字表示。

❶ 购买。

❷ 消耗。

方法 2：采购作为费用记入利润表（定期盘存法）

不同于前一种方法将所有原材料在其生产消耗之前作为存货计算，本方法采用一个被简化的假设，即所有的采购（喜雨公司案例中的 100 货币单位）都是在当期内用来消耗的（或者在生产流程中被消耗或被转售）。基于这一假设，所有原材料在采购时就全额作为费用一次性入账。

在 X1 年年末，当喜雨公司对存货进行盘存时，它就会发现之前所有原材料都被消耗的假设并不成立。在我们的例子中，期末存货还剩下 20 货币单位。正是因为这一简化的假设，本期的费用（原材料的消耗）被高估了。基于配比原则，在期末时点上就必须对费用进行调整，使来自原材料的费用反映当期实际消耗的部分，使它们和当期的销售收入配比。

因为无须在每次使用材料时都从存货里做提货处理，这种方法在企业采用电算化管理之前是比永续盘存法更简便、更经济的方法，但它并不能给管理者和外部信息使用者提供与永续盘存法同等质量的信息，反映出企业存货实际消耗的情况。会计电算化之后，定期盘存法就显得过时了。因为电脑处理使持续跟踪的成本大大下降，可以把存货的每一次转移都进行记录。当然，存货的清点必须一年进行一次，通过清点确认电算化所体现的存货提取和实际物流是一致的，也可以避免电脑或人为操作的漏洞和瑕疵。

当我们假设所有采购的资源都在当期消耗时，期初和期末存货间的平衡关系就发生了变化。这里期末存货是可知的，而当期实际消耗的原材料就变得未知了。这样，这个等式关系就是：

> 期初存货
>
> ＋ 采购（本期内所有订单的总额）
>
> ＝ 本期可用于满足客户需求消耗的总额
>
> － 期末存货（从仓库盘点得到）
>
> ＝ 本期实际消耗

在期末时，仓库盘点就会反映出期末存货为 20 货币单位（存货的件数 × 单位成本）。作为费用计入的存货消耗就必须进行调整，建立价值为 20 货币单位的期末存货账户。一种简单的展示定期盘存法的方法是，当购入存货时，一次性作为费用记录到利润表中的采购费用，而在期末时再将剩余的存货从利润表中调出，作为资产负债表中流动资产存货的增加。

图 2-23 反映出整个会计记账的方法，显示了原材料存货对财务报表的影响（因为对负债没有影响，所以不显示负债项）。

为了进一步了解利润表中的记账方式，我们来看 X2 年的情况。在下一年中，公司购买了 200 货币单位的存货，而期末盘点中统计的期末存货为 9 货币单位。

来自上一年的期初存货为 20 货币单位，期末存货为 9 货币单位，那么会计上的存货变动（change in inventory）为期初存货减去期末存货后剩余的 11 货币单位。本期为满足客户需求实际消耗的原材料成本 = 采购的 200 货币单位 + 存货变动 11 货币单位 =211 货币单位。

＋	采购（加总当期所有的采购发票）	200
	＋期初存货	20
	－ 期末存货（通过盘点得到）	−9
＋	＝存货变动	+11
＝	总消耗原材料存货	211

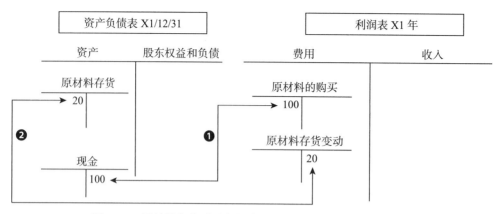

图 2-23　原材料存货对财务报表的影响（X1 年）（定期盘存法）

注：在这个例子中我们采用的假设是，所有本期采购都直接记入本期利润表，而在期末进行实地盘存后再对消耗数进行调整。

❶ 购买。

❷ 消耗。

会计在计算存货变动时，都采用期初存货减去期末存货的方法。根据会计约定，采购存货的变动（原材料、商品等）总是显示在利润表的费用下，关于产成品的内容将具体在第 9 章进一步讨论。

原材料存货对 X2 年财务报表的影响如图 2-24 所示。

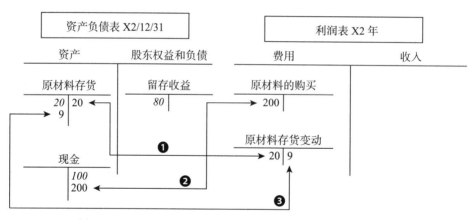

图 2-24　原材料存货对财务报表的影响（X2 年）（定期盘存法）

注：期初余额用斜体字表示。

❶ 原材料存货变动（期初存货）。

❷ 购买。

❸ 原材料存货变动（期末存货）。

我们假设采购都是用现金支付以简化例子，如果采用赊销采购，就会影响到应付账款。

当期末存货大于期初存货时，存货变动为负数，这就意味着有一些本期内购入的资源并没有参与到本期的价值创造中，只是增加了本期存货。存货对公司的影响：一定数量的存货能够更好地满足一些突增的订单。在我们的例子中，费用都被记在利润表的左边，包括所有的采购，也包括存货的变动。存货变动的账户用来减少或增加当期的费用，使本期实际计入的费用与收入是配比的。

所以公式为：

$$消耗量 = 采购量 - 存货增加（+ 存货减少）$$

存货增加和存货减少是指存货的变动，用期末存货减去期初存货计算，所以消耗量 = 采购量 -（期末存货 - 期初存货）。

永续盘存法和定期盘存法的选择主要取决于不同国家的传统，但也取决于企业在存货管理上的投入[13]和企业的需求。两种方法在没有通货膨胀的条件下计算的结果是一样的。但如果有频繁的多次采购，又存在严重的通货膨胀，采用永续盘存法能更好地把资源的现行价格反映到资源消耗的成本中。

两种方法的最大区别在于在利润表中采用一个账户（销货成本）还是两个账户（采购和存货变动）。利润表提供信息的丰富程度也会影响使用者的决策。

需要指出的是，在使用 ERP 电算化管理系统后，大部分企业在实际存货管理中都采用永续盘存法来管理存货，但很多欧洲大陆企业仍在它们的财务报表中采用定期盘存的表达方式。根据我们的观察，资本市场更鼓励企业使用永续盘存法录入存货（能直接在利润表中查到存货成本），这样可以更方便地计算企业的毛利率（gross margin）。因此，在不久的将来，定期盘存法可能会消失。

2.7.2　产品存货

喜雨公司的主营业务是制造、销售雨伞，另外也提供雨伞的保养和修理服务，这一类服务当然是不能被存储的。喜雨公司的每一会计期末都会有以下几种类型的存货。

- 可供销售的雨伞产成品。
- 雨伞的半成品存货，比如一些等待装配的雨伞机械部件、已被裁剪的雨伞面料等，每个车间都会有一批部分完成的雨伞存货，称为半成品。
- 在制品，在本期末未转移到下一阶段生产环节的雨伞和雨伞配件，既不是产成品也不是半成品，而是介于两者之间。有些制造企业的生产周期非常长，如建筑业、造船业、飞机制造业企业等，这些企业的存货量非常大。这些存货的估值对当期利润的计算非常重要，必须按照配比原则执行。
- 开发项目存货：研发的产品、新型定制品的设计、由制造员工自行开发设计的新设备等。

所有这些存货估值的逻辑和外购的原材料、产品或零部件是一样的。那些原材料部件和易耗品不是直接消耗去满足顾客的需求，它们首先在企业的生产流程中进行加工，生产出产成品，最后提供给顾客。

图 2-25 显示了存货会计入账程序。

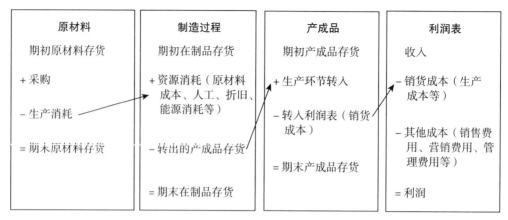

图 2-25　存货会计入账程序

图 2-25 的每一个框里采用了相同的等式：期初存货 + 新的流入 − 流出 = 期末存货。

在 X1 年，我们假设没有期初存货，定期盘存法下存货对财务报表的影响如图 2-26 所示。我们假设期末产成品为 173 货币单位。存货在资产负债表上列为资产，因为购买的存货已经被假定为全部消耗完毕，需要将期末存货确认在利润表的右边，以抵销高估的存货消耗（详见第 9 章）。

图 2-26　产成品存货对财务报表的影响（X1 年）（定期盘存法）

同样的逻辑，在定期盘存法下，X2 年期初的存货从资产中结转出并以负数形式记录在利润表的右边（相当于增加左边的成本或减少右边的收入），因为这些产成品是在 X1 年制造的（见图 2-27）。在 X2 年年末，我们假设期末存货为 203 货币单位。这个期末存货的记录方式与 X1 年年末的记录方式相同。

正是因为存货有两种不同的会计核算方法，于是产生了两种不同的利润表方程式，如图 2-28 所示。

当利润表根据永续盘存法来记录存货时，使用者只能得到销货成本以及销售、一般和管理费用（SG&A），这些科目并不能给使用者提供具体内容，存货的水平只能从资产负债表中找到。

相反地，如果采用定期盘存法，利润表就能提供更多具体内容，包括存货的采购和存货的变动。在一些国家，比如德国，有一栏"材料消耗"用来反映原材料采购和存货变动产生的净值，而产成品存货的变动则被反映在利润表的"收入"栏。这些案例说明，采用定期盘存法的企业觉得只提供一项材料消耗的费用，需要通过资产负债表获得存货的附加信息这种做法并不能满足使用者的需求。

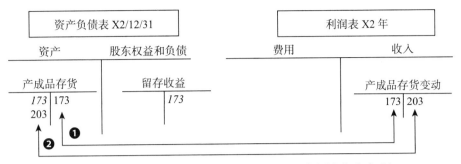

图 2-27 产成品存货对财务报表的影响（X2 年）（定期盘存法）

注：期初余额用斜体字表示。

❶ 抵销期初存货。

❷ 记录期末存货。

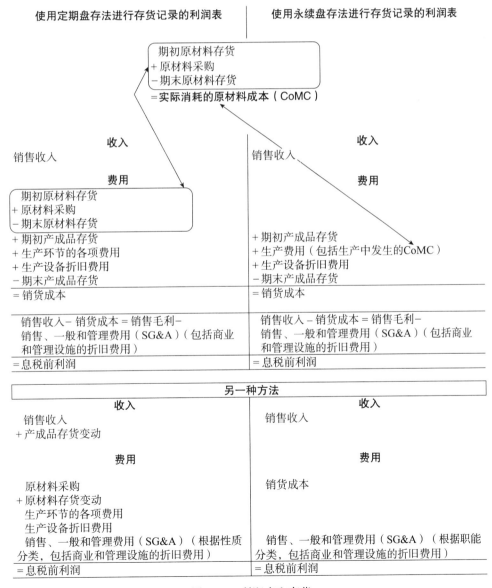

图 2-28 利润表和存货

不管采用以下3种方法中的哪一种，存货的变动都将被自动记录。①合并成销货成本项；②计入采购再计入存货净变动；③给出3项内容来决定最后的差额，即采购＋期初存货－期末存货。近年来，企业多采用第一种方法或第二种方法，所以就需要通过对资产负债表存货价值的变动来分析存货的情况。

是否在利润表中展示存货的变动情况是根据使用者的需要做出的选择。对于一些使用者来说，也许了解整个阶段的存货变动是有价值的，这也反映出生产者是否为后面的生产做好了准备，并且与本期销售利润率的信息相关。另一些使用者可能认为这些信息是多余的，因为期初和期末的存货可以在资产负债表中看到。无论如何，使用永续盘存法或定期盘存法，都是为了配比当期收入和费用。在没有通货膨胀的前提下，两种方法得出的当期收益是一致的。

2.8 财务报表分析

财务报表是由企业管理者编制的，被不同使用者用来支持他们的决策。投资者希望了解利润是如何产生的（分析利润表），并通过了解企业控制的资源对企业未来的发展做一个评估。

企业管理者和投资者都通过以下4个方面来分析财务报表，以衡量在管理层和董事会的决策下企业的价值是否有所增长。

- 财务报表所反映的所有业务结果的质量和可靠性。
- 根据财务报表提供的过去的决策（研发投资、人力培训等）和信息（收入及成本分类明细）评估收入的未来增长情况。
- 综合分析财务报表提供的过去盈利波动、现金流周期、企业现有风险等信息，评估企业达到未来收入增长目标所面临的风险。
- 根据财务报表提供的信息估算企业的可持续经营期，计算企业可创造的未来现金流的现值，以评估企业管理层是否为企业创造了价值。从长期来讲，剔除时间差的影响，企业收益和现金流是等同的。金融市场中经常使用市盈率指标，使用这个指标的前提假设是企业的经营期非常长。但是在实践中，企业的经营期不会无限长（比如在苹果手机出现以后，诺基亚就出现了危机），所以我们一般都在一个有限的经营期内将未来现金流折现。

在这样的背景下，对财务指标（通常用来描述企业重要指标之间的关系）进行分析被证明是非常有效的，能够让使用者快速了解企业财务结构的情况和业绩的质量等。财务报表分析在本书的每一章都会提到，并在第14～18章展开讨论，我们先在这里介绍一些最基本的指标作为财务分析的工具，通过这些指标使读者了解财务报表的有效性。

2.8.1 趋势分析、同比分析和比率分析

对企业现在和过去的财务报表中的同一内容进行比较，分析其演变过程，是分析师最基本的分析方法。财务报表本身只是一些说明事实的基本数据，通过对它们的分析能够提取信息，以便于分析师和使用者做出决策或为企业提出建议。

跨期间的财务报表的比较通常被称为**趋势分析**（trend analysis）。这是将企业财务报表的

一项内容（绝对数或百分比）与某一基准年（通常是上一年）的数据进行比较。当采用百分比的方法进行趋势分析时，基准年的数据（资产、负债、销售收入、成本等）经常取 100 作为参照数，然后将其他年份的数据与之进行比较。

同比分析（common-size analysis）关注财务报表的结构，可以与趋势分析结合起来，用于了解一个或多个财务报表在不同时期的结构变化情况。同比分析需要将每一张资产负债表、利润表或现金流量表进行重编，把所有绝对数都换算成某一基数的百分比。经过重编的报表被称为同比财务报表。作为基数的项目在资产负债表中通常为总资产（或总股东权益、负债），在利润表中通常为净销售额，在现金流量表中通常为经营活动净现金流。关于趋势分析和同比分析的内容将在第 14、15、17 章进一步讨论。

比率分析（ratio analysis）主要是将财务报表的两项内容进行比较。一个比率是两个数据的商。为使比率有意义，两个计算的数据之间就必须存在一定的逻辑关系。趋势分析和同比分析关注同一张财务报表（资产负债表、利润表、现金流量表）的全部，而比率分析关注的是同一张财务报表内或者不同财务报表之间的数据关系。

2.8.2　财务状况比率

1. 短期流动性比率

下面这些比率主要用来评价企业在日常经营中，自我融资的能力和对短期负债支付的能力。

$$流动比率 = 流动资产 / 流动负债（一年内到期的负债）$$

流动比率（current ratio）反映了企业用流动资产支付流动负债的能力，即当经济或经营周期出现衰退时（比如 2008 年发生的金融危机），企业发生流动性困难的可能性。

$$现金比率 = （现金 + 有价证券）/ 流动负债$$

现金比率（cash ratio）用来衡量企业用现金和现金等价物支付流动负债的能力，反映企业使用现有现金支付短期债务的能力。

2. 经营周期管理比率

$$平均收账期 = \{[（第二年应收账款 + 第一年应收账款）/2] \times 365\}/ 销售收入$$

企业的**平均收账期**（average collection period or receivables days）是一个非常重要的衡量应收账款管理水平的指标，也反映了企业整个经营周期的状况。平均收账期还反映了企业增加收入、利润和控制收账风险的能力。平均收账期越长，现金经过经营活动回到现金的周期就越长，客户支付违约的风险就越大，企业需要的长期资金来源就越多（利息费用增加导致利润增长减少）。

$$存货周转率 = 销售商品成本 /[（期初商品存货 + 期末商品存货]/2]$$
$$= 实际消耗原材料成本 /[（期初原材料成本 + 期末原材料成本）/2]$$
$$= 销售产成品成本 /[（期初产成品成本 + 期末产成品成本）/2]$$
$$= 销货成本 /[（期初存货成本 + 期末存货成本）/2]$$

销售商品成本 ＝ 期初商品存货 ＋ 购买商品存货 － 期末商品存货

实际消耗原材料成本 ＝ 期初原材料成本 ＋ 购买原材料成本 － 期末原材料成本

销售产成品成本 ＝ 期初产成品成本 ＋ 产成品生产成本 － 期末产成品成本

存货周转率（inventory turnover）反映了在一个会计期间内，企业的存货能够周转几次。经营周期越短，周转率就越高，需要的资金支持也就越少。根据利润表和资产负债表所提供信息的不同，上式提供了不同的存货周转率计算方式。在大多数情况下，只有一个所有存货的总和显示在资产负债表上，只能根据平均总存货来计算存货周转率，所以能提供给管理者和决策者的信息就比较有限。

平均付账期 ＝{ [（第二年应付账款 ＋ 第一年应付账款）/2]×365} / 销售成本

平均付账期（average payment period/payable days）和平均收账期是对称的，只不过应付账款是负债，而应收账款是资产。

3. 资本结构比率或杠杆比率

资本结构比率反映了 3 种融资（权益融资、长期借款和短期借款）占总资产的比例。下面我们可以看到，资本结构比率（杠杆比率）是衡量企业财务风险的一个指标，投资者和竞争对手都非常关注这个指标。

其中，**长期债务与权益比率**（long-term debt to equity ratio）反映了企业支付**长期债务**（long-term debt）的能力（如需要，可出售其资产）。该比率随着长期应付账款的变化而波动，相对稳定。该比率反映了企业长期**财务杠杆**（financial leverage）的情况。计算如下：

长期债务与权益比率 ＝ 长期债务 / 权益

在计算该比率时，有时用**长期总负债**（long-term liability）来代替长期债务，长期总负债的含义更广泛，还包括了递延所得税负债（见第 6 章）和养老金负债。

从更宽泛的角度来说，资本结构可以用总债务与权益比率来衡量。

总债务与权益比率 ＝ 总债务 / 权益

在这个比率中，总债务指带息债务。

该比率经常被用来反映企业的财务杠杆状况。当企业的股东权益远小于负债时，则该企业股权不足，或者负债过度（高杠杆）；当企业对应负债的股东权益较大时，则该企业的股权过多，或者负债过低（低杠杆）。需要注意的是，财务杠杆的大小是管理者和股东需要考虑的战略因素。

当两个企业的区别只在于负债对权益的比率不同时，负债率较高的企业往往会为股东带来更好的回报。因为利息费用不是由销售收入决定的，而是与企业的负债水平挂钩的。当然，负债率高的企业也承担了更大的财务风险。

📖 **例 2-1**

假设 A 和 B 是两家经营相同业务的公司，除了杠杆率不同，其他完全一样。每家公司的息税前利润为 10 货币单位。A 公司有 20 货币单位股东权益和 80 货币单位长期债务（长期债务与权益比率是 4）；B 公司有 75 货币单位权益和 25 货币单位长期债务（长期债务与权益比率是 1/3）。另外，假设两家公司的负债利息率为 5%（下面我们会改变这一假设）。那么，A 公司的税前利润为 10−（80×0.05）=6，净资产收益率为 6/20＝30%；B 公司的税前利润为 10−（25×0.05）= 8.75，净资产收益率为 8.75/75＝11.67%，高财务杠杆给 A 公司的股东带来了更高的回报。

当然，A 公司的高负债也带来了高风险。如果一家公司的财务杠杆过高，贷款人对该公司的风险评估就会更高，也许会要求更高的利息率。我们假设 A 公司因为负债过高，所以要承担 6% 的利息率（而不是我们之前假定的 5%，B 公司仍然是 5%），A 公司的税前利润就变为 10−（80×0.06）=5.2，净资产收益率为 26%，低于之前基于 5% 利息率计算的净资产收益率，但是仍然高于 B 公司的净资产收益率。但是，高负债带来的高利息费用可能会给公司的盈利带来困境。比如，在经济低迷期，两家公司的税息前利润从 10 货币单位下降为 4.5 货币单位，A 公司因为高利息费用将面临亏损，而 B 公司仍然保持盈利。此外，高负债公司需要将很大一部分盈利或现金用于归还利息，影响了公司为未来销售和利润增长进一步投资开发产品和市场的能力。所以，在考虑公司的风险时，要同时考虑杠杆率和利润率。

企业的财务杠杆程度和盈利程度应该作为评估企业风险水平的重要考虑因素。

相反地，过度依赖股本的企业就没有抓住有效使用借贷资本的机会（像例 2-1 中的 B 公司），因为外部资本往往可以以低于股权资本成本的价格获取（股东希望从其股本投资获得比利息更高的回报，另外发行新股票往往是高成本的活动）。只要企业从投资项目获取的回报高于通过借贷获得资本的成本，股东就能够得到超额回报而不用进一步对企业进行投入。每一个管理团队都会在董事会的监督下决定其认为对股东利益最佳的杠杆水平。

对于最优资本结构，没有一个统一的标准。根据经验，有一个"3 个 1/3 原则"：对于一般公司来说，理想情况是总资产 1/3 来自股权投资，1/3 来自长期负债，1/3 来自短期负债。这就意味着目标长期负债与权益比率是 1。像所有的经验法则，这个"3 个 1/3 原则"也有很多例外，不具有普遍性，但是它仍然提供了一个虚拟标杆。管理层和董事会需要讨论公司的资本结构偏离这一原则的原因。公司的回报和风险战略决定了这一偏离的合理性，如果偏离不合理或风险过高，管理层需要做出决策将资本结构回归到理性水平。

很多大型零售商经常处于股本不足的状况，但归功于存货的快速周转以及现金销售，它们能够依靠供应商提供的商业信用做一些长期投资，而这些资金来源往往是短期的。但只要它们的生意仍在扩张或至少保持稳定，或者与供应商议价的能力处于较高水平，这部分资金就能够保持增长或至少可持续稳定，所以从统计角度来看，可以算作"长期"的资金。但一旦经济下滑，应付账款就必须立即支付，这时企业也许就没有足够现金支付短期负债了，企业需要折价卖出存货甚至折价卖出非流动资产来偿还债务，使企业陷入破产的死亡旋涡[14]。第 15 章介绍营运资金概念时还会进一步讨论这种状况。

2.8.3　盈利能力指标

盈利能力指标反映了企业获取利润的能力。

$$销售回报率或净销售利润率 = 净利润 / 销售收入$$

销售回报率或净销售利润率（return on sales or net profit margin）反映了在每一销售收入单位中净利润所占的百分比。该比率可以在企业内部用来比较不同市场或客户群，或与同一类型不同企业进行比较，当然，只有当企业处于相似风险和相同机遇环境时，比较才有意义。

$$净资产收益率 = 净利润 / 平均权益 ^{15}$$

净资产收益率（return on equity，ROE）反映了对股东的回报（税后），即在一定会计期间内用股东投入的资本产生的利润。

净资产收益率取决于企业的资本结构战略，投资回报率或投入资本回报率 [return on investment（ROI）or return on capital employed（ROCE）] 就不需要考虑财务杠杆率。投入资本指所有长期融资，包括权益融资和长期负债。投资回报率反映的是息税前利润与投入资本的比率。

$$投资回报率或投入资本回报率 = 息税前利润 / 投入资本$$

这里的投入资本是"平均长期负债 + 平均权益"。另外，投资回报率也可以计算为"净收益 / 投入资本"。

该比率用来衡量企业使用长期投资资本创造财富的能力，并没有考虑财务杠杆的作用。该比率通常用于评估潜在被收购企业的盈利能力，因为收购者在收购以后可能会改变被收购企业的资本结构，所以需要使用一个与财务杠杆无关的指标。

另外一个衡量企业盈利能力的指标是**总资产收益率**（return on assets，ROA）。因为总资产包括短期融资和长期融资，所以总资产收益率仍然要考虑财务杠杆的作用。

$$总资产收益率 = 净利润 /[（第二年资产 + 第一年资产）/2]$$

这个比率衡量了企业使用其资产产生利润的能力。

综合考虑以上 3 个盈利能力指标，并对比至少 3 年的数据，才能使财务报告使用者对企业未来的盈利和风险做出评估。

关键知识点

- 财务报表至少包括资产负债表、利润表和附注，另外还可能包括现金流量表、留存收益表和股东权益变动表。
- 资产负债表由两列数字组成，一列是资源（资产），另一列是企业对外部各方承担的责任（对债权人承担的债务，以及净资产——企业作为独立法人属于股东或业主的资产），两列数字的总金额是相等的。
- 股东权益，从内部看代表了企业对股东承担的责任，从外部看则代表了企业的所有者集体对企业目前的净资产和未来创造的价值的追索权。
- 会计准则采用成本与市价孰低法来对资产进行估值。账面价值反映的是某个时点，过去经营活动产生的累积历史成本。账面价值不同于（通常小于）企业的市场价值（企业通过生产经营有望实现的未来盈利的折现值扣除投资成本）。
- 资产负债表或财务状况表可以用一个平衡式表示：资产（资源）= 负债（对第三方的责任）+ 股东权益（股东的追索权）。

- 资产是一个经济实体控制的资源，是过去事件的结果，也会在未来为企业带来经济收益。
- 负债反映了企业因过往事件承担的所有责任，责任的解除需要企业将资源创造的经济收益的一部分作为支付。
- 利润表总结了当期收益产生的整个过程，也反映了当期的留存收益是如何变化的（考虑股利分配以后）。
- 收入代表了股东权益的增加。它来自企业的经营活动，如销售产品或服务，或通过投资获得的收益。
- 费用是由于企业经营活动造成的股东权益的减少，例如外购产品和服务、向员工支付工资、为一些场地支付租金、设备损耗等。
- 折旧反映了固定资产在企业经营使用中的消耗，是一项费用。
- 净收益反映了本期内所有收入和费用之间的差额，正的净收益称为利润，负的净收益叫作亏损。净收益属于股东。
- 留存收益反映了过去企业整个经营活动为股东创造但没有被股东以红利形式分配的那部分价值。
- 净利润不同于现金。权责发生制的记账方式将一个交易的确认和它的现金支付区分开来。
- 利润分配由股东做决定，可以完全或者部分分配本期利润，也可以不分配。
- 在会计期末，必须估计存货并将其记录在资产负债表的资产方。
- 财务报表分析是一个对财务报表简单陈述的深加工，为使用者创造了价值，旨在获取深度信息以评估企业未来盈利增长情况、面临的风险、可持续经营性，经常采用的方法有趋势分析、同比分析和比率分析。
- 对于每个财务比率来说，没有所谓理想的数值，但是管理层需要明白这些比率的数值及其变化的含义，并将其与同行业其他企业的财务比率进行比较分析。

实战练习

实战练习 2-1　维瓦尔第公司（1）

要　　点：商业活动和商业平衡等式

难度系数：低

维瓦尔第公司是一家零售商。在 X1 年，它进行了以下商业活动（除特别说明，所有数字单位都是货币单位）。

（1）公司成立时注入 40 货币单位的有形资产和 60 货币单位的现金。

（2）购买 40 货币单位商品（应付）。

（3）广告费用：7 货币单位（应付）。

（4）销售 120 货币单位商品给客户（应收）。销售商品的成本为 30 货币单位。

（5）人工费用：基本工资 30 货币单位、员工福利和补贴 15 货币单位（将在下一年以现金发放）。

（6）各项营业税收：20 货币单位（在下一年以现金支付）。

（7）从客户收到 60 货币单位现金。

（8）支付给供应商 35 货币单位现金。

（9）支付 30 货币单位工资。

（10）公司成立时注入的固定资产的预期使用寿命为 10 年，每年折旧相同。

（11）期末商品存货为 10 货币单位。

要　求

1. 说明每一项商业活动对商业平衡等式的影响（将商品采购作为费用记入利润表）。
2. 根据以上（1）～（11）商业活动编制 X1 年年末的资产负债表。
3. 根据以上（1）～（11）商业活动编制 X1 年的利润表。

实战练习 2-2　维瓦尔第公司（2）

要　　点：商业活动与财务报表

难度系数：低

请参考实战练习 2-1 维瓦尔第公司（1）。

要　求

请用会计分录将每一项商业活动记账。

实战练习 2-3　阿尔比诺尼公司

要　　点：商业活动与商业平衡等式

难度系数：低

阿尔比诺尼公司是一家零售商。在一个会计周期内，它进行了以下商业活动（除特别说明，所有数字单位都是货币单位）。

（1）公司成立时注入 80 货币单位的设备和 30 货币单位的现金。

（2）从银行获得 200 货币单位的贷款。

（3）各项营业税收：40 货币单位（本期以现金支付）。

（4）购买商品：50 货币单位（应付）。

（5）法律诉讼费用：10 货币单位（本期以现金支付）。

（6）人工费用：基本工资和福利 30 货币单位（本期以现金支付）。

（7）销售商品给客户：80 货币单位应收账款和 20 货币单位现金。销售商品的成本为 40 货币单位。

（8）支付给供应商 30 货币单位。

（9）从客户收到 70 货币单位现金。

（10）公司成立时注入的设备的预期使用寿命是 4 年，每年折旧相同。

（11）期末商品存货为 10 货币单位。

要　求

请根据以下两种方法说明每项商业活动对商业平衡等式的影响。

1. 将商品采购作为存货记入资产负债表（永续盘存法）。
2. 将商品采购作为费用记入利润表（定期盘存法）。

　　请说明存货记录方法。

采购作为存货记入资产负债表（永续盘存法）					采购作为费用记入利润表（定期盘存法）			
资产				=	负债	+	股东权益	
+	+	+	+	=	+	+	+	商业活动明细
（1）								
（2）								
（3）								
（4）								
（5）								
（6）								
（7）								
（8）								
（9）								
（10）								
（11）								
期末余额								

挑战练习

挑战练习 2-1　选择题

请选择正确答案（除非特别说明，正确答案只有一个）。

1. 原材料和商品采购可以记录为哪两个会计科目？
   - （a）现金
   - （b）费用
   - （c）非流动资产
   - （d）流动资产
   - （e）以上都不是

2. 获得长期借款影响以下哪个会计科目？
   - （a）经营性负债
   - （b）金融负债
   - （c）股东权益
   - （d）留存收益
   - （e）以上都不是

3. 土地、房屋、设备和电脑属于（　　　　）。
   - （a）流动资产
   - （b）非流动资产
   - （c）现金
   - （d）存货
   - （e）以上都不是

4. 记录所有收入和费用的报表是（　　　　）。
   - （a）财务状况表
   - （b）现金流量表
   - （c）利润表
   - （d）资产负债表
   - （e）财务报表附注
   - （f）股东权益变动表
   - （g）以上都不是

5. 在定期盘存法下，原材料存货变动等于（　　　）。
   - （a）期初存货减去期末存货
   - （b）期末存货减去期初存货
   - （c）（期初存货＋期末存货）/2
   - （d）以上都不是

6. 留存收益是（　　　）。

　（a）用于未来投资的现金　　　　　　　　（b）发放给股东的股利

　（c）未分配利润　　　　　　　　　　　　（d）以上都不是

7. 从客户收到的预收款属于（　　　）。

　（a）收入　　　　　　（b）资产　　　　　　（c）负债

　（d）股东权益　　　　（e）费用　　　　　　（f）以上都不是

8. 支付给供应商的预付款属于（　　　）。

　（a）收入　　　　　　（b）资产　　　　　　（c）负债

　（d）权益　　　　　　（e）费用　　　　　　（f）以上都不是

9. 资产负债表中的折旧包括（　　　）。

　（a）累计折旧费用　　　　　　　　　　　（b）当期折旧费用

　（c）累计折旧费用＋当期折旧费用　　　　（d）以上都不是

10. 下列哪一项不属于流动资产？

　（a）应收账款　　　　（b）存货　　　　　　（c）设备

　（d）现金　　　　　　（e）以上都不是

挑战练习2-2　维瓦尔第公司（3）

要　　点：商业活动和商业平衡等式

难度系数：低

　　请参考实战练习2-1维瓦尔第公司（1）。

要　求

1. 请说明每一项商业活动对商业平衡等式的影响（将商品采购作为存货记入资产负债表）。

2. 根据（1）～（11）商业活动编制X1年年末的资产负债表。

3. 根据（1）～（11）商业活动编制X1年的利润表。

挑战练习2-3　布索尼公司

要　　点：商业活动和财务报表

难度系数：低

　　布索尼公司是一家批发商。在一个会计周期内发生了以下商业活动（除特别说明，所有数字单位都是货币单位）。

　（1）公司成立时注入100货币单位的设备和40货币单位的现金。

　（2）购买商品：60货币单位（应付）。

　（3）从银行获得贷款：100货币单位。

　（4）人工费用：工资和福利35货币单位（以现金支付）。

　（5）销售商品给客户：50货币单位应收账款和40货币单位现金，销售商品的成本为38货币单位。

　（6）从客户收到42货币单位。

（7）支付给供应商 55 货币单位。

（8）公司成立时注入的设备的预期使用寿命为 5 年，每年折旧相同。

（9）期末商品存货为 22 货币单位。

要　求

根据以下两种存货记录方法，用 T 型账户形式说明每项商业活动对财务报表的影响。

1. 将商品购买作为费用记入利润表（定期盘存法）。
2. 将商品购买作为存货记入资产负债表（永续盘存法）。

请使用以下形式：

资产负债表		利润表	
资产	股东权益和负债	费用	收入

挑战练习 2-4　科瑞里公司（1）

要　　点：会计账户分类

难度系数：低

科瑞里公司列出以下会计科目和五个会计基本要素。

要　求

请在表 2-16 中的每个会计科目所属的基本要素下打钩（每个会计科目只属于一个基本要素）。

表　2-16

	资产	股东权益	负债	收入	费用
管理费用					
预收账款					
预付账款					
房屋					
银行存款					
库存现金					
电脑设备					
金融负债					
应付医疗保险费					
所得税费用					
应付所得税					
工业设备					
保险费用					
利息费用					

（续）

	资产	股东权益	负债	收入	费用
利息收入					
贷款					
有价证券					
维修费用					
应付薪酬					
薪酬费用					
销售商品					
销售费用					
股本					
应付账款					
应收账款					

挑战练习 2-5　科瑞里公司（2）

要　　点：会计科目分类

难度系数：中

科瑞里公司列出以下会计科目和五个会计基本要素。

要　求

请在表 2-17 中的每个会计科目所属的基本要素下打钩（每个会计科目只属于一个基本要素）。

表　2-17

	资产	股东权益	负债	收入	费用
累计折旧					
销货成本					
产成品存货					
商品存货					
商品进货					
购买物料					
原材料					
法定公积					
留存收益					

挑战练习 2-6　阿迪达斯 *

要　　点：财务报表分析（按科目职能编制的利润表）

难度系数：高

阿迪达斯集团成立于 1924 年，总部位于德国。该集团从事运动和运动生活方式产品的设计、分销和营销。在 2022 年出售锐步和 2017 年出售泰勒梅后，它目前仅经营一个品牌，即阿迪达斯。截至 2022 年 12 月 31 日，阿迪达斯集团雇用了 59 258 名员工。

从其 2018~2022 年的年度报告中，我们提取了以下合并资产负债表和合并利润表（见表 2-18 和表 2-19），这些报告是根据经欧盟（EU）认可的国际财务报告会计准则以及《德国商法典》第 315e 条第 1 款的附加要求编制的。

表 2-18　阿迪达斯合并资产负债表　　　　（单位：百万欧元）

截至 12 月 31 日	2022 年	2021 年	2020 年	2019 年	2018 年
资产					
现金及现金等价物	798	3 828	3 994	2 220	2 629
短期金融资产	0	0	0	292	6
应收账款	2 529	2 175	1 952	2 625	2 418
其他流动性金融资产	1 014	745	702	544	542
存货	5 973	4 009	4 397	4 085	3 445
应收所得税	102	92	109	93	48
其他流动资产 *	1 316	1 062	999	1 076	725
划分为持有至出售的资产	0	2 033	0	0	0
流动资产总计	11 732	13 944	12 153	10 935	9 813
固定资产	2 279	2 256	2 157	2 380	2 237
使用权资产	2 665	2 569	2 430	2 931	0
商誉	1 260	1 228	1 208	1 257	1 245
商标权	0	0	750	859	844
其他无形资产	429	352	252	305	196
长期金融资产	301	290	353	367	276
其他非流动性金融资产	336	160	414	450	256
递延所得税资产	1 216	1 263	1 233	1 093	651
其他非流动性资产	78	75	103	103	94
非流动资产总计	8 564	8 193	8 900	9 745	5 799
资产总计	20 296	22 137	21 053	20 680	15 612
负债和股东权益					
短期借款	527	29	686	44	66
应付账款	2 908	2 294	2 390	2 703	2 300
流动性租赁负债	643	573	563	733	0
其他流动性金融负债	424	363	446	235	186
应付所得税	302	536	562	618	268
其他流动性准备金	1 589	1 458	1 609	1 446	1 232
流动性应计负债	2 412	2 684	2 172	2 437	2 305
其他流动负债	452	434	398	538	477
划分为持有至出售的负债	0	594	0	0	0
流动负债总计	9 257	8 965	8 826	8 754	6 834
长期借款	2 946	2 466	2 482	1 595	1 609
非流动性租赁负债	2 343	2 263	2 159	2 399	0
其他非流动性金融负债	44	51	115	92	103
养老金	118	267	284	229	246
递延所得税负债	135	122	241	280	241
其他非流动性准备金	88	149	229	257	128
非流动性应计负债	7	8	8	9	19
非流动性负债	7	8	17	7	68

（续）

截至 12 月 31 日	2022 年	2021 年	2020 年	2019 年	2018 年
非流动负债总计 *	5 688	5 334	5 535	4 868	2 414
股本	199	204	201	200	204
公积金	123	(29)	749	592	581
留存收益 *	6 042	5 842	5 504	4 856	4 832
归属于母公司股东权益	4 991	7 519	6 454	6 796	6 377
少数股东权益	360	319	238	262	(13)
股东权益	5 351	7 838	6 692	7 058	6 364
负债和股东权益总计	20 296	22 137	21 053	20 680	15 612

表 2-19 阿迪达斯合并利润表   （单位：百万欧元）

截至 12 月 31 日	2022 年	2021 年	2020 年	2019 年	2018 年	
净销售收入	22 511	21 234	19 844	23 640	21 915	+
销售成本	11 867	10 469	9 990	11 347	10 552	–
毛利润	10 644	10 765	9 854	12 293	11 363	=
版税和佣金收入	112	86	83	154	129	+
其他经营收入	173	27	42	56	48	+
其他经营费用	10 260	8 892	9 229	9 843	9 172	–
经营利润	669	1 986	750	2 660	2 368	=
财务收入	39	19	29	64	57	+
财务费用	320	153	204	166	47	–
税前利润	388	1 852	575	2 558	2 378	=
所得税	134	360	146	640	669	–
持续性经营业务净利润	254	1 492	429	1 918	1 709	=
非持续性经营业务利得（亏损），税后	384	666	13	59	(5)	
净利润	638	2 158	442	1 977	1 704	=

注："+""–"和"="符号表示已经被加减运算过，方便读者更好地理解净利润计算的每一步。

从 2021[16] 年财务报表附注中，我们截取以下信息：

- 附注 14. 商誉：商誉[17] 主要与锐步和 Runtastic 业务的收购以及对附属公司的收购有关，主要涉及美国、澳大利亚、新西兰、荷兰、丹麦和意大利。

要　求

1. 请编制同比利润表（所有科目换算成净销售收入的百分比）。
2. 根据 2019～2022 年财务报表，计算本章讲过的所有财务指标。
3. 请分析同比利润表。
4. 请分析计算的财务比率。

挑战练习 2-7　斯道拉恩索 *

要　　点：财务报表分析

难度系数：高

斯道拉恩索是一家芬兰综合性全球纸制品生产商。该集团 2022 年在全球 30 多个国家拥有平均 21 790 名员工。斯道拉恩索及其子公司的业务分为以下几个部门：包装材料、包装解决方案、生物材料、木材产品、森林、纸张以及其他部门（其中包括斯道拉恩索对能源公司 Pohjolan Voima（PVO）的股权以及集团的共享服务和行政部门）。[18] 从斯道拉恩索 2018～2022 年的财务报表中，我们截取了根据国际财务报告会计准则编制的合并资产负债表（见表 2-20）和合并利润表（见表 2-21）。我们简化了合并资产负债表和合并利润表以便教学。一些会计科目合并在一起，用星号（*）标记。

表 2-20　斯道拉恩索合并资产负债表（节选）　（单位：百万欧元）

	2022 年	2021 年	2020 年	2019 年	2018 年
资产					
商誉和其他无形资产 *	365	406	415	471	497
固定资产	4 860	5 060	5 007	5 101	5 234
	5 225	5 466	5 422	5 572	5 731
其他非流动资产 *	9 895	9 051	7 854	5 891	2 870
非流动资产总计	15 120	14 517	13 276	11 463	8 601
存货	1 810	1 478	1 270	1 391	1 567
应收税款	11	17	13	11	9
应收账款	1 473	1 449	1 145	1 289	1 487
带息应收账款	77	84	66	23	55
现金及现金等价物	1 917	1 481	1 661	876	1 130
流动资产总计	5 288	4 509	4 155	3 590	4 248
划分为持有至出售的资产	514	0	0	0	0
资产总计	20 922	19 026	17 431	15 053	12 849
股东权益和负债					
股本和股本溢价 *	1 419	1 419	1 419	1 419	1 419
权益其他项 *	3 190	2 596	1 470	1 142	739
留存收益 *	6 343	5 385	4 891	4 236	3 694
当期净利润（损失）	1 550	1 266	1 013	626	880
股东权益总计	12 502	10 666	8 793	7 423	6 732
非流动负债总计 *	4 486	5 195	5 743	4 713	2 970
一年内到期非流动负债	667	180	472	376	403
带息债务和银行透支 *	513	446	462	585	676
其他准备金及其他经营性和税收负债 *	2 517	2 539	1 961	1 956	2 068
流动负债总计	3 697	3 165	2 895	2 917	3 147
划分为持有至出售的负债	237	0	0	0	0
股东权益和负债总计	20 922	19 026	17 431	15 053	12 849

表 2-21　斯道拉恩索合并利润表（节选）　（单位：百万欧元）

	2022 年	2021 年	2020 年	2019 年	2018 年
销售收入	11 680	10 164	8 553	10 055	10 486
其他经营收入	326	345	147	165	92
产成品和在产品存货变动	258	122	−84	−102	125
原材料与劳务	−6 979	−5 936	−5 043	−5 964	−6 159
运费和销售佣金	−1 148	−939	−806	−904	−932
人工费用	−1 315	−1 351	−1 270	−1 331	−1 330
其他经营费用 *	−399	−283	35	−246	−594
权益投资收益	221	143	−1	229	181
摊销、折旧和减值	−635	−697	−609	−597	−479

（续）

	2022 年	2021 年	2020 年	2019 年	2018 年
经营利润	2 009	1 568	922	1 305	1 390
财务收入	40	41	19	8	27
财务费用	−191	−190	−168	−176	−207
税前利润	1 858	1 419	773	1 137	1 210
所得税费用	−322	−151	−156	−281	−222
净利润	1 536	1 268	617	856	988

要　求

1. 请编制同比利润表（所有科目换算成净销售收入的百分比）。
2. 根据 2019～2022 年财务报表，计算本章讲过的所有财务指标。
3. 请分析同比利润表。
4. 请分析计算的财务比率

参考书目

IASB (2018) Conceptual Framework for Financial Reporting, London.

IASB (2020) International Accounting Standard No. 16 Property, Plant and Equipment, London.

IASB (2022) International Accounting Standard No. 1 Presentation of Financial Statements, London.

扩展阅读

Sangster A. (2018) Pacioli's lens: God, humanism, Euclid, and the rhetoric of double entry. The Accounting Review, 93(2), 299-314.

注　释

1　我们在第 1 章解释过，IAS 和 IFRS 是由 IASB 发布的。

2　但是，这个照片（资产负债表）只体现了企业过去的价值创造。比如，土地的账面价值是它的历史购置成本，即使土地的市场价值发生了变化，也不会改变其账面价值。如果在这块土地旁边新建一个商场，使土地增值，也不会反映在账面上。会计记录必须可靠，不会引起争议。因为资源的价值（交换或重置价值）一直在变化，会计人员倾向于记录的可靠性，所以只采用历史成本作为账面价值（遵循本章提到的成本与市价孰低法原则）。

3　账面价值指资产的购置成本（如果资产带来的未来经济利益流入超过一个会计年度，则需要折旧），但是如果资产的重置市场价值低于购置成本，则应将较低的市场价值入账。

4　企业可持续经营时间范围因所在行业的不同而不同，而且不同投资者对同一企业可持续经营时间范围的估计也不一样。一个默认的经验法则是，可持续经营时间范围等于 1.5 个企业产品或技术生命周期（取更短者）。投资者对企业商业模式（比如研发的投入、营销推广的投入和培训的投入）的认知不同，估计的可持续经营时间范围也不同。

5　无风险利率通常就是政府债券的回报率，违约风险几乎为零。

6　折现是将未来收入折算成等价的现值。比如，假设一个人在一年后将收到 100 货币单位，折现率（现在投资的回报率）是 5%，相当于现在收到 95.238[≈ 100/（1+0.05）] 货币单位，因为如果现在按 5% 的回报率投入 95.238 货币单位，一年后可以收回 100 货币单位。折现过程适用于任何时间段。

7　投资者承担着各种因素（商业因素、技术因素和政治因素）带来的投资失败的风险，所以希望获得超过无风险利率的回报。

8　来源：苹果 2021/2022 年报。

9　需要注意的是，损益表（profit and loss account，P&L）的概念也在北美使用，是利润表的另一种说法（在北美，利润表是官方用语）。

10　每个交易金额都记录在一个账户中。每一类资源或义务都有一个账户，比如与收入和费用相关的账户有现金、资本、应付账款，等等。按照惯例，账户都以 T 型方式呈现（T 型账户详见第 3 章）。在无敌公司的案例中，存在银行的现金记录在"现金"或"银行存款"账户下，所有与现金支票相关的交易都记录在该账户下。

11　关于减值的详细解释，请参见第 7 章和第 8 章。在这里，减值就是指因为时间因素或使用方式的改变而引起的有形资产或无形资产价值的损失。

12　当股东投入个人资源注册公司（比如现金、知识产权、努力、实物资产），从公司的角度来说，这些投入就是资本，从股东的角度来说，这些投入是投资，期望获得回报。

13　永续盘存法至少需要一个锁定的仓库、跟踪存货的系统、材料清单，等等。即使在电脑时代，永续盘存法的维护和操作费用也比定期盘存法昂贵，定期盘存法只需要记录存货购买和存货盘点。永续盘存法通常和企业的成本会计系统相关，很多小企业难以承担此项费用。

14　例如，Somm, Inc. 是一家总部位于美国的公司，拥有在线零售葡萄酒分销业务，在 2022 年 7 月 14 日根据《美国破产法》第 11 章寻求保护。法庭文件显示，截至 2022 年 6 月 30 日的 6 个月内，债务人的总收入为 5 495 350 美元，净亏损为 475 377 美元。截至 2022 年 6 月 30 日，债务人的资产负债表显示总资产为 1 907 983 美元，总负债为 2 520 780 美元。（资料来源：Somm, Inc：启动第 11 章破产保护，Troubled Company Reporter，2022 年 7 月 20 日，Factiva 数据库）。

15　平均权益 =（期初股东权益 + 期末股东权益）/2 或者 [（期初股东权益 + 期初少数股东权益）+（期末股东权益 + 期末少数股东权益）]/2。少数股东权益是指子公司中未被母公司直接或间接持有的部分。少数股东权益将在第 13 章详细讲解。权益比率的计算通常把少数股东权益包括在内。

16　在 2022 年年报中没有出现此信息。

17　商誉是一种无形资产，主要与收购方支付的溢价超过被收购公司资产的市场调整价值有关。它反映了如品牌名称、客户忠诚度、可靠的（但非合同约定的）供应商或供应商网络的存在等因素的综合价值。商誉将在第 8 章和第 13 章中有更具体的分析。

18　资料来源：2022 年年报，附注 3，分部信息。

第3章　会计报表的关联和框架

本章教给你什么

1. 编制现金流量表的目的。

2. 现金流量表和资产负债表、利润表之间的关系。

3. 借与贷的概念。

4. 会计是一个将原始数据多层次、渐进地分类和归总的过程。

5. 日记账是以时间顺序对日常会计信息的记录。

6. 总账是企业所有账户的汇总（分类账是对同类账目进行的归类）。

7. 所有业务从日记账转入分类账然后转入总账。

8. 试算平衡表将所有账户的借方和贷方进行归总，是进行内部控制的工具，也能够检查所有业务是否已根据复式记账的原则正确记录。

9. 所有企业都会建立会计科目表，该表将企业的业务按照设置的账户有逻辑地进行组织整理。

10. 有些国家设立了标准的会计科目表，有些国家没有。

　　在前两章中，我们初步介绍了两个重要的会计报表，这两个报表反映了企业的财务状况和价值创造的过程。资产负债表、利润表和财务报表附注（将在第5章讨论）中反映的会计信息，对于决策者和其他相关方来说都是非常重要的。这三项内容是大部分国家财务报告的最低要求，其他很多国家还要求企业编制现金流量表（在本章以及第16、17章讨论）和股东权益变动表（见第11章）。通过这两个附加的表格，投资者、股东和其他会计信息使用者就能够进一步了解企业的状况。

IAS 1，IASB 2022：§10 定义一套完整的财务报表（financial statement）包括下列组成部分。

- 当期期末财务状况表。
- 当期综合收益表。
- 当期权益变动表。
- 当期现金流量表。
- 附注，包括重大会计政策概述和其他说明性注释，以及与以往会计年度的可比信息。
- 主体追溯应用某项会计政策以及追溯重述或重新分类其财务报表项目时，最早可比期间的期初财务状况表。

IAS 的同一段中还加入了一个重要信息：主体对上述报表使用的名称可能不同于本准则使用的名称。所以"财务状况表"可以由传统的"资产负债表"代替，同样地，在实际操作中"综合收益表"（statement of comprehensive income）通常被称为"损益表"或"利润表"。

在本章中，我们将首先简单介绍现金流量表，并将在第 16 章（编制）、第 17 章（分析）展开讨论。接着，本章将会展示三个财务报表之间是如何相互关联的。然后，我们将进一步介绍财务报表中两个重要的部分：资产负债表和利润表。本章最后还会介绍财务报表编制过程中该如何具体操作。

3.1　现金流量表

尽管现金流量表在某些国家并不是财务报表的必需组成部分，但我们认为，它对于了解一个企业的经济财务活动是一个必不可少的文件。通过资产负债表和利润表了解到的企业信息是有一定局限性的，因为：

- 资产负债表只反映了一个静态的财务状况，并不能展示企业的现金在经营活动、投资活动和融资活动中的运作情况。
- 利润表基于配比原则和权责发生制原则（在第 1 章和 3.1.1 中讨论），不能反映出现金在企业中的重要性。正如在前一章中展示的那样，现金和利润经常会出现巨大差别，这会对会计期间的业务活动造成很大的影响。

正如业内人士所说，"现金为王"。现金是任一组织的"血液"，如同图 3-1 所展示的那样（这是第 1 章"现金泵"的简化版），它反映了一个基本的经营周期。流动资产以灰底显示。

无论是资产负债表还是利润表，都没有强调现金从企业流入、流出的整个动态活动。通过比较两期不同的资产负债表，使用者可以计算企业现金的净变动情况，但并不能了解这些变化是如何产生的。业务活动会产出也会消耗现金，但是销售收入和成本费用都会因为赊销等造成现金流入与流出的滞后，还有很多其他事件会影响企业的现金余额，比如股东追加投资的现金、红利的支付、购买或出售非流动资产、购买或授权一些技术知识产权等。只有搞清楚这些事件，才能完全了解期末现金余额的真正含义。现金从哪里来，又被用到哪里去，是现金流量表能够回答的两个最重要的问题。

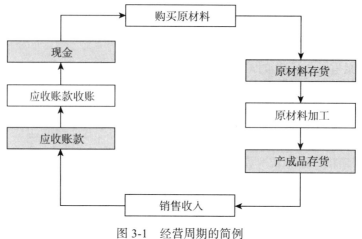

图 3-1　经营周期的简例

我们在这里只对现金流量表做简要介绍，第 16 章将介绍现金流量表是如何编制的，第 17 章将介绍如何分析现金流量表。本章主要强调的是三个文件——资产负债表、利润表和现金流量表之间的关系。

3.1.1　权责发生制

需要编制现金流量表源于对收入和费用采用权责发生制的会计选择。IAS 1，IASB 2022：§27 指出：除现金流量信息外，主体应按权责发生制编制其财务报表。在这种方法下，交易和事件都必须在发生时被记录到会计分录并进入当期财务报表，而不是在收到或支付现金或现金等价物时才这样做。权责发生制将现代会计与传统的现金收付制会计区分开来，现金收付制规定在支付或收到现金时记录交易和事件。权责发生制会计造成收入和费用的确认与对现金影响之间的时间差，现金流量表正是用来说明这一时间差的。

3.1.2　现金流量表的演变

经过多年不同方向的演变和陈述，现金流量表成为一个相对标准的会计文件。从 20 世纪 80 年代中期开始，要求披露现金流量表的国家越来越多。1985 年，加拿大首开先河，然后更多的国家紧随其后：美国（1987 年）、法国（1988 年）、英国（1991 年）……中国财政部从 1998 年起要求企业披露现金流量表。更重要的是，现金流量表从 1992 年起成为 IASB 要求披露的标准财务报告的一部分，这表明现金流量表的披露已经成为国际惯例。IASB 提出了现金流量表的标准格式，但也允许不同国家根据其传统做一些特殊（但细微）的处理来满足当地的需求。

根据 IAS 7，IASB 2017：§10，现金流量表应当按经营活动、投资活动和融资活动分类报告主体当期的现金流量。这意味着现金流量表必须反映出企业三个方面的业务活动：①经营活动，实体创办后所从事的主营业务活动；②投资活动，维持企业现有生产能力，对未来的准备；③融资活动，取得需要的资金，归还临时取得的资金，当企业的管理层或股东觉得企业不能为股东就其现有资金提供满意回报时，将资金归还股东。表 3-1 展示了 IASB 提出的标准现金流量表。

表 3-1　现金流量表示例

经营活动现金流		
从客户处获得的现金		80
支付给供应商和雇员的现金		−30
经营活动净现金流	（1）	50
投资活动现金流		
购买固定资产、厂房和设备		−15
出售设备		5
投资活动净现金流	（2）	−10
融资活动现金流		
发行股票		35
长期贷款		10
支付红利		−20
融资活动净现金流	（3）	25
现金及现金等价物净增加	（4）=（1）+（2）+（3）	65
期初现金及现金等价物	（5）	5
期末现金及现金等价物	（6）	70
现金变化 控制	（7）=（6）−（5） （4）=（7）	65

实际操作中，在没有改变整个背后逻辑的情况下，现金流量表可以从期初现金余额开始，到期末现金余额结束，通过使用表 3-1 中的数字，我们可以展示另外一种形式的现金流量表（见表 3-2）。

表 3-2　现金流量表（另一种表述方法）

期初现金及现金等价物	（1）	5
经营活动净现金流	（2）	50
投资活动净现金流	（3）	−10
融资活动净现金流	（4）	25
期末现金及现金等价物	（5）=（1）+（2）+（3）+（4）	70

3.1.3　资产负债表、利润表和现金流量表之间的关系

如图 3-2 展示的那样，资产负债表、利润表和现金流量表是紧密联系在一起的（第 2 章

图 2-14 的扩展）。利润表相当于资产负债表中留存收益科目的放大扩充，而现金流量表相当于资产负债表中现金项目的放大扩充。这三个表形成了一个完全相关的系统。在这个系统中，所有和企业业务活动有关的每一件事都会被记录下来。这样，会计信息使用者就能够了解企业的价值是如何创造的——利润表，以及企业的流动性（现金的存续情况）如何在当期内被企业的业绩和决定所影响——现金流量表，资产负债表记录其他两个财务报表中记录的业务所创造的产出。

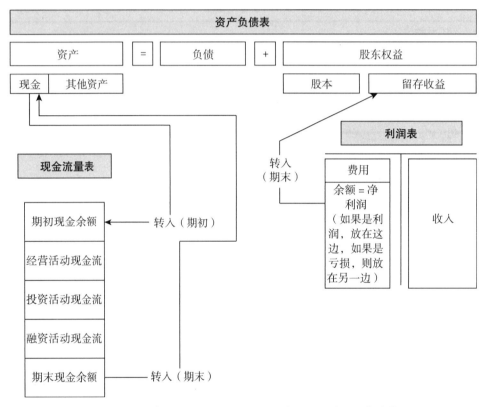

图 3-2　资产负债表、利润表和现金流量表之间的关系（简单模式）

图 3-3 更详细地展示了这三个表的内在联系，每一个重要关系都被具体罗列了出来（图下面的数字对应图 3-3 中的数字）。

在这三个表（利润表、现金流量表和资产负债表）编制完成时，编制者需要检验资产负债表中的总资产是否等于总负债加股东权益。这个等式成立即证明整个系统的运行是良好且平衡的。

图 3-2 和图 3-3 展示了这三个表的关系，这三个表是提供给股东和外部使用者的一个回顾性报告。更重要的是，它们会被管理者和分析师用于分析企业的预算、预测报表来确定企业未来的现金流以及其他和现金相关的决策。

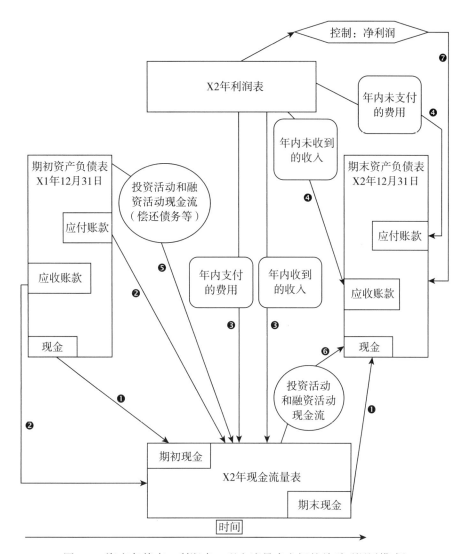

图 3-3 资产负债表、利润表、现金流量表之间的关系（深层模式）

❶ 资产负债表的期初现金余额反映在现金流量表的期初现金余额上，从资产负债表的期初余额转入现金流量表本身并不是一个现金流，而是一种会计的记账方式，以建立现金流量表的期初数。在现金流量表编制完成时，又会将期末现金余额转移到当期资产负债表的现金账户中。

❷ 上一期的收入或费用并没有在上一期完全收到或支付，这就产生了期初应收账款或应付账款。从原则上讲，这些应收、应付项目将会在本期收到或支付，所以会对本期的现金流量表产生影响。

❸ 利润表通过当期的收入或费用的收款或付款来影响现金流量表。

❹ 如果本期的收入或费用在本期内没有收到或支付，就会在下一期收到或支付，这样本期期末的资产负债表就产生了对应的应收账款或应付账款。

❺ 与企业的投资或融资活动相关的期初资产负债表项目，也会影响本期的现金流量表。比如将企业负债全部或部分归还，就会产生现金流出；出售一个非流动资产就会带来现金流入。

❻ 其他投资或融资活动也会影响期末的资产负债，比如购买新的机器设备或专利使用权，会产生现金流出；在市场上增发债券或股票会增加企业的现金。这些都会对当期的现金流量表产生影响。

❼ 当利润表编制完成时，编制者需要在分配股利之前将利润表中的净利润转入资产负债表中的股东权益。

3.2 会计信息产出流程

为了编制财务报表，企业必须建立一个有组织的账户系统。该系统分成几个不同的步骤。会计流程不仅需要依靠技术工具的使用，也需要人员的干预和理解（尤其是在确定每一项业务如何计入相对应的类别时）。人员干预因素的重要性不容忽视。

3.2.1 复式记账法和交易的确认

1. 账户

在第 2 章，我们直接展示了不同经济业务对资产负债表和利润表的影响。商业机构涉及大量的业务，为了避免混乱，并为会计信息使用者了解企业的业务活动提供方便，企业必须建立一个系统性更强的体系。

每一项资产负债表或利润表项目都会在一个会计期间内经历千百次甚至上万次的变化记录。例如，美国沃尔玛商店公司是世界上最大的零售连锁店，拥有超过 10 500 家门店和在 20 个国家运营的众多电子商务网站，2022/2023 财年销售额约为 6 113 亿美元[1]。沃尔玛在全球拥有 210 万名员工，平均每周为超过 2.4 亿名顾客提供服务，并从数以万计的供应商处采购产品；这些活动每月产生数亿条会计分录。

每笔交易都代表着一个特定账户的变化，可能涉及资产负债表，也可能涉及利润表。在一年年末，只有每个账户的净变化（称为"余额"）被记录到资产负债表、利润表和现金流量表中。如果信息过于具体，就会造成整个会计信息无法被理解或超载，从而失去作用，因此记账只计入余额。比如在现金流量表中，每一个员工具体的现金报酬并不重要，我们只记录一个总的向员工支付的现金数字，将其报告给股东和会计信息使用者，尽管人事部的经理希望把汇总数字细分到不同类别员工，因为这种细分对他的决策是有价值的。

在第 2 章无敌公司的案例中（见图 2-5～图 2-13），公司的现金在公司注册前，即 X1 年 1 月 1 日为零。这个期初余额经历了不同的变化，对金额的影响是总的增加了 390 货币单位，减少了 322 货币单位，所以期末现金余额为 68 货币单位，这个最后的余额（见表 3-3）反映在 X1 年 12 月 31 日资产负债表的资产项中。现金余额是无敌公司会计年末资产中的一部分（见第 2 章表 2-4 或表 2-5）。

表 3-3　无敌公司的现金账户

现金账户			
现金流入		现金流出	
期初余额	0	购买设备	125
股本出资	150	对员工的现金支出	101
借入现金	60	支付利息	4
来自客户的现金收入	180	对供应商的现金支出	80
		归还贷款	12
总现金流入	390	总现金流出	322
		期末余额[2]	68

注：这里的现金流入和流出指库存现金或银行存款（在某些金融机构指所有的可清算资产）。

2. 借和贷的概念

（1）基本概念。

因为直接阐述会计账户货币金额的增加或减少经常会产生误导，所以必须确定增加或减少属于 T 型账户的左边还是右边。习惯上，会计中约定 T 型账户的左边叫作"借"，右边叫作"贷"，这样资产（比如现金）的增加反映在借方，而减少反映在贷方，期初的正余额就反映在借方。同样，借方账户（股东权益和负债方）的增加在贷方（右边），减少在借方（左边）。这些账户的余额，比如当某项借款没有还清时，就体现为一个贷方余额。

总体上讲，资产负债表的资产项（左边）的总额是用来汇总资产负债表科目的所有借方余额的，而股东权益和负债项（右边）是用来汇总资产负债表科目的所有贷方余额的。因为资产负债表总是平衡的，这也就意味着所有借方余额（资产）等于所有贷方余额（股东权益加负债）。费用账户的运作方式和资产类似，而收入账户的运作方式与股东权益和负债相似。关于这些规则的介绍请见图 3-4，在这里我们使用了商业平衡等式。

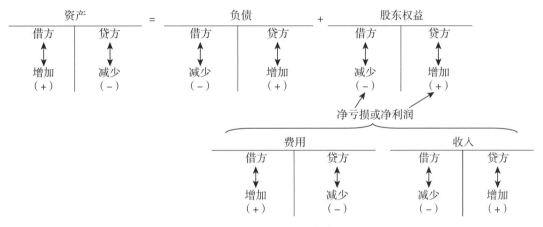

图 3-4　商业平衡等式和借贷概念

必须指出的是，借（debit）和贷（credit）的概念代表着 T 型账户的左边和右边，并不等同于增加或减少。要了解借和贷，在记录费用和收入时只需要记住收入是增加股东权益，而费用是减少股东权益，所以收入账户的运作方式和股东权益是一致的（贷表示增加，借表示减少），而费用账户的运作方式则是和股东权益相反的。

图 3-4 显示了净利润是收入和费用的差额，并且是股东权益的一个组成部分（留存收益）。

（2）概念的起源。

要了解借贷的概念，我们先要了解这些术语的起源。借和贷源于拉丁文 debere（动词，拥有）和 credere（动词，借出去或相信）。借和贷反映了企业在商业活动中与其他方的关系，换句话说，借反映了企业在业务中对某些要素的追索权（设备、存货或客户承诺付款），而贷反映了其他方对企业的追索权。

举个例子，假设甲方向乙方信用销售了 100 货币单位，这个业务的记录如图 3-5 所示。

图 3-5　借与贷

在甲方的会计账目中，价值 100 货币单位的销售被记录到贷方。（如果甲方向乙方销售货物所取得的收入超过了甲方购买这些货物的金额，甲方会因此变得更有钱。）我们要借记应收账款，作为一个对应入账科目，称客户为乙方，这就说明甲方对乙方有 100 货币单位的追索权，或者说乙方会在未来支付甲方相应的现金或现金等价物。这就被记录到应收账款的借方增加。就像镜面反射一样，乙方的账目上会记录一个对供应商甲方的应付账款，因为供应商甲方为客户乙方提供了信用。

如果延伸这一原则，借和贷可以用来反映任何一个业务的影响，甚至是没有牵涉到第三方的业务活动，比如记录折旧费用，尽管在折旧中很难说谁欠谁或者谁向谁提供了信用。

（3）和银行术语的混淆。

银行使用借贷的方法不应与会计术语混淆。银行使用这些术语的方法和正常企业的使用方法相反。在无敌公司的案例中，股东投入 150 货币单位成立公司，就是在银行开设账户并存入 150 货币单位。在无敌公司的会计账目中，150 货币单位作为现金账户（cash account）的借方记入，而银行却会把同样金额作为贷方记入无敌公司的账户（见图 3-6）。因为从银行角度来说，无敌公司表现出对银行的信任，将其资金存入银行，所以对于银行来说这一金额就必须记在贷方。实际上银行欠了无敌公司的钱，这不是它自己的钱。目前这笔钱由银行使用，并且可以取得收益，但是存款人可以在任意时间提取部分或全部存款。无敌公司在银行的账户和无敌公司会计账目中反映的银行账户是两个——对应的镜子账户。

图 3-6　企业、银行角度的借和贷

我们经常见到会计学的学生在使用借贷时，首先想到的是银行对账单，然后从银行的视角来看问题。实际上银行对账单是来自银行的反映个人账户的账单，而不是相反的情况。图 3-7 总结了借贷的基本规则。

最后，读者必须使用他们认为最有帮助的词汇。最重要的是能够把一个交易的真正影响可理解地和一致性地记录到企业的会计账目中，而不拘泥于具体词汇的使用。

	资产或费用
借方	贷方
左边	右边
增加	减少

	股东权益、负债或收入
借方	贷方
左边	右边
减少	增加

图 3-7　借贷的基本规则

3.2.2　会计流程

1. 流程的介绍

复式记账法（double entry bookkeeping）的基本观点为：每一项会计业务都存在相互平衡的两方面内容。比如当会计计入现金时，复式记账法要求一方面说明钱为什么收到（或付出），另一方面说明哪个账户（现金或银行存款）增加（或减少）了。

就像前面提到的，在实务操作中，报告每一项业务对股东权益的全部影响是不可能的，但是，为了给后续的审计工作留下清晰的线索，以便事后审查，所有业务都必须记录下来。会计流程包括一个基本的多层次、渐进、汇总的数据结构，这一流程必须是完整、有效的，如图 3-8 所示。

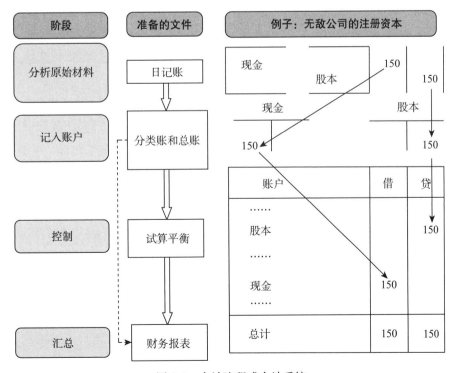

图 3-8　会计流程或会计系统

每一项会计业务都必须有原始的凭证，作为日记账（journal）做分录的基础。日记账提供了所有业务按照时间顺序的账目情况，然后会计将不同事件的影响记录在不同的明细分类账（ledger）中，将不同的业务根据其特性和类别按照同质分组进行汇总。分类账的余额即所有业务的净影响，将被汇总到财务报表的两个主要组成部分——资产负债表和利润表。

2. 凭证

原始凭证可以以不同的形式存在：发票、签发的支票存根、取消的支票、保险费交纳单、合同、税和社保费申报材料等。原始凭证不一定是纸质的，更多情况下由于现在的电子化业务活动，很多原始凭证都是虚拟的。描述交易的数据会在账目中被记录下来，在有些情况下，比如有形或无形资产的消耗、折旧或摊销（见第 7、8 章），为已知或未知的风险提取的准备金（见第 12 章）或调整分录（见第 4 章）并不存在原始凭证，这些交易会被列入其他类型或以时间为基础的分类中。

会计必须审核每一个原始凭证，然后将其记入相对应的账户。这个问题至关重要，因为会计必须区分企业实体（或法人）、单个股东和雇员（个人独资企业通常会存在一定问题，见第 11 章）。记录与企业业务活动和经营目标没有相关性的个人费用属于挪用公司资产，是会计舞弊行为，会受到法律和税务部门的制裁和处罚，甚至会承担司法责任。

3. 日记账

正如其名，日记账是日常按照时间顺序记录原始凭证的会计信息。日记账通常指初始分录账，它是会计流程的第一步。日记账中的信息必须足够具体，才能使管理者有足够多的信息进行分析，以及了解企业的管理需要，并符合法律对编制企业年度财务报表的要求。

无敌公司 8 项业务（见第 2 章）的簿记分录展示在表 3-4 中。这里我们采用了标准的日记账形式。

因为日记账的实际形式取决于所采用的电脑软件，所以有必要对表 3-4 做如下解释。

- 在实际操作中，电脑中前两列打印区用来记录账户编码、借方和贷方，每个账户都会以数字和字母组合的编码命名。账户的名称和编码将在本章后面讨论。本书不使用编码，但是我们还是建立了两列来显示每个账户对财务报表的影响。这样的决定主要是为了便于教学，不断提醒学生账户和财务报表之间的关系（在日记账阶段，这一关系仍存在）。

BS　资产负债表或财务状况表

IS　利润表

A+　资产增加

A−　资产减少

L+　股东权益和负债增加

L−　股东权益和负债减少

R+　收入增加

R-　收入减少

E+　费用增加

E-　费用减少

表 3-4　无敌公司的日记账

BS（A+）		银行存款	（1）缴付注册资本	150	
	BS（L+）		资本		150
BS（A+）		银行存款	（2）从银行贷款	60	
	BS（L+）		金融负债		60
BS（A+）		设备	（3）购买设备	125	
	BS（A-）		银行存款		125
BS（A+）		应收账款	（4）对客户销售	250	
	IS（R+）		销售服务收入		250
BS（A+）		银行存款	（5）从客户处收到部分应收账款	180	
	BS（A-）		应收账款		180
IS（E+）		工资费用	（6）支付工人工资	101	
	BS（A-）		银行存款		101
IS（E+）		利息费用	偿还贷款利息	4	
	BS（A-）		银行存款		4
IS（E+）		外部费用	购买服务	85	
	BS（L+）		应付账款		85
BS（L-）		应付账款	（7）部分支付应付账款	80	
	BS（A-）		银行存款		80
BS（L-）		金融负债	（8）部分归还贷款本金	12	
	BS（A-）		银行存款		12
				1 047	1 047

- 日记账的中间两列用来反映借记或贷记账户的名称。根据行业规定，借记账户总是在先并反映在左边，贷记账户在后并反映在右边。有时一笔交易需要使用两个以上账户。

- 日记账的最后两列一列为借，一列为贷，反映分录中对应的金额。

每一项业务都会用一些词语来描述，以帮助阅读者了解这项业务的性质，也便于他们知

道原始凭证 (通常使用连续编码记录), 每项交易的日期也会在分录中注明。这里为了简化没有写出交易日期。

借和贷两列必须汇总, 两边金额相等, 也便于审核会计复式记账法原则是否被正确使用。在这一阶段, 工作中不允许出现任何差错, 哪怕一分一厘。两列之间若有差异, 就说明记账有错误, 因为每一笔记账借和贷的金额都必须相等。

日记账只记录业务中实际存在的因素, 接下来的步骤就是把这些数据进行分类和归总, 然后分成各组 (像资产负债表中那样), 以便于企业内部或与行业标杆进行比较, 这些工作是在分类账中完成的。

4. 分类账

把同一性质的账户归类在一起的组合被称为分类账 (ledger) 或者明细分类账 (specialized ledger)。比如, 所有和外部的交易产生的贷方余额都归类为应付账款分类账。一个分类账是会计账目中的一个分类, 反映了所有日记账相关方的具体内容并给出期末余额, 这个期末余额表示该类别所有分录的净额。

总账[3] (general ledger) 是所有明细分类账的汇总, 总账中的每一项都汇总了业务的相关方面。这些业务内容由管理层做出约定, 以便为他们更有效地管理企业提供信息, 比如现金、采购、销售、工资等。明细分类账是一个中间状态的数据库, 能够帮助管理者具体分析一个特定的业务类别, 比如应付账款分类账能够帮助管理团队了解企业与所有或部分供应商的业务关系。所有日记账中记录的数据都会按照时间顺序完整地记录到明细分类账, 最后录入总账。从明细分类账到总账并不建立新的数据, 只是汇总所有数据, 通过汇总提高了信息的使用价值。明细分类账的意义在于, 尽管最终余额为零 (比如期初余额和所有交易都被转入总账), 但是其所载录的历史信息对将来的分析是有价值的。

把具体的分录从日记账转入明细分类账的过程叫作过账 (posting)。日记账中每个借记或贷记的账目都会记录到总账和明细分类账中相对应账户的借方或贷方。过账是一个机械的工作, 不需要任何分析, 所以现在的财务软件能够自动完成。这使企业节约了大量时间, 也避免了错误 (下一小节讨论试算平衡表时将进一步讨论错误的问题)。

上面提到的软件会将明细分类账的余额转入总账余额, 比如所有单个的应收账款的余额都会转入总账的应收账款科目。在当今电子化数据库管理下, 很多现代化会计软件都能够保证绝对的严谨, 同时又避免了手工记账的工作强度, 大大减少了数据操作量。明细分类账并不转入总账, 而是简单相加。在一个简单的总账数据库中, 所有同类账目的数据都被合计, 无论这些账目在明细分类账中有没有详细记录 (比如股本、非流动资产等, 在传统的记账系统里并不一定有明细分类账, 所有与这些账户有关的业务都会直接记入总账)。一个大型数据库既包括了传统意义上的总账, 也包括了所有明细分类账中的账户。当管理者需要进行具体分析时, 原来他们要从明细分类账中寻找数据, 现在他们可以简单地从电算化的总账数据库里得到所需的数据。这样的操作方法更简便明了, 但背后的逻辑与传统的手工做账方式是一样的。

表 3-5 反映了无敌公司的总账，这里的情况非常简单，每一个账户都是按照它们在财务报表中的位置罗列的。

表 3-5　无敌公司总账

资产负债表

| 资产 | （X1 会计年度最后一天） | 股东权益和负债 |

借	设备	贷		借	股本	贷
125（3）					150（1）	
借方余额 = 125					贷方余额 = 150	

借	应收账款	贷		借	金融负债	贷
250（4）	180（5）			12（8）	60（2）	
借方余额 = 70					贷方余额 = 48	

借	现金	贷		借	应付账款	贷
150（1）	125（3）			80（7）	85（6）	
60（2）	101（6）				贷方余额 = 5	
180（5）	4（6）					
390	80（7）					
	12（8）					
	322					
借方余额 = 68						

利润表

| 费用 | （X1 会计年度） | 收入 |

借	外部费用	贷		借	销售收入	贷
85（6）					250（4）	
借方余额 = 85					贷方余额 = 250	

借	工资费用	贷
101（6）		
借方余额 = 101		

借	利息费用	贷
4（6）		
借方余额 = 4		

注：括号中的数字代表表 3-4 中的交易编号。

注释：

（1）记录与客户和供应商的交易，一个账户是不够的，必须按照每一个客户和供应商分别单列账户。所有单个客户账户和供应商账户归总后就分别产生了应收账款和应付账款明细分类账。

（2）一个账户每一列的汇总称为本期发生额总计，借方发生额总计和贷方发生额总计的差额称为账户余额。

（3）从学习的角度，我们直接将交易记录到T型账户中，这样能够清晰地了解每一项业务对每一个账户的影响。

（4）资产负债表所有账户的归总：

- 借方余额总计为125+70+68=263货币单位。
- 贷方余额总计为150+48+5=203货币单位。
- 因为借方和贷方余额必须相等，所以两者的差额60货币单位就必须反映在股东权益和负债项，这也代表当期企业的净利润。

（5）利润表所有账户的归总：

- 所有借方余额为85+101+4=190货币单位。
- 所有贷方余额为250货币单位。
- 正的净利润为60货币单位，这与刚才资产负债表贷方和借方的差额一致。

（6）不管是使用资产负债表还是利润表计算，加入股东权益的金额（净利润或亏损）是一样的。在这个例子中，无论用资产负债表还是利润表来计算都非常简单，因为例子中只用到很少的账户。当一个企业有成千上万个账户时，把它们所有的余额转录到试算平衡表上就成为非常重要的内部控制工具。

5. 试算平衡表

原则： 在编制财务报表前，会计会准备一份试算平衡表（trial balance），这是反映总账内所有科目借方和贷方余额的清单。这一工作的目的在于检查所有借方和贷方的发生额与余额对应相等的关系。换句话说，借方总计应该等于贷方总计。

试算平衡表的格式在不同企业（或软件）中是不同的。表3-6使用无敌公司的数据反映了试算平衡表的一种格式。

会计账户一般按照公司账户编码进行排序。为了简化，我们的例子按照无敌公司的财务报表顺序排列，首先是资产账户，然后是股东权益和负债账户，下半部分是费用和收入账户，如表3-6所示。

试算平衡表是为了检查以下两个平衡公式：

$$借方发生额总计 = 贷方发生额总计$$
$$借方余额总计 = 贷方余额总计$$

试算平衡的实质是简单的代数检查，检查日记账中的金额是否被正确手工复制到分类账中，以及复式记账法原则是否被严格遵守了。如今，由于采用了电脑软件，上述等式总是成立的，但企业仍然编制试算平衡表，原因有以下两个。

表 3-6　无敌公司的试算平衡表

账户		记录		余额	
		借	贷	借	贷
资产负债表	设备	125		125	
	应收账款	250	180	70	
	现金	390	322	68	
	股本		150		150
	金融负债	12	60		48
	应付账款	80	85		5
利润表	外部费用	85		85	
	工资费用	101		101	
	利息费用	4		4	
	销售收入		250		250
	总计	1 047	1 047	453	453

- 这是一个审计账户的有用工具，因为试算平衡表可以显示出潜在错误（账户有非正常的余额，比如企业股本账户出现了借方余额，或者设备账户出现了贷方余额——表 3-7 罗列了正常的余额）和一些反常现象（比如余额比平时或者比去年同期高或低很多，数据丢失或错误罗列等）。
- 这也是一个不需要通过编制资产负债表和利润表，简单计算净利润或亏损的方法。不管账户编码体系是如何建立的，试算平衡表一般都包括资产负债表账户和利润表账户（见表 3-6）两部分。下面的平衡公式能够帮助我们快速计算一期的收益情况。

　　　　只使用资产负债表账户：借方余额 − 贷方余额 = 净利润

　　　　只使用利润表账户：贷方余额 − 借方余额 = 净利润

以表 3-6 为例，净利润或亏损计算如下。

　　　　只使用资产负债表账户：借方余额 − 贷方余额 =263−203=60

　　　　只使用利润表账户：贷方余额 − 借方余额 =250−190=60

如图 3-8 所示，简单来说，从技术上来说编制财务报表是不需要试算平衡表的。会计可以直接从总账跳跃到财务报表，但我们并不建议这么做，因为如此一来就跳过了很多通过试算平衡来完成的内部控制的流程。目前由于使用了电脑，数字上的错误从技术上来说可以避免，但是试算平衡表还是非常有效的，比如通过账户中一个不常见的正负号变化找到发生额错误或选择账户的逻辑错误，如果不使用试算平衡表，此类错误就有可能被忽视。表 3-7 显示了常见的账户余额表。

表 3-7 常见的账户余额表（非完整版）

账户	借	贷
资产	x	
开办费	x	
土地	x	
厂房、机器及办公设备	x	
厂房、机器及办公设备的累计折旧		x
投资	x	
投资减值准备		x
预付定金或押金	x	
商品存货（外购用于销售的商品存货）	x	
商品减值准备		x
应收账款	x	
坏账准备	x	
坏账准备金		x
对供应商的预付账款	x	
应收所得税	x	
预付租金	x	
银行存款	x	
库存现金	x	
股东权益		x
股本		x
留存收益（公积）		x
负债		x
长期负债或债券		x
短期负债或应付债券		x
银行透支		x
应付账款		x
来自客户的预付账款		x
应付工资		x
收入		x
商品销售收入（购入商品的转售）		x
产成品销售		x
产成品存货变动（余额存在两种可能）	x	x
其他经营收入		x
财务收益		x
营业外收入（非经常性收入）		x
费用	x	
商品采购	x	
商品存货变动（余额存在两种可能）	x	x
原材料零部件采购	x	
原材料零部件存货变动（余额存在两种可能）	x	x
销货成本	x	
销售和市场营销费用	x	

（续）

账户	借	贷
一般行政管理费用	x	
研发费用	x	
外购服务（电费、公共事业费用）	x	
保险和其他服务	x	
其他税金支付	x	
工资和薪酬	x	
特许经营权费用	x	
财务和利息费用	x	
营业外支出（非经常性支出）	x	

6. 财务报表

编制财务报表是会计流程的最后一个环节。在 3.1 中我们已经讨论了财务报表。为了完成年末的财务报表，还需要进行一些专门的会计操作，称为年末调整分录，将在第 4 章讨论。

回到无敌公司的例子，我们编制了 X1 年 12 月 31 日的资产负债表（见第 2 章表 2-4 或表 2-5）。这张表中总结了资产项下所有的借方余额（借方超过贷方的金额），以及股东权益和负债项下所有的贷方余额（贷方超过借方的金额）。我们也编制了 X1 会计年度的利润表（见表 2-8～表 2-10）。

正如我们看到的那样，因为有了复式记账法体系，我们能够同时建立资产负债表和利润表。资产负债表记录了 60 货币单位的收益，而利润表解释了这些收益是如何取得的。

3.3　会计系统的组织：会计科目表

在一个企业内，会计账户起到以下三个重要作用。

- 提供法律证据。这些证据必须便于监管者（税务监察部门和审计师）检查，也必须符合相关的法律制度。
- 企业管理的工具。比如应付账款记录必须准确及时，才能使企业了解到其对供应商的欠账情况。应收账款记录则反映每个客户欠企业的金额。
- 管理信息的来源。会计流程和组成会计流程的账户是编制企业（或企业的各个部门、各个市场、不同类型的产品）价值创造分析报告的基础。这些报告可以根据使用者的需求，按照不同时间长度进行编制。根据制度规定，一般至少一年编制一次。

为了提高使用效率，会计系统必须在这些作用和运用系统的成本之间找到最佳平衡点。

会计系统通常采用会计科目表（chart of accounts）的形式来组织。会计科目表是一个预先设定的、按照内在逻辑进行归类的、可供企业在所有业务中使用的清单。每一个账户都用一个特定的编码来表示。

3.3.1　原则

正如前面指出的，每一个账户都用一个特定的编码来表示（编码的形式有好几种，可以是字母、数字或字母加数字），这样才能迅速找到与被记录的业务相对应的账户，这对于以电脑为基础的信息系统就显得更加重要了。

以字母作为编码乍看是最简单的方法，这样不用记忆任何数字，只要记住账户的名称就行了。但这样做在实际工作中并不一定是最好的选择，因为：

- 事实证明，用字母来编码会导致计算机编程十分复杂。
- 输入账户的全称十分烦琐，而用缩写又是一把双刃剑，这会导致问题更加复杂。
- 每个账户都必须有特定的名字，而且必须保持一致（不能有拼写错误或者定义不明的缩写）。由于自然语言编码在实际操作中的诸多不便，因此通常不单纯用字母编写代码。

基于上述原因，账户编码几乎总是采用数字或数字加字母的形式。比如应收账款可以编码为 142，账户"142 所芳"是 142 应收账款下所芳公司的账户，用来记录与所芳公司的业务往来，而"142 特使"就会用于记录和特使公司有关的销售。

总体来说，会计科目表是按照不同等级进行分类的。首先建立最重要的账户类别，然后根据需要进一步分类。公司可以设置多层类别的会计账户。图 3-9 显示了一种会计科目表的形式。

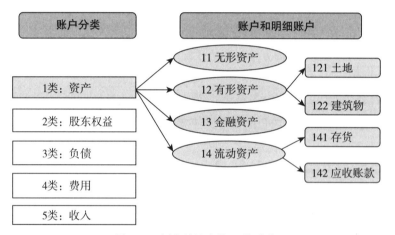

图 3-9　会计科目表的一种形式

3.3.2　标准的会计科目表

一些国家，如比利时、法国、葡萄牙、西班牙及部分非洲国家，会在全国范围内设定一个相对比较标准的会计科目表和编码。而另一些国家，会计科目表的结构完全是由公司管理层选择的，比如意大利、荷兰、瑞士、英国和美国。在 1992 年会计改革之前，中国参照苏联的方式建立了全国性的以各个行业为单位的统一的会计科目表。1993 年以后，以行业为基础的统一的会计科目表被会计准则代替，同时财政部发布了标准的资产负债表和利润表的格式，这对企业建立会计科目表产生了重大影响。总体来说，尽管中国的公司行业、规模不同，但它们所使用的会计报表格式之间的差异很细微。

3.3.3　账户编码的重要性

前面提到，一部分国家规定了标准的会计科目表，另一部分国家由公司自行决定。尽管

"是否应该建立标准化的会计科目表"不是一个根本性问题，但是支持者认为建立全国统一的会计科目表有下列好处。

- 所有企业采用一致的会计结构，能够增加会计人员的流动性。
- 能够降低会计软件的研发成本。
- 能够提高不同公司间财务报表的可比性。

账户层级数字编码的内在逻辑性，能够让使用者快速了解账户的性质和作用，通常比用字母表示更加清晰。比如一个被称为"费用"的账户，并不能够反映是收到的费用还是支付的费用。但如果一个账户的编码为"4XXX-费用"（使用图 3-9 中的会计科目编码），我们就能知道这是支付的费用。如果科目为"5YYY-费用"，就指企业收到的费用。账户采用数字编码的部分，能够进一步将一些明细账户进行划分。在一些大型集团公司中，世界不同地区的子公司根据自己内部的体系建立标准化会计科目表，这样便于母公司以此为依据编制合并报表。

国家制定和企业自行选定的账户编码都有各自的内在价值，不能说哪种更加高明。最重要的是，使用者必须明白做出这个选择的目的是什么。因为没有国际标准的会计科目表，所以在本书中我们弱化了对账户编码的使用。

关键知识点

- 现金流量表记录了本期内所有影响现金的业务活动，反映了收入和费用的确认与现金实际收付之间的时间差。现金流量表并不反映那些只影响利润表的业务活动。
- 资产负债表、利润表和现金流量表之间紧密联系。
- 为了编制财务报表，企业必须建立一个有组织的会计流程。这个会计流程是由一系列账户和预先设定的入账方法组成的。
- 会计约定，账户的左边称为借方，右边称为贷方。
- 每一项会计业务必须有原始凭证作为依据。
- 原始凭证是每一个日记账分录的基础。
- 日记账反映了按照时间顺序排列的业务活动。业务活动在被记录到日记账后，将被过账到明细分类账和总账。这些业务活动的内容将会根据它们的特性和类别在总账中反映。
- 做总账是编制两个主要会计报表——资产负债表和利润表的最初步骤。
- 具体的单个账户分录会被汇总，由此产生的余额将被记录到试算平衡表中。
- 每个公司都采用一个会计科目表。这是一个预先设定的、按照内在逻辑进行归类的、可供企业在所有业务中使用的清单。

实战练习

实战练习 3-1　贝多芬公司（1）

要　　点：资产负债表、利润表和现金流量表之间的内在关联（利润表按科目性质编制）

难度系数：中

贝多芬公司是在 X0 年成立的有限责任公司，主营业务是销售外语书和 CD。（公司创办人至少精通 10 国语言。)

贝多芬公司 X1 年 12 月 31 日的资产负债表如表 3-8 所示。

表 3-8　X1 年 12 月 31 日资产负债表（利润分配前）　　（千货币单位）

资产			股东权益和负债		
非流动资产			**股东权益**		
设备（净值）		800	股本		710
设备（账面总值）	1 400		累计留存收益		300
累计折旧	−600		X1 年利润①		216
流动资产			**负债**		
商品存货		150	金融负债		110
应收账款②		400	应付账款③		120
银行存款		250	应付所得税③		144
总计		1 600	总计		1 600

①　将在 X2 年举行的股东大会上通过利润分配议案：管理层提出议案，股东大会表决通过，X1 年 1/3 的利
　　润将作为红利发放。

②　将在 X2 年收到款项。

③　将在 X2 年支付款项。

下面是 X2 年的预算（千货币单位）。

（1）销售收入预算：1 600（其中 1 400 在 X2 年收到现金）。

（2）购买商品存货预算：510（其中 400 在 X2 年以现金支付）。

（3）预计年末商品存货：130。

（4）财务预算：归还贷款 80。

（5）工资福利预算：430（在 X2 年全部以现金支付）。

（6）广告费用预算：250（在 X2 年全部以现金支付）。

（7）各项杂税预算（除所得税外）：120（在 X2 年全部以现金支付）。

（8）购买非流动资产预算：300（在 X2 年全部以现金支付）。

（9）非流动资产折旧费用预算：40。

所得税税率是 40%（所得税在当年确认，在下一年支付）。

要　求

请编制 X2 年财务预算报表：资产负债表、利润表和现金流量表。

实战练习 3-2　贝多芬公司（2）

要　　点：资产负债表、利润表和现金流量表之间的内在关联（利润表按科目职能编制）

难度系数：中

要　求

请根据实战练习 3-1 贝多芬公司（1），以及以下信息——工资福利预算 430 千货币单

位，其中 300 千货币单位支付给销售人员，130 千货币单位支付给行政管理人员，编制 X2 年财务预算报表——资产负债表、利润表和现金流量表。

请按科目职能编制利润表。为简便起见，所有折旧费用作为一个科目列在其他经营费用之后。

实战练习 3-3　葛利格公司（1）

要　　点：会计流程——从日记账到财务报表（采购商品作为存货记入资产负债表）

难度系数：低

葛利格公司于 X1 年 1 月 1 日成立，有 5 位投资者。以下是葛利格公司 X1 年 1 月发生的商业交易活动。

（1）公司注册成立，5 位普通股股东共注入 10 000 货币单位现金。

（2）现金购买 1 200 货币单位的设备。

（3）信用购买 9 000 货币单位的商品存货。

（4）从银行借款 500 货币单位现金。

（5）销售成本为 7 000 货币单位的商品存货，销售收入为 11 000 货币单位（包括 6 000 货币单位现金和 5 000 货币单位应收账款）。

（6）收到 4 000 货币单位应收账款。

（7）支付应付账款 8 000 货币单位（见交易 3）。

（8）确认 120 货币单位折旧费用。

要　求

1. 请分析葛利格公司的商业交易活动并以日记账形式编制会计分录。采购商品以存货形式记入资产负债表（详见第 2 章）。
2. 请根据交易编号把分录从日记账转入分类账。
3. 请编制 X1 年 1 月 31 日试算平衡表。
4. 请编制 X1 年 1 月 31 日资产负债表，并编制 1 月利润表。

实战练习 3-4　葛利格公司（2）

要　　点：会计流程——从日记账到财务报表（采购商品作为费用记入利润表）

难度系数：低

要　求

1. 请分析葛利格公司的商业交易活动（见实战练习 3-3）并以日记账形式编制会计分录。采购商品以费用形式记入利润表（详见第 2 章），期末商品存货为 2 000 货币单位。
2. 请根据交易编号把分录从日记账转入分类账。
3. 请编制 X1 年 1 月 31 日试算平衡表。
4. 请编制 X1 年 1 月 31 日资产负债表，并编制 1 月利润表。

挑战练习

挑战练习 3-1   选择题

请选择正确答案（除非特别说明，正确答案只有一个）。

1. 资产负债表反映现金流入和流出企业的动态。

   （a）对   （b）错

2. 资产负债表反映了企业财务状况的动态。

   （a）对   （b）错

3. 确认收入和费用的（　　　）会计方法的选择使得有必要编制现金流量表。

   （a）现金制   （b）谨慎性   （c）估值

   （d）权责发生制   （e）以上都不是

4. 现金流量表包括哪一项？

   （a）经营和非经营现金流   （b）流动和非流动现金流

   （c）经营、投资和融资现金流   （d）金融和交易现金流

   （e）以上都不是

5. 资产负债表中的期初现金余额对应当期现金流量表中的哪一项？

   （a）不在现金流量表中使用   （b）期初现金余额

   （c）期末现金余额   （d）以上都不是

6. 按会计约定，T 型账户的右边是哪一方？

   （a）债务方   （b）现金方   （c）借方

   （d）贷方   （e）以上都不是

7. 从借方和贷方的角度来看，费用账户的运作方式和以下哪一项类似？

   （a）负债账户   （b）资产账户

   （c）股东权益账户   （d）收入账户

8. 银行使用"借"和"贷"的方法与正常企业使用的方法相反。

   （a）对   （b）错

9. 以下哪一项正确？

   （a）资产账户的增加与负债账户的增加相平衡

   （b）负债账户的增加和股东权益账户的增加相平衡

   （c）一个资产账户的增加和另一个资产账户的增加相平衡

   （d）以上都是

   （e）以上都不是

10. 原始凭证最开始在下列哪个文件中做会计分录时使用？

    （a）试算平衡表   （b）日记账   （c）财务报表

    （d）分类账   （e）以上都不是

挑战练习 3-2   公司匹配

要　　点：根据不同公司的财务报表和描述进行匹配

难度系数：中

    表 3-9 是 5 家著名公司同一会计年度的同比资产负债表（详见第 2、14、15 章）和部分

财务指标。表 3-10 给出了这 5 家公司的名字和描述。

要 求

请使用你的商业与会计知识将表 3-9 中的 5 家公司和表 3-10 中的 5 家公司相匹配。

表 3-9 同比资产负债表 (%)

公司	A	B	C	D	E
资产负债表					
资产					
无形非流动资产	3.3	3.6	13.4	44.9	12.0
有形非流动资产（净值）	41.7	40.0	49.0	10.4	37.2
金融非流动资产	6.1	15.9	6.5	5.6	8.2
存货	10.6	5.1	23.3	5.7	17.9
应收账款	2.8	13.7	3.3	8.4	11.9
其他流动资产	1.7	15.0	1.0	17.1	5.6
现金	33.6	6.7	3.5	8.0	7.3
总资产	100.0[①]	100.0	100.0	100.0	100.0
股东权益和负债					
股本和累计留存收益	43.0	27.1	29.8	29.2	42.7
本期净利润	13.8	9.2	4.6	11.5	5.7
准备金	0.9	10.6	0.0	0.0	9.2
金融负债	18.2	20.9	24.1	22.3	21.1
应付账款	21.0	16.9	22.1	6.1	11.3
其他债务	3.1	15.3	19.4	30.9	9.9
股东权益和负债总计	100.0	100.0	100.0	100.0	100.0
财务指标					
净利润 / 销售收入	12.7	18.2	1.9	22.3	7.0
销售收入 / 总资产	108.6	50.3	249.1	51.5	80.9
存货周转率（主营业务成本 / 平均存货余额）	5.1	9.6	8.2	3.0	3.7
平均收款期（天）	9.5	99.3	4.8	59.5	53.7

① 因四舍五入，数据加总可能与 100.0 略有出入，本书其他表格中的有些数据也进行了四舍五入。

表 3-10 公司名称和描述

公司名称	描述
沃尔玛[4]（Wal-Mart）	1962 年成立于美国的阿肯色州，在世界各地经营连锁超市。作为大型连锁超市，沃尔玛的存货占比非常高，但是管理很有效，所以资产周转率较高。但是，沃尔玛在盈利方面仍然存在一些问题
印第纺织（Inditex）	印第纺织是西班牙一家服装公司，主要制造和销售时尚服装。公司旗下有很多知名品牌，比如 Zara、Massimo Dutti、Pull&Bear 等。印第纺织公司的资产很大一部分是现金或现金等价物。因为旗下品牌的知名度高，公司的利润率也比较高
米其林集团（Mechelin Group）	米其林集团是世界上最大（或者在某些年份是第二大）的轮胎制造商。截至 2022 年年末，米其林在 26 个国家拥有 121 个生产基地。该集团销售的产品遍布全球。该集团以多个品牌名称分销其产品，包括米其林、克莱伯（Kleber）、BF Goodrich 和尤尼罗伊（Uniroyal）。该行业需要大量的库存和长期资产

（续）

公司名称	描述
强生集团（Johnson & Johnson）	强生集团主要制造和销售医疗保健产品。强生集团旗下有 250 家公司，遍布世界各地。强生集团一直致力于人类健康发展，主要业务有消费品、药品和医疗设备。强生集团拥有多项专利，利润率较高
埃尼石油公司（ENI Spa）	埃尼石油公司是世界上最重要的综合能源公司之一，涉足油田和天然气、发电、石油化工、油田建设等领域。埃尼石油公司现在在 62 个国家拥有 32 188 名员工。石油行业是重资产行业，尤其是上游开采业。埃尼石油公司有零售客户，也将天然气批发给工业客户

资料来源：capitaliq 数据库。

挑战练习 3-3　舒伯特公司（1）

要　　点：资产负债表、利润表和现金流量表之间的联系（利润表按科目性质编制）

难度系数：中

舒伯特是一家制造和销售电脑的小型公司。公司 X1 年 12 月 31 日的资产负债表如表 3-11 所示。

表 3-11　X1 年 12 月 31 日资产负债表（利润分配前）　　　（千货币单位）

资产			股东权益和负债	
非流动资产			**股东权益**	
设备（净值）		600	股本	500
设备（原值）	900		累计留存收益	200
累计折旧	−300		X1 年净利润①	168
流动资产				
存货				
原材料和零部件		80	**负债**	
产成品		120	金融负债	100
应收账款②		140	应付账款③	110
银行存款		250	应付税金③	112
总计		1 190	总计	1 190

① 将在 X2 年举行的股东大会上通过利润分配议案：管理层提出议案，股东大会表决通过，X1 年 1/2 的利润将作为红利发放。

② 将在 X2 年收到款项。

③ 将在 X2 年支付款项。

下面是 X2 年的预算（千货币单位）。

（1）销售收入预算：1 300（其中 1 090 在 X2 年收到现金）。

（2）购买原材料预算：520（其中 380 在 X2 年以现金支付）。

（3）租赁费用预算：220（在 X2 年全部以现金支付）。

（4）房产税预算：100（在 X2 年全部以现金支付）。

（5）薪酬福利预算：400（在 X2 年全部以现金支付）。

（6）财务预算：归还贷款 70，支付当年利息 10（在 X2 年全部以现金支付）。

（7）投资预算：购买非流动资产 200（在 X2 年全部以现金支付）。

（8）所有非流动资产折旧费用预算：20。

（9）X2 年 1 月 1 日发行新股，预计募集现金 100。

（10）预计年末存货：

- 原材料存货：130。
- 产成品存货：140。

所得税税率是 40%（所得税在当年确认，在下一年支付）。

要　求

请编制 X2 年财务预算报表：资产负债表、利润表和现金流量表（利润表按科目性质编制）。

挑战练习 3-4　舒伯特公司（2）

要　　点：资产负债表、利润表和现金流量表之间的联系

难度系数：中

要　求

请根据挑战练习 3-3 舒伯特公司（1），以及以下信息——租赁费用主要是工厂的租金；薪酬福利预算 400 千货币单位，其中 300 千货币单位支付给生产人员，100 千货币单位支付给行政管理人员，编制 X2 年财务预算报表——资产负债表、利润表和现金流量表。

请按科目职能编制利润表。为简便起见，所有折旧费用作为一个科目列在其他经营费用之后。

挑战练习 3-5　巴赫公司

要　　点：资产负债表、利润表和现金流量表之间的联系

难度系数：高

1. 简介

以虚拟的巴赫公司为背景，针对会计和财务报表信息进行会计游戏。在该游戏结束后，参与者将学会如何做出商业决策，并根据决策编制资产负债表、利润表和现金流量表。所有决策，尤其是关于产量和销售量的决策，都是每年制定一次，一旦决定，就不允许更改。虽然每个团队都可以预估其销售量，但是实际的销售量由指导老师决定。

2. 公司和市场（适用于每个团队的公司）

X7 年 1 月 1 日，每个团队负责一家公司——巴赫 -n 公司（n 是团队编号）。每家巴赫公司在游戏开始的时候都是一样的小型公司，主要设计、生产并在国内市场上销售便携式太阳能充电器。5 家巴赫公司在开始的时候平分市场份额[5]。

公司生产的充电器具有超大容量。每个充电器在充满电后，可以反复为智能手机和平板充电。此外，每个充电器可以同时为多个设备充电，非常方便。它是旅行、工作、远足、露营等活动中不可少的实用工具。因此，巴赫公司专注于生产和销售高端产品。

X7 年整个市场规模预计为 500 000 个便携式太阳能充电器。从 X7 年开始，市场规模将

每年增加或减少 X%（指导老师决定 X 的值）。每家公司自行决定其销售价格、广告和营销等费用。市场对销售价格和营销费用非常敏感。比如，在低端市场，营销费用最高的公司往往能在整个市场缩水的情况下保持市场份额甚至销售量有所增长。

3. 生产设备（每家公司的初始设备是一样的）

在 X7 年 1 月 1 日，每家公司有 9 条生产线，每条生产线每年最多可以生产 10 000 个便携式太阳能充电器。一条新的生产线将增加投资 50 000 货币单位，采用直线折旧法按 5 年计提折旧，每一年的折旧费用为 10 000 货币单位。旧生产线购买时价格也是 50 000 货币单位（在游戏中不考虑通货膨胀），也是采用直线折旧法按 5 年计提折旧。9 条旧生产线折旧明细如表 3-12 所示。

表 3-12　9 条旧生产线折旧明细　（千货币单位）

生产线条数	已使用年限	账面原值		累计折旧		账面净值
2	4 年	2 × 50	−	2 × 40	=	2 × 10
3	3 年	3 × 50	−	3 × 30	=	3 × 20
3	2 年	3 × 50	−	3 × 20	=	3 × 30
1	1 年	50	−	10	=	40

每家公司在每年年初（1 月 1 日）都会根据其商业计划购买新的生产线。假设每条新生产线都在年初购买并立即投入使用，每年预计增加产量 10 000 个。生产线一旦折旧完就报废，没有残值，也不能再用于生产。

4. 存货（每家公司的初始存货是一样的）

为了组装便携式太阳能充电器，公司需要采购原材料：微型太阳能电池板、将阳光转化为电能的组件、用于储存太阳能电池产生的电能的锂电池，以及各种配件（电路板、用于连接太阳能板和锂电池的电路、包装等）。在 X7 年，太阳能板和锂电池的成本为每个 14 货币单位，而配件的成本为 4 货币单位（原材料的总成本为 18 货币单位）。这些价格可能会由供应商进行审查。

X7 年 1 月 1 日，每家公司都有可用于生产 10 000 个便携式太阳能充电器的太阳能板、锂电池和各种配件，以及 5 000 个便携式太阳能充电器成品。每个便携式太阳能充电器成品的直接生产成本（原材料和人工）是 27 货币单位（如表 3-13 所示）。

表 3-13　便携式太阳能充电器的直接生产成本

太阳能板和锂电池		14
配件		4
直接人工成本		
・每个工人年薪	18 000	9
・每个工人一年生产的便携式太阳能充电器个数	2 000	
---> 每个便携式太阳能充电器的人工成本		
总成本		**27**

5. 人员（每家公司的初始员工数量是一样的）

X7 年 1 月 1 日，每家公司有 50 名工人，每个工人一年可生产 2 000 个便携式太阳能充电器。根据生产计划，每家公司可招聘新的工人或解聘多余的工人，在解聘工人之前，要先通知工会，并支付相当于 4 个月工资的赔偿金，但是不需要支付各项社会福利。假设所有解聘发生在每年年初，赔偿金按上年年末工资计算。

在 X7 年，每个工人的最低基本工资是 12 000 货币单位，另外，公司还需要支付相当于基本工资 50% 的社会福利（医疗保险、退休金、失业保险等），所以每个工人每年的薪酬福利是 18 000 货币单位。从 X7 年开始，每家公司都可以根据业绩状况上调基本工资。

X7 年管理、销售和行政人员的基本工资一共是 200 000 货币单位，如果加上相当于基本工资 50% 的社会福利，支付给管理、销售和行政人员的薪酬福利一共是 300 000 货币单位。管理、销售和行政人员享受和生产线工人一样的工资上调待遇。这些人员不管业绩如何，不能随意解聘，而且这些人员的工作方式大多是电脑化和自动化的，也不需要聘用新的员工。

6. 财务（每家公司的初始财务状况是一样的）

从 X6 年年末的资产负债表（见表 3-14）可以看出，每家公司的股本为 250 000 货币单位，X6 年年末累计留存收益是 110 000 货币单位。

X4 年 1 月 1 日，每家公司签署 200 000 货币单位的贷款合同，年利率为 8%，该贷款将在 X8 年 12 月 31 日偿还，每年 12 月 31 日支付利息。根据商业计划，每家公司可以考虑增加中长期贷款。

银行或股东大会必须事先批准增加贷款或增发股票的请求。每家公司需要把财务预算报表提交给银行或股东大会，以供其评估公司的财务状况。

暂时性资金短缺可以通过短期借款或银行透支解决，利率为 10%，每年 12 月 31 日支付。

表 3-14　X6 年 12 月 31 日资产负债表（X6 年利润分配之前）　　（千货币单位）

资产			股东权益和负债		
非流动资产			**股东权益**		
生产设备（净值）		210	股本		250
原值	450		累计留存收益		110
累计折旧	−240		X6 年净利润（将在 X7 年进行分配）		90
流动资产					
存货			**负债**		
原材料（18 × 10 000）		180	长期贷款（X4 年 1 月 1 日，利率为 8%，X8 年 12 月 31 日到期偿还）		200
产成品（27 × 5 000）		135			
应收账款		350	应付账款		235
银行存款		70	应付税金		60
总计		945	总计		945

7. 其他费用（每家公司每年的其他费用）

- 厂房租赁费：300 000 货币单位 / 年（办公楼由公司一位大股东提供）。
- 财产税：40 000 货币单位 / 年。

其他诸如广告、营销等费用，则由每家公司自己决定。简便起见，这些费用可以假设为总成本（除广告、营销费用外）的百分比，市场对广告、营销费用非常敏感。

8. 信用状况（适用于每家公司）

购买生产设备、人工薪酬福利和其他费用都是在当年以现金支付。

90% 购买原材料（太阳能板、锂电池和配件）的费用在当年以现金支付，剩余的 10% 在下一年支付。

客户购买便携式太阳能充电器支付发票金额的 85%，剩余的 15% 是信用销售，在下一年支付[6]。

9. 所得税和股利（适用于每家公司）

所得税税率为 40%（取整到千货币单位）。所得税在当年确认，在下一年支付，如果公司发生亏损，则不需要支付所得税。与现实情况不同，在该游戏中，过去年度发生的亏损不能用来抵销当期所得税。

税后净利润可以全部或部分作为股利发放给股东，当年发放的股利不能超过上一年的税后净利润（未分配利润一旦进入留存收益，就不能再发放）。

10. 温室气体排放

生产 1 000 个充电器直接排放 0.5 吨 CO_2。此外，为了生产 1 000 个充电器，该公司使用的能源组合包括 70% 核能、20% 天然气和 10% 可再生能源，将产生 2 吨 CO_2。其他能源消耗来源（例如管理用电）导致了 0.5 吨 CO_2 的排放。员工前往生产现场或办公室时使用公共交通工具（约占员工的 50%）或私人车辆（50% 的员工拥有燃油车车辆），这一活动每年产生 10 吨 CO_2 当量。因此，将被回收的充电器每生产 1 000 个排放 8 吨 CO_2，不被回收的充电器每 1 000 个产生 12 吨 CO_2。

11. 董事会决策

参见表 3-15。

12. 游戏步骤

（1）请根据决策编制财务预算报表（资产负债表、利润表和现金流量表）（见表 3-16 和表 3-17）。

（2）请将决策表上交给指导老师。

（3）指导老师会给出每家公司实际销售额的最大值。如果公司的产量不足以满足最大需求量，公司的实际销售额就等于当期产量加期初存货。（实际销售额的最大值由公司和竞争对手的决策共同决定。）

（4）一旦知道了实际销售额，每家公司的管理层就开始编制财务报表（资产负债表、利润表和现金流量表）（见表 3-16 和表 3-17），经审计后提交给股东大会。指导老师可以要求每个团队按科目性质（见表 3-16）或科目职能（见表 3-17）编制利润表，案例和表已经包含所有需要的信息。为简便起见，所有折旧费用作为一个科目列在其他营业费用之后，生产成本只包括原材料和人工成本。

表 3-15　董事会决策表

公司名称 巴赫	年份
1　销售	
1.1　销售单价（货币单位）	
1.2　预计销售量	

（续）

公司名称 巴赫	年份
2　产量	
2.1　投资（购买新生产线条数）	
2.2　生产线条数：上期总生产线条数 − 折旧完全的生产线条数 + 当期新购买的生产线 　　条数 = 当期总生产线条数	
2.3　预计产量（便携式太阳能充电器个数）	
2.4　预计原材料（太阳能板、锂电池和配件）采购量（个 / 套）	
2.5　预计原材料（太阳能板、锂电池和配件）消耗量（个 / 套）（预计和 2.3 便携式太阳 　　能充电器产量相同）	
3　人工	
3.1　新招聘员工数	
3.2　解聘员工数	
3.3　每位员工每年薪酬福利（货币单位）(考虑工资涨幅）	
4　其他费用（千货币单位）	
4.1　广告、营销预算费用	
4.2　审计费（上年度审计费）	
5　股利及其他（千货币单位）	
5.1　股利发放	
5.2　未分配利润（转入留存收益）	
5.3　现金股本增加（股东大会表决）	
5.4　留存收益转股本（股东大会表决）	
5.5　新增贷款（根据签署的贷款合同确定）	
5.6　利息费用（上年利息费用）	

挑战练习 3-6　西贝流士公司

要　　点：会计流程——日记账

难度系数：低

西贝流士公司成立于 X1 年 3 月 1 日，从事商业活动。下面是西贝流士公司 X1 年 3 月的商业交易活动。

（1）3 月 1 日西贝流士公司成立时股本为 600 货币单位，在商业信用银行开户。

（2）3 月 3 日用现金 48 货币单位购买电脑。

（3）3 月 6 日购买商品存货（信用购买）：350 货币单位。

（4）3 月 12 日支付 3 月电话费用：55 货币单位。

（5）3 月 20 日销售商品收入为 500 货币单位（260 货币单位现金销售，240 货币单位信用销售），销售商品的成本为 300 货币单位。

（6）3 月 29 日支付现金 350 货币单位给供应商（见交易 3）。

（7）3 月 31 日期末盘点存货为 50 货币单位。

（8）3 月 31 日电脑折旧 1 货币单位。

要　　求

编制西贝流士公司 X1 年 3 月的日记账（见表 3-18）。

表 3-16　简式财务报表（按科目性质编制利润表）

公司：巴赫

现金预算／现金流量表（千货币单位）

- 现金期初余额（1）
- **经营活动产生的现金流**
- 现金销售：销售收入的85%
- 现金购买：购买原材料的90%
- 支付上期应付账款（请参照上期资产负债表）
- 支付上期应付所得税
- 其他税费（除所得税之外）
- 人工费用
- 租赁费用
- 广告营销费用
- 审计费用
- 财务费用
- 经营活动产生的净现金流（2）
- **投资活动产生的现金流**
- 购买新生产产线
- 投资活动产生的净现金流（3）
- **融资活动产生的现金流**
- 现金资本增加
- 新增贷款
- 偿还贷款
- 支付股利
- 融资活动产生的净现金流（4）
- **现金净增加（减少）(5)＝(2)＋(3)＋(4)**
- 现金期末余额（6）＝（1）＋（5）

利润表　　年份　（千货币单位）

营业收入		
销售收入		
产成品存货变动（E−B） （E＝期末余额，B＝期初余额）		……
营业成本		
原材料成本		
原材料存货变动（B−E）		
外部费用		
其他税费（除所得税之外）		
人工费用		
折旧费用		
财务收入		……
财务费用		
总收入		……
总费用		……
所得税费用		
净利润		
净亏损		
总计	总计	

资产负债表　　年份　（千货币单位）

资产	期初余额	＋	−	期末余额
非流动资产				
生产设备（净值）				
流动资产				
存货				
·电机和零部件				
·产成品				
应收账款（销售收入的15%）				
银行存款				
资产总计				

股东权益和负债	期初余额	−	＋	期末余额
股东权益				
股本				
累计留存收益				
股东权益总计				
负债				
长期借款（X4年，8%，X8年到期）				
银行透支				
应付账款（购买原材料的10%）				
应付所得税				
股东权益和负债总计				

表 3-17 简式财务报表（按科目职能编制利润表）

公司：巴赫   年份

现金预算／现金流量表（千货币单位）

现金期初余额（1）　□

经营活动产生的现金流
现金销售：销售收入的 85%
收到上期应收账款（请参照上期资产负债表）
现金购买：购买原材料的 90%
支付上期应付账款（请参照上期资产负债表）
支付上期应付所得税
其他税费（除所得税外）
人工费用
租赁费用
广告营销费用
审计费用
财务费用

经营活动产生的净现金流（2）　□

投资活动产生的现金流
购买新生产线

投资活动产生的净现金流（3）　□

融资活动产生的现金流
现金股本增加
新增贷款
偿还贷款
支付股利

融资活动产生的净现金流（4）　□

现金净增加（减少）（5）＝（2）＋（3）＋（4）　□

现金期末余额（6）＝（1）＋（5）　□

利润表（千货币单位）

销售收入　□
销售成本
购买原材料成本
原材料存货变动（B-E）
产成品存货变动（B-E）
租赁费用
生产人工费用
销售成本总计（COGS）　□
销售费用
管理费用
其他税费（除所得税外）
销售管理人工费用
审计费用
销售管理费用总计　□
折旧费用
财务收入
财务费用
税前利润　□
所得税
净利润　□

资产负债表 （千货币单位）

资产	期初余额	＋	－	期末余额	股东权益和负债	期初余额	＋	－	期末余额
非流动资产					**股东权益**				
生产设备（净值）					股本				
流动资产					累计留存收益				
存货					本期净利润／亏损				
・电机和零部件					股东权益总计				
・产成品					**负债**				
应收账款（销售收入的 15%）					长期借款（X4 年，8%，X8 年到期）				
银行存款					银行透支				
					应付账款（购买原材料的 10%）				
					应付所得税				
资产总计					股东权益和负债总计				

表 3-18　日记账格式

记录存货的方法：

使用的财务系统：

交易编号	日期	会计科目		金额	
		借方	贷方	借方	贷方

注释：

（1）公司需要在 3 月 31 日计算当月利润，记录期末存货。

（2）为记录购买、销售存货和期末存货，可以选择将采购作为存货记入资产负债表（销售存货的时候记为销售成本）或将采购直接作为费用记入利润表（销售存货的时候记为存货变动）。必须在日记账的开始说明记录存货的方法。

（3）西贝流士公司部分会计科目如下。

- 股本。
- 银行存款。
- 存货变动（采购作为费用记入利润表）。
- 销售成本（采购作为存货记入资产负债表）。
- 电脑。
- 存货。
- 购买商品存货（采购作为费用记入利润表）。
- 销售商品收入。
- 电话费用。
- 应付账款。
- 应收账款。

挑战练习 3-7　网络习题

难度系数：中

1. 请在网上搜索会计方面的招聘信息（审计员、财务主管、出纳等）。
2. 请描述每一个会计职位。
3. 比较这些职位的不同。

挑战练习 3-8　会计历史

难度系数：中

1. 请做一个 15 分钟的关于会计历史的 PPT。
2. 请做一个 15 分钟的关于会计信息如何被保存的 PPT。

挑战练习 3-9　薰衣草香皂公司案例[7]

要　　点：财务报表和信息决策

难度系数：高

埃及移民 SH X1 年年末在西雅图创办了薰衣草香皂公司（LSC），注册资本为 60 000 美元。薰衣草香皂公司的宗旨在于推广有机香皂和清洁产品，在大型商场的零售店销售或批发给酒店、游轮等公司客户。公司于 X2 年 1 月 1 日开始营业。

LSC X2 年的销售包括零售（占总销售额 40%，总毛利 50%）和批发（占总销售额 60%，总毛利 50%）。LSC 目前没有经营网上商店，但计划很快开一个网店。

目前，LSC 只在西雅图南郊区的商业中心经营一个零售店。LSC 打算扩展业务，寻找新的地方开零售店。新的门店可能会在 X3 年 3 月中旬在东郊区（富人区）的购物中心建立，离南郊区商业中心 10 英里⊖。因为资源有限，SH 需要尽快做出决定。

建立这个新的零售店需要租赁费 45 000 美元（现金支付），购买 55 000 美元的家具（可能也需要现金支付），装修门店需要 25 000 美元（现金支付），购买初始存货至少需要 58 000 美元。新的门店将在 X3 年第 2 季度初开张。

X2 年第 4 季度的经营状况如表 3-19 所示。（在 X2 年前三季度亏损以后，第 4 季度恢复盈利。X2 年第 3 季度累计亏损 28 300 美元。为简便起见，在本案例中过去的亏损不能抵销当期盈利。）

表 3-19　薰衣草香皂公司经营状况　　　　　　　　（单位：美元）

销售收入	208 000
销售成本	105 000
毛利润	103 000
销售费用（租金、采购、销售人工，等等）	35 000
管理费用（管理层、会计，等等）	5 000
财务费用（3 年期贷款 133 000 美元，利率 6%）	2 000
税前利润	61 000
减：所得税（税率 30%）	18 300
税后净利润	42 700

附加信息：

（1）SH 预期南郊区商业中心的零售店未来两个季度（X3 年前两个季度）销售增长 10%，批发业务未来两个季度销售增长 5%。

（2）零售店接受现金支付、信用卡或借记卡支付（在本案例中，信用卡和借记卡支付相当于现金支付）。批发销售在开出发票两个月后收到回款。X2 年年末应收账款余额为 84 000 美元。

（3）X2 年年末购买商品存货 96 000 美元。

（4）收到商品一个月内支付货款给供应商。X2 年年末应付账款余额为 32 000 美元。

（5）X2 年年末期末存货为 82 500 美元。LSC 的政策是保持未来 3 个月销售量 3/4 的存货。

（6）X3 年年初计划在南郊区商业中心举办一场广告促销活动，预计花费 8 000 美元。其他销售费用和管理费用每个季度基本相同（新门店费用除外）。所有费用（包括利息费用，购买商品除外）都在本季度用现金支付。

（7）销售费用包括门店家具、收银机、电话、刷卡机的折旧费 5 000 美元（账面原值是 60 000 美元，X2 年年末账面净值是 40 000 美元）。

⊖　1 英里 = 1 609.344 米。

（8）管理费用包括办公室家具、电脑和信息设备的折旧费 1700 美元（账面原值是 34 000 美元，X2 年年末账面净值是 27 200 美元）。

（9）从 X3 年开始，所得税税率是 30%。所得税在下个季度缴纳（比如，X2 年第 4 季度的所得税在 X3 年第 1 季度支付）。

（10）X2 年期末现金余额是 24 000 美元。

要　求

1. 假设 LSC 期望 X3 年第 1 季度末至少有 25 000 美元现金，在没有外部融资的情况下可以开设新的门店吗？关于是否应该开设新的门店还需要考虑什么问题？

2. 回答第一个问题，需要编制 X3 年第 1 季度财务预算报表（资产负债表、利润表和现金流量表）。

参考书目

IASB (2017) International Accounting Standard No. 7 Statement of Cash Flows, London.

IASB (2022) International Accounting Standard No. 1 Presentation of Financial Statements, London.

Vlaemminck J H. (1979) Histoire et doctrines de la comptabilité, Pragnos (quoted by Colasse B, Lesage C. [2013] Introduction à la comptabilité générale, Economica, Paris, 12th edition, 179).

扩展阅读

Bechtel W. (1995) Charts of accounts in Germany. European Accounting Review, 4(2), 283-304.

Chauveau B. (1995) The Spanish Plan General de Contabilidad: agent of development and innovation? European Accounting Review, 4(1), 125-38.

Inchausti B G. (1993) The Spanish accounting framework: some comments. European Accounting Review, 2(2), 379-86.

Jaruga A A, Szychta A. (1997) The origin and evolution of charts of accounts in Poland. European Accounting Review, 6(3), 509-26.

Parker R H. (1996) Harmonizing the notes in the U.K. and France: a case study in de jure harmonization. European Accounting Review, 5(2), 317-37.

Plan comptable général (General accounting plan), France.

Plano Oficial de Contabilidade (General accounting plan), Portugal.

Richard J. (1995) The evolution of accounting chart models in Europe from 1900 to 1945: some historical elements. European Accounting Review, 4(1), 87-124.

Roberts A. (1997) Charts of accounts in Europe: An overview. Management Accounting, 75(6), 39-40.

注　释

1　2022/2023 年年报，会计年度截止日期为 1 月 31 日。

2　这将成为下一年度的现金期初余额，也称为余额转出。

3　在电算化之前，总账是每一页都编号的装订账簿（防止擅自改动数字和账户）。总账有很多卷的账簿，为每一个账户留一定的页数，以记录所有交易。自电算化以后，总账就是一个数据库，但是仍然保留总账这个名称。

4　"沃尔玛"作为公司的商标，同时指公司和其连锁超市。

5　团队的数量由参与者人数决定。所有公司第一期的平均销售量为 100 000 个便携式太阳能充电器，所以 X7 年整个市场的规模等于团队数量乘以 100 000。

6　在 X6 年，现金的收入和支付所占的百分比有所不同，请不要试图根据以往的销售收入和购买进行"猜测"。

7　这个案例来自华盛顿大学 James Jiambalvo 教授。

第4章 会计原则和期末调整

本章教给你什么

1. 会计原则如何影响会计和财务报告的结构与组织。

2. 会计原则围绕四个要求进行分类：客观性、信息质量、审慎原则与会计分期。

3. 期末分录调整的目的在于真实和公允地反映企业会计期末的财务状况与会计期间的损益和现金流。

4. 调整分录主要是针对跨期做的调整。

5. 期末分录调整反映了：

- 没有完成的业务（已实现但未记录的收入、已收到但未完成的收入、已消耗但未入账的费用、已支付但未消耗的费用）。

- 非流动资产价值的变动。

- 流动资产价值的变动。

6. 期末分录也包括一些对错误的修正和期末存货的入账。

7. 调整分录都将在企业结束会计期间时完成（年度、半年度、季度或月度等）。

8. 期末分录经常会在财务报表附注中做进一步解释。

在第3章我们讨论了会计流程是如何在一年中记录业务活动的。我们也说明了财务数据如何进入会计流程并记录在日记账和分类账中。在记录过程中，会计流程的目的是保证：

- 记录所有与企业财务业绩和决策相关的数据。

- 每一项入账业务都必须同原始凭证进行核实。

- 分类账中数据的结构与企业的管理者制定决策所需的商业模式相吻合。

- 准确且有显著性的数据能够定期、快速地从各分类账中调出。

为了完成在第 2、3 章中提到的目标，记录业务时必须遵守相应的规则和原则，这些规则和原则在全世界的会计行业内都是被认可的。

本章主要介绍会计原则：对所有会计机构都适用的宽泛概念，定义了会计操作中的约定、指引、规则和一些具体的政策。这些原则也为财务报表的可读性和可比性提供了基础。

第 2 章中提到的配比原则就是其中一个原则，它与会计期间（accounting period）的概念和定义相关。配比原则强调的是所有的成本和费用都必须在记录相对应收入的同时进行记录，也就是说，与同一会计期间相关的成本和收入必须记录在同一会计期间内。在第 2、3 章我们记录的都是企业日常的业务活动，但在期末时我们必须做一些跨期调整（特别是在收入或费用项目对两个连续的会计期间都产生影响的情况下）。这些调整便于在结束一个会计期间的同时开始下一个会计期间。在本章中我们将介绍完成一个会计周期（accounting cycle）所必需的分录。

在期末，分录调整、错误修正、期末存货的入账与关账分录都会被记录进去。

4.1 会计原则

正如第 1 章中提到的，会计提供了一个社会产品：信息。会计的产出是为了帮助不同使用者进行决策。所以，让大量使用者理解会计报表中的信息，以此来了解经济实体的确切状况，是非常重要的。因此需要制定一个人人遵守的游戏规则，这个游戏规则即会计原则（accounting principles），它是一系列行为规范和指引的集合（见图 4-1），提供了从纯概念到实际操作指南的相关信息。

描述这些原则的术语随着作者、使用者及其国籍的变化而变化。我们称其为原则，别的地方可能称为概念、规范或假设。在罗马法传统的国家，如比利时、法国、瑞士等，这些原则都被列入商业和公司法中，或成为会计法的一部分。在一些以共同法为基础的法律体系中（或称为盎格鲁 – 撒克逊国家），会计原则的执行力主要源自会计职业团体之间和它们同商业企业所达成的共识。

在任何一个国家，简单来说，会计准则就是指当地公用的会计原则。明确会计准则的国别对于具体实例的理解是很有用的。因此，我们在阅读某一具体公司的报表时，首先要明确其使用的会计准则的国别。全世界的发展趋势是向一个共同的会计准则演变，这样就提高了不同国家会计报表之间的可比性，也便于会计报表的合并。目前，全球范围内有两大不同的会计准则，其一是美国通用会计准则，反映美国资本市场监管部门的原则；另一个是国际财务报告会计准则，反映了世界范围内使用者的意见。自 2008 年金融危机以来，两套会计准则之间的协调性大大增强了，当然这种协调的选择具有政治性（比如金融市场之间的权力平衡）。究竟哪套会计准则将会主导世界，还是两套准则通过协调达成妥协，这是很难预测的（详见第 5 章）。不过，这两大会计准则在整体概念框架上是趋同的，仅在具体操作指引上有一些分歧。图 4-1 中展示的会计原则和规范在两大会计准则中是相同的。

了解这些准则为何能够年复一年地保留下来，我们认为非常重要，因为它们能够帮助编制者和使用者明白会计信息的价值和局限，也使我们了解能够在多大程度上改善会计信息的有用性和质量（有效财务信息的质量标准已在图 1-5 中介绍）。

图 4-1 反映了会计原则的四大类别，以及与之相对应的四种关键要求和约束。

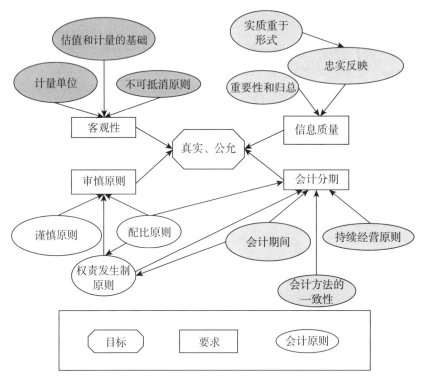

图 4-1　会计原则

4.1.1　会计原则的主要目标：真实和公允地反映

会计报表的目标就是真实和公允地反映企业的财务业绩和状况。美国通用会计准则对会计报表目标的表述是：会计报表必须公允列报企业的财务状况、经营业绩和现金流状况。真实和公允本身并不是会计原则，而是我们在图 4-1 中所罗列的所有会计原则的目的。

- **真实**解释为报表没有被造假，没有伪造和掩盖企业期末真实的财务状况与当期真实的利润或亏损。
- **公允**是指会计系统为所有使用者提供完整、无偏差及相关的信息来帮助他们做出决策。

实际上，对于财务报表来说，真实和公允并没有一个官方的定义。IAS 1，IASB 2022：§15 要求，财务报表应公允列报主体的财务状况、财务业绩和现金流量，但没有对"公允"做出具体解释。我们认为"真实和公允"是执行会计原则所能达到的效果。

4.1.2 客观性

1. 计量单位

财务会计只计量能够以货币单位（欧元、美元、人民币等）反映的会计业务，尽管从理论上说，没有任何规定禁止会计记录非财务[1]的企业价值的创造或损耗。比如，记录企业行为对环境的影响，或者对周围居民健康的影响。但是，如果用这些具体的方法记录问题，就会造成估值基础巨大的主观性。记录这些事件和业务的客观且常用的方法就是，用财务手段（货币单位计量）衡量其经济影响力。当然，如果只记录一个交易的财务要素，就会损失很多对于整个业务活动的详细描述。此外，尽管每个人都使用同样的估值基础（随着货币市场汇率的变动而变动）会带来一致性，但使用者仍可能用不同数字代表同一事物。

在财务报表的附注中，一些非财务要素也会通过估值提供相对真实的信息。企业的环境负债（比如，企业过去在使用石棉的生产过程中，所产生的问题与所要承担的责任），可以根据法院对其所造成破坏的估值的判决来确认（见第 12 章）。附注是一个有效的完全披露手段，附注中可以指出存在的问题和风险，也可以说明资产负债表和利润表中报告的价值估算的不确定性。这些附注能够帮助使用者自行评估非财务信息对企业财务状况的影响，从而做出自己的决定。

为了让使用者完整地了解过去事件对企业目前财务状况的影响，并且更好地评估企业未来的演变趋势，需要比较和综合不同时期的数字。正因如此，会计在不同期间采用相同的货币单位，尽管货币的购买力会随着时间而变化，但是会计假设每一货币单位的购买力是保持稳定的。比如，在会计中，2024 年的 1 欧元和 2023 年或 2022 年的 1 欧元是可比的（反之亦然）。这一假设方便了会计工作，但也降低了会计信息的相关性。如果通货膨胀保持在一个可接受的水平之下，比如年通货膨胀率低于 3%（并可以同时应用在收入和费用、资产和负债上），那么这一影响并不是特别严重。使用者也可以调整数字来反映他们对企业实际情况的认识。但是，把所有人对通胀率的感受都考虑在内是不可能的，所以会计在实际工作中忽略了通货膨胀因素。在通货膨胀率较小的假设不成立的情况下，就需要采用一些特殊方法保持货币单位的购买力和实际情况的一致性，以区分管理层的决策和通货膨胀对利润与现金流的影响。

2. 估值和计量的基础

财务报表中确认的要素是以货币单位量化的，这就要求选择计量基础。一种计量基础具有一项被计量项目的已识别特征，例如，历史成本、公允价值或履行价值。对资产或负债应用计量基础，产生了对资产或负债及相关收益和费用的计量（理论框架，IASB 2018：§6.1）。在财务报表中，会计采用了一系列不同的计量基础并混合使用，包括如下几项（IASB 2018：§6.4-6.22）。

（1）**历史成本**：资产取得或创造时的历史成本，是取得或创造该资产时发生的成本的价值，包括取得或创造该资产所支付的对价加上交易成本。负债承担或接受时的历史成本，是承担或接受该负债所收取的对价减去交易成本（§6.5）。

（2）**现行价值**：现行价值计量提供了有关资产、负债及相关收益和费用的货币信息，所使用的信息需要更新，以反映计量日的状况（§6.10）。现行价值计量基础包括（§6.11）：

- 公允价值（……）。
- 资产的使用价值和负债的履行价值（……）。
- 现行成本（……）。

1）**公允价值**：公允价值是指市场参与者之间在计量日进行的有序交易中，出售一项资产或转移一项负债的价格（§6.12）。

2）**使用价值和履行价值**：使用价值指主体预期一项资产的使用及其最终处置产生的现金流量，或其他经济利益的现值。履行价值指主体预期有义务为履行负债而转移的现金，或其他经济资源的现值（§6.17）。

3）**现行成本**：资产的现行成本指计量日同等资产的成本，包括计量日可能支付的对价，加上当日可能发生的交易成本。负债的现行成本指计量日同等负债所收取的对价，减去当日可能发生的交易成本。现行成本和历史成本一样，是一个进入价值，反映主体取得资产或承担负债可能获得的市场价格。因此，它不同于公允价值、使用价值和履行价值，这些是退出价值。但是，现行成本与历史成本不同的是，现行成本反映了计量日的条件（§6.21）。

历史成本是企业在编制财务报表中最常用的计量（measurement）基础，需要的假设也最少。这一选择也与会计的哲学思想一致：偏重于更好估量的、不可挑战的、容易理解的方法，而不选择描述性更强但容易被质疑又难以解释的方法。历史成本法也和其他计量基础混合使用，比如，存货的估值会选择历史成本和可变现净值的最低值（按成本与市价孰低原则）。这样的做法是有必要的，尤其在一些高科技领域，比如电子产品，因为在这些行业中零部件的成本（市场价格）会随着产量的增加和技术的进步快速下降（比如，电子产品的价格每 18 个月下降 20%）。如果重置（或转售）价格低于历史成本，那么用购买时的价格来描述一项资产对于股东是不公平的。我们必须注意，财务报表的目的是向股东报告他们的投资状况。存货价值的高估比存货价值的低估更扭曲财务现状以及企业未来的潜在现金流。当然，我们在下面也会看到，会计总是想方设法地避免由于主观和未被证实的假设所导致的高估，而宁愿承担低估的风险，信息使用者可以根据他们对市场的理解自行进行调整（见审慎原则 §1.4）。

3. 不可抵销原则

抵销不同交易之间相反的交易变动，会掩盖会计所应报告状况的详细信息。这样做会屏蔽企业在交易中的实际风险。两笔交易有可能金额相同但方向相反，从代数角度来说净余额为零。但这种呈示方法不能反映完整的事实真相。比如，从一个银行提取的金额，可能和在另一个银行存入的金额相等，但两者的风险不相等，所传递的信号也是不一样的。

会计确定了一个原则：除非国际财务报告会计准则要求或允许，否则主体不能将资产和负债、收益和费用相互抵销（IAS 1，IASB 2022：§ 32）。

正是因为这一点，总账和明细分类账都必须保留所有交易的完整内容，不能相互抵销。会计不仅是报告一个企业的财务状况，也是创造和建立这个财务状况整个形成过程的档案。这个档案能够帮助人们发现企业的优势及劣势，判断企业未来创造价值的能力。

例 4-1

如果一个企业有两个银行账户，在 A 银行账户有正余额 1 000 货币单位，在 B 银行账户有负余额 400 货币单位，把两者相互抵销后，A 银行剩余 600 货币单位。但是不可抵销原则要求企业在资产项报告 1 000 货币单位，并在负债项报告 400 货币单位。

例 4-2

一个企业欠供应商 5 000 货币单位，而同时对同一供应商有为另一订单支付的预付金 5 000 货币单位的追索权，这两者不能相互抵销，而应在报表的不同账户中反映出来，即在负债下记录应付账款，在资产下记录预付账款。

例 4-3

按照会计规定，非流动资产需要反映在两行中，从理论上说，这两行是不能相互抵销的（虽然除去具体信息，这两行的代数总额可以记为净资产）：第一行反映了企业购买该资产时的历史成本（总值），第二行记录了累计折旧（在整个消耗过程中价值的减少）。一项资产在被完全折旧之后（净账面价值为零），还必须以两行记录，直到资产被完全处置为止。由于使用了不可抵销原则，可以通过总值和累计折旧之间的比例关系，来确定企业非流动资产的平均使用寿命，这也能够让使用者更好地了解企业的状况（详见第 7 章）。

4.1.3　信息质量

财务报表对决策者是否有用，取决于是否报告得既足够详细又不会令投资者无所适从（重要性和归总原则，material and aggregation）。财务报表应对企业的经济状况提供一个忠实的描述，在信息的选择中做到实质重于形式（substance over form）。

1. 重要性和归总

如果项目的省略或误报会影响主要使用者根据财务报表做出的经济决策，则该项目是重要的。项目的重要性取决于项目的金额或性质，或两者兼有（IAS 1，IASB 2022：§ 7）。主体应将相似项目的每个重要类别在财务报表内单独列报。主体应将性质不同或职能不同的项目单独罗列，除非这些项目不重要（IAS 1，IASB 2022：§ 29）。

2. 忠实反映

我们在第 1 章介绍过忠实反映的概念及原则。

3. 实质重于形式

经济现象的实质对于忠实反映的重要性已经在第 1 章讲解过。实质重于形式的一个例子就是融资租赁（详见第 12 章）[2]。

还有一些例子，比如某项资产或负债的法律财产权发生了变化，但是资产产生的实际经济利益或负债导致的实际偿还义务没有变化。这样的业务，比如回租合同，在商业企业中使用得非常普遍。通过回租，企业可以不通过向金融企业借款而获得现金，这样也能使企业的股东权益增加。比如，企业将公司总部的房屋出售，然后立即从购买方租回，出售房屋的收益或损失就会直接影响股东权益。很多国家的会计法规规定销售房屋产生的利益可以在整个租赁期进行分摊。

正确地记录这一交易的方法应该是：一方面记录销售和现金，以及销售所产生的收益或者亏损；另一方面，由于现在企业已经做出了支付租金承诺，就必须将未来所有租金支付的净现值作为负债，而在资产项内记录一个同样的金额来确认企业实际控制了这个房屋，并享受该房屋未来的经济收益。后者（同时计入负债和资产）并不影响企业的留存收益，因为在资产负债表的两边记录的金额相等。通过记录这些内容，资产负债表就完全反映了企业当时的实际情况（详见第 12 章）。

实质重于形式原则，尽管非常有逻辑性和实用性，但并不是所有国家都会接受，尤其它影响到租赁的会计确认。简而言之，实质重于形式原则主要在北美地区得到广泛应用，而其他地区制定了特殊的规则来记录租赁（见第 12 章）。实质重于形式原则影响的领域还包括知识产权，如特许经营权或专利销售等领域的交易。

4.1.4　审慎原则

会计在工作中必须审慎。利润（或亏损）只有在确定实现时才会被记录。以下三个原则可帮助会计达到这一要求：谨慎原则、权责发生制原则和配比原则。

1. 谨慎原则

财务报表的编制者必须考虑到许多事项和情况下必然会有的不确定因素，例如，有疑问的应收账款的可收回程度、厂房和设备大概的使用年限、设备可能发生的要求保修的次数。这类不确定因素是通过披露其性质和程度，以及在编制财务报表时实行审慎原则来确认的。审慎原则是指在有不确定因素的情况下做出所要求的估计时，在判断中加入一定程度的谨慎，以便不虚计资产或收益，也不少计负债或费用（理论框架，IASC 1989：§ 37）。

我们在第 1 章提到，国际会计准则理事会在 2018 年的理论框架中重新引入审慎原则：审慎行事并不意味着需要不对称性，例如，相比对负债或费用的确认，对资产或收益的确认要求有更具有说服力的证据来支撑。此类不对称不属于有效财务信息的质量特征。但是，特定准则可能包含一些不对称的要求，以求选择最相关的信息来进行忠实反映（理论框架，

IASB 2018：§2.17）。

　　审慎原则的实施不允许提取过多的准备金，即有意低估资产或收益、高估负债或费用。因为这样一来，财务报表就不中立了，也不能提供可靠且高质量的信息。

　　在实际操作中，这个原则说明利润是不能被事先估计的，只有实际实现时才能被记录到账户中。比如，①和销售有关的收入，必须在货物发货、开出发票之后才能确认，而不是拿到订单之后就确认；②存货应当以历史购买或制造成本入账，而不是以销售价格（注意成本与市价孰低原则）入账。

　　对于损失来说，只要一产生就必须进行记录。比如，当存货的再出售价值低于买入价时，就必须立即记录跌价损失，即使这个存货还没有被卖出去。在实际工作中，审慎原则就反映在对存货的估值采用成本与市价孰低原则。为这些损失提取准备金的会计操作方法将在本章的后面进一步讨论。

　　审慎原则就像计量单位的历史成本原则一样，被广泛使用但也经常造成很多争议，因为在很多情况下，这一原则的有用性是值得商榷的，尤其是对于市场上一些波动性很大的金融产品的估值。很多金融机构对金融工具（financial instrument）采用盯市制度（mark to market），要求根据有价证券（即使不是用于出售）的当前市场价值（会计期间结束的那天）入账，而不是购买时的价格。这一原则在 2008 年金融危机之后饱受争议，因为这种做法违背了审慎原则，也就是说，只要资本市场的价格不断上涨，企业就能以此为根据确认大量的收益。

2. 权责发生制原则

　　正如我们在第 2 章讨论的，权责发生制要求企业在事件发生时记录，而不是在与这一事件有关的现金收付时记录。IAS 1，IASB 2022：§27 规定，除现金流量信息外，主体应按权责发生制编制其财务报表。财务报表必须只反映当期的收入、费用和收益。现金交易的金额和权责发生制交易下金额之间的差异必须被记录到应计费用（accrued expense，费用还未支付但已经确认，作为负债）、预付费用（费用已经支付但还未被消耗，作为资产）、应计收入（accrued revenue，收入已经实现但资金还未到账，作为资产）、预收收入（现金已经收到，但和收入相关的服务或产品还未提供，作为负债）。

3. 配比原则

　　我们在前面提到，这个原则与权责发生制紧密相关。在当期利润表内记录的费用必须和当期收入直接挂钩（IAS 1，IASB 2022：§5.5）。

4.1.5　会计分期

　　这个要求包括三个会计原则：会计期间、持续经营（going concern）原则和会计方法的一致性（consistency of presentation）。这些也和权责发生制以及配比原则相关联。

1. 会计期间

在第 1 章中，我们已经说过，给股东的报告必须定期提供，这样就定义了会计期间。会计期间是由企业的经营周期决定的。

管理者决策和行动的结果（收入）由于以下经济和法律的原因必须至少每年报告一次。

- 必须了解总体的业绩变化，评估作为股东代理人的管理层的管理和决策质量。
- 需要知道企业实现的收益（创造财富的金额），以便于在股东和其他企业参与者、合作方之间分配。
- 必须建立向国家支付税金的纳税基础。

当然，如果要衡量一个企业完全的价值创造或实现的收益，就只能编制一张覆盖企业整个生命周期的利润表。但没有一个股东或监管部门愿意等那么长时间来了解企业究竟创造了多少价值，以及那些股东代理人——经理是否做出了正确的决定，是否适时执行了股东的决定。企业的控制是通过对决策结果的评估来实现的，如果企业的初衷和结果之间存在不可接受的差异，股东和经理就必须考虑采取一些弥补措施，使企业的财务状况回到预先设定的战略目标的轨道上来，甚至，股东有可能卖掉手中的股权。一年的会计期间是多个参与者能够接受的最长时间，当然很多参与者要求更频繁地提供信息。实际上，大部分资本市场要求企业以季度为单位公布它们的财务状况。

衡量一个企业的利润都是按照不同的时间段来进行的。权责发生制原则以及期末分录（end-of-period entries，见本章的后半部分）能够帮助企业做好收益在时间上的分配，以便于预测和决策。

2. 持续经营原则

在会计的不同年度记录应计收入、应计费用和收益，建立在企业的期望生命超过会计期间的假设之上。这个假设也被称为持续经营原则。会计都会在编制财务报表时假设企业是持续经营的，除非会计有特别的理由证明相反的状况成立。保持企业持续经营来为股东创造价值也是管理层的任务。如果不能完成这一任务，就会造成企业破产清算。

持续经营原则是用历史成本而不用清算价格衡量资产（资源）或负债价值的主要原因。在未来几期中，企业将通过对现有资产的使用来获得收益。争议最小的反映这些未来收益的净现值就是这些资产的购买价值，这个价值会在使用过程中通过折旧不断减少。

IAS 1，IASB 2022：§ 25 规定： 在编制财务报表时，管理层应对主体是否仍能持续经营进行评估。除非管理层打算清算主体，或打算停止经营，或受其他不可抗力因素的影响，否则主体应以持续经营为基础编制财务报表。管理层在进行这种评估时，如果意识到有关某些事项或情况的高度不确定因素可能引致对主体是否仍能持续经营产生重大怀疑，应披露这些不确定因素。如果主体不是以持续经营为基础编制财务报表，则应披露这一事实，并披露其编制财务报表的基础和主体不被认为是持续经营的原因。

换句话说，这一原则也说明，我们没有理由怀疑企业在接下来的年度中终止经营它的业务。

3. 会计方法的一致性

财务报表要对决策者有用，不仅必须满足其在不同时期之间的可比性，便于使用者了解企业的经营趋势和变化，还要保证企业和有类似风险因素的同一行业企业之间的可比性。所以，财务报表在不同时期采用一致的会计方法就非常重要。如果会计方法和参数由于战略或其他需要不断发生变化，那么为了真实和公允地反映企业的财务状况，就必须将过去一段时间（至少 3 年）的财务报表进行相应的调整来满足使用者比较的需要。这一原则允许变化但也规定了出现变化时应该如何操作（详见第 6 章）。

IAS 1，IASB 2022：§45 规定：主体对财务报表中项目的列报和分类，应在一个期间与下一期间之间保持一致，除非：

- 主体经营性质发生重大变化，或在对主体财务报表进行审核之后，显而易见的是，考虑到国际会计准则第 8 号中会计政策的选择和应用标准，其他列报或分类方式更为恰当。
- 国际财务报告会计准则要求改变列报方式。

在实务中，一个会计期末的估值方式必须和上一期末的估值方式相同，反映在上一期资产负债表中的数字必须和本期的数字完全可比（这在国际会计准则以及很多其他国家的标准中都有规定）。在后面讨论不同资产的不同估值方式（折旧概念、准备金和准备金提取等）时，就能看到这一原则的重要性。

4.1.6　经济实体概念

尽管对于很多读者来说，经济实体概念并不是一个真正的会计原则，但它是会计和编制财务报表的重要基础。它反映的是，不管企业采用哪种法律形式（个体经营、合伙制、有限责任公司等，详见第 11 章），经济实体的经济业务必须和这些参与者个人的业务分开记录。

4.2　期末分录

会计原则，尤其是配比原则、权责发生制原则和会计期间原则，要求确认属于同一会计期间的所有业务（也提供了达到这一要求的技术方案）。有一些发生在会计期间内的业务只和时间的进程有关，不能通过实物或电子的原始凭证进行记录；还有一些事件跨越两个会计期间，需要在两个会计期间内进行分割；当存货和一些资产的现值低于成本价时必须进行调整；另外，本期内资产的消耗必须通过折旧进行计量。

期末分录真实和公允地反映会计期末的财务状况与本期的利润表状况。期末分录必须在每次关账时完成（年度、半年度、季度、月度等）。

图 4-2 总结归纳了期末分录的主要类别，并总结了和这些类别相关联的会计原则。

本章前半部分介绍的会计原则在进行期末分录调整时非常重要。为了实施这些原则，管理者必须做很多职业判断，这也说明会计并不能完全理解为数学计算。

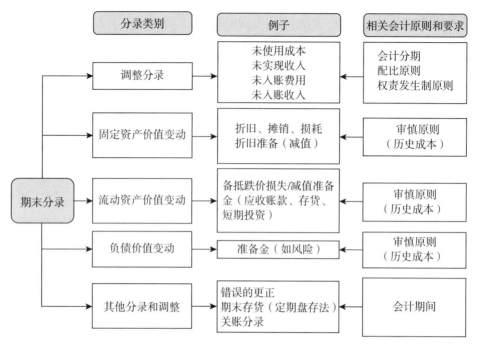

图 4-2   期末分录的主要类别

4.2.1   调整分录

在期末编制财务报表时，一个常见问题是会计期间（一般为一年，但在有些情况下也可能为一个季度）不能与企业的正常经营周期吻合。这种情况发生在各行各业，包括制造业、零售行业、服务行业、公用事业行业等，经营周期经常会长于或短于报告期。

但是为了给投资者、雇员、金融机构和市场，以及税务部门定期提供信息，尽管企业处于持续经营状态下，也必须编制年度财务报表。所以，在股东同意的前提下，管理层必须选择一个关账日期。这个日期用来判定业务活动中哪些属于本期，哪些属于下一期。正因如此，很多年末调整都和时间的影响有关，比如，一张支付一年期保险费业务的发票，不一定会在 12 个月的会计期间的第一天收到，所以其保费往往需要在两个会计期间分配。

常见的调整分录（adjusting entries）分为 4 类，如图 4-3 所示。

1. 收入

收入确认的原则（将在第 6 章进一步讨论）要求收入只影响发生当期的净收益，而不影响现金到账的会计期间的净收益。这就是说，净收益必须只能包括本期内已经实现的收益。这个原则有两个重要的影响。

- 已经实现，但没有被记录的收入，必须记入本期的利润表来计算当期收益。这种情况的例子如：①企业对外贷款带来利息收入，该利息会在账户截止日后的某一日支付；②已发货但未开发票的销售等。
- 相反地，一切被提前入账的收入，或一切已经提前收款但服务将在下一期才提供的收入，必须从本期的利润表中剔除。这种情况的例子如预收租金、客户预付的报刊订阅费等。

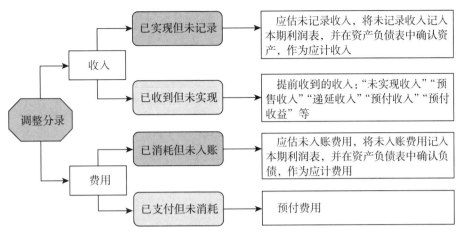

图 4-3　调整分录

（1）已实现但未记录的收入。在年末时，必须记录在本期内已实现但未记录的收入。由于这一事件在会计账上没有做任何记录，因此在期末调整时就必须把收益记录到当期的利润表。比如，企业的贷款（如在 X1 年的 3 月初把钱贷给了客户）将在一年以后首次收到年利息支付，而财务报表在 X1 年的 12 月 31 日截止，利息支付行为还没有发生，但是在本年内企业已经获得了贷款年利息的 10/12，不过客户尚未支付，也没有原始凭证说明客户欠企业 10/12 的年利息。根据配比原则，企业必须记录由于时间进程带来的利息收入作为本期的年利息收入，尽管这笔收入在下一年获得。这笔没有记录的收入将会记录到 X1 年的收入中，记录的金额为年利息的 10/12。正是因为这笔利息还没有收到，所以应该在 X1 年年末的资产负债表记录一项资产，而剩下的 2/12 的利息将在 X2 年实现，并不会反映在资产负债表上（详细内容见 4.3 节）。在目前中国的会计准则下，该应计利息收入直接放在资产负债表"应收利息"科目下。

（2）已收到但未实现的收入。有些收入能够提前收到，比如预先支付的房租、押金等。图 4-4 显示有两种不同的方法把这些收入确认到正确的会计期间内，4.3 节将具体讨论。每一个国家一般都会偏好一种方法，但另一种方法也允许使用。中国企业普遍采用图 4-4 中的第二种方法，即收到账款时直接作为负债（预收账款）入账，当收入实现时才记入利润表中的收入，同时减少负债（预收账款）。

2. 费用

费用对本期净收益的影响应以本期消耗的费用为准，而不取决于费用是在哪一期支付的。换句话说，净收益只包括那些在本会计期间为产生收入而相应消耗的费用。这个原则导致了两个结果。

- 所有已经消耗但没有记录的费用，必须记录到本期净收益的计算中，比如在结账日后支付的利息，或已进行的采购未从供应商处收到发票等。

▪ 相反地，被提前支付但并未在本期消耗的费用，必须从本期的利润表中剔除，比如预付的租金，或预付给律师的费用等。

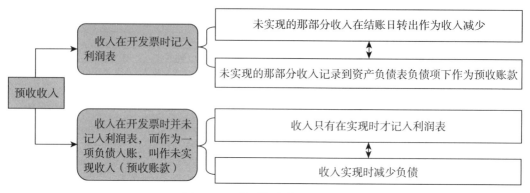

图 4-4　已收到但未实现的收入

（1）已消耗但未入账的费用。当期利润表内必须记录已消耗但未入账的费用，比如一笔借款的利息费用。假设某公司的利息支付时间为 X2 年的 7 月 31 日，而其结账日期为 X1 年 12 月 31 日，那么从 X1 年 8 月 1 日至 X1 年 12 月 31 日的利息必须计入本期内，虽然这笔利息到 X2 年 7 月 31 日才支付。这笔应计但未支付的费用必须记录到 X1 年的利润表作为费用（5 个月的利息费用），还要在资产负债表的负债项下记录应付利息（例题见 4.3.3）。剩下的从 X2 年 1 月 1 日到 X2 年 7 月 31 日 7 个月的利息费用将记入 X2 年的利润表。在中国的会计准则下，应计但未支付的利息费用直接放在"应付利息"科目下。

（2）已支付但未消耗的费用。当一项费用已被提前支付，但又涵盖了两个会计期间，比如企业预先支付软件维护年费，而这项费用所覆盖的 12 个月往往不能与会计期间正好对应，这时就有两种不同方法来记录这一事件，并在不同会计期间内把这些费用进行分割（见图 4-5）。大多数国家通常倾向于其中一种方法，但也允许使用另一种方法。中国企业普遍采用第二种方法，即费用支付时作为资产（预付费用）入账，在实际消耗时才记录到利润表的费用项目中，同时减少资产（预付费用）。

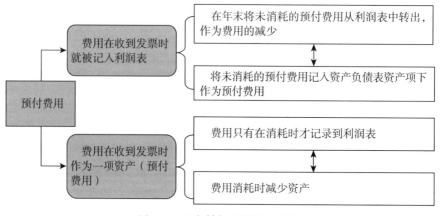

图 4-5　已支付但未消耗的费用

这两种处理方法在 4.3 节展示。

4.2.2 固定资产账户的价值调整

根据 IAS 16，IASB 2020：§6，非流动资产（或固定资产）包括土地、房产、厂房和设备。它们是有形的物体，具有以下特点。

- 用于生产和提供商品或劳务、出租或出于行政管理目的而持有。
- 预计使用寿命超过一个会计期间。

在资产负债表上，非流动资产的价值最初是根据其购买价格或建造成本（购买价格加所有使资产投入使用所必需的成本）来确定的。该资产的账面价值必须定期进行调整，因为：①这些资产投入使用，并参与了企业价值的创造，会产生损耗，这也就降低了它未来创造经济效益的能力；②技术上，这些资产会老化、落后。这种调整只能针对经济寿命有限的资产进行。比如，土地不进行价值调整，因为我们认为土地未来的经济效益不受使用年限的影响。这当然是对于企业可以获得土地所有权的情况而言。有些企业获得的只是土地使用权，所以此时土地被列入无形资产，并在其使用年限内进行摊销。根据审慎原则，未来所有土地价值的增长并不记录在内。

折旧[3] 是将有形非流动资产的成本进行分摊的过程。正如我们将在第 8 章见到的，无形非流动资产的摊销也是同样性质的操作。成本摊销是在企业从该资产获得经济效益的整个期限内完成的。这个做法的理由在于配比原则，由于每一个会计期间都从该资产得到好处，因此也就需要分担该资产的价值损耗。折旧已在第 2 章提及，第 7 章将进一步讨论折旧的方法和折旧对企业管理的影响。

例 4-4 R 公司

R 公司所在地的税务法规决定，该公司房产的正常使用期为 50 年。其房产的购置成本为 5 000 货币单位，这一成本必须在整个使用期内进行分摊。管理层同意了会计的建议：①使用直线摊销法（其他摊销方法见第 7 章），在每个会计期间内计入 100（=5 000÷50）货币单位的固定年折旧费用；②每年的非流动资产折旧记入累计折旧科目（非流动资产历史成本减去累计折旧得到净值）。

税务部门和会计监管部门规定了不可抵销原则，所以企业必须保留该资产的原始价值和其累计折旧。只要一项资产是经济实体的财产，就必须列入企业财务报表。非流动资产的购置成本必须与累计折旧区分开来，这个分开的折旧账户被称为资产的减项账户，因为它处于资产负债表的资产项，却是一个负的账户（贷方账户）。会计信息使用者也会对账面价值和累计折旧不可抵销感兴趣，比如，R 公司报告其房产的净值为 4 000 货币单位，与报告房产价值为 5 000 货币单位减去 1 000 货币单位的累计折旧，所带给使用者的信息是不一样的。第一种情况，有可能是较小的、全新的房产，意味着具有很高的生产力、很好的电脑系统和较高的能源条件，也可能是一个很老的、低效的建筑。第二种情况，通过附注可知它的使用年限，再根据累计折旧占总价值的百分比（20%）就能很容易地推算出该房产使用了几年。这样，该房产为企业创造价值的潜在能力就比较明确了。

在计算收益时，折旧是以和费用一样的方法来处理的。虽然这样计算得出的费用并没有原始凭证为佐证，但必须和整个折旧金额（这是有原始凭证的）及年限一致。

图 4-6 展示了与第一年折旧相关的分录。

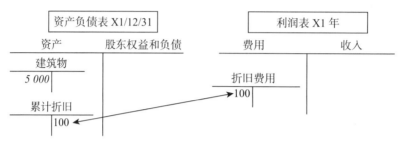

图 4-6   与第一年折旧相关的分录

注：期初余额用斜体字表示。

4.2.3 流动资产账户的价值调整

由于使用了审慎原则，年度报表中的信息必须真实、公允地反映企业的财务状况，这也就意味着年末必须对企业流动资产的价值进行确认，使其符合经济的实际情况。

这就要求：

- 资产真实存在。
- 资产的价值能够代表其未来为企业创造的价值而没有被高估。

第一点是内部控制和企业资产保护的问题，所以要定期对企业的流动资产及非流动资产进行实物盘点。第二点反映了成本与市价孰低原则的执行，即如果一个市场的购买者愿意支付的价格（市场价格）低于某一资产的原始成本，该资产的账面价值就必须降低到市价水平。

为确保非流动资产的账面价值不高于市场价值，会计必须分析原始凭证和其他外部的非会计资料。银行余额一般不存在问题，因为这些账户都由某一特定货币反映。

对于产成品存货，会计应与管理层核实，了解目前市场的销售价格和未来销售的预测，来保证客户至少愿意支付存货的成本价格。

对于原材料存货，会计要检查生产计划是否清楚表明了所有原材料都会在未来被投入应用（比如，没有过期作废的材料或零部件），并确认存货的获取成本不高于重置成本（市场价格加订货成本）。

会计还将衡量公司从其客户处追回所有账款的可能性（应收账款）。这样的话，就必须了解每个客户目前的状况并回答如下问题（以衡量追回账款的可能性）。

- 客户是否质疑应收账款的真实性。

- 客户有无退货或对公司服务提出投诉。
- 到目前为止，客户是否按照合同约定进行付款。
- 是否有数据或信息显示客户现在或曾经有财务困难。
- 公司寄给客户的信函是否被退回。

流动资产的价值调整将在第 10 章进一步展开讨论，在目前这一阶段，我们需要了解的是流动资产价值的损失都将通过准备金或者减值损失账户进行调整，该调整方法与折旧非常类似（主要区别在于，折旧以系统性方式计算，而准备金或减值损失的调整是通过一次性计算确认的）。这一过程展示在图 4-7 中。准备金或减值损失的分录必须反映出在货币计量单位原则下的不可抵销原则以及成本与市价孰低原则（详见 4.1.2）。

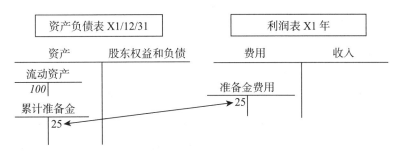

图 4-7　准备金费用的入账

注：期初余额用斜体字表示。

4.2.4　调整分录的报告

下面我们用一些实例说明财务报表的附注中如何展示调整分录的具体内容。从这些例子大家可以看到不可抵销原则是如何执行的，以及这些调整分录的余额是如何报告的。

📖 例 4-5　KPN、Abercrombie & Fitch 和中国联通

财务报表附注

收入包括与使用 KPN 网络相关的每月开发票的应计收入。（KPN—荷兰—国际财务报告会计准则—2022 年年报—电讯和 IT 技术）

合并资产负债表上的其他流动资产主要包括预先支付的租金、信息技术维修费用和税金。（Abercrombie & Fitch—美国—美国通用会计准则—2022/2023 年年报—服装连锁店）

长期待摊费用主要包括已经发生但应由本期和以后各期负担的摊销期限在 1 年以上（不含 1 年）的各项费用，按预计受益期间分期平均摊销，并以实际支出减去累计摊销后的净额列示。（中国联通—中国—中国会计准则—2022 年年报—电信通信）

📖 例 4-6　飞利浦（荷兰—国际财务报告会计准则—2022 年年报—消费类电子产品）

附注中详细列出了应计负债的内容，如表 4-1 所示。

表 4-1　应计负债 （单位：百万欧元）

应计负债的内容	2021 年	2022 年
人力相关成本		
工资	566	490
应计假期权利	127	97
其他人力相关费用	108	101
固定资产相关成本		
煤气、水、电及其他	33	46
通信和 IT 成本	82	64
分销成本	122	110
销售相关成本		
应付佣金	7	8
广告和市场相关费用	175	127
其他销售相关费用	20	20
和材料有关的应计成本	130	132
和利息有关的应计成本	52	70
其他应计负债	362	361
总计	1 784	1 626

例 4-7　阿迪达斯集团（德国—国际财务报告会计准则—2022 年年报—鞋类）

附注中具体报告了应计负债，如表 4-2 所示。这些报告的信息和组成也反映了阿迪达斯特有的商业模式。

附注 21. 应计负债

表 4-2　应计负债 （单位：百万欧元）

	2022 年 12 月 31 日	2021 年 12 月 31 日
未开发票的货物和服务	994	1 002
市场营销应计负债	1 124	1 205
应计人工负债	258	453
其他应计负债	42	32
应计负债总计	2 418	2 692

市场营销应计负债主要包括折扣、退款和佣金
应计人工负债主要包括应付工资，比如奖金和加班费以及假期津贴
其他应计负债主要包括应计利息

4.3　实务中调整分录的记录

在介绍完调整分录的主要类别后，下面我们将进一步讨论在会计实务中，调整分录是如何记录的。

4.3.1　已实现但未记录的收入

下面我们举一个特许经营收入的例子。由于相关部门工作繁忙造成开发票滞后，有一部分特许经营权收入没有入账。在年末时，会计要记录一笔 20 货币单位的未入账特许经营权收入。在下一个会计年度，当特许经营权管理部门确认最终获得的收入时，发票金额为25 货币单位。图 4-8 和图 4-9 反映了如何处理这类业务。首先在 X1 年结账时将估计值入账（见图 4-8），然后在 X2 年实际完成时修正数据后再进行入账（见图 4-9）。

图 4-8　应计收入在 X1 年年末入账

在图 4-9 中，我们提供了两种在第二年完成此类业务的入账方法。（在实际操作中，中国企业两种方法都使用，但是在新的会计准则下，没有单独设应计收入科目，已实现但未记录的收入直接放在应收账款科目下。）

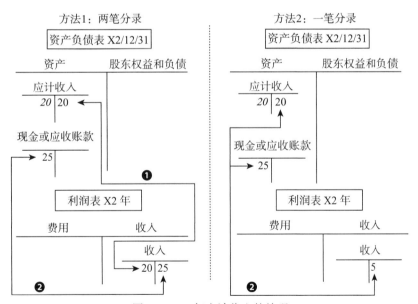

图 4-9　X2 年应计收入的处理

注：期初余额用斜体字表示。

❶ 期初日（X2 年）。估计的 20 货币单位的收入记录在 X1 年。

❷ 在开具发票时。

4.3.2　已收到但未实现的收入

在前面我们介绍了处理该分录的总原则。

- **方法1**：预收收入完全作为负债处理，在年末时进行调整，计算应该被确认的收入，记录到 X1 年的利润表中，然后在负债项减记相应金额。（中国企业普遍采用这种做法。）
- **方法2**：全部预收收入提前作为收入处理，在年末时再进行调整。

例 4-8

一个房地产业主在 X1 年 12 月 15 日收到 200 货币单位的租金。租赁合同规定，必须提前支付后两个月的租金，所以该笔租金反映了承租人从 X1 年 12 月 15 日到 X2 年 2 月 14 日的居住权。业主的账目在 X1 年 12 月 31 日结束，所以必须将收到的租金在 X1 年的半个月（或者 1/4 金额）和 X2 年的一个半月（或者 3/4 金额）之间分配。图 4-10 反映了两种记账方法。

- 方法1：仅将实现的 50 货币单位记录到收入中。
- 方法2：在收到租金时将 200 货币单位记录到收入中，然后在年末时对未实现部分进行调整（150 货币单位）。

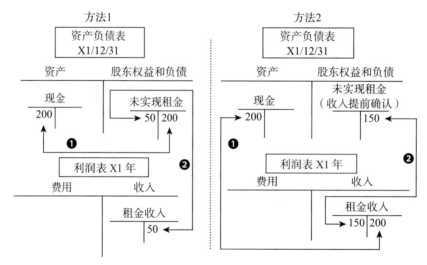

图 4-10　预收收入在 X1 年入账的两种记账方法

❶ 12 月 15 日：收到租金。
❷ 12 月 31 日：调整账户。

不管采用哪种方法，对 X2 年财务报表的影响都是一样的，如图 4-11 所示。在第二种方法中，由于中小型企业一般很少在比一年更短的时间进行结账处理，所以操作比较简单：在 1 月 1 日（或下一会计年度的第一天）完成调整分录（见图 4-11），就不用在 2 月 15 日实际实现收入时调整。大公司和其他使用现代化会计软件的企业不需要使用这种简化方法，因为这与会计的配比原则不一致。

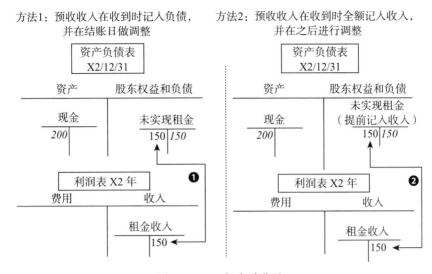

图 4-11 X2 年会计分录

注：期初余额用斜体字表示。

❶ 2 月 15 日：记录收入（方法 1）。

❷ 1 月 1 日（通常是小公司）或 2 月 15 日：调整分录的冲销（方法 2）。

4.3.3 已消耗但未入账的费用

该类调整分录用来在当期利润表中确定一个估计的已消耗费用，并在资产负债表的负债项内确认一个相应负债，称为应计费用。在中国新的会计准则下，不再单独设置"应计费用"或"预提费用"科目，应计利息支出直接放在资产负债表的"应付利息"科目下，应计租金支出直接放在资产负债表的"长期应付款"科目下，其他已消耗但未入账的费用放在"其他应付款"科目下，质量保修费等不确定金额和时间的费用放在"预计负债"科目下。

📖 例 4-9

一个电力公司每两个月会向客户寄出客户电表上显示的所使用的电费发票。客户 M 在 X1 年 12 月 15 日收到了 X1 年 10 月、11 月的电费发票，客户 M 就必须在期末估计它 12 月的电费。客户 M 自己的电工根据以往年份的消耗情况估算出 12 月消耗的电量告诉会计，然后会计根据过去的电价计算出 X1 年 12 月的电费大约为 175 货币单位（见图 4-12）。客户 M 的会计在 X1 年利润表中记上 175 货币单位费用，同时记录 175 货币单位应付电费在资产负债表的负债项，实际电费将在 X2 年 2 月收到相关发票后支付。

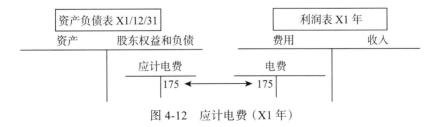

图 4-12 应计电费（X1 年）

图 4-12 显示了本期已消耗但未入账的费用是如何记账的。这里无论利润表内的费用是按照性质还是职能来记录，都是如此（详见第 2、5 章）。这个例子同时也反映了在年末接近结账日时对跨年费用的处理方法。

接下来的问题就是如何在下一年对上年跨年费用进行处理。这里既可以使用两步分录也可以使用一步分录。我们继续用上一个例子解释如何操作。在 X2 年 2 月中旬收到的发票显示实际电费为 180 货币单位（而不是估计的 175）。图 4-13 显示了会计将如何处理这一情况。无论用哪种方法，低估的差额费用都将反映在 X2 年的利润表中。在实际操作中，中国企业两种方法都会使用。

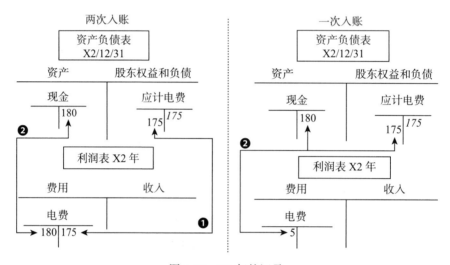

图 4-13　X2 年的记录

注：期初余额用斜体字表示。

❶ X2 年起始日期。

❷ X2 年中收到凭证日期（确认事件的日期）。

4.3.4　已支付但未消耗的费用

这种情况指企业为服务而预付的费用，比如保险费（保险金通常提前支付）、场地租赁费用（租金总是在期初支付）或预订一系列服务的费用，比如通信费、网费、公共事业费、维护费等。

与前面提到的记录预收收入的原理基本相同（见 4.3.2），这里也有两种不同的方法记录预付费用。现在我们来看一个例子。

例 4-10

M 公司在 9 月 1 日为房产支付保险费 120 货币单位，保期为之后的 12 个月，而该公司的会计结账日为 12 月 31 日（见图 4-14）。

X2 年调整预付费用的分录如图 4-15 所示，不管在 X1 年采用何种方法，X2 年的会计处理都是一样的。对账户的调整可以在会计期末进行，也可以在保险期结束时进行。正如我们在预收收入调账时看到的一样，企业一般在保险合同到期日调账，但为了简化，冲回调整分录也可以在第二年的 1 月 1 日完成。

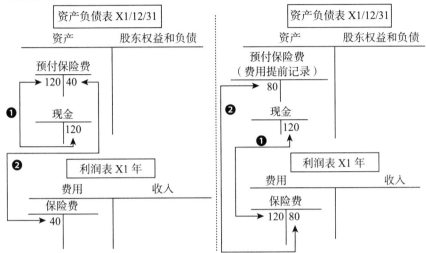

图 4-14　预付费用在 X1 年入账

❶ 9 月 1 日。

❷ 12 月 31 日。

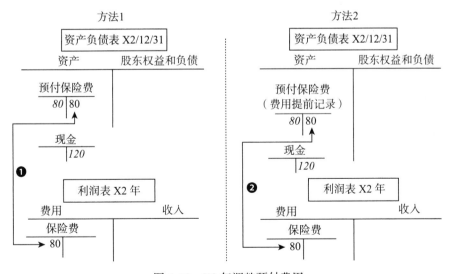

图 4-15　X2 年调整预付费用

注：期初余额用斜体字表示。

❶ X2 年 8 月 31 日：记录费用（方法 1）。

❷ X2 年 1 月 1 日（通常是小公司）或 8 月 31 日：调整分录的冲销（方法 2）。

4.4 错误的修正

会计记账时也会发生错误。我们在第3章中看到，会计电算化能够保证转账的可靠性，但如果在入账时由于人为因素造成错误，可能无法立即发现。所以作为编制财务报表的正常程序，企业都会对整个流程进行内部审计，来确保财务报告中的数字能够真实和公允地反映企业的情况，并避免错误的发生。这种严格执行的内部审计能发现企业财务系统中的大部分错误，以便及时修正。另外，由于财务报表对于使用者（尤其是股东）是非常重要的，所以股东会在股东大会上任命外部审计师进行独立审计，确保所有数据的真实公允性。

当错误被发现时，最常见的方法是通过冲账方式取消错误分录，并重新记录正确的数据。一些会计软件包能够使会计很简单地取消或改变任何一个分录，直到被确定后最终入账。这种方法十分方便，但也很危险，因为不能保留过去错误分录的痕迹。这些痕迹在很多情况下对于企业的会计人员不断提高和学习业务是非常有用的。

在会计账目结账、财务报表建立后发现的错误和遗漏必须通过特殊方法修正，这将在第6章进一步讨论。

4.5 期末存货

在第2章和第9章中我们讨论如何根据定期盘存法在期末对存货进行调整（采购时发生的费用直接记入利润表）。这是基于所购买的存货在本期内被完全消耗的假设。但实际中很少有本期采购在一期内被完全消耗的情况，所以本期的采购费用必须在期末进行调整，从而计算出本期相关的销货成本。（期初存货＋购买的存货－期末存货＝消耗的存货或利润表中的销售成本）

4.6 关账分录

当所有年末会计分录都被记录到日记账和分类账之后，财务报表编制工作就开始了。当会计还是通过手工操作时，所有的单项费用和收入都必须关账结转，将余额转入利润表，然后利润表的余额（净收益）转入资产负债表（详见第2章图2-18）[4]。

资产负债表账户是不在期末结账的，它们本期的期末余额就是下一期的期初余额。当然，费用和收入账户的期初余额从会计定义来说都是归零的。

4.7 使用会计准则的局限性

正如本章开头提到的，一些会计准则具有局限性。当记录一项业务时，必须进行成本和收入的权衡分析，这主要是为了真实和公允地反映企业的财务状况。

关键知识点

- 各项业务的会计入账必须遵守一系列的指引和原则,这些指引和原则在全球范围内被接受。
- 会计原则适用于所有会计分录,并为提高财务报表的可读性和可比性提供了共同的基础。
- 为了达到真实、公允反映的最终目标,会计信息必须符合以下 4 个要求:①客观性(计量单位、估值和计量的基础、不可抵销原则);②信息质量(重要性和归总、忠实反映、实质重于形式);③审慎原则(谨慎原则、权责发生制原则和配比原则);④会计分期(会计期间、持续经营原则和会计方法的一致性)。
- 期末分录是指在期末帮助企业真实和公允地反映企业期末财务状况与损益的所有分录。这些分录在企业每次结账时(年度、半年度、季度、月度等)完成。
- 期末分录主要分成几大类:调整分录、与非流动资产价值变动相关的分录(折旧、摊销和减值损失)、与流动资产价值变动相关的分录(准备金)、错误的修正、与期末存货相关的分录(如需要)和关账分录。
- 在年末编制财务报表时经常会遇到的基本问题是报告期(通常为一年,但越来越多的上市公司以季度为单位)与企业的正常经营周期不吻合。这时就必须选择一个结账日期来保证配比原则的执行和企业期末调整的记录。
- 调整分录包括 4 种类型:已实现但未记录的收入、已收到但未实现的收入、已消耗但未入账的费用、已支付但未消耗的费用。

实战练习

实战练习 4-1　亚当

要　　点:会计原则和期末分录

难度系数:中

DBH 会计师事务所的新雇员亚当对其负责的 4 家公司的试编资产负债表(见表 4-3～表 4-6)有些疑问。

表 4-3　公司 1:试编资产负债表

12 月 31 日　　　　　　　　　　　　(千货币单位)

资产		股东权益和负债	
非流动资产(总值)	300	**股东权益**	
累计折旧	-160	股本和留存收益	330
非流动资产(净值)	140	当期净利润	20
流动资产		**负债**	40
存货	120		
应收账款	130		
资产总计	390	**股东权益和负债总计**	390

公司 1 闲置了一块土地,准备给员工建造楼房,亚当了解到,明年这块土地旁边将建一条新的高速公路。这块土地以历史成本 100 000 货币单位记在资产负债表下,但是该土地的市场价值在修建高速公路的消息公布后下降了 40%。

表 4-4　公司 2：试编资产负债表

12 月 31 日　　　　　　　　　　　　　　　　　　　（千货币单位）

资产		股东权益和负债	
非流动资产（总值）	250	**股东权益**	
累计折旧	-130	股本和留存收益	300
非流动资产（净值）	120	当期净利润	50
流动资产		**负债**	20
存货	100		
应收账款	150		
资产总计	370	**股东权益和负债总计**	370

　　在分析公司 2 的应收账款时，亚当发现对拉克姆公司的应收账款在过去 3 年共有 60 000 货币单位。公司 2 从未对其进行过会计处理。通过进一步研究，亚当发现拉克姆公司已经在两年前申请破产，公司 2 收回这部分应收账款的可能性几乎为零。

表 4-5　公司 3：试编资产负债表

12 月 31 日　　　　　　　　　　　　　　　　　　　（千货币单位）

资产		股东权益和负债	
非流动资产（总值）	500	**股东权益**	
累计折旧	-240	股本和留存收益	520
非流动资产（净值）	260	当期净利润	20
流动资产		**负债**	200
存货	330		
应收账款	150		
资产总计	740	**股东权益和负债总计**	740

　　亚当对公司 3 的 300 件黄金珠宝的存货估值有疑问。这些黄金珠宝平均每件的成本是 1 000 货币单位。12 月 31 日，这些黄金珠宝的市场价值为每件 1 100 货币单位。这 300 件黄金珠宝是公司 3 唯一的存货，从资产负债表看，公司 3 的会计师采用了现行成本来估计存货。

表 4-6　公司 4：试编资产负债表

12 月 31 日　　　　　　　　　　　　　　　　　　　（千货币单位）

资产		股东权益和负债	
非流动资产（总值）	210	**股东权益**	
累计折旧	-90	股本和留存收益	150
非流动资产（净值）	120	当期净利润	10
流动资产		**负债**	120
存货	40		
应收账款	120		
资产总计	280	**股东权益和负债总计**	280

　　亚当对公司 4 利润表中对 G 公司的 100 000 货币单位销售收入进行研究发现，虽然该交易已经进入谈判的最终阶段，但是还没有签署正式的购买协议。公司 4 的销售总监估计购买协议将在 1 月初签署，即将销售给 G 公司的货物的成本是 70 000 货币单位，该批货物的毛

利率预计为 30%。公司 4 仅根据销售总监的估计就将该笔销售收入进行了入账。

要　求

请根据上面提供的 4 家公司的信息分别编制正式资产负债表。对每一家公司，请说明相关会计原则和要求以及为修正试编资产负债表需要做的分录。（忽略税收的影响。）

实战练习 4-2　奥芬巴赫公司

要　　点：调整分录

难度系数：中

奥芬巴赫公司正在编制 X1 年 12 月 31 日财务报表。

要　求

表 4-7 列出了公司 X1 年发生的交易事项，请标记每一项交易事项属于哪一类调整分录。

表 4-7　奥芬巴赫公司 X1 年发生的交易事项

X1 年 12 月 31 日

交易事项	已收到但 未实现的收入	已实现但 未记录的收入	已支付但 未消耗的费用	已消耗但 未入账的费用
奥芬巴赫公司在 X1 年 12 月 1 日向一家关联公司提供了 4 个月贷款。截至 12 月 31 日，有 1 个月的应计利息，预计在贷款到期（X2 年 3 月底）的时候收到				
X1 年 4 月 1 日，奥芬巴赫公司出租一处办公室并收到全年的租金。整个全年租金记为收入				
X1 年 10 月 1 日，奥芬巴赫公司从银行获得 1 年期贷款（X2 年 9 月底归还）。贷款年利率为 5%，在归还本金时一并支付利息				
X1 年 9 月 1 日，奥芬巴赫公司一次性支付之后 6 个月的保险费，并全部计入费用				
X1 年最后一次董事会议记录了董事的决定：根据 X1 年利润给管理层和员工发放奖金。但该奖金在年末还未发放				
奥芬巴赫公司在 X1 年 12 月最后一个星期在当地报纸上刊登广告，广告已经登出，但是报社还没有开出发票				

挑战练习

挑战练习 4-1　选择题

请选择正确答案（除非特别说明，正确答案只有一个）。

1. 下列哪项不是计量基础？

（a）历史成本　　　　（b）下降成本　　　　（c）可变现价值　　　　（d）现值

2. 一家公司有两个银行账户：一个账户有正余额 100 货币单位，另一个账户有负余额 40 货币单位，请问该如何在资产负债表上列示？

(a) 在资产方列入正余额 60 货币单位

(b) 在负债方列入正余额 60 货币单位

(c) 在资产方列入 100 货币单位，在负债方列入 40 货币单位

(d) 在资产方列入 40 货币单位，在负债方列入 100 货币单位

3. 如果一个信息不在财务报表中披露将影响使用者的经济决策，则该信息被认为是（　　　）。

(a) 重要的　　　　　　(b) 实质的　　　　　　(c) 利益相关的

(d) 重大的　　　　　　(e) 以上都不是

4. 下列哪项原则诠释了审慎的目标？

(a) 谨慎性　　　　　　(b) 匹配性　　　　　　(c) 权责发生制

(d) 以上所有　　　　　(e) 以上都不是

5. 销售收入在什么时候才能确认入账？

(a) 收到订单　　　　　　　　　　　(b) 销售经理和客户商议好价格

(c) 客户满意　　　　　　　　　　　(d) 货物发出并开出发票

6. 下列哪一项非流动资产不需要折旧？

(a) 建筑物　　　　(b) 设备　　　　(c) 土地　　　　(d) 办公家具

7. 6 月 1 日，杜卡斯公司预先支付了 3 个月租金，共 900 货币单位，资产负债表上预付租金为 900 货币单位。请问，6 月 30 日，需要做下列哪项分录调整？

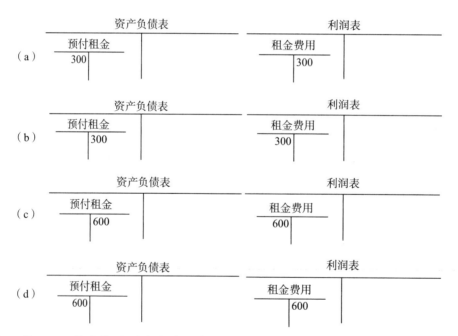

8. X3 年 9 月 1 日，杜卡斯公司向当地一家银行签了 3 000 货币单位的借记单。会计没有就该借记单做相关分录。X3 年 12 月 31 日，杜卡斯公司应当做下列哪项分录调整？（银行年利率为 5%。）

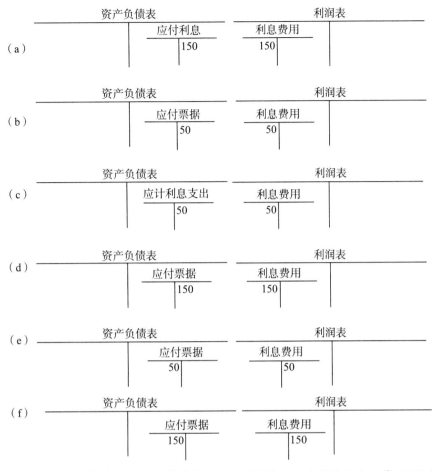

9. 2 月 1 日，杜卡斯公司将办公室出租给其他公司，并预收了 6 个月的租金，共 6 000 货币单位，记入资产负债表下预收租金收入。请问，2 月 28 日，杜卡斯公司需要做下列哪项分录调整?

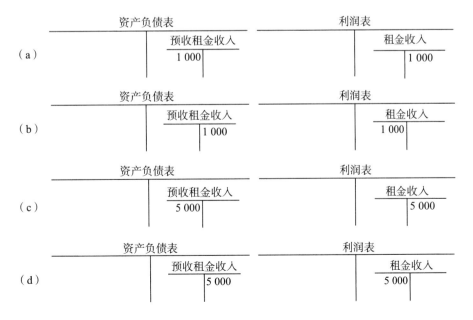

(e) 不需要做分录调整

10. 杜卡斯公司拥有名义价值为 1 000 货币单位的带息应收票据。年利率为 4%，每 3 个月确认应计利息收入，预计在 7 月票据到期时收到利息。请问，3 月 31 日，杜卡斯公司需要做下列哪项分录调整？

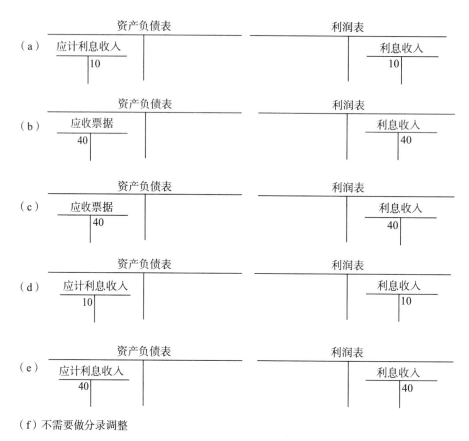

（f）不需要做分录调整

挑战练习 4-2 鲁塞尔公司

要　点：分录调整

难度系数：中

鲁塞尔公司正在编制 X1 年 12 月 31 日财务报表。

要　求

表 4-8 列出了公司 X1 年发生的交易事项，请标记每一项交易事项属于哪一类调整分录。

表 4-8 鲁塞尔公司 X1 年发生的交易事项

12 月 31 日

交易事项	已收到但未实现的收入	已实现但未记录的收入	已支付但未消耗的费用	已消耗但未入账的费用
X1 年 9 月 1 日，鲁塞尔公司出租一处办公室并收到 6 个月的租金。整个 6 个月租金记为收入				

（续）

交易事项	已收到但 未实现的收入	已实现但 未记录的收入	已支付但 未消耗的费用	已消耗但 未入账的费用
X1 年 4 月 1 日，鲁塞尔公司从银行获得 1 年期贷款（X2 年 3 月底归还）。贷款年利率为 5%，在归还本金时一并支付利息				
X1 年 12 月 1 日，鲁塞尔公司一次性支付之后全年的帮助软件使用费，并全部计入维修费用				
X1 年的薪酬税金已经确定，将在 X2 年缴纳。首席会计师估算了这一税金				
鲁塞尔公司在 X1 年 12 月下旬发出一些货物给客户，但是在年末之前销售部门来不及开出发票，发票于 X2 年 1 月 15 日开给客户				
鲁塞尔公司在 X1 年 12 月从律师处获得一些咨询，律师将在 X2 年 2 月开出发票				

挑战练习 4-3 古诺公司

要   点：会计原则

难度系数：高

吉里曼·古诺是古诺公司的 CEO。古诺公司是一家智能卡和个人识别电子设备生产商。作为每年股东大会的主席，吉里曼负责报告上一年度的业绩状况，并就财务报表中的一些关键点做出分析，她的意见如下。

（1）虽然财务报表上的数字看起来不是很显著，但 X1 年的销售收入远远超过 X0 年。一些重要客户，尤其是政府和半政府机构，因为有预算结余，预先支付了款项，古诺公司确认了收入，而商品要到 X1 年才发出。这样就将实质上发生在 X1 年的销售收入转移到了 X0 年，造成了 X1 年的销售收入仅超过 X0 年 10% 的错觉。实际上，公司的销售收入在 X1 年同比增加了 40%，如果 X0 年不确认那些预收款项为收入。在经济低迷期，这是非常好的业绩。

（2）除了 X1 年的销售收入被低估，公司 X1 年的购买成本还被高估，因为公司从 MG 电子公司购买的 3 个月量的读卡器提前送货。MG 电子公司是 SILVER 电子国际公司的子公司，MG 电子公司的 CEO 请求我们帮助他达成 X1 年的销售增长目标，提前送货 3 个月量的读卡器并开出发票。他们的业务部门在经济低迷期受到冲击，我们很乐意帮助这个重要的供应商，而且，因为提前发货并开出发票，MG 电子公司将我们付款的信用期延长到 6 个月（从发货算起），所以这项协议对我们的现金状况没有影响，而且我们有足够的储存空间。以上两个事项导致低估了 X1 年的收入，高估了成本，对 X1 年的净收益有负面影响。

（3）资产负债表中有一项资本化研发支出，本年的净增加低于去年。研发团队正在开发新一代智能卡，该智能卡至少在下一年还不能上市。我们的研发团队减少了一名员工，因为 TC 博士被外派到 PT 微电子区开发新一代微芯片，该微芯片将用于我们的智能卡。

（4）我们所有的注册专利都资本化，以保护我们的知识资本。X1 年以我们公司名义新注册的专利是 160 000 货币单位，而 X0 年是 340 000 货币单位。我担心这一下降趋势，并做了一些调查，发现专利部门人员紧缺，因为有两名员工请了长病假，没有合适的替代人员。

（5）我们公司的名誉和市场份额得到了极大提高。我多次请外部审计师允许我们将公司的名誉、产品质量、员工素质带来的增值确认为资产，但都遭到拒绝。稍后，我会提议更换审计师。

（6）公司的有形资产主要是数字化控制机器，该机器运行良好，自从买回来没有任何损耗。但我还是勉强接受 CFO 的意见，在资产负债表上对这些机器进行折旧。因为这些机器是在价格上涨前买的，所以虽然有折旧费用，但我们公司在市场上还是很有成本竞争力的。

（7）总会计师说，他每年都选择最佳的方法来折旧建筑物和设备，以最小化应税所得。今年我们采用了直线折旧法，而去年采用了双倍加速折旧法。

（8）我仍然不明白为什么外部审计师不允许我们计提裁员赔偿准备金。虽然准备金可能会减少税收，但更重要的是，在经济低迷期，计提准备金真实、公允地反映了企业的状况。

要　求

吉里曼女士对会计原则的认识和理解似乎不全面。对于她上述提到的每一点，请说明可能忽略或运用错误的会计原则，解释并更正。

挑战练习 4-4　拉罗公司

要　　点：期末分录

难度系数：高

公司简介

拉罗公司总部在瓦杜兹，分别在阿姆斯特丹、巴黎和苏黎世上市，是欧洲第三大小家电制造商。拉罗公司于 1955 年由帕特里克·奥谢尔创立，帕特里克·奥谢尔是个白手起家的百万富翁，其家族在 20 世纪 30 年代从爱尔兰移民到瓦杜兹。虽然拉罗是家上市公司，但奥谢尔家族仍然拥有公司 20% 的股份，剩下的股份交易活跃并分散。帕特里克现在已经 70 岁，在董事会任名誉主席。他的长女蜜倪·麦兹 45 岁，是现任董事长兼 CEO。

公司的会计期间是 1 月 1 日～12 月 31 日。今天是 X2 年 1 月 10 日，X1 会计年度的账簿即将关账（截至 X1 年 12 月 31 日）。所有正常交易都已经记录，并编制了试编资产负债表和利润表（见表 4-9 和表 4-10）。

财务部副总裁埃里克·菲斯福尔组织了一次会议讨论年末的 7 个分录调整和期末分录问题。参会人员包括埃里克·菲斯福尔、蜜倪·麦兹（CEO）、麦克斯·E. 穆（投资者关系部副总裁）、希利亚·惟依（销售部副总裁）、巩特尔·萨戴（生产部副总裁）及其他相关人员。

主要参会人员

埃里克·菲斯福尔从法国商学院毕业以后，通过考试成为注册会计师。在两年前加入拉罗公司之前，埃里克在法兰克福四大会计师事务所之一任高级审计师。在他看来，遵循通用会计准则是非常重要的。他反对任何形式的会计操纵，他经常强调："我们的宗旨是真实、公允地反映公司的财务状况和经营业绩。"

蜜倪·麦兹是公司创立者的女儿，她从销售员一步一步做到现在的职位——董事长兼CEO。在当前全球经济低迷的时期，她坚持将公司利润留存用于再投资，保证充足的经营现金流，而不是靠大量的外部融资支持公司的发展。她的经营哲学是：会计师应当采用审慎、保守的会计方法，并利用相关规定的疏漏来最小化应税所得，避免不必要的现金流出。公司未来的发展依靠的是产生可再投入的大量现金流。

麦克斯·E.穆在北美一家大型公司投资者关系部工作 5 年后，于 1 年前加入拉罗公司并担任投资者关系部副总裁。他被批评缺少"家族眼光"，但他认为与分析师、投资公司保持有效的沟通是公司成功的关键。他认为，在国际竞争日益激烈、行业整合日益明显的经济低迷的环境下，公司需要寻求新的资本投资。公司必须保持现有股东的忠诚度并寻找新的投资者。对于拉罗这种成长型公司，获得高权益回报以降低资本成本至关重要。

会议记录

会议议程：7 个分录调整。

1. 折旧

埃里克·菲斯福尔：去年 7 月 1 日，公司花 100 万货币单位购买了板材冲压机。冲压机成本计入非流动资产总值，但是没有确定其使用年限。巩特尔，你认为该冲压机的使用年限是多长？

巩特尔·萨戴：从技术上来说，冲压机的使用年限是 5～10 年。我们需要选择折旧方法，直线折旧法还是加速折旧法？

蜜倪·麦兹：这很容易，我们选择加速折旧法和最短使用年限 5 年。冲压机在几年后就会报废，我想在其报废前将其折旧完毕。埃里克，我们应该将直线折旧法下的折旧费用乘以 2 得到加速折旧法下的折旧费用，对吗？

埃里克·菲斯福尔：是的，如果采用双倍折旧法，这个比例就是 2。双倍折旧法下的折旧率是直线折旧法折旧率的 2 倍。在双倍折旧法下，用机器的账面余额乘以折旧率，得到折旧费用，直到折旧费用少于用直线折旧法算出的折旧费用，这时就改用直线折旧法计算。当然，不管采用何种方法，都要从 X1 年 7 月 1 日开始折旧。

麦克斯·E.穆：我不同意用这种方法。这台冲压机买的时候使用年限至少为 10 年。根据我们的预期销售需求，我们至少可以使用这台机器 10 年，而且我听说好的机器不会很快报废。我认为，直线折旧法比较适合。另外，分析师告诉我，直线折旧法是我们的竞争对手最常用的折旧方法。如果我们选择将机器折旧 10 年，每年的折旧费用将减少，净利润更高。如果机器报废，我们可以直接将未折旧账面净值费用化。

埃里克·菲斯福尔：我不同意你们两个人的观点。会计方法应当反映公司的真实状况。巩特尔私下跟我说，根据流水线新产品的情况，预期冲压机至少可以使用 8 年，但是不能保证超过 8 年公司还会用到该机器的技术。我建议用 8 年的使用年限进行折旧。至于折旧方法，我认为加速折旧法最合适，因为机器在使用一年以后，其市场价值将大大下降。我同意蜜倪的看法，使用双倍折旧法。

2. 坏账准备

埃里克·菲斯福尔：去年 5 月 15 日销售给沃德帕特公司 200 000 货币单位的微波炉仍

然没有收回账款。销售人员估计我们只能收回 10%～40% 的应收账款，最好的估计是收回 40%。

蜜倪·麦兹：提取 90% 的坏账准备金如何？这样更为保守，最坏的打算是我们只能收回 10%，如果被质疑的话，也可以解释。

麦克斯·E. 穆：为什么不估计 60% 的坏账？分析师会认为我们有回收账款的问题，并调低对未来收益的估计，而且，如果他们认为我们管理应收账款不善，可能会导致银行在我们最糟糕的时候提高贷款成本。我们应尽力收回 40% 的应收账款，而不是这么快就放弃。

3. 或有负债

埃里克·菲斯福尔：我们正陷入菲尔普莱斯告我们的专利侵权诉讼案，他们要求赔偿 200 000 货币单位。我们不可能庭外和解，我估计我们有 50% 的概率输掉官司，我建议将他们要求的赔偿的一半作为负债记入资产负债表。

蜜倪·麦兹：当然不行，我们应做最坏的打算。如果我们的律师搞砸了怎么办？我们应当将全额赔偿作为负债。如果我们打赢了官司，可以再冲回。

麦克斯·E. 穆：我想这是不必要的应计负债。计提得越多，净利润就越少。这是全球资本市场时代，分析师对公司的观点可以成就我们，也可以毁了我们。不管官司输赢，菲尔普莱斯要求的赔偿都高得离谱。你知道在诉讼案中，如果你想得到 1 份赔偿，常常开口要 5 份。如果我们计提了准备金，就等于承认了我们愿意赔偿那么多。所以我认为这时候不需要计提应计负债。

4. 收入确认

希利亚·惟依：我们也许在确认 X1 年的销售收入上存在问题。我们在 12 月 28 日发出一卡车的微波炉给普莱斯力德的仓库。簿记员直到 X2 年 1 月 2 日才有时间开出发票，我不是很清楚卡车是不是在那之前就到达了仓库。这是一张 500 000 货币单位的发票，不是小数额，问题是我们应该在 X1 年还是 X2 年确认收入？

麦克斯·E. 穆：因为我们是在 X1 年 12 月发出货物的，所以应该在 X1 年确认收入。

蜜倪·麦兹：但是发票是 X2 年开出的，而且货物有可能 X2 年才送到。我看试编利润表的 X1 年净利润额比较大，如果将这笔收入在 X2 年确认岂不是更好？对于销售人员来说，也是 X2 年的开门红，这可以给他们动力。

埃里克·菲斯福尔：对不起，给你泼冷水，我想希利亚忘了告诉你，我们是寄发地交货，货物一旦离开我们的仓库，就没有我们的责任了。

5. 应计保修费用

埃里克·菲斯福尔：因为我们的质量控制系统，我们公司的保修索赔率较低。但是，我们仍然要就潜在的保修索赔计提负债（费用）。销售部门的雷蒙根据 X1 年的销售量估计 X1 年的应计保修费用是 100 000 货币单位。

蜜倪·麦兹：没错，但是雷蒙是根据 X0 年实际发生的保修索赔费用估计的。维修部门认为我们的售后维修索赔成本将会逐年增加。我认为应计提保修费用 120 000 货币单位。如果稍后实际发生的成本小于这个金额，我们可以再下调。

麦克斯·E.穆：我看完雷蒙的计算后，觉得他过于悲观。我认为应该只计提 80 000 货币单位的保修索赔费用。

6. 递延收入

埃里克·菲斯福尔：11 月 1 日，我们收到了租给欧洲分销商莱蒂索尔的仓库的 3 个月租金 300 000 货币单位，并全部计入 X1 年租金收入。

麦克斯·E.穆：我同意，因为已经收到现金，所以应当在 X1 年确认收入。

蜜倪·麦兹：对不起，我不同意，有 1 个月租金是 X2 年 1 月的，所以只有 2 个月租金应当在 X1 年确认收入。

7. 递延费用

埃里克·菲斯福尔：9 月 1 日，我们支付了全年的保险费用，共 90 000 货币单位，并记为保险费用（外部费用），保险期限是 X1 年 9 月 1 日至 X2 年 8 月 31 日。

蜜倪·麦兹：不管什么时候支付，都应该在 X1 年确认费用。

麦克斯·E.穆：等等，不应该在 X1 年确认费用，因为我们只在 X2 年从该保险中受益，所以应该在 X2 年确认保险费用。

要　求

1. 3 位主要参会者各自争论的出发点是什么？哪些相关会计原则和要求可以支持他们的立场？
2. 请根据 3 位主要参会者对 7 个分录调整各自的会计立场，分别编制 3 份 X1 年 12 月 31 日财务报表（资产负债和利润表）。（在这个问题中，假设每位参会者的会计立场都是合理的。）
3. 请根据正确的会计原则为 3 位主要参会者各编制一份 X1 年 12 月 31 日的财务报表（资产负债表和利润表），并在符合会计原则的前提下最大限度地体现每位参会者的观点（比如，会计原则并没有指明机器最合理的使用年限，对于每位参会者，可以使用他们各自估计的机器使用年限）。

表 4-9 和表 4-10 是会计师在 7 个期末分录调整前编制的试编资产负债表和利润表。表 4-11 和表 4-12 展示了不同的财务报表形式（见第 2 章和第 5 章）：垂直型，资产负债表按流动性由高到低列示，利润表按科目职能编制。使用表 4-9 和表 4-10，或者表 4-11 和表 4-12 回答上述问题。

- 忽略所得税和增值税的影响。
- 需要对试编资产负债表和利润表做调整的只有前面提到的 7 个期末分录。

表 4-9　期末调整前资产负债表（水平排列，按流动性由低到高）

X1 年 12 月 31 日　　　　　　　　　　（千货币单位）

资产		股东权益和负债	
非流动资产（总值）	17 300	股本	5 000
累计折旧	−8 300	留存收益	3 000
非流动资产（净值）	9 000	当期净利润	200

（续）

资产		股东权益和负债	
存货	4 800		
应收账款（总值）	2 400	流动负债	8 705
累计坏账准备	−95		
应收账款（净值）	2 305		
现金	800		
总计	16 905	总计	16 905

表 4-10　期末调整前利润表（按科目性质编制）　（千货币单位）

销售收入	29 000
租金收入	300
销售成本	−20 000
外部费用	−230
工资费用	−6 825
折旧费用	−1 100
预提准备金	−95
营业利润	1 050
财务收入	220
财务费用	−1 070
财务收益	−850
税前利润	200

表 4-11　期末调整前资产负债表（垂直排列，按流动性由高到低）

X1 年 12 月 31 日　（千货币单位）

资产		股东权益和负债	
现金	800	流动负债	8 705
应收账款（总值）	2 400	股本	5 000
累计坏账准备	−95	留存收益和当期净利润	3 200
应收账款（净值）	2 305		
存货	4 800		
非流动资产（总值）	17 300		
累计折旧	−8 300		
非流动资产（净值）	9 000		
总计	16 905	总计	16 905

表 4-12　期末调整前利润表（按科目职能编制）　（千货币单位）

销售收入	29 000
销货成本	−20 000
毛利润	9 000
销售和管理费用	−8 250
营业利润	750
租金收入	300
利息收入	220
利息费用	−1 070
净利息费用	−850
税前利润	200

挑战练习 4-5 伊莱克斯 *

要　　点：调整分录

难度系数：中

　　伊莱克斯是家用电器和专业用途电器的生产商，向 120 个市场的客户销售超过 6 000 万件产品。该公司的业务分为三个创新领域。Taste（销售额的 64%）：炊具、炉灶、烤箱、抽油烟机、微波炉、冰箱和冰柜。Care（销售额的 29%）：洗衣机、烘干机和洗碗机。Wellbeing（销售额的 7%）：吸尘器、空调设备、热水器、热泵和小型家用电器。公司根据欧盟背书的国际财务报告会计准则编制财务报表。从 2022 年年报的合并资产负债表中，我们截取了如下信息（见表 4-13 和表 4-14）。

表 4-13　合并资产负债表（节选）　　　（单位：百万瑞典克朗）

12 月 31 日	2022 年	2021 年
权益和负债		
（……）		
流动负债		
应付账款	38 357	38 182
应付税金	1 453	1 704
其他负债	17 543	19 745
短期借款	8 377	5 563
短期融资租赁	1 054	882
衍生金融负债	578	75
其他准备金	4 037	2 704
流动负债总计	71 399	68 855

附注 24. 其他负债

表 4-14　其他负债的明细　　　（单位：百万瑞典克朗）

12 月 31 日	2022 年	2021 年
应计假期权利	1 107	1 100
其他应计薪酬	1 183	2 233
应计利息支出	254	65
合同负债	7 516	7 846
其他应计费用	3 607	4 023
政府补助递延收入	484	634
其他预收收入	179	109
增值税负债	1 017	908
人工相关负债	854	979
其他经营性负债	1 342	1 848
	17 543	19 745

　　注：其他应计负债包括应计杂费、广告费和销售佣金。

要　　求

1. 请验证附注中的明细与资产负债表是一致的（交叉核对）。

2. 请说明其他负债中前 3 项的会计原则，并解释 2022 年年末针对这 3 项可能需要做的分录调整。

3. 其他负债中的前 3 项和其他预收收入的概念区别是什么？

挑战练习 4-6　普朗克公司

要　　点：调整分录

难度系数：中

普朗克是一家咨询公司，于 X1 年 6 月 1 日注册成立。表 4-15 是 6 月 30 日公司试算平衡表的一部分。

表 4-15　试算平衡表（节选）

项目	金额
应付票据（资产负债表）	20 000
预收账款（资产负债表）	1 200
预付保险费（资产负债表）	3 600
收入（利润表）	1 800

以下是关于这些账户进一步的信息。

（1）6 月，一位客户为之后一年的服务预先支付了 1 200 货币单位。

（2）预付保险费是 9 个月的保险费用，6 月 1 日生效。

（3）应付票据于 6 月 1 日开始，为期 12 个月，利率为 10%。

（4）截至 6 月 30 日，未开具发票的服务共 1 500 货币单位。

要　求

请说明以上交易对 6 月 30 日资产负债表和利润表的影响。

挑战练习 4-7　德布西公司

要　　点：期末分录和编制财务报表

难度系数：高

德布西公司编制了利润表、资产负债表和留存收益表（见表 4-16～表 4-18）。X1 会计年度期末是 9 月 30 日。因为会计师生病，期末分录还未调整。

要　求

请根据期末交易事项更新试编制的财务报表。

试编财务报表

表 4-16　利润表

X1 年 9 月 30 日　　　　　　　　　　　　　　（千货币单位）

销售收入	10 000
销货成本	−6 200
毛利润	**3 800**
经营费用	
工资费用	−1 300

（续）

广告费用	−800
保险费用	−30
电话费用	−40
维修费用	−20
租金费用	−25
杂项费用	−21
总经营费用	−2 236
经营利润	**1 564**
利息费用	−26
税前利润	**1 538**

表 4-17　资产负债表

X1 年 9 月 30 日　　　　　　　　　　　　　　　　　（千货币单位）

资产		股东权益和负债	
流动资产		**流动负债**	
现金	1 000	应付账款	600
应收账款	1 178	应付票据	300
应收票据	400	预收租金	60
商品存货	2 000	流动负债总计	960
预付保险费	20		
流动资产总计	4 598		
长期资产		**股东权益**	
土地	1 700	股本	5 000
房屋	3 000	留存收益	3 038
累计折旧	−300		
资产总计	**8 998**	**股东权益和负债总计**	**8 998**

表 4-18　留存收益表　　　　　　　　　　（千货币单位）

X0 年 10 月 1 日留存收益	1 500
X1 年净利润	1 538
总计	3 038
现金股利	0
X1 年 9 月 30 日留存收益	3 038

期末分录

（1）X1 年房屋折旧费用是 80 千货币单位。

（2）德布西公司出租部分房屋给其他公司，租期从 X1 年 9 月 1 日开始。租户一次性用现金支付 3 个月的租金，共 60 千货币单位，记为预收租金。

（3）工资每周支付一次，9 月最后一个星期的工资共 25 千货币单位，将在 10 月初支付。

（4）应收票据产生一个月应计利息，利息将在 12 月票据到期时收到，年利率是 6%。

（5）X1 年所得税税率为 30%，税金将在下个会计年度支付。

（6）X1 年 9 月召开股东大会，决议通过 800 千货币单位现金股利，将在 10 月发放。

参考书目

IASB (2018) Conceptual Framework for Financial Reporting. London.

IASB (2020) International Accounting Standard No. 16 Property, Plant and Equipment. London.

IASB (2021) International Financial Reporting Standard No. 16 Leases. London.

IASB (2022) International Accounting Standard No. 1 Presentation of Financial Statements. London.

IASC (1989) Framework for the Preparation and Presentation of Financial Statements. London.

Rezaee Z. (2021) Corporate sustainability: Shareholder primacy versus stakeholder primacy. New York, NY: Business Expert Press.

Tenuta P, Cambrea DR. (2022) Corporate sustainability: measurement, reporting and effects on firm performance. Cham, Switzerland: Springer International Publishing.

扩展阅读

Alexander D, Archer S. (2000) On the myth of "Anglo-Saxon" financial accounting. The International Journal of Accounting, 35(4), 539-57.

Alexander D, Eberhartinger E. (2009) The true and fair view in the European Union. European Accounting Review, 18(3), 571-94.

Brorstom B. (1998) Accrual accounting, politics and politicians. Financial Accountability & Management, 14(4), 319-33.

Cascino S, Clatworthy M, García Osma B, Gassen J, Imam S, Jeanjean T. (2014) Who uses financial reports and for what purpose? Evidence from capital providers. Accounting in Europe, 11(2), 185-209.

Colasse B. (1997) The French notion of the image fidèle: the power of words. European Accounting Review, 6(4), 681-91.

Dunk A S, Kilgore A. (2000) The reintroduction of the true and fair override and harmonization with IASC Standards in Australia: lessons from the EU and implications for financial reporting and international trade. The International Journal of Accounting, 35(2), 213-26.

Evans L. (2003) The true and fair view and the "fair presentation" override of IAS 1. Accounting and Business Research, 33(4), 311-25.

Evans L, Nobes C. (1996) Some mysteries relating to the prudence principle in the Fourth Directive and in German and British law. European Accounting Review, 5(2), 361-73.

Gangolly J S, Hussein M E A. (1996) Generally Accepted Accounting Principles: perspectives from philosophy of law. Critical Perspectives on Accounting, 7(4), 383-407.

Haupt M, Ismer R. (2013) The EU emissions trading system under IFRS: towards a "true and fair view". Accounting in Europe, 10(1), 71-97.

Jun Lin Z, Chen F. (1999) Applicability of the conservatism accounting convention in China: empirical evidence. International Journal of Accounting, 34(4), 517-37.

Livne G, McNichols M F. (2009) An empirical investigation of the true and fair override in the United Kingdom. Journal of Business Finance & Accounting, 36(1-2), 1-30.

Ordelheide D. (1993) True and fair view: a European and a German perspective. European Accounting Review, 2(1), 81-90.

Van Hulle K. (1997) The true and fair view override in the European accounting directives. European Accounting Review, 6(4), 711-20.

Zeff S A, Buijink W, Camfferman K. (1999) "True and fair" in the Netherlands: inzicht or getrouw beeld? European Accounting Review, 8(3), 523-48.

注 释

1 《汉谟拉比法典》(公元前 1750 年) 规定在饮酒场所可以用货币或小麦支付,只要小麦的市场价值等于用于支付的货币。因为市场价值使商品可以等同于货币,即使在物物交换经济中,会计也只使用货币单位进行衡量。

2 IFRS 16 租赁(IASB 2021)是 2016 年 1 月修订的,自 2019 年 1 月 1 日起实施。新的 IFRS 16 取消了对融资租赁和经营租赁的区分,将几乎所有的租赁都看作 IAS 17 下的融资租赁。新修订的准则反映了实质大于形式的原则(更多详细内容见第 12 章)。

3 土地及其他永不可剥夺的权利不需要折旧,但是有可能需要减值。

4 现在有了会计软件,费用和收入项目不再需要手工关账,但是净利润仍然定义为所有费用和收入账目余额的加总。

第5章 财务报告和可持续发展报告的监管

本章教给你什么

1. 财务会计基于的一系列会计原则和准则，也被称为财务报告准则。

2. 国际会计准则理事会的作用在于协调国家之间的会计原则和准则，以提高财务报表的可比性。国际可持续发展准则理事会的作用在于满足投资者对可持续发展报告的需求。

3. 资产负债表和利润表可以用不同方法展示，但编制的逻辑都是一样的，不同的编制方法对信息的内涵基本没有影响。

4. 资产负债表可以用水平或者垂直的方法展示，可以采用单步式或多步式，也可以按职能或者期限来归类资产和负债。

5. 利润表可以采用水平或者垂直的方法展示，可以采用单步式或多步式，费用可以依据性质或职能分列。

6. 只要包括的信息是完整的，使用者又能了解报表编制者的选择（即带来更好的决策），选择哪种报表的呈示方式就不那么重要了。

7. 财务报表附注的目的和内容。

8. 一份完整的年报不仅仅是三张财务报表加上相关附注的简单组合。

9. 作为一门商业语言，英语中会计术语也会由于国家（尤其是美国和英国之间）的不同而有所区别。

  财务会计制造了一个公共物品——信息。制造系统的质量依靠的就是我们在第4章学习的会计原则。但是我们也看到，会计原则为使用者留下了很大的操纵空间，并不能解决所有问题，所以每个国家都制定了一套自己的会计**原则和准则**（rules and standards），目的是在本国建立同类企业之间可比的财务报告。最初的会计原则是以国家为单位建立的（我们称其为本国会计准则），这反映了每个国家自身特有的税收和商业法律。但随着国际贸易、跨国公司的发展和金融市场的全球化，越来越需要建立一套适用于不同国家和市场的会计准则，以便降低财务信息制造和信息分析的成本。

向同一会计准则的努力过程称为**协调化**（harmonization），这是一个复杂的、带有政治性的讨价还价程序，因为每一个参与者都必须放弃部分甚至全部原本使用的会计准则，以便与标准会计准则相协调。之后，本章将表述我们对未来国际会计协调的展望和观点。

各国由于不同的历史以及文化背景，形成了被本国企业普遍接受的、不同的编写财务报表的**报告格式**（format of reporting）。目前世界上有许多共存的报告格式，它们规范着不同的财务报表。

尽管同一会计准则往往会提出对某种报表格式的倾向性意见，但是不会强制执行。无论使用哪一种报表格式，财务报表都包含了基本相同的内容，为所有专业分析师提供了相同的信息量。这些不同的报表呈现方式将在本章中讨论。

提供给股东的**年度报告**（annual report，简称"年报"）超越了我们在前面讨论的简单的三张财务报表和附注，它还包含很多可选择的表格和具体内容。更重要的是，它包含管理者对这些数字的评价和讨论，这样能够帮助投资者了解企业过去的成就以及对未来的展望。我们也将在本章中讨论年度报告中的附加数据、说明和其他信息。

5.1　财务报告和可持续披露准则

5.1.1　财务会计准则的必要性

我们在第 1 章中提到，众多不同的财务报表使用者需要了解通过一些固定的编码生产出来的财务信息。正是出于这个原因，每个国家的监管部门（如美国的财务会计准则委员会、英国的财务报告委员会或德国的德国会计准则委员会）和 / 或专业会计机构都会制定**财务或会计准则**（accounting standards），或**财务报告准则**（financial reporting standards）。这些准则包括具体的原则、计量基础、要求、规范和一些实务指引等。会计准则是权威性文件，规范了每一类业务与事件对财务报表的影响。

全国性官方监管部门制定的会计准则将以准则、法律或者行业条款等不同形式存在。在美国，这些准则被称为"通用会计准则"（GAAP）[1]。由于美国文化的影响，GAAP 这个缩写在全球实践中被用作"会计准则"或"财务报告准则"的同义词。

由于文化传统、税收制度、企业融资政策不同，会计职业团体的地位和重要性的差异以及会计监管部门的地位不同，不同国家公布的财务报告准则之间存在很大差别。当下，财务信息的可比性在国际大环境中始终是一个重要议题。越来越多的使用者在全球范围内活动，他们需要了解世界各个国家的财务报表。另外，缺乏国际承认的会计准则也会增加财务报告的制作成本。比如，一个跨国集团在很多国家编制财务报表，而这些财务报表都必须在不同国家的不同会计准则的基础上编制，这样就会造成高昂的编制费用，并且很可能会降低整个企业的总体描述质量。所以，公司内部就会建立一套不同国家子公司都采用的一致的会计准则。这种内部和外部报表的关系也要求建立全球会计准则，与企业内部以及在不同国家的不同企业之间进行协调。更确切地说，国际商业活动体已经对它内部企业的考核系统进行了协调，对外的报告规则也会进行全球范围内的协调。

5.1.2　可持续披露准则的必要性

多年来，可持续性已成为影响企业如何运营和与其利益相关者沟通的主要概念（见第 1 章）。这一趋势在欧洲尤为强烈，欧洲企业经常报告可持续信息（Stolowy 和 Paugam，2018）。与此同时，在 2008～2009 年的金融危机之后，投资者越来越多地将资本投向可持续投资（Global Sustainable Investment Alliance，2021）。信息对决定如何分配资本至关重要，因此，投资者对可持续发展报告的需求随着时间的推移而大幅增长（Stolowy 和 Paugam，2023）。

关于企业如何在其活动中整合可持续性，伴随着学术界对可持续发展报告的讨论，最初是从相对小众的文献（例如，Epstein 等，1976）开始，近年来成为许多研究的焦点（有关文献综述，请参见 Berthelot 等，2003；Erkens 等，2015；Dienes 等，2016；Rezaee，2016；Grewal 和 Serafeim，2020；Christensen 等，2021；Gillan 等，2021；Fiandrino 等，2022；Zhou，2022；Tsang 等，2023）。

不幸的是，尽管学术界给予了相当多的关注，但如何精确定义可持续发展报告以及如何理解其在资本市场和其他利益相关者中的作用仍然很难，至少由于三个方面因素。第一，关于可持续性（和可持续发展报告），许多重叠但略有不同的概念并存，如企业社会责任、ESG、综合报告、非财务报告等。因此，可持续性的不同概念导致了实际操作的衡量问题。第二，参与可持续发展报告或推广可持续活动的国际组织有多个，如全球报告倡议组织（GRI）、碳披露项目（CDP）、国际可持续发展准则理事会（ISSB）等。第三，某些管辖区要求强制性的可持续披露，而其他管辖区采取自愿性的可持续披露方式。此外，某些国家、某些行业（例如美国的矿业）和某些可持续活动（例如英国或印度的企业慈善活动）存在强制性的可持续相关披露，但其他领域则不存在（Christensen 等，2017；Rauter，2020；Cohen 等，2022；Darendeli 等，2022）。相反，某些管辖区如欧盟要求企业披露关于可持续性的多个方面的信息（Fiechter 等，2022）。最后，进一步使可持续披露分析复杂化的是，某些国家允许企业在各种可持续发展报告框架（例如 GRI、ISSB）中进行选择，即使是对强制性的可持续披露。

Stolowy 和 Paugam（2018）研究了与可持续性概念相关的各种定义，并提供了"可持续发展报告"中多样性的证据。为简单起见，因为我们不能每次都提及所有概念，所以我们使用"可持续发展报告"作为一个通用术语来涵盖所有其他概念。

在本章中，我们讨论了三个关于可持续发展报告的积极的倡议。这些倡议源于 IFRS 基金会与 ISSB 的创建、欧盟与欧洲财务报告咨询小组（EFRAG）内的可持续发展报告理事会（SRB）的创建，以及美国证券交易委员会关于环境相关财务披露的提案。

5.1.3　IFRS 基金会的组织结构

国际会计准则委员会（IASC）成立于 1973 年，其主要目标是制定和发布国际会计准则。在 2001 年，IASC 正式改组为 IFRS 基金会。这个新机构具有以下几个特点：IFRS 基金会有 22 名由会计和金融系统下的监督委员会任命的管理委员会委员（trustee）组成；IFRS 基金会是一个独立的机构，包括 3 个主体：国际会计准则理事会 (IASB)、国际可持续发展准则理事会（ISSB）和 IFRS 解释委员会（以前称为"国际财务报告解释委员会"，IFRIC）。

由 IFRS 基金会的管理委员会来任命 IASB 的成员，对其进行监管，提供其所需资金。IASB 由 14 名成员组成，由他们来完成会计准则的制定工作。2021 年 11 月 3 日，IFRS 基金会管理委员会宣布成立一个新的准则制定理事会，即 ISSB，以满足投资者对公司在气候和其他 ESG 事项上[2]提供高质量、透明、可靠且可比较报告的需求。ISSB 通常应包括 14 名成员，但不得少于 8 名成员，其目标是制定可持续披露准则（称为"IFRS 可持续披露准则"）。

IFRS 咨询委员会为来自不同国家的团体和个人提供一个正式的场合，以向 IASB 和 IFRS 管理委员会提出建议。IFRS 解释委员会协助 IASB 建立和改善会计准则。它的作用在于解读国际财务准则应用和为财务报告中的新话题提供及时指引，这些话题往往在 IASB 的现有准则中没有涉及、解释不清甚至与现有规则相矛盾。

图 5-1 总结了上述结构。

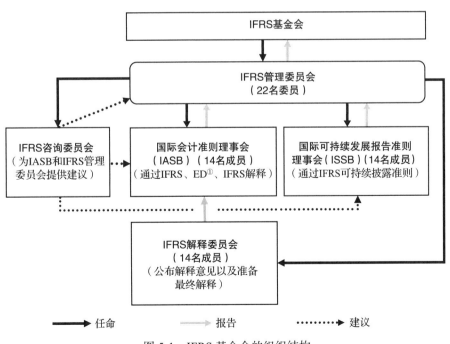

图 5-1　IFRS 基金会的组织结构

① ED 为征求意见稿。

5.1.4　国际会计准则理事会

国际会计准则理事会（IASB）在2001年成立。这是一个独立的民间会计监管团体，被一些国家的会计监管部门所承认，这些国家采用了由国际会计准则理事会制定的国际会计准则。IASB的主要目标是在全球范围内推动企业和其他编制财务报表机构的会计准则与实务的趋同。

1. IASB 的目标

IASB是IFRS基金会的会计准则制定机构。IFRS基金会的目标在其机构宪法中规定如下（IASB 2021：§2）。

（1）通过IASB和ISSB，本着公众利益优先原则，制定一套高质量、可理解且可实施的全球性会计准则（称为"IFRS准则"）。IASB负责制定一套会计准则（称为"IFRS会计准则"），而ISSB负责制定一套可持续披露准则（称为"IFRS可持续披露准则"）。这套准则要求在财务报表和其他财务报告中提供高质量、透明且可比的财务报表信息和可持续披露，以帮助世界资本市场的参与者和其他使用者进行经济决策。

（2）促使IFRS准则得到使用和严格的应用。

（3）在达成与（1）和（2）相关的目标时，适当考虑多元化经济环境下不同经济主体（尤其是中小经济主体和新兴经济体）的特殊需要。

（4）推广国际财务报告会计准则的使用，促使国家会计准则与国际会计准则和国际财务报告会计准则趋同。

2. IASB 的历史

1997年的亚洲金融危机波及全球各地，这次信任危机提出了建立一个更可靠、更透明的会计体系的必要性，以帮助投资者、贷款人和监管部门等做出更好的决策。这就推动了会计准则制定程序的重新调整。2001年4月1日，IASB从前身IASC接过了全球会计准则制定的重任。

3. 原来的国际会计准则

2001年4月，IASB发布声明：所有原机构IASC发布的准则和解释，除非被更改或撤销，否则将继续使用。这些IASC制定的准则被称为国际会计准则（International Accounting Standards，IAS）。

4. 新名称

IASB在2001年4月提出，经IASC基金会的管理委员会通过，IASB提出的会计准则被称为国际财务报告会计准则。在新颁布的国际财务报告会计准则（IASB 2018b：§2）的前言中，IFRS基金会指出：国际财务报告会计准则包括IASB批准的准则和解释、国际会计准则，以及先前常务解释委员会制定的准则和解释。

必须指出的是，欧盟选择的词汇和 IASB 的并不一致。欧洲法令 1606/2002 规定的 IAS 包括 IAS（由 IASB 前身 IASC 颁布）和 IFRS（由 IASB 颁布）。

为了避免读者对于两个 IAS 的混淆，本书采用以下原则：当提到"IFRS 和 IAS"时，狭义的 IFRS 指 2001 年以后 IASB 制定的准则；IAS 是 IASC 在 2001 年之前制定的准则，有一些已经被 IFRS 修改或更新。当我们指的是所有的会计准则时，就会用"IFRS"[3]。

5. 准则的清单

表 5-1 提供了国际财务报告会计准则和国际会计准则在 2022 年 12 月 31 日的清单，这是在德勤会计师事务所的网站上公布的。我们对下面几个名词做一些解释。

- 更新：内容做了大量调整，但并不需要编制新的会计准则。
- 修改：部分做了调整，主要因为颁布了一些新的会计准则。
- 格式变换 / 结构重组：准则结构上做了调整。

表 5-1　国际财务报告会计准则和国际会计准则清单（被替代的准则用斜体字表示）

编号	名称	首次颁布日期	最新一次重大更新 / 修改 / 格式变换	最新一次略微修改
IFRS 1	首次采用国际财务报告会计准则	2003	2017	2021
IFRS 2	以股份为基础的支付	2004	2016	2018
IFRS 3	企业合并	2004	2020	2020
IFRS 4	*保险合同（2021 年 1 月被 IFRS 17 替代）*	—	—	—
IFRS 5	持有待售的非流动资产和终止经营	2004	2004	2018
IFRS 6	矿产资源的勘探和评价	2004	2004	2018
IFRS 7	金融工具：披露	2005	2020	2021
IFRS 8	经营分部	2006	2007	2021
IFRS 9	金融工具	2009	2020	2020
IFRS 10	合并财务报表	2011	2014	2018
IFRS 11	合营安排	2011	2014	2017
IFRS 12	其他主体中权益的披露	2011	2012	2018
IFRS 13	公允价值计量	2011	2011	2016
IFRS 14	递延账户监管	2014	2014	2018
IFRS 15	与客户签订合同的收入	2014	2017	2018
IFRS 16	租赁	2016	2021	2018
IFRS 17	保险合同	2017	2021	2018
IAS 1	财务报表的列报	2001（1997）	2022	2020
IAS 2	存货	2001（1975）	2003	2016
IAS 3	*合并财务报表（被 IAS 27 和 28 替代）*	—	—	—
IAS 4	*折旧会计（被 IAS 16、22 和 38 替代）*	—	—	—
IAS 5	*财务报表信息披露（被 IAS 1 替代）*	—	—	—
IAS 6	*价格变化的会计处理（被 IAS 15 替代）*	—	—	—
IAS 7	现金流量表	2001 (1977)	2016	2017
IAS 8	会计政策、会计估计变更和差错	2001 (1993)	2021	2018

（续）

编号	名称	首次颁布日期	最新一次重大更新 / 修改 / 格式变换	最新一次略微修改
IAS 9	*研发活动的会计处理（被 IAS 38 替代）*	—		
IAS 10	报告期后事项	2001（1999）	2007	2018
IAS 11	*建造合同（2018 年 1 月起被 IFRS 15 替代）*	—	—	—
IAS 12	所得税	2001（1996）	2021	2018
IAS 13	*流动资产和流动负债的分部报告列示（被 IAS 1 替代）*	—	—	—
IAS 14	*分部报告（被 IFRS 8 替代）*	—	—	—
IAS 15	*反映价格变动的信息（被 IAS 29 替代）*	—	—	—
IAS 16	不动产、厂房和设备	2001（1993）		
IAS 17	*租赁（2019 年 1 月起被 IFRS 16 替代）*	—	—	—
IAS 18	*收入（2018 年 1 月起被 IFRS 15 替代）*	—	—	—
IAS 19	雇员福利	2001（1998）	—	
IAS 20	政府补助的会计和政府援助的披露	2001（1983）	2001	2014
IAS 21	汇率变动的影响	2001（1983）	2005	2018
IAS 22	*企业合并（被 IFRS 3 替代）*	—	—	—
IAS 23	借款费用	2001（1993）	2007	2017
IAS 24	关联方披露	2001（1984）	2009	2013
IAS 25	*投资会计（被 IAS 39 和 40 替代）*	—	—	—
IAS 26	退休福利计划的会计和报告	2001（1987）	2001	2021
IAS 27	单独财务报表（部分被 IFRS 10 替代，前称"合并财务报表和单独财务报表"）	2001（1989）	2014	—
IAS 28	联营和合资中的投资（前称"联营中的投资"）	2001（1989）	2017	2018
IAS 29	恶性通货膨胀经济中的财务报告	2001（1989）	2001	
IAS 30	*银行等金融机构财务报表披露（被 IFRS 7 替代）*	—	—	—
IAS 31	*合营中的权益（被 IFRS 11 和 IFRS 12 替代）*	—	—	—
IAS 32	金融工具：列报（部分被 IFRS 7 替代，前称"金融工具：披露和列报"）	2001（2000）	2017	2020
IAS 33	每股收益	2001（1997）	2003	2014
IAS 34	中期财务报告	2001（2000）	2001	2021
IAS 35	*终止经营业务（被 IFRS 5 替代）*	—	—	—
IAS 36	资产减值	2001（1998）	2013	2020
IAS 37	准备、或有负债和或有资产	2001（1998）	2020	2018
IAS 38	无形资产	2001（1998）	2014	2020
IAS 39	金融工具：确认和计量（从 2018 年 1 月起，大部分被 IFRS 9：金融工具替代）	2001（1998）	2020	2014
IAS 40	投资性房地产	2001（2000）	2016	2018
IAS 41	农业	2001（2001）	2014	2020

注：被替代的准则用斜体字表示。

6. IFRS 和 IAS 的执行 [4]

IASB 并没有要求各国企业执行其会计准则，但是很多国家都已经批准、要求或者推荐使用原版或经过细微删补的 IFRS 作为它们自己的会计准则。这些国家包括亚美尼亚、巴林、巴巴多斯、博茨瓦纳、塞浦路斯、埃及、格鲁吉亚、匈牙利、肯尼亚、莱索托、马耳他、尼泊尔、菲律宾、塔吉克斯坦、特立尼达和多巴哥以及乌克兰。

另外，重要的协调化发展继续在全球范围内展开：欧洲议会在 2002 年 7 月 19 日通过了欧洲法案，并在 2002 年 9 月 11 日公告，要求在 2005 年 1 月 1 日之后，所有在欧洲上市的近 7000 家企业采用 IFRS 和 IAS 编制它们的财务报表。澳大利亚和俄罗斯从 2005 年开始也采用同样的准则。加拿大从 2011 年起全盘采用 IFRS 作为加拿大的财务报告准则，从 2008 年起，经过省级证券监管当局的批准，上市公司可以提前采用 IFRS。日本也允许一些符合要求的公司从 2010 年 3 月 31 日起开始采用 IFRS。2006 年中国也宣布从 2007 年开始进行会计改革，执行与 IFRS 和 IAS 相协调的会计准则。另外一些还没有采用 IFRS 和 IAS 的国家也向国际会计准则靠拢，例如印度。

从 2019 年 1 月 1 日开始，在 17 个西非和中非的非洲商法协调组织（OHADA）成员国上市的公司，对合并报表开始采用 IFRS。

7. IASB 与 SEC 的关系

IASB 的成功部分取决于股票市场监管部门的态度，尤其是美国的证券交易委员会（SEC）对 IFRS 的态度。这里的主要议题（也是 IASB 的主要目标之一）是让所有在美国上市的国外公司采用 IFRS 而不是美国的会计准则编制财务报表。

通过全球证券市场监管者 [5] 的代表机构——国际证券委员会组织，SEC 与 IASB 合作开展了一系列的工作。SEC 同意在美国上市的国外公司采用 IFRS，但是仍要求根据美国通用会计准则（GAAP）重编。2007 年 11 月 15 日，会计准则的协同化又迈出了重要一步：SEC 通过了一项新的修正案，允许在美国上市的国外私人企业按照 IASB 发布的 IFRS 编制财务报表，而不用根据美国的会计准则重编。2007 年 12 月 21 日，SEC 发布了这项修正案的最终决议，批准国外上市公司的财务报表根据 IFRS 编制，不用依照美国通用会计准则。

8. IFRS 在美国的使用情况

除了这个进展，IASB 还和美国财务会计准则委员会（FASB，美国准则制定机构）紧密合作，目标就是对现有的会计准则进行调整，最后实现两个会计体系的协调一致。但是在 2008～2009 年全球经济金融危机的背景下，很多美国公众人物和官员都几次公开表态要延迟使用 IFRS。从那以后，关于 IFRS 和美国通用会计准则之间的趋同工作近乎没有进展。在我们写这本书时 [6]，美国公司何时采用 IFRS 仍不能确定。

5.1.5　国际可持续发展准则理事会

国际可持续发展准则理事会（ISSB）的意图是提供一套全面的全球可持续性相关披露准

则，为投资者和其他资本市场参与者提供关于公司可持续性相关风险和机会的信息，以帮助他们做出明智的决策。

2023 年 6 月 26 日，ISSB 发布了两个可持续披露准则：

- IFRS S1 关于可持续性相关财务信息披露的一般要求（ISSB 2023a）。
- IFRS S2 关于气候相关披露（ISSB 2023b）。

第一份文件概述了实体披露其所有重要的可持续性相关风险和机会的相关财务信息的总体要求，为市场提供了一套完整的可持续性相关财务披露。在第二份文件中，值得注意的是，ISSB 要求公司披露范围 1、范围 2 和范围 3 的温室气体（GHG）排放，这代表了可能的最高披露水平（草案 IFRS S2）[7]。可持续发展报告和分析在第 18 章中进行。

5.1.6　欧盟倡议

欧盟在可持续发展报告领域采取了主动行动。2021 年 4 月 21 日，欧洲委员会发布了一项《企业可持续发展报告指令》(CSRD) 提案（欧盟 2021）。这一提案于 2022 年 12 月 14 日转化为指令（欧盟 2022），并于 2023 年 1 月 5 日生效。欧盟国家必须在 2024 年 7 月 6 日之前将其转化为国家法律。

新的指令：

- 扩大了范围，适用于所有大型公司和所有上市公司（除上市的微型企业外）。
- 要求可持续发展报告被审计。
- 引入更详细的报告要求，并要求按照强制性的欧盟可持续发展报告准则报告。
- 要求公司将报告的信息数字化"标记"，使其可由机器读取，并输入到"资本市场联盟行动计划"中的欧洲单一访问点[8]。

现在，大量的大型公司以及上市的中小公司都需要报告可持续性，总共约有 50 000 家公司。首批公司必须在 2024 年的财务年度内首次应用新规则，2025 年发布报告。

企业可持续报告指令包括采纳欧盟可持续报告准则，即欧洲可持续发展报告准则（ESRS）。这些草案标准由欧洲财务报告咨询组（EFRAG）[9] 开发，更具体地说是由其新成立的可持续发展报告理事会（SRB）开发。

这次，欧盟似乎比制定财务报告标准时采取了更积极的态度。在撰写本书时（2023 年 6 月），EFRAG 已对 ESRS 草案启动了公开咨询[10]。EFRAG 发布了欧洲可持续发展报告准则 1 一般条款[11]。最终的草案将交由欧洲委员会考虑，以便在欧洲委员会的审核流程和咨询的后续阶段通过授权行为采纳。EFRAG 将在全球可持续发展报告准则的统一中发挥关键作用。

5.1.7　美国 SEC 倡议

2022 年 3 月 21 日，SEC 发布了一项规则提案[12]，旨在增强与标准化和气候相关的信息披露以供投资者使用[13]。SEC 强调了可持续的环境维度。拟议的规则更改将要求报告人披露有关以下信息。

- 报告人管理与气候相关的风险及相关风险管理过程。
- 报告人识别的任何与气候相关的风险如何已经或可能对其业务和合并财务报表产生重大影响，这可能在短期、中期或长期内显现。
- 识别的任何与气候相关的风险如何已经或可能影响报告人的战略、业务模式和发展前景。
- 气候相关事件（极端天气事件和其他自然条件）对报告人的合并财务报表的项目以及财务报表中使用的财务估算和假设的影响。

然而，在撰写本书时（2023 年 6 月），由于接收到的大量公众评论（包括许多批评性评论），SEC 似乎无法按时完成[14]。

5.2　年报和可持续发展报告的内容

5.2.1　年报

年报是上市公司或其他非上市大型企业每年公告的文件，表 5-2 反映了通常能在年报内找到的内容。这张表格并不全面，也不表示平均水平或建议采用的年报内容。年报中的内容、信息罗列的顺序和使用的名词在不同国家、企业有很大差异，所以并不是标准化的。

表 5-2　年报中的内容

第一部分：经营报告
• 主要财务信息（财务主要指标、一年的简介）
• 来自董事长或总经理的信，或者董事长的述职报告
• 管理层报告（或运营述职报告）：介绍集团和其各个部门的业务述职、员工和研发等
• 董事会报告（或财务述职报告——来自管理层的讨论和分析）：市场变动情况、集团结构变动、利润、生产、人事、投资、研发、融资、股票、下一年的展望、红利等
第二部分：财务报告
• 合并财务报表：资产负债表、利润表、现金流量表、权益变动表
• 合并报表的附注
• 审计师报告（对合并报表）
• 母公司财务报表：资产负债表、利润表、现金流量表
• 母公司财务报表的附注
• 审计师报告（对母公司财务报表）
• 关于公司股票的信息（股东信息）
• 企业董事会和经营层的组成（董事和企业高管介绍）

注释：

- 管理层报告和董事会报告有时是合并的。
- 母公司财务报表不一定包括在年报中，而合并报表都要公告（见第 13 章）。比如，在北美洲，母公司财务报表几乎从来不公告；在中国和欧洲，母公司财务报表一般与合并报表同时公告。

- 合并财务报表和母公司财务报表的附注有时是写在一起的，比如在北欧和英国。在中国，一般母公司和合并财务报表的附注是分列的。
- 非流动资产的变动表（见第7、8章）有时也会作为一个单独的文件报告，放在资产负债表和利润表之后（主要在奥地利和德国）。
- 另外，分部报告（见第18章）有时也会作为单独文件报告（比如在奥地利）。

5.2.2　可持续发展报告

正如 Stolowy 和 Paugam（2018年）以及 Stolowy 和 Paugam（2023年）所示，并考虑到缺乏统一的监管，可持续发展报告是多样化的。可持续披露可以作为年报的一个独立部分发布，或者可以在一个称为"可持续发展报告"或"ESG报告"等的单独报告中发布。我们在表5-3中提供了一个结构独特的报告示例，该报告既包括财务报告也包括可持续发展报告。

表 5-3　年报中包含的可持续信息披露

易捷航空（UK—IFRS—2021/2022年报—航空）

战略报告	治理
投资案例	董事会主席关于公司治理的声明
主席信函	董事会
我们的宗旨	航空公司管理委员会
战略概述	治理框架
商业模式	公司治理报告
我们的承诺	董事报酬报告
零碳路线图	董事报告
首席执行官回顾	董事的责任声明
市场回顾	**财务状况**
我们的策略	易捷航空股份有限公司会员的独立审计师报告
关键绩效指标	合并财务报表
人员和文化	合并财务报表附注
与利益相关者的互动	公司账户
可持续性	公司账户附注
气候相关财务披露任务组	五年总结
SASB 指数	术语解释—替代绩效指标
非财务信息声明	术语解释
财务审查	股东信息
风险管理	
持续经营和可行性声明	

在本章接下来的部分，我们将关注财务报表，更具体地说，是财务报表的呈示以及伴随其后的附注。

5.3 财务报表的呈示

正如前面提到的，企业财务状况的可比性对于会计信息的使用者来说是非常重要的，但是，尽管采用 IFRS 和美国 GAAP 的企业越来越多，但加强可比性的目的并没有完全达到。

很多国家仍然鼓励或接受多样化的财务报表呈示方式。每种呈示方式都反映了企业通过财务报表对商业模式呈示的角度。第 2 章提到了资产负债表中资产和负债的排列顺序，这一顺序取决于企业如何向使用者展示企业的状况，或者监管机构如何要求企业提供其状况信息。比如，判断一个企业是否稳健安全的几个方面包括：①企业对资源的使用有效，将利润表放在资产负债表前面；②企业具有很强的生产能力，为强调其拥有的实物资产和知识产权，就会将这部分资产放在资产负债表的最上面，并把资产负债表放在利润表前面；③企业流动性很好，为表明其支付负债的能力，会将流动性最强的资产放在最上面。这几种逻辑并不能说哪一种更好，它们代表的商业哲学思想和与使用者沟通的角度是完全不一样的。

往往不同企业的财务报表会以不同格式呈示，所以我们认为了解不同格式的资产负债表，能够帮助使用者更好地比较不同企业的财务报表。对这些不同格式的了解，可以帮助使用者分析来自世界上任何企业的任何格式的财务报表。所以在第 14、15 章中，我们会展示不同格式的财务报表，也会告诉大家如何使用合适的财务报表分析工具来分析这些财务报表的数字。在某些情况下还需要对数据进行重新整理和分类，以便于计算出一些分析员所需的非常重要的财务指标。

本节将会展示不同类型的报表呈示方式，当然，不同呈示方式背后的内容是一致的，我们关注的是财务报表的格式，而不是具体的账户，对具体账户数据的讨论将在后续的章节中进行。

5.3.1 资产负债表的呈示

资产负债表提供了企业在某一时点的财务状况。IASB 提出：资产负债表中关系到财务状况计量的要素是资产、负债和权益（理论框架，IASB 2018a：§4.1）。对呈示方式而言，主要的选择在于：①如何排列报表，水平式（horizontal）还是垂直式（vertical）；②提供内容的具体程度，单步式（single-step）还是多步式（multiple-step）；③如何将资产和负债进行分类，按期限（by term）还是按职能（by function）。资产负债表的呈示如图 5-2 所示。

1. 格式

资产负债表是一系列账户余额的分列，这种分列可以是连续的（垂直式，见图 5-3），也可以分为左右两列（水平式，见图 5-4）。

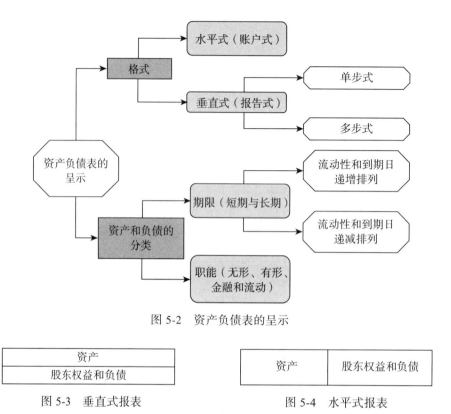

图 5-2　资产负债表的呈示

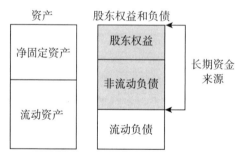

图 5-3　垂直式报表　　　　　　　　　图 5-4　水平式报表

水平式报表也可以分为两块呈示（见图 5-5）。

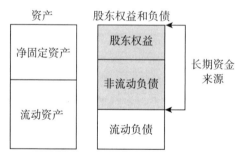

图 5-5　资产负债表的水平式

垂直式下内容的具体程度： 单步式提供了简单的账户罗列，并没有太多的具体内容和附加值，而多步式将资产和负债分成几个大类，并给予一些有用的小计，将相关资产或负债组合起来。

单步式和多步式的方法反映了企业状况的商业平衡等式和财务状况从不同角度的解读：

$$单步式 \rightarrow 资产 = 负债 + 股东权益$$
$$多步式 \rightarrow 资产 - 负债 = 股东权益$$

在表 5-4 中，我们展示了两个多步式，在这里大家可以看到，任何资产负债表本质上都是一个具体化的商业平衡等式。

表 5-4　多步垂直式的资产负债表举例

	例 1		例 2
	资产		资产
−	流动负债	−	流动负债
=	资产 − 流动负债	=	资产 − 流动负债
−	非流动负债		股东权益
=	净资产	+	非流动负债
=	股东权益	=	长期资金来源
控制：净资产 = 股东权益		控制：资产 − 流动负债 = 长期资金来源	

图 5-6 和图 5-7 也展示了两个例子。

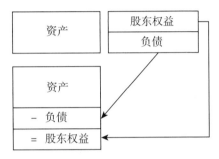

图 5-6　多步式资产负债表（例 1）

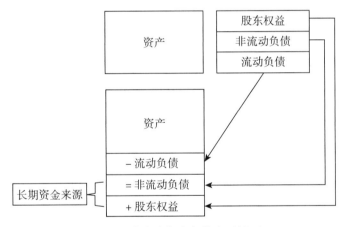

图 5-7　多步式资产负债表（例 2）

在例 1 中，股东权益是最终结果，这种方法在英国和爱尔兰很常见。例 2 并不常见，主要聚焦在企业长期融资能力（将短期融资和长期融资分开列报）上。例 2 在印度过去的一些企业年报中能找到，但是现在印度企业也采用了更传统的列报方式：资产 = 股东负债 + 权益。

这两种呈示方式并不能从本质上区分优劣，每一种都与企业的分析角度和股东对信息的需求相符合。

2. 资产和负债的分类

IAS 1，IASB 2022：§60 指出：主体应根据第 66 段至第 76 段在其财务状况表中将流动资产和非流动资产、流动负债和非流动负债作为单独的类别列报，除非按流动性列报提供的信息是可靠的，并且更为相关。当应用这种例外情况时，主体对所有资产和负债应大体按其流动性顺序列报。

IAS 1 并没有给出按流动性呈列的定义，只是简单提出这种呈示方式对于一些主体，如金融机构，将资产和负债按流动性的升序或降序列报，这将会提供可靠的信息，并且相对于按流动性、非流动性顺序列报更为相关，因为这些主体并未在一个清晰可辨的经营周期内供应商品或服务（§ 63）。

流动资产定义如下（IAS 1，IASB 2022：§ 66）。

- 主体预期在其正常经营周期中实现、意图出售或消耗该资产。
- 主体主要为交易目的而持有该资产。
- 主体预期在报告期后 12 个月内实现该资产。
- 该资产是现金或现金等价物（根据《国际会计准则第 7 号》中的定义），除非在报告期后至少 12 个月内将该资产交换或用于清偿负债受到限制。

主体应将其他所有资产划分为非流动资产。

IAS 1，IASB 2022：§ 68 也为企业经营周期做了一项有意义的补充：主体的经营周期是指从购买用于加工的资产到其以现金或现金等价物的形式实现的这段时间。当主体的正常经营周期不能清晰可辨时，常假定其为 12 个月。流动资产包括作为正常经营周期的一部分而出售、消耗和实现的资产（如存货和应收货款），即使它们不能预期在报告期后 12 个月内实现也是如此。流动资产还包括主要为交易目的而持有的资产（该类金融资产根据 IAS 39 被划分为为交易而持有的资产）以及非流动金融资产的流动部分。

对于流动负债（IAS 1，IASB 2022：§ 69）也有一个相应的定义：当某项负债符合以下标准之一时，主体应将其划分为流动负债。

- 主体预期在其正常经营周期中清偿该负债。
- 主体主要为交易目的而持有该负债。
- 该负债在报告期后 12 个月内到期清偿。
- 主体不能无条件将负债的清偿延期到报告期后至少 12 个月。

主体应将其他所有负债划分为非流动负债。

IAS 1：§ 66 和 § 69 中给出了两种不同的标准：第一种是经营周期的实现和完成；第二种是资产负债表结账日后 12 个月内完成。

在全球企业的财务报告中，公司一般都采用同一逻辑来对资产负债表两边的资产和负债进行分类。

总的来说，与 IAS 1 相符的两种不同的资产和负债划分方式是：

- 与经营周期的长度有关，我们将其称为按职能划分（财务类与经营类）。
- 与在资产负债表结账日后 12 个月内完成或实现的时间长度有关，我们将其称为按期限划分（短期与长期）。

尽管 IAS 1 把经营周期放在第一位（见 §61），但对实务进行分析会发现，在实际工作中按期限分类是最常见的，所以我们先介绍这种分类方法。

资产和负债按期限的分类（短期与长期）

资产和负债分为两类，在资产负债表结账日后 12 个月以上才能完成或处置的称为长期，而能在 12 个月内完成或处置的称为短期。比如，负债被分为以下几个子项。

（1）长期（非流动）负债（在财务报表截止日后 12 个月以上才需要支付的金额）：

- 金融负债（长期部分）。
- 超过 12 个月的应付账款（较为少见）。

（2）短期（流动）负债（在财务报表截止日后 12 个月内需要支付的金额）：

- 金融负债（短期部分）。
- 银行透支。
- 应付账款，支付日期在财务报表截止日后 12 个月内（通常情况）。

对资产也要采用相同的分类方法：长期资产被定义为非流动资产（为企业创造经济效益的时间长度超过一年）；除此之外被称为短期或流动资产，会在结账日 12 个月内被消耗。

当资产负债表按期限（短期与长期）来呈示时，还可以选择另外两种展示方法：按流动性和到期日的递增（见表 5-5）或递减（见表 5-6）[15]。不同方法强调了不同的要点：企业长期发展能力还是短期流动性。不能说哪种方法比另一种更优。

表 5-5　流动性和到期日递增

资产	股东权益和负债
非流动资产	股东权益
流动资产	负债
存货	长期（非流动）
应收账款	短期（流动）
现金	

表 5-6　流动性和到期日递减

资产	负债和股东权益
流动资产	负债
现金	短期（流动）
应收账款	长期（非流动）
存货	
非流动资产	股东权益

长期（非流动）股东权益采用流动性递减的方法在北美以及选择美国模式的地方最为常用。中国从 1992 年会计改革后，也采用了这种方法。流动性递增的方法在欧洲大陆较为常见。

资产和负债按职能的分类（有形与无形，财务与经营或交易）

这种分类强调的是资产和负债的性质以及它们在企业商业活动中的作用。

负债按职能划分如下。

（1）金融负债（无论到期日如何）：

- 对金融机构的负债（长期和短期部分）。
- 银行透支。

（2）经营负债（与交易和合作伙伴相关的债务）：

- 客户按合同为未来服务提前支付的款项。

- 应付账款（因为业务活动需要向供应商支付的债务）。
- 对税务部门的负债。

资产方面也有类似的划分（见表 5-7）。金融资产基本上包括了企业的财务投资、对其他商业伙伴（如主要供应商）的放贷，而经营和交易资产则与企业的经营活动和周期有关。存货和应收账款属于经营和交易资产。

表 5-7　资产和负债按性质分类

资产	股东权益和负债
非流动资产 　无形资产 　有形资产 　金融资产 流动资产 　存货 　应收账款 　现金和短期金融投资	股东权益 负债 　金融负债（包括流动部分） 　经营负债（与企业经营周期时限有关）

经营和交易负债被称为流动负债，经营和交易资产被称为流动资产。在这里，"流动"与公司的经营周期相关。

小结

我们会发现，在使用"流动"和"非流动"这种词汇时是具有模糊性的，可以指短期和长期的区分，也可以指经营活动和财务活动的区分。这种模糊性也反映在 IAS 1 对于流动资产和流动负债的定义中（如前所述）。

IAS 1，IASB 2022：§61 还指出，无论采用哪种列报方式，对于包含了在下列期间预期收回或清偿的金额的每个资产和负债单列项目，主体应披露 12 个月后预期收回或清偿的金额：报告期后 12 个月内以及报告期后 12 个月以上。

3. 呈示的例子

下面我们将介绍前面提到的资产负债表不同呈示的例子。

国际模式

IAS 1，IASB 2022：§IG6 包含对资产负债表的介绍，反映了资产负债表是如何呈列的，分为短期和长期部分。所以这个例子是按期限划分的格式，如表 5-8 所示。

英国模式

在英国，有限责任公司必须使用公司法中规定的两种模式中的一种，在这两种模式中，表 5-9 显示的是最常见的模式，是多步式垂直资产负债表的一种变形。

表 5-10 是一个常见的按职能编写的格式。

表 5-8　IASB 格式

XYZ 集团财务状况表

X7 年 12 月 31 日		（千货币单位）
	X7 年 12 月 31 日	X6 年 12 月 31 日
资产		
非流动资产		
土地、厂房和设备（减去累计折旧）	350 700	360 020
商誉（减去减值）	80 800	91 200
其他无形资产（净值）	227 470	227 470
对联营企业的投资	100 150	110 770
可供出售的金融资产	142 500	156 000
	901 620	945 460
流动资产		
存货	135 230	132 500
应收账款	91 600	110 800
其他流动资产	25 650	12 540
现金和现金等价物	312 400	322 900
	564 880	578 740
总资产	1 466 500	1 524 200
股东权益和负债		
归属于母公司股东的权益		
股本	650 000	600 000
留存收益	243 500	161 700
其他权益项目	10 200	21 200
	903 700	782 900
少数股东权益	70 050	48 600
股东权益总计	973 750	831 500
非流动负债		
长期借款	120 000	160 000
递延所得税负债	28 800	26 040
长期准备金	28 850	52 240
非流动负债总计	177 650	238 280
流动负债		
应付账款	115 100	187 620
短期借款	150 000	200 000
长期借款中的短期部分	10 000	20 000
短期应付税金	35 000	42 000
短期准备金	5 000	4 800
流动负债总计	315 100	454 420
负债总计	492 750	692 700
股东权益和负债总计	1 466 500	1 524 200

表 5-9　多步式垂直财务报表

非流动资产	（1）	100
流动资产	（2）	70
一年内到期负债	（3）	−60
净流动资产/负债	（4）=（2）+（3）	10
总资产减流动负债	（5）=（1）+（4）	110
超过一年到期的长期负债	（6）	−20
负债和费用准备金	（7）	−10
净资产总计	（8）=（5）+（6）+（7）	80
股本	（9）	30
留存收益	（10）	50
股东权益总计	（11）=（9）+（10）	80

注：资产负债表的平衡关系为（11）=（8）。

表 5-10　单步式按职能分的垂直资产负债表

非流动资产	（1）	100
流动资产	（2）	70
总资产	（3）=（1）+（2）	170
股本和留存收益（公积）	（4）	80
负债和费用准备金	（5）	10
金融负债	（6）	50
经营负债	（7）	30
总股东权益和负债	（8）=（4）+（5）+（6）+（7）	170

注：资产负债表的平衡关系为（8）=（3）。

美国模式

欧洲大陆的资产负债表反映企业资产类别，因此将非流动资产放在最上面。美国模式侧重于强调公司的短期流动性，按资产流动性递减罗列，因此将非流动资产放在最下面。表 5-11 反映了一个标准格式的美式资产负债表，中国也采用这种格式。

表 5-11　标准的美式资产负债表

资产	
流动资产	
现金和现金等价物	
应收账款	
存货	
预付账款和其他流动资产	
流动资产小计	（1）
非流动资产	
投资	
土地、厂房和设备	
无形资产	
非流动资产小计	（2）
总资产	（3）=（1）+（2）

（续）

负债和股东权益	
流动负债	
应付账款	
应付所得税	
应计费用	
应付股利	
长期借款中的短期部分	
流动负债小计	（4）
长期负债	
借款	
其他长期负债	
长期负债小计	（5）
股东权益	
股本	
股本溢价	
留存收益	
股东权益小计	（6）
负债和股东权益总计	（7）＝（4）＋（5）＋（6）
平衡	（3）＝（7）

5.3.2　利润表的呈示

利润表用来报告在一段时间内收入和费用的情况，从而计算企业的净收益。净收益是从收入中抵扣所有费用后的余额，反映了经济实体在一定的会计期间内创造的财富（增加的股东权益）。利润表反映了企业完成的业绩。就像资产负债表一样，利润表也有多种不同的呈示方式（垂直式或水平式），可以用不同的详细程度以及选择不同的账户分类方法（见图 5-8）。

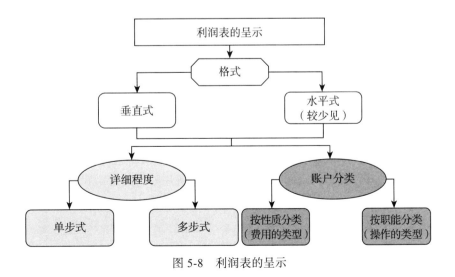

图 5-8　利润表的呈示

1. 格式

利润表是账户余额的罗列单。罗列方式可以采用单列的形式（垂直式），也可以采用左右两列分列的形式（水平式），如图 5-9 所示。

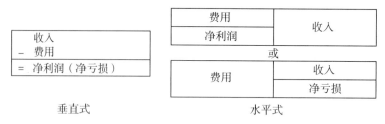

图 5-9　垂直式与水平式

尽管水平式在商业报告中不太常见，但对于教学非常有用，因为它将利润表按照 T 型账户的方式呈现出来。

2. 详细程度

费用可以被归集到一些同质的类别中，然后分步骤从收入中扣除。这里可以选择单步式或多步式。

（1）单步式。它是最简单的利润表格式，收入和费用被归入同一类中（见图 5-9 的左边）。

（2）多步式。费用和收入的类别被分步骤进行交叉，只提出所有净利润的组成部分（见表 5-12），比如经营收入和经营费用分成一组来计算企业的经营收益，财务收入和财务费用相抵销来反映企业的

表 5-12　多步式利润表的例子（垂直式）

	经营收入
−	经营费用
=	经营收益(或经营毛利)(1)
	财务收入
−	财务费用
=	财务收益(或财务毛利)(2)
=	净利润(1)+(2)

财务活动对总的净利润的影响。这种格式在企业的分部收入报告中也会采用，比如按照企业的商业模式、产品类别、市场、地区等（见第 14 章）。

这种内容丰富的格式在企业的财务报告中更为常用，因为它比单步式提供了更多的信息。它的使用价值取决于企业将收入和费用按有效与有价值的方法进行归类的能力。但是，由于这一费用归类方式的使用具有主观性，有时也会引起使用者对净利润分步计算的使用价值的怀疑。

3. 费用的分类

IASB（2022：§99）规定，主体应基于费用的性质或其在主体中的职能（视何者能提供更可靠且更相关的信息而定），对在损益中确认的费用进行的分类做出分析并进行列报。这类信息可以按性质或按职能编写。对经营费用的分类也同样重要。

按性质分类

第一种分类方式是按费用的性质划分。这种方式将利润表中的费用按性质归类。例如，

材料采购、运输费用、非所得税的其他税金、工资、社保费用、职工津贴（后三项也可被归总到报酬费用或人力费用）、折旧费用等（见表 5-13）。这即使对于小公司也非常适用，因为不需要对费用进行分类和归集（IAS 1，IASB 2022：§102）。费用的性质取决于原始凭证（如投资或付款凭单）所反映的内容。

按职能分类

第二种分类方式是按费用的职能划分。这种方式将利润表中的费用按职能进行区分，比如区分为属于销货成本的那部分以及除此之外的部分。如果费用不属于销货成本，又可被分为营销和广告费用、销售渠道费用、售后服务费、管理和协调费用等。在最简化的情况下，一个企业必须将销货成本和其他费用区分开来（IAS 1，IASB 2018c：§103），如表 5-14 所示。

<table>
<tr><td colspan="2">表 5-13　按性质分类的利润表（垂直式）</td><td colspan="2">表 5-14　按职能分类的利润表（垂直式）</td></tr>
<tr><td></td><td>净销售收入</td><td></td><td>净销售收入</td></tr>
<tr><td>＋</td><td>其他经营收入</td><td>－</td><td>销货成本</td></tr>
<tr><td>－</td><td>商品购买</td><td>＝</td><td>毛利润</td></tr>
<tr><td>－</td><td>商品存货变动</td><td>－</td><td>分销费用</td></tr>
<tr><td>－</td><td>人力费用</td><td>－</td><td>行政管理费</td></tr>
<tr><td>－</td><td>其他经营费用</td><td>－</td><td>研发费用</td></tr>
<tr><td>－</td><td>折旧费用</td><td>－</td><td>其他经营费用</td></tr>
<tr><td>＝</td><td>经营利润</td><td>＝</td><td>经营利润</td></tr>
</table>

费用分类方法的选择

信息的详细程度和分类方法之间并不是相互排斥的，而是存在一个 2×2 的矩阵，如表 5-15 所示。比如，一个利润表可以采用按性质编制的单步式或多步式，也可以采用按职能编制的单步式或多步式。在实际工作中，水平式按职能编制的情况很少见，所以这里忽略不讨论。

表 5-15　性质 / 职能和单步式 / 多步式

	单步式	多步式
性质	实践中少见	常见
职能	几乎不用	常见

在实际业务中，选择单步式也是十分少见的，一般企业都会选择最能有效反映企业利润表中每一项具体要点和信息的方式。

- 选择按性质编制利润表主要是基于政府统计机构的规定，以便于它们编制国民账户中的收入和费用（这在欧洲大陆很常见[16]）。但这种编制方法会增加信息使用者的使用难度，尤其是对未来的预测。

- 选择按职能编制利润表反映了企业强调其创造收益的过程，这是在北美最常见的办法，也是大部分在纽约证券交易所上市的企业所采用的方法。这种方法更易于普通投资者理解和使用。中国企业一般也采取这种分类方法。

IASB 也做出了它的选择。它强调按职能编制的报表比按性质编制的报表能够向使用者提供更相关的信息（IAS 1，IASB 2022：§103）。但在同一章节中它也提醒报表编制者注意：

将成本归类至各种职能可能具有随意性并涉及相当多的判断。所以在结论中，105 段认为选择费用职能法还是费用性质法取决于历史和行业因素以及主体的性质。两种方法均能提供那些可能随主体的销售及生产水平直接或间接变化的成本信息。

按性质分类的支持者强调，这种方法能够提供一个便于使用者专门分析企业业绩的方法。他们指出，从理论上说，销货成本是可以重新归类以帮助使用者进行分析的，但绝大多数按性质编制的利润表都未给使用者提供各类性质的费用在生产、销售、管理环节的分类。按职能分类的支持者强调，毛利润（收入 - 销货成本）以及商业和营销费用是了解企业业务活动最重要的两个指标，也便于使用者理解。

作为总结，我们不想说谁是谁非，我们也同意 IASB 中的每种列报方法对不同类型主体均有适合之处（IAS 1，IASB 2022：§ 105）。稍后我们将对这一问题进行进一步的讨论，并澄清一个事实：无论选择哪种分类方法，都必须有利于真实反映企业业绩的各项内容。

同时，由于关于费用性质的信息有助于预测未来现金流量，因此要求在采用费用职能法时做附加披露（IAS 1，IASB 2022：§ 105）。折旧和摊销（用于无形资产的类似于折旧的处理方法，见第 8 章）必须在企业附注中说明或在现金流量表中说明（在间接法中，见第 16 章）。这能帮助使用者更好地做出预测，并通过企业内部报告将销货成本按性质分类，比如消耗品、原材料的消耗以及生产相关的人工费用（社会福利和薪酬分开列示）和从第三方外购的服务，还有折旧、摊销。

4. 呈示的例子

国际模式

IAS 1，IASB 2022：§ IG6 提供了两个利润表的格式来显示按性质分类和按职能分类呈示的收入和费用，如表 5-16 和表 5-17 所示。

表 5-16　按性质分类的 IASB 格式

XYZ 集团利润表（按性质分类）		
X7 年 12 月 31 日		（千货币单位）
	X7 年	X6 年
销售收入	390 000	355 000
其他收益	20 667	11 300
产成品和在产品存货变动	（115 100）	（107 900）
产成品	16 000	15 000
原材料和消耗品	（96 000）	（92 000）
员工福利开支	（45 000）	（43 000）
折旧及摊销费用	（19 000）	（17 000）
土地、厂房及设备减值	（4 000）	—
其他费用	（6 000）	（5 500）
财务费用	（15 000）	（18 000）
应占联营公司利润	35 100	30 100

（续）

XYZ 集团利润表（按性质分类）		
X7 年 12 月 31 日		（千货币单位）
	X7 年	X6 年
税前利润	161 667	128 000
所得税费用	（40 417）	（32 000）
持续经营业务的年度利润	121 250	96 000
终止经营业务的年度亏损	—	（30 500）
年度净利润	121 250	65 500
应占溢利		
归属于母公司股东的净利润	97 000	52 400
少数股东权益	24 250	13 100
	121 250	65 500

表 5-17　按职能分类的 IASB 格式

XYZ 集团利润表（按职能分类）		
X7 年 12 月 31 日		（千货币单位）
	X7 年	X6 年
销售收入	390 000	355 000
销货成本	（245 000）	（230 000）
毛利润	145 000	125 000
其他收益	20 667	11 300
商业、销售和营销费用	（9 000）	（8 700）
管理费用	（20 000）	（21 000）
其他费用	（2 100）	（1 200）
财务费用	（8 000）	（7 500）
应占联营公司利润	35 100	30 100
税前利润	161 667	128 000
所得税费用	（40 417）	（32 000）
持续经营业务的年度利润	121 250	96 000
终止经营业务的年度亏损	—	（30 500）
年度净利润	121 250	65 500
应占溢利		
归属于母公司股东的净利润	97 000	52 400
少数股东权益	24 250	13 100
	121 250	65 500

美国模式

表 5-18 反映了美国的多步式利润表。

表 5-18　美国多步式利润表

净销售收入	（1）
销货成本	（2）
毛利润	（3）=（1）-（2）
商业、销售和营销费用	（4）
管理费用	（5）

（续）

经营收益	（6）=（3）-（4）-（5）
利息收入和费用（净值）	（7）
销售设备的利得/损失	（8）
持续经营业务的税前利润	（9）=（6）±（7）±（8）
所得税费用	（10）
持续经营业务的净利润	（11）=（9）-（10）
非持续经营业务利润/亏损	（12）
非经常项目	（13）
会计准则变动带来的累积影响	（14）
净利润	（15）=（11）+（12）±（13）±（14）

关于个人报酬费用的会计术语：利润表按性质分类

按性质分类的利润表一个重要的特征是个人报酬费用（或薪酬和社会福利费用）的列示。根据个人报酬费用的列报方式，可以迅速判断利润表是按性质还是按职能分类。关于个人报酬费用这个科目，每个国家和公司使用的会计词汇是多样的，表 5-19 列示出一些会计年报、会计准则和教科书中出现过的个人报酬费用的表述。

表 5-19　个人报酬费用的不同表述

Compensation expense

Crew (easyJet [UK])

Employee benefit expense (Tech Mahindra [India])

Employee benefits (Guanshen Railway Company Limited [China])

Employee benefits expense (IAS 1 [IASB])

Labor and personnel expenses

Labor cost (SK Telecom [Republic of Korea])

Management compensation expense

Personnel (Chugoku Power Electric [Japan])

Personnel costs (Holmen [Sweden])

Personnel expenses (Repsol [Spain], Telefónica [Spain], Trigano (France])

Remuneration expenses

Salaries and related costs (Delta Air Lines [USA], United Airlines Holdings [USA])

Salaries, wages, and benefits (Southwest Airlines [USA])

Wages, salaries, and benefits (Air Canada [Canada], China Eastern Airlines [China])

5. 性质和职能之间的比较

按性质编写的利润表，其费用经常分为以下主要类别。

- 销货成本。
- 商业、销售和营销费用。
- 管理费用。
- 有些企业会加上研发费用。

为了更好地比较按性质和按职能编制的利润表，我们来看一些具体的、量化的例子。

例 5-1

B 公司是一家零售企业，在年初时的商品存货为 2 000 货币单位。在我们讨论的会计期间内，B 公司完成了总采购 8 000 货币单位，向客户销售所开发票金额为 17 000 货币单位，与销售相对应的销售成本为 9 000 货币单位（2 000 货币单位的期初存货 +7 000 货币单位的新采购——我们假设先采购的商品会被先卖出以避免过期）。所以期末的商品存货为 1 000 货币单位（"2 000 货币单位 + 8 000 货币单位"为可供销售商品，减去 9 000 货币单位，这是根据客户需要售出的商品，即销货成本）。人力费用（包括社会费用）包括了销售人员的薪酬（4 000 货币单位）和会计管理人员的工资（2 000 货币单位）。租金费用为 600 货币单位（按建筑面积计算），其中行政管理部门租用了 10% 的面积，业务部门租用了剩下的 90% 的面积，管理设备的折旧费用假设为 250 货币单位，业务部门的家具设备的折旧费用为 750 货币单位。

表 5-20 反映了按性质和按职能来计算经营收益的过程。不管用哪种方法计算，得出的净经营收益都是一样的，不同的是，用两种方法编制的利润表对投资者的信息使用价值是不一样的。

表 5-20　利润表按性质和职能分类的比较

	按性质分类的利润表			按职能分类的利润表	
	商品销售收入	17 000		商品销售收入	17 000
−	商品采购成本	−8 000	−	销货成本	−9 000
−	商品存货变动（a）	−1 000	=	毛利润	8 000
−	人工费用（b）	−6 000	−	商业和销售费用（c）	−5 290
−	租金费用	−600	−	管理费用（d）	−2 310
−	折旧费用	−1 000			
=	经营利润	400	=	经营利润	400

（a）期初（2 000）− 期末（1 000）	（c）销售人员工资（4 000）+ 租金费用（540）+ 折旧费用（750）
（b）销售的人工费用（4 000）+ 管理的人工费用（2 000）	（d）管理人员工资（2 000）+ 租金费用（60）+ 折旧费用（250）

5.4　财务报表的附注

会计系统必须提供准确、可靠、相关的信息，这样才能获得使用者对财务报表中信息内容的信任。财务报表的可读性主要取决于财务报表反映的信息是否清晰。在财务报表的编制过程中必须明确财务的制度、流程和原则，这样，使用者就能够理解这些编制的信息。如果需要，可以对信息根据使用者的要求进行重编。不少国家都直接严格规范编制财务报表的会计原则和法规，而另一些国家则喜欢采用行业准则。行业准则给予会计报表的编制者更多的空间做出调整和解释。

由于财务报表的目的是真实和公允地反映公司财务状况，所以附注（财务报表的附注）

是非常重要的。它会提供那些财务报表本身难以提供的附加信息，因为没有一种报表能够完整地满足所有相关方所需的信息。

财务报表的附注（notes to financial statement）包含对资产负债表、利润表和现金流量表的一些说明与补充。它也会对一些表外信息（比如企业面临的纠纷、一些具体资产项目估值的假设、应收账款的坏账率等）进行说明和补充。IASB 也要求企业披露附注（IAS 1，IASB 2022：§10）："一套完整的财务报表包括下列组成部分：……（5）附注，包括重大会计政策概述和其他说明性注释。"

IASB（IAS 1：§7）还指出："附注，包含除在财务状况表、综合收益表、权益变动表和现金流量表中列报的信息外的信息。附注提供了对这些报表中披露的项目的描述性说明或分解，以及不符合在这些报表中确认的那些项目的信息。"

IAS 1，IASB 2022：§112 要求所有附注都应该：

- 提供财务报表的编制基础以及根据第 117 至 124 段的要求采用的具体会计政策的信息。
- 披露 IFRS 要求列报但未在财务报表中列报的信息。
- 提供未在财务报表中列报但对于理解其内容具有相关性的附加信息。

财务报表的附注是一整套定性和定量的评价以及一些具体的假设说明，这些内容对真实和公允地反映一个企业的状况和财务业绩都是非常重要的。它也反映了企业管理层在编制财务报表时使用的估值假设和原则。

但附注也不能冗长，不然就会违背清晰披露的原则，只列入对有显著性和重要性的数字的解释即可。

表 5-21 给出了一些常见的财务报表附注的解释。

表 5-21　常见的财务报表附注的解释

质量信息	数量信息
会计政策： • 会计原理 • 合并的基础 计量的基础 特殊会计政策等	固定资产（当期的变动） 折旧（当期的变动） 摊销和准备金（当期的变动） 到期贷款的估计等

例 5-2

UPM-Kymmene（一家芬兰造纸公司）2022 年财务报表的附注如表 5-22 所示（资料来源：2022 年年报）。这个例子的附注包含 10 大项。

表 5-22　合并财务报表附注

1.　**报告基础**	1.3　合并原则
1.1　公司信息	1.4　汇率转换
1.2　制表基础	1.5　会计政策变化

（续）

2.	**经营业绩**	
2.1	经营范围	
2.2	销售	
2.3	经营费用及其他经营收益	
2.4	每股收益及股利	
3.	**员工奖励**	
3.1	人工成本	
3.2	关键管理人员	
3.3	股权激励	
3.4	退休收益计划	
4.	**投资资本**	
4.1	固定资产	
4.2	森林资产	
4.3	能源股份	
4.4	商誉和其他无形资产	
4.5	准备金	
4.6	营运资本	
5.	**资本结构**	
5.1	资本管理	
5.2	净债务	
5.3	金融资产和金融负债分类	
5.4	金融收益和费用	
5.5	股本及公积	
6.	**风险管理**	
6.1	金融风险管理	
6.2	衍生及对冲会计	
7.	**所得税**	
7.1	当年所得税	
7.2	递延所得税	
8.	**集团结构**	
8.1	业务合并及分拆	
8.2	主要子公司及合作经营企业	
8.3	关联交易	
8.4	可供出售资产	
9.	**未确认项目**	
9.1	承诺及或有负债	
9.2	诉讼	
9.3	资产负债表日后事项	
10.	**其他附注**	
10.1	即将采用的新会计准则及会计政策变更	

5.5 英美会计术语的差异

在第 2 章中我们已经介绍过，在英国和美国之间，会计术语存在一定的差异。比如在美国，利润表被称为 income statement，而在英国和其他欧洲国家则叫作 profit and loss account（P&L）。在很多国家，这些术语并没有被标准化，所以即使在同一个国家，同一个会计术语也会存在不同的称谓。比如在美国，利润表可以是 P&L，也可以是 income statement。另外，更复杂的是，IASB 经常使用自己的术语，而这些术语是美国术语和英国术语的混合物，这也给了使用者自行选择的余地。当然，报表的可比性强调所有描述同一现象的术语应该是一致的，所以本书将尽量采用同一术语。

表 5-23 反映了英美一些重要会计术语的差异，当然，这些术语也反映了我们在工作中看到的大量企业会计年报中所反映的问题。

表 5-23　会计术语的差异

美国	英国	IASB	本书中使用的中文
financial statements	accounts	financial statements	财务报表
Balance sheet			
balance sheet (or statement of financial position)	balance sheet	statement of financial position (or balance sheet)	资产负债表
long-term (or fixed) assets	fixed assets	non-current assets	固定资产或非流动资产
real estate	land and buildings	land and buildings	土地和厂房
property, plant and equipment	tangible fixed assets	property, plant and equipment	有形（长期）资产
inventories	stocks	inventories	存货
work in process (WIP) in manufacturing industries	work in process (WIP) in manufacturing industries	work in progress (WIP) in manufacturing industries	制造业的在产品
work in progress (WIP) in services, construction or engineering services	work in progress (WIP) in services, construction or engineering services	work in progress (WIP) in services, construction or engineering services	服务行业、建筑行业的在产品
receivables	debtors	receivables	应收款
accounts receivable	trade debtors	accounts receivable	应收账款
doubtful accounts	bad debts, doubtful debts	bad debts	坏账
allowance for doubtful accounts	provision for doubtful debts	allowance for bad debts	坏账准备金
treasury stock	own shares	treasury shares	回购股票
stockholders' equity	shareholders' equity, Shareholders' funds (or capital and reserves)	shareholders' equity	股东权益
common stock	ordinary shares	share capital	股本
preferred stock	preference shares	preference shares	优先股
additional paid-in capital	share premium	share premium	股本溢价
retained earnings, retained income	reserves, retained profit, profit and loss account	retained earnings, reserves, accumulated profits (losses)	留存收益、留存利润
debts	debts	loans	借款、债务
bonds, notes payable	debenture loan	bonds	债券、应付票据
long-term liabilities	creditors: amounts falling due after more than one year	non-current liabilities	长期负债

（续）

美国	英国	IASB	本书中使用的中文
payables	creditors	payables	应付款
current liabilities	creditors：amounts falling due within one year	current liabilities	流动负债
accounts payable	trade creditors	accounts payable	应付账款
Income statement			
income statement, statement of operations, statement of income	profit and loss account, P&L	statement of profit or loss and comprehensive income (statement of profit or loss, if presented separately)	利润表
sales（or sales revenue）	turnover	revenue	销售或销售收入
expense	charge	expense	费用
interest expense	interest payable	finance cost	利息费用
interest income	interest received	interest income	利息收入
income	profit or loss	profit or loss	利润
Others			
statement of cash flows	cash flow statement	statement of cash flows	现金流量表
leverage	gearing	leverage	负债率/杠杆
stock	share	share	股票
residual value，salvage value，terminal value	scrap value	residual value	残值
declining balance method	reducing balance method	diminishing balance method	加速折旧法
pay check	pay slip	—	工资单
corporation	company	company	公司
conservatism	prudence	prudence	审慎

关键知识点

- 不同财务报表的使用者都需要了解企业的财务信息。基于这一点，每一个国家的监管部门都会制定统一的财务会计准则，这些准则包括具体的原则、计量基础、要求、规范和一些实务指引，这些对编制财务报表都是必要的。
- IASB 的主要目标是在全球范围内推动企业和其他编制财务报表机构的会计准则与实务的趋同。
- 国际可持续发展准则理事会的主要目标是满足投资者对公司在气候和其他可持续性 /ESG 事项上提供高质量、透明、可靠和可比较报告的需求。
- 年报包含反映企业业务活动的财务数据、企业会计政策的附注，另外还有管理层的一些讨论分析和其他一些相关的财务信息。
- 财务报表至少包含资产负债表、利润表和附注，有时还包含现金流量表和股东权益变动表。
- 可持续发展报告可以包含在年报中，也可以作为单独报告发布。
- 资产负债表存在多种呈示方式，而这些方式本身不改变资产负债表的基本内容。
- 利润表存在不同的呈示方式，这些方式都会给出相同的盈亏底线。
- 利润表中的费用按性质还是按职能分类是一个值得讨论的问题。
- 财务报表的附注是财务报表提供的信息不可分割的一部分。
- 财务报表的附注包含对资产负债表、利润表和现金流量表的一些说明与补充。

实战练习

实战练习 5-1　奥克拉 *

要　　点：编制资产负债表

难度系数：中

挪威的奥克拉集团是北欧一家领先的品牌消费品公司。表 5-24 是奥克拉集团 2022 年 12 月 31 日的合并资产负债表（2022 年年报）中的会计科目和金额（百万挪威克朗）。奥克拉集团的 2022 年合并财务报表根据欧盟认证的 IFRS 编制。

表 5-24　奥克拉集团合并资产负债表

2022 年 12 月 31 日　　　　　　　　　　　　（单位：百万挪威克朗）

现金及现金等价物	1 502	实收资本	1 968
递延所得税负债	2 241	土地、厂房和设备	19 138
递延所得税资产	86	准备金及其他负债	2 645
应付所得税	1 667	留存收益	39 718
无形资产	33 624	总资产	80 671
非流动带息负债	14 975	流动资产	20 966
流动带息负债	4 127	流动负债	17 654
存货	10 359	权益	43 156
投资联营企业	6 154	权益和负债	80 671
少数股东权益	1 470	非流动资产	59 705
其他资产	703	非流动负债	19 861
其他负债	3 726	应付账款	8 134
其他应收款	1 396	应收账款	7 709

注释：少数股东权益代表了子公司净资产由其他股东（少数股东）所有的部分，而这些少数股东不被母公司直接或间接拥有。少数股东权益将在第 13 章详细讲解。

要　求

1. 根据上面的会计科目，请判断资产负债表是根据职能还是期限排列的。
2. 请将资产负债表按水平式和流动性由低到高重新编制（总资产 = 80 671 百万挪威克朗）。

实战练习 5-2　霍尔希姆 *

要　　点：编制利润表

难度系数：中

瑞士的霍尔希姆公司是世界上领先的水泥和混凝土（碎石、砂和砾石）供应商，它还提供预拌混凝土和沥青及相关服务。表 5-25 是霍尔希姆 2022 年 12 月 31 日的合并利润表（2022 年年报）中的会计科目和金额（百万瑞士法郎）。霍尔希姆的 2022 年合并财务报表根据欧盟认证的 IFRS 编制。

表 5-25　霍尔希姆合并利润表

2022 年 12 月 31 日　　　　　　　　　　（单位：百万瑞士法郎）

管理费用	（2 089）	税前净利润	4 556
分销和销售费用	（6 611）	净收入	29 189
财务费用	（641）	经营利润	3 222
财务收入	183	销货成本	（17 575）
毛利润	11 614	处置资产利得及其他非经营收益	2 199
所得税	（1 027）	应占联营企业利润	17
处置资产损失及其他非经营费用	（424）	应占合营企业利润	308
净利润	3 529		

要　求

1. 根据上面的会计科目，请判断利润表是根据性质还是职能排列的。
2. 请将利润表按多步法重新编制（净利润 = 3 529 百万瑞士法郎）。

挑战练习

挑战练习 5-1　选择题

请选择正确答案（除非特别说明，正确答案只有一个）。

1. IASB 代表下列哪一项？
   - （a）国际性公认准则理事会（Internationally Accepted Standards Board）
   - （b）国际会计准则理事会（International Accounting Standards Board）
   - （c）国际采纳准则理事会（Internationally Adopted Standards Board）
   - （d）国际公认准则理事会（International Accepted Standards Board）

2. IASB 的主要目标是（　　）。

（a）控制当地会计监管机构　　　　　（b）帮助企业遵守当地会计准则

（c）保护欧洲投资者

（d）在全球范围内推动企业和其他编制财务报表机构的会计准则与实务的趋同

（e）以上都是　　　　　　　　　　　（f）以上都不是

3. IASB 2001 年成立以前颁布的准则和解释现在都不适用。

（a）对　　　　　　　　　　　　　　（b）错

4. IASB 有权要求企业遵守其制定的会计准则。

（a）对　　　　　　　　　　　　　　（b）错

5. T 型资产负债表的呈示有以下哪几种选择？

（a）排列形式（垂直式或水平式）　　（b）内容的具体程度（单步式或多步式）

（c）资产和负债的分类（按期限或职能）（d）以上都是

6. 下列哪一项是资产的分类？

（a）短期资产或长期资产　　　　　　（b）金融资产或经营和交易资产

（c）有形资产或无形资产　　　　　　（d）以上都是

7. IASB 要求按职能编制利润表。

（a）对　　　　　　　　　　　　　　（b）错

8. 根据 IAS 1，财务报表附注的目的是（　　）。

（a）说明财务报表编制的基础

（b）提供财务报表中没有列报但是对于理解其内容具有相关性的附加信息

（c）提供财务报表中没有列报但 IFRS 要求列报的信息

（d）以上都是

9. 年报（　　）。

（a）只包含公司的经营活动　　　　　（b）只包含商务信息

（c）只包含财务信息　　　　　　　　（d）包含公司经营相关的信息

10. 北美的利润表（income statement）在英国通常被叫作什么？

（a）收入和费用账户（revenue and expense account）

（b）业绩账户（result account）

（c）利润表（profit and loss account（or statement））

（d）综合收益表（statement of comprehensive income）

（e）经营表（statement of operations）

（f）收益表（statement of income）

（g）以上都不是

挑战练习 5-2　联合利华 *

要　　点：编制资产负债表

难度系数：高

联合利华是英国（原为英荷）的快速消费品供应商，其母公司联合利华 PLC 及其集团公司共同组成联合利华集团运营。该公司的产品分为 5 类：美容与健康、个人护理、家居护理、营养品、冰激凌。以下列出了从 2022 年 12 月 31 日的联合利华合并资产负债表中提取的项目和金额。所有数字单位为百万欧元（来源于联合利华 2022 年年度报告）。为了简化资产负债表，某些项目合并列示。合并财务报表根据 IASB 发布的 IFRS 以及英国采纳的国际会计准则进行编制（见表 5-26）。

表 5-26 联合利华合并资产负债表

2022 年 12 月 31 日　　　　　　　　　　　　　　　　（单位：百万欧元）

持有至出售资产	28	其他非流动负债	270
现金及现金等价物	4 326	养老金资产盈余	4 260
当期所得税资产	381	养老金和退休后医疗保险负债	1 691
当期所得税负债	877	土地、厂房和设备	10 770
递延所得税资产	1 049	流动准备金	748
递延所得税负债	4 375	非流动准备金	550
金融资产	1 154	归属于母公司股东权益	19 021
流动金融负债	5 775	总资产	77 821
非流动金融负债	23 713	流动资产总计	19 157
商誉	21 609	流动负债总计	25 427
无形资产	18 880	股东权益总计	21 701
存货	5 931	负债总计	56 120
持有至出售负债	4	负债和股东权益总计	77 821
少数股东权益	2 680	非流动资产总计	58 664
非流动税收负债	94	非流动负债总计	30 693
其他金融资产	1 435	应收账款和其他应收账款	7 056
其他非流动资产	942	应付账款和其他流动负债	18 023

注释：

（1）少数股东权益见实战练习 5-1 注释。

（2）商誉是指在企业合并时，购买企业投资成本超过被合并企业可辨认净资产公允价值的差额。商誉将在第 8 章和第 13 章详细讲解。

要　求

请按垂直式、单步式、流动性由高到低重新编制资产负债表（总资产 = 77 821 百万欧元）。

挑战练习 5-3　芬欧汇川集团（UPM）*

要　　点：编制利润表

难度系数：中

芬兰的 UPM 是造纸商，主要生产和销售杂志用纸、精制纸和特殊用途的纸张。另外，UPM 还生产木制产品。表 5-27 是 UPM 2022 年 12 月 31 日的合并利润表（2022 年年报）中的会计科目和金额（百万欧元）。UPM 的 2022 年合并财务报表根据欧盟认证的 IFRS 编制。

表 5-27 UPM 合并利润表

2022 年 12 月 31 日 （单位：百万欧元）

生物性资产和木材公允价值变动	12	营业利润	1 974
成本和费用	−9 470	其他经营收益	231
折旧、摊销和减值费用	−522	净利润	1 556
汇率和公允价值利得和损失	25	税前利润	1 944
所得税	−388	应占联营合资企业的利润	3
利息及其他财务费用（净值）	−55	销售收入	11 720

要　求

1. 根据上面的会计科目，请判断利润表是根据性质还是职能排列的。
2. 请将利润表按多步式重新编制（净利润 = 1 556 百万欧元）。

挑战练习 5-4　诺基亚及其他公司 *

要　　点：财务报表形式

难度系数：中

标题 1 和标题 2 下列示了 8 家公司的合并资产负债表和合并利润表。

- 诺基亚（Nokia）(芬兰) 是全球先进的移动和固定网络基础设施供应商，主营硬件、软件服务和先进技术许可。诺基亚的财务报告根据欧盟采用的 IFRS 编制。
- 铂傲（Bang & Olufsen）(丹麦) 于 1925 年由 Peter Bang 和 Svend Olufsen 在 Struer 成立。它在丹麦和国际市场上设计、开发和销售音频和视频产品，包括便携式和家用音频扬声器，以及扬声器套装、头戴式降噪耳机、电视和配件。集团的合并财务报表根据欧盟采纳的 IFRS 以及丹麦额外的披露要求进行编制。
- 麦德龙（Metro）(德国) 是最重要的国际贸易和零售商之一。麦德龙 2022 年 9 月 30 日的合并财务报表根据 IFRS 编制。
- 布依格（Bouygues）(法国) 是提供重型建设、房地产发展、媒体通信业务的工业集团。布依格 2022 年 12 月 31 日的合并财务报表是根据欧盟采用的 IFRS 编制。
- 易捷航空（EasyJet）(英国) 是一家低成本航空公司。易捷航空的财务报表根据英国采纳的国际会计准则以及 2006 版公司法中适用于按照这些准则报告的公司的要求。
- 美国联合航空控股公司（United Airlines Holdings）(美国) 为乘客和货物提供在美国国内及全球的定期航空运输服务。2010 年，美国联合航空与大陆航空公司合并，成为联合大陆控股公司。2019 年，美国联合航空将其母公司名称从联合大陆控股公司更改为美国联合航空控股公司。合并财务报表根据美国 GAAP 编制。
- 拜耳作物科学公司（Bayer CropScience）(印度) 生产和销售杀虫剂、杀真菌剂、除草剂和其他各种农用化学品以及从事杂交种子的销售和分销。公司的财务报表根据印度通用会计准则编制。
- 深圳高速公路集团股份有限公司（中国）总部位于深圳，并在香港和上海上市。集团的主要业务是在中国建设、运营、管理和投资收费高速公路以及环境保护业务。环境保护业务主要包括固体废物的回收和处理以及清洁能源。财务报表已按照中国通用会计准则编制。
- 倍耐力（Pirelli）(意大利) 成立于 1872 年，是一家生产消费型轮胎的公司，生产汽车、摩托车和自行车轮胎。

要　求

根据各公司财务报表将其资产负债表和利润表按照表 5-28 和表 5-29 的方法分类并解释。

表　5-28

公司	利润表		
	格式	内容详细程度	分类
	垂直式（V） 水平式（H）	单步式（S） 多步式（M）	性质（N） 职能（F）
诺基亚（Nokia）(芬兰)			
铂傲（Bang & Olufsen）(丹麦)			
麦德龙（Metro）(德国)			
布依格（Bouygues）(法国)			
易捷航空（EasyJet）(英国)			
美国联合航空控股公司（United Airlines Holdings）(美国)			
拜耳作物科学公司（Bayer CropScience）(印度)			
深圳高速公路集团股份有限公司（中国）			
倍耐力（Pirelli）(意大利)			

表　5-29

公司	资产负债表			
	格式	分类		列示
	垂直式（V） 水平式（H）	单步式（S） 多步式（M）	职能（N） 期限（T）	流动性递增（I） 流动性递减（D）
诺基亚（Nokia）(芬兰)				
铂傲（Bang & Olufsen）(丹麦)				
麦德龙（Metro）(德国)				
布依格（Bouygues）(法国)				
易捷航空（EasyJet）(英国)				
美国联合航空控股公司（United Airlines Holdings）(美国)				
拜耳作物科学公司（Bayer CropScience）(印度)				
深圳高速公路集团股份有限公司（中国）				
倍耐力（Pirelli）(意大利)				

1. 资产负债表⊖

表 5-30～表 5-38 是各公司年报中的合并资产负债表（为方便教学，对一些内容进行了简化）。

表 5-30　诺基亚合并资产负债表　　　　　　（单位：百万欧元）

12 月 31 日	2022 年	2021 年
资产		
非流动资产		
商誉和无形资产	6 930	7 051
土地、厂房和设备	2 015	1 924
使用权资产	929	884
投资联营合资公司	199	243

⊖　资料来源：公司年报。

（续）

12 月 31 日	2022 年	2021 年
非流动有息金融投资	697	0
其他非流动金融投资	828	758
递延所得税资产	3 834	1 272
其他非流动金融资产	252	325
养老金收益计划	6 754	7 740
其他非流动应收资产	239	255
非流动资产合计	**22 677**	**20 452**
流动资产		
存货	3 168	2 646
应收账款	4 856	6 879
合同资产	1 875	0
其他应收	1 024	1 259
当期所得税资产	227	475
其他流动金融资产	243	302
流动有息金融投资	612	911
现金和和现金等价物	6 261	7 369
流动资产合计	**18 266**	**19 841**
持有至出售资产	5	23
资产总计	**39 517**	**41 024**
股东权益和负债		
母公司股东股本和公积金		
股本	246	246
股本溢价	503	454
库存股	（352）	（352）
外币折算差额	169	（396）
公允价值及其他公积	3 905	4 219
非限制性股权投资公积	15 487	15 726
留存收益	1 375	（2 537）
归属于母公司股东权益	**21 333**	**17 360**
少数股东权益	93	102
股东权益总计	**21 426**	**17 462**
非流动负债		
长期带息负债	4 249	4 537
长期租赁负债	858	824
递延所得税负债	332	282
养老金负债	2 459	3 408
合同负债	120	354
递延收益和其他长期负债	103	436
准备金	622	645
非流动负债合计	**8 743**	**10 486**
流动负债		
短期借款	228	116
短期租赁负债	184	185
其他金融负债	1 038	762
当期所得税负债	185	202
应付账款	4 730	3 679

（续）

12 月 31 日	2022 年	2021 年
合同负债 – 流动	1 977	2 293
应计费用、递延收入和其他负债	3 619	3 940
准备金 – 流动	813	924
流动负债合计	**12 774**	**12 101**
负债总计	**21 517**	**22 587**
股东权益和负债总计	**42 943**	**40 049**

表 5-31　铂傲合并资产负债表　（单位：百万丹麦克朗）

资产	2022 年 5 月 31 日	2021 年 5 月 31 日	权益和负债	2022 年 5 月 31 日	2021 年 5 月 31 日
商誉	42	41	股本	613	613
软件权	57	41	外币折算公积	32	16
已完成开发项目	97	110	现金流套期公积	−5	−10
正在开发项目	138	76	留存收益	460	514
无形资产合计	**334**	**268**	**权益合计**	**1 100**	**1 133**
土地、厂房和设备	215	180	租赁负债	95	117
使用权资产	108	120	养老金负债	12	14
有形资产合计	**323**	**300**	递延所得税	6	7
非流动应收款	27	24	准备金	41	39
递延所得税资产	77	87	按揭贷款	58	61
非流动资产合计	**761**	**679**	其他非流动负债	21	16
存货	629	369	**其他非流动负债合计**	**233**	**254**
应收账款	397	438	租赁负债	39	24
应收税款	37	32	按揭贷款	4	4
其他应收款	89	92	银行贷款	276	20
预付款	28	32	准备金	56	49
证券	415	435	应付账款	581	502
现金	162	178	应付税款	17	31
持有至出售资产	—	21	其他负债	212	259
流动资产合计	**1 757**	**1 597**	**流动负债合计**	**1 185**	**889**
			负债总计	**1 418**	**1 143**
资产总计	**2 518**	**2 276**	**权益和负债总计**	**2 518**	**2 276**

表 5-32　麦德龙合并资产负债表　（单位：百万欧元）

资产	2021 年 9 月 30 日	2022 年 9 月 30 日
非流动资产	**8 004**	**7 722**
商誉	644	647
无形资产	568	572
土地、厂房和设备	5 663	5 735
投资性房地产	170	172
非流动金融资产	92	84
权益投资	361	108
其他金融资产	142	100

（续）

资产	2021 年 9 月 30 日	2022 年 9 月 30 日
其他非金融资产	19	17
递延所得税资产	345	287
流动资产	**4 815**	**5 133**
存货	1 964	2 455
应收账款	496	601
流动金融资产	2	4
其他金融资产	505	588
其他非金融资产	281	339
所得税返还	93	102
现金及现金等价物	1 474	825
持有至出售资产	0	219
资产总计	**12 819**	**12 855**
股东权益和负债		
股东权益	**1 847**	**2 365**
股本	363	363
资本公积	5 048	4 755
留存收益	−3 585	−2 774
归属于母公司股东权益	1 826	2 344
少数股东权益	21	21
非流动负债	**4 645**	**3 813**
退休金准备金	531	360
其他准备金	155	163
非流动金融负债	3 798	3 065
其他金融负债	20	39
其他非金融负债	58	33
递延所得税负债	83	153
流动负债	**6 327**	**6 677**
应付账款	3 476	3 855
准备金	290	316
流动金融负债	1 155	1 059
其他金融负债	781	896
其他非金融负债	347	283
应付所得税	278	268
持有至出售资产相关负债	0	0
负债和股东权益总计	**12 819**	**12 855**

表 5-33　布依格合并资产负债表　　　　　　（单位：百万欧元）

资产	2022 年 12 月 31 日	2021 年 12 月 31 日
土地、房屋和设备	9 187	8 048
使用权资产	2 472	1 741
无形资产	3 969	2 774
商誉	12 626	7 446
合营企业和联营企业投资	1 686	878
其他非流动金融资产	584	496
递延所得税资产	489	292
非流动资产	**31 013**	**21 675**
存货	3 131	2 810
订单预付账款	422	347

（续）

资产	2022 年 12 月 31 日	2021 年 12 月 31 日
应收账款	9 573	6 641
客户合同资产	5 595	2 909
税资产（应收税款）	306	169
其他应收账款和预付账款	4 475	3 485
现金及现金等价物	5 736	6 501
金融工具—债务保值	193	47
其他流动金融资产	32	24
流动资产	**29 463**	**22 933**
持有至出售资产和经营业务	119	34
资产总计	**60 595**	**44 642**
负债和股东权益		
股本	375	383
股本溢价和公积金	10 843	9 632
外币折算公积	75	92
库存股	（54）	（88）
归属于集团利润	973	1 125
归属于母公司股东权益	**12 212**	**11 144**
少数股东权益	**1 720**	**1 645**
股东权益	**13 932**	**12 789**
非流动债务	11 586	5 805
非流动租赁负债	2 107	1 473
非流动准备金	2 250	2 093
递延所得税负债	759	344
非流动负债	**16 702**	**9 715**
流动债务	1 361	1 324
流动租赁负债	498	362
当期应付税款	349	196
应付账款	11 116	8 266
客户合同负债	6 941	4 305
流动准备金	1 832	1 330
其他流动负债	7 385	5 979
银行透支和短期银行借款	418	351
金融工具—债务保值	4	9
其他流动金融负债	13	16
流动负债	**29 917**	**22 138**
与持有至出售经营业务相关的负债	44	0
负债和股东权益总计	**60 595**	**44 642**

表 5-34　易捷航空公司合并资产负债表　　　　（单位：百万英镑）

9 月 30 日	2022 年	2021 年
非流动资产		
商誉	365	365
其他无形资产	217	217
土地、厂房和设备	4 629	4 735
衍生金融工具	127	86
权益投资	31	30
限制货币资金	3	1
其他非流动资产	91	135

（续）

9 月 30 日	2022 年	2021 年
递延所得税资产	62	39
	5 525	5 608
流动资产		
应收账款和其他应收款	367	291
无形资产	495	140
衍生金融工具	423	185
限制货币资金	4	13
货币市场存款	126	—
现金及现金等价物	3 514	3 536
	4 929	4 165
流动负债		
应付账款	（1 685）	（1 128）
预收账款	（1 042）	（844）
短期借款	（437）	（300）
租赁负债	（247）	（189）
衍生金融工具	（86）	（31）
当期所得税负债	（5）	（2）
保修准备金	（176）	（183）
	（3 678）	（2 677）
净流动资产	1 251	1 488
非流动负债		
长期借款	（2 760）	（3 067）
递延收入	（1）	（2）
租赁负债	（866）	（890）
衍生金融工具	（22）	（37）
长期递延收益	（4）	（4）
养老金负债	（1）	（37）
保修准备金	（589）	（420）
	（4 243）	（4 457）
净资产	2 533	2 639
股东权益		
股本	207	207
股本溢价	2 166	2 166
保值公积	170	156
保值公积成本	5	（1）
外币折算公积	（6）	—
留存收益	（9）	111
	2 533	2 639

表 5-35　美国联合航空控股公司合并资产负债表　（单位：百万美元）

12 月 31 日	2022 年	2021 年
资产		
流动资产		
现金及现金等价物	7 166	18 283
短期投资	9 248	123
限制性货币资金	45	37
应收账款（减坏账准备金）	1 801	1 663
飞机燃料、零部件和供给（减损耗准备）	1 109	983
预付账款和其他流动资产	689	745

（续）

12 月 31 日	2022 年	2021 年
流动资产合计	20 058	21 834
经营性房产和设备		
飞行设备	42 775	39 584
其他房产和设备	9 334	8 764
飞行设备购买押金	2 820	2 215
经营性房产和设备总计	54 929	50 563
减：累计折旧和摊销	（20 481）	（18 489）
经营性房产和设备，净值	34 448	32 074
经营性租赁使用权资产合计	3 889	4 645
其他资产		
商誉	4 527	4 527
无形资产，减去累计摊销	2 762	2 803
限制性现金	210	213
递延所得税	91	659
投资联营企业，净值	1 373	1 420
其他资产合计	8 963	9 622
资产总计	67 358	68 175
负债和股东权益		
流动负债		
应付账款	3 395	2 562
应计工资和福利费用	1 971	2 121
机票预售款	7 555	6 354
常旅客递延收入	2 693	2 239
长期借款的一年内到期部分	2 911	3 002
其他金融负债的一年内到期部分	23	834
经营性租赁的一年内到期部分	561	556
金融租赁的一年内到期部分	104	76
其他流动负债	779	560
流动负债合计	19 992	18 304
长期债务	28 283	30 361
经营性租赁下的长期义务	4 459	5 152
金融租赁下的长期义务	115	219
其他负债和递延负债		
常旅客递延收入	3 982	4 043
退休金负债	747	1 920
退休福利负债	671	1 000
其他金融负债	844	863
其他非流动负债	1 369	1 284
其他负债和递延负债合计	7 613	9 110
承诺和或有负债		
股东权益		
优先股	—	—
普通股	0	0
追加资本投资	4	4
库存股	8 986	9 156
留存收益	（3 534）	（3 814）
库存股	1 265	625
累计其他综合亏损	175	（942）
股东权益合计	6 896	5 029
负债和股东权益总计	67 358	68 175

表 5-36 拜耳作物科学公司合并资产负债表 （单位：百万卢比）

	2022 年 3 月 31 日	2021 年 3 月 31 日
资产		
非流动资产		
土地、厂房和设备	4 371	3 932
在建工程	133	76
投资性房地产	261	300
无形资产	43	15
在开发无形资产	850	687
金融资产		
其他金融资产	68	151
所得税资产，净值	1 716	1 359
递延所得税资产，净值	73	179
其他资产	259	255
非流动资产合计	**7 774**	**6 954**
流动资产		
存货	15 120	13 251
金融资产		
—投资	385	522
—应收账款	10 047	7 549
—现金及现金等价物	7 809	12 045
—其他银行存款	65	50
—其他金融资产	102	77
其他资产	2 227	1 945
流动资产合计	**35 755**	**35 439**
资产总计	**43 529**	**42 393**
权益和负债		
权益		
股本	449	449
其他权益	24 794	25 054
权益总计	**25 243**	**25 503**
负债		
非流动负债		
金融负债		
租赁负债	518	141
准备金	1 175	1 043
非流动负债合计	**1 693**	**1 184**
流动负债		
金融负债		
—租赁负债	346	122
—应付账款		
微小企业应付账款	154	192
其他企业应付账款	8 044	8 111
—其他金融负债	444	610
其他流动负债	6 348	5 494
准备金	1 098	637
当期所得税负债，净值	159	540
流动负债合计	**16 593**	**15 706**
负债总计	**18 286**	**16 890**
负债和权益总计	**43 529**	**42 393**

表 5-37　深圳高速公路集团股份有限公司合并资产负债表（单位：人民币）

12 月 31 日	2022 年	2021 年
流动资产		
货币资金	3 635 862 158.72	5 948 688 887.14
交易性金融资产	1 112 243 771.54	564 018 179.30
应收票据	3 500 000.00	87 388 115.83
应收账款	1 052 263 013.07	993 613 902.45
预付款项	225 509 293.25	191 350 700.74
其他应收款	1 121 628 992.41	981 250 269.52
存货	1 314 262 956.81	1 338 820 859.08
合同资产	377 341 353.82	395 182 028.57
一年内到期的非流动资产	196 704 222.31	235 808 874.20
其他流动资产	257 805 744.15	546 140 489.67
流动资产合计	9 297 121 506.08	11 282 262 306.50
非流动资产		
长期预付款项	996 880 056.74	1 792 084 894.91
长期应收款	2 152 166 502.48	1 116 297 854.71
长期股权投资	17 749 069 948.37	19 108 413 241.29
其他非流动金融资产	763 264 630.44	738 846 474.26
投资性房地产	26 068 821.95	38 850 893.38
固定资产	7 209 500 786.33	5 709 992 223.45
在建工程	225 703 626.92	1 779 732 996.87
使用权资产	75 412 073.15	366 721 652.00
无形资产	26 847 604 300.36	27 091 053 905.41
开发支出	5 500 636.18	25 767 094.71
商誉	202 893 131.20	248 932 906.44
长期待摊费用	53 624 450.56	53 969 025.42
递延所得税资产	423 407 651.00	451 230 984.30
其他非流动资产	3 173 250 142.00	2 500 778 712.94
非流动资产合计	59 904 346 757.68	61 022 672 860.09
资产总计	69 201 468 263.76	72 304 935 166.59
流动负债		
短期借款	9 396 229 275.32	4 120 586 329.34
交易性金融负债	133 009 243.01	0
应付票据	228 669 880.66	87 244 188.73
应付账款	2 812 967 920.77	2 502 175 159.44
预收款项	794 329.08	12 829 596.78
合同负债	30 333 016.72	219 246 400.33
应付职工薪酬	363 794 024.54	364 069 719.08
应交税费	507 605 023.01	594 812 841.07
其他应付款	1 371 768 690.38	1 776 497 691.50
一年内到期的非流动负债	6 380 323 337.26	4 974 845 270.24
其他流动负债	2 017 855 853.48	2 037 992 294.21
流动负债合计	23 243 350 594.23	16 690 299 490.72
非流动负债		
长期借款	9 573 248 109.29	10 069 194 495.36
应付债券	5 769 517 430.62	7 086 863 713.17
租赁负债	47 738 699.35	326 956 105.32
长期应付款	1 148 281 363.36	4 393 072 497.98

（续）

12 月 31 日	2022 年	2021 年
长期应付职工薪酬	115 716 411.45	187 966 149.45
预计负债	187 330 812.16	173 542 101.05
递延收益	474 342 722.05	557 479 916.10
递延所得税负债	1 281 034 171.47	1 286 986 799.74
非流动负债合计	**18 597 209 719.75**	**24 082 061 778.17**
负债总计	**41 840 560 313.98**	**40 772 361 268.89**
股东权益		
实收资本（或股本）	2 180 770 326.00	2 180 770 326.00
其他权益工具	4 000 000 000.00	4 000 000 000.00
资本公积	4 390 599 135.60	8 864 157 411.51
其他综合收益	(408 012 206.05)	426 519 781.12
盈余公积	3 103 651 659.99	2 931 599 472.69
未分配利润	8 079 278 802.54	7 157 542 961.33
归属于母公司所有者权益	21 346 287 718.08	25 560 589 952.65
（或股东权益）合计	**6 014 620 231.70**	**5 971 983 945.05**
股东权益总计	**27 360 907 949.78**	**31 532 573 897.70**
负债和股东权益总计	**69 201 468 263.76**	**72 304 935 166.59**

表 5-38　倍耐力合并资产负债表　　　　（单位：千欧元）

12 月 31 日	2022 年	2021 年
非流动资产		
土地、厂房和设备	3 399 628	3 288 914
无形资产	5 382 837	5 485 665
对联营企业和合营企业投资	80 227	80 886
公允价值变动计入其他综合收益的金融资产	48 419	56 907
递延所得税资产	176 969	137 643
其他应收款	231 151	362 944
应收税款	9 055	27 564
其他资产	120 481	153 205
衍生金融工具	26 430	4 612
非流动资产合计	**9 475 197**	**9 598 340**
流动资产		
存货	1 457 711	1 092 162
应收账款	636 446	659 209
其他应收款	741 238	470 577
公允价值变动计入当期损益的金融资产	246 884	113 901
现金及现金等价物	1 289 744	1 884 649
应收税款	27 649	17 773
衍生金融工具	22 681	46 562
流动资产合计	**4 422 353**	**4 284 833**
资产总计	**13 897 550**	**13 883 173**
归属于母公司股东权益	**5 323 794**	**4 908 112**
股本	1 904 375	1 904 375
公积	3 001 659	2 700 941
净利润	417 760	302 796
少数股东权益	**130 034**	**134 527**
公积	111 894	115 730

（续）

12 月 31 日	2022 年	2021 年
净利润	18 140	18 797
股东权益总计	**5 453 828**	**5 042 639**
非流动负债		
银行和其他金融机构借款	3 690 111	3 789 369
其他应付款	74 574	76 485
准备金	101 676	81 170
递延所得税负债	1 041 848	1 033 892
职工福利准备金	180 558	220 598
应付税款	12 780	11 512
衍生金融工具	0	3 519
非流动负债合计	**5 101 547**	**5 216 545**
流动负债		
银行和其他金融机构借款	800 389	1 489 249
应付账款	1 973 296	1 626 367
其他应付款	405 578	314 203
准备金	41 250	43 594
应付税款	102 104	134 388
衍生金融工具	19 558	16 188
流动负债合计	**3 342 175**	**3 623 989**
负债和股东权益总计	**13 897 550**	**13 883 173**

2. 利润表⊖

表 5-39～表 5-47 是各公司年报中的合并利润表（为了方便教学，对一些内容进行了简化）。

表 5-39　诺基亚合并利润表　　　　　　　（单位：百万欧元）

12 月 31 日	2022 年	2021 年
净销售收入	**24 911**	**22 202**
销货成本	（14 689）	（13 368）
毛利润	**10 222**	**8 834**
研发费用	（4 550）	（4 214）
营销费用	（3 013）	（2 792）
其他收入	98	443
其他费用	（439）	（113）
经营利润	**2 318**	**2 158**
应占联营企业利润	（26）	9
财务收入	86	43
财务费用	（194）	（284）
税前利润	**2 184**	**1 926**
所得税	2 026	（272）
可持续经营业务净利润	**4 210**	**1 654**
终止经营业务净利润／（亏损）	49	（9）
净利润	**4 259**	**1 645**

⊖ 资料来源：公司年报。

表 5-40　铂傲合并利润表　　　　　　　　　　　　（单位：百万丹麦克朗）

	2021/2022	2020/2021
收入	2 948	2 629
生产成本	−1 612	−1 490
毛利润	1 336	1 139
开发成本	−279	−258
分销和市场营销成本	−875	−727
管理成本	−136	−135
营业利润（EBIT）	46	19
财务收入	11	6
财务费用	−65	−58
财务费用净值	−54	−52
税前利润（EBT）	−8	−33
所得税	−22	10
净利润	−30	−23

表 5-41　麦德龙合并利润表　　　　　　　　　　　　（单位：百万欧元）

9 月 30 日	2020/2021	2021/2022
销售收入	24 765	29 754
销货成本	−20 539	−24 715
毛利润	4 226	5 039
其他经营收入	1 107	1 071
销售费用	−3 814	−4 291
管理费用	−875	−964
其他经营费用	−440	−443
金融资产减值	−26	−7
经营性权益投资损益	19	24
息税前利润（EBIT）	197	429
其他投资损益	12	15
利息收入	30	32
利息费用	−224	−189
其他财务收入（费用）	25	−421
财务收入（费用）(净值)	−157	−563
税前利润（EBT）	40	−134
所得税	−85	−197
净利润	−45	−331

表 5-42　布依格合并利润表　　　　　　　　　　　　（单位：百万欧元）

	2022 年	2021 年
销售收入	44 322	37 589
其他经营收入	76	55
购买成本	（19 372）	（16 641）
人工成本	（10 381）	（8 497）
外部费用	（10 572）	（8 614）
非所得税费用	（639）	（597）
有形资产和无形资产净折旧和摊销费用	（2 228）	（2 065）

（续）

	2022 年	2021 年
使用权资产净折旧和摊销费用	（446）	（353）
准备金和减值损失	（172）	（405）
生产和房地产开发存货变动	61	（99）
其他经营收益	2 565	2 280
其他经营费用	（1 252）	（960）
流动经营利润	**1 962**	**1 693**
其他经营收益	93	115
其他经营费用	（183）	（75）
经营利润	**1 872**	**1 733**
财务收入	33	21
财务费用	（231）	（176）
净债务成本	**（198）**	**（155）**
租赁利息费用	（62）	（52）
其他财务收入	91	63
其他财务费用	（118）	（74）
所得税费用	（424）	（432）
应占合营企业和联营企业损益	（30）	222
持续性经营业务利润	**1 131**	**1 305**
非持续性经营业务利润	**0**	**0**
净利润（亏损）	**1 131**	**1 305**

表 5-43　易捷航空公司合并利润表　（单位：百万英镑）

9 月 30 日	2022 年	2021 年
乘客收入	3 816	1 000
辅助收入	1 953	458
总收入	**5 769**	**1 458**
燃料费	（1 279）	（371）
机场和地勤费	（1 716）	（446）
机组人员人工费	（767）	（495）
导航费	（339）	（102）
维修费	（301）	（222）
营销费	（173）	（60）
其他成本	（665）	（272）
其他收益	10	85
息税、折旧、租赁费前收益	**539**	**（425）**
干租费用（b）	（2）	（5）
折旧费	（539）	（456）
无形资产摊销费用	（25）	（24）
经营利润	**（27）**	**（910）**
利息收入和其他财务收入	26	73
利息费用和其他财务费用	（143）	（209）
汇兑损益	（64）	10
财务收入（费用）（净值）	**（181）**	**（126）**
税前亏损	**（208）**	**（1 036）**
所得税抵减	39	178
净亏损	**（169）**	**（858）**

注：（b）干租是出租人只提供飞行器，不提供保险、机组人员、地勤人员、配套设备和维修人员等。

表 5-44　美国联合航空控股公司合并利润表　　　　　　（单位：百万美元）

12 月 31 日	2022 年	2020 年
经营收入		
旅客飞行收入	40 032	20 197
货物运输收入	2 171	2 349
其他经营收入	2 752	2 088
经营收入总计	44 955	24 634
经营费用		
燃料费	13 113	5 755
工资费用	11 466	9 566
落地费和其他租赁费	2 576	2 416
折旧和摊销费	2 456	2 485
区域流量购买费	2 299	2 147
维修费	2 153	1 316
分销费	1 535	677
飞机租赁费	252	228
特殊费用	140	（3 367）
其他经营费用	6 628	4 433
经营费用总计	42 618	25 656
营业利润（亏损）	2 337	（1 022）
非营业收入（费用）		
利息费用	（1 778）	（1 657）
利息收入	298	36
资本化利息	105	80
未实现投资损益（净值）	20	（34）
其他，净值	8	40
非营业收入（费用）总计（净值）	（1 347）	（1 535）
税前利润（亏损）	990	（2 557）
所得税费用（收益）	253	（593）
净利润（亏损）	737	（1 964）

表 5-45　拜耳作物科学公司合并利润表　　　　　　（单位：百万卢比）

	2021 年 4 月 1 日至 2022 年 3 月 31 日	2020 年 4 月 1 日至 2021 年 3 月 31 日
营业收入	47 344	42 613
其他收益	546	638
收益总计	47 890	43 251
费用		
原材料消耗成本	25 779	24 840
未加工存货购买	2 304	1 398
半成品、产成品和未加工存货变动	（1 441）	（1 779）
员工福利费用	4 631	3 622
财务成本	129	126
折旧和摊销费用	645	735
其他费用	7 960	6 415
费用总计	40 007	35 357
非经常性项目和税前利润	7 883	7 894

（续）

	2021 年 4 月 1 日至 2022 年 3 月 31 日	2020 年 4 月 1 日至 2021 年 3 月 31 日
非经常性项目		
员工遣散费用	—	51
业务出售利得	585	—
非经常性项目总计	585	51
税前利润	8 468	7 945
所得税费用		
当期所得税	1 919	2 939
递延所得税	96	75
	2 015	3 014
净利润	6 453	4 931

表 5-46　深圳高速公路集团股份有限公司合并利润表　（单位：人民币）

	2022 年	2021 年
Ⅰ. 营业收入	9 372 582 546.59	10 889 580 617.88
减：营业成本	6 353 596 261.96	7 105 227 107.44
税金及附加	40 442 395.71	78 340 603.31
销售费用	35 575 461.38	59 700 478.67
管理费用	443 718 875.29	571 854 287.68
研发费用	46 477 237.77	60 572 086.28
财务费用	1 386 671 418.30	909 118 714.52
加：其他收益	31 950 022.73	42 452 054.53
投资收益	1 533 896 512.10	967 757 621.90
公允价值变动收益	95 175 495.33	348 270 358.31
信用减值损失	（83 223 668.30）	（52 126 979.64）
资产减值损失	（164 116 480.76）	（117 161 160.11）
资产处置收益	7 297 414.27	17 391 358.90
Ⅱ. 营业利润	2 487 080 191.55	3 311 350 593.87
加：营业外收入	24 768 816.69	50 693 425.61
减：营业外支出	27 323 961.12	4 940 377.55
Ⅲ. 利润总额	2 484 525 047.12	3 357 103 641.93
减：所得税费用	531 669 555.05	551 149 034.15
Ⅳ. 净利润	1 952 855 492.07	2 805 954 607.78

表 5-47　倍耐力合并利润表　（单位：千欧元）

	2022 年	2021 年
销售和服务收入	6 615 727	5 331 450
其他收益	330 913	303 868
未完工、半完工和完工存货变动	212 222	157 813
原材料和损耗品变动	（2 419 274）	（1 820 615）
人工费用	（1 178 609）	（1 101 913）
摊销、折旧和减值费用	（566 689）	（517 192）
其他成本	（2 208 788）	（1 770 518）
金融资产净减值	4 075	（7 950）
内部工程导致的固定资产增加	1 905	2 111

（续）

	2022 年	2021 年
营业利润	791 482	577 054
权益投资净收益	5 848	3 978
财务收入	101 987	35 000
财务费用	（303 683）	（179 281）
税前净利润	595 634	436 751
所得税	（159 734）	（115 158）
净利润	435 900	321 593

参考书目

Berthelot S, Cormier D, Magnan M. (2003) Environmental disclosure research: review and synthesis. Journal of Accounting Literature, 22, 1-44.

Christensen H B, Floyd E, Liu L Y, Maffett M. (2017) The real effects of mandated information on social responsibility in financial reports: evidence from mine-safety records. Journal of Accounting and Economics, 64(2), 284-304.

Christensen H B, Hail L, Leuz C. (2021) Mandatory CSR and sustainability reporting: economic analysis and literature review. Review of Accounting Studies, 26(3), 1176-1248.

Cohen N, Andreicovici I, Ghio A, Paugam L. (2022) CSR disclosure and agency frictions: evidence from a shift from mandatory to voluntary corporate philanthropy disclosure. Working paper.

Darendeli A, Fiechter P, Hitz J-M, Lehmann N. (2022) The role of corporate social responsibility (CSR) information in supply-chain contracting: evidence from the expansion of CSR rating coverage. Journal of Accounting & Economics, 74(2/3), 101525.

Dienes D, Sassen R, Fischer J. (2016) What are the drivers of sustainability reporting? A systematic review. Sustainability Accounting, Management & Policy Journal, 7(2), 154-189.

Epstein M, Flamholtz E, McDonough J J. (1976) Corporate social accounting in the United States of America: state of the art and future prospects. Accounting, Organizations and Society, 1(1), 23-42.

Erkens M, Paugam L, Stolowy H. (2015) Non-financial information: state of the art and research perspectives based on a bibliometric study. Comptabilité - Contrôle - Audit, 21(3), 15-92.

European Union. (2021) Proposal for a directive of the European parliament and of the council amending directive 2013/34/EU, directive 2004/109/EC, directive 2006/43/EC and regulation (EU) no 537/2014, as regards corporate sustainability reporting.

European Union. (2022) Directive (EU) 2022/2464 of the European parliament and of the council of 14 December 2022 amending directive 2013/34/EU, directive 2004/109/EC, directive 2006/43/EC and regulation (EU) no 537/2014, as regards corporate sustainability reporting.

Fiandrino S, Tonelli A, Devalle A. (2022) Sustainability materiality research: a systematic literature review of methods, theories and academic themes. Qualitative Research in Accounting & Management, 19(5), 665-695.

Fiechter P, Hitz J-M, Lehmann N. (2022) Real effects of a widespread CSR reporting mandate: evidence from the European union's CSR directive. Journal of Accounting Research, 60(4), 1499-1549.

Gillan S L, Koch A, Starks L T. (2021) Firms and social responsibility: a review of ESG and CSR research in corporate finance. Journal of Corporate Finance, 66, N.PAG-N.PAG.

Global Sustainable Investment Alliance. (2021) Global sustainable investment review 2020.

Grewal J, Serafeim G. (2020) Research on corporate sustainability: Review and directions for future research. Foundations & Trends in Accounting, 14(2), 73-127.

ISSB (2023a) IFRS S1 general requirements for disclosure of sustainability-related financial information. London, International Sustainability Standards Board.

ISSB (2023b) IFRS s2 climate-related disclosures. London, International Sustainability Standards Board.

Rauter T. (2020) The effect of mandatory extraction payment disclosures on corporate payment and investment policies abroad. Journal of Accounting Research, 58(5), 1075-1116.

Rezaee Z (2016) Business sustainability research: a theoretical and integrated perspective. Journal of Accounting Literature, 36, 48-64.

Stolowy H, Paugam L. (2018) The expansion of non-financial reporting: an exploratory study. Accounting and Business Research, 48(5), 525-548.

Stolowy H, Paugam L. (2023) Sustainability reporting: is convergence possible? Accounting in Europe, 20(2), 139-165.

Tsang A, Frost T, Cao H. (2023) Environmental, social and governance (ESG) disclosure: a literature review. British Accounting Review, 55(1), 101149.

Zhou S. (2022) Reporting and assurance of climate-related and other sustainability information: a review of research and practice. Australian Accounting Review, 32(3), 315-333.

扩展阅读

Ball R. (2006) International financial reporting standards (IFRS): pros and cons for investors. Accounting & Business Research, 36(Special issue), 5-27.

Bassemir M. (2018) Why do private firms adopt IFRS? Accounting and Business Research, 48(3), 237-63.

Carmona S, Trombetta M. (2008) On the global acceptance of IAS/IFRS accounting standards: the logic and implications of the principles-based system. Journal of Accounting and Public Policy, 27(6), 455-61.

Chua W F, Taylor S L. (2008) The rise and rise of IFRS: an examination of IFRS diffusion. Journal of Accounting and Public Policy, 27(6), 462-73.

Collective work (2017) The role and current status of IFRS in the completion of national accounting rules. Accounting in Europe, 14 (1/2): 1-247.

Degos J G, Levant Y, Touron P. (2019) The history of accounting standards in French-speaking African countries since independence: the uneasy path toward IFRS. Accounting, Auditing & Accountability Journal, 32(1), 75-100.

Ding Y, Su X. (2008) Implementation of IFRS in a regulated market. Journal of Accounting and Public Policy, 27(6), 474-9.

Lourenço I C, Sarquis R, Branco M C, Magro N. (2018) International differences in accounting practices under IFRS and the influence of the US. Australian Accounting Review, 28(4), 468-81.

Mantzari E, Georgiou O. (2019) Ideological hegemony and consent to IFRS: insights from practitioners in Greece. Critical Perspectives on Accounting, 59, 70-93.

Nobes C. (2006) The survival of international differences under IFRS: towards a research agenda. Accounting and Business Research, 36(3), 233-45.

Pelger C. (2016) Practices of standard-setting—an analysis of the IASB's and FASB's process of identifying the objective of financial reporting. Accounting, Organizations and Society, 50, 51-73.

Stolowy H. (2016) IFRS and France: a marriage of convenience. in Bensadon D and Praquin N. (eds) IFRS in a Global World—Essays in Honor of Professor Jacques Richard. Springer, Switzerland, 247-61.

Van Mourik C，Walton P. (2018) The European IFRS endorsement process—in search of a single voice. Accounting in Europe, 15(1), 1-32.

Walton P. (2015) IFRS in Europe—an observer's perspective of the next 10 years. Accounting in Europe, 12(2), 135-51.

Zeff S A. (2012) The evolution of the IASC into the IASB, and the challenges it faces. The Accounting Review, 87(3), 807-37.

注　释

1　美国注册会计师协会（AICPA）会计原则委员会在 1970 年的《企业财务报表编制的基本概念与会计原则》第 4 号报告中定义，GAAP 为在某一特定时刻下指导会计实务公认的惯例、规则和程序。GAAP 不仅包括广泛的指导方针，还包括详细的方法和程序。这些惯例、规则和程序为财务报表编制提供了标准。每个国家都根据自身的传统、原则、价值观和实践制定自己的会计准则。

2　参见 IFRS 官方网站。

3　参见 IFRS 官方网站。

4　关于国际财务会计准则在世界各国的执行情况，请访问 IASB 网站。德勤会计师事务所网站也提供了全球国际财务会计准则执行明细表。

5　证券机构成员包括澳大利亚证券和投资委员会（ASIC）、巴西证券交易委员会（CVM）、加拿大证券管理委员会（CSA）、法国金融市场管理局（AFM）、日本金融服务局（FSA）、英国金融行为监管局（FCA）以及美国证券交易委员会（SEC）等。截至 2023 年 1 月，国际证券委员会组织（IOSCO）共有 236 名成员：131 名普通会员、34 名附属会员以及 71 名预备会员。

6　2023 年 7 月 1 日。

7　参见 IFRS 官方网站。

8　参见欧盟委员会官方网站。

9　参见欧盟委员会官方网站。

10　参见 EFRAG 官方网站。

11　参见 EFRAG 官方网站。

12　参见美国 SEC 官方网站。

13　参见美国 SEC 官方网站。

14　参见彭博网消息。

15　债务到期即需要支付偿还。比如，美国联合航空控股公司在 2022 年年报的合并资产负债表中列示科目：长期债务的流动部分，即长期债务一年内到期的部分。国际航空集团、英国航空公司和伊比利亚航空公司的母公司在 2022 年年报的财务报表附注中注释：现金及现金等价物包括库存现金，以及存在金融机构、根据需求可随时偿还或 3 个月内到期、没有贬值风险的存款。

16　这种编制方式可以计算企业增值。企业增值概念源自税收上的增值税和国民生产总值统计，这一概念在第 10 章和第 14 章会详细讲解。需要注意的是，不要把这里的增值和第 18 章的经济增值（营业利润 − 资本成本）混淆。

第6章 收入确认问题

本章教给你什么

1. 收入确认的概念。

2. 收入何时确认。

3. 长期合同收入确认的方法。

4. 由于税务监管和财务会计准则指引之间的差异造成的会计问题。

5. 递延税是如何入账和报告的。

6. 企业亏损如何滞后或提前减税（未来的税收减免或税收退回）。

7. 利润表中正常、特殊和非正常项目的差别。

8. 会计变动的类型和处理办法（会计政策的变更、会计估计的变更、差错的更正）。

9. 综合收益的概念和引入综合收益概念的原因。

10. 政府资助的会计入账和报告方式。

在具体讨论资产负债表的各个账户之前（第7～12章），我们将在本章中进一步了解利润表，因为利润表反映了企业股东权益的主要变动。正如我们在第2章中看到的，利润表是资产负债表的一个子项目，反映了所有影响股东权益的业务活动。

除了要处理第3、4章中提到的费用和成本问题，还有一些具体事项需要在本章中进一步分析。

- 收入确认：收入确认的时点和金额。
- 提供给股东的报告和提供给税务部门的报告之间的差异造成的一些问题，以及制作财务报告和税务审核的不同目的所带来的不同制度对会计的影响。

- 区分正常（重复的）业务活动和非正常（不经常出现的）业务活动，以便更有效、更全面地反映一个会计期间内企业创造的价值，使投资者和财务信息使用者能够更好地预测企业未来的业务情况。
- 处理和报告其他业务事项，如会计政策的变更和政府补贴。

6.1 收入确认

收入（revenue/revenues）或**销售收入**（sales revenue）[1]，指企业通过正常业务活动从客户那里获得的资金流入，一般来说是通过销售货物或服务达到这样的目的。收入也可以以第三方向企业支付的利息、红利、特许经营费等方式存在。

根据 IASB（IFRS 15，IASB 2018c：附录 A），收入是指主体在正常经营活动过程中产生的收益。收益代表了会计期间内经济利益的增加，其形式体现为导致权益增加的资产的流入、改良或负债的减少，但与权益参与者出资相关的除外。

收入确认就是将业务对利润表中收入项的影响记入账目中。由会计分期和配比原则产生的重要会计事项决定什么时候确定收入。IAS 18（IASB 1993b：§1-5）是之前指引收入确认的主要会计准则。2014 年 5 月，IASB 发布了新的准则——《国际财务报告会计准则第 15 号 – 客户合同收入》（IFRS 15）。该项新准则对自 2018 年 1 月 1 日或以后日期开始的年度期间生效，允许提前采用。因为 IFRS 15 已经颁布，本节内容将根据新准则进行更新。

IFRS 15（IASB 2018c）提供了源于客户合同的收入（除了与租赁、保险和金融工具相关的合同）的确定指引，包括三个类别的业务活动或事件。

（1）销售货物：买入供重新销售或企业自行生产销售的产品，或其他企业持有的供转售的土地和房产。

（2）提供服务：在约定时期内企业根据合同向客户提供的服务。

（3）以出售或使用为目的的特许使用权，以获取知识产权许可。

以利息（将企业的现金和现金等价物的使用权提供给他方获得的收益）和红利（在他方企业的股权投入获得的分红收入）为形式的收入之前包括在 IAS 18 中，现在被纳入 IFRS 9（IASB 2020：§5.4.1 和 §5.7.1A）(本章后面会提及)。

根据不同类型的交易（transaction），收入的确定原则有所调整。在不同国家，收入确认原则有差异，而 IFRS 15 给出了收入确认最常用的方法。

6.1.1 销售货物和提供服务

1. 原则

IFRS 15（IASB 2018c：§2）的核心原则为：主体确认收入的方式应当反映客户转让商品或服务的模式，而确认的金额应反映主体预计因交付这些商品或服务而有权获得的对价。

2014 年颁布的 IFRS 15 中的 IN7 段落总结了主体应通过下列步骤按照该核心原则确认收入。

- **步骤 1：识别客户合同**。合同是指双方或多方之间达成的确立可执行权利和义务的协议。IFRS 15 的要求适用于与客户协定的并符合特定标准的每一项合同。
- **步骤 2：识别合同中的履约义务**。合同包括向客户转让商品或服务的承诺。如果这些商品或服务可明确区分，则对应的承诺即为履约义务，并且应当分别进行会计处理。如果客户能够从单独使用某项商品或服务，或将其与客户易于获得的其他资源一起使用中获益，且主体向客户转让该商品或服务的承诺可与合同中的其他承诺单独区分开来，则该商品或服务可明确区分。
- **步骤 3：确定交易价格**。交易价格是主体因向客户转让已承诺的商品或服务而有权获得的对价金额。交易价格一般是固定的客户对价金额，但有时也可能包含可变对价或非现金形式的对价。交易价格还应当就货币的时间价值影响（若合同包含重大融资成分）及任何应付客户的对价做出调整。
- **步骤 4：将交易价格分摊至合同中的履约义务**。主体通常基于合同所承诺的每项可明确区分的商品或服务单独售价的相对比例将交易价格分摊至每一项履约义务。如果单独售价不可观察，主体应对其做出估计。
- **步骤 5：在主体履行履约义务时（或履约过程中）确认收入**。主体应在其通过向客户转让已承诺的商品或服务履行履约义务时（或履约过程中）（即当客户取得对商品或服务的控制权时）确认收入。所确认的收入金额为分摊至已履行的履约义务的金额。履约义务可在某一时点（对于向客户转让商品的承诺而言较为常见）或一段时间内（对于向客户转让服务的承诺而言较为常见）履行。对于在一段时间内履行的履约义务，主体应通过选择计量主体履约义务的履约进度的适当方法在一段时间内确认收入。

识别客户合同

仅当属于本准则范围的与客户之间的合同符合下列所有标准时，主体才应按照本准则对其进行会计处理（IFRS 15：§9）。

- 合同各方已（通过书面、口头或其他依照商业惯例采用的形式）批准合同并承诺履行其相应的义务。
- 主体能够识别各方与拟转让商品或服务相关的权利。
- 主体能够识别拟转让商品或服务的付款条款。
- 合同具有商业实质（即主体未来现金流量的风险、时间分布或金额预计将因合同而发生改变）。
- 主体很可能取得因向客户转让商品或服务而有权获得的对价。在评价对价金额是否很可能收回时，主体仅应考虑客户在到期时支付对价金额的能力和意图。如果对价是可变的，则主体有权获得的对价金额可能低于合同规定的价格，因为主体可能会向客户提供价格转让。

识别合同中的履约义务

在合同开始时，主体应当评估与客户之间的合同所承诺的商品或服务，并将向客户转让以下任一内容的每一项承诺识别为履约义务（IFRS 15：§22）。

- 可明确区分的商品或服务（或一揽子商品或服务）。
- 实质上相同并且按相同模式向客户转让的一系列可明确区分的商品或服务。

确定交易价格

主体应当考虑合同条款及商业惯例以确定交易价格。交易价格是主体因向客户转让已承诺的商品或服务而预计有权获得的对价金额，不包括代第三方收取的金额（如某些销售税）。与客户之间的合同所承诺的对价可能包括固定金额、可变金额或者两者兼有（IFRS 15：§47）。

将交易价格分摊至合同中的履约义务

分摊交易价格旨在使主体能够按反映主体因向客户转让已承诺的商品或服务而预计有权获得的对价金额的金额将交易价格分摊至每一项履约义务（或可明确区分的商品或服务）（IFRS 15：§73）。

在主体履行履约义务时（或履约过程中）确认收入

主体应当在其通过向客户转让已承诺的商品或服务（即一项资产）履行履约义务时（或履约过程中）确认收入。一项资产是在客户获得对该资产的控制时（或过程中）被转让的（IFRS 15：§31）。

SEC 在公司违反与财务报告相关的规定时发布"会计和审计执行公告"（AAER），其中许多执法行动源于收入确认问题[2]。

例如，2021 年 9 月，SEC 对一家总部位于纽约的电信和云软件公司进行了执法行动，因其在 2018～2019 年中期期间夸大报告的收入。该公司通过提前确认非约束性采购订单的收入，在产品发货之前确认收入，这与美国 GAAP 不符。SEC 指控该公司在 2018 财年的收入被夸大了 1 200 万美元（最终修正后收入的 60%），并且在 2019 年的第一季度和第二季度大约夸大了 3 000 万美元（最终修正后收入的 91%）[3]。正如该例子所示，销售的合同条件在收入确认中起了重要作用。

上述会计错误在于预先确认收入。相反的情况也存在，尽管不太频繁。根据美国 GAAP，收入在控制权转移时被确认。正如 2022 年 9 月的另一执法案例所示[4]。一家总部位于加利福尼亚州主要从事云存储软件和服务销售的公司，根据传递给客户访问本地或基于云软件的许可密钥，或通过交付服务（例如技术支持和咨询工作）来确认收入。然而，该公司在 2019 年和 2020 年的财务年度通过对选定的销售订单施加自由裁量权，延迟交付许可密钥，从而控制了其收入确认的时间。因此，该公司将许可收入或服务收入延迟到下一个季度或将来的季度进行确认。结果，该公司将数千万美元的收入转移到了未来的季度。当公司要达到证券分析师和投资者的财务预期目标时，通常会使用这种操纵手法。

收入确认的规则是对配比原则的实际操作和应用，其主要目的是便于同时确定与同一交易或事件相关的所有收入和费用。

2. 和销售相关的成本

IFRS 15 中包含了合同成本，其中列举了一些示例。

取得合同的增量成本

如果主体预计将收回为取得与客户之间的合同发生的增量成本，则主体应将这些成本确认为一项资产（IFRS 15：§91）。

履行合同的成本

如果已发生的履行与客户之间的合同的成本不属于其他准则（IAS 2 存货，IAS 16 不动产、厂房和设备，IAS 38 无形资产）的范围，主体应在因履行合同而发生的成本符合下列所有标准的情况下，将该成本确认为一项资产（IFRS 15：§95）。

- 该成本与一项合同或主体能够明确识别的预期合同直接相关（例如，与现有合同续约后将提供的服务相关的成本，或者尚未获得批准的特定合同下拟转让资产的设计成本）。
- 该成本产生或改良了主体将在未来用于履行（或持续履行）履约义务的资源。
- 该成本预计可收回。

摊销和减值

根据第 91 段或第 95 段确认的资产应当按照与该资产的相关商品或服务向客户的转让相一致的系统化基础进行摊销[5]（IFRS 15：§99）。

有些成本和费用会在产品发货或所有权转移之后发生，比如软件的维护和升级、保修[6]、产品报废后的回收成本等，这就是我们需要严格执行配比原则的原因。这些成本和费用一般来说可以通过可靠的统计方法进行估算，也就能够和其对应的收入进行配比，以确认准备金额度。

准备金是指由于不确定性或者有风险的环境，对未来可能发生的成本和费用的估计（见第 12 章）。准备金的这种操作方法便于企业在知晓风险时就能确认费用并与相应的收入进行配比。准备金是费用，所以会降低企业的股东权益。为了保持资产负债表的平衡，准备金费用会使负债内增加一个与股东权益减少额度相同的金额。提取出来的准备金费用将会在未来费用实际发生时用于抵销该费用。通过这样操作，就使得费用实际发生时该费用至少在准备金抵销范围内，对当期利润没有影响。若实际发生的费用少于提取的准备金，或该费用实际上没有发生，那么事后这项准备金的金额就需要在利润表中进行冲回，增加当期利润。

例 6-1

假设一个销售产生的毛利润（销售收入 − 销售成本）为 150 货币单位，销售方需要在销售结束后两年内提供一个 40 货币单位的服务，即销售毛利为 150 货币单位，准备金为 40 货币单位，因为不可抵销原则，对利润表的净影响为 110 货币单位，在资产负债表中确定一个 40 货币单位的负债，从而提前确认了企业未来的一项费用。当实际的 40 货币单位费用发生时，不能作为正常的费用入账，因为前期确定收入时费用已经预提了。这时，这项费用就会通过将两年前提取的准备金冲回来抵销（在利润表上将准备金放在收入方或费用方的减项，抵销部分或全部费用，避免费用重复计算）。通过这样的方法，配比原则就被完全执行了，而股东权益只在提取准备金时而不是在费用实际发生时受影响。

但是，如果售后费用的估计非常困难或不可能时，收入就不能在货物售出的时刻进行确认，而要推迟到未来费用的不确定性降到足够低后才能确认。这样与销售货物或服务相关的现金收入就必须记为对于客户的负债，也就是说，同时增加了等金额的资产与负债，对股东权益没有影响。

6.1.2 长期服务的特殊性

长期合同通常被 IASB 叫作"建筑合同"（IAS 11：IASB 1993a）。新的 IFRS 15 替代了 IAS 18 收入的确认和 IAS 11 建筑合同。

在本章中，我们采用术语"长期合同"或"长期服务"，因为合同期限跨越了几个会计年度，不仅包括建筑合同，还包括其他合同。服务供应合同，比如长期建筑合同、长期咨询合同、法务案件处理或研究合同，都会跨越几个会计期间。这样就带来一些特殊的问题，包括如何分期确认收入以及估算合同完成度。换句话说，长期合同的关键问题是合同收入和合同成本如何分摊到不同的会计期间。为了更好地了解长期服务的特殊性，我们需要参考 IAS 18、IAS 11 和 IFRS 15，并解释前两个准则和新准则的区别。

IAS 18（§20）提出：当提供劳务的交易的结果能够可靠地估计时，与此相关的收入应在报告期期末根据交易的完成阶段加以确认。当以下条件均能满足时，交易的结果就能够可靠地估计。

- 收入的金额能够可靠地计量。
- 与交易相联系的经济利益很可能流入主体。
- 报告期期末，交易的完成阶段能够可靠地计量。
- 交易中已经发生的成本和完成交易将发生的成本能够可靠地计量。

根据交易的完成程度确定收入的方法被称为完工百分比法。在采用这种方法时，收入的每一部分都会根据项目完成百分比的情况，在每一期的利润表中进行确认。本期确认的收入是在上一期完成百分比上增加的部分。

IFRS 15（§31）不再使用"完成阶段"这个概念，而是说向客户承诺的服务（的控制）的转移。

如果符合下列标准之一，则主体是在一段时间内转移对商品或服务的控制，从而在一段时间内履行履约义务及确认收入（IFRS 15：§35）。

- 客户在主体履约行为的同时取得及消耗主体履约所提供的利益。
- 主体的履约行为创造或改良了客户在资产被创造或改良时就控制的资产（例如，在产品）。
- 主体的履约行为并未创造一项可被主体用于其他替代用途的资产，并且主体具有就迄今为止已完成的履约部分获得客户付款的可执行权利。

如果履约义务并非在一段时间内履行，则主体是在某一时点履行履约义务。为确定客户取得对已承诺资产的控制及主体履行履约义务的时点，主体应当考虑第 31 段至第 34 段关于控制的要求（IFRS 15：§38）。

更宽泛地说，完工百分比是承诺的服务（的控制）转移的程度，可以通过不同的方法确定。每一个企业都要采用它认为最能够可靠计量实现的收入及最能够公允反映企业实际财务状况的方法。不同的方法适用于不同类型的业务活动，这些方法包括：

- 实际工作完成的衡量方法。这种方法适用于单一业务活动，且完成业务所需的资源和工作能够被清楚地计量。
- 到截止日期完成服务的数量占所有需要完成服务总量的百分比。当企业完成的是一项复杂的服务，该服务又可以被分割成不同的部分，且每一部分的完成又有明确定义的分界线时，适用此方法。
- 已经发生的成本费用占所估计的整个业务完工时所有费用的百分比。预估的业务完成时的所有费用 = 实际发生的费用 + 承诺要发生的费用 + 估计到完工前剩余所需投入的成本费用。这一方法适用于提供的服务非常复杂，而且需要多种不同类型的专业技能相互协调的情况。

从客户方收到的进度付款和预付款通常不能反映服务的完成情况。尽管有时买卖双方同意，在业务完成节点上，企业开出合同收入预先约定百分比的发票，但累计实际发生的成本刚好等于开出发票累计金额的情况很少见。正是因为对配比原则有不同的解释，以下 3 种情况都可能在长期合同执行过程中发生。

- 累计的实际成本超过了累计收入。在这种情况下，销售方承担了这一差额，并垫付了费用。这实际上是销售方在销售价格上给了一个隐性的折扣。在这种情况下，如何确定销售收入以及合适的跟踪系统就需要进行讨论：相关的收入应该等于"销售价格"乘以"完成百分比"减去"销售方在本合同执行时垫付现金所带来的财务费用"。当然在很多情况下，在合同执行中完全配比现金流入和流出是很困难的（是买方不愿意的[7]），这就造成了对合同收入确定报告的不准确，也会造成当期利润或亏损报告的不准确。缺乏对与合同相关财务费用的追寻，就会造成在本会计期间内确认的收入被高估。

- 累计收入超过累计实际成本。这样就是客户支付了这一差额。这实际上是买方在合同
  确定价格的基础上向卖方支付了一个隐性的溢价。这里讨论的所有关于收入确认的问
  题和第一点提到的相反，简单来说，这里的收入被低估，本期内实现的销售收入应该
  相应增加该合同带来的账面现金产生的财务收益。

- 累计收入和累计实际成本相平衡。这样，双方达成的合同价格并没有折扣或溢价，收
  入的确认就相对比较简单，也就反映了实际的完工百分比法执行后的正确结果。

虽然 IFRS 15 没有背书，但是很多国家的企业仍然被接受使用完成合同法。在完成合
同法下，所有的收入和成本都在合同完全完成后确认。在该方法下，发生的与合同相关的成
本都资本化为资产，在合同期间产生的收入记为负债。因此，在合同完全完成之前，收入和
成本都不会对利润表有直接影响。该方法非常容易使用。该方法使用的前提是，直到合同完
全完成才能知道长期合同的结果，因为在合同期间估计结果时存在太多不确定性。完工百
分比法是对配比原则的直接运用，完成合同法是对审慎原则的直接运用。过去准则允许时，
完成合同法被广泛使用，现在仍然有很多企业在使用，这是一种非常有用的平滑利润的方
法。由于对审慎原则意图的滥用，因此很多国家禁止使用完成合同法，而且 IASB 也不再
背书。

显而易见的是，这样的收入确认过程提供了很多选择空间，也是基于这一点，长期合同
成为当前经济活动中的一个重要话题。IASB 规定，对于在一段时间内履行的履约义务，仅
当主体能够合理地计量该履约义务的履约进度时，主体才能确认收入。如果主体无法获得应
用计量进度的适当方法所需的可靠信息，则主体无法合理地计量履约义务的履约进度（IFRS
15：§ 44）。

IASB 补充，在某些情况下（例如，在合同的早期阶段），主体可能无法合理地计量履约
义务的结果，但预计能够收回履行履约义务所发生的成本。在此类情况下，主体在能够合
理地计量履约义务的结果之前仅应以已发生的成本为限确认收入（IFRS 15：§ 45）。换句话
说，在合同结束之前，没有利润可以确认。同样，基于审慎原则，一旦确定收入无法弥补发
生的成本，就应该确认损失。

IAS 11（§ 3）根据收入确定的形式，区分了两种长期合同。

- 固定造价合同，指建筑商同意按固定造价或固定单价结算工程价款的合同。这类合同
  有时还带有成本上升的条款。

- 成本加成合同，指建筑商在补偿了合同所允许的或用其他方式确定的成本的基础上，
  再按上述成本计算的一定百分比或一笔定额收取费用的合同。

考虑到交易价格的决定形式，（IFRS 15：§ 47）指出，与客户之间的合同所承诺的对价
可能包括固定金额、可变金额或两者兼有。

如果合同所承诺的对价包括可变金额，主体应当估计其因向客户转让已承诺的商品或服
务而有权获得的对价金额（IFRS 15：§ 50）。对价金额可能因折扣、回扣、退款、抵免、价

格折让、激励措施、业绩奖金、罚款或其他类似项目而改变。如果主体获得对价的权利以某一未来事件的发生或不发生为条件，已承诺的对价也可能改变。例如，如果产品销售附带退货权或承诺在实现特定里程碑时将支付固定金额作为业绩奖金，则对价金额即是可变的（IFRS 15：§51）。

IFRS 15 增加了对可变对价金额的估计方法。主体应当使用下列方法之一估计可变对价的金额（具体取决于主体预计哪一种方法能更好地预测其有权获得的对价金额）。

- 预期价值。预期价值是一系列可能发生的对价金额的概率加权金额的总和。如果主体拥有大量具有类似特征的合同，则预期价值可能是可变对价金额的恰当估计。

- 最可能的金额。最可能的金额是一系列可能发生的对价金额中最可能发生的单一金额（即合同最可能产生的单一结果）。如果合同仅有两个可能结果（例如，主体实现或未能实现业绩奖金目标），则最可能的金额是可变对价金额的恰当估计（IFRS 15：§53）。

前面提到，（IFRS 15：§31）中没有再提及"完成阶段"的概念，而是说向客户承诺的服务（的控制）的转移。在实务中，很多公司仍然会根据合同期间合同完成的程度变化来记录成本和收入。

由于上述内容提到的灵活性和主观性，长期合同收入的确认常常导致诉讼。例如，2022 年 8 月，针对一家位于加利福尼亚州的公司，SEC 发布了一份会计执法公告。该公司专门从事基础设施项目的建设。2017～2019 年第三季度，该公司在由一个重要的子部门管理的多个项目中，未能在正确的期间确认收入。因此，该公司在某些报告期间大幅夸大了收入，并在其他期间低估了收入。

这种错误报告是由于其对子部门最大项目的季度预测中预期成本的不当推迟所导致的。该公司使用完工百分比法确认长期建筑合同的季度收入和年度收入，该方法分析了每个建设项目的实际发生成本和总预期成本，以确定该公司在该期间实际赚取了多少收入。因此，从一个时期到另一个时期总预期成本的增加会导致赚取的收入减少[8]。

📖 例 6-2　中国中车（中国—中国企业会计准则—2022 年年报—铁路机动车辆）

满足下列条件之一的，属于在某一时间段内履行的履约义务，中国中车集团按照履约进度，在一段时间内确认收入：①客户在本集团履约的同时即取得并消耗本集团履约所带来的经济利益；②客户能够控制本集团履约过程中在产的商品；③本集团履约过程中所产出的商品具有不可替代用途，且本集团在整个合同期间内有权就累计至今已完成的履约部分收取款项。否则，本集团在客户取得相关商品或服务控制权的时点确认收入。

对于在某一时间段内履行的履约义务，本集团主要采用投入法确定履约进度，即根据本集团为履行履约义务的投入确定履约进度。当履约进度不能合理确定时，已经发生的成本预计能够得到补偿的，本集团按照已经发生的成本金额确认收入，直到履约进度能够合理确定为止。

6.1.3　特许经营费收入、利息和红利

主体应仅在以下二者中较晚发生的事件发生时，才确认因授予知识产权许可证而产生的特许使用费收入（IFRS 15，IASB 2018c：§B63）。

- 发生了后续的销售或使用。
- 某些或全部销售基础或使用基础的特许使用费所分摊至的履约义务已经履行（或部分已履行）。

根据 IFRS 9（IASB 2020：§5.4.1），利息收入应当使用实际利率法计算。利息收入应通过将实际利率乘以金融资产的账面总额进行计算。在 IFRS 9 附录 A 术语定义中，实际利率为将金融资产或金融负债整个预计存续期的估计未来现金付款额或收款额恰好折现为该金融资产的账面总额或该金融负债的摊余成本的利率。

关于股利，IFRS 9（IASB 2020：§5.7.1A）规定，仅当符合下列条件时，股利才应在损益中确认。

- 主体已确立收取股利的权利。
- 与股利相关的经济利益很可能流入主体。
- 股利的金额能够可靠地计量。

6.1.4　收入的确认和报告

1. 原则

企业收入确认政策对其收益时效性有显著的影响，同时也会影响企业外部不同的会计信息使用者，尤其是会影响向资本市场展示企业未来经济潜力的形象（持续经营原则）。这些规则或多或少具有一定的灵活性。管理层和会计一般会利用这个灵活性来提前或推后确认企业的利润与亏损。在收入（或费用）确认时间上有意识地操纵就会造成企业之间的可比性下降，也会增加管理者进行利润平滑的可能性（企图避免报告过高或者过低的利润，因为管理层认为这样可以避免在资本市场释放不稳定的信号，见第 17 章）。

一般来说，尽管资本市场能够看穿大多数收入和利润的平滑操作行为而不受这些行为的迷惑，但是这些行为在税收上会产生很大的影响，也就会影响企业的现金流出。会计的一致性原则（见第 4 章），从理论上来说是为防止滥用这种灵活性而设置的，但是收入和费用确认的标准带有很强的内生主观性，也就造成这种灵活性总是长期合法地存在。

因此，股东要求企业在财务报表的附注内公开收入确认的方法，以及采用这些方法带来的差异。IFRS 15：§110 规定，披露要求旨在确保主体披露充分的信息，以使财务报表使用者能够了解与客户之间合同产生的收入及现金流量的性质、金额、时间和不确定性。为实现这一目标，主体应当披露关于下列各项的定性和定量信息。

- 主体与客户之间的合同。
- 对此类合同应用本准则时所做的重大判断和判断的变更。

- 根据 IFRS 15 第 91 段或第 95 段就取得或履行与客户之间的合同的成本所确认的资产。

2. 财务报表中和收入确认相关的附注的实际案例

下面的例子是从中国联通的财务报表附注中节选来的。它根据 IFRS 15 确认收入。

例 6-3   中国联通（中国—香港地区会计准则—来源：2022 年年报—手机通信）

2.25   收入确认

中国联通集团将提供服务和销售商品的收入分类为收入。当履行完一个履约义务（即将产品或服务的控制权转移给客户）时，将确认收入，金额为集团预期应得的，不包括代表第三方收取的金额。……

与本集团取得收入的主要活动相关的具体会计政策描述如下：

- 语音通话费和月租费在提供服务的过程中确认。
- 提供宽带及移动数据服务的收入在提供服务的过程中予以确认。
- 数据及其他互联网应用服务指提供数据存储和应用、信息通信技术及其他与互联网相关的服务收入，在服务义务履行期间确认。
- 其他增值服务收入，主要代表为向订户提供如短信、个性化铃声、来电显示和秘书服务等服务的收入，在提供服务时确认。
- 互联互通费用，主要代表为国内外其他电信运营商使用集团电信网络的收入，在提供服务时确认。
- 传输线使用和相关服务的收入，主要代表为客户提供传输线和终端设备的使用及相关服务的收入，按照各自的使用期限和服务期限在完成服务义务时确认。
- 电信产品的单独销售，主要代表为手机和配件以及电信设备，当控制权转移到买家时确认。
- 集团为客户提供优惠套餐，包括手机套餐销售和提供服务。此类优惠套餐的总合同将根据其独立销售价格分配给服务收入和手机销售。与手机销售相关的收入在所有权转移给客户时确认，而服务收入基于电信服务的实际使用来确认。

2.26   利息收入

存放在银行或其他金融机构的存款利息收入，采用实际利率法按时间比例基准确认。

2.27   股息收入

股息收入在获得收取股息的权利确定时确认。

6.2   由于财务和税务制度不同造成净收益计算差异的会计处理

在大多数国家，所得税是在应纳税所得额（taxable income）的基础上计算的。应纳税所得额定义为应纳税收入与成本费用的差额。从原则上讲，所有收入都要纳税，而所有商业活动正常和必需的费用都是可被扣除的，但是在实际制度中有大量的特例。

另外，给股东做财务报告的制度和报税的制度有很多差异。

- 给股东做财务报告的制度和政策，是用来确保财务报告真实、公允地反映企业的财务状况（公允和有效地衡量与报告一段时间内企业财富创造的过程），并向股东和其他使用者进行报告。
- 关于所得税税基（应纳税所得额）计算的税务政策是两个方面之间的一个平衡：一方面，需要通过一些产业鼓励政策、收入的再分配来刺激经济；另一方面，政府机构需要为政策的执行取得足够的资源。本书对可税前列支的费用和应纳税收入等方面的税收制度的建设，在不同国家中的情况不予详细讨论。每个国家都有自己的制度。[9]

这一节主要解释由于财务和税务制度的不同造成的一些会计处理的问题，这些问题主要发生在非合并的财务报表中。所得税的会计处理对合并报表的影响我们将在第 13 章讨论。

6.2.1 税前收益和应纳税所得额

税前收益和应纳税所得额，并不是为同一目的而计算的，也不遵守同一原则。这些政策与实务当中的差异包括以下几个方面。

- **折旧**（depreciation）：在财务报表中，一般折旧都是采用直线折旧法，而税务安排上经常会采用加速折旧法（具体请见第 7 章）。这种税务上可以接受的加速折旧法带来的实际效果是延迟了对利润的征税。常见的支持使用加速折旧法的理由是，它能够使企业在资产的使用初期取得较大的从应纳税收入中的税务扣除，这样就为企业再投资[10]和发展提供了大量的流动性现金流，从而鼓励企业购置资产以刺激经济的发展，这往往也是政府的利益所在。
- **保修成本**（warranty costs）：通常，从财务制度的角度考虑保修成本都会计入销售实现的当期（和销售收入配比）。尽管该费用在未来才支出，但是在当期就必须和销售收入配比，而它们只有在发生时才能在税收上扣除。税务部门不愿意为企业有可能的滥用准备金来推迟赋税提供方便。
- **对多期产生效益的费用**（expenses benefiting several years）：从税收角度通常可以立即抵扣，但从财务报告的角度通常会分多期进行摊销。

税务制度和财务制度之间的不同会带来收益的差异。因为只有一个数字会作为当期交税的税基（也由于所得税的支付最终影响到现金流），所以有必要在同一期内对这两个收益的数字进行调整，以便于真实、公允地反映企业的财务状况。

收入和费用的确认规则在税务角度和财务角度的不同体现在两个方面。

- 某一项目是否应该确认（应交税或者可扣除）。
- 如果项目应该确认，确认的时间点可能不同。

这些制度上的不同就造成了作为税基的收益和财务上税前利润的两类不同。

▪ 永久性差异（与确认、不确认相关）。

▪ 暂时性差异（与确认的时间性相关）。

图 6-1 展示了这些不同是如何产生的。

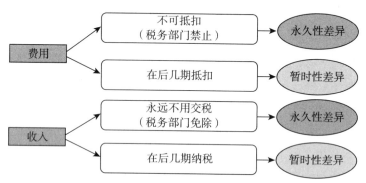

图 6-1　应纳税所得额和税前利润的差异

表 6-1 和表 6-2 展示了两种计算应纳税所得额的方法：直接导出法；以财务制度下收益为起点，调整分录具体说明的方法。

表 6-1　方法 1：直接计算

	应纳税收入
−	可抵扣费用
=	应纳税所得额＝报告的税前利润

1. 直接导出法

如果税务和财务制度基本或者完全相同，应纳税所得额就等于报告的税前利润（这样就会造成对于其他财务信息使用者的相关性下降），非上市的中小企业经常使用这种方法。它们不希望进行一个调整（发生额外成本）的过程，而只想建立一套以税务为目的的账目，对整个会计确认的过程都采用税务制度。在这种情况下，使用者往往局限于银行、业主或小部分与企业关系密切的股东，他们通常也会对公司的实际情况有一个深入了解，所以也不太依靠财务报表来获得信息。这样，将财务制度和税务制度合并带来的信息损失就不那么显著。但是大公司，尤其是上市公司，必须根据资本市场的要求来编制财务报表，在这种情况下，就必须让它们的财务制度与税务制度明确区分开来。

2. 调整分录具体说明的方法

这种方法对制度和实务的参与的每一步都具体说明，这样我们就可以分步从本期的税前利润调整到应纳税所得额。当披露时，采用这种方法的好处就是帮助财务报表的使用者更好地了解公司的选择，也能够更好地预测企业未来的经营活动现金流。

表 6-2　方法 2：X1 年的调整

	X1 年的税前利润（采用财务制度对股东的报告）
	正的税收调整（加回）
+	在 X1 年报告的永远不能抵扣的费用
+	在 X1 年报告，在 X2 年或更晚能够抵扣的费用

（续）

+	在 X0 年报告但不纳税，在 X1 年纳税的收入
	负的税收调整（减去）
−	在 X1 年报告但永远不征税的收入
−	在 X1 年报告，而在 X2 年或更晚征税的收入
−	在 X0 年报告但不扣除，在 X1 年扣除的收入
=	**X1 年的应纳税所得额** [11]

6.2.2 永久性差异的影响

永久性差异（permanent differences）指根据会计要求需要确认（或不确认）而根据税务要求不确认（或确认）的收入和费用，比如：

- 在某些国家，购买国债和政府债券的利息是不交税的。
- 由企业支付，为企业高管购买寿险和人身保险的保险费，不一定能在税前列支。
- 由于违法或违纪造成的罚款与处罚很少允许税前列支。
- 一些资产的折旧费不能在税前列支（比如某些情况下超过税务部门核定价格上线的汽车折旧费）。
- 在有些国家，超过税务部门核定上线的来自股东的借款利息是不能税前抵扣的。
- 坏账准备金不一定能在税前抵扣。
- 超过税务部门核定上线的对慈善机构的捐款不能抵税。

这里我们举一个例子来说明，这些永久性差异是怎样影响财务制度的。某个企业的主要业务是上门维修复印机，企业经常会收到一些违章停车的罚单。从税务角度来讲，这些罚单是不能在税前列支的；从财务角度来看，这是一些合理的费用，因为维修人员在拜访客户时没有办法（假设这个小城市没有足够的公共停车场），只能违章停车。但税务部门不允许这些违章罚款费用在税前抵扣，这样两套制度之间就产生了差异。假设企业在扣除这些不可抵扣罚款前的税前利润为 110 货币单位，违章罚款总额为 20 货币单位，这是企业财务制度和税务制度唯一的区别，税率为 30%。

表 6-3 反映了永久性差异。

表 6-3 永久性差异

财务报表		所得税申报单	
扣除不可扣除罚款前的税前利润	110		
− 不可扣除的罚款	−20		
= 税前收益	90	税前利润	90
		+ 永久性差异（费用加回）	20
		= 应纳税所得额	110
− 所得税费用	−33	所得税费用（应纳税所得额 × 税率：110 × 30%）	33
= 税后净收益（90−33）	57		

其他任何永久性差异都可以用同样的方法处理，所以我们可以说，永久性差异是不会影响报表质量的（只要不能抵扣的罚款是完全报告的，正如表 6-3 中显示的那样）。

- 永久性差异在未来也是不会被冲回的。
- 未来永久性差异对企业的纳税也不会产生影响。

6.2.3　暂时性差异的影响

正如我们在前面提到的保修成本，税务制度和财务制度的差异不会像永久性差异的情况那样影响确认的金额，但会影响确认的时间。

当一些费用按照财务制度必须立即（或滞后）确认，而按照税务制度必须滞后（或立即）确认时，就产生了**暂时性差异**（temporary difference）。当税负的承担按照税务制度确认比按照财务制度确认滞后时，就产生了一个税务负债，称为递延所得税负债。相反，当税负按照税务制度确认比按照财务制度确认提前时，就产生了递延所得税资产。暂时性差异也会反映在收入确认方面。

图 6-2 总结了暂时性差异和收益的关系（里面的编号对应后文举的一系列例子）。

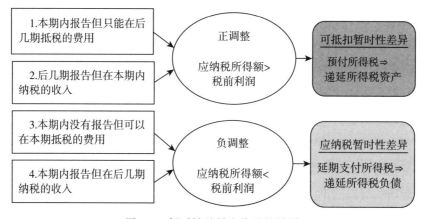

图 6-2　暂时性差异和收益的关系

暂时递延税项的基本原则是这些差异预计可以在未来被弥补。这些差异一般在一期内产生，而在后面几期冲回。

暂时性差异不但来自利润表中收入和费用确认的不同规则，也来自税务和财务制度对资产和负债估值的不同基础。

IAS 12（IASB 2021b，§5）指出：暂时性差异，指在财务状况表内一项资产或负债的账面金额与其计税基础之间的差额。暂时性差异可能是以下两种之一。

- 应纳税暂时性差异，指在确定收回或清偿资产或负债账面金额未来期间的应税利润（可抵扣亏损）时，所导致应税金额的暂时性差异。
- 可抵扣暂时性差异，指在确定收回或清偿资产或负债账面金额未来期间的应税利润

（可抵扣亏损）时，所导致可抵扣金额的暂时性差异。

一项资产或负债的税基，指为纳税目的而赋予一项资产或负债的确定价值。比如当税务部门认为一项坏账准备金提取过度时（见第 10 章），就不会承认超过的那部分。结果就是，税务部门核定的资产价值（应收账款减去累计准备金）大于账面价值（净账面价值）。这种情况就会产生递延所得税资产的入账，由于按照实际估算出来的准备金过高，根据税务部门的规定，超过的那部分就要冲回。当然，在未来，当准备金冲回至利润表时，超过税务部门核定的准备金的部分将不会影响冲回期的应纳税所得额。

由于教学目的，我们将着重分析收入和费用项的递延所得税。我们认为资产和负债调整带来的递延所得税负债不太常见，对于初学者来说介绍这一内容会造成更多的混淆。

暂时性差异实质上就是时间差异。在实务操作中，在提到税务制度和财务制度差异的时候，经常将暂时性差异和时间差异交替使用。

下面我们将展示一些常见的会带来暂时性差异的情形，下面的编号和图 6-2 一致。

情形 1：本期内报告但只能在后几期抵税的费用

表 6-4 给出了属于这一情形的费用事项。

表 6-4　本期内报告但只能在后几期抵税的费用事项

事项	财务制度的记录时间	税务制度的记录时间
净销售收入的税金	售出时（通常会记录一个准备金）	明确收益及主张之后
产品保修费用准备金	售出时	费用实际发生时
坏账费用（或呆账费用）准备金	主张时	风险发生时
应付利息或特许权使用费	按时间逐步实现	实际支付时
修理维护费用准备金	建立时	实际费用发生时
退休金费用	当员工获得退休金时	当退休准备金支付时
研究费用（设立或其他起始费用）	发生年度	可能在几年内摊销（实际年份根据不同国家的税法规定）

我们举一个保证金提取的实际例子。L 公司出售一种快速消费品，每年会有一个新产品代替上一年的产品。在 X1 年，产品 A 还处于试验阶段，而 L 公司觉得有必要为产品 A 提取一个 10 货币单位的未来保修费用。产品 B 在 X2 年引入用来完全替代产品 A，产品 A 将不再销售。产品 B 是第二代产品，被认为经久耐用，所以在 X2 年，L 公司认为没有必要为该产品提取未来的保修费用。同时，在 X2 年产品 A 实际发生的保修费用为 10 货币单位。这个例子中的所得税税率为 30%。我们假设在扣除保修费用和准备金之前，企业每年税前利润为 100 货币单位，而保修费用只有在实际发生的年份（在我们的例子中是 X2 年）才能在税前抵扣。

这样就产生了两种处理方法：企业报告所有已经预付的所得税（见表 6-5），不采用递延所得税的处理方法；采用递延所得税的处理方法（见表 6-6）。

第一种情况：当地的财务制度不允许（或不要求）采用递延所得税的处理方法。

在 X2 年，实际发生的费用是 10 货币单位，被上一期已经提取的准备金所冲回。由于该费用的确认和准备金的抵销相对应，所以对 X2 年的利润表没有产生任何影响（见表 6-5）。

表 6-5　准备金对财务报表的影响（当地会计制度不允许采用递延所得税的处理方法）

财务报表			所得税申报单		
	X1 年	X2 年		X1 年	X2 年
计入保修费用前的税前利润	100	100			
实际发生的保修费用	0	−10			
保修费用准备金提取前的税前利润	100	90	税前利润	90	100
保修费用准备金提取	−10	0	准备金加回	+10	
准备金冲回	0	+10	准备金冲回		−10
税前利润	90	100	应纳税所得额（税务口径）	100	90
所得税费用	−30	−27	所得税费用	30	27
税后净利润	60	73			

因为没有使用递延所得税负债的机制，表 6-5 的最后一行显示，根据当地的财务制度和税务制度计算出的所得税费用是一致的。

第二种情况：当地的财务制度接受或要求采用递延所得税会计处理方法。

表 6-6　递延所得税会计处理方法

根据财务报表计算的所得税费用			根据税务口径计算的所得税费用		
	X1 年	X2 年		X1 年	X2 年
税前利润（来自表 6-5）	90	100	实际所得税费用（来自表 6-5 中的所得税费用）	30	27
理论所得税费用（30% 的税前利润）	27	30			
净利润	63	70			
	X1 年	X2 年			
	+3	−3			
递延所得税	增加递延所得税资产，平衡资产负债表	减少递延所得税资产，平衡资产负债表			

表 6-6 左边反映了当记录财务报表的所得税时，是基于财务制度基础的税前利润计算的，这是从理论上说按照财务制度口径企业应该向税务部门支付的税基，但是该金额和按照税务部门要求计算的应纳税所得额不一致，这样按照税前利润的基础（计算的 X1 年所得税费用为 27 货币单位）和税务基础（计算的 X1 年所得税费用为 30 货币单位）计算的所得税费用就产生了时间差。所以对于 X1 年来说，实际税务负债比按照财务制度口径记录的应纳税金额要大。

所得税费用也像其他费用一样，是股东权益的减项。在 X1 年支付的所得税为 30 货币单位，而计入股东权益减项的金额为 27 货币单位，因此为了保持资产负债表的平衡，需要在资产项增加递延所得税资产来反映这一差额，为 3 货币单位（30 − 27 = +3）（见图 6-3）。

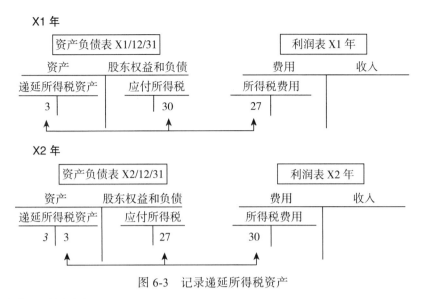

图 6-3 记录递延所得税资产

注：期初余额用斜体字表示。

必须指出的是，把两年的情况累计起来看，无论采用财务制度口径还是税务制度口径，税后利润和应交的税额都是等同的，所以两者的差异只在于时间。

递延所得税资产用于记录由于财务与税务中采用不同的制度及规定而导致的暂时性差异。这个例子反映了递延所得税资产在第二期就被冲回了，因此递延所得税机制只是改变了税务影响收益的时间点。

不是所有国家都允许采用递延所得税会计处理方法。一些国家要求所得税必须根据财务报表上的金额计算，这样，实际记录的税负就是 X1 年为 30 货币单位、X2 年为 27 货币单位。

情形 2：后几期报告但在本期内纳税的收入

在日常业务经营当中会发生如下情形。

- 企业可交易证券的未实现收益（见第 10 章）。实际上在有些国家，当这个未实现收益产生时就需要交税，而按照财务制度的要求，只有在有价证券真正卖出时才能记录（请记住，税务部门的逻辑是尽快把税金收入国库）。
- 在一些国家，预收的租金收入在收到的这一年就需要交所得税，而根据财务制度往往需要递延确认收入。在财务制度下，只有跟当期相关的那部分现金收入才能在当期确认收入，其他部分要作为预售收入计入负债。

这些暂时性差异也会产生递延所得税资产，就如我们在前面提到的例子一样，它也是一个财务制度和税务制度时间差的概念。

情形 3：本期内没有报告但可以在本期抵税的费用

这种情形包括以下例子。

- 按照财务制度，根据配比原则，费用项需要分摊到几个不同的会计期间。但是在发生当年，按照税务制度就可以全额在税前抵扣。比如一个企业的产品开发费用，在很多国家的财务制度中，是允许资本化在未来产品预期寿命期内分摊的。同时根据税务制度的要求，这些开发费用发生当年就可以全额作为费用在税前抵扣。
- 按照税务部门规定，某些资产在使用初期，可以采用加速折旧法，也就是计入更多折旧费用。这时折旧费用就会超过按照财务制度口径要求计算的费用，因为财务制度往往要求采用直线折旧法。另外，也会出现一个资产的税务折旧年限短于财务折旧年限。

上述情况会造成税务的负债，这里我们用一个简单的 G 公司的例子来说明。该公司在业务活动中购买了一个设备，价值 20 货币单位，未确认折旧费用的税前利润在 X1 年和 X2 年都是 180 货币单位。假设根据税务制度，该设备可以在购买当年完全折旧，也就是说，税务上可抵扣的折旧费用都发生在 X1 年，而根据当地的财务制度，该资产必须在 2 年内折旧。

所有数据总结如表 6-7 所示。

表 6-7　所有数据总结

折旧和税前利润	180
购买资产	40
按照税务口径的折旧费用（1 年内折旧）	40
按照财务口径的折旧费用（2 年内折旧）	20
所得税税率	30%

由于财务和税务制度不同引起的折旧费用的不同影响，如表 6-8 和表 6-9 所示。两种不同的处理方法为：

- 在给股东的财务报表中显示实际的税务费用（税前利润的金额按照税务制度填写）。
- 在给股东的财务报表中，只反映按照财务制度确定的应纳所得税。由于该金额和实际交纳的所得税有差异，所以需要在递延所得税负债账户中记入这两种计算方法的差额。

表 6-8　当一项费用按税务制度比按会计制度更早抵扣时

财务报表			所得税申报单		
	X1 年	X2 年		X1 年	X2 年
记录折旧费用前的税前利润	180	180	税前利润	160	160
折旧费用（财务口径）	−20	−20	加回记录的折旧费用	+20	+20
税前利润	160	160	可抵扣费用（X1 年完全折旧）	−40	
			应纳税所得额（税务口径）	140	180
所得税费用	−42	−54	所得税费用	42	54
税后净利润	118	106			

表 6-9 递延所得税的会计处理

根据财务报表计算的所得税费用			根据税务口径计算的所得税费用		
	X1 年	X2 年		X1 年	X2 年
税前利润（来自表 6-8）	160	160	实际所得税费用（表 6-8 中应纳税所得额的 30%）	42	54
理论所得税费用（30% 的税前利润）	48	48			
净利润	112	112			
	X1 年	X2 年			
	−6	+6			
递延所得税	增加递延所得税负债，平衡资产负债表	减少递延所得税负债，平衡资产负债表			

选择 1： 财务制度要求，财务报表显示向税务局实际交纳的所得税作为当年所得税费用。

表 6-8 左边反映了利润表，右边反映了计算向税务部门交纳所得税的整个过程。

选择 2： 当地的财务制度允许或要求，财务报告的所得税费用应该反映以财务制度为基础计算的所得税费用，而不是按照税务部门要求计算的（这就产生了递延所得税）。

表 6-9 显示了财务报表编制的过程。

这里在两种计算方法之间也存在一个时间差。以 X1 年为例，按照税务口径计算的所得税仅为 42 货币单位，而按照财务制度的要求是 48 货币单位。所以在 X1 年，G 公司实际上向税务部门支付的所得税税额比它向股东报告的少 6 货币单位，当然，X2 年这一情况就扭转了。将两年情况合计，实际所得税税额都是 96 货币单位。所以在财务报表中就需要告诉股东，在 X1 年年末，公司还欠税务部门 6 货币单位的递延所得税负债（见图 6-4）。

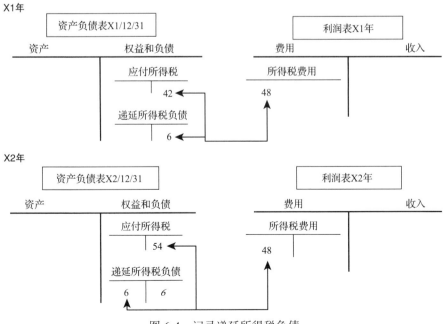

图 6-4 记录递延所得税负债

注：期初余额用斜体字表示。

在上述的例子中，实际上递延所得税负债也是一个在第二期就会被冲回的暂时性差异。从中我们看到，递延所得税的机制就是所得税费用时间差的确定。递延所得税负债可以根据它预计冲回的时间点分为长期负债和短期负债（当资产负债表按照期限区分负债时，见第5章）。

情形4：本期内报告但在后几期纳税的收入

这种情况包括以下一些例子。

- 按照财务制度，利息收入的确认是以时间流程为依据的，而不管实际利息收入有没有支付（配比原则）。从纳税角度考虑是以现金收到为基础的。
- 在有些国家，按照财务制度，赊销收入要在销售实现时完全确认。从税收现金基础角度考虑，应该在客户实际支付时交纳。

这些差异只是暂时性的，会随着时间而冲回，所以也会产生递延所得税负债。

6.2.4 所得税的会计处理和报告

在选择所得税的报告方式时我们必须解决以下问题：在财务报表中我们是否需要计入暂时性所得税差异，或者说，递延所得税是否应该报告。以下是两种基本方法。

（1）**应付税会计**（taxes payable accounting）：这种方法忽略暂时性差异，在报表中确认的费用和实际应付所得税是一致的。采用这种方法的国家一般都认为税收是一个分享机制，国家政府或财务部门由于为企业提供经营权、生产经营条件，如法律的保障、交换资源和产品的开放市场等，从企业分享收益。所以，从这一角度来说，税收并不是一项应按照权责发生制记入利润表的从事商业经营的成本。这种方法与会计的配比原则相违背，因为在这种操作方法中，向股东报告的净收益和每年记入的税收之间并不存在直接联系。

（2）**递延所得税会计**（deferred taxation accounting）：这种方法要求确定税收暂时性差异带来的影响，并将这种差异作为所得税费用记入当期利润表，而在资产负债表中记入一项资产或负债叫作递延所得税资产或递延所得税负债。这种方法实际上是根据财务会计的税前利润确定了税务费用，和会计的配比原则吻合。

当然，在编制合并报表时，记入递延所得税负债是最常见的做法，但很多国家的会计准则不要求在非合并的财务报表中确定递延所得税。

例6-4 宝洁（P&G）

宝洁公司在全球范围内生产和销售消费品，公司包括3个全球业务单位：美容品、保健用品和家庭清洁用品。2020～2022年的年报中包含如下与所得税有关的财务数据（见表6-10）。

表 6-10　宝洁合并利润表　　（单位：百万美元）

6 月 30 日	2022 年	2021 年	2020 年
所得税	3 202	3 263	2 731

在财务报表附注 5 中包括了以下信息（见表 6-11）。

表　6-11　　（单位：百万美元）

	2022 年	2021 年	2020 年
当期所得税费用			
美国联邦政府	1 916	1 663	1 266
国际	1 333	1 534	1 769
美国州和地方政府	355	324	292
应付所得税	3 604	3 521	3 327
递延所得税费用			
美国联邦政府	（320）	（65）	39
国际	（82）	（193）	（635）
应付递延所得税	（402）	（258）	（596）
所得税（会计报告）	3 202	3 263	2 731

6.2.5　净经营亏损的会计处理

一些税收部门允许企业将其净经营亏损进行偿还或者作为**未来抵扣项目**（carry-forward），这就意味着当期亏损可以用于抵销过去几期的利润（如此就会产生所得税退还）；或者用未来的利润进行弥补，这样就可以避免未来所得税的支付。抵扣前期或后期利润的税金会对现金流产生巨大的影响，对一些新创办的企业的影响就更大了：累计的亏损可以用未来的利润抵扣，这样就使企业能在未来留住现金，而这对于新创办的企业来说非常重要。另外，这也是企业并购的资金来源：当一个盈利的企业购买了一个亏损的企业，就能使其当前和未来的利润降低，从而减少税金支付，这也就降低了并购的净现金成本。

亏损追溯（loss carry-back）调整并不是一个复杂的会计问题，因为对税务部门的追索权是确定的也是实际的，这样就需要用下面的方法进行记账：增加资产（所得税偿还应收款或者所得税偿还现金退款），或者增加收入（来自亏损抵税的收益，在一些国家是减少所得税费用）。

亏损所得税抵扣（loss carry-forward）允许企业用未来的应纳税收入在一定期间抵扣亏损（在美国 2018 年 1 月 1 日之后是 20 年，在美国 2018 年 1 月 1 日之前以及法国、澳大利亚是无限期），这种用未来利润抵扣亏损的方法能够减少未来的税金。和亏损追溯调整不同，这种方法会带来一定的不确定性，因为只有当纳税企业在未来产生利润时，才能对累计亏损进行抵扣。在这种情况下，从会计角度确定一项由于经营性亏损递延产生的递延资产，与由于时间暂时性差异造成的递延性资产的确定是不同的。

根据 IAS 12（IASB 2021b：§35），未利用可抵扣亏损和未利用税款抵减结转后期产生的递延所得税资产的确认标准，与可抵扣暂时性差异产生的递延所得税资产的确认标准相同。但是，未利用可抵扣亏损的存在足以表明未来可能不会获得应税利润。因此，在主体有近期亏损记录的情况下，只有当主体有足够的应纳税暂时性差异，或存在令人信服的其他证据表明主体将来能够获得足够的、可以利用尚未利用的可抵扣亏损或未利用的税款抵减来抵扣的应税利润时，主体才确认一项由未利用可抵扣亏损或税款抵减产生的递延所得税资产。

例 6-5　福特汽车公司（美国—美国企业会计准则—2022 年年报—汽车制造）

截至 2022 年 12 月 31 日，福特汽车公司经营性亏损所得税抵扣为 114 亿美元，确认递延税资产为 40 亿美元。其中，31 亿美元的可抵扣亏损没有到期期限，剩下的大部分可抵扣亏损将在 2025 年以后到期。用于抵销未来税务负债的税收抵免额为 94 亿美元。其中，大部分税收抵免有 6 年或更长的结转期限。可抵扣亏损和税款抵减根据可持续性原则估计，综合考虑历史和未来企业业绩、可抵扣年限及可行税收策略。

美国要求对未利用可抵扣亏损、未利用税款抵减与可抵扣暂时性差异采取相同做法。但在有些国家，处理方法有所不同，当所在地的财务制度和税务制度允许根据亏损抵扣所得税来确定递延性资产时，企业就必须按照追溯调整的方法来进行会计入账。做账时唯一的区别是，所得税偿还应收账款改为递延所得税资产。

6.3　非正常 / 特殊项目

大部分国家的财务制度都直接或间接强调了利润表对决策者的重要性。利润表对过去业绩的计量必须是清晰的，这样才能被用于未来表现、风险程度和未来现金流的预测与外推分析。利润表必须将企业正常、重复的业务活动、事件、决定和其他临时性的、不常见的区分开来。

对于正常、非正常的业务活动的理解是有差异的。

IASC 采用了绝大多数国家采用的方法，将利润表项目分为正常项目和非正常项目，而 IASB 在 IASC 的立场上做了调整，要求无论在综合收益表还是附注中，主体都不应将任何收益和费用项目作为非正常项目进行列报（IAS 1，IASB 2022：§ 87）。

将所有业务活动区分为正常和非正常是很困难的，所以最简单的方法就是把这种区别取消。IASB 却把事情搞得更复杂，在 2003 年对 IAS 1 进行修改后并没有定义什么是正常或非正常的业务活动。现在我们只能参照被取消的 2002 年 IAS 8 中的定义："因业务活动发生的收入或费用明确有别于企业的正常活动，因此预计不会频繁出现或经常发生。"非正常的收益或费用，是从与企业正常业务活动完全有区分的事件和交易中得来的，而且未来不会经常或重复出现。

新的国际会计准则理事会理论框架（IASB 2018a）没有再提及"正常业务活动"这一概念。一些国家（法国和英国）还为非正常业务活动引入了一些其他解释方法，比如用经常性与非经常性来区分事件是否非正常（经常性事件一般指企业的经营活动和财务活动）。但是，近年来"非经常性"这一术语使用得越来越少 [12]。

6.4　报告会计变动

6.4.1　会计政策的变更

第 4 章中提到的一致性原则，要求企业在不同的会计期间选用相同的会计政策，以保证不同会计期间的会计报表的可比性，便于使用者分析企业的财务状况、财富创造和现金流的历史趋势。正是在这个背景下，"仅当某项变更满足下列条件之一时，主体才可以变更会计政策：①国际财务报告会计准则要求变更；②该变更能使财务报表提供有关交易、其他事项或事件对主体财务状况、财务业绩或现金流量影响的更可靠和相关的信息"（IAS 8，IASB 2021a：§14）。

IAS 8 要求将追溯调整的方法作为基准的会计处理方法：如果 IFRS 中没有专门的过渡性规定，主体在针对 IFRS 首次进行会计政策变更，或者自愿进行会计政策变更时，应追溯调整该变更（§19b）。例如，主体应调整最早列报期间各个受影响的权益组成部分的期初余额，以及各个列报前期披露的其他比较金额，如同新会计政策一直在采用的那样（§22）。

同时，也存在两种例外。

- 当确定列报一个或多个前期的比较信息的会计政策变更的特定期间的影响不切实可行时，主体应从可运用追溯调整的最早期间（可以是当前期间）的期初开始，对资产或负债的账面金额采用新的会计政策，并对该期间各个受影响的权益组成部分的期初余额做出相应的调整（IAS 8：§24）。
- 当在当期期初确定一项新会计政策的应用，对所有前期的累积影响不可行时，主体应调整比较信息，从最早的可行日期开始对新会计政策采用未来适用法（IAS 8：§25）。这意味着对交易、其他事项和事件采用一项新的会计政策，就如同该政策一直在采用的那样（IAS 8：§5）。

会计变更对资产或负债的影响最终体现在对股东权益的影响。

在自愿变更时，（IAS 8：§29）要求做如下披露。

- 会计政策变更的性质。
- 采用新会计政策能够提供更可靠和相关信息的原因。
- 如果可行，对当期和各个列报前期披露如下调整的金额：各个受影响的财务报表单列项目……
- 与列报期间之前的期间相关的调整金额（如果可行）。
- 如果对某特定前期或列报期间之前的期间采用追溯调整法是不切实可行的，要披露导致其不切实可行的事实，并陈述该会计政策变更如何应用、何时开始应用。

6.4.2 会计估计的变更

"由于商业活动中内在不确定因素的影响，许多财务报表中的项目不能精确地计量，而只能加以估计。估计涉及以最近可利用的、可靠的信息为基础所做的判断。例如，以下项目可能要求估计：①坏账；②陈旧过时的存货；③金融资产或金融负债的公允价值；④应折旧资产的使用寿命，或体现在应折旧资产中未来经济利益的预期消耗方式；⑤担保债务。（IAS 8：§32）合理运用估计是编制财务报表的基本步骤，并不削弱其可靠性。"（IAS 8：§33）

如果据以进行估计的事实发生变化，或者由于新的信息或更多的经验，可能不得不对估计进行修正，按其性质，对估计的修正与前期无关，并且不属于会计差错更正（IAS 8：§34）。

（IAS 8：§36）要求：会计估计变更的影响……均应以未来适用法在以下期间的损益中确认。由此（IAS：§38）指出：对某项会计估计变更影响采用未来适用法确认，意味着该变更适用于自估计变更日开始的交易、其他事项和事件。会计估计的变更可能只影响当期损益，也可能对当期和未来期间损益均产生影响。例如，坏账金额估计的变更只影响当期损益，应在当期确认。但是，某项应折旧资产使用寿命估计的改变，或体现在某项应折旧资产中未来经济利益的预期消耗方式的改变，既影响当期折旧费用，又影响该资产剩余使用寿命内未来各期的折旧费用。在这两种情况下，与当期相关的变更的影响，应在当期确认为收益或费用。如果对未来期间有影响，应在未来期间确认为收益或费用。

主体应披露对变更当期产生影响，或预计对未来期间产生影响的会计估计变更的性质和金额。如果估计对未来期间的影响是不切实可行的，就不必披露对未来期间的影响。（IAS 8：§39）

6.4.3　前期差错的更正

差错产生于财务报表要素的确认、计量、列报或披露（IAS 8，IASB 2021a：§41）。

以追溯重述法更正前期差错，除非确定该差错的特定期间影响或累积影响是不切实可行的（IAS 8：§43）。在当期期初确定差错对所有前期的累积影响不切实可行时，主体应从最早可行的日期开始，用未来适用法重述比较信息以更正差错（IAS 8：§45）。

（IAS 8：§49）还指出，主体应披露以下内容。

- 前期差错的性质。
- 对每一个列报的前期，如果可行，应披露更正的金额：各个受影响的财务报表单列项目。
- 列报的最早前期期初的更正金额。
- 如果对某一特定前期进行追溯重述是不切实可行的，要披露导致其不切实可行的事实，并陈述该会计差错怎样被更正及从何时开始被更正。

6.5　报告中断业务

在正常的运营中，一个经济实体有可能中断、剥离或卖出一部分业务，将资源重新分配到潜在利润更好的市场，所以一个完整的业务单位可能在某一时点被卖掉或终止。使用者需要了解企业当期的业绩，并和它过去的业绩进行比较，此时了解哪些是可比的，找到具有可比较基础的经济参数是非常重要的。所以在高质量的财务报告中，处理已停止的业务活动是一个非常重要的内容。

在替代 IAS 35 的 IFRS 5（IASB 2018b：§32）中，终止经营是指已被处置或被划归为持有待售的主体的组成部分，并且该组成部分：①代表一项独立的主要业务或一个主要经营地区；②是单一协调的拟对一项独立的主要业务或一个主要经营地区进行处置的一部分；③仅仅为了再出售而取得的子公司。

该会计准则建立了报告企业停止业务活动信息的原则，从而加强了财务报表对企业未来现金流、利润创造和财务状况的预测能力，因为它们可以将已停止业务活动的部分信息与持续业务活动的部分信息区分开来。

根据（IFRS 5：§ 33），主体应披露：

（1）在综合收益表内，以一项金额列示下列金额的合计数：终止经营的税后损益，以及按公允价值减去出售费用后的余额进行计量所确认的税后利得或损失，或者对构成终止经营的资产或处置组进行处置所确认的税后利得或损失。

（2）对（1）中的合计数的分析：终止经营的收入、费用和税前损益；《国际会计准则第 12 号》第 81 段（8）要求的相关所得税费用；按公允价值减去出售费用后的余额进行计量所确认的利得或损失，或者对构成终止经营的资产或处置组进行处置所确认的利得或损失。

上述分析可以在附注中披露也可以在综合收益表内列报。如果在综合收益表内列报，应列示在标明与终止经营有关的部分，也就是与持续经营分开。对于取得时符合划归为持有待售标准的新取得的子公司构成的处置组（参见第 11 段），不要求进行上述分析。

（3）可归属于终止经营的经营活动、投资活动和筹资活动的净现金流量。这些信息既可以在附注披露中，也可以在财务报表中列报。对于取得时符合划归为持有待售标准的新取得的子公司构成的处置组，不要求列报这些信息。

例 6-6　飞利浦（皇家飞利浦电子有限公司）（荷兰国际财务报告会计准则—2022 年年报—电子消费品）

附注 3　终止经营的业务和其他持有至出售资产

表 6-12 列示出合并利润表中终止经营业务的税后净利润。

表 6-12　终止经营业务的税后净利润　　（单位：百万欧元）

	2020 年	2021 年	2022 年
家用电器	206	2 698	3
其他	（10）	13	10
终止经营业务的利润	196	2 711	13

2022 年，飞利浦家用电器的终止经营业务的净利润为 3 百万欧元。

2021 年 3 月 25 日，飞利浦与全球投资公司 Hillhouse Investment 签署了一份出售其家用电器业务的协议。自 2021 年第一季度以来，家用电器业务呈现为已终止的业务，并且已经对比较结果进行了重新陈述，以反映家用电器业务作为已终止的业务的处理，因为家用电器业务的出售构成了个人健康部门主要业务线的终止。

表 6-13 列示出合并利润表中家用电器业务作为终止业务的业绩。

表 6-13 合并利润表中家用电器业务作为终止业务的净利润（单位：百万欧元）

	2020 年	2021 年	2022 年
收入	2 222	1 516	6
成本和费用	（1 944）	（1 322）	（2）
经营利润	278	194	4
出售终止业务的利得		3 241	1
税前净利润	278	3 435	5
所得税费用	（72）	6	（2）
终止经营业务的所得税		（743）	
终止经营业务的净利润	206	2 698	3

2021 年与家用电器业务分离相关的 64 百万欧元费用已在持续运营中进行了核算，因为这些费用反映了飞利浦在剥离过程中所发生的费用，并不被认为是家用电器业务的业绩。

2021 年 9 月 1 日，公司完成了家用电器业务的出售，并确认了税前交易收益为 3 241 百万欧元。飞利浦收到了 4 041 百万欧元的价格，这是基于 3 850 百万欧元的企业价值，再加上与营运资本和净负债相关的 19.1 百万欧元的期末调整金额。税前交易收益是 4 041 百万欧元的价格减去 715 百万欧元的净资产摊销，再减去 16 百万欧元的交易相关费用，最后减去其他综合收益中的 690 百万欧元的累计汇率损失的净结果。与剥离过程相关的所得税费用为 743 百万欧元，导致税后交易收益为 2 499 百万欧元。所得税费用代表了在预期出售之前，作为业务解绑的一部分完成的资产交易所产生的综合税费，其中大部分与在荷兰应支付的税款有关。此外，飞利浦和买方签订了一份为期 15 年的品牌许可协议，代表了约 70 百万欧元的预估净现值，这将在以后年度逐渐收到并确认。

持有至出售的资产

截至 2022 年 12 月 31 日，持有至出售的其他资产主要包括与 APAC 中心新加坡大厦相关的物业、厂房和设备。该出售于 2023 年 1 月完成。

6.6 综合收益

6.6.1 原则

IASB 发布的名词解释并没有给出综合收益的定义，但是 IAS 做出了如下定义。

- 综合收益总额，指某期由于交易和其他事项而产生的、不是由于所有者以其所有者身份进行的交易所产生的权益变动。
- 其他综合收益，指按照其他国际财务报告会计准则不要求或不允许在损益中确认的收益与费用项目（包括重分类调整）（见 IAS 1，2021：§7）。

综合收益总额包括"损益"和"其他综合收益"的所有组成部分（IAS 1：§7）。

IAS 1（2022）多次提到综合收益（权益当中与企业所有者不关联的变动）。在美国企业会计准则中，综合收益被定义为：一个企业在一定时期内所有权益变动的总和，这些变动来自与所有者无关的交易或其他经济事件（ASC Topic220– 综合收益）。

根据会计准则，一些资产和负债的变动被认为与企业的业务活动无关（既不属于正常，也不属于特殊或非正常），故这些变动不作为业务净收益的部分报告，也不在当期利润表中反映，而是作为资产负债表中权益变动的一个单独项目。比如，根据美国企业会计准则和 IFRS，这些项目包括由于企业以公允价值计量且其变动记入其他综合收益的金融资产的市场价格增加带来的潜在收益，不记录到当期利润表而记录在资产负债表的股东权益中（见第 10 章）；另外，退休金计划中的精算损益，不记录到当期利润表，而直接记录到股东权益（见第 12 章）。

一些财务报表使用者对这些没有被记录到利润表的变动项目提出了担忧。在这一背景下，FASB 在 1997 年 6 月颁布的《财务会计准则公告（SFAS）第 130 号——报告综合收益》中讨论了如何对这些项目进行报告和展示，从而使企业给出当期的综合收益总额。现在 SFAS 第 130 号已经归入 FASB 会计准则法典第 220 题。IASB 也对综合收益报告的问题讨论了好几年，最后在 IAS 1 修改版（2022）中采用了以上观点。

中国企业也从 2009 年开始报告综合收益。

这些没有被列入利润表的项目指其他综合收益。图 6-5 反映了所有综合收益总额的项目和一些例子。

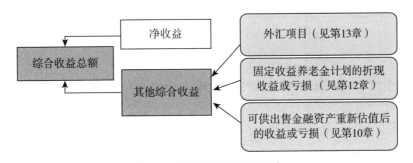

图 6-5　综合收益总额的组成

在实务操作中，主体可以选择以下两种列报方式之一（IAS 1：§ 81A）：①在一张单一综合收益表中列报；②在两张报表中列报，一张报表列示损益的组成部分（单独的收益表），另一张报表以损益为开始，并列示其他综合收益的组成部分。

6.6.2　实例

IAS 1 在附录中列举了两种综合收益列报方法：单张报表法和两张报表法。

表 6-14 列出了综合收益表中加在损益之后的项目。

在单张报表法下，先列报利润表（见第 5 章中的表 5-15 和表 5-16），然后紧接着列出其他综合收益项目，形成一张单独的综合收益表。

在两张报表法下，表 6-14 中的其他综合收益项目单独列出，在利润表后列报。

我们在这里并不想深入探讨其他综合收益不同项目的详细内容，对此感兴趣的读者请参阅 IAS 1。在第 11 章，我们将谈到股东权益变动表，并进一步讨论综合收益是如何融入这张表的。

表 6-14　IAS 1 综合收益列报

	20X7 年	20X6 年
本年利润（利润表）	121 250	65 500
其他综合收益：		
未确认损益的项目：		
不动产重估利得	933	3 367
权益投资	（24 000）	26 667
设定收益养老金计划重估	（667）	1 333
享有联营企业其他综合收益的份额	400	（700）
不进行重分类项目相关的所得税	5 834	（7 667）
	（17 500）	23 000
可能在之后确认损益的项目：		
折算国外经营的汇兑差额	5 334	10 667
现金流量套期	（667）	（4 000）
可能重分类项目相关的所得税	（1 167）	（1 667）
	3 500	5 000
本年其他综合收益（税后净额）	（14 000）	28 000
本年综合收益总额	107 250	93 500
综合收益总额归属于：		
母公司股东	85 800	74 800
少数股东权益	21 450	18 700
	107 250	93 500

实际案例

例 6-7　中国中铁（中国—中国企业会计准则—2022 年年报—铁路基础建设）

该实例呈示了综合收益表（见表 6-15）。

表 6-15　综合收益表　　　　　　　　　　（单位：千元人民币）

12 月 31 日	2022 年	2021 年
营业收入	222 938 637	225 731 755
减：营业成本	175 625 777	179 303 892
营业税金及附加	1 634 686	1 685 931
销售费用	7 724 210	7 264 149
管理费用	13 401 635	13 481 469
研发费用	13 129 748	13 085 219
财务费用	（343 488）	380 159
资产减值损失	（614 278）	（885 548）
信用减值损失	（312 158）	（41 615）
加：以摊余成本计量的金融资产终止确认收益	（215 583）	（332 673）
投资收益	306 929	242 491
公允价值变动损益	489 773	309 908
资产处置收益	2 550 521	1 016 195
营业利润	15 979 702	12 831 064
加：营业外收入	779 950	1 468 980
减：营业外支出	639 984	545 221
利润总额	16 119 668	13 754 823
减：所得税费用	1 767 493	1 337 277

（续）

12 月 31 日	2022 年	2021 年
净利润	14 352 175	12 417 546
其他综合收益的税后净额	763 437	（37 797）
归属于母公司股东的其他综合收益的税后净额	589 562	28 372
以后不能重分类进损益的其他综合收益	（17 515）	162 135
以后将重分类进损益的其他综合收益	607 077	（133 763）
归属于少数股东的其他综合收益的税后净额	173 875	（66 169）
综合收益总额	15 115 612	12 379 749

6.7　政府支持：拨款和资助

由于一些特殊原因，政府对企业的直接财务支持（拨款或资助）在很多国家都是常见的活动。IAS 20（IASB 2014）使用了"政府支持"这一概念，包括了不同形式的支持。这些支持无论是性质还是所要满足的条件，都有很大差异。这些支持为企业带来了一个非常值得关注的收入确认问题。对这个问题的解答又会影响使用者对财务报表的解读。政府的支持是收入吗？还是一些费用的补偿（从技术上来说也等于收入），或者是一种融资的来源？政府支持有几大不同的类型，每种类型对于这些问题都有不同的答案，它们是：

- 和资产相关的拨款。
- 和收益相关的拨款。
- 无须偿还的贷款（在满足一些条件的情况下贷款无须偿还）或需要偿还的资助。

下面我们来看一下每种类型的具体情况。

6.7.1　和资产相关的拨款

和资产相关的拨款指政府用来鼓励符合条件的企业去购买、建造或获取长期资产的拨款（IAS 20：§3）。这类拨款一般针对一些特定的经济行业或地理区域，帮助这些行业或区域进一步发展，一般称为投资拨款，既可以用来资助企业的新设业务，也可以用来资助现有固定资产的增加或改进。

图 6-6 反映了集中记录这类政府支持的会计方法。

图 6-6 显示，IAS 20 偏向于将这一类的支持自动作为收入处理，并通过配比原则跟不同的时期进行配比，这样能够使政府的支持和实际发生的费用（实际发生的折旧费用）进行配比。只有在无法确认如何在未来几个会计期间进行分摊的情况下，才能在收到政府支持的第一个会计期间全部确认为收入。

例如，收到的政府投资资助一开始不列示在利润表中，而是作为股东权益下的单独科目列示在资产负债表中（非合并财务报表），或者列示在资产负债表的非流动负债下（合并财务报表）。列示的政府投资资助金额根据 IASB 规定的匹配收入原则按期分摊，这样政府投资资助就相当于图 6-6 中 IASB 下的递延收入。图 6-6 为 IAS 20 中关于政府投资资助的入账和报告。

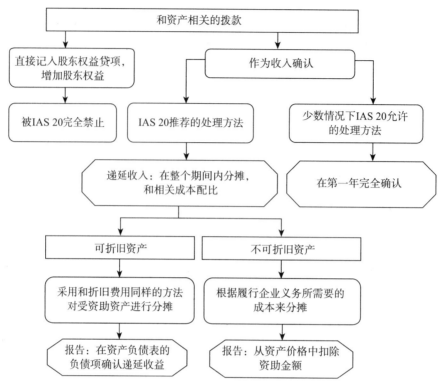

图 6-6　IAS 20 中关于政府投资资助的入账和报告

理论例子

K 公司在 X1 年 1 月 1 日购买了一项资产，并支付现金 200 货币单位。该资产将在 5 年内采用直线法进行折旧。因为 K 公司处于一个经济特区，所以能获得政府对购买这项资产的资助，总金额为 150 货币单位。图 6-7 显示了 X1 年政府投资资助的会计处理。

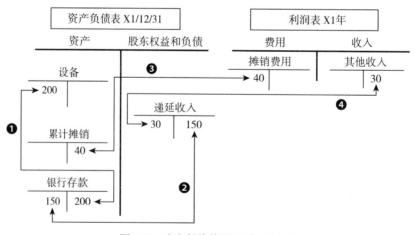

图 6-7　政府投资资助的会计处理

❶ 用现金购买设备。

❷ 收到投资资助，作为递延收入确认到资产负债表的负债项。

❸ 资产在 5 年内的折旧（年折旧费用为 200/5 = 40）。

❹ 在 5 年中每年将递延收入转入利润表，根据固定资产折旧的处理转入利润表（150/5 = 30）。

📖 **例 6-8　拜耳**

拜耳是德国的一家化学和医疗集团公司，在 2022 年年报附注中注明，用来促进投资的第三方拨款和资助记录在资产负债表中其他负债下，并按照资产、厂房和设备的相应使用寿命摊销转入收益。2011 年拜耳从政府收到的拨款和资助的递延收入为 26 百万欧元（2021 年：18 百万欧元），其中有 8 百万欧元转入利润表（2021 年：4 百万欧元）。

6.7.2　和收益相关的拨款

在 IAS 20（§3）中，该类拨款包括除与资产相关的其他政府资助，在实务中也被称为经营资助或政府补贴，包括对企业业务发展的资助，即对发展企业技能或某一行业实力的资助。比如，鼓励企业创造更多就业机会，或对某些失业人群提供有价值的工作等。这些与收益有关的资助，在收到时就记录到利润表中作为一项收益（其他收益）或作为相关费用扣除。

6.7.3　无须偿还的贷款或需要偿还的资助

这一类贷款被定义为贷款的债权人（通常是政府机构）同意在满足一定条件下放弃对贷款的追索权，比如在一定时间内创造规定数量的就业机会等。当这些条件没有满足时，就需要偿还贷款。其他需要偿还的资助包括对企业的研究开发活动或拓展市场活动的支持。这些资助提供的现金会被记录到企业的资产负债表作为资产项，同时，这些资助本身会被记录到企业的资产负债表作为负债项，直到这些条件满足为止。一般来说，这些资助会被记录到一些特殊的科目下，比如国家对企业有条件的预付款等。从逻辑上，这些资助应该与企业的股东权益分开来以表示其特殊性质。当这些资助到期而这些条件没有满足时，这些资助就会变成应付款，同时作为一个正常的负债处理。在相反情况下，如果条件满足，企业就必须在经营收入或特殊收入中记录这些资助，而不再记录为资产负债表的负债项。

关键知识点

- 收入确认的内容包括收入确认的时点和金额。
- IFRS 15 统一了以下三类业务的收入确认标准：销售货物、提供服务和特许使用权。
- 主体确认收入的方式应当反映客户转让商品或服务的模式，而确认的金额应反映主体预计因交付这些商品或服务而有权获得的对价。
- 主体应通过运用下列步骤按照上面的核心原则确认收入：①识别客户合同；②识别合同中的履约义务；③确定交易价格；④将交易价格分摊至合同中的履约义务；⑤在主体履行履约义务时（或履约过程中）确认收入。
- 有些交易跨越了几个会计期间为客户提供服务（比如长期合同），当这些交易的产出能够被合理估算时，相关的收入和成本都必须在资产负债表日按照向客户提供的服务控制权的转移进行确认。
- 税务制度和财务制度有很多差异，这些差异造成企业利润确认的时间差，被称为暂时性差异。

- 递延所得税资产（或负债）源于按照财务制度报告的税前利润与按照税务制度报告的应纳税所得额之间的差异。
- 为了保证利润表在衡量企业业绩以及对企业未来业绩进行评估方面的有用性，会计准则要求必须将企业不同的业务活动进行区分。一方面报告企业正常的、可持续的业务活动；另一方面报告临时的、非正常的行为决策和事件的影响。
- 综合收益包括通常没有被列入净收益的收入和费用项，比如可供出售金融资产未实现的收益或亏损。
- 政府的支持（拨款或资助）必须单独确认，同时区分政府拨款或资助对企业收入的不同影响。

实战练习

实战练习 6-1　舒尔茨会计师事务所（1）

要　　点：收入确认

难度系数：中

舒尔茨是会计师事务所的高级合伙人，最近比较担心一些客户的收入确认原则。他列出了一些客户财务报表附注中的收入确认原则。

（1）广告代理商在广告策划活动完全准备好后就将全部佣金确认为收入。

（2）中礼公司出售 X1 年 10 月 1 日到 X2 年 9 月 30 日音乐会的订票套餐，大部分音乐会都将在秋天和春天举行。客户直接支付现金购买套餐。中礼公司的会计年度期末是 12 月 31 日。在 X1 年的利润表中，订票套餐现金收入的 1/4 确认为当年收入，剩下的 3/4 将在 X2 年确认为收入。

（3）博迪公司主要提供杂货、水果等商品的送货上门服务，并接受现金支付，在收货支付的时候即确认收入。

（4）奥林匹克运动俱乐部是一个会员俱乐部，会员每年支付会员费。会员可以选择分期付款，并支付一定的附加费。它比其他俱乐部的价格低 20%。会员费按会员期限内的分期付费确认收入（会员期限通常为一年，预先支付超过一年会员费的会员可以享受一定的折扣），会员费一经支付概不退还。

要　求

请判断每家公司的收入确认原则是否正确。如果你觉得不正确，请说明正确的收入确认原则。

实战练习 6-2　汤若望公司

要　　点：递延所得税

难度系数：中

汤若望公司在 X1 年实现税前利润 100 货币单位。损益项目中包括 X1 年一次性预先支付

的版税费 10 货币单位，获得一项新技术 2 年的使用权。公司会计本来选择将版税费的一半在
X1 年确认，剩下一半在 X2 年确认，但是税法规定全部
版税费都在 X1 年确认，所得税税率是 30%（见表 6-16）。

要 求

1. 请计算递延所得税，假设 X2 年记录版税费前的税前
   利润和 X1 年相同。
2. 记录 X1 年年末和 X2 年年末的递延所得税。

表 6-16

记录版税费前的税前利润	110
支付的版税费用	10
税务口径下的版税费	10
记录版税费后的税前利润	100
每年摊销的版税费（2 年）	5
税率	30%

挑战练习

挑战练习 6-1　选择题

请选择正确答案（除非特别说明，正确答案只有一个）。

1. 根据 IFRS 15，收入的确认基于（　　　）。
   (a) 3 步　　　　　　　(b) 4 步　　　　　　　(c) 5 步　　　　　　　(d) 6 步

2. 下列哪种情况可以被认为卖方已经将货物或服务转移给客户？（比如，客户已经拥有货物
   或服务的控制权。）
   (a) 在零售业务中，客户不满意可以退货，但是卖方可以可靠估计未来退货情况，并确认
       相应负债
   (b) 如果客户有任何不满意，卖方有义务承担责任，即使不在正常维修范围内
   (c) 卖方是否能收到货款取决于买方转销的收入情况
   (d) 货物发出后还需要安装才能使用，作为合同中的重要部分，卖方还未对货物进行安装

3. 与客户签订合同增加的成本可以在所有情况下确认为资产。
   (a) 对　　　　　　　　　　　　　(b) 错

4. 客户支付的进度款通常反映了相应服务的完成情况，所以可以用来可靠计量向客户提供的
   服务控制权转移程度。
   (a) 对　　　　　　　　　　　　　(b) 错

5. 如果一项交易提供的服务不能可靠计量，下列哪种说法正确？
   (a) 不能确认收入　　　　　　　　(b) 根据合同规定的总价格确认收入
   (c) 根据可确认的费用确认相应收入　　(d) 以上都不是

6. 合同中承诺的对价可能包括（　　　）。
   (a) 固定金额　　　　(b) 变动金额　　　　(c) 以上两个都有

7. 有意提前或延后确认收益或损失，以避免过高或过低的利润，叫作（　　　）。
   (a) 隐藏利润　　　　(b) 平滑利润　　　　(c) 掩盖利润　　　　(d) 利润作假

8. 税务制度下的税收比财务制度下的税收晚确认，会产生（　　　）。
   (a) 递延所得税负债　(b) 递延所得税收入　(c) 递延所得税资产　(d) 递延所得税费用

9. 下列哪种情况变更会计政策是不恰当的？
   (a) 会计准则解释要求

（b）会计准则要求

（c）变更会计政策会使财务报表中的交易事项更好地列示

（d）CEO 建议

10. 下列哪一项不是其他综合收益中的项目？

（a）外币汇兑损益　　　　　　　　　（b）债券和权益投资的未实现损益

（c）最小退休金负债调整　　　　　　（d）重组成本

挑战练习 6-2　舒尔茨会计师事务所（2）

要　　点：收入确认

难度系数：中

　　舒尔茨是会计师事务所的高级合伙人，最近比较担心一些客户的收入确认原则。他列出了一些客户财务报表附注中的收入确认原则。

　　（1）DPS 商学院在每个季度开始时给学生开出学费发票，但是在收到学生付款后才确认收入。X2 年第一季度的学费发票在 X1 年 12 月 1 日寄出，所有学费在 X1 年 12 月 15 日全部收到，所以不需要做分录调整。

　　（2）《商务时报》每天的发行量是 75 万份，通过订阅可以销售 3/4。读者可以在一年当中的任何一天订阅该报纸，订阅量和取消订阅量没有明显的季节性。《商务时报》的会计师将当年收到的订阅现金的一半和前一年收到的订阅现金的一半确认为当年收入。

　　（3）桥牌俱乐部向会员开具会员费发票后，会员将收到一本免费杂志，并享受其他杂志的订阅折扣。为了简便，俱乐部在会员期限内按直线摊销法确认收入。

　　（4）卖方将货物发给买方，由买方代理销售，卖方在发货的时候即确认收入。

　　（5）一家拥有和管理医疗俱乐部的公司与客户签订合同，让客户拥有对俱乐部 1 年的使用权。客户对俱乐部有不受限的使用权，承诺每月支付 100 货币单位。该公司每月确认 100 货币单位的收入。

要　　求

　　请判断每家公司的收入确认原则是否合理。如果你觉得不合理，请说明正确的收入确认原则。

挑战练习 6-3　尼尔森公司

要　　点：递延所得税

难度系数：高

　　X1 年，尼尔森公司的销售收入为 2 400 货币单位，总费用为 1 800 货币单位，在 X1 年前没有递延所得税资产或负债。下列是 X1 年的相关信息。

　　（1）尼尔森公司持有的有价证券，在 X1 年年末的市场价值超过账面价值 8 货币单位。该潜在利得将在 X1 年报税，但是在将有价证券销售的时点，才在财务报告中确认。

　　（2）尼尔森公司 X1 年银行贷款的应计利息为 16 货币单位。利息（已经包括在财务报告的费用中）在支付的时点才可以抵减税收（X2 年同样）。

（3）尼尔森公司对某些资产采用加速折旧法。税务口径下的摊销费用超过财务会计下的摊销费用（已经包括在财务报告的费用中）250 货币单位。

（4）X1 年支付污染环境罚款（已经包括在财务报告的费用中）10 货币单位。

（5）尼尔森公司的部分流动资金投入到免税市政债券中，X1 年产生 40 货币单位回报（没有包括在财务报告的销售收入中）。

（6）尼尔森公司按销售收入的 1.5% 提取保修准备金，已经计入财务报告的费用中。X1 年实际发生的维修费用为 15 货币单位。

所得税税率是 30%。

要　求

1. 请计算财务会计下的税前利润。
2. 分析每个交易事项产生的永久性差异和暂时性差异。
3. 请计算税务报告下的应付所得税税额和财务报告下的所得税费用。（当地会计准则允许财务报告下的所得税费用根据会计准则计算。）
4. 记录 X1 年的所得税费用。

挑战练习 6-4　哈默尼会计师事务所

要　　点：收入确认

难度系数：高

汉斯·克里斯汀是哈默尼会计师事务所的高级合伙人，让实习生关注一下事务所对于一些客户的收入确认原则应该采取怎样的立场。

要　求

下面列出了哈默尼会计师事务所客户的各种不同的业务活动，请说明应该何时确认收入和成本，并指出在应用收入和费用配比原则时可能会产生哪些问题。

1. 年轻人服装连锁店（比如美国的 Gap、A&F，欧洲的 Zara、H&M 和 Celio）。

2. 一家造船公司和国防部签订固定造价长期合同，建造 7 艘海军军舰，公司转包给分包商。每艘军舰需要在船坞建造 6 个月，还需要 4 个月进行修整、装配和测试，才可以交货。

3. 法国西南部阿让有一个苹果和桃子种植商，收获以后，水果放在冷冻封闭仓，保持缺氧和适度湿度，一直到发货。苹果可以保存 10 个月不变味腐烂，桃子最多可以保存 1 个星期。水果由种植商用卡车发送到连锁超市的批发平台，根据每个生产期预先签好的合同价格出售。货款在发货后 30 天到期。剩余的水果直接销售给零售商。

4. 一家石油天然气公司主营勘探、开采石油和天然气，但不负责运输、精炼和分销。

5. 一家电影（电视）制片公司制作电影和电视节目。该公司预期国内的销售只能补偿制作、编辑、推销的部分成本，国外的销售及 DVD 销售可以产生相当于国内销售额 80%～120% 的收入。DVD 在电影或电视节目首发 6 个月后发行。

6. 一个房地产商承包一个住宅小镇的开发和出售，包括商用设施、社区建筑（教堂、寺庙、学校、医院、运动场、游泳池、电影院等）、公寓楼和独栋房。房地产的营销在动工前就开始了，开发商的政策是在大多数商用设施和社区建筑完工并出租或出售后，同时一半的住宅房也完工时，才可以入驻。客户（住户或企业）需要先付 10% 的定金，在入驻的时候付清余款。

7. 银行或金融机构的按揭贷款部门。

8. 一家橄榄油（通常在压榨后 12 个月内全部售完）和橄榄食品（部分食品需要保存 12 个月才可以销售）生产商，从农场购买原始橄榄油。

9. 一家餐饮公司销售预付餐券给企业客户，企业将这些餐券作为补贴发给员工或以折扣价销售给员工，员工可以在接受该餐券的餐馆或食品店使用。餐馆和食品店到餐饮公司兑换这些餐券，由餐饮公司在每月最后一天支付当月 25 日前上交的餐券。

10. 牧场主（放养牛群以供肉制品消费）需要购买一半的饲料供牛食用，因为牧场草地有限。牧场主购买小牛仔，饲养 14～18 个月，然后出售。

11. 奶农（饲养牛以产奶和牛仔）饲养奶牛和牛仔的谷物，3/4 需要购买，1/4 自己在农场种植。奶农自己只有 3 头公牛，必要时还得从当地一家兽医诊所购买人工授精服务。

12. 一家快递公司在 12 月 31 日关账，本年度的最后一个工作日收到一个包裹，该包裹已经支付快递费，但是在下个会计年度之前，该包裹不可能发送。同样，如果该包裹是货到付款（收件人支付快递费），也要在下个会计年度才能发送并收到快递费。

13. 皮尔公司销售包括便携电话在内的产品，这些产品的零部件来自中国、韩国和美国，并全部在中国进行组装。软件开发成本（软件应用于 800 万套产品）占便携电话生产成本（800 万套产品）的一半。皮尔公司为客户提供两年的软件免费升级服务（再多提供两年旧软件修补漏洞服务）。

14. 一家石油和天然气精炼与分销公司，通过长期合同从生产商购买原油。该公司精炼原油，然后以公司的名义运输和分销石油。

15. 一家公司的主要业务就是安全有效地经营其唯一的资产，一条长达 2 300 千米连接阿塞拜疆巴库与里海沿岸油田和土耳其安塔利亚地中海港口的双向运输管道。该管道按先到先服务的原则，为任何支付运输费的客户提供服务。该管道可以运输原油和任何精炼油，只需要 3 个小时就可以转换运输不同产品。

16. 一家公司为海上石油开采商提供服务，包括搭建钻井平台、运输、提供专业潜水员和潜水设备、石油泄漏控制等。

17. 一个网络搜索引擎商靠向企业客户卖广告盈利。该引擎商承诺广告的点击量。客户先支付一笔固定的广告费，如果点击量在约定期限内没有达到所承诺的数量，则按比例退回部分广告费。如果点击量超过约定量，则客户需要就超过的点击量额外付费，按 3 个月的超过量计算。

18. G 公司为企业提供平台推销产品和服务，将企业的折扣券在短时间内卖给 G 公司的客户，这些客户已经同意与 G 公司分享邮箱，并有兴趣收到企业的折扣券。比如，一家企业为推销产品，通过 G 公司以 50 货币单位，销售价值 100 货币单位的折扣券给 G 公司的客户，折扣券印有有效期。G 公司的客户预先支付 50 货币单位购买折扣券，G 公司在推销开始 8 个星期后将款项的 60% 转给商家企业，自己留下 40%。G 公司应当什么时候确认收入，确认多少？

19. 电话运营商 Z 对销售给客户的手机提供补贴。比如，Z 公司的一款智能手机成本是 650 货币单位 / 台，但是以 200 货币单位 / 台卖给客户，只要客户签订两年的通信服务合同。如果客户毁约，就要支付 480 货币单位的违约金，每使用一个月服务，违约金就扣除 20 货币单位。

20. 华盛顿西雅图的 LG 公司是一家运动俱乐部，为会员提供各种健身器材。会员预先支付 6 个月的会员费，到期自动续费，会员若退出需要提前 1 个月通知俱乐部。退出俱乐部的会员除了退回当月的会员费，其余未使用的会员费也将退回。私人教练服务需要会员额外付费。

参考书目

FASB (1997) Statement of Financial Accounting Standards No. 130 Reporting Comprehensive Income, Norwalk, CT.

IASB (1993a) International Accounting Standard No. 11 Construction Contracts, London.

IASB (1993b) International Accounting Standard No. 18 Revenue, London.

IASB (2014) International Accounting Standard No. 20 Accounting for Government Grants and Disclosure of Government Assistance, London.

IASB (2018a) Conceptual Framework for Financial Reporting, London.

IASB (2018b) International Financial Reporting Standard No. 5 Non-current Assets Held for Sale and Discontinued Operations, London.

IASB (2018c) International Financial Reporting Standard No. 15 Revenue from Contracts with Customers, London.

IASB (2020) International Financial Reporting Standard No. 9 Financial Instruments, London.

IASB (2021a) International Accounting Standard No. 8 Net Profit or Loss for the Period, Fundamental Errors and Changes in Accounting Policies, London.

IASB (2021b) International Accounting Standard No. 12 Income Taxes, London.

IASB (2022) International Accounting Standard No. 1 Presentation of Financial Statements, London.

Wahlen J M, Jones J P, Pagach D P. (2020) Intermediate Accounting: Reporting and Analysis, 3rd edition, Cengage Learning, USA.

扩展阅读

Artsbert K. (1996) The link between commercial accounting and tax accounting in Sweden. European Accounting Review, 5(Supplement), 795-814.

Ballas A A. (1999) Valuation implications of exceptional and extraordinary items. British Accounting Review, 31(3), 281-95.

Bradbury M E, Mear K M. (2017) Interpreting the impact of IFRS adoption. Australian Accounting Review, 27(2), 214-219.

Brouwer A, Naarding E. (2018) Making deferred taxes relevant. Accounting in Europe, 15(2),

200-230.

Christiansen M. (1996) The relationship between accounting and taxation in Denmark. European Accounting Review, 5(Supplement), 815-33.

Eberhartinger E L E. (1999) The impact of tax rules on financial reporting in Germany, France, and the UK. The International Journal of Accounting, 34(1), 93-119.

Eilifsen A. (1996) The relationship between accounting and taxation in Norway. European Accounting Review, 5(Supplement), 835-44.

Flagmeier V. (2022) The information content of deferred taxes under IFRS. European Accounting Review, 31(2), 495-518.

Frydlender A, Pham D. (1996) Relationships between accounting and taxation in France. European Accounting Review, 5(Supplement), 845-57.

Holeckova J. (1996) Relationship between accounting and taxation in the Czech Republic. European Accounting Review, 5(Supplement), 859-69.

Holland K, Jackson R H G. (2004) Earnings management and deferred tax. Accounting and Business Research, 34(2), 101-23.

Hoogendoorn M N. (1996) Accounting and taxation in Europe—A comparative overview. European Accounting Review, 5(Supplement), 783-94.

Hoogendoorn M N. (1996) Accounting and taxation in the Netherlands. European Accounting Review, 5(Supplement), 871-82.

Jaruga A, Walinska E, Baniewicz A. (1996) The relationship between accounting and taxation in Poland. European Accounting Review, 5(Supplement), 883-97.

Järvenpää M. (1996) The relationship between taxation and financial accounting in Finland. European Accounting Review, 5(Supplement), 899-914.

Jorissen A, Maes L. (1996) The principle of fiscal neutrality: the cornerstone of the relationship between financial reporting and taxation in Belgium. European Accounting Review, 5(Supplement), 915-31.

Lamb M. (1996) The relationship between accounting and taxation: the United Kingdom. European Accounting Review, 5(Supplement), 933-49.

Pfaff D, Schröer T. (1996) The relationship between financial and tax accounting in Germany—The authoritativeness and reverse authoritativeness principle. European Accounting Review, 5(Supplement), 963-79.

Pierce A. (1996) The relationship between accounting and taxation in the Republic of Ireland. European Accounting Review, 5(Supplement), 951-62.

Rocchi F. (1996) Accounting and taxation in Italy. European Accounting Review, 5(Supplement), 981-89.

注　释

1　在很多国家，包括英国，收入被叫作 turnover 或者 sales turnover。我们将避免使用这些术语，因为我们将 turnover（周转率）用于描述账户更新的速度（比如存货周转率——

描述一个企业在经营周期消耗存货的速度）。

2 SEC 在官网上列示了所有会计和审计执行公告。该数据是公开的。

3 资源来源：参见 SEC 官网。

4 资源来源：参见 SEC 官网。

5 这个概念相当于无形资产中的折旧（见第 2、7、8 章）。

6 IFRS 15（§BC30）规定：如果客户不具有单独购买质保的选择权，主体应当按照 IAS 37 负债准备、或有负债和或有资产对质保进行会计处理，除非所承诺的质保或所承诺的质保中的部分是向客户提供产品符合约定规格的保证之外的服务。

7 当一家公司同时签订几个合同，一些产生了正的现金流，一些产生了负的现金流时，管理层就有意选择合并这些现金流，模糊合同执行结果，这是错误的，违反了不可抵销原则。这种操作阻止了管理层和股东了解每个合同的风险和盈利性。

8 资源来源：参见 SEC 官网。

9 详情请参考 "Worldwide Tax Summaries"，PricewaterhouseCoopers。

10 折旧和现金流之间的联系将在第 7 章讲解。

11 在实践中，应税会计利润的实现和税款结余的支付之间存在一年的滞后期。对于在 X1 年实现的正的应税收入，预缴税款通常在 X1 年支付，而税款结余在 X2 年计算和支付。

12 资料来源：PricewaterhouseCoopers（2007）；"Survey of 2 800 European financial statements—Presentation of income under IFRS: flexibility and consistency explored"。

第 7 章　有形资产

本章教给你什么

1. 有形资产指那些企业拥有的用于生产、销售、提供产品及服务、出租或管理的资产项目，从物理特性上来看是有形的，并且使用期超过一个会计期间。

2. 有形资产不同于存货。

3. 有形资产是总资产和非流动资产的一个重要组成部分，其比例关系和企业所处行业有关。有形资产的折旧费用通常也是利润表中一个重要的项目。

4. 如何区分资本投入（被资本化的资产）和与收入相关的费用（被列入利润表的费用项中）。

5. 深入了解折旧的概念。

6. 折旧的主要方法。

7. 了解编制折旧方案的主要会计概念（残值、可折旧金额、使用年限）。

8. 如何记录企业自建的有形资产。

9. 如何处理与有形资产构建相关的融资和贷款的成本（利息）。

10. 在财务报表分析中如何分析有形资产和折旧。

资产负债表的资产项包括了流动资产和非流动（也称为固定或长期）资产。在第 1 章中我们看到，流动资产是在企业的运营周期中使用的资产，周转速度很快（当然，周转速度和企业所处行业有很大的相关性）。所以，在一个管理良好的企业中，流动资产的周转期往往小于一个会计周期。非流动资产是指企业拥有的设施和企业的生产能力。这些设施和生产能力能够帮助企业完成运营周转。这些资产会在几个会计期间内产生经济效益，也代表了企业的一个重要投资项目，必须在所有业务开始前就构建完毕。

在非流动资产中，有形资产（土地、厂房和设备）所占比例非常显著。有形资产的一个重要特点就是，它们的使用年限跨越好几个会计年度，通过折旧费用的记录来代表，在利润表中是一个重要项目。折旧政策的选择会对企业的收益计算产生极大的影响。表 7-1 反映了来自不同国家—行业的样本。该样本尽管在统计上不具有代表性，但能够显示出企业的有形资产占总资产的比例差异很大。有形资产在财务报表中的重要性一般通过两个比例衡量：有形资产（净额）/总资产（净额）和折旧费用/销售收入。这些数字都来自于 2021/2022 年年报或者 2022/2023 年年报，使用的货币单位反映了各家公司在年报中使用的货币单位。有形资产在分类披露时通常包括"物业、厂房和设备"以及"使用权资产"。使用权资产将在第 12 章中详细介绍，对应于租赁（通常为有形）资产的成本。

表 7-1 有形资产的比重

公司 （国家—行业）	货币单位	有形资产 （净额） （1）	总资产 （净额） （2）	有形资产 占总资产 百分比 （1）/（2）	折旧费用 （3）	销售收入 （4）	折旧费用占 销售收入 百分比 （3）/（4）
爱尔兰大陆（爱尔兰—船舶、运输）	百万欧元	404	574	70.4%	60	584.9	10.3%
Iliad-Free（法国—电信）	百万欧元	12 499	24 994	50.0%	2 002	8 369	23.9%
中国石化（中国—石油化工）	百万人民币	895 556	1 948 640	46.0%	103 742	3 257 356	3.2%
Repsol（西班牙—石油和天然气）	百万欧元	22 470	59 964	37.5%	1 823	74 828	2.4%
Stellantis（荷兰—汽车业）	百万欧元	36 205	186 156	19.4%	4 653	179 592	2.6%
宝洁（美国—消费品）	百万美元	21 195	117 208	18.1%	2 495	80 187	3.1%
Infosys（印度—咨询、技术和外包服务）	万亿卢比	20 228	125 816	16.1%	2 577	146 767	1.8%
Anheuser-Busch InBev（比利时—酿酒业）	百万欧元	26 671	212 943	12.5%	3 786	57 786	6.6%
ISS（丹麦—便利服务管理）	百万丹麦克朗	3 320	47 005	7.1%	1 264	76 538	1.7%
Rovio（芬兰—游戏）	千英镑	7 025	294 349	2.4%	3 070	317 723	1.0%

表 7-1 根据有形资产占总资产比例的递减顺序罗列企业，该表反映了这个比例完全受企业所处行业业务活动的左右。服务性行业都在表格的下部。该比例从 2.4% 到 70.4% 不等。

下面我们首先讲解非流动资产的 3 种不同类别，然后讨论有形资产的报告和一些会计问题（估值和对收益的影响等）。

有形资产的提法反映了该资产和其他无形资产（见第 8 章）及金融资产（见第 10 章）的区别。有形资产指存在物理形态的资产，比如建筑物或设备。无形资产不存在物理的实物形态，只代表了某个主意或知识，比如在开发某项专利产品时所资本化的费用、技术、技能；或企业拥有的某种权利，比如为获得一个由他人提供的生产许可证所支付的价格。常见的金融资产（既不是有形的也不是无形的）一般是对其他企业的股本投资（按照历史成本反映估值，或者对一个子公司、客户或供应商的贷款，按照面值计算）。

从物理特性来说，有形资产是资产负债表中流动性最差的资产。在一些会计文化强调非流动资产的国家（欧洲大陆的国家之一），有形资产被反映在资产的最上面，而在一些会计文化强调资产流动性的国家，有形资产就会被反映在资产的最下面（如美国和中国）。

7.1 基本原则

7.1.1 非流动资产的类别

非流动资产可以分为有形资产、无形资产和金融资产 3 类。

有时第一、二类容易混淆，因为两者在使用目的和自身使用周期上并没有不同，唯一的区别是资产的物理特性。表 7-2 展示了这 3 类资产的相同和不同特性。

表 7-2　有形资产、无形资产和金融资产的比较

有形资产	无形资产	金融资产
在企业的业务活动中使用（生产、销售或分配产品和服务），购置的目的不是用于重新销售		
长期资产在使用过程中会被消耗，而该消耗会被反映在折旧、摊销、折耗或减值中		长期资产一般不进行任何折旧
以物理形态存在	缺乏物理形态	

这 3 类非流动资产都具有长期性，一个区分点在于三者的历史购置成本的分配，这反映了它们在正常业务活动中的使用过程。在使用期内对资产的费用进行分摊称为折旧（主要针对有形资产）、摊销（主要针对无形资产，同时该术语也用于反映负债的减少，我们将在第 12 章讨论），或者其他术语（比如折耗或减值），用于特殊情况，会在后面讨论。目前，我们在讨论资产的**购置成本**（acquisition cost）如何在使用期内进行摊销时，一般使用折旧来指代。

配比原则要求，按照资产的生产能力[1]或生产潜力的损耗，将有形资产进行折旧并在使用期内计入折旧费用。表 7-3 为非流动资产和成本分摊，反映了不同种类资产的生产能力的消耗都会通过折旧、摊销或资产减值的形式记录到向股东报告的收益中。

表 7-3　非流动资产和成本分摊

资产类别	例子	系统性成本分摊	非系统性成本分摊
有形资产	建筑物、机器、设备、家具	折旧	减值（不常见）
	土地（指企业拥有土地所有权的情况，在中国，企业只有使用权，被列入无形资产处理）	没有	减值（不常见）
	自然资源（石油、天然气储备，矿藏）	折耗	减值（不常见）
无形资产	有使用年限：专利、著作权、特许经营权、租赁权、软件	摊销	减值（有可能，现在变得更常见）
	无固定使用年限：商标、商誉	没有	减值（适用就要做，比较常见）
金融资产	投资	没有	减值（适用就要做，比较常见）

对一项资产的购置成本进行分摊（折旧、摊销或折耗[2]等），从而反映该资产在业务活动中生产潜力的整个消耗过程，叫作**系统性分摊**（systematic allocation）。折旧的目的在于遵循这个消耗过程并将其系统化：①资产在整个使用年限的摊销规则应在开始使用时就确定好，并且不可随意更改；②整个购置费用（减去剩余残值）都进行分摊。

然而，当分摊反映了随机的、不可预测的或灾难性事件（来自外部）造成资产价值（未来潜在创造经济利益的能力）消耗，而不是反映该资产潜在经济收益创造能力的消耗时，就被称为**非系统性分摊**（unsystematic allocation），也叫作**减值**（impairment）。

7.1.2　关于有形资产的会计问题

图 7-1 概括了真实和公允地反映有形资产时要处理的一些会计问题，包括了该资产使用寿命的 3 个阶段：产生、使用和消亡。图 7-1 为有形资产的常见会计问题，展示了该话题将如何在本章中展开讨论。

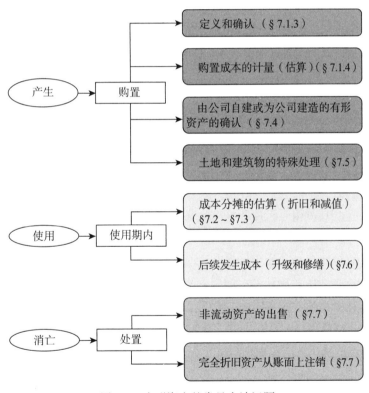

图 7-1　有形资产的常见会计问题

资产购置时的估值一般都会比较清晰，因为是以市场为基础的。当然，有些时候资产可能通过直接购买以外的方式获得，比如捐赠、出资、易货、交换等（通过这些方式获得的资产的估值带有主观性）。

获得资产的融资方式（通过借债、递延支付、以非现金的资产作为交换[3]，以及发行特殊金融工具，如股票、债券，或收到捐赠等）不会影响企业折旧的处理方式，只会影响资产的估值方式。这些问题在本书中不进行详细讨论。

7.1.3　有形资产的定义

1. 基本定义

在实际业务中，有形资产使用的词汇很多，经常会造成误解。常用词汇为土地、厂房和设备[4]（property，plant and equipment，PP&E），以及厂房资产（plant assets）或经营用资产（operational assets）。在很多情况下，这些词汇都指有形资产，在中国一般采用固定资产。

IAS 16（IASB 2020a：§6）将土地、厂房和设备定义为：

（1）用于生产、提供商品和劳务、出租或出于行政管理目的而持有的资产。

（2）预计使用寿命超过一个会计期间。

在本节中我们将有形资产作为土地、厂房和设备以及其他一些术语的同义词。有形资产包括：

- 土地。
- 建筑物（商店、工厂、仓库和办公楼）。
- 设备（机器、工具用设备和其他固定设备）。
- 车辆。
- 家具。
- 购买未交付的有形资产的预付费用。
- 建造有形设备的成本（购买、建造和安装尚未使用的有形资产的成本）。

从上述内容来看，辨认一项有形资产并不难，但资产的估值和收入的确认需要对有形资产和存货（见第 9 章）之间的区别加以分析，也需要对有形资产和费用之间的区别做出界定。

2. 有形资产和存货之间的区别

区分有形资产和存货的主要标准是企业业务活动的性质。通过对企业业务活动的性质进行分析，我们就能知道该资产在企业的目的是什么：自用、进行转换或无须转换进行销售。这样的有形资产有可能在一个公司是非流动资产，而在另一个公司就是存货。这个区分很重要，因为它会影响企业收益确认的时间。有形资产在它的正常使用期内每年确认折旧费用，而存货则不是这样操作的。在不同的环境下，我们会发现一个非常有趣的定义上的差异，比如公牛是一项什么样的资产。

- 一头用来为农场提供牵引力的公牛，就是一项有形资产（就像一辆拖拉机一样）。
- 一头用来提供肉食的公牛是一项存货（在饲养期内是一项在产品存货，而在屠宰场屠宰以后就变成一项可销售的存货）。
- 等待出售的公牛是一项存货。
- 一头种牛可以是有形资产（如果它的主人是用它提供配种来进行收费而不是拿它来进行销售），可以是存货（它的主人的业务是购买和销售种牛），也有可能是无形资产（如一头得了奖的种牛，由于评委会的一致好评或由于它生出的幼仔的高质量带来了它价值的增加）。

当然，存货中的项目并不是都用于直接再销售。一般来说，企业会拥有不同类型的存货，比如消耗品存货、零部件或者维护产品等。对于这些存货来说，在正常情况下，当其被提货以后就被作为修理和维护成本（计算消耗并列入当期的利润表）。不过，若该存货的单位价格非常高，并且是企业业务活动保持正常运营必不可少的一部分，它也可能被计入非流动资产。比如，航空公司所拥有的飞机发动机存货，用于未来飞机修理时临时性或长期性的替换之用，一般都会列入有形资产（离开了这个可替换的发动机，飞机难以正常运作）。在这种情况下，闲置的发动机也会每年计提一项折旧费用，尽管还没有正式投入使用。

3. 有形资产和费用之间的区别

IASB 定义，资产是由主体控制的、由过去的事项形成的经济资源（理论框架，IASB 2018：§4.3）。经济资源是预期将为主体带来未来经济利益流入的资源（理论框架，IASB 2018：§4.4）。

收入性支出和资本性支出

收入性支出指企业为了产生收入而消耗的资源。它们包括整个生产和转化的成本，市场营销、销售和分销产品的成本，管理和协调整个组织的成本。根据配比原则，所有这些用于产生、维持和满足需求的费用都称为**收入性支出**（revenue expenditure），也就是在当期利润表中作为费用计入。在一般情况下，营销费用（产生和维持需求）是不能被资本化的（计为一项可以折旧的资产），因为这些费用支出和为企业带来的未来经济收益之间的关系存在巨大的不确定性。

有一些费用在下面情况下也会发生：①让资产投入使用；②对资产进行升级；③通过一个大的修理活动延长资产的经济使用寿命。这些费用会改变（希望是增加）资产能够带来未来经济收益的潜力。

在第一种情况下，这些费用投入被认为增加了该资产原始购入成本的价值（历史账面价值，book value）。因为如果不投入这些准备性成本，该资产是不能进入运营状态的。当然，在重要性原则的前提下，当该类费用金额不显著时，企业就会在其发生当期作为费用处理。

在后面两种情况下，就会采用费用资本化的方法，也就是将资产的历史账面价值（历史购置成本）加上该项费用的金额，从而对该资产的后续折旧计划进行调整。

对此类升级或者维护费用重要性解释上的模糊不清（指这些费用投入对新资产价值增加的贡献度），引起了很多关于该费用如何处理的讨论。有些企业认为，从股东的立场来说，最好在发生期内直接将这些升级和维护费用作为费用处理。还有一些企业倾向于将它们进行资本化，并在其产生收益的时期内进行折旧。表 7-4 对作为资产确认的**资本性支出**（capital expenditure）和作为当期费用处理的收入性支出的区别进行了总结。

表 7-4　资本性支出和收入性支出

支出类型	定义	会计处理	折旧
资本性支出	这些费用的目的是为未来产生经济收益（超过一个会计年度）	计入非流动资产	是
收入性支出	对企业产生利润的资产进行短期使用（或正常维护）的费用（例如小的备用件、润滑油或冷却油、维护人工费用、小修费用）	发生时作为费用	否

资本性支出焦点

资本性支出必须满足条件（1）和条件（2）～条件（4）中的一个。

（1）费用投入带来的资产生产力（或能力的改善）在未来超过 12 个月的时间内仍在企业的控制下。比如，培训员工使用机器或电脑软件的费用不能资本化，因为这些员工在接受培训之后随时可能离开企业。

（2）通过使用该资产得到的服务量（产生出来的经济收益）会在一个更长的使用期内增加。

（3）使用该资产得到的经济收益量会随着产出量的增加而增加。

（4）使用该资产得到的服务质量会提高（为使公司和产品具有更大的竞争力而使预期生产出来的产品价格提升或者避免产品价格下降）。

"小"设备

决定一项特定的支出是作为有形资产还是费用，需要根据重要性原则进行判断。很多国家的会计制度或者税收制度规定了一个最低的金额（完全是裁定的，而且两种制度并不一定一致）来便于区分费用（记入利润表）和资产（资本化）。这样，有一些可能会给未来带来经济收益的小额资源（比如标准化的软件包、小的工具、家具、办公设备）的获取有可能在购买期内作为费用而不再列入非流动资产当中。比如，法国的税务制度要求所有发票价格低于 500 欧元的工业设备和办公设备一律作为费用处理，而超过这个金额的都必须作为资产处理。最低金额的设定往往也和企业的规模有关。在德国，对于低成本购置的资产（除去增值税后低于 800 欧元），如果资产可以独立于其他资产移动和使用，需要在购置的年份对该资产进行完全折旧[5]。比如，对美国华盛顿州西部企业的一个不完整调查显示，一般选择非流动资产内部确认的下限，在中小型企业为 1 000 美元，在大型企业为 10 000 美元。中国前期的会计制度要求非流动资产的价格必须超过 2 000 元人民币，但该非流动资产的认定价值限制已在 2005 年后的会计准则中取消了。

由于这些制度规范要求企业在低于一定的金额时将一些资本性支出作为费用处理，很多企业一般都这样处理。这样处理有以下两大好处。

第一，能够降低资产购买期的应纳税所得额。这样，应纳税所得额减少就会使企业的现金增加，就会有更多的现金流应用到企业的业务活动中去。当然，由于该费用确认在本年度，所以下一年的应纳税所得额就会高一些（因为没有该资产相关折旧费用计入的影响），也会影响未来的现金流。从这个角度来讲，目前得到的是一个现金流暂时节流的好处，相当于税务部门给企业提供了一笔无息贷款。正是基于这个原因，企业在签订一些大额的维护合同时都要求供应商将合同的采购分成几段开票，这样也更便于企业在收到每一张发票时直接计入费用，从而降低企业当期的税收负担。当然，这种操作方法会造成企业提供的财务信息的扭曲，并不利于股东和其他使用者更好地了解企业的情况。另外，从记账的角度来看，一次性计入费用避免了未来针对这些资产的具体采购成本及折旧等编制材料，减少了工作量。

第二，这些项目，诸如购置成本和累计折旧（通常税务部门要求企业详细记录）不会给企业带来财务负担。

7.1.4 购置成本

1. 定义

购置成本指资产购置或建造时，为取得该资产而支付的现金、现金等价物或其他对价的公允价值（IAS 16，IASB 2018a：§6）。一般来说，购置成本是为取得一项资产并将其搬运到企业场地，使其达到使用状态所支付的所有现金及现金等价物。

更具体地讲，IAS 16：§16 规定，土地、厂房和设备的成本包括：①扣除商业折扣和回扣，包括进口关税和不能返还的购货税款在内的购买价格；②将资产运抵指定地点，并使其达到能够按照管理层预定的方式进行运转所必需的状态而发生的直接可归属成本；③……使用该项目所产生的拆卸、搬运和场地清理义务费用的初始估计金额。

2. 资产购置的入账

下面我们举一个设备购置成本的例子，将购置成本分成以下几项内容。

购买价格	40
进口关税	3
运输费	5
专业服务费	2
总计	50

购买成本就是 50 货币单位。图 7-2 反映了资产购置的入账过程。

3. 购置成本

IASB（IAS 16：§17）给出了 6 项应直接列入购置成本的内容。

- 在土地、厂房和设备项目的建造或购置过程中直接产生的雇员福利费。
- 场地整理费。
- 初始运输和装卸费。
- 安装和组装费用。

- 测试资产是否正常运转而发生的费用，但需要扣除在将资产运抵指定地点并使其达到预定状态过程中所生产产品的出售净收入。
- 专业人员服务费（支付给建筑师、工程师等）。

同时，根据 IAS 16：§19，不构成土地、厂房及设备成本的费用有：

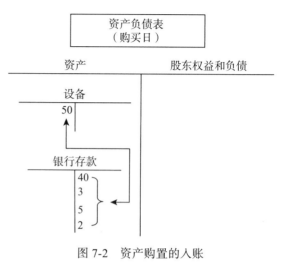

图 7-2　资产购置的入账

- 设立新机构的费用。
- 引进新产品或新服务的费用（包括广告和推销活动发生的费用）。
- 在新地区或新顾客群中开展业务的费用（包括雇员培训费）。
- 管理费用和其他一般间接费用。

7.2　折旧

IAS 16：§6 规定，折旧是将资产的可折旧金额在其使用年限内进行系统分摊。换句话讲，折旧是非流动资产成本以合理的、系统的方式，在其使用期限内进行分摊的过程，目的在于费用和收入的配比。年度折旧费用是利润表费用项中的一个会计科目。

除了土地以外，所有有形资产的账面价值（购置成本扣除折旧）都将在使用过程中逐步减少。这反映了随着时间的推移、技术的进步或基于其他原因，设备的生产潜力在逐步下降。当未来收益潜力的损耗程度不可预测时，如非系统性地由于一些不可预测的或者自然灾害事件造成的资产价值的损失，不再通过折旧的方式入账，而采用一次性冲销的方法（减值的概念将在 7.3.1 中进行讨论）。

折旧的定义中，有两个重要的概念。

- 合理的方式：折旧费用和资产预计带来的收益是相对应的。
- 系统的方式：折旧费用的计算在资产购置时或之前以一种公式固定下来，在资产的整个生命周期中不再调整。这个特点的目的在于防止在折旧期内，管理层和会计通过对折旧费用的调整进行盈余管理。

为了建立一个系统、合理的有形资产折旧计划，需要建立以下参数。

- 资产是否存在不同的分割。
- 资产的残值。
- 可折旧金额。
- 资产使用年限。
- 折旧方法的选择。

这些参数用来编制：

- 一个折旧计划（或者几个折旧计划，当一项资产由几个具有不同使用寿命的部分组成时）。
- 一个每期都更新的净账面价值。

下面将一一说明这些参数。**折耗**（depletion）是对自然资源或者矿藏的折旧。在一些不可再生自然资源丰富的国家，这是一个重要的会计议题。在本书中我们没有具体讨论折耗[6]，因为它的逻辑和折旧是一样的，折耗入账的主要影响在于会计原则和税务原则的区别（这种情况在折旧中也存在，但在折耗中更特殊）。

7.2.1 一项复杂有形资产的组成部分

如果土地、厂房和设备项目每个部件的成本与该项目总成本相比是重大的，则每个部件应单独计提折旧（IAS 16：§43）。主体应将土地、厂房和设备项目的初始确认金额分摊至其各个重要部件，并单独计提折旧。例如，对于飞机机身及其发动机而言，无论是自己拥有还是融资租入，对其单独计提折旧都可能是恰当的（IAS 16：§44）。这个 IAS 要求的方法也被称为分部折旧或者分部会计处理。

当使用时，资产可以根据它的结构分为各个部分（这些部分又可以被区分为硬件和软件等），每一部分有其各自的折旧方案。比如，一辆长途卡车往往至少被分为三个部分：卡车的框架（卡车本身，使用寿命一般为 5 年）、发动机及传动设备和轮胎。卡车的框架可以在100 万公里内进行折旧，发动机和传动设备可以在 50 万公里内进行折旧，而轮胎一般都在 8万公里内进行折旧。

分部折旧并不影响资产总的可折旧金额。当购置一项有形资产时，如果适用分部折旧，主结构的可折旧成本往往通过减法获得。比如，一辆 40 吨位卡车的购买成本为 100 货币单位，重置发动机和传动设备的成本为 25 货币单位，而重置一套轮胎的成本为 15 货币单位，所以通过减法就能够知道卡车框架的成本为 60 货币单位，这样整辆卡车 100 货币单位的总成本就通过 3 种不同的历史购置成本和折旧方案进行折旧。

7.2.2 资产的残值

IAS 16：§6 把残值定义为资产已经达到使用年限并处于使用年限期满的预期状态，企业处置该资产估计可取得的金额减去估计处置费用后的余额。

资产的实际折旧成本只能是在该资产使用年限内，为创造经济价值所实际发生的费用，残值不应该被折旧，因为企业最后会重新拿回该收入，未来是要收回的。一项资产达到其有效经济年限时，如果还具有残值（通过再销售、再使用、卖废品等），其可折旧价值就应该是购置成本扣除残值。

残值（残值的英文可以是 residual value、salvage value、terminal value、end-of-life salvage value 或者 scrap value）的估算一般比较困难。正是基于这个原因，很多时候在计算折旧费

用时，残值都被假设为零，忽略不计。IAS 16 明确允许这种做法：在实务中，资产的残值通常不重大，因此，在计算可折旧金额时并不重要。另外，实务中经常采用的方法是企业制定一个标准的重置成本的百分比来确定资产的残值，或者在企业内规定残值都为 1 货币单位。

7.2.3 可折旧金额

IAS 16：§6 规定，可折旧金额指资产购置成本或其他替代成本金额减去残值后的余额。

$$可折旧金额 = 购置成本 - 估算的残值$$

对企业来说，企业希望确定一个尽可能高的可折旧金额，因为折旧费用都是可以在税前扣除的，这会使企业减少现金流出。[7]

7.2.4 会计中采用的资产使用年限

IAS 16：§6 规定，使用年限指主体使用资产的预期期间，或主体预期能从资产使用中获取的产量或类似计量单位的数量。

$$使用年限 = 资产供有效使用的时间长度$$

或者

$$资产在被确定为不能使用前的最大预计产出单位$$

资产的使用年限是根据资产对企业的预期效用来定义的。企业的资产管理政策可能涉及在特定时间，或在资产所含的未来经济效益已消耗特定比例后，对资产进行处置。所以，资产的（会计）使用年限可能会短于其经济寿命。对资产使用年限的估计判断应参照有类似资产的企业的经验（IAS 16：§57）。

一项资产使用年限的估计在不同国家是不同的，一般也会受到商业企业为符合税务要求而采用的折旧率的影响。这些税务要求在不同国家也是不同的。表 7-5 反映了一些常见的有形资产的使用年限。

表 7-5　常见有形资产的使用年限

有形资产	使用年限（年）	对应的直线年折旧率（%）
商务楼	20～50	5～2
工厂	20	5
设备	8～10	12.5～10
工业设备（工具）	5～10	20～10
交通工具（卡车、货车、汽车）	4～5	25～20
家具	10	10
电脑	3	33.33
办公设备	5～10	20～10
固定装置和设备	10～20	10～5

长途卡车轮胎一般不以时间为单位进行折旧，而是以里程数为单位进行折旧。在不同国家，轮胎的折旧里程是不同的，一般是 6 万～8 万公里。

　　在实际工作中，预测一项非流动资产的使用年限是非常困难的，在很多情况下会发现一个设备的预计使用年限比实际使用年限要短，这里可以解释为审慎原则的运用（再加上企业有为自己积累更多现金流的意愿）。因此，一般企业都会努力选择比设备实际使用年限短一些的年限作为折旧的基础。使用年限的选择会对未来净利润和现金流的实际确认产生重大影响。有时，相反的情况也会发生，企业会延长原来已经确定的使用年限。

例 7-1

　　以下 EDF 集团的例子虽然有点过时，但非常经典，其延长折旧年限对财务报表的影响非常重大。2003 年 1 月 1 日 EDF 集团（2005 年 EDF 集团开始部分私有化）——法国的国家电力公用事业公司决定将其在法国的核电站设施的折旧年限从 30 年延长到 40 年。年度报告中解释该变化是有实际营运和技术调查作为依据的。在美国，同样设施的营运许可证在 30 年到期后也被更新。EDF 集团向核能安全机构提出的申请中，确定了 30 年运营以后的整个营运条件。核电站设施使用年限的延长对折旧费用造成的总影响为 853 百万欧元。另外，由于折旧方法的改变，2003 年当期折旧费用减少了 224 百万欧元。使用年限从 2003 年 1 月 1 日开始延长，这也使核电站设施的退役和为其做出的支付向后递延 10 年。（2003 年年报）

　　2016 年 4 月，EDF 集团发布公告意图将核电站设施的折旧年限从 40 年延长至 50 年。核电反应堆的折旧年限在美国是 15 年，在法国是 50 年，在日本是 15 年。

7.2.5　折旧方法的选择

　　折旧方法有多种，根据 IAS 16：§60，折旧方法应当采用反映企业消耗资产未来经济效益的模式。折旧方法的选择和非流动资产的类别有关。管理层还需要了解资产在生产经营过程中消耗的特点。

1. 方法的归类

　　表 7-6 介绍了两类不同的折旧方法：以时间为基础的方法和以用量为基础的方法。

表 7-6　主要的折旧方法

以时间为基础的方法	以用量为基础的方法
直线折旧法	产出折旧法
加速折旧法（费用递减） • 余额递减法 • 年数总和法	业务量单位折旧法
折旧费用不会被使用程度所影响	折旧费用等于每个使用单位的固定折旧（费用）乘以使用数量

　　最常用的折旧方法为**直线折旧法**（the straight-line method）和**余额递减法**（declining balance method，或称加速折旧）。本节将通过一个 P 公司购买设备的例子对所有方法进行介绍，并通过该实例进行展示。P 公司的会计年度与公历年度一致，也就是说 1 月 1 日为会计年度的开始，12 月 31 日为会计年度的结束。我们主要采用的数据来自表 7-7。

表 7-7　基本数据

购置成本（货币单位）		5 500	
安装成本（货币单位）		+500	
总成本（货币单位）		6 000	
预计残值（货币单位）[9]		0	
应计折旧额（货币单位）		6 000	
估计使用寿命（年）		5	
资产使用期内的预计产出（单位）	10 000	单位资产使用期内的预计设备工作时间（小时）	20 000
第 1 年	4 000	第 1 年	4 700
第 2 年	2 600	第 2 年	4 700
第 3 年	2 100	第 3 年	4 700
第 4 年	1 200	第 4 年	3 300
第 5 年	100	第 5 年	2 600

2. 直线折旧法

一项资产服务潜力的下降主要和时间的流逝有关，而和业务水平的相关度不大；或者一项资产在每一年度的生产能力几乎均等，在这两种情况下使用直线折旧法就比较合适。

原则

资产在其使用年限内均匀地进行折旧。换句话说，企业在资产的预计使用年限内每年计入等额的折旧费用。每期的折旧费用计算如下：

$$年折旧费用 = （购置成本 - 残值）/ 使用年限$$
$$= 应计折旧额 / 使用年限$$
$$= 应计折旧额 \times 折旧率（折旧率 = 1/ 使用年限）$$

由于简单易行，也容易被财务信息使用者理解，故直线折旧法是最常用的折旧方法，通常它也能准确地反映一项资产生产潜力消耗的过程。

P 公司

表 7-8 显示了采用直线折旧法的例子，这里的年折旧率为 1/5=20%。

表 7-8　直线折旧法

年末	期初可折旧金额	折旧率（%）	当年折旧费用	期末累计折旧余额	期末账面价值
购买日					6 000
第 1 年	6 000	20	1 200	1 200	4 800
第 2 年	6 000	20	1 200	2 400	3 600
第 3 年	6 000	20	1 200	3 600	2 400
第 4 年	6 000	20	1 200	4 800	1 200
第 5 年	6 000	20	1 200	6 000	0

注：1. 可折旧金额 =6 000（总购买成本）-0（残值）=6 000 货币单位。

2. 年折旧费用 =6 000（可折旧金额）×20%（折旧率）=1 200 货币单位。

3. 期末账面价值（第 1 年年末）=6 000（上年期末账面价值）-1 200（当年折旧费用）=4 800 货币单位。

例 7-2　诺基亚（芬兰—IFRS 会计准则—2022 年年报—通信）

节选自财务报表附注。

土地、建筑和设备

土地、建筑和设备按成本减去累计折旧记入资产负债表。折旧方法在资产的预期使用时间内采用直线折旧法。

房屋和建筑物

房屋和建筑物	20～33 年
小型建筑物	3～20 年

船舶

电缆铺设船舶	15～40 年
电缆铺设零件	4～10 年

机器和设备

生产机器和计量设备	1～5 年
其他机器和设备	3～10 年

注释：土地和水域不进行折旧。

例 7-3　美的集团（中国—中国企业会计准则—2022 年年报—家用电器）

附注二（13）　固定资产

1. 固定资产包括房屋及建筑物、境外土地、机器设备、运输工具、电子设备及其他。固定资产在与其有关的经济利益很可能流入本集团且其成本能够可靠计量时予以确认。外购固定资产的初始成本包括购买价款、相关税费以及使该资产达到预定可使用状态前所发生的可归属于该项资产的支出。……与固定资产有关的后续支出，在相关的经济利益很可能流入本集团且其成本能够可靠计量时，计入固定资产成本；对于被替换的部分，终止确认其账面价值；所有其他后续支出于发生时计入当期损益。

2. 固定资产折旧采用年限平均法并按其入账价值减去预计净残值后在预计使用寿命内计提，固定资产的折旧方法如表 7-9 所示。

表 7-9　固定资产的折旧方法

类别	预计使用寿命	预计净残值率	年折旧率
房屋及建筑物	15～50 年	0～10%	6.7%～1.8%
机器设备	2～25 年	0～10%	50%～3.6%
运输工具	2～20 年	0～10%	50%～4.5%
电子设备及其他	2～20 年	0～10%	50%～4.5%

本集团对固定资产的预计使用寿命、预计净残值和折旧方法于每年年度终了进行复核并做适当调整。

3. 当固定资产的可收回金额低于其账面价值时，账面价值减记至可收回金额。

4. 固定资产处置。当固定资产被处置，或者预期通过使用或处置不能产生经济利益时，终止确认该固定资产。固定资产出售、转让、报废或毁损的处置收入扣除其账面价值和相关税费后的金额计入当期损益。

3. 余额递减法

采用加速（accelerated）折旧（费用递减，reducing charge）的主要目的是在资产使用初期计入较多的折旧费用，而在其使用末期计入较少费用。加速折旧法背后的逻辑思想有两点：第一，为了确认大部分的转售价值会在使用初期贬值。比如很多国家市场上的二手车转售价格显示，新车在购买的最初几个月内，再次出售的价格就会降低15%～20%。第二，通过该方法能在资产使用初期计入较多的折旧费用，从而减少税金支付，从而在企业创立的初期预留更多现金，帮助企业发展。

但是，从遵守配比原则的角度来说，折旧方法的主要目的在于准确地将资产的成本累计分配到每一期，并与资产的使用所带来的经济利益相匹配。从这一角度来说，加速折旧法的使用，可以被认为是偏离了配比原则的执行。

如果这种折旧费用递减的折旧方式，与资产实际对收入产生的贡献相一致，那么这种方法从理论上来说也是正确的。比如，如果某项资产在使用初期能够创造更高的业绩（更有效地运转，或提供更高质量的产品等），或在使用后期与初期相比投入的维修费用会大大增加，那么采用加速折旧法也是符合逻辑的。

加速折旧法有几种不同的变形。最常用的是余额递减法，是对递减的折旧金额采用一个固定的折旧率。第二种常用的方法称为年数总和法，是对一个固定的折旧基础采用递减的折旧率，这种方法尽管相对比较简单，但在北美以外的地方较少使用。2007年中国采用的新企业会计准则第4号"固定资产"的第十七条也允许企业使用年数总和法。运用这种方法，假设一项资产的使用年限为5年，那么年数总和就是15（=1+2+3+4+5）年。在第1年，可折旧金额为总折旧额的5/15，第2年为4/15，依此类推，第5年为1/15。

为余额递减法确定一个乘数

在余额递减法中，作为可变折旧基数乘数的折旧率，是按照直线折旧法计算的折旧率的倍数，而确定这个倍数，在不同国家有不同方法。在有些国家，这个倍数的采用在合理范围内相对比较自由。例如在美国和英国，选择范围比较宽泛，最常用的是双倍余额递减法，将直线折旧法折旧率的两倍作为加速折旧率。在另外一些国家，比如法国，税务部门会为每项资产规定一个标准的乘数。中国一般和美国一样采用双倍余额递减法。

除了年数总和法以外，其他加速折旧法都需要在某一时点转换成直线折旧法，这样能够保证当资产的使用年限结束时，折旧后的资产价值等于残值。为了简化工作，英国常用的方法是账面价值固定比例法或余额递减法，这能保证资产在最后折旧时采用一个固定比例使之达到残值。这种方法的公式如表7-10所示，同时表7-10也显示了其他一些国家的操作方法。

表 7-10 加速折旧法乘数的使用

国家	乘数 M（或折旧率）的决定方法，$N=$ 资产使用年限
美国	$M=2$（最常见），有时 $M=1.5$ 也会使用
法国	如果 $N=3$ 或 4 年，$M=1.25$ 如果 $N=5$ 或 6 年，$M=1.75$ 如果 $N>6$ 年，$M=2.25$
英国	折旧率 $=1-$（残值 / 购置成本）$1/N$ 当残值为 0 时，残值的价值取 1
中国	$M=2$

计算递减的账面价值

用这个固定的加速折旧率乘以资产的账面价值，就得出折旧金额，这会造成实际的账面价值随资产使用寿命的减少而减少。

$$当期双倍余额递减折旧费用 = 双倍余额折旧率 \times 期初净账面价值$$

或者

$$双倍余额折旧费用 = 双倍余额折旧率 \times（可折旧金额 - 累计折旧）$$

表 7-11 展示了这一方法的使用。

如何结束折旧过程

如果持续使用，那么从数学的角度来说，余额递减法永远不能将账面价值降低到残值水平，所以如果不进行调整，在余额递减法下是不可能完全折旧的，同时也会产生账面价值低于残值的情况。所以在这里就需要采用一种特定的方法，使在折旧结束时，账面价值等于残值。

在这种情况下，可以采用以下方法。

- **方法 1**：当剩余使用年限的直线折旧率高于或等于加速折旧法的折旧率时，将剩余使用年限转换成直线折旧法（见表 7-11）。
- **方法 2**：在资产使用年限的中期将剩下的年份转换成直线折旧法（见表 7-12）。

在英国，账面价值固定比例法计算的折旧率能够解决在使用期期末账面价值不等于残值的问题（见表 7-10）。

在选择方法时，最重要的是合理性和系统性。无论选择哪一种方法，都要在资产的折旧期内贯彻到底。

表 7-11 和表 7-12 用 P 公司的例子展示了上面 2 种方法，我们选择加速乘数为 2，那么加速折旧率就等于直线折旧率的 2 倍（20% × 2=40%）。

方法 2 尽管很简单，但是采用加速折旧法不能给企业带来对现金流的好处，所以较少使用。

4. 年数总和法

这种方法也属于加速折旧法的一类，在美国和中国允许使用。

表 7-11　方法1：当剩余使用年限的直线折旧率高于或等于加速折旧法时转换成直线折旧法

年末	期初可折旧金额	当年折旧费用	期末累计折旧余额	期末账面价值
购买日				6 000
第1年	6 000	2 400	2 400	3 600
第2年	3 600	1 440	3 840	2 160
第3年	2 160	864	4 704	1 296
第4年	1 296	648	5 352	648
第5年	1 296	648	6 000	0

注：1. 可折旧金额 =6 000 货币单位（期初账面价值）。

2. 第 1 年的折旧费用 =6 000（可折旧费用）×40%（双倍余额折旧率）=2 400 货币单位。

3. 第 2 年的折旧费用 =3 600（上年年末账面价值）×40%（双倍余额折旧率）=1 440 货币单位。

4. 第 4 年，从双倍余额递减法转换成直线折旧法，因为在剩下的 2 年中，每年折旧费用的比例采用直线折旧法为 50%，采用双倍余额递减法为 40%，直线折旧法超过了双倍余额递减法。因此在剩下的 2 年中，每年的折旧费用为 648 货币单位 {=[1 296（可折旧费用）-0（残值）]/2}。

表 7-12　方法2：在资产使用年限的中期转换成直线折旧法

年末	期初可折旧金额	当年折旧费用	期末累计折旧余额	期末账面价值
购买日				6 000
第1年	6 000	2 400	2 400	3 600
第2年	3 600	1 440	3 840	2 160
第3年	2 160	720	4 560	1 440
第4年	2 160	720	5 280	720
第5年	2 160	720	6 000	0

注：1. 在资产使用年限的中期转换成直线折旧法（方便起见，将 2.5 年算作 3 年）。

2. 转换成直线折旧法时的可折旧费用 =2 160（第 2 年年末的账面价值）-0（残值）=2 160 货币单位。

3. 第 3、4、5 年的折旧费用 =2 160（可折旧金额）/3=720 货币单位。

5. 产出折旧法（工作量单位折旧法）

当资产的产出可以准确衡量，或者资产的使用期限用最大生产量表达比用使用年限表达更好时，就要采用产出折旧法，将折旧的安排与资产提供的潜在经济收益的消耗相匹配。

原则

资产的折旧安排与生产的单位产品或提供的服务进行配比，如运营公里数、运输的数量或生产的吨数等。首先用资产的可折旧金额除以该资产在使用期限内全部的期望生产总量，计算出每单位的折旧费用，然后在每一期内用每单位的折旧费用乘以实际产量得到当期的折旧费用。

因为折旧基于每一期的实际产量，所以就不可能预先知道每一期的折旧费用。

$$折旧费用 = 总的可折旧费用 \div 使用期间总产量 \times 当期产出量$$
$$= 每单位折旧费用 \times 当期产出量$$

当所需信息存在时，这种方法是简单易行的。比如，对于装瓶机器来说，装瓶和封盖的数量是自动记录的。

这种方法的一个好处是，允许企业根据资产的使用强度记录折旧费用。比如每小时能够生产 48 000 瓶酸奶的机器，5 天 8 小时工作肯定不会像每天工作 20 小时，连续工作 6.5 天的损耗那么快。

但是，一项资产在整个使用年限的总产出并不是完全客观的：计算资产的有效经济寿命需要确定使用年限内的最大总产出及每一期的产出（这需要由设备生产商和企业的生产工程师来判断）。比如刚才提到的酸奶生产设备，被生产厂家定位为每小时生产 36 000 瓶。运营了 3 个月以后，奶制品厂的维护和生产工程师在没有明显损耗的情况下把每小时生产量提升到 48 000 瓶。那么哪一个数是更合理的决定折旧费用的除数呢？（设备的产出是 36 000 瓶还是 48 000 瓶？）

用产出折旧法还会带来另外一个模糊不清的问题，即计算设备整个寿命期的产能，并不能保证设备在整个寿命期内的产能都会被市场所接受。如果市场的需求没有达到企业的预期，也不能和设备的产能配比，那么这个设备往往在完全折旧前就已经过时了。所以采用这种方法还需要会计人员在累计总产出时，采用可以被市场接受的产出。

工业企业的厂房资产，比如一些房屋和固件，由于不可能采用单位产出的方法进行衡量，所以对这类资产不使用这种方法。

例子：P 公司

表 7-13 显示了采用产出折旧法对 P 公司的设备进行折旧的情况。

表 7-13　产出折旧法

年末	年产量（单位）	单位折旧费用	年折旧费	期末累计折旧余额	期末账面价值
购买日					6 000
第 1 年	4 000	0.60	2 400	2 400	3 600
第 2 年	2 600	0.60	1 560	3 960	2 040
第 3 年	2 100	0.60	1 260	5 220	780
第 4 年	1 200	0.60	720	5 940	60
第 5 年	100	0.60	60	6 000	0

注：1. 可折旧金额为 6 000 货币单位（购置成本 6 000 货币单位减去残值 0）。

2. 预计设备生产并且出售总产量为 10 000 单位。

3. 单位折旧费为 0.60（=6 000/10 000）货币单位。

4. 第 1 年折旧费用 =4 000（年产量）× 0.60（单位折旧费用）=2 400 货币单位。

例 7-4　粤高速（中国—中国企业会计准则—2022 年年报—高速公路）

附注五（15）　固定资产

（1）确认条件

本公司固定资产是指为生产商品、提供劳务、出租或经营管理而持有的，并且使用年限超过一年，与该资产有关的经济利益很可能流入本公司且其成本能够可靠计量的有形资产。

（2）折旧方法

除已提足折旧仍继续使用的固定资产之外，固定资产折旧采用年限平均法和工作量法分类计提，根据固定资产类别、预计使用寿命和预计净残值率确定折旧率（见表7-14）。

表7-14　粤高速的折旧方法

类别	折旧方法	折旧年限	残值率	年折旧率
公路及桥梁				
广佛高速公路	工作量法	28年	0	
佛开高速公路谢边至三堡段	工作量法	40年	0	
佛开高速公路三堡至水口段	工作量法	47.5年	0	
京珠高速公路广珠段	工作量法	30年	0	
广惠高速公路	工作量法	23年	0	
房屋建筑物	年限平均法	20～30年	3%～5%	3.17%～4.85%
机器设备	年限平均法	3～10年	3%～5%	9.50%～32.33%
运输工具	年限平均法	5～8年	3%～5%	11.88%～19.4%
办公设备及其他设备	年限平均法	5年	3%～5%	19%～19.4%

6. 业务量单位折旧法

原则

业务量单位折旧法（又称业务量法）的机制和产出折旧法一致，但在原理上有些区别。采用业务量单位折旧法对业务的贡献通过产出的一些参数，而不是物理上可以销售的产品来确定。这种方法在航空和地面运输行业中经常使用。飞机一般是以飞行小时为基础进行折旧的，但起降设备是根据起降的数量进行折旧的。火车头和卡车是按照公里数或英里数进行折旧的。这里也会遇到像产出折旧法例子中一样的问题，主要是如何确定设备累计提供服务的总数量。一辆卡车，在正常的驾驶环境下可能行驶100万英里，但实际行驶的里程数由于载货量以及道路状况的不同可能有很大差别，同时也会受到开车司机的驾驶情况及使用情况的影响。比如行驶的损耗，对于在撒哈拉沙漠、荷兰的现代化公路、瑞士或奥地利山路上行驶的卡车会各不相同。业务量的选择具有战略性。对于同一架飞机可能会给出不同的飞行小时，这取决于是一个低成本高强度的航空公司使用，还是一个注重维护和保养的公司使用。

业务量单位折旧法下折旧费用的计算方法是：

$$折旧费用 = 总的可折旧金额 \div 总业务量 \times 本期业务量$$
$$= 每个服务单位折旧费用 \times 本期业务量$$

例子：P公司

表7-15显示了采用业务量单位折旧法对P公司的设备进行折旧的情况。

表 7-15 业务量单位折旧法

年末	年业务量（单位）	单位业务量折旧费用	年折旧费用	累计折旧余额	期末账面价值
购买日					6 000
第 1 年	4 700	0.30	1 410	1 410	4 590
第 2 年	4 700	0.30	1 410	2 820	3 180
第 3 年	4 700	0.30	1 410	4 230	1 770
第 4 年	3 300	0.30	990	5 220	780
第 5 年	2 600	0.30	780	6 000	0

注：1. 可折旧金额为 6 000 货币单位（购置成本 6 000 货币单位减去残值 0）。

2. 使用年限内总业务量为 20 000 单位。

3. 单位业务量折旧费用为 0.30（=6 000/20 000）货币单位。

4. 第 1 年折旧费用 =4 700（年业务量）×0.30（单位业务量折旧费用）=1 410 货币单位。

7. 以用量为基础的折旧法的局限

以用量为基础的折旧法只在很小的领域使用，主要原因是：

- 采用这些方法进行折旧时，在前几年计入的折旧费用和采用直线折旧法或加速折旧法的差别并不是很大。
- 正如我们在前文中提到的，决定折旧的总业务量或服务量具有很大的模糊性，而后续信息提取的工作量又非常大。

7.2.6 折旧方案

折旧方案是一个预先编制的，规定在资产使用年限内每一年折旧金额的清单。这样的一个方案，正如我们在前面提到的，对于以用量为基础的折旧方法来说是无法编制的。采用不同的折旧方法就会有不同的折旧方案，具体见表 7-8、表 7-11～表 7-13 和表 7-15。

7.2.7 账面价值（净账面价值）

账面价值是资产的购置成本与累计折旧费用的差额，当账面价值达到残值时（残值可为零），以下两种情况可以让资产不必从资产负债表中撤下：①资产仍然对生产有用，可以不立即退役；②企业决定不处置该资产。这时在资产负债表上该资产的价值就为残值，或账面价值为零。如此反映该资产临时属于企业生产潜力的一部分，但是如果该资产仍然被使用，之后不再发生折旧费用。

7.2.8 记录折旧费用

1. 原则

在一些国家，利润表的费用项目是按照科目性质进行编制的（对该内容的解释见第 2、5

章）。折旧费用的记录如图 7-3 所示。

累计折旧是资产的减项，反映在资产负债表的资产项，记为负数（有时也用括号表示）。

在另一些国家，利润表按照科目职能编制（该内容见第 2、5 章），生产类资产的折旧费用就会包含在生产环节的成本中[9]。这样，生产类资产的折旧费用就被记为"产成品"科目的增加，然后在经历不同阶段的存货后就会被转入销货成本账户（这也和当期对应的收入相配比）。这些折旧费用最终会被分配到销货成本或不同的存货中（如果存货数量有增加）。对于非生产性设备（如在会计核算中使用的计算机），折旧费用就是一个期间费用，不会记入存货账户。相关非生产性设备的会计科目，与之前提到的按照科目性质编制的利润表处理方法一致。

2. 例子：P 公司

图 7-3 为折旧费用的记录，展示了企业如何对折旧进行入账，这里采用的是直线折旧法（只反映一年）。

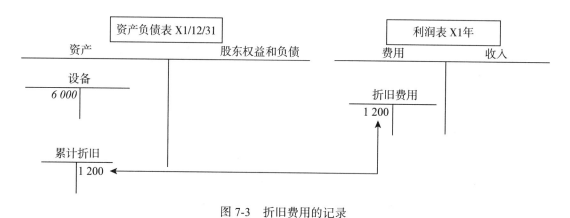

图 7-3　折旧费用的记录

注：期初余额用斜体字表示。

7.2.9　不同折旧方法对利润表影响的小结

表 7-16 通过 P 公司的例子，总结了采用前面分析的 5 种不同折旧方法下的折旧费用和资产的期末账面价值。

图 7-4 显示了在选用不同折旧方法下，年折旧费用在整个使用年限内的变化情况。图 7-5 体现了期末账面价值的情况。

在实际工作中，有形资产很少在会计年度的第一天买入或卖出，所以一般有形资产在投入使用后才开始计提折旧费用。同时按照年度比例，计算当年实际使用天数的折旧费用。

表 7-16　不同折旧方法的小结

年末	直线折旧法（见表 7-8）		年数总和法		双倍余额递减法（见表 7-11）		产出折旧法（见表 7-13）		业务量单位折旧法（见表 7-15）	
	折旧费用	期末账面价值	折旧费用	期末账面价值	折旧费用	期末账面价值	折旧费用	期末账面价值	折旧费用	期末账面价值
购买日		6 000		6 000		6 000		6 000		6 000
第 1 年	1 200	4 800	2 000	4 000	2 400	3 600	2 400	3 600	1 410	4 590
第 2 年	1 200	3 600	1 600	2 400	1 440	2 160	1 560	2 040	1 410	3 180
第 3 年	1 200	2 400	1 200	1 200	864	1 296	1 260	780	1 410	1 770
第 4 年	1 200	1 200	800	400	648	648	720	60	990	780
第 5 年	1 200	0	400	0	648	0	60	0	780	0

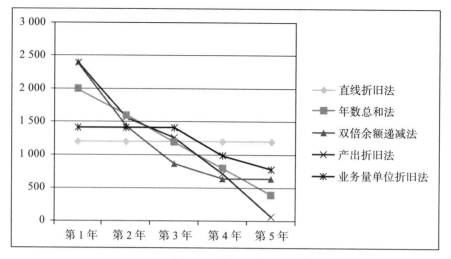

图 7-4　年折旧费用

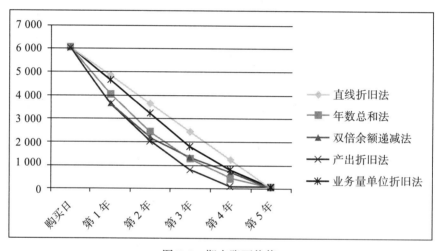

图 7-5　期末账面价值

7.2.10　报告折旧政策

例 7-5　**国际航空集团（International Airlines Group，英国航空公司母公司）(西班牙—IFRS 会计准则—2022 年年报—航空）**

a）土地、房产和设备

土地、房产和设备按历史购置成本入账。集团的会计政策规定不需要对土地、房产和设备重新估值。折旧方法依据估计的使用年限采用直线折旧法，可折旧金额是购置成本减去残值。每年根据市场上类似资产的市价调整净残值及相应折旧率。

b）飞行设备

所有飞行设备都按照对价的公允价值计量。自有飞行设备和使用权资产分成单独的部分来进行折旧。折旧方法依据估计的各单独部分寿命（使用期限和租赁期限孰低）采用直线折旧法，可折旧金额是购置成本减去残值。折旧率取决于飞行器类型，短途飞行器总体寿命为23 年，残值率为 5%，长途飞行器寿命为 23～29 年，残值率为 5%。使用权资产按租赁期限和上述折旧率中的较短者进行折旧。如果租赁包括购买选项，并且集团预计将行使购买选项，相关的使用权资产将使用上述折旧率进行折旧，以反映飞机的合理使用寿命，而不考虑租赁期限。无论是自有设备还是使用权资产，机舱内修缮（包括为重塑品牌所做的修改）都按 12 年或飞行设备剩余飞行寿命孰低进行折旧。飞行器、发动机零部件以及旋转部件确认为固定资产，与飞行设备采用一样的方法进行折旧。彻底翻修费用（包括更换零部件成本和人工费用）都被资本化，并根据翻修后（到下一次翻修前）的使用寿命进行折旧。其他更换零部件成本和其他飞行器维修成本作为费用记入利润表。

c）其他土地、房产和设备

除自由保有的土地外，所有房产按照预期使用寿命（不超过 50 年）进行折旧；对于租赁的房产，如果租赁年限更短，就按租赁年限采用直线折旧法。设备的折旧年限为 4～20 年。

7.3　资产减值

7.3.1　原则

IAS 16（IASB 2020a：§6）将**减值损失**（impairment loss）定义为资产账面金额超过预期可收回金额的部分。IAS 36（资产减值（IASB 2020b））提供了一个如何界定土地、房产和设备是否需要减值的索引，解释了一个企业如何审核其资产的账面价值，如何决定资产的可收回金额，以及何时需要确认一项减值损失，或冲回过去确认的减值损失（§63）。

在实务中，当一项资产的可收回金额低于其账面价值时，该资产就需要被减值，产生的亏损计入减值损失费用、资产减值损失或准备金费用（这种操作方法是由于审慎原则产生的成本和市价孰低原则）。当一项减值损失不再成立时，减值损失的冲回就会作为一个费用的减项（或者一个收入项目），计入减值冲回或准备金转回（在实际工作中，由于审慎原则，这种操作很少被采用）。

正如 IAS 36：§66 中指出的，当有任何迹象显示某项资产可能已经减值时，主体应估计该资产的可收回金额。若无法估计该资产的可收回金额，企业应决定该资产所属现金产生单元的可收回金额。产生现金的业务单元被同一会计准则（IAS 36：§6）定义为"产生现金流入的最小确认资产组，其现金流入大部分独立于其他资产或资产组的现金流入"。

会计监管和实务对于减值的处理，在不同历史时期和不同国家差别很大。除了 IAS 36（IASB 2020b）以外，减值在不同的国家有不同的会计制度，比如美国（SFAS 144，长期资产的减值或处置的会计处理，现已合并到 FASB 会计准则法典，第 360 号，第 10 子号）和英国（FRS 102 [FRC 2022]）。中国 2007 年施行的《企业会计准则》的第 8 项也专门做出了资产减值的相关规定。

随着关于无形资产的会计准则的变动（见第 8、13 章），减值的会计概念变得越来越常用。在实际工作中，减值测试的设计和可靠使用是非常困难的。

7.3.2 实际案例

📖 **例 7-6 中国石化（中国—中国企业会计准则—2022 年年报—石油化工）**

附注 8 其他营业收入 /（费用），净额

截至 2022 年 12 月 31 日的一年内，长期资产的减值损失主要包括勘探和生产（E&P）部门中确认的减值损失为人民币 2 891 百万元、化工部门为人民币 1 790 百万元……炼油部门为人民币 2 百万元……营销和分销部门为人民币 415 百万元……E&P 部门的减值损失主要是与油气生产活动相关的物业、设备和设施的减值损失。导致 E&P 部门减值损失的主要因素是在某些领域对油气储量的下调和提取成本的增加。E&P 部门确定了与油气生产活动相关的物业、设备和设施的可收回金额，其中包括重要的判断和假设。可收回金额是基于资产未来预期现金流的现值来确定的，使用的税前折现率为 8.17% 至 14.86%……集团对油价或天然气价格未来的进一步下调预期将导致进一步的减值损失，总体上可能是重大的……

7.4 由公司自建或为公司建造的资产（内生性资产）

企业经常会用自己的资源建造一些自用的资产，这些资产可以是设备、房屋或一些固件。这些资产的估值有时会比较困难，因为购置过程与第三方存在着正常的市场关系和环境，而这时已不存在了。所以，在资产的估值中很难避免模糊和一些人为因素。对于这一估值问题，我们将从以下 3 方面讨论。

- 定义由公司自建或为公司建造的资产的概念。
- 该资产的估值（成本计量）。
- 该资产在会计系统中的确认。

7.4.1 概念 / 原则

在某些情况下，公司会自己建造有形资产，而不从其他企业购买。这种行为在某些行业非常普遍，比如建筑行业、汽车行业、铁路行业和公用事业单位（建造一个发电厂或水处理厂，或者铺设一条天然气运输管线等）。比如，Bouygues 公司，一家来自法国的全球建筑、土木工程和电信企业，在巴黎建造自己的总部时，使用了自己的人力和物力。在这种情况下，企业不会违反常规，邀请其竞争对手来建造总部大楼，因为这也是展示企业专有技术的一个窗口。同样，一个设备制造商也可能会为自己建造生产其他设备的设备，一个汽车生产商可能会建造自己生产汽车的流水线，一个飞机制造商可能会建造一个专门用于飞机大块吊装的吊车等。

7.4.2　估值

由企业内部产生和开发的有形资产，必须按照建造成本来估值。一个项目的建造成本可以被划分为不同的部分，这些部分都可以根据不同的精确度进行追溯。

- 原材料和零部件的成本。
- 直接用于生产建造该项目的人工成本（也包括研发阶段和生产调试阶段的成本）。
- 分摊（间接）费用，包括供应、能源和油类，监督劳力，以及其他允许完成该项目的设施和支持方面的所有成本。
- 财务成本，当资产的造价高或工期长时，这些财务成本会非常显著，比如在建造一家电厂或大型办公楼时。

1. 间接费用

一般来讲，追溯直接材料、部件及直接人工比较容易，间接费用（支持费用）的分摊非常困难。

2. 财务费用：利息费用（或借贷成本）

当建造一个设备时，资源被消耗而并没有产生收入。当资产建造完毕，其在使用期内投入使用时才会产生收入，这样企业就必须对建造时需要消耗的成本进行融资，或使用自有资金（就会损失赚钱的机会），或向外部借钱。这样，建造资产和财务成本之间的因果关系是不容置疑的，但是明确需要记录多少财务成本到资产中是非常困难的。

IAS 23（IASB 2017：§5）规定，**借款成本**（borrowing cost）为企业借贷资金发生的利息及其他成本。该会计原则（§1）要求：直接可归属于购置、建造或生产符合条件的资产的借款成本，构成该资产的资本成本，其他借款成本则确认为费用。在 2007 年 IAS 23 修改之前，在资产成本中计入借款成本只是一个选项，在该会计准则中被称为借贷或利息成本的**资本化**（capitalization）。一项符合条件的资产是指经过一段相当长的时间，开始达到预定使用或出售状态的资产（IAS 23：§5）。

资本化的利息费用又会成为资产成本中的很大一部分，所以对当期收益的影响就更大了。

例 7-7　拜耳（德国—IFRS 会计准则—2022 年年报—化学和保健）

2022 年，3 800 万欧元的借款成本（2021 年为 3 000 万欧元）被资本化，作为合格资产的采购或建设成本的组成部分，应用的平均利率为 2.6%（2021 年为 2.6%）。

7.4.3　交易的入账

本节中采用的数据来自 P 公司为自己建造的一台设备，建造成本包括以下项目（为了简化，成本都假设为现金支付）。

- 原材料和零部件（已在存货中）：30货币单位。
- 人员工资：55货币单位。
- 间接成本（各种费用，包括使用设备的折旧）：15货币单位。

新的设备将在5年内折旧。公司自建有形资产的会计处理方式如图7-6所示。

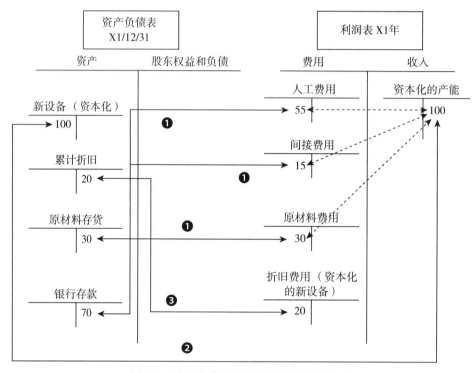

图7-6 公司自建有形资产的会计处理方式

不同国家对资本化采用不同的方法，下面是3种最常见的方法。

（1）在利润表中记录一项对应于资本化资产的成本或费用的增加（步骤❶），然后，为了冲抵前面的入账对收益的影响，在收入方增加一项资本化的产能，同时在资产负债表中记录一个同样的金额，来建立一项资本化的资产（步骤❷）。

（2）在利润表中记录一项资本化资产的费用或成本的增加（步骤❶），然后，在同科目减记相等金额，并在资产负债表中建立一项资本化资产（步骤❷）。这一方法没有在图7-6中展示出来。

（3）直接在资产负债表中建立一个项目科目，称为在建工程，并把所有新资产开发与建造的成本费用记入该科目，这样就可以不通过利润表来反映整个资产的价值。这种操作方法比较简单，但问题是，这样不能使股东通过利润表来了解企业在如何使用其资产。中国一般采用第三种方法。

不管采用哪种方法进行资本化，如果该设备当年投入使用，那么当年就必须记录折旧，在本例中，折旧费用为100/5=20（采用直线折旧法），那么这个年折旧费用就被作为当期新增的资产减少，同时增加当期利润表内的折旧费用（步骤❸）。

可以看到，通过资本化，该设备对当期利润表的净影响只有 20 货币单位的折旧费用，如果该设备没有资本化，那么当期对利润表的影响就是它的全部制造成本，也就是 100 货币单位。

7.5 关于报告土地和房产的一些问题

7.5.1 土地作为可折旧资产的情况

一般来讲，土地按照它的购置成本来计算，并不需要做任何折旧。从理论上讲，因为企业拥有土地的所有权，所以土地的使用不会产生消耗，也不会变得过时。

但是，将土地作为一个自然资源而购买，并利用该土地具有的生产潜力，比如一些矿产、油田或者天然气井等，这时土地的购置成本并不是和土地的使用面积挂钩，而是和不可再生的自然资源储量挂钩。在这种情况下，就必须以消耗的单位为基础（按照实际开采量和预计矿产开采寿命之间的比例关系）来计算折旧。由于资源的开采会逐渐降低未来开采的潜力，这一类的折旧被称为折耗。

另外一种情况是，如果土地的购置成本在本期期末低于现在的市场价值，需要计入一个资产减值来进行价值调整。在中国，企业并不能拥有土地的所有权，所以在购买土地的使用权后，就必须将土地的使用权计入无形资产，并在使用期内做直线摊销。

例 7-8

B 公司支付 85 万货币单位购买了一块郊外的农场地（这块地的价格大大高于正常农业用地，但又大大低于可建设用地），购买的目的是希望未来可以重新定义该土地的使用，并将其发展为一个购物中心。但是 3 年以后企业正式从律师处得到通知，尽管他努力改变该地区土地性质的规定，但是获得建造许可是不可能的。这样，这块土地的市场价值就不会超过 30.5 万货币单位（农用地的价格）。在这种情况下，公司就必须在揭晓这件事情的当年，在利润表中计入一项 54.5 万货币单位的资产减值损失费用。

7.5.2 土地和房产

由于土地一般不计提折旧，因此土地与其之上建造的房子就必须分开入账。如果购买的合同里只有土地和房产的总成本，企业在获得该地产时就必须取得相关信息，将金额分成两个不同的账户。这样的更正是必要的，一方面能够保证为资产取得正确的信息（土地的市场价格和建筑物的市场价格并不会同步变化）；另一方面也因为房屋建筑物和土地不同，是需要计提折旧的资产，建筑物在资产负债表的有形资产中罗列，只包括那些企业长期持有的投资的房产，不包括企业短期的为投机交易持有的房产。也就是说，原则上所有的工业用、商业用和行政用的房产，都必须在其使用期内做一个年度的折旧费用的入账。

在通货膨胀非常严重的时期，房产的折旧可能不会和实际状况相符，因为资产的残值也许会大大超过购置成本或账面净值。由于可折旧的基础是购置成本和残值之间的差额，因此在这种情况下折旧就没有任何意义。这种情况在发达国家是非常少见的，但是在一些发展中国家，尤其在 20 世纪 80 年代是常见的，比如巴西和阿根廷，这时企业就必须在财务报表的附注中注明报告。

7.6 购置后发生的后续成本

购置资产后发生的成本的处理方法，基于之前提到的区分资本投入（被资本化的资产）和收入相关费用（被列入利润表的费用项中）的规则（见 7.1.3），即"土地、房产和设备的成本仅在同时符合以下两个条件时确认为资产：①与该资产相关的未来经济效益很有可能流入企业；②该资产的成本能可靠计量"（IAS 16，IASB 2020a：§7）。IAS 16 还规定了购置资产后发生的后续成本如何区分资本化和费用化（IAS 16：§12-§14）。

若购置资产后发生的成本，比如修缮、替换等，能延长资产的使用寿命、提高资产的服务质量或产量抑或提供未来潜在服务，则应将后续成本资本化一并计入资产的可摊销成本。否则，这些后续成本应在当期费用化。

能带来未来经济效益增长的修缮包括：

- 改装资产，以延长使用年限或提高产能。
- 升级机器部件，以大大提高产出质量。
- 采用新的生产流程，以降低生产成本。
- 熔炉在使用特定时数后更新防火内衬，或飞机内装（座位和厨房等）在机身使用年限内更换（IAS 16：§13）。

但是，企业不应将土地、房产和设备的日常维修成本确认在土地、房产和设备的账面金额中（IAS 16：§12）。对有形资产日常的维修，如果只是保持其带来未来经济效益的能力，那么该维修成本通常只是费用化。例如，厂房或设备的日常维护修理成本通常列入利润表下的费用项，因为它们只是保持而没有提高设备的生产能力。

区分资本化和费用化的规定（见 7.1.3）也适用于后续成本，尤其是一些小的维修费用。

📖 **例 7-9 国际航空集团（西班牙—IFRS 会计准则—2022 年年报—航空）**

土地、房产和设备

主要的大修支出，包括更换的备件的成本和劳动成本，被资本化并按主要大修的平均预期寿命进行摊销。与维护机队资产相关的所有更换的备件的成本和其他成本（包括在"按消费付费"的合同下提供的维护）分别按消耗的原则计入损益表。

7.7 处置有形资产

有形资产可能会在使用期内的任何时候以各种方式被处置，比如出售、废弃、毁坏（因为洪水、火灾等自然灾害）。

我们先把注意力放在出售有形资产上，其他两种情况稍后讨论。

7.7.1　出售资产的记账

当有形资产在使用寿命结束之前被出售时，其账面净值和处置价值（出售价格）的差额记为利得或损失。

一些国家（比如美国、中国）直接将账面净值和处置价值的差额（出售资产的利得或损失）作为单个科目列入利润表；另一些国家（比如法国）将出售价格记为收入，而将资产的账面净值记为费用；还有一些国家（比如英国）单独开设一个资产处置科目（在财务报表附注中报告），然后将其余额转入利润表。当然，无论使用哪种方式，对利润表的净值影响都是一样的。出售日之前发生的折旧费用应确认在利润表中。

下面我们列举 P 公司的例子，假设 P 公司于 X4 年 12 月 31 日以 2 500 货币单位的价格出售部分设备。该资产按照直线折旧法进行折旧，假设当期折旧费用在 12 月 31 日出售资产时已经记录确认。（如果出售资产发生在 12 月 31 日前的任何一天，需要按比例先确认当期折旧费用。）P 公司出售非流动资产的会计处理方式如图 7-7 所示。

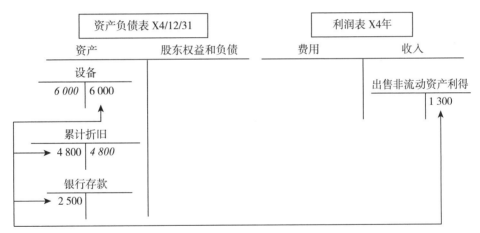

图 7-7　出售非流动资产的会计处理方式（单个分录，利得或损失记录在一个账户中）（举例国家：美国）

　　注：1. 期初余额用斜体字表示。

　　　　2. 累计折旧：见表 7-8（第 4 年年末采用直线折旧法折旧）。

　　　　3. 账面价值为 6 000（购置成本）－ 4 800（累计折旧）＝ 1 200 货币单位。

　　　　4. 出售利得为 2 500（出售价格）－ 1 200（账面价值）＝ 1 300 货币单位。

7.7.2　利润表中的分类

出售非流动资产的损益需要报告给股东。不同国家对于如何在利润表中列示出售资产的损益（特殊业务、非经常业务或经常业务）的规定是不一样的。在美国，出售资产的损益不符合非经常业务的标准（见第 6 章），列示在利润表的经常业务项目下（中国也采用该方法）。在欧洲大陆，出售资产的账面净值和出售价格列示在利润表的特殊业务项目下。

7.8　有形资产的财务层面

7.8.1　折旧费用和现金流

折旧费用（以及减值损失）是非现金费用。折旧费用对现金余额没有直接影响，但是通过增加费用减少所得税间接影响现金流。下面我们通过 L 公司举例说明。

假设 L 公司实现现金销售 200 货币单位，现金费用（原材料、人工以及间接费用，折旧费用除外）是 120 货币单位。另外，L 公司有形资产的购置成本是 100 货币单位，使用年限是 5 年，每年需要确认相应折旧费用（属于间接费用）。如果 L 公司采用直线折旧法，那么第一年的折旧费用是 20 货币单位，如果 L 公司采用双倍余额递减法，那么第一年的折旧费用是 40 货币单位。假设所得税税率是 30%。表 7-17 列示出利润表和经营性现金流表（从现金流量表中摘取，见第 3、16 章）。

表 7-17　L 公司的利润表和经营性现金流表

		直线折旧法	双倍余额递减法
	利润表		
收入		200	200
现金经营费用		−120	−120
利息、所得税、折旧及摊销前收益（EBITDA）		80	80
折旧费用		−20	−40
利息、所得税前收益（EBIT）		60	40
所得税（30%）		−18	−12
税后净利润		42	28
	现金流量表		
从客户收到的现金		200	200
支付经营费用		−120	−120
支付所得税前的经营性现金流		80	80
支付所得税		−18	−12
支付所得税后的经营性现金流		62	68
	现金流量表（间接法列示）		
	税后净利润	42	28
加回	折旧费用（非现金费用）	20	40
等于	支付所得税后的经营性现金流	62	68
加回	支付所得税	18	12
等于	支付所得税前的经营性现金流	80	80

表 7-17 强调以下几点。

- 折旧方法的选择影响税前收益和税后收益。
- 经营性现金流（支付所得税前或支付所得税后）不受折旧费用影响。因为折旧费用是非现金费用，购买资产时的支付才对现金流有影响。
- 当期折旧费用越高，支付所得税后的净现金流越大。这是因为每种折旧方法产生的折旧费用不同，带来的避税影响不同。当然，前提是税法允许使用加速折旧法。

7.8.2 有形资产的变动报告

1. 原则

在大多数国家中，财务报表附注的有形资产部分必须包括两张表：一张是有形资产账面价值变动表；另一张是累计折旧变动表（在加拿大和美国，两张表合并在一起）。表 7-18 是有形资产账面价值和累计折旧的变动表。

表 7-18　有形资产变动表

期初余额	+	增加	−	减少	=	期末余额
期初账面价值	+	新增	−	处置	=	期末账面价值
期初累计折旧	+	折旧费用	−	处置或出售非流动资产的折旧费用的抵销	=	期末累计折旧

根据 IAS 16：§73，财务报表对每一类土地、房产和设备，应该披露：

（1）账面价值的计量基础。

（2）采用的折旧方法。

（3）使用年限或折旧率。

（4）期初和期末的账面价值与累计折旧值（或累计减值损失加总）。

（5）期初与期末的账面价值的调节表，列示下列各项。

- 新增。

- 依据 IFRS 5 分类为待售或归于待售处置资产组。

- 由企业合并取得。

- 根据 IAS 16 第 31、39 及 40 段关于重估的规定所产生的增加或减少，以及根据 IAS 36 在股东权益中直接确认或转回减值损失所产生的增加或减少。

- 根据 IAS 36 确认的减值损失。

- 根据 IAS 36 转回的减值损失。

- 折旧。

- 将财务报表从功能性货币换算为不同表达货币所产生的汇兑差额，包括将国外营运货币换算为报告主体的表达货币所产生的汇兑差额。

- 其他变动。

2. 实际案例

📖 例 7-10　Atos Origin（法国—IFRS 会计准则—2022 年年报—IT）

公司 2022 年年报的有关数据如表 7-19 所示。

表 7-19　Atos Origin 公司 2022 年年报的有关数据　（单位：百万欧元）

	土地和建筑	IT 设备	其他有形资产	总计
账面原值				
2021 年 12 月 31 日	288	83	70	441

（续）

	土地和建筑	IT 设备	其他有形资产	总计
新增	16	136	19	171
企业合并影响	1	2	0	3
处置	-6	-24	-7	-37
汇兑差额	8	63	-20	51
重分类持有至出售资产	1	-58	0	-57
2022 年 12 月 31 日	308	202	62	572
累计折旧				
2021 年 12 月 31 日	-151	127	3	-21
本年折旧费用	-23	-115	-9	-147
处置	0	14	1	15
汇兑差额	-5	-49	-6	-60
重分类持有至出售资产	-1	53	0	52
2022 年 12 月 31 日	-180	30	-11	-161
账面净值				
2021 年 12 月 31 日	137	210	73	420
2022 年 12 月 31 日	128	232	51	411

注：1. 按多数公司惯例，变动项按行排列，资产按列归类。

2. 期末账面净值用期末账面原值减去期末累计折旧。

3. 企业合并影响指收购和出售公司对有形资产变动的影响。

7.8.3 财务分析

一些财务比率可以帮助财务报表使用者更好地了解企业使用有形资产的状况。

1. 资本密集比率

资本密集比率（capital intensity ratio）包括 3 个关键比率：

$$有形资产比重 = 净有形资产 / 总资产$$

$$有形资产收益率 = 净收益 / 净有形资产$$

$$有形资产周转率 = 净销售收入 / 平均净有形资产$$

这 3 个比率回答了 3 个问题：

- 有形资产占总资产的比重是多少（见表 7-1）？
- 每货币单位有形资产产生的收益是多少？
- 每货币单位有形资产带来的销售收入是多少？

最后两个比率对评估投资决策的结果很重要，它们的值受折旧方法的影响。

虽然最后两个比率被广泛使用，但这两个比率在一定程度上容易产生误导。因为作为分母的有形资产账面净值是随着时间不断减少的，使这两个比率随着时间不断变大，即使企业什么也不做（如果有形资产的折旧速度超过净收益下降的速度，即使净收益不断下降，该比率仍然会变大）。考虑到这个问题，分母应使用有形资产的历史成本（开始折旧前的购置成本——经常使用）或有形资产的重置价值（不太常用）。

2. 有形资产的已使用年限或经济寿命

股东（现有或潜在的）与财务分析师需要衡量企业资产的过时风险。如果不能获得资产精确的已使用年限或经济寿命，可以通过财务报表上资产的账面总价值和累计折旧快速估计。

$$有形资产平均已使用年限 = 期末累计折旧 / 年折旧费用$$
$$有形资产平均使用寿命 = 期末账面总值 / 年折旧费用$$

这两个比率的使用有一定的局限性，因为折旧费用（累计折旧）会因折旧方法的不同而不同（比如直线折旧法和加速折旧法）。

- 只有在使用直线折旧法时，这两个比率才合理。
- 这两个比率假设资产的购买成本不变。
- 这两个比率受当期新增或处置资产的影响。

此外，管理层可以操纵有形资产的估值和折旧费用的计算，以提高（或减少）净收益，3 种主要的操纵方法是：

- 增加（或减少）资产的使用寿命。
- 变更折旧方法（比如，从直线折旧法变为加速折旧法，或相反）（受会计一致性原则的约束）。
- 决定资本化（或去资本化）某些购置成本（比如财务费用）和资产升级成本。

财务报表附注，尤其是会计政策部分，对财务报表使用者非常有用。管理层必须在这里披露当期会计政策，可以让分析师或其他使用者根据新的会计政策重新调整报表数字。

表 7-20 总结了本小节的财务比率。

表 7-20　财务比率的计算

财务比率	计算公式
有形资产比重	净有形资产（BS） / 总资产（BS）
有形资产收益率	净收益（IS） / 净有形资产（BS）
有形资产周转率	净销售收入（IS） / 平均净有形资产（BS）
有形资产平均已使用年限	期末累计折旧（BS 或者 N） / 年折旧费用（IS 或者 N 或者 SCF）
有形资产平均使用寿命	期末账面总值（N） / 年折旧费用（IS 或者 N 或者 SCF）

注：1. BS= 资产负债表。
　　2. IS= 利润表。
　　3. N= 财务报表附注。
　　4. SCF= 现金流量表[10]。

关键知识点

- 非流动资产分为 3 类：①有形资产；②无形资产（见第 8 章）；③金融资产（见第 10 章）。
- 有形资产（土地、厂房和设备，厂房资产或经营用资产）预计会在未来会计年度为企业带来经济利益的流入，需要在企业经营活动中先行投入。
- 有形资产是资产负债表中流动性最差的资产。在一些国家，有形资产放在资产的最上面，而在另一些注重资产流动性的国家，有形资产放在下面。
- 与有形资产相关的会计问题包括：购置（定义、确认和计量）、使用（折旧）和处置（出售或注销）。
- 折旧是将资产的可折旧金额在其使用年限内进行系统分摊。
- 折旧方法应当采用反映企业消耗资产未来经济效益的模式。折旧方法的选择和非流动资产的类别有关。
- 两大类折旧方法：①以时间为基础的方法（直线折旧法和加速折旧法，后者包括余额递减法和年数总和法）；②以用量为基础的方法（工作量单位折旧法和业务量单位折旧法）。
- 折旧费用是非现金费用（有形资产在购买的时候已经支付过现金，折旧只是根据配比原则将购置成本按时间分摊）。折旧费用不对现金余额产生直接影响（只通过折旧费用的抵减税产生间接影响）。如果税务制度允许使用加速折旧法，折旧对税后现金的间接影响在资产使用的早期更大。

实战练习

实战练习　吉本斯

要　　点：购置成本

难度系数：中

吉本斯咖啡店购买了一个新的咖啡机。咖啡机的标价是 1 500 货币单位，但是生产商给了吉本斯 20% 的折扣。咖啡机的运费是 150 货币单位，安装和测试费用是 100 货币单位。在安装的时候发生了意外损坏，不能得到赔偿，维修费用是 200 货币单位。咖啡师的培训费用是 75 货币单位。

要　求

1. 请计算咖啡机的购置成本。
2. 请记录咖啡机的购置，可以自己选择形式（分类账、日记账或财务报表）。

挑战练习

挑战练习 7-1　选择题

请选择正确答案（除非特别说明，正确答案只有一个）。

1. 最适合土地的折旧方法是哪一项？

（a）直线折旧法　　　　　　　　　　　　（b）加速余额递减法

（c）以上两种方法都可以　　　　　　　　（d）以上都不是

2. 折旧会直接影响下列哪一项？

（a）现金的增加　　　　（b）负债的增加　　　　（c）负债的减少

（d）资产的减少　　　　（e）现金的减少

3. 一项有形资产的购置成本是 100 货币单位，完全折旧 5 年，在使用寿命结束的时候价值是多少？

（a）0　　　　　　　　（b）100　　　　　　　（c）20　　　　　　　（d）以上都不是

4. 以下哪些不是有形资产？

①土地　　　　　　　②商标　　　　　　　③建筑物

④石油井　　　　　　⑤软件

（a）①、③、④　　　（b）②、④　　　　　（c）②、⑤

（d）②、③、④、⑤　（e）③、⑤

5. 有形资产包括土地、建筑物和设备。

（a）对　　　　　　　　　　　　　　　　　（b）错

6. 所有有形资产都需要将成本在一定年限内系统性分摊。

（a）对　　　　　　　　　　　　　　　　　（b）错

7. 公司必须对所有可折旧有形资产采用相同的折旧方法。

（a）对　　　　　　　　　　　　　　　　　（b）错

8. 在使用双倍余额递减法计算年折旧费用时，应该用折旧率乘以下列哪一项？

（a）资产的购买成本　　（b）资产的期初公允价值

（c）可折旧金额　　　　（d）资产的期初账面价值　　　（e）以上都不是

9. 自然资源购置成本每年进行分摊叫作什么？

（a）折旧　　　　　　（b）摊销　　　　　　（c）折耗　　　　　　（d）消耗

（e）以上都不是

10. 下列哪个财务比率可以定义有形资产在资产负债表中的重要性？

（a）净有形资产 / 净总资产　　　　　　　（b）净有形资产利润率

（c）净有形资产周转率　　　　　　　　　（d）折旧费用 / 净销售收入

（e）有形资产平均使用寿命

挑战练习 7-2　讨论

难度系数：中

要　求

1. 请讨论至少 4 种不同的折旧方法。

2. 折旧是增加还是减少现金？

3. 请讨论记录购置有形资产的方法。

4. 购置有形资产影响净利润吗？

挑战练习7-3　不同行业公司的财务报告

难度系数：中

请在网上或图书馆，找到中国或其他国家4家不同行业公司的年度报告。

要　求

1. 在各家公司的资产负债表中，有形资产是如何列示的？投资者或股东能根据有形资产的信息做出什么决策？
2. 各家公司的财务报表附注中，有没有关于有形资产的信息？根据附注中有形资产的信息，投资者或股东能进一步做出什么决策？
3. 各家公司针对有形资产采取的会计政策是什么？
4. 各家公司主要有形资产的预期使用寿命是多少？
5. 各家公司有形资产占总资产的比重是多少？根据这一比例，投资者能对公司战略有什么了解？
6. 各家公司折旧费用占销售收入的百分比是多少？根据这一比例，投资者能对公司战略有什么了解？

挑战练习7-4　同一行业公司的财务报告

难度系数：中

请在网上或图书馆，找到中国或其他国家4家同一行业公司的年度报告。

要　求

回答挑战练习7-3中的问题。

挑战练习7-5　折旧方法

难度系数：中

请先选择一个国家，中国或其他国家。

要　求

请说明该国家公司最常用的折旧方法。可以参考官方统计（如果有），也可以查阅一些公司的年度报告对折旧方法的披露。

挑战练习7-6　蒂皮特公司

要　点： 折旧方法

难度系数：中

蒂皮特公司购置了一批新的机器，成本是900万货币单位。这批新机器的预期使用寿命是 4 年, 预期残值是零。

这些机器的折旧费用可以用下列 5 种方法计算。

- 直线折旧法。
- 双倍余额递减法 (如果直线折旧法折旧率大于或等于双倍余额递减法折旧率, 就转换成直线折旧法)。
- 年数总和法。
- 工作量单位折旧法。
- 业务量单位折旧法。

表 7-21 给出每年生产产量和服务小时数。

表 7-21 每年生产产量和服务小时数

	年产量	总计
生产产量		15 000
第 1 年	7 000	
第 2 年	4 000	
第 3 年	2 000	
第 4 年	2 000	
	年业务量	**总计**
服务小时数		36 000
第 1 年	12 000	
第 2 年	9 000	
第 3 年	8 000	
第 4 年	7 000	

要 求

1. 编制前两种方法下的折旧表, 假设购买时间是 X1 年 1 月 1 日。
2. 编制后三种方法下的折旧表, 假设购买时间是 X1 年 1 月 1 日。

挑战练习 7-7 布里顿公司

要 点: 确认记录购置成本和折旧

难度系数: 中

布里顿公司是欧洲一家大型土木工程建筑公司。布里顿公司刚刚建好一个大机库, 作为原材料存货和闲置设备仓库。机库建设从 X1 年 7 月 14 日开始, 于 X1 年 10 月 1 日建成。建设机库消耗的资源如下。

- 原材料存货 10 000 货币单位。
- 人工成本 20 000 货币单位。

该机库折旧年限是 10 年, 布里顿公司采用双倍余额递减法, 机库残值为零。机库将完全折旧。

- 如果剩余年份的双倍余额递减法的折旧率小于直线折旧法下的折旧率, 则转换成直线折旧法。
- 或者在机库使用年限中期 (从第 6 年开始) 转换成直线折旧法, 会计年度期末是 12 月 31 日。

要 求

1. 请记录机库的购建成本 (可折旧金额)。
2. 请根据上述两种转换成直线折旧法的情况分别编制折旧表, 假设机库在 X10 年年末完全折旧。
3. 请记录 X1 年 12 月 31 日布里顿公司利润表中的折旧费用。

挑战练习 7-8　默克公司 *

要　　点：记录有形资产变动

难度系数：高

默克是一家德国公司，从事化工制药。表 7-22 是默克合并资产负债表的节选版。合并财务报表是根据欧盟采纳的国际财务报告会计准则，并考虑了《德国商法典》第 315e 条的额外规定来编制的。

表 7-22　合并资产负债表（节选）　　　　　　（单位：百万欧元）

	注释	2022 年	2021 年
非流动资产			
……			
土地、厂房和设备	（20）	8 203	7 217

2022 年合并年度报告附注 20 土地、厂房和设备，如表 7-23 所示。

表 7-23　合并年度报告附注 20　　　　　　（单位：百万欧元）

	土地、产权和建筑物	厂房和机器	其他设施、经营和办公设备	在建工程和合同预付款	总计
2022-1-1 账面原值（购置成本）	5 464	5 687	1 754	1 905	14 810
合并报表范围变更	47	18	4	11	80
增加	182	42	77	1 429	1 730
剥离处置 / 重分类持有至出售资产	0	0	0	0	0
其他处置	−88	−94	−95	−6	−283
转移	290	512	127	−930	−1
外币折算	80	63	12	20	175
2022-12-31	5 975	6 228	1 879	2 429	16 511
2022-1-1 累计折旧和减值损失	−2 304	−3 987	−1 287	−15	−7 593
折旧	−319	−374	−173	0	−866
减值损失	0	−19	0	−1	−20
减值损失冲回	0	0	0	0	——
剥离处置 / 重分类持有至出售资产	0	0	0	0	0
其他处置	67	84	91	1	243
转移	−6	11	−1	−5	−1
外币折算	−26	-35	−10	0	−71
2022-12-31	−2 588	−4 320	−1 380	−20	−8 308
2022-12-31 账面净值	3 387	1 908	499	2 409	8 203

注释：

"外币折算"指子公司财务报表货币换算成合并报表货币产生的汇兑损益（见第 13 章）。

要　求

1. 请核对资产负债表中的金额与财务报表附注 20 中的金额是否一致。

2. 请核对各项非流动资产 2022 年 12 月 31 日的账面净值计算是否正确。

3. 请解释在"累计折旧和减值损失"下，为什么没有"增加"这一项。

4. 请解释账面原值下的"转移"项目一般指什么，并举例说明。

5. 请解释累计折旧下的"其他处置"项目的金额为什么是正数。

挑战练习7-9　起亚汽车公司 *

要　　点：有形资产分析

难度系数：中

起亚汽车公司主要生产和出售汽车，经营以下几个部门：轿车、休闲车和商务车。同时，起亚汽车公司还提供汽车租赁、汽车维修和汽车零件供应服务。起亚汽车公司的合并财务报表根据韩国国际财务报告会计准则（K-IFRS）编制。

表 7-24 和表 7-25 列示了起亚汽车公司 2019～2022 年的合并资产负债表和附注的节选（资料来源：2020～2022 年年报）。

表 7-24　合并资产负债表　　　　　　　　（单位：百万韩元）

12 月 31 日	2022 年	2021 年	2020 年	2019 年
流动资产				
现金及现金等价物	11 553 972	11 533 710	10 160 697	4 268 716
短期金融工具	2 054 064	4 532 697	2 912 700	3 061 687
其他流动金融资产	6 054 334	1 624 525	1 806 427	1 838 821
应收账款和应收票据	2 237 444	1 787 698	1 819 008	2 154 695
其他应收账款和应收票据	2 529 634	1 949 313	1 925 008	1 501 242
预付账款	187 867	348 096	123 106	471 015
存货	9 103 825	7 087 685	7 093 959	8 108 681
预付所得税	245 848	227 975	147 444	83 628
其他流动资产	180 159	113 784	105 033	66 931
流动资产总计	34 147 147	29 205 483	26 093 382	21 555 416
长期金融工具	290 062	135 200	134 736	103 984
其他非流动金融资产	1 108 752	1 147 745	710 580	802 277
长期应收账款和应收票据	3 478	4 526	5 377	12 440
投资联营和合营公司	18 851 114	17 004 793	14 613 560	13 916 493
土地、建筑和设备	15 383 383	15 583 831	15 579 715	15 746 675
投资性房地产	23 580	23 239	22 412	25 004
无形资产	2 905 980	2 831 510	2 665 571	2 552 786
递延所得税资产	68 015	483 023	535 834	558 930
其他非流动资产	929 454	430 647	129 276	70 793
非流动资产总计	39 563 818	37 644 514	34 397 061	33 789 382
资产总计	73 710 965	66 849 997	60 490 443	55 344 798
补充信息				
销售收入	86 559 029	69 862 366	59 168 096	58 145 959
净利润	5 408 976	4 760 311	1 487 585	1 826 659
折旧费用（固定资产）	1 774 386	1 639 856	1 616 628	1 474 725
折旧费用（使用权资产）	65 041	59 446	57 854	56 246
折旧费用（总计）	1 839 427	1 699 302	1 674 482	1 530 971

表7-25　附注9. 土地、建筑和设备

（单位：百万韩元）

12月31日	2022年			2021年			2020年			2019年		
	购置成本	累计折旧和减值损失	账面净值	购置成本	累计折旧和减值损失	账面净值	购置成本	累计折旧和减值损失	账面净值	购置成本	累计折旧和减值损失	账面净值
土地	5 061 159	0	5 061 159	4 962 668	0	4 962 668	4 939 660	0	4 939 660	4 919 924	0	4 919 924
房屋	4 347 182	（1 848 901）	2 498 281	4 193 094	（1 689 608）	2 503 486	4 041 713	（1 532 430）	2 509 283	4 012 103	（1 422 585）	2 589 518
建筑物	852 928	（519 374）	333 554	819 469	（491 203）	328 266	801 846	（466 003）	335 843	787 354	（441 719）	345 635
机器和设备	10 097 785	（6 493 266）	3 604 519	9 835 164	（5 963 643）	3 871 521	9 402 749	（5 378 904）	4 023 845	8 845 934	（4 948 047）	3 897 887
模具和工具	8 396 510	（6 501 704）	1 894 806	7 868 897	（5 784 560）	2 084 337	7 194 853	（5 058 668）	2 136 185	6 341 539	（4 483 482）	1 858 057
车辆	453 610	（197 459）	256 151	412 383	（178 457）	233 926	392 928	（163 390）	229 538	370 536	（150 458）	220 078
其他设备	916 016	（656 194）	259 822	872 256	（600 788）	271 468	831 066	（549 665）	281 401	804 747	（493 920）	310 827
在建工程	1 212 254	0	1 212 254	1 060 715	0	1 060 715	866 665	0	866 665	1 366 230	0	1 366 230
小计	31 337 444	（16 216 898）	15 120 546	30 024 646	（14 708 259）	15 316 387	28 471 480	（13 149 060）	15 322 420	27 448 367	（11 940 211）	15 508 156
使用权资产												
土地	2 639	（1 659）	980	1 767	（1 165）	603	1 460	（742）	718	1 317	（331）	986
房屋	479 104	（217 957）	261 147	429 921	（163 732）	266 188	364 954	（108 427）	256 527	292 267	（54 975）	237 292
其他设备	1 040	（330）	710	770	（117）	653	432	（382）	50	432	（191）	241
小计	482 783	（219 946）	262 837	432 458	（165 014）	267 444	366 846	（109 551）	257 295	294 016	（55 497）	238 519
总计	31 820 227	（16 436 844）	15 383 383	30 457 104	（14 873 273）	15 583 831	28 838 326	（13 258 611）	15 579 715	27 742 383	（11 995 708）	15 746 675

要　求

1. 请计算 2019～2022 年的下列财务比率：
   - 有形资产比重（有形资产 / 总资产）。
   - 有形资产收益率（净利润 / 净有形资产）。
   - 有形资产周转率（净销售收入 / 有形资产平均账面价值）。
   - 有形资产平均已使用年限（期末累计折旧 / 当年折旧费用）。
   - 有形资产平均预期使用寿命（期末账面原值 / 当年折旧费用）。
   请详细解释计算过程和需要做的假设。
2. 请分析你的计算结果。

参考书目

Financial Reporting Council (FRC) (2022) FRS 102 The Financial Reporting Standard applicable in the UK and Republic of Ireland, London.

IASB (2017) International Accounting Standard No. 23 Borrowing Costs, London.

IASB (2018) Conceptual Framework for Financial Reporting, London.

IASB (2020a) International Accounting Standard No. 16 Property, Plant and Equipment, London.

IASB (2020b) International Accounting Standard No. 36 Impairment of Assets, London.

Wahlen J M, Jones J P, Pagach D P. (2020) Intermediate Accounting: Reporting and Analysis, 3rd edition, Cengage Learning, USA.

扩展阅读

Bujaki M, Durocher S. (2014) Depreciation in the Canadian airline industry. Accounting Perspectives, 13(3), 209-18.

Burlaud A, Messina M, Walton P. (1996) Depreciation: concepts and practices in France and the UK. European Accounting Review, 5(2), 299-316.

Chambers D, Jennings R, Thompson R. (1999) Evidence on the usefulness of capital expenditures as an alternative measure of depreciation. Review of Accounting Studies, 2(3-4), 169-95.

Collins L. (1994) Revaluation of assets in France: the interaction between professional practice, theory and political necessity. European Accounting Review, 3(1), 122-31.

Gissel J L. (2016) A case of fixed asset accounting: initial and subsequent measurement. Journal of Accounting Education, 37, 61-66.

Jin Y, Niu F, Sheng L. (2022) Fair value accounting for property, plant, and equipment: impact of IFRS 1 adoption. Journal of International Accounting Research, 21(2), 83-100.

Kuter M, Gurskaya M, Andreenkova A, Bagdasaryan R. (2018) Asset impairment and depreciation before the 15th century. Accounting Historians Journal, 45(1), 29-44.

Mohrman M B. (2009) Depreciation of airplanes and garbage trucks: information value and fraud prevention in financial reporting. Issues in Accounting Education, 24(1), 105-07.

Wielhouwer J L, Wiersma E. (2017) Investment decisions and depreciation choices under a discretionary tax depreciation rule. European Accounting Review, 26(3), 603-27.

注　释

1　这里的生产能力指非流动资产为企业带来未来经济利益的能力。

2　折耗指自然资源（通常是不可更新的）的折旧，主要用于矿产、木材、石油和其他天然资源产业。

3　有兴趣的同学可以参考美国教材：Wahlen，Jones，and Pagach（2020）。

4　设备主要指企业使用的机器、车辆、电脑等。

5　资料来源：www.hlb.global/germany-reforms-its-asset-depreciation-law-low-value-assets-threshold-to-rise-in-2018.

6　有兴趣的同学可以参考美国教材：Wahlen，Jones，and Pagach（2020）。

7　折旧和现金流的关系将在第16章讲解。

8　为简便起见，在P公司案例中我们假设残值为零。

9　生产成本包括所有原材料成本、人工成本和其他间接制造费用等，生产类资产的折旧费用反映了该资产生产能力的消耗。

10　折旧费用通常不在利润表中单独列示，尤其是按科目职能编制的利润表。如果现金流量表按间接法编制，则会列示折旧费用（见第16章）。折旧费用通常在财务报表附注中披露。

第8章 无形资产

本章教给你什么

1. 无形资产通常分为三类：研发支出（R&D）、商誉（goodwill）和其他无形资产（other intangible assets）。
2. 无形资产可能在总资产中所占的比重较大。
3. 无形资产的定义、确认及价值变动。
4. 商誉如何定义以及商誉代表了什么。
5. 无形资产确认的会计原则。
6. 无形资产的确认标准。
7. 初始确认入账后，无形资产价值变动的会计处理。
8. 研发支出资本化后的状况。
9. 研发支出的资本化问题。
10. 电脑软件开发的会计处理。

无形资产指企业拥有或控制的没有物理形态的、可以给企业带来未来经济效益的非流动（长期）资产。

无形资产包括商誉（指购买企业的投资成本超过净资产公允价值的差额，反映了企业预期的未来经济效益，详细定义见本章8.1.2）、专利、特许经营权、许可协议、商标、品牌、版权等，还包括符合一定条件的资本化研发支出。

关于无形资产的估值和报告一直以来都存在争议，主要是因为通常很难定义和估计无形资产预期的未来经济效益。如何确定一个品牌的客观价值，尤其当这个品牌是由公司自行开发的，而不是通过非关联交易在市场上从第三方购买的？有形资产的历史价值可以从市场交易中获得或者根据消耗的资源衡量，其未来经济效益通常也可以清晰地衡量（市场需求的不确定性常常可以忽略），但无形资产的价值和未来经济效益，是由企业管理层对无形资产的利用情况决定的。

例如，一家欧洲制药厂（拥有一个化妆品部门）收购了一家拥有著名香水品牌的公司，意在利用香水品牌的知名度带动其化妆品部门产品的销售，希望其在新收购的公司和原来的化妆品部门创造未来经济效益。在收购结束后，品牌的账面价值就是购买价格。但是，由于该制药厂的企业文化与香水品牌的文化大相径庭，管理层不能很好地利用这次收购的品牌的知名度。结果，几年以后，该制药厂不得不亏本卖掉整个化妆品部门。（价格低于化妆品部门的账面净值，而且香水品牌的价格也低于之前的购买价格。）由于新购买者的企业文化与香水品牌的文化更协调，故能从收购中获得更多利润（协同效应）。虽然新的购买者只是根据购买价格（被低估）将该香水品牌列示在资产负债表上，但该香水品牌的未来经济效益能提高其价值。当然，审慎原则不允许新购买者在账面上高估香水品牌的价值。"同样的无形资产可能具有不一样的价值，这取决于使用者。"

会计师和财务分析师对无形资产的会计处理一直非常小心。会计师倾向于将无形资产的购置成本（或开发成本）在当期费用化。财务分析师在分析财务报表时，经常把无形资产视为虚拟资产，排除在外，不进行分析。

当今的信息和知识型经济在很大程度上依赖无形资产（见表 8-1）。如果财务报表要真实和公允地反映企业状况，这些无形资产就该被正确记录。会计师和财务分析师都要重新考虑无形资产的作用。品牌的开发或专利权的出售，在某些情况下（比如，在零售、化妆品和奢侈品、生物技术和软件开发等行业）是企业价值的重要来源。

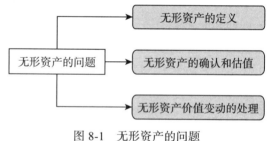

图 8-1　无形资产的问题

无形资产的报告有 3 个重要问题（见图 8-1），将在本章 8.1～8.3 节讲述。

研发支出的资本化和软件开发将在本章的 8.4 节和 8.5 节详细讲解。商誉将在第 13 章详细讲解。

很多企业在 2022 年年报的资产负债表上都列示了一些无形资产，关于无形资产在资产负债表中的比重的举例如表 8-1 所示。

表 8-1　无形资产在资产负债表中的比重

公司 （国家—行业）	货币单位	无形资产种类	无形资产 （净值）	总资产 （净值）	无形资产占总 资产比例（%）
SAP （德国—商业软件）	百万欧元	商誉	33 106		45.9%
		软件和数据库许可	513		0.7%
		获得的技术	486		0.7%
		客户关系和其他无形资产	2 836		3.9%
		无形资产总计	36 941	72 159	51.2%

（续）

公司 （国家—行业）	货币单位	无形资产种类	无形资产 （净值）	总资产 （净值）	无形资产占总 资产比例（%）
飞利浦（荷兰— 电子产品）	百万欧元	商誉	10 238		33.4%
		品牌	140		0.5%
		客户关系	1 070		3.5%
		技术	1 102		3.6%
		产品开发	393		1.3%
		产品开发在建项目	502		1.6%
		软件	280		0.9%
		其他无形资产	39		0.1%
		无形资产总计	**13 764**	**30 688**	**44.9%**
Pirelli（意大利— 轮胎、电缆和 宽带系统）	千欧元	特许权、许可证和商标 （有限使用期限）	69 711		0.5%
		品牌（不确定使用期限）	2 270 000		16.3%
		商誉	1 884 629		13.6%
		客户关系	204 289		1.5%
		技术	891 767		6.4%
		软件应用	49 620		0.4%
		设计专利权	12 457		0.1%
		其他无形资产	364		0
		无形资产总计	**5 382 837**	**13 897 550**	**38.7%**
Stellantis （荷兰—汽车）	百万欧元	商誉	15 507		8.3%
		品牌	16 212		8.7%
		其他	19		0
		资本化开发支出	15 704		8.4%
		专利和许可	365		0.2%
		其他无形资产	2 937		1.6%
		无形资产总计	**50 744**	**186 156**	**27.3%**
Roche（瑞士— 药品、化学产品）	百万瑞士 法郎	商誉	10 820		12.3%
		与产品相关的无形资产： 使用中	4 070		4.6%
		与产品相关的无形资产： 未投入使用	4 979		5.6%
		其他无形资产	636		0.7%
		无形资产总计	**20 505**	**88 151**	**23.3%**
星巴克（美国— 制造和销售 咖啡、茶）	百万美元	商标和专利	152.5		0.5%
		收购的商业机密	0.3		0
		许可协议	3.1		0
		商誉	3 283.5		11.7%
		无形资产总计	**3 439.4**	**27 978.4**	**12.3%**
Infosys（印度— 咨询、技术和 外包服务）	万亿卢布	商誉	7 248		5.8%
		客户相关	907		0.7%
		软件相关	343		0.3%
		品牌和商标相关	151		0.1%
		和供应商关系相关	348		0.3%
		无形资产总计	**8 997**	**125 816**	**7.2%**

（续）

公司 （国家—行业）	货币单位	无形资产种类	无形资产 （净值）	总资产 （净值）	无形资产占总 资产比例（%）
Repsol（西班牙— 石油天然气）	百万欧元	商誉	771		1.3%
		上游：			
		勘探许可	254		0.4%
		软件	69		0.1%
		其他	33		0.1%
		下游：			
		服务／天然气站协会权利	139		0.2%
		软件	281		0.5%
		特许权和其他	291		0.5%
		公司：电脑软件和其他	138		0.2%
		无形资产总计	**1 976**	**59 964**	**3.3%**

8.1 无形资产的定义

无形资产的定义在这几年有了很大的变化。这些变化的目的在于更好地理解这个概念，从而更可靠地衡量无形资产的投资，更好地促进研究人员、管理者、财务信息使用者和政策制定者之间的理解与交流。无形资产通常被理解为没有物理形态、与一些法律权利相关的资产（商标、专利或版权）。一般来讲，无形资产的定义要符合以下4个标准。

- 可辨认性。
- 缺乏物理形态。
- 将其确认为资产的企业必须对其拥有控制权。
- 该资产未来会给企业带来可定义的经济效益。

8.1.1 原则

IASB将无形资产定义为没有实物形态的可辨认的非货币性资产。（IAS 38，IASB 2020b：§8）**资产**指符合以下条件的资源（IAS 38：§8）：①由于过去事项而由主体控制；②预期会导致未来经济利益流入主体。货币性资产指持有的货币以及将以固定或可确定的金额收回货币的资产。

所有国家的会计准则都承认无形资产的重要性，但是每个国家都对无形资产的概念有其特有的定义，这些定义与IASB的定义相比，或简单一点，或烦琐一点。比如在美国，无形资产是缺乏物理形态的资产（不包括金融资产）。（FASB 2001，SFAS 142，附录F。）在英国，无形资产则是没有物理形态但可以辨认的非资金类资产。这类资产在以下情况下可以确认（FRC 2022：附录）。

- 具有可区分性。比如，可以同企业区分开来，单独出售、转移、许可、出租或交换（可以独立交易或依附于相关合同）。
- 产生于合同或其他法律权利，无论该权利是否可以转移或者可以与企业或其他权利义务区分开。

8.1.2 无形资产的主要类别

无形资产一般分为 3 大类：研发支出、商誉和其他无形资产。

1. 研发支出

满足一定的条件，研发支出可以被资本化并计入相应的资产，这将在 8.4 节展开讨论。

2. 商誉

在世界范围内，**商誉**的称呼都被广泛使用。它指一个企业购买另一个企业所支付的购买价格和可辨认资产（减掉可辨认负债）价值之间的差额。商誉的概念对于合并财务报表（和企业集团有关，见第 13 章）与非合并财务报表（单个公司的报表）有所不同。

企业合并中确认的商誉，代表了从企业合并中获取的其他资产所产生的未来经济利益，该未来经济利益不能单独辨认，也无法单独确认。这些未来经济利益可能产生于取得的可辨认资产之间的协同作用，也可能产生于不符合在财务报表上单独确认条件的资产。（IAS 38：§11）商誉代表了在收购交易完成日，收购者支付的超过收购者所购可辨认资产和负债的公允价值中的权益部分的收购成本。（IFRS 3，IASB 2020c：§32）商誉的计算见第 13 章。

图 8-2 解释了商誉和估值差异。

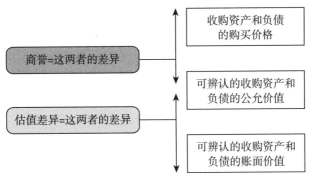

图 8-2　商誉和估值差异

可辨认资产和负债的公允价值与账面价值之间的差异被称为估值差异。不同于商誉，估值差异并不在资产负债表中报告，因为每一项资产和负债都会以它们的公允价值记录到收购方的资产负债表中，估值差异（反映在收购方的资产负债表的新账面价值中）不会单独罗列。收购方资产和负债的公允价值等于收购方的账面价值加估值差异。我们认为，从概念上认识估值差异是非常重要的，这样才能避免过高地估计商誉。我们也同意 IASB 的立场：商誉只代表了收购中的溢价部分，也就是收购中不能辨认的无形资产部分。

合并财务报表经常会在资产负债表中列入合并商誉。在非合并财务报表中，一些国家的会计制度也允许记录商誉，称之为**购买商誉**。另外，美国通用会计准则和中国企业会计准则要求在资产负债表中单独示商誉，而 IFRS 无此要求。

无论在合并还是非合并的资产负债表中，商誉都反映了企业价值中的无形部分，比如企业的忠实客户、企业的声望、项目研发和新产品开发的能力、企业主要人员的专业技术和忠诚度等。

3. 其他无形资产

（1）专利。**专利**指政府或官方审查机构，授予发明创造者独占或出售其发明创造使用的权利而颁发的专利文献。各个国家的专利保护期限不同，大多数国家都是 20 年（例如，澳大利亚、欧洲国家、印度、美国等）。专利保护不可以延期，但是可以在原有专利基础上进行改善并再申请新的专利。

（2）品牌 / 商标。**品牌**是用来区别一个生产经营者的产品或服务与其他生产经营者的产品或服务的独特标志（符号、徽标、图形、文字、标语等）。**商标**是所有人申请受法律保护的品牌标志。所有人通过向政府监管的相关机构申请注册从而使商标受到法律保护。各个国家的商标初始保护期限也不相同（比如在美国，联邦商标在注册后 10 年有效，并可以选择更新延长 10 年），保护期限在规定条件（主体继续有效使用商标进行经营）下可以续展。在实践中，品牌和商标经常被错误地作为同义词。

（3）版权。**版权**指音乐、艺术、文学、戏剧等作品（通常还包括软件）的作者对其作品享有的专有权利（包括出版权、发行权等）。一般来说，版权的保护期限是作者的有生之年加去世后 50 年。

（4）特许经营权。**特许经营权**是一种契约关系，由受许人支付费用，获取在一定区域生产或销售指定产品或服务，使用特许人商标，或从事契约中规定的其他经营活动的权利。在特许经营中，受许人有可能获得，也有可能没有获得特许人的直接支持，但是特许人仍然拥有相关所有权和控制权。契约中应规定特许经营的期限和相关条款。如果契约一方没有遵守相关条款规定，另一方可以通过诉讼程序解除契约。

（5）许可协议。**许可协议**指许可人同意受许企业或受许人在一定期限内使用其专利技术和商标，而由受许人支付使用费的一种合同。

（6）开办费。**开办费**指企业注册筹建期间发生的费用支出，包括注册登记费、法律费（比如请律师编写公司法律章程的费用）、承销费、会计费和推广费等。一些国家允许将开办费计入无形资产，如果将开办费资本化，通常用直线折旧法将其在短期（不超过 5 年）内进行摊销。

例如，A 公司于 X1 年 1 月 1 日成立，注册筹建期间发生的费用支出为 200 货币单位。管理层决定资本化这部分支出，并按 4 年进行摊销。图 8-3 为 A 公司开办费的会计处理。

IASB（IAS 38）禁止将开办费支出确认为无形资产，因为它不符合资产确认标准（未来经济利益流入不确定，而且成本不能可靠计量，见 IAS 38：§21-§23）。如果主体按 IFRS 编制报表，开办费应当期费用化。2007 年中国企业新会计准则规定，开办费作为管理费用直接计入当期损益。

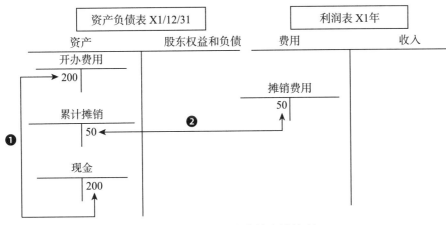

图 8-3　A 公司开办费的会计处理

❶ 支付开办费。

❷ 摊销：200/4 = 50（货币单位 / 年）。

（7）软件开发成本。在特定情形下，电脑软件可以确认为无形资产（详见本章 8.5 节）。

（8）客户名单。独立获得的客户名单可以确认为资产。购买方可能会确认一些以前在被购买方的财务报表中未确认的资产和负债，例如，购买方确认取得的可辨认无形资产（如商标、专利权或客户关系），被购买方鉴于这些都是内部生成的，故之前并未在其财务报表中作为资产确认，而是将相关的成本计入费用。（IFRS 3，IASB 2020c：§ 13）将客户名单确认为资产时要进行摊销。内部产生的客户名单不应确认为无形资产（IAS 38，IASB 2020b：§ 63），因为内部产生的客户名单的支出不能与整个业务开发成本区分开来（IAS 38：§ 64）。

（9）足球运动员转会费用。在英国，注册公司都被允许（虽然不一定强制要求）在资产负债表上反映足球俱乐部球员的购买成本，并按合同期限进行摊销。但是到最近，这些俱乐部都只能将球员转会费在当期确认计入损益，造成净收益的大幅度波动，不能公允地反映企业经营状况。

其他国家也存在类似情况。例如，在法国（ANC regulation 2014-03，art.613-1），一支球队向另一支球队支付的球员转会费被确认为无形资产，球员在转会合约规定期限内受新球队控制，而且新球员的引进能为球队带来未来经济利益。作为无形资产的转会费，可以在合同期限内或 5 年内（取两者时间较短者）进行摊销。目前，中国足球俱乐部球员转会费最普遍的会计处理方法也是将其作为一项无形资产进行资本化，并在合同存续期进行摊销。

（10）递延资产。**递延资产（递延支出）**有时会被确认为无形资产。递延资产在概念上等同于预付款，但是它可以为企业带来长期经济利益，并根据配比原则分期确认。例如，债券或股票发行费用（支付给投行或证券公司的发行债券或股票的费用）和购买非流动资产发生的某些成本（未包含在非流动资产成本中）。会计师经常把一些难以归类的资产放在该科目下，所以财务报表使用者要特别注意这一科目。但是 IAS 38 禁止将递延资产确认为无形资产，因为它不符合资产的定义，在实务操作中应当少用递延资产这一科目。2007 年新的中国企业会计准则撤销了"递延资产"科目，在资产负债表下设置了"长期待摊费用"科目，来核算企业已经发生但应由本期和以后各期负担、分摊期限在 1 年以上的各项费用，如以经营租赁方式租入的固定资产发生的改良支出等。

8.1.3　实际案例

例 8-1　奥地利能源（奥地利—IFRS 会计准则—2021/2022 年年报—能源、天然气和供暖）

合并资产负债表附注

电力采购权利、天然气管道运输权利和其他权利（主要是软件许可权），其他无形资产主要包括与保加利亚和马其顿电力供应公司的客户关系。

例 8-2　大智慧（中国—中国企业会计准则—2022 年年报—软件）

公司无形资产明细如表 8-2 所示。

表 8-2　合并财务报表附注 26. 无形资产　　　　　　　（单位：人民币）

项目	软件、商标及著作权	数据、监测系统及其他	合计
一、账面原值			
1. 期初余额	158 672 087.48	31 118 292.65	189 790 380.13
2. 本期增加金额	59 521 413.21	3 299 551.99	62 820 965.20
（1）购置	2 301 722.27	806 561.94	3 108 284.21
（2）内部研发			
（3）企业合并增加	54 142 838.31	0	54 142 838.31
（4）外币折算影响	3 076 852.63	2 492 990.05	5 569 842.68
3. 本期减少金额	121 150.45	0	121 150.45
失效且终止确认部分	121 150.45	0	121 150.45
4. 期末余额	218 072 350.24	34 417 844.64	252 490 194.88
二、累计摊销			
1. 期初余额	103 652 606.65	28 437 952.95	132 090 559.60
2. 本期增加金额	11 360 571.80	3 990 871.75	15 351 443.55
（1）计提	6 464 041.64	1 588 214.24	8 052 255.88
（2）企业合并	2 726 877.45	0	2 726 877.45
（3）外币折算影响	2 169 652.71	2 402 657.51	4 572 310.22
3. 本期减少金额	121 150.45	0	121 150.45
失效且终止确认部分	121 150.45	0	121 150.45
4. 期末余额	114 892 028.00	32 428 824.70	147 320 852.70
三、减值准备			
1. 期初余额	47 162 032.91	0	47 162 032.91
2. 本期增加金额	492 968.72	0	492 968.72
（1）计提			
（2）外币折算影响	492 968.72	0	492 968.72
3. 本期减少金额	0	0	0
4. 期末余额	47 655 001.63	0	47 655 001.63
四、账面价值			
1. 期末账面价值	55 525 320.61	1 989 019.94	57 514 340.55
2. 期初账面价值	7 857 447.92	2 680 339.70	10 537 787.62

8.2 无形资产的确认

不同的会计原则对无形资产的确认处理不一样。

- 配比原则：先确认无形资产成本，再根据未来产生经济利益的年限进行摊销。
- 审慎原则：因为无形资产未来产生的经济利益具有不确定性，所以应当将无形资产的成本在当期费用化。

无形资产的确认是相关性与可靠性（谨慎性）之间的博弈（见 Høegh-Krohn and Knivsflå，2000）。通用会计准则一般都会规定下列 3 项无形资产的确认条件：研发支出、商誉和其他无形资产。

图 8-4 列示出确认和不确认无形资产的可能情形。

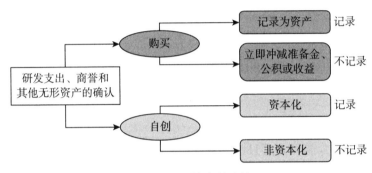

图 8-4 无形资产的确认

之前提到，IASB（IAS 38，2020b）规定将某项目确认为无形资产时，要求主体能证明该项目满足以下条件：①无形资产的定义；②确认条件。具体来说，当满足以下条件时，无形资产应予确认（§21）。

- 归属于该资产的未来经济利益很可能流入主体。
- 该资产的成本能够可靠地计量。

如果某项无形资产是单独取得的，情形就比较简单。单独取得的无形资产被认为总是能满足无形资产确认标准中的下列条件：归属于该资产的未来经济利益很可能流入主体（IAS 38：§25）。

如果是在企业合并中获得的无形资产，情形就比较复杂。IAS 38 规定，按照本准则和 IFRS 3（2008 年修订），无论被购方的无形资产是否在企业合并前已经确认，只要该资产的公允价值能够可靠计量，购买方就应在购买日将其独立于商誉确认为一项无形资产。（§34）如下例，在密集城市中，宾夕法尼亚铁路上空使用权的估价。火车站的房地产权归铁路公司所有，这很难改变，但是，火车站建筑物或铁路上空的建筑权在土地稀缺的城市是很有价值的。拥有火车站土地的铁路公司，可能从来没有在账面上估计过上空使用权的价值（因为没有明确拥有该权利）。在原铁路公司倒闭后，宾夕法尼亚铁路新的所有者有权在账面估计，或出售纽约曼哈顿火车站上空的使用权。另一个例子，美国土地表面的所有权和地下的所有权是分开的，可以将土地表面作为农场单独出售，但仍然保留地下所有权（也就保留地下矿藏权），就像 21 世纪初北达科他州的做法。很多农场主在买下农场后，都只在账面上记录土地表面的价值，没有人想到估计地下的价值（有可能会发现天然气、石油）。石油开采公司在获得了地下开采的权利后，仍然没有在账面上记录地下的价值，即使其已经决定要开采石油和天然气了。

IASB 不再允许用商誉冲减公积或留存收益，即使在特殊情况下也不允许（见 IFRS 3，2020c）。各个国家的通用会计准则也很少允许用商誉冲减公积或留存收益，中国也不允许这样做。英国企业会计准则曾经允许冲减商誉，后来英国企业会计准则委员会（Accounting Standard Board，ASB）于 1997 年颁发的 FRS 10（现被 FRS 102 替代）禁止了该做法。

IAS 38 还规定内部产生的商誉不应确认为资产（§48）（中国企业会计准则也规定自创商誉不应予以确认）。最后，IAS 38：§51 说明评价内部产生的无形资产是否具备确认资格有时是很困难的。主体应该评估内部产生的无形资产是否满足确认标准。IAS 38 对研发支出的确认做出了特别说明（见 8.4 节）。

8.3　无形资产价值变动的报告

我们在第 7 章讲过，无形资产成本在其使用年限的分摊过程叫作**摊销**，而不是**折旧**。

8.3.1　无形资产价值变动的几种可能

原则上，无形资产价值的变动有 3 种可能，图 8-5 中进行了总结。常见的两种无形资产价值变动是对无形资产成本进行摊销（5 年、20 年或整个使用年限）和确认资产减值。一些国家的会计准则允许根据公允价值对无形资产进行重新估价入账，这是无形资产价值变动的第三种可能。

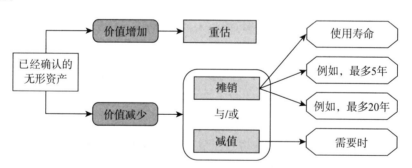

图 8-5　无形资产的价值变动（不同处理可能）

不同国家对无形资产摊销的实务操作各不相同，因而造成了在不同国家的公司比较上的困难。一些国家的通用会计准则只是简单规定按无形资产的使用年限将其进行摊销，没有特别的说明，而其他一些国家则要求定出摊销年份上限（5 年、20 年，美国通用会计准则 2001 年改革前甚至允许 40 年）。

美国财务会计准则第 142 号（Statement of Financial Accounting Standard No. 142）商誉和其他无形资产，在 2001 年 6 月采用的版本中，废除了允许摊销 40 年的规定，改为减值测试。加拿大企业会计准则 2002 年也做了类似更改。根据这一趋势，IASB 在 2004 年更改了 IAS 38（IASB 2020b）无形资产，并在 2008 年更改了 IFRS 3（IASB 2020c）企业合并的相关规定，禁止商誉的摊销。中国 2007 年的新会计准则也明确规定，不再对购买商誉进行摊销，而代之以减值测试。

IAS 38 关于无形资产（商誉除外）价值变动的处理，是根据使用寿命有限与不确定的情况区分规定的。

- 有限使用寿命：使用寿命有限的无形资产，其折旧金额应当系统地在使用寿命内分摊。（IAS 38：§ 97）
- 不确定使用寿命：使用寿命不确定的无形资产不应摊销。（IAS 38：§ 107）按照 IAS 36（资产减值），通过比较可收回金额与账面金额，主体应对使用寿命不确定的无形资产进行减值测试。（IAS 38：§ 108）

根据 IASB（IAS 38：§ 91），术语"不确定的"并不意味着"无限的"。无形资产的使用寿命仅反映了为维持该资产在使用寿命评估时的绩效标准，其所要求的维护支出的水平，以及主体达到这个水平的能力和意向。得出一项无形资产的使用寿命不确定的结论，不应依据计划的未来支出与维护该资产的绩效标准所要求的维护支出之差额。IAS 38：§ 88 要求在分析所有相关因素的基础上，当无法预见无形资产预期为主体产生净现金流量的截止期限时，应视该无形资产的使用寿命是不确定的。

FASB（ASC：§ 350-30-35-4）对无形资产使用寿命的不确定也有类似定义：如果没有法律、法规、契约、经济及其他因素限制报告主体对无形资产的使用，则该无形资产的使用寿命被认为是不确定的，"不确定的"不等同于"无限的"或"模糊的"。如果一项无形资产的使用寿命超过了可预见范围，即无法预见无形资产预期为主体产生净现金流量的截止期限，则该无形资产的使用寿命是不确定的，该无形资产可能是航线授权、商标、出租车徽章执照牌。

Paugam et al.（2016：48）提到，品牌通常是不确定使用期限的，因为品牌拥有者从品牌中获得经济利益的期限是不确定的。但是，这里需要考虑的一个很重要的因素是品牌的经济寿命。作者同时提到，品牌的使用寿命可能是确定的。比如，在运动行业，因为足球世界杯而创立的品牌和标志的使用期限就是确定的（在足球世界杯结束之后，这些品牌和标志就没有价值了）。

📖 例 8-3 Elis（法国—IFRS 会计准则—2022 年年报—亚麻布、专业服装以及卫生和保健设备的租赁与维护）

附注 6.2 其他无形资产

品牌……

以下标准用来判断一个品牌的使用期限是有限的还是无限的。

- 整个品牌的市场定位、销售量和国际市场覆盖声誉。
- 长期盈利能力。
- 对经济波动的应对能力。

- 整个行业变革对品牌的影响。
- 品牌已经使用的年限。

注释：

Elis 提供的这些判断品牌使用期限确定与不确定的标准，可以帮助我们评估品牌的经济实力。

图 8-6 总结了 IASB 对无形资产价值变动的处理。

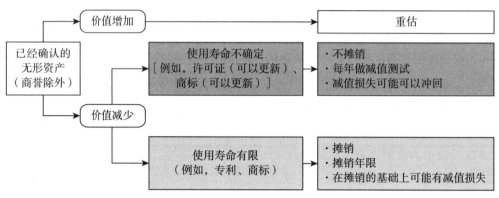

图 8-6　无形资产价值变动的处理（IASB）

IFRS 3 中的商誉价值变动处理与其他无形资产价值变动处理不同，它基于以下规定。

- 不能摊销。
- 每年进行减值测试（根据 IAS 36：2020a）。
- 减值损失不可以冲回。

需要注意的是，商誉的减值损失不可以冲回，其他无形资产的减值损失在某些情况下是可以冲回的。

对于使用寿命有限的无形资产，摊销和减值并不相互排斥。如果会计师判断经济环境发生变化，原有的摊销模式不能公允地反映无形资产的公允净值，可以在计算可摊销成本时考虑减值（成本与市价孰低原则）。很多国家，包括荷兰、加拿大、爱尔兰、英国、法国和中国，都允许同时进行摊销和减值，而且 IASB（IAS 38：§75）还允许对无形资产价值进行重估。美国企业会计准则和中国企业会计准则不允许重估。

根据 IAS 38：§98，有多种方法可以用来将资产在使用期限内进行系统性摊销、折旧。这些方法包括直线折旧法、加速折旧法和产出折旧法。企业可以根据资产在产生未来经济利益时的损耗方式来选择合适的摊销、折旧方法。

在实际操作中，最常见的方法是直线折旧法。

8.3.2　比较 IASB 和美国的 FASB

IFRS 会计准则和美国企业会计准则对商誉的会计处理现在基本趋同。[1] 对其他无形资产的会计处理（对于不确定使用寿命的无形资产不进行摊销，但要求减值测试）也基本相同。

不过，这两套会计准则还是有不同的地方。比如，美国企业会计准则禁止减值损失的冲回，而 IFRS 会计准则允许无形资产（商誉除外）减值损失的冲回。对于减值损失冲回的处理，中国《企业会计准则第 8 号——资产减值》规定，存货跌价准备、固定资产减值准备、在建工程减值准备、无形资产减值准备从 2007 年开始，计提后不能冲回，只能在处置相关资产后，再进行会计处理。

以下是 IFRS 会计准则和美国企业会计准则中的一些相关规定。

- SFAS 142：§17（ASC：§350-30-35-20）：禁止冲回已经确认的减值损失。
- IAS 38：§111：在确定无形资产是否减值时，主体应运用 IAS 36 资产减值。该项准则解释了主体何时以及如何检查其资产的账面金额，如何确定资产的可收回金额，以及何时确认或转回减值损失。
- IAS 36：§114：当且仅当用于确定资产可收回金额的估计，在上次确认减值损失后发生了变化，才应转回以前年度确认的除商誉外的资产的减值损失。在这种情况下……资产的账面金额应增至其可收回金额。这种增加即为资产减值的转回。

8.3.3 实际案例

📇 例 8-4 蓝色光标（中国—中国企业会计准则—2022 年年报—品牌公关）

附注（十九）：无形资产

1. 无形资产包括软件、专利权及非专利技术等，按成本进行初始计量。

2. 使用寿命有限的无形资产，自该无形资产可供使用时起，在使用寿命期内分期平均摊销，计入损益。使用寿命不确定的无形资产不予摊销。源自合同性权利或其他法定权利取得的无形资产，其使用寿命不应超过合同性权利或其他法定权利的期限。没有明确的合同或法律规定的无形资产，根据专家论证、同行业的情况以及历史经验等来确定使用寿命。如果经过这些努力确实无法合理确定无形资产为企业带来经济利益的期限，再将其作为使用寿命不确定的无形资产。如果预计某项无形资产已不能为企业带来未来经济利益，将该无形资产的账面价值全部转入管理费用。

无形资产具体摊销年限如表 8-3 所示。

表 8-3　无形资产摊销年限

项目	摊销年限
软件系统	2～5 年
商标权	10 年
特许使用权	8 年
品牌	不摊销
客户关系	4～10 年
优惠租赁权	7 年
精准广告投放平台	8 年

注：商标权、特许使用权、品牌、客户关系、优惠租赁权、精准广告投放平台系收购子公司评估增值产生，摊销情况根据具体的评估报告确定。

3. 使用寿命确定的无形资产，在资产负债表日有迹象表明发生减值的，按照账面价值与可收回金额的差额计提相应的减值准备；使用寿命不确定的无形资产和尚未达到可使用状态的无形资产，无论是否存在减值迹象，每年均进行减值测试。

4. 内部研究开发项目研究阶段的支出，于发生时计入当期损益。内部研究开发项目开发阶段的支出，同时满足下列条件的，确认为无形资产：（1）完成该无形资产以使其能够使用或出售在技术上具有可行性；（2）具有完成该无形资产并使用或出售的意图；（3）无形资产产生经济利益的方式，包括能够证明运用该无形资产生产的产品存在市场或无形资产自身存在市场，无形资产将在内部使用的，能证明其有用性；（4）有足够的技术、财务资源和其他资源支持，以完成该无形资产的开发，并有能力使用或出售该无形资产；（5）归属于该无形资产开发阶段的支出能够可靠地计量。

8.4　研发支出的会计处理

8.4.1　定义

IAS 38（IASB 2020b：§8）定义如下。

（1）**研究**指为获取并理解新的科学或技术知识而进行的具有创造性和有计划的调查。研究活动的例子有（IAS 38：§56）：

- 以获取新知识为目的的活动。
- 研究成果或其他知识的应用研究、评价和最终选择。
- 材料、设备、产品、工序、系统或服务替代品的研究。
- 新的或经改进的材料、设备、产品、工序、系统或服务的可能替代品的配制、设计、评价和最终选择。

（2）**开发**指在开始商业性生产或使用前，将研究成果或其他知识应用于某项计划或设计，以生产新的或具有实质性改进的材料、设备、产品、工序、系统或服务（IAS 38：§8）。开发活动的例子有（IAS 38：§59）：

- 生产前或使用前的原型和模型的设计、建造与测试。
- 含新技术的工具、夹具、模具和冲模的设计。
- 不具有商业性生产经济规模的试生产厂房的设计、建造和营运。
- 新的或经改进的材料、设备、产品、工序、系统或服务所选定的替代品的设计、建造和测试。

8.4.2　研发支出资本化的争议

根据审慎原则（见第 1 章和第 4 章），默认立场是将研究和开发成本在发生的时候费用化。这一原则对所有研究成本都适用：研究（或内部项目的研究阶段）不会产生应予确认的无形资产。研究（或内部项目的研究阶段）的支出应在其发生时确认为费用。（IAS 38：§54）但是，在某些特殊情况下，一些开发（和应用研究，如果区分基础研究和应用研究）成本可能被资本化，计入无形资产。中国企业新会计准则也规定，企业内部研究开发项目的支出，应当区分研究阶段的支出与开发阶段的支出；研究阶段的支出应当于发生时计入当期损益，开发阶段的支出符合确认条件的应确认为无形资产。

1. 资本化条件

根据 IAS 38（IASB 2020b：§57），当且仅当主体能证明以下所有项时，开发（或内部项目的开发阶段）产生的无形资产应予确认。

- 完成该无形资产以使其能使用或出售，在技术上可行。
- 有完成该无形资产并使用或出售它的意图。
- 有能力使用或出售该无形资产。
- 该无形资产如何产生有可能的未来经济利益。其中，主体能够证明存在无形资产的产出市场或无形资产本身的市场，如果该无形资产将在内部使用，那么应证明该无形资产的有用性。
- 有足够的技术、财务资源和其他资源支持，以完成该无形资产的开发，并使用或出售该无形资产。
- 对归属于该无形资产开发阶段的支出，能够可靠地计量。

在实务中，企业有很多操作空间，因为用这六个条件进行判断都非常主观，即使对同一个事实，有些企业可能认为其满足上述条件，而另一些企业则可能认为其不满足上述条件。

2. 研发支出资本化的争论

很多财务报表使用者（财务分析师和银行等）[2]认为将研发支出资本化严重违反了审慎原则（见第 4 章）。支持和反对研发支出资本化的争论主要是围绕配比原则和审慎原则展开的。

支持研发支出资本化

支持研发支出资本化者认为，研发支出与未来年度产生的经济利益相关（配比原则），所以研发支出应当资本化，而不是当期费用化。

反对研发支出资本化

反对研发支出资本化者认为，研发支出带来的未来经济利益不能客观衡量，而且具有不确定性，根据审慎原则，应当将研发支出在当期费用化。

研发支出资本化的影响

我们来看一个例子。A 发生了 150 货币单位的研发支出（人工支出 80 货币单位，研发设备折旧 70 货币单位）。A 公司管理层决定将研发支出资本化，并在未来 5 年进行摊销。

图 8-7 给出了第一年的会计分录。

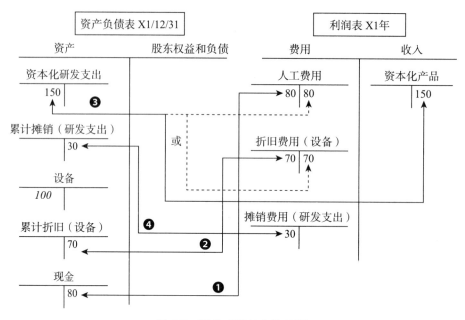

图 8-7　研发支出的会计处理

注：1. 期初余额用斜体字表示。

　　2. 分录 ❶ 和 ❷ 记录了开发项目的成本。如果符合资本化条件，则整个项目的成本转入资产负债表下的资产项（❸）。

　　3. 有两种办法可以将项目成本转入资产项（❸）：
- 冲减（通过减少费用）原始费用账户（人工费用和折旧费用）（虚线表示）。
- 增加（通过增加收入）收入账户（资本化产品）（实线表示）。

　　4. 每个国家的会计准则可能推荐其中的一种做法，但是总体来看，没有哪一种方法占主导。

　　5. ❹ 摊销根据 5 年的使用寿命计算（150/5 = 30）。

研发支出资本化和费用化对净利润的影响如表 8-4 所示。

表 8-4　研发支出资本化和费用化对净利润的影响

	研发支出费用化	研发支出资本化
研发支出前和税前净利润	500	500
研发支出——人工支出	−80	−80
——折旧费用	−70	−70
减去研发支出后的净利润	350	350
研发支出资本化	0	150
记录研发支出后的净利润	350	500
研发支出摊销（资本化）	0	−30
税前净利润	350	470
研发支出资本化和费用化税前净利润差额	+120	

在研发支出整个摊销年度，研发支出资本化和费用化对净利润的影响如表 8-5 所示。

表 8-5 在研发支出整个摊销年度的影响

	第 1 年	第 2 年	第 3 年	第 4 年	第 5 年	总计
（1）研发支出费用化	−150					−150
（2）如果研发支出资本化，加回之前费用化的研发支出	+150					+150
（3）资本化的研发支出分 5 年进行摊销，并计入利润或亏损	−30	−30	−30	−30	−30	−150
研发支出资本化和费用化每年对利润影响的差额（2）+（3）	+120	−30	−30	−30	−30	0

在实务操作中，研发支出资本化对利润确认时间的影响比上述例子要复杂很多，因为研发项目几乎都不是一次性就完成的项目，在第 2 年及其以后年度都有可能增加新的研发支出，再进行资本化和摊销（一致性原则，见第 4 章）。一家净利润状况不好的企业很可能仅仅为了改善财务报表上的利润数字，而将研发支出资本化。该企业将会陷入恶性循环的怪圈：研发支出累计摊销会越来越大，仅仅为了抵销以前年度研发支出的摊销就将本年研发支出资本化。在这种情况下，最理性的做法是停止资本化研发支出，在本年全部费用化，虽然这样做会造成本年大幅度亏损。

8.4.3 报告研发活动

研发支出是公司成长、盈利和可持续经营过程中关键的投资，需要在年度财务和非财务报告中真实公允地予以报告。

1. 按科目职能编制的利润表

只有按科目职能编制的利润表（第 5 章）才有可能报告研发费用。下面给出企业报告研发费用的 3 个例子。

- 拜耳（2022 年年报）：自主研发的项目需要行政审批并存在其他不确定性，在行政审批之前通常不符合将研发支出资本化的条件，所有研发支出都费用化。
- 山特维克（2022 年年报）：将研发支出作为一个单独的科目在利润表中列示，然后在财务报表附注中分别列示费用化和资本化的部分。
- 中国交通建设集团（2022 年港股年报）：将研发支出费用化。将开发阶段的成本资本化，而将研究阶段的成本费用化，计入期间费用。集团按科目职能编制利润表，但是在附注中披露费用的性质和研发费用的金额。当然，我们不知道研发费用是放在了销售成本、销售费用还是管理费用下面。

其他一些公司在"销售管理费用"科目下报告研发费用。

2. 实际案例

📖 例 8-5 山特维克（瑞典—IFRS 会计准则—2022 年年报—工程机械和材料科技）

有关研究、开发和质量保证的信息如表 8-6 所示。

表 8-6　研究、开发和质量保证　　　　　（单位：百万瑞典克朗）

	2021 年	2022 年
项目支出		
• 研究和开发	3 651	4 471
• 质量保证	169	192
总计	3 820	4 663
• 费用化支出	3 631	4 455
• 费用化研究和开发支出	3 163	4 185

注：研究和质量保证支出在发生当期费用化，开发支出如果满足无形资产确认标准，则计入资产负债表下的无形资产中。

📖 例 8-6　中国交通建设集团（中国—IFRS 会计准则—2022 年港股年报—重型建设）

附注 2.4　研究及开发

开发新产品的支出，只有在同时满足下列条件时，才能予以资本化，即完成该无形资产以使其能够使用或出售在技术上具有可行性；具有完成该无形资产并使用或出售的意图；无形资产产生经济利益的方式，包括能够证明运用该无形资产生产的产品存在市场或无形资产自身存在市场；有足够的技术、财务资源和其他资源支持，以完成该无形资产的开发，并有能力使用或出售该无形资产；归属于该无形资产开发阶段的支出能够可靠地计量。不满足上述条件的开发支出，于发生时计入当期损益。

资本化的开发成本，按成本减累计摊销及累计减值损失计量，并由可供使用日期起，在其预计可使用年期内以直线折旧法摊销。

公司利润表的有关项目如表 8-7 所示。

表 8-7　合并利润表　　　　　（单位：百万人民币）

12 月 31 日	2022 年	2021 年
销售收入	717 473	682 785
销售成本	（634 409）	（598 261）
毛利润	83 064	84 524
其他收益	5 328	5 441
其他利得（净值）	3 404	（1 438）
销售费用	（1 998）	（1 451）
管理费用	（43 880）	（42 861）
金融资产和合同资产减值损失，净值	（9 646）	（6 946）
其他费用	（2 556）	（2 727）
营业利润	33 716	34 542
……		
税前利润	32 786	29 787
附注 6. 税前利润		
集团的持续经营业务税前利润通过减去以下项目得到		
……		
研究和开发支出	23 396	22 588
……		

8.5　电脑软件的会计处理

8.5.1　会计规定

如何报告电脑软件的成本一直是一个有争议的问题，但是现今的实务操作对软件成本的会计处理逐渐稳定趋同，如图 8-8 所示。

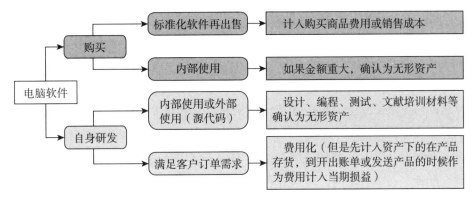

图 8-8　电脑软件的会计处理

最棘手的是自身研发并供自身使用的软件成本的会计处理问题，不同国家对其资本化处理的方式不同。

一些企业将电脑软件报告为有形资产，这样做符合 IAS 38（IASB 2020b：§4）的规定：一些无形资产可能会以实物为载体，例如光盘（对于电脑软件而言）、法律文件（对于许可证或专利权而言）或胶片。在确定一项包含无形和有形元素的资产是应按 IAS 16（土地、厂房和设备）处理，还是作为一项无形资产而按本准则处理时，主体需要通过判断来评价哪个元素更重要。例如，一台由电脑控制的机械工具没有特定电脑软件就不能运行，则说明该软件构成相关硬件不可缺少的组成部分，从而该软件应作为土地、厂房和设备处理。同样的原则适用于电脑操作系统。如果电脑软件不是相关硬件不可缺少的组成部分，则该软件应作为无形资产核算。

8.5.2　报告电脑软件成本

1. 费用化和资本化

表 8-8 列出了一些公司 2022 年年报中关于电脑软件报告的附注。

表 8-8　关于电脑软件报告的附注

公司	电脑软件类型及注释	摊销年限
Abercrombie & Fitch（美国—美国企业会计准则）	公司将供内部使用的软件的开发和购买直接成本部分资本化	资本化的成本将按照直线法在软件预期使用寿命内进行折旧，但是最长不超过 7 年
Stellantis（荷兰—IFRS 会计准则）	与内部使用相关的软件开发支出部分，当对应于直接相关的内部或外部成本以创建软件或改进其性能时，这些成本预计将产生未来经济利益，被认定为无形资产。其他软件采购和开发成本在发生时作为费用计入	资本化的开发支出从相关资产可供使用时开始，通常从生产开始，按直线法摊销，摊销期为模型（通常为 5～7 年）或驱动系统（通常为 10～12 年）的预期使用期限

2. 电脑软件摊销年限

表 8-8 中的实例中软件的使用寿命的估计都比较主观。变更软件的使用寿命，可能会对利润确认的时效性产生很大影响，虽然实务中很少变更软件的使用寿命估计，下面的例子显示了改变软件的使用寿命对利润的影响。

以下示例说明了一家公司如何变更其软件的使用期限，从而使利润发生了变化。

TextMagic 是一家位于爱沙尼亚的公司，提供国际业务短信系统形式的软件服务，名为"TextMagic A2P SMS 平台"，帮助小企业与其客户互动。该公司主要在美国、英国、加拿大和澳大利亚运营。该平台必须由集团进行摊销。在 2022 年年初，管理层评估认为基于之前应用于该平台的 7 年使用期限的直线摊销方法过于保守。考虑到各种研究中的短信市场增长预测和平台的历史增长，TextMagic 开发了一个非线性模型，其中摊销率取决于平台使用量，并评估这种非线性的软件和开发成本摊销会从更公正的视角反映出集团的财务状况。

使用这种摊销方法，该集团在其 2022 年的（未经审计的）中期报告中呈现了 462 万欧元的利润。然而，在审计期间，得出结论认为 IFRS 会计准则不允许将非线性的摊销方法应用于软件。因此，集团无法按照 2022 年中期报告中描述的方式应用非线性方法。公司被迫恢复到直线摊销期。尽管如此，与 2021 年相比，集团在 2022 年变更了其对软件和开发成本使用期限的估计，将其更正为 10 年。为了比较，集团发布了一份文件，展示了不同摊销方法对 2022 年利润的影响：

- 270.8 万欧元（10 年直线摊销）(最终报告金额)。
- 462.4 万欧元（非线性模型摊销）。
- 133.7 万欧元（7 年直线摊销）。

8.6 财务报表分析

很多财务分析师认为，会计师的过分谨慎导致了很多准无形资产没有在资产负债表中报告。随着全球经济发展越来越知识化和信息化，无形资产在企业战略中越来越重要。在信息技术、研究开发、人力资源和广告方面的投入，对增强企业的竞争力和保证企业的长远发展是非常关键的（见 Zambon，2007）。很多学术研究关注一些无形资产不在资产负债表中列示带来的会计相关信息遗漏的问题，其中一个发现就是导致了企业账面净值和市场价值的不同（Lev and Zarowin，1999；Lev，2018a，2018b；Lev，2019；Garanina，Hussinki，and Dumay，2021；Barker，Lennard，Penman，and Teixeira，2022；Jeny and Moldovan，2022）。

在众多无形资产中，财务分析师尤其关注研发支出，因为从研发支出可以看出一家企业的创新能力和未来竞争力。大量学术研究（例如，Lev and Sougiannis，1996）证实了美国和英国公司的研发支出与公司市场价值的正相关性。其他一些研究对公司的研发支出资本化和盈余管理提出了疑问（见本书第 17 章）(Dinh，Kang and Schultze，2016；Chen，Gavious，and Lev，2017；Dinh，Schultze List，and Zbiegly，2020；Mazzi，Slack，Tsalavoutas，and Tsoligkas，2022）。

一些比率常用来描述或衡量研发活动，我们将在下面进一步探讨。

- 研发费用 / 销售收入（或研发费用 / 营业费用），通常叫作"**研发投入程度**"。
- 研发费用 / 员工人数：**每名员工研发投入**，用来衡量研发人力投入程度。
- **研发费用增长率** = [(第 2 年研发费用 − 第 1 年研发费用)/ 第 1 年研发费用 −1] × 100%。

8.6.1 研发投入程度

1. 研发财务投入程度

表 8-9 给出了一些公司 2022 年年报中显示的研发财务投入程度。

从表 8-9 可以看出，研发财务投入程度和企业经营的业务相关。技术更新换代较快、产品生命周期较短的行业（比如微软和谷歌），或者对创新要求很高的行业（比如 Amgen、罗氏、诺基亚或拜耳），与产品生命周期较长、渐进式创新的行业（比如山特维克）相比，研发财务投入程度要大很多。但是，作为资本最大的电子产品公司，苹果只投入销售收入的6.7% 用于研发（首先可能是因为产品线有限，其次可能是因为将大量生产外包，最后可能是因为苹果 2022 年毛利率达到了 43.3%，净利率达到了 25.3%）。

表 8-9 研发财务投入程度

公司	货币	研发费用	销售收入	研发费用 / 销售收入
罗氏（瑞士—化学制药）	百万瑞士法郎	16 023	63 281	25.3%
诺基亚（芬兰—手机通信）	百万欧元	4 550	24 911	18.3%
Amgen（美国—生物制药）	百万美元	4 434	24 801	17.9%
谷歌（美国—技术和软件）	百万美元	27 573	182 527	15.1%
拜耳（德国—医疗保健）	百万欧元	6 572	50 739	13.0%
微软（美国—软件和电子产品）	百万美元	24 512	198 270	12.4%
苹果（美国—计算机技术）	百万美元	26 251	394 328	6.7%
山特维克（瑞典—机械工具）	百万瑞典克朗	4 185	112 332	3.7%
Stellantis（荷兰—汽车）	百万欧元	5 200	179 592	2.9%

欧盟发布的 2022 年欧盟产业研发投入记分牌[3] 显示，2 500 家欧盟企业 2021/2022 年的平均研发投入程度为 4.7%。研发投入程度在每个国家的不同企业或不同国家之间都存在正向偏态和较大的标准差。

2. 研发人力投入程度和效益

财务分析师不仅关注研发的财务投入（或者研发成本 / 经营现金流比率），还关注投身于研发的员工比例，以衡量研发效益。

例 8-7 西门子公司（德国—IFRS 会计准则—2022 年年报—电子与电器工程）

附注 A.4.3

在 2022 年，公司报告了 56 亿欧元的研发费用（2021 年为 49 亿欧元）。2022 年的研发投入程度（研发费用 / 销售收入）为 7.8%。

8.6.2 研发支出与销售增长

一些调查研究显示研发投入程度与之后的销售增长相关。例如，Morbey（1988）研究证实，那些研发投入保持占销售额4%以上的公司能达到更快的长期增长（见Belderbos，Lokshin and Sadowski，2015）。欧盟产业研发投入记分牌也有类似的发现。但是Hunter、Webster和Wyatt（2012）发现，公司无形资产和研发投入的决策更多时候是基于经验，而不是客观分析。研发预算和支出仍然是一个随意变量，并不一定能带来未来的增长。虽然普遍认为开发新药品的有效成分平均需要10亿美元的研发支出，但并不意味着就一定能取得预期的效益。即使有高级研发人员投入，也很少能研制出新的突破性药品（blockbuster drugs）。

8.6.3 研发支出与市场价值

纳斯达克证券交易所的成功把注意力引向了技术创新公司的市场价值。大量学术研究（例如，Lev and Sougiannis，1996）探讨了美国和英国公司的研发支出与市场价值的关系。所以，出于真实、公允的目的，管理层需要及时向股东报告公司的研发支出情况。

关键知识点

- 无形资产是缺乏物理形态、会给企业带来未来经济效益的非流动（长期）资产。
- 无形资产主要包括专利权、特许经营权、许可证、商标、品牌、版权等，还包括资本化的研发支出。
- 因为无形资产的价值取决于公司对其的利用状况，所以很难客观评估无形资产的价值。
- 关于无形资产主要有3个问题：①什么是无形资产？②如何在账面上确认无形资产的价值？③如何报告无形资产价值的变动？
- 购买的无形资产以购买成本入账（这个毫无争议），而对于自身创造的无形资产的价值估计，会计师和财务分析师之间及企业内部都存在争议。
- 无形资产成本是资本化还是费用化，是配比原则和审慎原则的博弈。
- 根据通用会计准则，无形资产在使用年限内摊销或减值。
- 研发支出一般在发生时费用化。但是，在某些特殊情况下，部分开发支出可能被资本化，计入无形资产。
- 研发投入程度、每名员工研发费用和研发费用增长率可以帮助分析师和投资者分析公司管理层未来的研发投入情况。

实战练习

实战练习 8-1　图利纳

要　　点：不同的无形资产

难度系数：中

图利纳公司的首席会计师提供了下列3项公司的交易活动。

（1）图利纳公司在 X3 年 7 月 1 日支付了 160 000 货币单位的特许费用获得特许经营权，期限为 8 年。

（2）图利纳公司 X3 年发生了 300 000 货币单位的广告费用，这些广告费用预期带来 4 年的收入效益。

（3）在 X3 年，图利纳公司的专利权诉讼败诉，发生了 40 000 货币单位的法律费用。该项专利于 X2 年年初以 150 000 货币单位获得，按 5 年摊销。由于败诉，该项专利自 X3 年年末开始无效。

要　求

请分析上述 3 项交易活动并做分录，计算每项交易活动对财务报表的影响。

实战练习 8-2　德法亚

要　　点：研发支出的会计处理

难度系数：中

在 X1 年，德法亚公司的研发活动发生如下成本（千货币单位）。

▪ 研究人员、技术师、研究部经理工资薪酬：100。
▪ 研发活动的存货供应：20。
▪ 研发部门大楼的折旧费用：30。
▪ 研发部门机器设备的折旧费用：50。
▪ 研发部门的管理费用：60。

要　求

假设利润表按科目职能编制，请分析研发活动支出对利润表的影响。

挑战练习

挑战练习 8-1　选择题

请选择正确答案（除非特别说明，正确答案只有一个）。

1. 下列哪一项不是无形资产？
　　（a）专利权　　　　　　　　　　　　（b）商誉
　　（c）电脑　　　　　　　　　　　　　（d）电脑软件
　　（e）商标

2. 下列哪项中的商标应该资本化？
　　（a）商学院员工设计的学校标志
　　（b）Comcast 购买 Sky 公司获得的"Sky News"商标
　　（c）联合航空公司、汉莎航空公司和加拿大航空公司的集团名称"Star Alliance"
　　（d）以上都不是　　　　　　　　　　（e）以上都是

3. 所有记录的无形资产都应该按配比原则摊销成本。

（a）对　　　　　　　　　　　　　　　　（b）错

4. A公司在X1年花费了500货币单位推广一个自身创造的不知名商标品牌，该商标品牌的使用寿命不确定。A公司根据IFRS编制财务报表，这500货币单位应该（　　）。

（a）资本化并按40年摊销　　　　　　　（b）资本化，不进行摊销，进行减值测试

（c）在X1年直接费用化　　　　　　　　（d）资本化并按20年摊销

（e）以上都不是

5. 与第4题问题相同，但是A公司遵守美国通用会计准则（　　）。

（a）资本化并按40年摊销　　　　　　　（b）资本化，不进行摊销，进行减值测试

（c）在X1年直接费用化　　　　　　　　（d）资本化并按20年摊销

（e）以上都不是

6. 与第4题问题相同，但是A公司是购买商标，而不是自身创造，A公司遵守IFRS（　　）。

（a）资本化并按40年摊销　　　　　　　（b）资本化，不进行摊销，进行减值测试

（c）在X1年直接费用化　　　　　　　　（d）资本化并按20年摊销

（e）以上都不是

7. 与第4题问题相同，但是A公司是购买商标，而不是自身创造，A公司遵守美国通用会计准则（　　）。

（a）资本化并按40年摊销　　　　　　　（b）资本化，不进行摊销，进行减值测试

（c）在X1年直接费用化　　　　　　　　（d）资本化并按20年摊销

（e）以上都不是

8. 员工培训费用应该（　　）。

（a）资本化并按40年摊销　　　　　　　（b）资本化，不进行摊销，进行减值测试

（c）直接费用化　　　　　　　　　　　（d）资本化并按20年摊销

（e）以上都不是

9. 如果无形资产带来的未来经济利益不确定，则无形资产成本应该在发生当期费用化。该会计处理遵守下列哪项会计原则？

（a）可持续经营原则　　（b）配比原则　　（c）审慎原则　　　　（d）权责发生制

10. 在众多无形资产中，财务分析师尤其关注研发支出，因为从研发支出可以看出一家企业的创新能力和未来竞争力。下列哪项比率常用来衡量研发活动支出？

（a）研发投入程度＝研发费用／销售收入

（b）每名员工研发投入＝研发费用／员工人数

（c）研发费用增长率＝[（第2年研发费用－第1年研发费用）／第1年研发费用－1]×100%

（d）以上都是

挑战练习8-2　问题讨论

要　　点：无形资产类型

难度系数：中

要　求

1. 无形资产的会计处理。请讨论报告公司的无形资产时相关性和可靠性原则的运用。

2. 商誉。请讨论不同商誉的会计处理方法（不摊销、摊销、减值、冲减）的利弊。

3. 研发支出。请讨论研发支出的资本化和费用化。

挑战练习 8-3　无形资产的报告

要　　点：无形资产报告

难度系数：中

　　请在网上（或图书馆）查阅并比较 4 家同行业公司的年度报告。

要　求

1. 无形资产在资产负债表中如何列示？根据资产负债表中列示的无形资产的信息（当前年度和以前年度），投资者会做出什么决策（关注公司的未来发展、风险变化、盈利变动、可持续经营等）？仅仅根据资产负债表中无形资产的信息，哪些决策难以做出？

2. 有没有关于无形资产的财务报表附注？这些附注信息如何让投资者做出进一步决策？

3. 无形资产如何报告？采用的什么报告方法？报告的详细程度如何？你选取的 4 家公司中，哪家公司向投资者提供了关于无形资产最有用的信息？

挑战练习 8-4　特殊无形资产

要　　点：无形资产报告

难度系数：中

要　求

　　请在网上（或图书馆）查阅 4 家不同行业公司年度报告中与行业相关的特殊无形资产。为什么不同行业对无形资产的处理不同？

挑战练习 8-5　研发投入程度

要　　点：研发投入程度比较

难度系数：中或高

　　请在网上（或图书馆）查阅 4 家不同行业公司的年度报告并进行比较。

要　求

1. 找到研发费用和销售收入。

2. 计算研发费用 / 销售收入比率。

3. 找到员工人数信息。

4. 计算研发费用 / 员工人数比率。

5. 根据这些信息（当前年度和以前年度），投资者会做出什么决策（关注公司的未来发展、风险变化、盈利变动、可持续经营等）？

挑战练习8-6　萨拉萨蒂会计师事务所

要　　点：无形资产摊销

难度系数：中

萨拉萨蒂是会计师事务所的合伙人，他在考虑一些客户最近获得的某些特殊无形资产的会计处理方式。

（1）一家直接通过邮寄方式直销的公司最近获得了一份客户名单，并预计该名单的信息将给公司带来至少1年的经济收益，但是不超过3年。

（2）一家航空公司获得了两个城市间的路线授权，期限为3年。该路线授权每5年更新一次。如果航空公司的路线遵循了相关规定，路线授权通常以最小成本获得。航空公司预期在两个城市间提供不确定年限的服务，并预计在路线授权期间，两个城市机场的基础设施（比如机场大门、航站楼设施）将保持运行。对未来需求和现金流的分析都支持该假设。

（3）一家公司获得了一项在过去8年领先于市场的产品的商标权。该商标使用期限为5年，但是每10年可以很小的成本更新一次。该公司决定持续更新该商标，相关证据表明公司有能力持续更新。通过对产品周期、市场竞争趋势和品牌扩张机会的分析，该商标产品将会在未来不确定年限内产生净现金流。

（4）一家公司在多年前的企业兼并中获得了一条产品线的商标权。在获得该商标的时候，公司预期能持续运营该产品线，对各种经济因素进行分析的结果也表明该商标将在未来不确定年限内持续产生净现金流入。因此，公司没有对该商标进行摊销。但是，管理层最近决定将在未来4年内终止运营该产品线。

（5）一家公司在10年前获得一项领先于客户产品的商标权。在获得该商标的时候，公司认为在未来不确定年限内，该商标产品都将产生净现金流入。但是，最近市场竞争加剧，未来该商标产品的销售将下降。管理层预计未来该商标产品产生的净现金流将下降20%，但是仍将在未来不确定期限内产生净现金流入。

要　　求

请决定每一个客户的无形资产变动的会计处理方法（不确认、摊销或减值等）。

挑战练习8-7　格拉纳多斯公司

要　　点：研发支出的会计处理

难度系数：中

格拉纳多斯公司现在的会计政策是将研发支出在发生当期费用化。表8-10列示了公司第1～5年的研发支出。

表8-10　格拉纳多斯公司第1～5年的研发支出

第1年	第2年	第3年	第4年	第5年
200	150	150	100	50

公司管理层认为研发支出可能符合资本化标准，考虑变更会计政策，将研发支出资本化，并按5年摊销。请你衡量该变更的利弊。

要　求

1. 计算研发支出资本化和费用化对每一年净利润的影响。

2. 在哪一年，资本化研发支出的摊销金额至少等于当年费用化的研发支出金额？

3. 关于变更会计政策，你对管理层有什么建议？

挑战练习 8-8　赛诺菲 *

要　　点：研发投入程度

难度系数：高

　　赛诺菲是一家法国制药公司。赛诺菲圣德拉堡和安内特是两家法国制药公司，在 2004 年 8 月 20 日，赛诺菲圣德拉堡获得安内特的控制权，两家公司于 2004 年 12 月 31 日合并，新集团的名字为赛诺菲 – 安内特。2011 年，集团将名字改回赛诺菲。

　　我们提供以下利润表，见表 8-11～表 8-13。

（1）合并前：

- 赛诺菲圣德拉堡（2001～2003 年）。

- 安内特（2001～2003 年）。

（2）合并后：赛诺菲 – 安内特 / 赛诺菲（2004～2006 年以及 2020～2022 年）。

　　2005 年以前，合并财务报表根据法国法律和欧盟会计监管委员会于 1999 年 4 月 29 日颁布的 99-02 号法则编制。

　　赛诺菲按照欧盟 2022 年 12 月 31 日认可的 IFRS 会计准则编制合并财务报表。

表 8-11　赛诺菲圣德拉堡利润表　　　　　　（单位：百万欧元）

12 月 31 日	2001 年	2002 年	2003 年
净销售收入	6 488	7 448	8 048
销售成本	（1 253）	（1 378）	（1 428）
毛利润	5 235	6 070	6 620
研发费用	（1 031）	（1 218）	（1 316）
销售和管理费用	（2 306）	（2 428）	（2 477）
其他经营收入 / 费用（净值）	208	190	248
营业利润	2 106	2 614	3 075
无形资产摊销和减值	（68）	（129）	（129）
财务收入 / 费用（净值）	102	85	155
税前和非经常项目前利润	2 140	2 570	3 101
非经常项目	281	10	24
所得税	（842）	（746）	（1 058）
权益投资收益、商誉摊销和少数股东损益前利润	1 579	1 834	2 067
权益投资收益（净值）	14	20	20
商誉摊销	（7）	（8）	（8）
包括少数股东损益净利润	1 586	1 846	2 079
少数股东损益	（1）	（87）	（3）
净利润	1 585	1 759	2 076

表 8-12　安内特利润表　　　　　　　　　　　　（单位：百万欧元）

12月31日	2001年	2002年	2003年
净销售收入	22 941	20 622	17 815
共同推广收入		161	252
生产成本和费用	（7 943）	（6 578）	（5 377）
销售管理费用和其他营业收入/费用	（7 178）	（6 866）	（5 365）
研发费用	（3 481）	（3 420）	（2 924）
重组费用	（50）	（68）	（251）
商誉摊销	（650）	（1 021）	（480）
营业利润	3 639	2 830	3 670
联营企业投资收益	85	51	（107）
利息收入/费用（净值）	（704）	（309）	（151）
其他非经营收入/费用（净值）	（134）	1 120	（501）
税前和少数股东损益前利润	2 886	3 692	2 911
所得税	（1 111）	（1 430）	（929）
少数股东损益	（142）	（86）	（29）
薪资报酬	（128）	（85）	（52）
净利润	1 505	2 091	1 901

表 8-13　赛诺菲（赛诺菲－安内特）利润表　　　（单位：百万欧元）

	2004年	2005年	2006年	……	2020年	2021年	2022年
净销售收入	14 871	27 311	28 373		36 041	37 761	42 997
其他收入	862	1 202	1 116		1 328	1 414	2 392
销售成本	（4 439）	（7 566）	（7 587）		（12 159）	（12 255）	（13 695）
毛利润	11 294	20 947	21 902		25 210	26 920	31 694
研发费用	（2 389）	（4 044）	（4 430）		（5 530）	（5 692）	（6 706）
销售和管理费用	（4 600）	（8 250）	（8 020）		（9 391）	（9 555）	（10 492）
其他营业收益	214	261	391		697	859	1 969
其他经营费用	（38）	（124）	（116）		（1 415）	（1 805）	（2 531）
无形资产摊销	（1 581）	（4 037）	（3 998）		（1 681）	（1 580）	（2 053）
无形资产减值					（330）	（192）	454
或有负债公允价值					124	（4）	27
重组费用	（679）	（972）	（274）		（1 089）	（820）	（1 336）
土地、厂房、设备和无形资产减值损失		（972）	（1 163）				
其他诉讼损益	205	79	536		136	（5）	（370）
投资利得					7 382		
营业收益	2 426	2 888	4 828		14 113	8 126	10 656
财务费用	（239）	（532）	（455）		（388）	（368）	（440）
财务收入	124	287	375		53	40	206
税前和权益投资前利润	2 311	2 643	4 748		13 778	7 798	10 422
所得税	（479）	（477）	（800）		（1 807）	（1 558）	（2 006）
权益投资收益/损失	409	427	451		359	39	68
净利润	2 241	2 593	4 399		12 330	6 279	8 484

　　从三家公司（塞诺菲圣德拉堡、安内特和塞诺菲－安内特）的财务报表附注可以看出，研发费用在发生当期记入利润表。

要 求

1. 请计算每家公司所有年度的研发投入程度。
2. 请分析计算结果。

挑战练习8-9 可口可乐公司 *

要 点：品牌 / 商标确认

难度系数：高

根据可口可乐公司2022年年报，可口可乐公司（"可口可乐"）是一家全饮料公司。从1886年在美国开始销售带有其商标的饮料产品，到现在在200多个国家和地区销售。可口可乐拥有或者许可经营许多饮料品牌，这些品牌分为以下几类：商标可口可乐；碳酸饮料；水、运动饮料、咖啡和茶；果汁、乳制品和植物基饮料；新兴饮料。可口可乐拥有全球六大非酒精碳酸软饮料品牌中的五大品牌：可口可乐、雪碧、芬达、可口可乐零度可乐和健怡可乐。

表8-14列示出可口可乐公司2021/2022年合并资产负债表的节选及商标相关附注（资料来源：2022年年报）。

表8-14 合并资产负债表节选 （单位：百万美元）

12 月 31 日	2022 年	2021 年
资产		
……		
商标 – 不确定使用期限	14 214	14 465
……		
总资产	92 763	94 354

附注1：主要业务和会计政策

……

商誉、商标和其他无形资产

我们将无形资产分为三类：（1）具有确定使用期限并进行摊销的无形资产；（2）不确定使用期限且不用进行摊销的无形资产；（3）商誉。对于不确定使用期限的无形资产，包括商标、许可经营权和商誉，我们每年或者在必要的时候进行减值测试。

附注7：无形资产

不确定使用期限的无形资产

表8-15列示出合并资产负债表中确认的不确定使用期限的无形资产的净值。

表8-15 不确定使用期限的无形资产的净值 （单位：百万美元）

12 月 31 日	2022 年	2021 年
商标	14 214	14 465
商誉	18 782	19 363
其他	175	211
不确定使用期限的无形资产的净值	33 171	34 039

表 8-16 列示出了关于不确定使用期限的无形资产的一些信息。

表 8-16　不确定使用期限的无形资产的一些信息　　（单位：百万美元）

	2022 年			2021 年		
	账面原值	累计摊销	账面净值	账面原值	累计摊销	账面净值
客户关系	354	（109）	245	336	（86）	250
商标	147	（84）	63	189	（87）	102
其他	206	（54）	152	273	（51）	222
总计	707	（247）	460	798	（224）	574

总的摊销费用 2022 年是 120 百万美元，2021 年是 165 百万美元，2020 是 203 百万美元。

要　求

1. 请简要解释品牌／商标的会计处理。
2. 请判断，可口可乐这个品牌是否在合并资产负债表中进行了确认？（你可能需要从可口可乐公司年报中获得更多信息。）

参考书目

ASB (1997) Financial Reporting Standard No. 10 Goodwill and Intangible Assets, London.

Barker R, Lennard A, Penman S, Teixeira A. (2022) Accounting for intangible assets: suggested solutions. Accounting and Business Research, 52(6), 601-630.

Belderbos R, Lokshin B, Sadowski B. (2015) The returns to foreign R&D. Journal of International Business Studies, 46(4), 491-504.

Chen E, Gavious I, Lev B. (2017) The positive externalities of IFRS R&D capitalization: enhanced voluntary disclosure. Review of Accounting Studies, 22(2), 677-714.

Ding Y, Richard J, Stolowy H. (2008) Towards an understanding of the phases of goodwill accounting in four Western capitalist countries: from stakeholder model to shareholder model. Accounting, Organizations and Society, 33(7-8), 718-55.

Dinh T, Kang H, Schultze W. (2016) Capitalizing research & development: signaling or earnings management? European Accounting Review, 25(2), 373-401.

Dinh T, Schultze W, List T, Zbiegly N. (2020) R&D disclosures and capitalization under IAS 38—evidence on the interplay between national institutional regulations and IFRS adoption. Journal of International Accounting Research, 19(1), 29-55.

Garanina T, Hussinki H, Dumay J. (2021) Accounting for intangibles and intellectual capital: a literature review from 2000 to 2020. Accounting & Finance, 61(4), 5111-5140.

FASB (2001) Statement of Financial Accounting Standards No.142 Goodwill and Other Intangible Assets, Norwalk, CT.

Financial Reporting Council (FRC) (2022) FRS 102 The Financial Reporting Standard applicable in the UK and Republic of Ireland, London.

Høegh-Krohn N E J and Knivsflå K H. (2000) Accounting for intangible assets in Scandinavia, the UK, the US, and by the IASC: challenges and a solution. The International Journal of Accounting, 35(2), 243-65.

Hunter L C, Webster E and Wyatt A. (2012) Accounting for expenditure on intangibles. Abacus, 48(1), 104-45.

IASB (2020a) International Accounting Standard No.36 Impairment of Assets, London.

IASB (2020b) International Accounting Standard No.38 Intangible Assets, London.

IASB (2020c) International Financial Reporting Standard No.3 Business Combinations, London.

Jeny A, Moldovan R. (2022) Accounting for intangible assets-insights from metaanalysis of R&D research. Journal of Accounting Literature, 44(1), 40-71.

Lev B and Sougiannis T. (1996) The capitalization, amortization and value relevance of R&D. Journal of Accounting and Economics, 21, 107-38.

Lev B and Zarowin P. (1999) The boundaries of financial reporting and how to extend them. Journal of Accounting Research, 37(2), 353-85.

Lev B. (2018a) The deteriorating usefulness of financial report information and how to reverse it. Accounting and Business Research, 48(5), 465-93.

Lev B. (2018b) Capitalism without capital: the rise of the intangible economy. Business History Review, 92(2), 388-389.

Lev B. (2019) Ending the accounting-for-intangibles status quo. European Accounting Review, 28(4),713–36.

Mazzi F, Slack R, Tsalavoutas I, Tsoligkas F. (2022) Exploring investor views on accounting for R&D costs under IAS 38. Journal of Accounting and Public Policy, 106944.

Morbey G K. (1988) R&D: its relationship to company performance. The Journal of Product Innovation Management, 5(3), 191-201.

Paugam L, André P, Philippe H, Harfouche R. (2016) Brand Valuation. Routledge, Oxon, UK.

Zambon S, Marzo G. (Eds.) (2007) Visualising Intangibles: Measuring and Reporting in the Knowledge Economy. Ashgate, Aldershot, UK.

扩展阅读

Canace T G, Jackson S B, Ma T, Zimbelman A. (2022) Accounting for R&D: evidence and implications. Contemporary Accounting Research, 39(3), 2212-2233.

Cazavan-Jeny A, Jeanjean T. (2006) The negative impact of R&D capitalization: a value relevance approach. European Accounting Review, 15(1), 37-61.

Cazavan-Jeny A, Jeanjean T, Joos P. (2011) Accounting choice and future performance: the case of R&D accounting in France. Journal of Accounting and Public Policy, 30(2), 145-65.

D'Arcy A, Tarca A. (2018) Reviewing IFRS goodwill accounting research: implementation effects and cross-country differences. The International Journal of Accounting, 53(3), 203-26.

Dinh T, Kang H, Morris R D, Schultze W. (2018) Evolution of intangible asset accounting:

evidence from Australia. Journal of International Financial Management & Accounting, 29(3), 247-279.

Dinh T, Sidhu B K, Yu C. (2019) Accounting for intangibles: can capitalization of R&D improve investment efficiency? Abacus, 55(1), 92-127.

Garcia Osma B, Young S. (2009) R&D expenditure and earnings targets. European Accounting Review, 18(1), 7-32.

Seybert N. (2010) R&D capitalization and reputation-driven real earnings management. The Accounting Review 85(2), 671-93.

Shust E. (2015) Does research and development activity increase accrual-based earnings management? Journal of Accounting, Auditing & Finance, 30(3), 373-401.

Stolowy H, Haller A, Klockhaus V. (2001) Accounting for brands in France and Germany compared with IAS 38 (intangible assets): an illustration of the difficulty of international harmonization. The International Journal of Accounting, 36(2), 147-67.

Stolowy H, Jeny-Cazavan A. (2001) International accounting disharmony: the case of intangibles. Accounting, Auditing and Accountability Journal, 14(4), 477-96.

注　释

1 详见 Ding，Richard and Stolowy（2008）。

2 将研发费用资本化是思腾思特咨询公司建议对利润表做的一项重大调整，而且思腾思特咨询公司建议，在估算股东投资回报时，也将研发费用做资本化调整（详见第18 章）。

3 参见欧盟委员会官方网站。

第 9 章 存 货

本章教给你什么

1. 存货是企业经营活动周期中的重要环节。

2. 存货可能占总资产的比重很大，需要大量资金购买。

3. 存货的种类：产成品、半成品和原材料、零部件等。

4. 存货消耗成本计量的不同方法。

5. 如何记录存货变动。

6. 出售前存货产品成本计量对利润的影响。

7. 存货估值方法如何影响现金流。

8. 存货减值的会计记录。

9. 在将按性质分类的利润表，重新按职能编制的过程中，关于存货的详细信息为什么很重要（反之亦然）。

10. 如何披露存货的估值方法。

11. 如何分析存货信息，并做出评估和决策。

存货作为"进展中合同"或"在产品"，在所有制造企业中都起着至关重要的作用，甚至在服务行业也扮演着重要角色。存货在以下三个流程关系中起着缓冲作用：①采购和消耗；②需求和生产供应；③消耗资源生产和发送产品给客户。在会计中，当购买流程和消耗流程不同步时，应遵循配比原则记录存货。

存货相当于一个储存罐，指定事件将引发它释放容量（存货产品的成本）。比如，只要产品（或长期合同中的服务）还未被出售，产品或服务的成本就不应该在利润表中列示，而是作为可带来未来经济收益的资产，暂时"储存"在存货账户中。

即使在实时生产系统中，作为成本最小化和生产平滑化的管理工具，存货的作用有所减小，但其仍然是需要向股东报告的重要信息：①存货代表了固定资源或资金（需要资源生产存货或资金购买存货）；②出售前，存货产品成本的计量影响着利润。因此，了解如何分析存货和存货变动以及如何记录和报告是非常重要的 [1]。

图 9-1 总结了关于存货估值的 3 个主要会计问题：①存货记录周期（永续盘存制或定期盘存制）；②存货消耗的成本计量 [个别定价法、先进先出法（FIFO）、后进先出法（LIFO）或加权平均成本法]；③存货估值调整（成本法或市价法）。

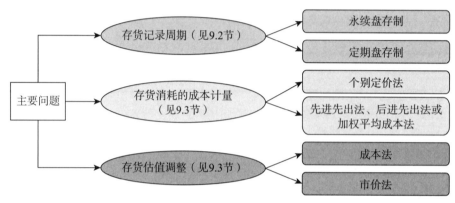

图 9-1　存货估值的会计问题

9.1　存货的分类

9.1.1　定义

根据 IAS 2（IASB 2016：§6），存货指下列资产之一。
- 在正常经营过程中持有待售的资产。
- 为出售而持有、仍处在生产过程中的资产。
- 在生产或提供劳务过程中将消耗的材料或物料。

9.1.2　存货的不同种类

图 9-2 展示了资产负债表上 6 种基本的存货，每一种的可供销售程度都不同。

图 9-2 中的 6 种存货用 3 种不同方框表示：实线灰框代表可供销售的存货，虚线灰框代表正在生产加工、最终可以销售的存货，这两种存货的状态都不算已经出售（例如，一个合同已经完成了 99%，但是在客户正式收到之前都不算最终完成）。斜纹底框代表经过生产加工最终将转化成产成品的初始原材料及零部件，抑或是供生产加工周转使用的物料设备等。

很多企业把**在产品**（work in process）和**进展中合同**（contracts in progress）合并成一项报告，尽管这两项的性质并不相同。

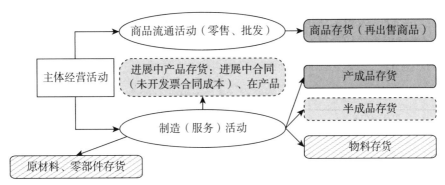

图 9-2 存货的种类

在产品账户衡量的是于会计关账日还在生产过程中的项目的资源价值。通常来说，在产品指只完成一小部分生产工序的产品，所投入的资源等于甚至小于可供销售产成品半个生产周期需要的资源。

进展中合同或已完工未结算合同，通常指已经投入大量资源完成全部或部分，但是还未向客户开出发票的（长期）合同。例如，一项长期合同每隔 4 个月开一次发票给客户，开发票前 4 个月的产品就列示在进展中合同下。一旦开出发票，进展中合同下的产品就作为销货成本记入利润表。（遵循配比原则和长期合同法则。）平均来说，如果 4 个月开一次发票，进展中合同账户中的金额，相当于一个稳定经营企业 2 个月经营活动资源的投入或全年销货成本的 16%。

"进展中"（in progress）和"在生产中"（in process）经常替代使用，虽然我们在前面说过，这两个术语代表不同的含义，但是 IASB 的规定中只定义和使用"work in progress"。很多时候，简写 WIP 既指代"work in progress"，也指代"work in process"。中国公司的年报中通常分"在产品"和"已完工未结算合同"列示在存货账户下。

表 9-1 列示出不同种类的存货。

表 9-1 存货的主要类别

经营活动	存货名称	定义	例子
商品流通业	商品	用于再销售而购买的商品	零售和批发活动
制造业	原材料、零部件和易耗品等	经过生产加工改变其形态或性质，最终构成产品的原料和零部件	电脑制造企业的电子零件
	周转物料	供生产加工周转使用的物料设备，但不作为产品的一部分	机液、清洁材料和备件
	在产品（IASB 下的 work in progress）	在关账日仍然处于生产劳务过程中的产品或服务（未开出发票）	在关账日还在生产线上的电脑机架和组件
	半成品	已经完成某道工序，但尚未制造完工成为可销售产成品的中间产品，最终将作为产成品的一部分	已经完成某道工序的电脑机架组件，等待下一道工序的微处理器和显示屏，一旦有客户的订单，就可以组装
	产成品	完成生产加工可供销售的产品	准备发送的电脑
服务业	进展中合同	服务合同完成进度中的累计成本，但是还未开发票给客户	咨询、诉讼和工程项目

例 9-1　西门子（德国—IFRS 会计准则—2021/2022 年年报—能源、工业部件、汽车系统和信息通信产品）

西门子的 2021/2022 年财务报表附注节选如表 9-2 所示。

表 9-2　合并资产负债表附注 11 节选　　　　　　　（单位：百万欧元）

9 月 30 日	2022 年	2021 年
原材料和物料	3 197	1 974
在产品	3 631	3 421
产成品和待售商品	3 419	2 825
预付供应商账款	379	616
	10 626	8 836

注释：

（1）附注中的金额都是减去提取的准备金后的净值（见第 4 章和本章第 5 节关于准备金的内容）。

（2）产成品和待售商品合并成一项，财务报表使用者不能详细了解产成品存货（自己生产的）和待售商品（从第三方供应商购买的再出售商品）各自的金额。

（3）在产品的金额颇大，表明西门子可能将在产品和半成品合并报告在这一科目下。这样做并非不合理，因为西门子的主要经营活动是生产重型设备且多为长期合同，大多数半成品都是作为需要超过中期报告期完成的产品的一部分。

9.1.3　存货在资产负债表中的比重

有时候存货在总资产中占的比例相当大，所以存货的正确估值对于报告股东权益非常重要。存货在总资产中占的比例越大，对存货进行盘点和估值就越重要。

例如，当法国煤炭公司在 20 世纪 60 年代早期持有相当于一年煤炭供应的存货（那时候煤炭仍然是法国的主要燃料）时，有谣传说，错误估计不到 1% 的煤炭存货的价值就可能使公司扭亏为盈或加倍亏损。如果了解盘点一个煤仓的煤炭存货数量有多么困难（更别说几千万吨的煤），就能意识到错误估计超过 1% 的煤炭存货的价值是非常有可能的。但是外部审计师仍需要通过直接盘点或合理统计估算证实存货存在的真实性，以及会计账面上存货数量和价值的可靠性。

表 9-3 列示了不同国家、不同行业存货占总资产的百分比，所有数据来自 2022 年年报。

表 9-3　存货在总资产中的比重（2022 年年报数据）

公司	货币单位	存货	总资产	存货 / 总资产
安塞尔米塔尔（卢森堡—钢铁）	百万美元	20 087	94 547	21.2%
新日铁（日本—钢铁）	百万日元	1 756 589	8 752 346	20.1%
惠普（美国—电脑和打印机）	百万美元	7 595	38 587	19.7%
历峰（瑞士—珠宝）	百万欧元	7 099	39 986	17.8%
塔塔钢铁（印度—钢铁）	万亿卢比	48 824.39	285 445.60	17.1%

（续）

公司	货币单位	存货	总资产	存货／总资产
博世（德国—汽车设备、消费品、通信技术）	百万欧元	16 528	100 247	16.5%
海德鲁（挪威—石油和能源、轻金属）	百万挪威克朗	30 035	198 618	15.1%
飞利浦（荷兰—技术消费产品、组件、半导体）	百万欧元	4 049	30 961	13.1%
沃尔沃（瑞典—汽车、卡车、巴士、建筑设备、工业设备）	百万瑞典克朗	75 689	629 064	12.0%
中国铝业（中国—铝制造）	千人民币	24 712 322	212 348 031	11.6%
凯爱瑞（爱尔兰—消费食品、农业产品）	百万欧元	1 354.4	12 283.4	11.0%
倍耐力（意大利—轮胎、电缆和宽带系统）	千欧元	1 457 711	13 897 550	10.5%
欧莱雅（法国—美容、化妆、药妆产品）	百万欧元	4 079.4	46 844.2	8.7%

　　每个行业都有其合理的存货水平，不同行业各不相同（见表 9-3），当然更有意思的是同行业不同公司的存货水平的比较。但是，较低的存货水平并不代表对存货的管理更合理，除非不同公司的经营服务活动完全具有可比性（非常少见）。比如我们来比较世界上三家最大钢铁制造商的库存比例，以及它们在危机时期的应对情况。安塞尔米塔尔（卢森堡）在 2018 年的库存占总资产的比例为 22.7%，比 2015 年的 17.5% 增加了 30.1%；到 2022 年，这一比例下降到 21.2%，减少了 6.5%。日本钢铁的库存在 2018 年占总资产的比例为 18.2%，比 2015 年的 17.5% 增加了 3.7%，到 2022 年增加到 20.1%，增长了 10.4%。塔塔钢铁（印度）在 2015 年的库存占总资产的比例为 15.8%，但在 2018 年降至 13.5%（下降了 14.6%），到 2022 年增加到 17.1%（增加了 26.6%）。⊖从这个比较来看，其他所有条件相等的情况下，从库存的角度来看，塔塔钢铁可能是这三家公司中管理最佳的公司（资产权重最低）。当然，这种比较只是分析的第一印象，但是这种比较可以让财务报表的信息变得更为有用（可以看出哪家公司的经营管理更好，值得其他公司效仿）。

　　不足为奇，服务行业公司通常有很少甚至没有存货。例如，表 9-3 中没有谷歌，因为在 2013 年将摩托罗拉家用／办公电话业务卖给 Arris 以及 2014 年将摩托罗拉手机业务卖给联想之后，谷歌 2022 年资产负债表上的存货非常少，仅占总资产的 0.7%。

9.2　存货记录周期系统

　　第 2 章介绍了两种记录存货变动（不论是购买商品和原材料，还是内部生产存货）最常用的方法：购买存货先记入资产负债表，然后转入利润表；或者先将购买存货记入利润表，然后转入资产负债表。在实务操作中，有两种记录存货变动的方法：**永续盘存制**（perpetual inventory systems）和**定期盘存制**（periodic inventory systems）。我们将详细学习这两种记录

⊖　由于四舍五入的原因，对三家最大钢铁制造商的计算数据与文中数据稍有差别。

存货变动的方法对利润和资产负债表期末余额的不同影响。我们还将探讨在特殊情况下，如某些数量大、价值高或性质特殊的存货的成本估算，不具有可替代性，需要用个别定价法来估算购买及消耗的存货成本。

9.2.1 永续盘存制

在永续盘存制下，应对存货账户发生的存货数量和价值变动（购入和消耗）进行连续记录。实践中，所有存货变动都通过总账中的存货账户，购入存货记录为资产负债表下资产的增加，消耗存货记录为存货的减少。

存货账户列示如下。

永续盘存账户

资产增加	资产减少
• 期初存货 • 购入存货（购买存货成本）或增加存货（内部生产存货成本）	• 消耗存货（销货成本或用于下个制造环节的生产成本）

平衡：期末存货余额

永续盘存制连续记录了存货账户的余额变动情况。

我们举个例子说明：B公司（下面的定期盘存制也使用该公司的例子）存货变动情况如表9-4所示。

在永续盘存制下，计算期末存货余额的基本公式如下：

$$期初存货余额 + 购入或增加存货 -$$
$$消耗存货 = 期末存货余额（未知）$$
$$200+900-800=X$$
$$X = 200 + 900 - 800 = 300$$

表9-4 B公司的存货变动情况

期初商品存货（再出售商品）	200
当期购买商品	900
商品销售收入	1 200
销货成本（根据购买价格估计）	800
期末商品存货	300

永续盘存制有两个主要特点。

（1）所有通过购入或内部生产增加的存货，都记录为存货账户的增加（资产增加）。

（2）所有再出售或进入下个生产环节而消耗的存货，都记录为存货账户的减少（资产减少），最终记入利润表下的销货成本。

专用的会计软件可以即时地记录存货的购入、增加和消耗。但是，在一个封闭的仓库，严格控制、记录所有的存货进出变动，会非常复杂而且成本高昂（即使有条形码）。很多小企业没有足够的管理能力和技术资源来记录所有的存货进出变动。这些企业通常采用更为简单的定期盘存制。

9.2.2 定期盘存制

定期盘存制比较简单抽象，只需要在至少每个周期（通常是1年）对存货进行清查盘点，确定期末存货情况（必要时记录减值准备）。定期盘存制依赖周期性（每年）盘点来确定期末存货的数量及价值。

定期盘存制有两个主要特点。

（1）所有期初存货和存货增加（购入或内部制造）都假设已经全部消耗，直接作为费用记入利润表。

（2）在期末对假设已经消耗的存货进行调整（调整分录），减去通过盘点确定的期末存货。

定期盘存制的基石是期末盘点的存货数量和金额（通常在资产负债表日进行盘点）[3]。只有在期末盘点发生的时候，分类账中的存货账户余额才发生变动。

定期盘存制下的存货账户（注意，购入或内部生产存货并不通过存货账户转入，存货账户形同虚设）列示如下。

定期盘存账户

资产增加	资产减少
· 期初存货余额	· 期初存货余额（假设全部消耗）
· 期末存货余额（期末盘点估算）	

平衡：期末存货余额（期末盘点估算）

定期盘存制下的基本存货公式如下（前面 B 公司的例子）：

$$期初存货 + \begin{matrix}购入或内部生产增加\\存货（假设全部消耗）\end{matrix} - \begin{matrix}期末存货余额\\（期末盘点估算）\end{matrix} = \begin{matrix}销货成本或进入下个制造环节\\的生产成本（存货减少或消耗）\end{matrix}$$

$$200+900-300=X$$

$$X = 200 + 900 - 300 = 800$$

9.2.3　两种记录存货变动方法的比较

如上述 B 公司的例子显示，两种方法下的销货成本、利润和存货价值是一样的（只要没有通货膨胀或通货紧缩）。大多数企业倾向于选择永续盘存制，因为这种方法可以提供更严谨的管理信息和内部控制。

图 9-3 列举了永续盘存制和定期盘存制对 B 公司财务报表的影响。

（1）两种方法下的期末存货余额都是 300，计算如下。

· 永续盘存制：期初存货余额 200 + 购入或内部生产增加 900 - 消耗（销货成本）800 = 300。

· 定期盘存制：期末盘点确定期末存货余额为 300。

（2）两种方法下的销货成本相同，计算如下。

· 永续盘存制：将记录存货消耗的清单加总。

· 定期盘存制：购入或内部生产增加 900+ 存货变动（200-300）=800。

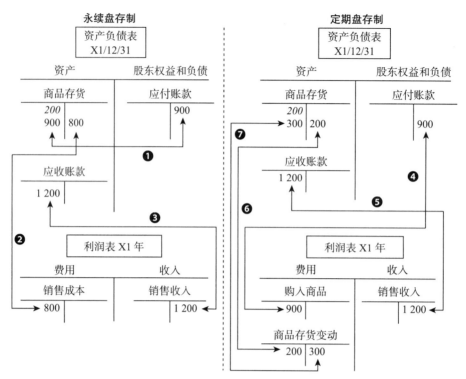

图 9-3　存货的记录：对财务报表的影响

注：期初余额用斜体字表示。
❶ 全年的购买。
❷ 全年的消耗（销售成本）。
❸ 全年的销售（销售收入）。
❹ 全年的购买。
❺ 全年的销售（销售收入）。
❻ 期末（消耗期初存货）。
❼ 期末（记录期末存货）。

9.2.4　按性质编制的利润表中存货的列示

图 9-4 展示了存货如何在按性质编制的利润表中报告（比利时、法国、意大利和西班牙的公司）。

9.3　存货估值和报告

9.3.1　基本问题

由于销货成本的估值直接影响毛利润和净利润，所以存货估值和成本计量方法非常关键。

IAS 2（IASB 2016：§10）定义：存货成本应当包括所有的采购成本、加工成本以及使存货到达目前场所和状态而发生的其他成本。像大多数会计准则一样，IAS 2 将存货价值定义为关键要素（从资产负债表的角度来看一个公司）。然而，管理者可能从利润表的角度来看一个公司，他的主要责任是将公司的资源进行最优分配，以满足客户的需求、生产经营的管理、客户关系的稳定和股东财富的增加。对于管理者来说，销货成本是一个重要的评估要素，而资产负债表中的存货价值只是剩余存货金额。

利润表

	费用	收入
存货在利润表中的列示	购入商品 商品存货变动（期初−期末） 购入原材料和零部件 原材料和零部件存货变动（期初−期末） 购入物料 物料存货变动（期初−期末） 所有其他非存货生产成本 所有销售管理成本	产成品和商品销售收入 产成品存货变动（期末−期初） 半成品存货变动（期末−期初） 在产品存货变动（期末−期初）
主要概念	消耗的价值	创造的价值
解释	费用是企业消耗的价值 对于原材料、商品和物料的消耗，需要在期末根据存货变动对购买做调整： 期初存货（假设当期消耗完）−期末存货（假设未被消耗）	收入是企业创造的价值 价值可以随着产成品、半成品和在产品存货的增加（减少）而创造（损毁）。存货的变动反映了价值创造： 期末存货（当期生产的）−期初存货（前一期生产的）
计算公式	消耗的价值=购买+（期初存货−期末存货） =购买+存货变动（期初−期末）	价值创造=销售+（期末存货−期初存货） =销售+存货变动（期末−期初）

图 9-4　按性质编制的利润表中的存货

随着产品的生产、加工、转换，最终因出售或消耗而计入利润表的成本，成为生产成本或可计入存货的成本。流入存货的资源按采购成本计量，包括采购价格、加工成本、订购成本、运输费用和仓储费用等。一些超出采购价格发生的与采购相关的成本项目，在薄弱的成本管理系统（甚至没有成本管理系统）中很难被追踪。如果这些成本没有计入存货的采购成本，将在发生当期直接作为费用记入利润表。任何没有进入存货账户的成本，不管原因或目的，都在发生当期确认为费用，成为期间费用。

生产成本包括原材料、零部件和物料的采购成本，直接生产成本（直接人工和转换成本）和间接费用（生产设施的费用分摊等）。追踪间接费用是成本会计中的一个重要课题[4]，不止一种解决方案。

例 9-2　四川长虹（中国—中国企业会计准则—2022 年年报—家电、房地产）

财务报表附注 15. 存货

（1）分类、确认和计量：存货分房地产开发类存货和家电与电子类存货两大类。房地产开发类存货包括已完工开发产品、在建开发产品和拟开发土地。家电与电子类存货包括原材料、库存商品、在产品、自制半成品、委托加工材料、低值易耗品、周转材料等。存货为永续盘存制。已完工开发产品是指已建成、待出售的物业；在建开发产品是指尚未建成、以出售或经营为开发目的的物业；拟开发土地是指购入的、已决定将其发展为出售或出租物业的土地。项目整体开发时，全部转入在建开发产品；项目分期开发时，将分期开发用地部分转入在建开发产品，后期未开发土地仍保留在本项目中确认。公共配套设施按实际成本计入开发成本，完工时，摊销转入住宅等可售物业的成本，但如具有经营价值且拥有收益权的配套设施，单独计入"投资性房地产"。存货中家电与电子类存货按标准成本计价：原材料（屏、电子元器件等）采用标准价格进行日常核算，每月末按当月实际领用额分配价格差异，调整当月生产成本；低值易耗品一般用标准价格核算，于领用时一次性摊销，每月末按当月实际领用额分配价格差异调整为实际成本；库存商品按标准成本计价结转产品销售成本，月末摊销库存商品差价，调整当月销售成本；在途材料按实际成本计价入账；周转材料主要为模具，领用后在一年内摊销完毕。

（2）存货可变现净值的确定方法：报告期末，对存货按账面成本与可变现净值孰低法计价，存货跌价准备按单个存货项目账面成本高于其可变现净值的差额提取，计提的存货跌价准备计入当期损益。

采购或生产存货的成本并不是固定不变的。即使在一年内，所有用于存货的资源的市场价格也会随着供求发生变化，但是，在一个会计年度内，通常用标准成本来估计存货进出的价值变动，在会计期末对销货成本和期末存货价值进行调整。

9.3.2　存货消耗的成本计量

存货消耗的成本计量共有 4 种方法，但 IAS 2（IASB 2016：§23-§27）只允许使用其中 3 种。存货消耗成本计量方法的选择主要考虑了存货项目的可替代性。如果存货项目不具有可替代性，应该使用个别定价法；如果存货项目部分可替代（批量购买或批量生产），根据存货增加和消耗的时间顺序有**先进先出法**（first-in，first-out，FIFO）和**后进先出法**（last-in，first-out，LIFO）；如果存货项目完全可替代，则可以使用**加权平均成本法**（weighted average cost，WAC）。

1. 个别定价法

不可替代的存货项目（珠宝、钻石、油画等）或为某个特殊项目、客户定做的产品，在存货进出时，要逐一单独确定成本。这些存货项目消耗的成本计量和它们购入或生产时的成本完全相同，这就是"个别定价法"。使用个别定价法时，不用考虑采用永续盘存制还是定期盘存制，因为这些存货项目在一个会计年度中只会进出一次。这种方法很简单，但是如果定价的存货项目价值较小，采用这种方法就显得成本很高。另外，采用这种方法的管理者可以通过挑选指定存货项目出售来操纵净利润。通常这种方法用于单价较高的存货项目或者出于法律原因不可替代的产品，例如展厅的汽车（汽车制造企业生产的汽车通常被认为是可替代的）、重型设备、农用设备、艺术作品、动物毛皮和珠宝等。

2. 部分可替代和完全可替代存货消耗的成本计量

如果存货在一定程度上可以替代，就很难（基本上不可能）追踪存货项目的单独购买成本。如果是大批量购买或生产的存货，个别定价法就不可行，因为根本不可能记录每一个存货项目的进出。对于大宗微处理器、钉子和罐装啤酒来说，个别定价法是不可行的；对于手动组装的汽车来说，用个别定价法处理起来比较困难；而对于经典家具古董来说，个别定价法是适用的；对于满足客户特殊需求的存货，只能用个别定价法。总之，实务操作中不可能追踪每一个存货项目的成本。

因此，在实务操作中，从购买存货到消耗存货、进入下一道制造工序或销货成本，对于部分可替代或完全可替代的产品，通常对存货的进出时间顺序做出假设。

当存货被认为部分可替代或完全可替代的时候，存货消耗的时间顺序共有 3 种可能[5]。

- 批量存货先入库的先发货（先进先出法）。
- 批量存货最后入库的先发货（后进先出法）。
- 完全可替代的存货按加权平均计量成本（加权平均成本法）。

先进先出法和后进先出法都需要记录存货的批量购买和消耗。加权平均成本法相对简单很多，操作成本最小，持续用加权平均计算每个存货的成本。

在通货膨胀时期，资源价格上涨，存货采购成本也随之提高。先进先出法和加权平均成本法，都不能真实、公允地衡量企业的财务和经营状况，可能会高估真实创造的价值。例如，3 个月前花 100 货币单位购买的存货，出售价格为 150 货币单位，利润为 50 货币单位。但是如果重新购置同样存货的成本上升为 120 货币单位（可持续经营企业肯定要重新购置存货），则实际利润为 30 货币单位。后进先出法更能反映资源的市场价格变动情况，在管理决策中，优于先进先出法和加权平均成本法。但是，历史成本法和审慎原则更倾向于使用先进先出法或加权平均成本法来报告存货变动。

欧盟允许用后进先出法计量存货消耗的成本，但是被 IASB 禁止用于合并报表，IAS 2（2016）规定：存货成本应当采用先进先出法或加权平均成本法计算。主体对于具备类似性质和用途的所有存货，应采用相同的成本计算方法；对于那些具有不同性质或不同用途的存货，可以采用不同的成本计算方法。（§25）但是后进先出法仍然可以用于非合并报表或供管理层用于价格决策。中国新会计准则也取消了后进先出法，规定企业应当采用先进先出法、加权平均成本法或者个别定价法确定发出存货的实际成本。对于性质和用途相似的存货，应当采用相同的成本计算方法确定发出存货的成本。

合并报表不允许使用后进先出法的 3 个主要原因是：

- **报告：**现在很少会有严重的通货膨胀，而且通常一些资源的价格上涨，另一些资源的价格就会下降，所以后进先出法真实、公允地报告存货消耗的优势并不明显。

- **税务**：即使是很小的通货膨胀，后进先出法下的应税利润也会小于（更高的销货成本）先进先出法和加权平均成本法下的应税利润；而在通货膨胀恢复的时期，后进先出法会带来更大的利润波动。所以，很多国家在税务中禁止采用后进先出法报告存货。
- **会计**：虽然在严重通货膨胀下后进先出法能更真实地反映存货消耗的价值，但这是无意义的成本，所以并不能增强资产负债表的可信度。

图 9-5 总结了不同的存货消耗成本计量方法。

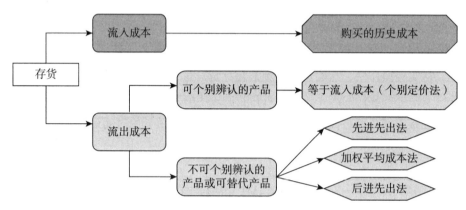

图 9-5　存货消耗成本计量方法

表 9-5 为存货消耗成本和剩余存货价值，表 9-6 为对利润表的影响，两张表列出的 G 公司的例子比较了先进先出法、后进先出法和加权平均成本法对利润表与资产负债表的影响。在该例中，我们假设没有期初存货。G 公司的相关信息如下。

- 第 1 次购买：10 单位存货，每单位成本为 10 货币单位。
- 第 2 次购买：10 单位存货，每单位成本为 12 货币单位。
- 期末销售：15 单位存货，价格为每单位 18 货币单位。

表 9-5　存货消耗成本和剩余存货价值

		交易（存货进出）			期末存货		
		数量	单位成本	总成本	数量	单位成本	总成本
先进先出法	第 1 次购买	10	10	100	10	10	100
	第 2 次购买	10	12	120	20	10 单位的成本为 10	100
						10 单位的成本为 12	120
	销货成本	−10	10	−100			
		−5	12	−60	5	12	60
后进先出法	第 1 次购买	10	10	100	10	10	100
	第 2 次购买	10	12	120	20	10 单位的成本为 12	120
	销货成本	−10	12	−120		10 单位的成本为 10	100
		−5	10	−50	5	10	50
加权平均成本法	第 1 次购买	10	10	100	10	10	100
	第 2 次购买	10	12	120	20	20 单位的成本为 11	220
	销货成本	−15	11	−165	5	11	55

表 9-6　对利润表的影响

	先进先出法	后进先出法	加权平均成本法
销售收入	270.0	270.0	270.0
销售成本（直接计算）	160.0	170.0	165.0
计算销售成本的另一种方法			
购入存货	220.0	220.0	220.0
加：期初存货	0.0	0.0	0.0
等于：可供销售产品	220.0	220.0	220.0
减：期末存货	−60.0	−50.0	−55.0
等于：销售成本	160.0	170.0	165.0
毛利润（税前）	110.0	100.0	105.0
减：所得税（30% 税率）	−33.0	−30.0	−31.5
毛利润（税后）	77.0	70.0	73.5
毛利率（税后）	28.5%	25.9%	27.2%
控制：			
销售成本＋期末存货	220.0	220.0	220.0
购入存货＋期初存货	220.0	220.0	220.0

在表 9-6 的举例中，"销售成本＋期末存货"的总和等于"购入存货＋期初存货"的总和，存货基本公式如下：

$$期初存货＋购入存货－销售成本＝期末存货$$
$$期初存货＋购入存货＝销售成本＋期末存货$$

这个例子再次证明，在通货膨胀情形下，3 种方法中后进先出法得出的销售成本最高，期末存货余额最低，净利润最低。在通货紧缩情况下，结果完全相反。在通货膨胀环境下，采用后进先出法，几年以后的资产负债表可能就不再真实、公允地反映企业的实际存货资产。但是后进先出法能向管理者真实、公允地反映销售成本，让管理者更好地管理存货销售、创造股东价值。围绕不同计量方法的争论，实质上就是倾向于更正确的利润表还是资产负债表之间的博弈。

表 9-7 总结了 3 种成本计量方法在采购存货成本上升与下降情形下对利润及期末存货的影响。

表 9-7　对利润和期末存货的影响

情形	对利润的影响		对期末存货的影响	
购置成本上升	先进先出法	→ 报告的利润更高	先进先出法	→ 报告的期末存货更高
	加权平均成本法	→ 报告的利润中等	加权平均成本法	→ 报告的期末存货中等
	后进先出法	→ 报告的利润更低	后进先出法	→ 报告的期末存货更低
购置成本下降	先进先出法	→ 报告的利润更低	先进先出法	→ 报告的期末存货更低
	加权平均成本法	→ 报告的利润中等	加权平均成本法	→ 报告的期末存货中等
	后进先出法	→ 报告的利润更高	后进先出法	→ 报告的期末存货更高

9.4　存货和现金流

存货成本计量方法的选择在税前对现金流没有影响，但是对所得税有影响（产生不同的毛利润），所以会改变税后现金流。表 9-8 总结了存货成本计量方法对现金流的影响。仍然使用上述 G 公司的例子，假设所有的销售和购买都用现金支付。

表 9-8　对现金流的影响

	先进先出法	后进先出法	加权平均成本法
销售存货带来的现金流入	270.0	270.0	270.0
减：购买存货带来的现金流出	−220.0	−220.0	−220.0
等于：税前现金流	50.0	50.0	50.0
减：所得税（30% 税率）（见表 9-6）	−33.0	−30.0	−31.5
等于：税后现金流	17.0	20.0	18.5

表 9-8 显示，在资源市场通货膨胀但存货销售价格稳定的情况下，后进先出法产生最高的税后现金流，因为后进先出法下的税前毛利润最低（见表 9-6）。由此可以明白，为什么在大多数国家，税务报告都不允许使用后进先出法。

9.5　存货价值贬值（期末调整）

重置成本下降、损毁或报废导致存货在期末的实际价值小于账面价值。IAS 2（§9）规定了成本与市价孰低原则：存货应以成本与可变现净值两者中的较低者来计量。可变现净值指在正常经营过程中，以估计售价减去估计完工成本及销售所必需的估计费用后的价值。（IAS 2：§6）成本与市价孰低原则要求企业在存货的账面价值大于市场价值（处置成本、清算成本或可出售价格）时，调整存货的账面价值。如果存货的市场价值低于账面历史成本，就要将存货的账面价值冲减至市场价值，相应的减值损失记入利润表。

📖 例 9-3

GG 公司采购了 1 000 个充气袋熊，每个购买成本为 20 货币单位。一个印度尼西亚供应商以每个充气袋熊 15 货币单位的价格销售给 GG 公司的所有竞争零售商。这样，整个批发市场充气袋熊的单价就降为 15 货币单位。在会计期末，GG 公司仍然有 100 个充气袋熊，根据成本与市价孰低原则，需要记录存货减值损失（20−15）×100=500 货币单位。图 9-6 显示了该事项的期末调整分录。

存货价值的减少记入一个资产抵销账户（存货减值准备），而不是直接在存货账户中减去，以让报表使用者看到真实完整的信息。如果在会计期末存货的市场价值恢复，应当冲回存货减值准备（冲减费用账户或增加收益账户）。中国企业会计准则也允许在一定条件下冲回存货减值准备。

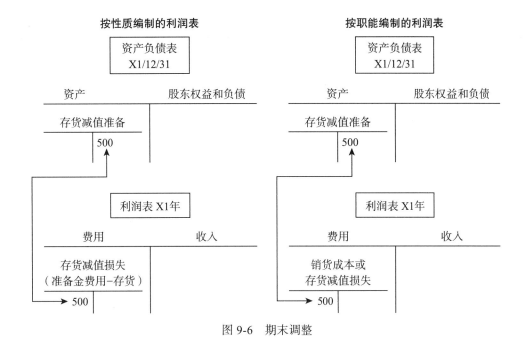

图 9-6　期末调整

9.6　按性质和按职能编制的利润表

利润表中的费用账户可以按性质或职能编排列示。在第 5 章，我们已经展示了如何将一家公司的利润表从一种编制方式转换成另一种编制方式。这里，我们要举例说明如何将一家制造企业 M 公司的利润表从一种列示方式转换成另一种列示方式，如表 9-9 所示。

表 9-10 和表 9-11 显示了按性质和职能编制的利润表营业利润的计算（为简便起见，我们假设没有行政管理间接费用分摊至生产成本）。两种方法下的营业利润完全相同，但两种不同的编制利润表的方法传达的信息有用性不同。

表 9-9　M 公司的利润表信息

期初原材料存货	20	折旧费用	
原材料购入	40	生产设备	19
销售收入（销售产成品）	100	销售设备	5
生产中消耗的原材料	50	管理设备	3
期末原材料存货	10	租赁费用	
人工费用		生产租赁	3
直接人工费用	20	管理租赁	1
管理人员费用	6	期初在产品	2
销售人员费用	4	当期转入产成品	88
会计和行政人员费用	3	期末在产品	12
本期销货成本	80	期初产成品	3
		期末产成品	11

表 9-10 按性质编制的利润表

	产成品销售收入	100
+	产成品存货变动（a）	8
+	在产品存货变动（a）	10
−	原材料购入	−40
−	原材料存货变动（b）	−10
−	租赁费用（c）	−4
−	人工费用（d）	−33
−	折旧费用（e）	−27
=	营业利润	4

注：（a）期末 − 期初。

（b）期初 − 期末（注意是减去原材料变动）。

（c）−（3+1）。

（d）−（20+6+4+3）。

（e）−（19+5+3）。

表 9-11 按职能编制的利润表

	产成品销售收入	100
−	销货成本（f）	−80
=	毛利润	20
−	销售费用（g）	−9
−	管理费用（h）	−7
=	营业利润	4
（f）	销货成本	
+	消耗的原材料	50
+	直接人工费用	20
+	管理人员费用	6
+	折旧费用（生产设备）	19
+	租赁费用（间接制造费用）	3
=	本期生产成本	98
−	产成品存货变动（a）	−8
−	在产品存货变动（a）	−10
=	销货成本（f）	80
（g）	销售费用	
+	人工费用（销售人员）	4
+	折旧费用（销售设备）	5
=	销售费用（g）	9
（h）	管理费用	
+	人工费用（行政管理人员）	3
+	折旧费用（行政管理）	3
+	租赁费用（行政管理）	1
=	管理费用（h）	7

9.7 存货估值政策的披露

虽然不同国家要求财务报表中披露的信息各不相同，但根据 IAS 2（§36），至少要披露以下信息。

- 计量存货所采用的会计政策，包括所使用的成本计算方法。
- 存货的账面总金额，以及按适合主体的方法分类的各类存货的账面金额。
- 以公允价值减去出售费用后的余额反映的存货的账面金额。
- 当期确认为费用的存货减值金额。
- 当期作为确认为费用的存货金额减少的任何减值金额的转回。
- 导致存货减值转回的情况或事项。
- 作为债务担保的存货的账面金额。

例 9-4 欧瑞康（瑞士—IFRS 会计准则—2022 年年报—织布机和机械动力传动系统设备商）

欧瑞康的利润表节选及有关存货的附注分别如表 9-12 和表 9-13 所示。

表 9-12　利润表（节选）　（单位：百万瑞士法郎）

	2022 年	百分比	2021 年	百分比
总销售收入	2 909	100.0%	2 649	100.0%
销售成本	−2 177	−74.8%	−1 903	−71.8%
毛利润	732	25.2%	746	28.2%

原材料、购入的零部件及商品按成本与可变现价值孰低原则入账，采用先进先出法和加权平均成本法计量存货消耗成本。内部生产的零部件、在产品和产成品按生产成本入账，包括所有原材料成本、人工成本和间接制造费用。存货积压、损毁、重置成本下降导致存货价值下降时，应当确认存货减值。

表 9-13　附注 11. 存货　（单位：百万瑞士法郎）

	2022 年			2021 年		
	总值	价值调整	净值	总值	价值调整	净值
原材料和零部件	229	−15	214	179	−13	166
在产品	172	−5	167	149	−5	144
产成品和商品	152	−29	123	128	−31	97
总计	553	−49	504	456	−49	407

注：本年度计入利润表的存货减值准备为 1 000 万瑞士法郎（2021 年度为 800 万瑞士法郎）。

注释：

1. 财务报表附注提供了所有存货（原材料、在产品、产成品和商品）变动的计算信息，从利润表是得不到这一信息的，因为欧瑞康只在利润表中报告了销货成本。

2. 财务报表中有两年的财务数据，可以计算存货减值的净变动。

9.8　存货的财务报表分析

财务分析师主要关注的是存货的真实水平和期望存货水平（在特定经营周期、公司战略、竞争环境下）的内在关联。普遍使用的两个财务指标如下。

- **存货周转率**：我们在第 2 章介绍过这个财务指标，定义为一个会计年度内存货周转的次数。经营周期越短，存货周转率越高。该比率用销货成本除以平均存货余额 [（期初存货 ＋ 期末存货）/2]。在一个特定的行业，存货周转率越高，往往意味着存货管理越有效。随着与供应商和客户之间实时系统的发展，在汽车和洗衣机行业，存货周转率为 26（相当于存货满足两个星期的平均需求消耗）或 52（相当于存货满足一个星期的平均需求消耗）不再是不可能的了。

- **存货周转天数**（average days of inventory available）：这个财务指标相当于存货周转率的倒数，指在不购买或生产新产品的情况下，存货可以支持经营活动的天数。该指标用全年经营活动天数除以存货周转率得到。每个国家实际的经营天数不同，习惯将一年 365 天作为计算存货周转天数的分子。

不同分类编制下的利润表，计算这两个财务指标的难易程度不同。按性质编制的利润表中，有关于各种产品项目（产成品、中间产品、原材料、在产品、零部件或商品）的存货余额信息，但是很难估计销货成本。按性质编制的利润表用于零售业是最佳的，因为这类公司没有任何转换活动。从按职能编制的利润表中是最容易得到生产成本的。从按性质编制的利润表中获得生产成本信息，需要做很复杂的再分类和重新分摊工作，而从按职能编制的利润表中能更有效地获得生产成本的信息。

支持按性质编制利润表报告存货者，更倾向于在利润表和资产负债表中同时列示存货的期初和期末余额，但是必须另外计算生产成本。在按职能编制利润表的方法下，只在资产负债表中列示存货的期初和期末余额（通过当期报表和前一期报表得到）。

按性质编制的利润表下计算存货周转率的公式（假设生产成本是已知的）如下：

$$\frac{\overbrace{\text{期初存货} + \text{购入的商品、原材料成本或生产成本} - \text{期末存货}}^{\text{可出售商品成本、消耗的原材料成本或可出售产成品成本（销货成本）}}}{[（\text{期初存货} + \text{期末存货})/2]}$$

在按职能编制的利润表中，销货成本不分商品、原材料和产成品列示。通常计算存货周转率的方法，就是用销货成本（从利润表中获得）除以平均存货余额（从资产负债表中获得）。

例9-5 东丽株式会社（日本—日本GAAP—2021/2022年年报—合成纤维及纺织品）

东丽株式会社有关存货的财务报表附注如表9-14所示。

表9-14 东丽株式会社财务报表附注9　　　　　　（单位：百万日元）

		2021年3月31日		2022年3月31日
资产负债表				
商品和产成品		195 221		253 150
在产品		76 093		92 614
原材料和物料		97 796		123 552
	(A)	369 110	(B)	469 316
利润表				
销售成本	(1)			1 748 017
计算				
平均存货	(2)=[(A)+(B)]/2			419 213
存货周转率	(3)=(1)/(2)			4.16 次数
存货周转天数	(4)=1/(3) × 365			87.7 天数

除了存货周转率，在分析存货时还可以考虑其他因素（这些因素在年报中可能已披露，也可能没有披露），例如，购买存货的来源、货币风险、产品技术更新换代的速度和关键零部件购买来源的风险等。由于购买来源的风险导致高水平存货的例子比比皆是。例如，用于酿造大马尼亚甜酒的苦橙子只有海地能种植；用于电子、电池、激光应用和航空合金材料的稀土元素受到生产商和出口商的限制，所以相关企业往往会高水平囤货。

这些非会计元素可以帮助分析师更好地理解存货周转率的意义，判断存货水平对维持企业可持续经营和发展是充足的还是过量的。

分析存货周转率时还可以考虑的其他因素，包括产品利润和产品的价值定位。例如，一家硬件企业或一家服装零售商向客户销售不同种类规格的产品，一般来说存货周转率较低（除非企业对供应链有非常出色的管理）。但是，它们的高品质定位可以将产品价格提高。

对存货周转率和存货周转天数的解释，都必须基于对企业战略背景的理解。因为，对存货消耗的成本计量有多种方法，这些方法的选择将影响销货成本，进而影响毛利润和毛利率。比如，一家企业有可能存货周转率下降、毛利率上升，或存货周转率上升、毛利率下降。

例如，一家杂货便利店受销售量的限制，存货周转率可能比较低，但是由于地理位置优越和 24 小时营业，毛利润比较高。而邻近的一家中等超市产品种类多但毛利润较低，如果想要达到与杂货便利店同样或更高的存货回报率，就需要更高的存货周转率。

关键知识点

- 存货是重要的资产（未来经济收益的潜在来源），包括：①在正常经营过程中持有待售的资产；②为出售而持有、仍处在生产过程中的资产；③在生产或提供劳务过程中将消耗的材料或物料。
- 只要产品还没有被出售，产品的成本都不记入利润表，而是放在资产负债表的存货账户下。
- 存货的三大会计问题：①存货记录周期；②存货消耗的成本计量；③存货估值调整。
- 存货的主要分类：①商品（商品流通活动）；②原材料、物料、在产品、半成品和产成品（生产制造活动）。
- 存货可能占总资产的比重很大，所以存货的正确估值对于真实、公允地报告股东权益很重要。
- 存货的基本公式是：存货消耗 = 购入存货或生产增加存货 + 期初存货 − 期末存货。
- 永续盘存制连续记录存货的进出变动。
- 定期盘存制依赖定期（通常是 1 年）盘点来确定期末存货的数量和价值。
- 存货的估值和成本计量方法对净利润有很大影响。
- 存货消耗的成本计量方法有 4 种：个别定价法、先进先出法、后进先出法和加权平均成本法。
- IASB 禁止在对外公布的财务报告中采用后进先出法。
- 财务分析师主要关注的是存货的真实水平和期望存货水平（在特定经营周期、公司战略、竞争环境下）的内在关联。普遍使用的两个财务指标是：①存货周转率（在一个会计年度内存货周转的次数）；②存货周转天数（365 天除以存货周转率）。

实战练习

实战练习　爱立信 *

要　　点：存货报告

难度系数：中

瑞典的爱立信是通信领域的领头羊，为通信和数据通信提供解决方案。

表 9-15 列示了爱立信 2020～2022 年年报中的存货。

表 9-15 爱立信 2020～2022 年存货 （单位：百万瑞典克朗）

12 月 31 日	附注	2022 年	2021 年	2020 年
资产				
……				
存货	B5	45 846	35 164	28 097

财务报表附注中关于存货的信息如表 9-16 和表 9-17 所示。

表 9-16 财务报表附注中存货的信息 （单位：百万瑞典克朗）

附注 B5. 存货	2022 年	2021 年	2020 年
原材料、零部件、消耗品和在产品	16 873	11 584	9 510
可供出售的产成品	14 376	11 207	8 709
进展中合同	14 597	12 373	9 878
存货（净值）	45 846	35 164	28 097

注：销货成本为 68 838 亿瑞典克朗（2021 年为 60 362 亿瑞典克朗）。进展中合同包括至今为止在客户项目上发生的成本，其中的履约义务尚未完全履行。当与之相关的收入在利润表中被确认时，这些成本将被确认为销售成本。报告的金额是已扣除 5 716 亿瑞典克朗（2021 年为 3 676 亿瑞典克朗）折旧的净值。

表 9-17 存货的折旧变动情况 （单位：亿瑞典克朗）

存货折旧变动	2022 年	2021 年	2020 年
期初余额	3 676	3 627	3 386
增加（净值）	3 927	1 378	2 266
消耗使用	-2 115	-1 457	-1 781
折算差额	228	128	-244
收购/剥离业务余额	0	0	0
期末存货	5 716	3 676	3 627

要　求

1. 表 9-17 中的"增加"指什么？
2. 表 9-17 中的"消耗使用"指什么？
3. 如何调整得到存货的账面总原值？

挑战练习

挑战练习 9-1　选择题

请选择正确答案（除非特别说明，正确答案只有一个）。

1. 原材料和商品存货记录在（　　　）。
   （a）费用　　　　　（b）固定资产　　　　　（c）现金　　　　　（d）流动资产
   （e）以上都不是
2. 根据 IAS 2，存货指（　　　）。

    （a）不包括用于生产加工过程和提供劳务的原材料与物料

    （b）消耗于生产过程以保存最终产品的购买力

    （c）生产经营中的可出售产品   （d）生产过程中的累积劳动成本

3. 在按性质编制的利润表中，产成品存货的价值变动通常（　　　）。

    （a）作为产成品销售记录为收入   （b）作为原材料购买记录为费用

    （c）以上两种都有可能，取决于变动方向   （d）以上都不是

4. 在按性质编制的利润表中，商品存货的价值变动通常（　　　）。

    （a）作为商品销售记录为收入   （b）作为商品购买记录为费用

    （c）以上两种都有可能，取决于变动方向   （d）以上都不是

5. 在资产负债表中，存货可能需要进行下列哪一个会计处理？

    （a）折旧   （b）摊销   （c）折耗   （d）提取准备金

    （e）以上都不是

6. 在下列哪一个存货成本计量方法中，期末存货价值最接近现行成本？

    （a）后进先出法   （b）先进先出法   （c）以上都不是

7. 下列哪一项说法正确？

    （a）企业销售量的增加会自动促使存货水平提高

    （b）期末存货最能代表企业的平均存货水平

    （c）存货占总资产的比重与企业经营的业务相关

    （d）企业需要累积更多的存货以偿还债务

8. 审计发现 X1 年 1 月 1 日的期初存货高估了 1 000 货币单位，X1 年 12 月 31 日的期末存货高估了 400 货币单位。那么，X1 年的销货成本则（　　　）。

    （a）高估了 1 000 货币单位   （b）低估了 1 000 货币单位

    （c）高估了 400 货币单位   （d）低估了 400 货币单位

    （e）高估了 1 400 货币单位   （f）低估了 1 400 货币单位

    （g）高估了 600 货币单位   （h）低估了 600 货币单位

    （i）以上都不是

9. 在存货价格不断下降的时期，下列哪一种成本计量方法下的期末存货价值最高？（假设存货购买数量超出存货消耗数量。）

    （a）先进先出法   （b）后进先出法   （c）加权平均成本法

10. 平均存货周转天数计算公式为：（销货成本 / 平均存货）×365。

    （a）对   （b）错

挑战练习 9-2　问题讨论

要　　点：存货估值方法

难度系数：低

要　求

1. 请针对每种存货消耗成本计量方法（先进先出法、后进先出法和加权平均成本法）给出 3 个支持的理由。

2. 请针对永续盘存制和定期盘存制分别给出 3 个支持的理由。

挑战练习 9-3　西北滑板自行车公司

要　　点：存货估值和调整——成本与市价孰低原则

难度系数：中

西北滑板自行车公司在冬天出售和出租滑雪板，全年销售和出租自行车。表 9-18 是资产负债表中的信息，审计员准备做期末调整。

表 9-18　资产负债表信息

	产品				
	滑雪板 A	滑雪板 B	自行车 C	自行车 D	自行车 E
购买成本	150	175	200	225	250
现行供应商批发成本	148	176	200	212	278
现行可变现价值	147	169	210	263	470
现行市场销售价格	210	225	247	450	625
期末存货数量	10	15	5	20	8

要　求

1. 请选择 5 种产品的期末单位存货价值。
2. 请计算期末存货价值调整的金额。
3. 请计算 5 种产品关账后存货的账面价值。

挑战练习 9-4　塞科利达 * 和爱尔兰欧陆集团 *

要　　点：存货性质

难度系数：中

塞科利达是瑞典一家为各行各业的各种客户服务的集团。该集团的主要业务是针对客户需求制定安全解决方案。

两家公司的存货水平都比较低，表 9-19 列出两家公司 2022 年年报中存货占总资产的比重。

表 9-19　存货占总资产的比重

塞科利达集团		（单位：百万瑞典克朗）
	2022 年	2021 年
存货	1 670	524
总资产	115 506	63 363
存货 / 总资产	1.45%	0.83%

爱尔兰欧陆集团		（单位：百万欧元）
	2022 年	2021 年
存货	5.2	3.8
总资产	573.9	511.9
存货 / 总资产	0.91%	0.74%

要 求

请列出每家公司存货项目下可能包括的种类。

挑战练习9-5 斯特拉文斯基

要　　点：存货消耗成本计量方法

难度系数：中

斯特拉文斯基公司是一家单一产品的零售商，于4月2日开业。第1个月交易事项如下。

4月2日：发送220单位产品并开出发票，每单位产品22货币单位。

4月8日：发送180单位产品并开出发票，每单位产品18货币单位。

4月17日：销售240单位产品，每单位产品25货币单位。

要 求

请分别按3种成本计量方法（先进先出法、后进先出法和加权平均成本法）计算下列3项。

1. 期末存货。

2. 毛利润（税后）（假设税率为30%）。

3. 现金流。

挑战练习9-6 雷普索尔 *

要　　点：报告存货

难度系数：中

雷普索尔是一家西班牙的石油和天然气公司。表9-20～表9-22是从2021年和2022年财务报表（根据欧盟2022年12月31日采用的IFRS编制）中节选的信息。

表 9-20　合并利润表（节选）　　　　　　（单位：百万欧元）

	2022 年	2021 年
销售收入	74 828	49 480
服务收入和其他收入	325	265
产成品和在产品存货变动	595	759
购买存货	（56 178）	（37 448）
非流动资产的摊销和减值	（2 339）	（2 004）
减值损失冲回	（2 673）	（663）
人工费用	（1 967）	（1 802）
交通和运输费用	（1 781）	（1 103）
物料费用	（858）	（769）
处置资产利得 /（亏损）	77	10
其他营业收入 /（费用）	（4 169）	（2 968）
营业利润	5 860	3 757

表 9-21　合并资产负债表（节选）　　　　　　　　（单位：百万欧元）

	2022 年	2021 年
资产		
存货（附注 16）	7 293	5 227

表 9-22　附注节选（附注 16）　　　　　　　　　（单位：百万欧元）

	2022 年	2021 年
原油和天然气	2 120	1 713
产成品和半成品	3 712	2 918
物料和其他存货	1 461	596
总计	7 293	5 227

2022 年和 2021 年 12 月 31 日的累计存货减值分别为 101 百万欧元和 48 百万欧元。2022 年的减值确认和减值冲回分别为 91 百万欧元和 39 百万欧元（2021 年分别为 1.5 百万欧元和 7 百万欧元）。

要　　求

1. 请核实资产负债表和附注中账户的金额。
2. 请解释利润表中某些金额为什么不能进行复核。

挑战练习 9-7　T 公司

要　　点：按性质和按职能编制的利润表

难度系数：高

T 公司制造和生产各种不同的产品。X1 年的利润表信息如表 9-23 所示。

表 9-23　T 公司 X1 年的利润表信息

原材料期初存货	18	租金费用	
购入原材料	60	生产租赁	4
销售产成品	150		
消耗原材料	55	行政管理租赁	5
期末原材料	23		
人工费用		在产品期初存货	10
直接人工费用	16		
管理人员费用	5	当期生产完成的在产品	105
销售人员费用	3	在产品期末存货	5
会计和行政人员费用	4		
折旧费用		产成品期初存货	3
生产设备	20	当期销售的产成品成本	107
销售设备	6		
管理设备	4	产成品期末存货	1

要　　求

请分别按性质和职能编制利润表。（请核实营业利润为 21。）

挑战练习 9-8　麦当劳和其他 *

要　　点：比较存货周转率

难度系数：中

以下是 5 家美国餐饮业公司的信息。

1. 麦当劳

麦当劳公司在全球餐饮行业中特许经营并运营麦当劳餐厅。这些餐厅在 100 多个国家提供食品和饮料。所有餐厅都由公司或特许经营者经营，包括在特许经营安排下的传统特许经营者以及在许可协议下的开发许可证持有者和外国附属公司。麦当劳 2022 年年报合并资产负债表和利润表中的部分信息如表 9-24 所示。

表 9-24　麦当劳 2022 年年报部分信息　　　　　（单位：百万美元）

	2022 年 12 月 31 日	2021 年 12 月 31 日
存货（历史成本，不高于市场价值）(资产负债表)	52.0	55.6
公司自营门店费用——食品和包装（利润表）	2 737.3	3 096.8

没有关于存货的详细附注。

2. 芝士工厂（Cheesecake Factory）

截至 2023 年 1 月 3 日，芝士工厂在美国和加拿大拥有并运营 318 家餐厅，品牌包括 The Cheesecake Factory®（210 家分店）、North Italia®（33 家分店）以及在 Fox Restaurant Concepts（FRC）业务内的一个系列。在国际上，有 30 家 The Cheesecake Factory® 餐厅根据许可协议运营。该公司的烘焙部门运营两个工厂，为餐厅、国际许可证持有者和第三方烘焙客户生产高品质的奶酪蛋糕和其他烘焙产品。以下数据摘自合并资产负债表和利润表（2022 年年报）。芝士工厂 2022 年年报合并资产负债表和利润表中部分信息如表 9-25 所示。

表 9-25　芝士工厂 2022 年年报部分信息　　　　　（单位：千美元）

	2022 年 1 月 3 日	2021 年 12 月 28 日
存货（资产负债表）	55 559	42 839
销货成本	810 926	653 133

财务报表附注显示存货包括餐厅食品和其他供应品、烘焙原材料以及烘焙成品。公司的会计年度为 52 或 53 个星期。公司的会计年度为靠近 12 月 31 日的最后一个周二。2022 财年包括 53 周，2021 财年和 2020 财年各包括 52 周。

3. 墨式烧烤（Chipotle Mexican Grill）

墨式烧烤是一家在经营新鲜墨西哥快餐食物的公司，提供的食物包括墨西哥卷饼、墨西哥卷饼碗、玉米饼和沙拉，它们均使用新鲜的优质食材制成。截至 2022 年 12 月 31 日，该公司运营 3 187 家餐厅，其中包括在美国的 3 129 家 Chipotle 餐厅、53 家国际 Chipotle 餐厅以及 5 家 Pizzeria Locale 餐厅。Chipotle 2022 年年报合并资产负债表和利润表中部分信息如表 9-26 所示。

表 9-26　Chipotle 2022 年年报部分信息　　　　　（单位：千美元）

	2022 年 12 月 31 日	2021 年 12 月 31 日
存货（资产负债表）	35 668	32 826
餐厅经营成本（食物、饮料和包装）（利润表）	2 602 245	2 308 631

财务报表附注显示存货主要包括食物、饮料和物料。

4. 达顿餐饮

达顿餐饮是一家全方位服务的餐厅公司。截至 2022 年 5 月 29 日，该公司通过子公司在美国和加拿大拥有并经营 1 867 家餐厅，使用 Olive Garden®、LongHorn Steakhouse®、Cheddar's Scratch Kitchen®、Yard House®、The Capital Grille®、Seasons 52®、Bahama Breeze®、Eddie V's Prime Seafood® 和 The Capital Burger® 这些商标。截至 2022 年 5 月 29 日，它还有 60 家由独立第三方根据区域发展和特许经营协议运营的餐厅。达顿 2021/2022 年年报合并资产负债表和利润表中部分信息如表 9-27 所示。

表 9-27　达顿 2022 年年报部分信息　　　　　（单位：百万美元）

	2022 年 5 月 29 日	2021 年 5 月 30 日
存货（资产负债表）	270.6	190.8
食物和饮料销售成本（利润表）	2 943.6	2 072.1

财务报表附注显示存货主要包括食物和饮料。达顿餐饮的会计年度为 52 或 53 个星期，每年 5 月的最后一个星期日为会计期末最后一天。截至 2022 年 5 月 29 日的 2022 财年包括 52 周。截至 2021 年 5 月 30 日的 2021 财年也包括 52 周。

5. 得州公路酒吧（Texas Roadhouse）

得州公路酒吧公司是一家主要在休闲餐饮领域运营的餐厅公司。创始人于 1993 年在印第安纳州的克拉克斯维尔开设了第一家得州公路酒吧餐厅。截至 2022 年 12 月 27 日，该集团在 49 个州和 10 个外国国家拥有和运营 597 家餐厅，并特许经营额外的 100 家餐厅。在 2022 年 12 月 27 日运营的 597 家公司餐厅中，有 577 家是全资拥有的（其中 552 家是得州公路酒吧餐厅、40 家是 Bubba's 33 餐厅、5 家是 Jaggers 餐厅）。得州公路酒吧 2022 年年报合并资产负债表和利润表中部分信息如表 9-28 所示。

表 9-28　得州公路酒吧 2022 年年报部分信息　　　　　（单位：千美元）

	2022 年 12 月 27 日	2021 年 12 月 28 日
存货（资产负债表）	38 015	31 595
餐厅运营成本（食品和饮料）（利润表）	1 378 192	1 156 628

附注显示得州公路酒吧的存货主要包括食品、饮料和物料。该公司的财年通常为 52 周或 53 周，通常在 12 月的最后一个星期二结束。2022 财年和 2021 财年均为 52 周。

要　求

请计算 5 家公司的存货周转率和存货周转天数，并进行比较。

挑战练习 9-9 日本丰田汽车 *

要　　点：存货财务比率

难度系数：高

日本丰田汽车公司的经营领域包括汽车业、金融业和其他行业，旗下有 3 个业务部门：汽车、金融和其他业务。丰田的汽车业务包括设计、制造、组装和销售轿车、小型货车、商务车和其他零配件。丰田的金融业务主要是向分销商和客户提供融资服务。丰田的其他业务部门主要包括预装式住宅的设计和建造，以及信息技术（包括一个有关汽车信息的网站 GAZOO.com）。

截至 2022 年 3 月 31 日的财年，总公司及其在日本的子公司和其外国子公司根据日本通用会计准则以及其所在国家的会计准则编制财务报表。从截至 2021 年 3 月 31 日开始，"为了提高其在资本市场中的财务信息的国际可比性等其他原因"，丰田汽车公司采纳了由 IASB 发布的 IFRS 作为其合并财务报表的标准。

2017～2022 年财务报表部分信息如表 9-29 所示。

表 9-29　日本丰田汽车公司 2017～2022 年财务报表部分信息　（单位：百万日元）

3 月 31 日	2017 年	2018 年	2019 年	2020 年	2021 年	2022 年
存货	2 388 617	2 539 789	2 656 396	2 533 892	2 888 028	3 821 356
销售成本	21 543 035	22 600 474	23 389 495	23 103 596	21 199 890	24 250 784

要　求

1. 请计算并分析 2017～2022 年的存货周转率。
2. 请计算并分析 2017～2022 年的存货周转天数。

参考书目

Drury C and Tayles M. (2020) Management & Cost Accounting. Cengage Learning, 11th edition, London, 816 pages.

IASB (2016) International Accounting Standard No. 2 Inventories, London.

扩展阅读

Chung J O Y, Cohen J R, Monroe G S. (2008) The effect of moods on auditors' inventory valuation decisions. Auditing: A Journal of Practice & Theory 27 (2), 137-159.

Gross A, Hoelscher J, Reed B J, Sierra G E. (2020) The new nuts and bolts of auditing: technological innovation in inventorying inventory. Journal of Accounting Education, 52(December), 100679.

Labro E. (2019) Costing systems. Foundations and Trends® in Accounting, 13(3-4), 267-404.

Long J H, Nothhelfer R. (2020) Chemotech international, Inc.: accounting for international differences in the measurement of raw material and work-in-process inventories. Issues in Accounting Education, 35(3), 57-67.

Ozlanski M E, Seymoure S. (2021) Conducting a physical inventory of mcintyre organics: bringing real-life experiences to the classroom. Journal of Accounting Education, 56, N.PAG-N.PAG.

Pfaff D. (1994) On the allocation of overhead costs. European Accounting Review, 3(1), 49-70.

注　释

1　对存货管理有兴趣的读者可以阅读管理会计图书，可参见 Drury（2015）。

2　资料来源：国际钢铁协会官方网站。

3　在期末关账前进行盘点，在期末关账的时候只需要稍做调整（跟踪盘点日和期末关账日之间的存货变动）。

4　详见 Drury（2012）。

5　在存货管理系统中，先进先出法是唯一可以避免旧存货堆积的方法。

第10章　财务状况表中的金融工具和公允计量

本章教给你什么

1. 金融工具的不同种类。

2. 金融资产和金融负债的确认和估值。

3. 现金和现金等价物的含义和记录。

4. 按摊余成本进行后续计量的资产的含义和记录。

5. 应收账款的含义和记录。

6. 以公允价值计量且其变动计入其他综合收益进行后续计量的金融资产的含义和记录。

7. 以公允价值计量且其变动计入其他综合收益的权益工具的特殊性。

8. 以公允价值计量且其变动计入当期损益进行后续计量的金融资产的含义和记录。

9. 金融工具披露的主要规定。

10. 如何分析资产负债表中的应收账款并做出决策。

金融工具是证明货币融通双方权利义务契约的真实或虚拟的凭证。金融工具的定义比较宽泛，主要有股权金融工具和债权金融工具（固定收益）。在本章，我们将重点关注债权金融工具（债权金融资产和债权金融负债）和股权金融资产（对其他主体的权益性投资）。主体自身的股东权益（如股票回购）将在第11章讨论。更复杂的金融产品（如衍生品）超出了本书的范围[1]。

金融工具在资产负债表上多处列示，例如，左边的应收账款和有价证券（资产），右边的债权融资工具和应付账款（负债），既可能列示在流动部分，也可能列示在长期（非流动）部分。金融工具更多地见于金融机构（如银行）的核心业务，但是工业和商业企业也会由于多种原因而使用金融工具。

- 经营决策。例如信用销售（金融工具是资产方的应收账款）或信用赊购（金融工具是负债方的应付账款，详见第 12 章）。
- 风险管理（对冲以规避资产和负债的风险）。非金融企业的经营目的是制造、销售、交易产品或服务。管理层希望保护企业的经营，以规避不受控的风险因素（例如，商品价格、利率）。利用金融工具对冲可以减少某些波动对业绩的冲击。当然，这种对冲是需要付出成本的。
- 股东长期融资和供应商短期融资（除了信用赊销的应付账款），以及其他债权人融资（债务或金融资产）。
- 投资获得短期或长期利得，或者对流动性资产进行保值。
- 战略合伙投资或取得另一个主体的控制权（对联营企业或子公司的长期投资）。这些投资可能本身就具有投机性。

在本章，我们将学习这些金融工具。本章内容不包括战略合伙投资或取得控制权的投资（将在第 13 章"企业合并"中讲解）。对子公司、联营公司和合作企业的投资不包括在金融工具的范围内（IFRS 9，IASB 2020d：§2.1）。

10.1　金融资产和金融负债的定义

在 2001 年 IASB 正式成立以前，其前身 IASC 就颁布了一系列会计准则，规定金融工具的不同会计问题的处理，主要有《IAS 30 银行和金融机构财务报表披露》（1990 年 8 月颁布）、《IAS 32 金融工具：披露和列示》（1995 年 6 月颁布）和《IAS 39 金融工具：确认和计量》（1998 年 12 月颁布）。

自 IASB 成立并负责会计准则的制定后，前面提到的那些关于金融工具的会计准则经历了重大的修改和结构重组。2005 年 8 月，IASB 颁布了《IFRS 7 金融工具：披露》，替代了 IAS 30 并引用 IAS 32 中披露的部分，IAS 32 更名为《IAS 32 金融工具：列示》。

同时，IASB 对 IAS 39 的修改并不直接明显，给使用者带来了很多困惑。为了回应使用者的不断抱怨，IASB 决定制定全新的《IFRS 9 金融工具》来完全替代 IAS 39。但是，由于会计准则制定进程的缓慢以及有关方要求关于金融工具的会计准则尽快改善，IASB 决定将 IAS 39 的替换工作分阶段进行，每完成一个阶段，就在 IFRS 9 中替代 IAS 39 中的部分内容。

在 2009 年 11 月，IASB 颁布了《IFRS 9 金融工具》中关于金融资产分类和计量的章节。在 2010 年 10 月，IASB 又加上了金融负债分类和计量的规定。2010 年 10 月，IASB 决定直接引用 IAS 39 中关于终止确认金融资产和金融负债的规定。2011 年 12 月，IASB 将 IFRS 9 的执行生效日延长到 2015 年 1 月。2014 年 7 月，IASB 颁布了 IFRS 9，替代 IAS 39。IFRS 9 替代 IAS 39 经历了三个主要阶段：金融资产和金融负债的分类与计量、减值方法和套期会计。2014 年颁布的 IFRS 9 替代了之前所有的版本，从 2018 年 1 月 1 日起生效，允许提前采用[2]。

另外，为了消除不同会计准则对公允价值计量及披露规定的不一致，也为了提高财务报表信息的可比性，IASB 在 2011 年 5 月颁布了《 IFRS 13 公允价值计量》（2013 年 1 月 1 日起生效）。

公允价值是 IFRS 中一个非常重要的概念，定义为市场参与者在计量日发生的有序交易中，出售一项资产所能收到或者转移一项负债所需支付的价格（IFRS 13，IASB 2016：§9）。

在本书中，我们根据 2023 年 6 月生效的准则讲解。

表 10-1 列示了关于金融工具的会计准则。

表 10-1　IFRS/IAS 中关于金融工具的会计准则

准则编号	准则名称	颁布时间	生效时间	目的
IAS 32	金融工具：披露和列示	1995 年 6 月颁布，2003 年、2005 年及以后多次更新	2005 年 1 月 1 日（提前适用）2015 年 1 月 1 日（对 IFRS 9 的更改）	部分并入 IFRS 7
IAS 39	金融工具：确认和计量	1998 年 12 月颁布，2003 年、2009 年及以后多次更新	2005 年 1 月 1 日（提前适用）2015 年 1 月 1 日（对 IFRS 9 的更改）	部分并入 IFRS 9
IFRS 7	金融工具：披露	2005 年 8 月颁布，2009 年及之后多次更新	2007 年 1 月 1 日（提前适用）2015 年 1 月 1 日（对 IFRS 9 的更改）	替代 IAS 30、IAS 32（披露部分）和 IAS 39（披露部分）
IFRS 9	金融工具	2009 年 11 月颁布，2010 年 10 月更新，2014 年重新颁布，此后多次更新	2013 年 1 月 1 日 在 2011 年 12 月延迟到 2015 年 1 月 1 日 重新延迟到 2018 年 1 月 1 日（提前适用）	在以下几个方面替代 IAS 39：分类和计量、减值方法、套期会计和终止确认
IFRS 13	公允价值计量	2011 年 5 月颁布，此后多次修改	2013 年 1 月 1 日（提前适用）	协调各准则对公允价值计量的不同规定

IASB 定义**金融工具**（IAS 32，IASB 2020a：§11）：形成一个主体的金融资产并形成另一个主体的金融负债或权益工具的合同。

10.1.1　金融资产的定义和分类

金融资产指下述资产。

（1）现金。

（2）另一主体的权益工具。

（3）合同权利，包括：①从另一主体收取现金或金融资产的合同权利；②在潜在有利的条件下，与另一主体交换金融工具的合同权利。

（4）将以主体自身权益工具结算或能以主体自身权益工具结算的合同。该合同是：①一项非衍生工具[3]，使主体将获取或可能获取可变数量的自身权益工具；②一项衍生工具，该衍生工具将以固定数额的现金或其他金融资产换取固定数量的自身权益工具以外的其他方式结算……（IAS 32，IASB 2020a：§11）

IFRS 9（IASB 2020d：§4.1.1）指出主体应该根据以下两个标准对金融资产进行分类：

①主体管理金融资产的业务模式（例如，主体是否使用金融资产进行短期投机）；②金融资产的合同现金流量特征（例如，金融资产是不是固定收益债券）。IFRS 9 定义了以下 3 种金融资产（§ 4.1.1）。

- 按摊余成本计量的金融资产（例如，未实现利得，不在财务报表中确认，除非资产公允价值有大幅度下降）。该类别相当于 IAS 39 下的持有至到期的金融资产。
- 按公允价值计量且其变动计入其他综合收益的金融资产（例如，未实现利得，在其他综合收益报表中根据关账日的公允价值进行列示并转入权益，除非资产公允价值有大幅度下降）。该类别相当于 IAS 39 下的可供出售的金融资产。
- 按公允价值计量且其变动计入当期损益的金融资产（例如，未实现利得，在利润表中按关账日的公允价值确认）。该分类相当于 IAS 39 下的持有至出售的金融资产。

10.1.2　金融资产的计量

1. 初始确认

值得注意的是，除了应收账款之外，在初始确认时，主体应当以公允价值对金融资产或金融负债进行初始计量，对于不是以公允价值计量且变动计入损益的金融资产或金融负债，则还应加上或减去可直接归属于获得或发行该金融资产或金融负债的交易费用。（IFRS 9：§ 5.1.1）

IFRS 9 要求在定义主体管理金融资产的业务模式和金融资产的合同现金流特征时，需要根据具体情况进行判断。例如，假设主体投资了 100 万货币单位的债券，每半年付息 5%，2 年后到期。现金流特征主要是固定收到的利息和最终归还的本金。从现金流特征看，主体可以将该债券归类为未按摊余成本计量的金融资产。如果将该债券划分为按摊余成本计量的金融资产，管理层还需要决定是否将该债券持有至到期，固定收取利息。因此，对主体管理金融资产的业务模式进行判断有一定的主观性。其他金融资产的现金流特征更加复杂，需要更多的主观判断。

2. 后续计量

金融资产的后续计量及其对利润和其他综合收益的影响主要取决于金融资产的分类：①按摊余成本计量的金融资产；②按公允价值计量且其变动计入其他综合收益的金融资产；③按公允价值计量且其变动计入当期损益的金融资产。

表 10-2 总结了金融资产的初始确认及后续计量。从表 10-2 可以看出，上面提到的 IFRS 9 中的三类金融资产其实是四类，因为按公允价值计量且其变动计入其他综合收益的金融资产可以分为债务类和权益类。事实上，主体可以选择将某些权益投资划分为按公允价值计量且其变动计入其他综合收益的金融资产。

表 10-2　金融资产的初始确认及后续计量

种类	IFRS 9		
	在资产负债表中的估值计量	利息收入、预期信用损失以及外币兑换折算和亏损	终止确认
按摊余成本进行后续计量的债务工具	成本	在利润表中确认	在利润表中确认利得或亏损
按公允价值计量且其变动计入其他综合收益进行后续计量的债务工具	公允价值 按公允价值重新计量产生的利得或亏损在其他综合收益中确认	在利润表中确认	在其他综合收益中确认的累计利得或亏损从权益重分类到利润表
公允价值变动计入其他综合收益的权益工具	公允价值 按公允价值重新计量产生的利得或亏损在其他综合收益中确认	股利在利润表中确认	在其他综合收益中确认利得或亏损
按公允价值计量且其变动计入当期损益进行后续计量的债务工具	公允价值 按公允价值重新计量产生的利得或亏损在利润表中确认	在利润表中确认	在利润表中确认利得或亏损

10.1.3　金融负债的定义和计量

金融负债指下述负债。

（1）合同义务，包括：①向另一主体交付现金或金融资产的合同义务；②在潜在不利的条件下，与另一主体交换金融资产或金融负债的合同义务。

（2）将以主体自身权益工具结算或可以以主体自身权益工具结算的合同，该合同是：①一项非衍生工具，使主体承担或可能承担交付可变数量的自身权益工具的义务；②一项衍生工具，该衍生工具将以固定数额的现金或其他金融资产换取固定数量的自身权益工具以外的其他方式进行结算……（IAS 32，IASB 2020a：§11）

IAS 39（§9）也将金融负债分类为以公允价值计量且其变动计入当期损益的金融负债和其他所有以公允价值计量且其变动不计入当期损益的金融负债。以公允价值计量且其变动不计入当期损益的金融负债，包括债券，将在第 12 章详细讲解。IFRS 9 中关于金融负债的新增要求大部分沿用 IAS 39 的规定。

金融负债分类的总体原则是，除了按公允价值计量且其变动计入当期损益的金融负债（主要是衍生金融负债），所有金融负债都划分为按摊余成本计量（IFRS 9：§4.2.1）。另外，如果能够减少会计上的不匹配，主体可以选择将金融负债划分为按公允价值计量且其变动计入当期损益。按摊余成本计量的金融负债，包括债券，将在第 12 章详细讲解。

本章 10.2～10.7 节将逐个讨论不同种类的金融资产：现金及现金等价物、按摊余成本后续计量的金融资产、应收款、以公允价值计量且其变动计入其他综合收益的金融资产和权益工具以及以公允价值计量且其变动计入当期损益的金融资产。第 10.8 节将讨论使用者如何理解财务报表中的金融工具披露的事项。

10.2　现金及现金等价物

IAS 7（IASB 2017：§6）定义，**现金**包括库存现金（硬币、钞票和可使用的货币）和活期存款（可提取的银行存款）；**现金等价物**指期限短、流动性强、易于转换成已知金额的现金，并且价值变动风险很小的投资。现金等价物是为短期现金需要而持有的金融工具（如有价证券），而不是为了长期投资。一项为期 3 个月或时间更短的投资通常被认为是现金等价物。

净现金代表的是现金及现金等价物和负债项目的负现金（比如银行透支）之间的差额。

现金及现金等价物在资产负债表中占总资产的比重因公司而异（见表 10-3，来自 2022 年年报）。不像前面章节中其他资产项目占总资产的比重与行业相关，现金及现金等价物占总资产的比重似乎与行业性质没有关联。现金及现金等价物和流动投资通常被认为是企业的现金储备，是为了更平滑地运营现金泵（见第 1 章）和在需要现金的投资项目机会（如收购其他公司）出现时能及时做出反应。表 10-3 显示了一些公司的现金及现金等价物占总资产的比重。

表 10-3　现金及现金等价物占总资产的比重

公司（国家—行业）	货币单位	现金及现金等价物	总资产	现金及现金等价物 / 总资产
Sulzer（瑞士—先进的材料技术和流体动力学解决方案）	百万瑞士法郎	1 196.3	4 620.2	25.9%
Stellantis（荷兰—汽车）	百万欧元	46 433	186 156	24.9%
IAG（西班牙—航空）	百万欧元	9 196	39 303	23.4%
印孚瑟斯（印度—咨询、技术和外包服务）	千万卢比	17 472	117 885	14.8%
阿里巴巴（中国—电子商务）	百万人民币	189 898	1 695 553	11.2%
Weyerhaeuser（美国—建筑材料和家具）	百万美元	1 581	17 340	9.1%
Pernod Ricard（法国—饮品）	百万欧元	2 527	36 012	7.0%
索尼（日本—音乐、娱乐、消费和专业电子产品）	百万日元	2 049 636	30 480 967	6.7%
Bang & Olufsen（丹麦—消费电子品）	百万丹麦克朗	162.0	2 518.0	6.4%
飞利浦（荷兰—消费电子和专业电子产品）	百万欧元	1 688	30 688	5.5%
喜力（荷兰—啤酒）	百万欧元	2 765	52 406	5.3%
微软（美国—软件）	百万美元	13 931	364 840	3.8%
Orkla（挪威—食品）	百万挪威克朗	1 502	80 671	1.9%

例 10-1　达顿（美国—美国企业会计准则—2018 年年报—餐饮）

达顿 2018 年年报有关金融资产的信息如表 10-4 所示。

表 10-4　合并资产负债表（节选）　　　　　　　　（单位：百万美元）

	2022 年 5 月 29 日	2021 年 5 月 31 日
……		
流动资产		
现金及现金等价物	420.6	1 214.7
……		
财务报表附注		

现金等价物

现金等价物包括高流动性投资，如银行存款和货币基金，通常 3 个月以内到期。对信用卡公司的应收款通常也看作现金等价物，因为从交易发生到现金到账通常只需要 3 天我们将在第 16 章进一步讲解现金及现金等价物。

10.3　按摊余成本后续计量的金融资产

根据 IFRS 9（IASB 2020d：§4.1.2 等），如果同时满足下列两个条件，则金融资产应当以摊余成本计量。

- 金融资产在以收取合同现金流量为目标而持有金融资产的业务模式中持有。
- 金融资产的合同条款规定，在特定日期产生的现金流量，仅为对本金和以未偿付本金金额为基础的利息的支付。

这些金融资产都不是投机性投资。这类资产的划分是基于企业的商业模式。

在初始确认后，这些金融资产都应该按摊余成本计量。金融资产或金融负债的摊余成本指金融资产或金融负债的初始确认金额减去偿还的本金，加上或减去使用实际利率法确定的初始金额与到期金额之间差额的累计摊销额。对于金融资产，还需要针对任何的损失准备做出调整。（IFRS 9，附录 A：术语定义）

实际利率法指用于计算金融资产或金融负债的摊余成本，并向相关期间分配和确认计入损益的利息收入或利息费用的方法。（IFRS 9，附录 A：术语定义）**实际利率**指将金融资产或金融负债在整个预计存续期的估计未来现金付款额或收款额，恰好折现为该金融资产账面余额或该金融负债摊余成本的利率。（IFRS 9，附录 A：术语定义）

在实务操作中，应收款放在资产下，我们将在下一节讲解应收款。

10.4　应收款

客户延迟支付货物或服务款项时就会产生应收账款。延迟付款可以看作供应商向客户提供的无息短期贷款。商业中，企业可以通过向供应商信用赊购或向客户信用销售，调节自身的应付款项和应收款项。作为之前提到的关于要求按公允价值进行初始确认的特例，在初始确认时，对于不具有重大融资成本的应收账款，主体应按其交易价格进行初始计量。（IFRS 9，§5.1.3）

10.4.1　应收账款或应收款

应收账款通常在资产负债表中占总资产的比重较大，表 10-5 列出了一些公司 2022 年年报中应收账款占总资产的比重（递减）。从表 10-5 可以看出，服务性行业的公司或生产外包的公司（这些公司固定资产较少），与重资产行业公司（固定资产较多）相比，应收账款比重更大。

影响应收账款账面价值的会计因素包括：

- 不可抵销原则。
- 分类账（按交易或客户分类）和应收账款之间的关联。

- 应收账款可收回概率，可能需要计提坏账准备。
- 报告应收账款的方式。
- 增值税或销售税。

表 10-5   应收账款占总资产的比重

公司（国家—行业）	货币单位	账户名称	应收账款	总资产	应收账款 /总资产
印孚瑟斯（印度—咨询、技术和外包服务）	千万卢比	应收账款	14 827	117 885	12.6%
飞利浦（荷兰—消费和专业电子产品）	百万欧元	当期应收款	4 035	30 688	13.1%
Sulzer（瑞士—高科技材料技术和流体动力学解决方案）	百万瑞士法郎	应收账款	622.3	4 620.2	13.5%
Stora-Enso（芬兰—造纸）	百万欧元	经营应收账款	1 487	12 849	11.6%
索尼（日本—音乐、娱乐、消费和专业电子产品）	百万日元	应收票据和应收账款	1 012 779	30 480 967	3.3%
Airbus SE（荷兰—航空航天）	百万欧元	应收账款	6 078	115 198	5.3%
Pernod Ricard（法国—饮品）	百万欧元	应收账款和其他经营应收账款	1 122	36 012	3.1%
易捷航空（英国—航空）	百万英镑	应收账款和其他应收款	408	6 995	5.8%
IAG（西班牙—航空）	百万欧元	应收账款	596	39 303	1.5%
沃尔玛（美国—零售连锁）	百万美元	应收款，净值	6 283	219 295	2.9%
阿里巴巴（中国—电子商务）	百万人民币	应收账款，净值	32 813	1 695 553	1.9%

1. 应收账款中不可抵销原则的应用

应收账款账户是信用销售的结果，通常作为资产放在资产负债表的左边。当销售收入在利润表中记录的时候，应收账款账户相应增加。有时候，客户会预先支付订金，使企业产生预收账款负债（企业将来有义务提供货物或服务给客户）。但是，对于同一客户（或任一客户）来说，资产下的应收账款不能和负债下的预收账款相抵销。同样，同一客户的其他交易也不能相互抵销，都要分开记账。假设 C 客户在 1 月赊购了 100 货币单位的货物，在 2 月赊购了 200 货币单位的货物，销售信用期是 2 个月。第 3 个月，客户 C 支付了 150 货币单位。这 150 货币单位必须记录在客户想支付的交易账户下，有以下两种不同的处理方法。

- 100 货币单位用来支付交易 1（第 1 个月的购买），剩下的 50 货币单位用来提前支付交易 2（第 2 个月的购买）。
- 交易 1 和交易 2 各支付 50%。

显然，第一种处理方法更符合逻辑，但事实是，在应收账款账户下交易不可以合并。

同样，当一家企业同时是另一家企业的客户和供应商时，不能抵销对同一家企业的应收账款和应付账款。当客户用现金支付时，资产负债表上现金账户增加，应收账款账户相应减少。

负债下的预收账款（预付定金等）处理方向相反，如果货物已经发出、服务已经提供或
多付款项已经退回，预收账款账户相应减少。

2. 明细分类账

在前面我们提到，信用销售会增加应收账款账户的金额。但是应收账款作为一个总账，
不能帮助管理层管理与客户的每一笔交易。虽然对外公布的财务会计信息只有应收账款这
一项或几项，但在企业内部，需要对每个客户设一个应收账款次级科目（称为明细分类账），
追踪每一笔账款的账龄和支付情况。

很多会计软件都按照字母顺序设置了账户名称（见第 3 章）。在会计期末，所有的应收
账款明细分类账都要集中累计，归入应收账款总账中。

应收账款的明细分类账通常按客户和账龄管理，以追踪账款的支付情况。应收账款账龄
表中按到期日或延期日列出所有客户每笔交易的应收账款明细。

3. 应收账款的回收

信用销售可以吸引更多的客户，增加销售额，是大多数企业对企业交易的方式。企业需
要在每个会计期末评估应收账款回收的可能性和概率。企业在评估的时候可以考虑相关商业
信息（如客户满意度、退货和投诉等）和外部信息（如欠款人的经济财务状况）。

图 10-1 列示出 4 种应收账款回收的可能性。

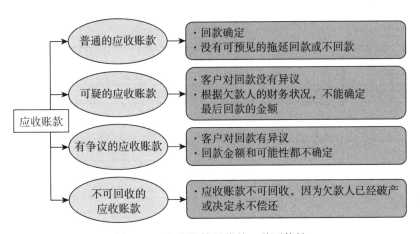

图 10-1　应收账款回收的 4 种可能性

可疑的应收账款和有争议的应收账款都有可能部分或全部收不回，被称为坏账。对于这
些应收账款要进行减值，提取坏账准备金，计入当期损益。不可回收应收账款则需要进行冲
销，计入利润表的坏账费用。有时候，应收账款减值和冲销统称为坏账费用。

图 10-2 列示出应收账款减值和冲销步骤。

（1）确认可疑或有争议的应收账款。

前面提到，应收账款账龄表（或账龄余额表）[4] 中会根据到期日或延期日列出每个客户

每笔交易的应收账款明细。所有账龄超出信用期的应收账款，都有可能是可疑或有争议的应收账款。进一步详细调查延期未付款的原因，可以最终确定是否应该将其归类为可疑或有争议的应收账款。

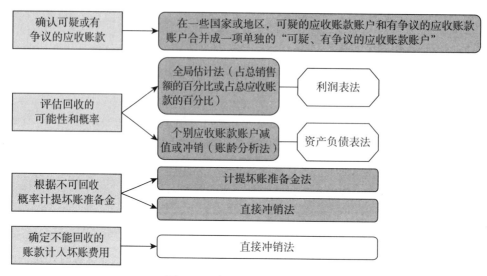

图 10-2　应收账款减值和冲销

　　每一家企业给的信用期限都不同，但是每个国家或地区、行业都有通常可接受的信用期限范围。表 10-6 列示出了 2018 年一些国家或地区的还款天数。

表 10-6　2018 年还款天数[5]

西欧	44	波兰	75
奥地利	32	罗马尼亚	45
比利时	48	斯洛伐克	43
丹麦	32	土耳其	64
法国	42	美洲	37
德国	27	巴西	44
英国	35	墨西哥	31
希腊	61	加拿大	32
爱尔兰	48	美国	37
意大利	74	亚太	40
西班牙	49	澳大利亚	42
瑞典	34	中国大陆	44
瑞士	36	中国香港	48
荷兰	46	中国台湾	29
东欧	59	新加坡	35
保加利亚	79	印度尼西亚	52
捷克共和国	44	日本	38
匈牙利	49	印度	34

应收账款拖欠得越久（超过正常信用期限），就越可能收不回。

（2）评估回收的可能性和概率。

1）**全局估计法**（占销售额或总应收账款的百分比）。

不可回收账款的概率可以根据企业的历史统计数据用全局估计法估计。最常用的方法就是计算过去不可回收账款占总销售额或占总应收账款的百分比。但是全局估计法在实务操作中使用得比较少，因为现在的会计软件基本都支持个别应收账款账户减值（通过准备金费用）或冲销（通过坏账费用）。

2）**账龄分析法**（个别应收账款账户减值或冲销）。

账龄分析法要求对每一个客户（或交易）进行如下分析。

- 客户有没有质疑应收账款的有效性和对产品或服务是否满意。
- 与客户的交易是否有关于支付款项的特殊安排。
- 是否有关于客户财务状况困难的信息。
- 公司寄给客户的信是否有未收到被退回的情况。

如果及时发现拖欠款项，分析原因并进行适当处理，拖欠款项通常是可以收回的。及时了解、掌握未收回款项的信息对于避免之后的坏账非常重要。

（3）根据不可回收概率计提坏账准备金。

当确定全部或部分账款可能不可回收时，就要计提坏账准备金（或应收账款减值准备），这种方法就是**计提坏账准备金法**。根据配比原则，提取的坏账准备金应当计入费用。通常在期末关账后的几个星期内，计算要计提的坏账准备金，作为所谓的第 13 个月分录入账。

例 10-2

BG 公司在 X1 年期末，仍未收到 A 客户 100 货币单位欠款。在 X1 年下半年，A 客户财务状况出现困难，BG 公司预计能收回 A 客户 60 货币单位款项（40% 的损失）。在 X2 年期末，BG 公司估计不可收回的款项为 70 货币单位。到了 X3 年，A 公司破产清算，BG 公司只收回 10 货币单位款项。图 10-3～图 10-5 列出了一系列事项和分录。

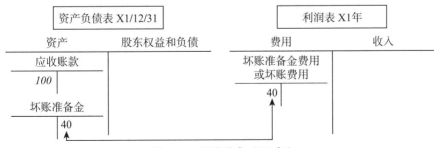

图 10-3　坏账准备（X1 年）

注：期初余额用斜体字表示。

BG 公司在 X1 年期末根据对损失的估计计提了 40 货币单位的坏账准备金费用。在这一阶段，应收账款账户金额并没有减少，损失计入资产备抵账户"坏账准备金"。这里绝对不能直接减少应收账款账户的金额（容易造成应收账款已经部分收回的错觉）。实质上，只要

A 客户没有破产清算，BG 公司仍然对 A 客户的欠款有追索权。这里估计的只是可收回的概率。

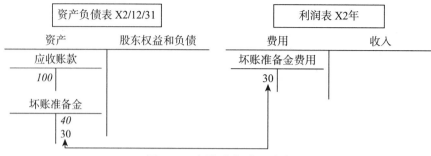

图 10-4　坏账准备（X2 年）

注：期初余额用斜体字表示。

在 X2 年，BG 公司估计不可收回的款项为 70 货币单位。计提的坏账准备金需要增加 70-40=30 货币单位（40 货币单位是 X1 年期末计提的坏账准备金），累计计提的坏账准备金为 70 货币单位。

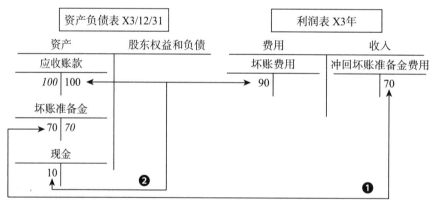

图 10-5　坏账准备（X3 年）

注：期初余额用斜体字表示。

当客户最后归还欠款（尽管只是归还部分）时，必须：

- 冲回应收账款坏账准备金费用（在利润表收入一边记录相等的金额）。
- 根据最开始的应收账款金额 100 货币单位和最后收回金额 10 货币单位的差额记录坏账费用 90 货币单位。

对每一年利润的影响：

X1 年	坏账准备金费用	-40	
X2 年	坏账准备金费用	-30	-90
X3 年	冲回坏账准备金费用	+70	-20
	坏账费用	-90	

注释：

- 累计坏账准备金费用账户的作用是将最后实际发生的坏账（90）分期确认。
- 应收账款不可回收的损失最开始估计的时候比较困难（在这个例子中，X1 年估计为 40，X2 年估计为 70）。坏账费用（90）和累计提坏账准备金（70）的差额（20）总在最后确认坏账费用的时候记录（这里是 X3 年）。在实务操作中，实际发生的坏账费用和估计的累计坏账准备金总是会有差异的。

直接冲销法

在直接冲销法下，当发生不能回收款项的风险时，不需要计提坏账准备金，而是等到确定不能回收的金额时，直接记录坏账费用（如上例中 BG 公司 X3 年的分录）。

不是所有国家都允许使用直接冲销法，因为该方法违反了配比原则，在不可回收风险发生并已知的时候没有真实、公允地反映应收账款的价值。中国企业会计准则就规定不允许使用直接冲销法记录坏账。当企业的销售水平和不可回收款项百分比相对稳定的时候（非常少见），这种方法能对企业的利润有比较公允的反映，但仍然不能公允地反映企业的财务状况。

（4）确定不能回收的账款记录坏账费用。

如果一项应收账款确定不能收回，就要计入坏账费用。如果之前已经计提坏账准备金，就要将其冲回（见 BG 公司 X3 年的分录）。

在根据对损失的估计计提坏账准备金的时候，有一定的操纵空间，管理层经常用来操纵盈余管理（见第 17 章）。

4.应收账款的报告

在资产负债表中，企业通常按以下 4 种方式（见表 10-7～表 10-10）报告应收账款（以 BG 公司 X2 年的资料为例）。

（1）详细、垂直式、资产备抵账户。

表 10-7　详细、垂直式、资产备抵账户报告应收账款

应收账款（账面原值）	100
减：累计计提坏账准备金	−70
应收账款（净值）	30

（2）综合、在资产负债表中详细解释。

表 10-8　综合、在资产负债表中详细解释应收账款

应收账款（减去累计计提坏账准备金：70）	30

（3）综合、在附注中详细解释。

表 10-9　综合、在附注中详细解释应收账款

应收账款（净值）(见附注 X)	30

财务报表附注（附注 X　应收账款）：

累计计提坏账准备金为 70 货币单位。

（4）详细、水平式。

表 10-10　详细、水平式报告应收账款

	账面原值	累计计提坏账准备金	净值
应收账款	100	70	30

不管使用哪种报告方式，最重要的是能让使用者了解应收账款的账面原值，该值通常被用来计算财务比率（见本章关于财务报表分析的内容）。

5. 坏账准备金变动报告

第 7 章讲解了固定资产账面原值和累计折旧的变动情况。对于提取的坏账准备金，也可以报告变动状况。

例 10-3　万科（中国—中国企业会计准则—2022 年年报—房地产）

万科，中国最大的住宅开发商在 2022 年年报中报告了应收账款坏账准备变动情况。

附注 4（3）.本年计提、收回或转回的坏账准备情况如表 10-11 所示。

表 10-11　本年计提、收回或转回的坏账准备情况

	2022 年	2021 年
年初余额	240 288 020.15	115 741 421.40
本年增加	197 226 106.00	65 769 447.46
本年收回或转回	（51 192 636.56）	（21 442 973.46）
合并范围变化	（24 798 691.18）	80 220 124.75
年末余额	361 522 798.41	240 288 020.15

10.4.2　应收票据

1. 原则

信用销售有时候通过特殊的货币工具结算，称作商业票据（notes 或 commercial paper）。这些货币工具，如果是卖方发行的，称为汇票（draft 或 bill of exchange）；如果是买方发行的，则称为本票（promissory note）。这些金融工具多在如西班牙、意大利、法国和希腊使用，也在美国、日本、芬兰和英国使用。商业票据定义如下。

- 汇票是由出票人（如卖方）签发的，要求受票人（如买方）在指定日期无条件支付确定金额给第三方收款人或持票人（有可能就是出票人自己）的书面命令。实务中，通常由卖方签发汇票，连同发票一起寄给买方，买方可以选择汇票付款，将签好的汇票寄回卖方，签字即产生契约的法律效力。

- 本票是一个人或企业（出票人）签发的，保证在指定日期向指定第三方收款人或持票人支付一定金额的无条件书面承诺。出票人一般是客户，收款人一般是供应商。

因为对汇票和本票的会计处理是一样的，我们把这一类金融工具统称为应收票据（对于卖方）或应付票据（对于买方）(应付票据详见第 12 章)。

相对于传统的只开发票的信用销售，应收票据有 3 个优势。

- 商业票据是一种契约，因为买方已经签字接受。相对于简单的"订购、发货、开发票"，商业票据能提高支付的保证。
- 票据是通用的金融工具。票据可以背书给第三方（不仅限于金融机构），所以可以由买方支付贴现费进行交易，贴现费反映了企业的风险水平。
- 票据是可转让的金融工具。卖方可以在票据到期之前将其卖给金融机构，收到的现金略少于票据的面值。金融机构需要收取一定的服务费（通常是按票据面值的一定比例加上固定管理费收取）。将票据卖给金融机构称为**贴现**（discounting）。一些特殊的金融机构（通常是银行或保险公司的子公司）也提供类似服务，称为客账经纪商。如果应付票据卖给这些特殊金融机构，则称作**保理**（factoring），它和贴现的原理是一样的。客账经纪商通常愿意承担违约风险，所以收费也比较高。

图 10-6 显示了票据到期前出售的流程。

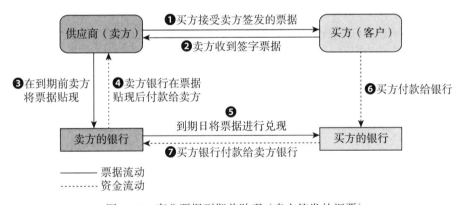

图 10-6　商业票据到期前贴现（卖方签发的汇票）

注：1. 任何票据的持有人（即使在背书后）都可以出售票据。

　　2. 在将票据贴现时，票据持有人收到的金额少于票据的面值，银行要收取一定的贴现费：贴现日和到期日之间产生的利息费用、管理费和风险溢价。

　　3. 两种风险水平不同的贴现方式：

- 无追索权：受票人违约风险随着票据出售转移给票据的买方。
- 有追索权：如果受票人在到期日违约，贴现金融机构保留向出票人或票据出售人的追偿权。例如，有条件出售。

2. 应收票据的记录

如果票据进行贴现，应冲销应收票据账户、增加现金账户，将贴现费作为费用记入利润表。对于已经贴现但有追索权的票据，虽然应收票据账户已经从资产负债表移除，但企业仍然要在财务报表附注中的"或有事项承诺"或"应收账款"下报告已贴现票据，让使用者明白，虽然应收票据账户已经移除，但仍然存在潜在负债和义务。

还有一种会计处理方法：在将票据贴现后，仍然在资产方保留应收票据账户，但是同时记录一个相应的负债账户（对购买票据但保留追索权的金融机构的义务）。IFRS 9（§3.2.6）支持第二种有追索权的贴现会计处理，当主体转移一项金融资产……如果主体仍然承担所有风险，并享有该金融资产所有权，主体应当继续确认该金融资产。

贴现票据的金额对于计算与应收账款相关的无偏的财务比率（如应收账款周转率等）非常重要（见10.9节）。

例10-4　中国交通建设集团（中国—IFRS会计准则—2022年港股年报—基础设施建设）

中国交通建设集团与一些银行签署了有追索权或没有追索权的保理协议来获取银行贷款。2022年12月31日为820百万元人民币。在董事看来，这类交易不符合终止确认的条件，被认为是质押借款……另外，在2018年12月31日，根据没有追索权的保理协议，金额为15 666百万元人民币的应收账款已经转入银行。其中，13 894百万元人民币的应收账款已经终止确认，因为董事认为应收账款的重大风险和收益都已经转移。

10.4.3　销售退回

当客户因任何原因不满意产品或服务，退回产品并要求全部或部分退款时，原始的销售收入要被冲回。两种记录销售退回的方法为：直接从销售收入账户中冲减（见图10-7）或记入收入备抵账户（销售退回，见图10-8），后一种方法更能反映出销售退回的经营状况。

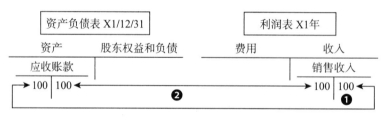

图10-7　方法1：用直接冲销法记录销售退回

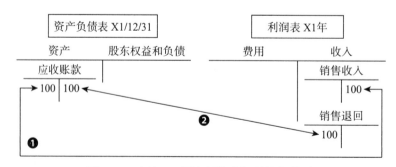

图10-8　方法2：用备抵账户记录销售退回

销售退回账户（很少用于对外报告，只供内部使用）可以让管理层更好地监控、分析退货情况和原因。利润表中的销售收入（销售折扣前收入）大多数时候是减去销售退回后的净值。

货物被退回后，在再次出售或销毁前，需要先计入存货，具体会计分录取决于企业使用永续盘存制还是定期盘存制。

如果企业使用定期盘存制（见第 2 章和第 9 章），在销售退回的时候不需要做任何分录，因为在期末盘点存货的时候会自动记录退回货物，除非这些货物在期末盘点前已经销售或销毁。

如果企业使用永续盘存制（见第 2 章和第 9 章），而且货物仍然可以被销售，货物就要记入存货账户，并相应调整销货成本账户；如果这些退回货物不能再次被出售，只需要记录销毁处置成本，不用管存货账户。

应收票据和销售退回还会影响增值税，也可能会影响销售税。

大多数公司都不会对外报告销售退回，只是内部根据历史统计数据预测可能的销售退回。在会计期末的时候，将估计的销售退回调整为实际发生的销售退回。

📇 例 10-5　Dr. Reddy's Laboratories（印度—印度通用会计准则—2021/2022 年度报告和审计师报告—制药公司）

审计师报告：收入在扣除销售退货和折扣等应计项后进行确认。这些应计项的估计至关重要。这些估计比较复杂并需要对公司进行重大判断和估算。

年度报告：公司通过在产品销售时同时确认收入并记录退款负债来核算应计销售退货。这个负债是基于公司对预期销售退货的估计而确定的。

截至 2022 年 3 月 31 日，年度期间其他准备金变动的详细情况如表 10-12 所示。

表 10-12　其他准备金变动的详细情况

	退款负债（1）
期初余额	1 134
当年准备金净值	2 097
当年使用的准备金	（1 928）
期末余额	1 303

（1）退款负债根据公司估计的预期销售退货核算。附注 1.3（m）列示出公司关于退款负债的会计政策

10.5　以公允价值计量且其变动计入其他综合收益的金融资产

10.5.1　原则

根据 IFRS 9（IASB 2020d：4.1.2A），如果同时满足下列两个条件，则金融资产应当以公允价值计量且其变动计入其他综合收益。

- 金融资产在通过既收取合同现金流量又出售金融资产来实现其目标的业务模式中持有。
- 金融资产的合同条款规定在特定日期产生的现金流量，仅为本金及未偿付本金金额之利息的支付。

例如，有一个三年到期的债券，管理层打算第二年就将其出售。该债券支付利息和到期偿还本金（符合上述第二个条件）。管理层收取利息，并在到期前出售债券（符合上述第一个条件）。

10.5.2　价值变动的确认

以公允价值计量且其变动计入其他综合收益的金融资产，除减值利得或损失及汇兑损益之外，所产生的任何利得或损失均应在其他综合收益中确认，直至该金融资产终止确认或被重分类。当金融资产终止确认时，之前计入其他综合收益的累计利得或损失应作为一项重分类调整从权益重分类至损益。采用实际利率法计算的利息应当计入损益。（IASB 2020d：§ 5.7.10）

在金融资产持有期，以公允价值计量且其变动计入其他综合收益的金融资产不影响利润表，而是计入其他综合收益，除非有重大事项影响金融资产的公允价值（比如主体持有的债券的发行公司破产）。当主体出售金融资产时，其他综合收益中累计的利得或损失转入利润表。

假设在 X1 年年末以 100 货币单位的价格购入一个五年期的债券（见图 10-9）。

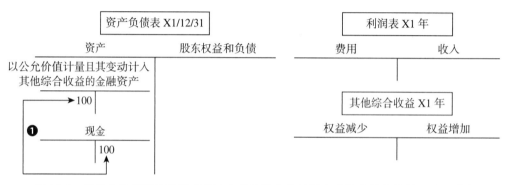

图 10-9　以公允价值计量且其变动计入其他综合收益的金融资产的会计处理（X1 年）

到 X2 年年末，债券的市场价值变为 110 货币单位，因为利率下降了（利率下降，债券价值则上升）。X2 年年末，资产负债表上债券的价值增加 10 货币单位，其他综合收益确认10 货币单位利得（见图 10-10 中❶）。同理，10 货币单位未实现利得转入权益中的"累计其他综合收益"（见图 10-10 中❷）。利润表只受到 X2 年收到的利息的影响。

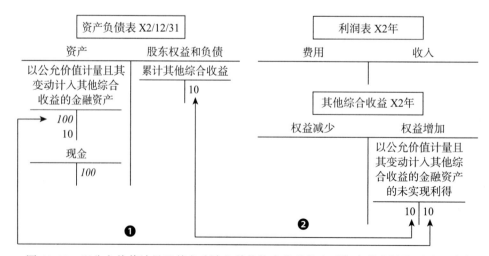

图 10-10　以公允价值计量且其变动计入其他综合收益的金融资产的会计处理（X2 年）

注：期初余额用斜体字表示。

在 X3 年年末，债券的市场价值仍然为 110 货币单位，主体打算出售该债券。到 X3 年年末，主体将减少其他综合收益 10 货币单位，增加利润 10 货币单位（见图 10-11 中 ❶），减少资产负债表中的金融资产 110 货币单位，增加现金 110 货币单位（见图 10-11 中 ❷）。

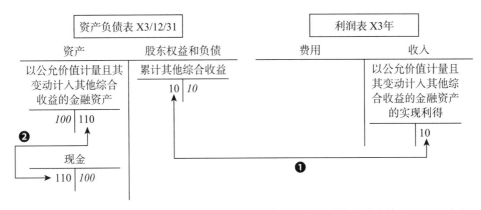

图 10-11　以公允价值计量且其变动计入其他综合收益的金融资产的会计处理（X3 年）

注：期初余额用斜体字表示。

10.6　以公允价值计量且其变动计入其他综合收益的权益工具

权益工具指能证明享有主体的资产扣除所有负债后的剩余利益的合同（IAS 32，IASB 2020a：§ 11）。权益工具通常以公允价值计量且其变动计入损益（见第 7 章）。但是，IFRS 9 允许在例外情况下，主体可以选择将权益工具以公允价值计量且其变动计入其他综合收益。这样做的好处是利润表可以不受权益工具公允价值变动的影响（当然，在权益投资对象破产的情况下，应当将权益工具的减值计入损益），减少利润因金融资产公允价值变动而产生的波动。只有股利收入计入损益。

值得注意的是，不像以公允价值计量且其变动计入其他综合收益的债务工具，通过其他综合收益计入权益的累计未实现利得或损失将来不会转入利润表。

10.6.1　原则

IFRS 9 指出，权益工具投资，如果既不是为交易而持有的，也不是购买方在适用《国际财务报告会计准则第 3 号》的企业合并中确认的或有对价，主体在初始确认时可以做出不可撤销的选择，将其公允价值的后续变动在其他综合收益中列报（IASB 2020c：§ 5.7.5）。权益工具必须以公允价值计量，IFRS 13 中有相关规定。

10.6.2　非上市交易金融资产的特殊情况

IFRS 13 公允价值计量（§ 72）于 2013 年 1 月起生效，建立了一套公允价值层级，将公允价值计量所采用的估值技术输入变量划分为三个等级。公允价值层级将活跃市场中相同资产或者负债的公开报价（未经调整）作为最优等级（第一层级输入变量），把非可见输入变量作为最低等级（第三层级输入变量）。

- 第一层级和第二层级资产估值都是基于可见的市场变量。
  - 第一层级：活跃市场中相同资产的公开报价。
  - 第二层级：其他可见的市场变量。例如，相似资产的公开报价。
- 第三层级：没有可见的市场变量，企业管理层必须依靠自身的假设和判断（非可见输入变量）。但是以公允价值计量的目的是一样的（持有金融资产的参与者在计量日可接受的脱手价格）。因此，非可见输入变量要反映市场参与者在估值金融资产或负债时会考虑的假设，包括对风险的假设。（IFRS 13：§ 87）

这些规则适用于对未上市公司的投资，根据第三层级输入值的计量比较主观。

10.7 以公允价值计量且其变动计入当期损益的金融资产

10.7.1 定义

除以摊余成本计量或以公允价值计量且其变动计入其他综合收益外，其他金融资产应当以公允价值计量且其变动计入损益。（IFRS 9，IASB 2020d：§ 4.1.4）以公允价值计量且其变动计入损益的金融资产指为交易而持有的金融资产或在初始确认时，被主体指定为以公允价值计量且其变动计入损益的金融资产（EY 2015：9）。

在实务操作中，这类资产通常指流动性投资、有价证券和短期投资。这些资产可以平稳地出售，公司将其作为现金替代物持有，以保证流动性资产的购买力，并有可能获得投资回报。

这一类金融工具的估值非常关键，因为它们的公允价值（市场价值）随时在波动，会导致潜在的（未实现的）利得或损失。这些利得或损失的确认与报告会影响企业的内在风险水平和创造价值计量。

10.7.2 以公允价值计量且其变动计入当期损益的金融资产的会计处理

我们举个例子说明如何计算在利润表中确认的损益。M 公司持有其他两家公司的证券（A 公司债券和 B 公司股票）作为流动性投资。我们用表 10-13 中的资料举例说明该划分为以公允价值计量且其变动计入当期损益的流动性投资市价变动的会计处理。

表 10-13　M 公司流动性投资举例资料

购买日期	证券	数量	单位成本	总成本	期末单位市场价格	期末总市场价值	期末调整（各个证券）	期末调整（总组合）
X1/10/25	A 公司债券	10	150	1 500	160	1 600	100	
X1/11/23	B 公司股票	20	100	2 000	90	1 800	−200	

（续）

购买日期	证券	数量	单位成本	总成本	期末单位市场价格	期末总市场价值	期末调整（各个证券）	期末调整（总组合）
总计	组合	（A 公司 10 单位债券 +B 公司 20 单位股票）		3 500		3 400	−100	−100

虽然不可抵销原则要求分别记录各个证券的未实现利得和损失，但 IFRS 9 允许以流动性投资组合为单位报告未实现利得和损失。因为交易性金融工具在期末关账后非常短的时间内就会进行交易，所以每一种证券的特殊性质对于分析师来说并不是特别重要。

我们采用 IFRS 9 以总投资组合为单位的方法举例说明。B 公司股票的潜在损失和 A 公司债券的潜在利得进行抵销，得到净损失，如图 10-12 记录。在该例子中，我们将公允价值变动记录为准备金费用。IFRS 9 只是规定公允价值变动要确认损益，并没有明确说明应当记录到哪个账户（IFRS 会计准则通常不会具体要求记录到哪个账户）。在这种情况下，记录到准备金账户是最佳选择。如果是潜在利得，就需要记录到收入账户。

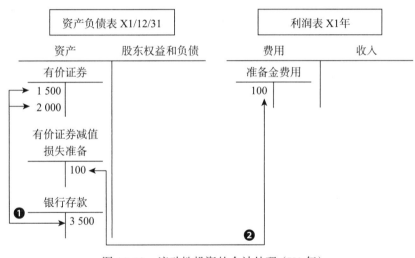

图 10-12　流动性投资的会计处理（X1 年）

❶ 购买有价证券。X1 年 10 月 25 日购入 A 公司债券和 X1 年 11 月 23 日购入 B 公司股票的分录在这里合并成一个。在实际的会计操作系统中应当是两个单独的分录。因为我们举例的目的是分析金融资产期末总的价值变动，所以没有必要分成两个交易记录。

❷ 期末分录记录潜在损失（以总投资组合为单位，根据期末关账日或期末关账日前最后一个交易日的市场价值计算）。只要证券还未被出售，该损失就是潜在的、未实现的。在财务报表中还可以看到其他类似于未实现损失或潜在损失这样的术语。

在 X2 年 2 月 20 日，B 公司的 8 单位股票以单价 85 货币单位出售。因为每单位 B 公司股票以单价 100 货币单位购入，所以总损失为 120[=（100−85）× 8] 货币单位。简单起见，我们假设 A 公司的债券市场价值在 X1 年期末到 X2 年第 1 季度末没有发生变化，同时假设 B 公司股票在 X2 年第 1 季度末的市场价格为 85 货币单位。具体分录如图 10-13 所示。

一些国家（极少数）将利润表中的准备金冲回和处置损失两个分录合并起来记录，例如在我们的例子中，直接在利润表中记录 20（=100-120）货币单位的损失。但是剩下的 B 公司 12 单位股票新确认的未实现损失需要单独记录。

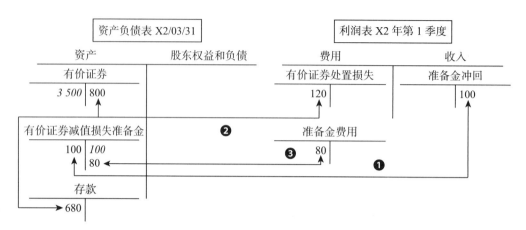

图 10-13　流动性投资的会计处理（X2 年第 1 季度）

注：期初余额用斜体字表示。

❶ 在 X2 第 1 季度期初冲回准备金。

❷ 出售有价证券的分录不考虑提取的有价证券减值损失准备金，处置损失是 -120[= 8 ×（85-100）]。

❸ 有价证券减值损失以 A 公司 10 单位债券和 B 公司 12 单位股票组合为单位，根据购买成本和现行市场价格重新计算。A 公司债券的潜在利得为 100 货币单位，B 公司股票的潜在损失为 180 货币单位，所以整个投资组合新的减值损失准备金为 80 货币单位。

10.7.3　以公允价值计量且其变动计入当期损益的金融资产的报告

IASB 提倡透明、真实、公允地报告，财务报表及其附注包含使用者了解企业的整个情况需要知道的所有事实信息即可，IASB 并不规定哪种报告形式更好。对年度报告的分析表明，流动性投资有 4 种报告方式，每一种方式都有详细的信息。

以 M 公司 X1 年资料为例，流动性投资可以有以下 4 种报告方式，如表 10-14～表 10-17 所示。

1. 详细、垂直式、资产备抵账户

表 10-14　流动性投资（1）

流动性投资（账面总值 - 成本）	3 500
减：潜在减值损失准备金	-100
流动性投资（净值）	3 400

2. 综合、单一账户、资产负债表内详细解释

表 10-15　流动性投资（2）

流动性投资（减去潜在减值损失准备金：100）	3 400

3. 综合、单一账户、附注中详细解释

表 10-16　流动性投资（3）

流动性投资（净值）(见附注 X)	3 400

财务报表附注（附注 X　流动性投资）：

累计潜在减值损失准备金是 100 货币单位。

4. 详细、水平式

表 10-17　流动性投资（4）

	账面原值	累计潜在减值损失准备金	净值
流动性投资	3 500	100	3 400

10.8　金融工具披露事项

IFRS 7 和 IFRS 13 中规定了金融工具的披露事项。IFRS 7 要求的披露如下。

- 金融工具对主体的财务状况和业绩的重要性。

- 金融工具所产生的风险敞口的性质和程度，以及主体如何管理风险（IASB 2016a：§1）。

根据 IFRS 7，IFRS 9 中定义的各类金融资产和金融负债的账面金额，应在财务报表或其附注中披露（IASB 2021a：§8）。

公允价值的变动会产生利得或损失，进而影响权益的价值，所以披露公允价值计量方法对于真实、公允地报告非常重要。

IFRS 13（§91）规定，主体应当披露信息，以助于其财务报表的使用者评价下列两方面内容。

- 初始确认后，在财务状况表中，以重复或非重复为基础，对资产和负债以公允价值进行的计量，为改善该计量而采用的估值技术和输入变量。

- 采用显著非可见输入变量（第三层级）进行的重复公允价值计量，该计量对当期损益或其他综合收益的影响。

IFRS 13 强调，对于公允价值层级中的第三层级，如果非可见输入变量的变化可能导致公允价值显著偏高或偏低，要用文字描述公允价值计量的敏感度测试。如果这些非可见输入变量与其他非可见输入变量之间存在内在联系，主体应当描述这些内在联系，并说明这些内在联系如何增加或减少非可见输入变量的变化对公允价值计量的影响。（IFRS 13：§93h）

例 10-6　Airbus Group（荷兰—IFRS—2022 年年报—航天航空、国防）

按公允价值计量且其变动计入损益的金融资产

集团内，只有非保值衍生工具才能划分为持有至交易资产。另外，如果某些金融资产是一组按公允价值管理业绩的金融资产的一部分，集团指定将这些金融资产（例如，对累积货币市场基金的投资）在初始确认时按公允价值计量且其变动计入损益。

附注 38.2　金融工具的账面价值和公允价值

金融工具。公司的金融资产主要包括现金、短期至中期存款和证券；金融负债包括应付贸易款项、对金融机构的义务、发行的债券以及欧洲政府的可退还预付款。所有金融资产的购买和销售都按照市场惯例在结算日确认。

按摊销成本计量的金融资产。此类别包括为收集合同现金流而持有的资产，其中这些现金流仅包括本金和利息的支付，其中包括应收账款。

按公允价值计量并计入其他综合收益的金融资产。此类别包括：

- 非交易性持有的股权投资。除获得的股息外，相关的收益和损失（包括任何相关的外汇组成部分）都在其他综合收益中确认。在权益投资取消确认或减值的情况下，其他综合收益中的金额不会随后转入损益。

- 合同现金流仅为本金和利息支付的债务工具，既用于销售又用于收集合同现金流。除减值损失和汇兑损益外，它们的公允价值变动直接在其他综合收益中确认。在处置此类金融资产时，以前在权益中确认的累计收益或损失将作为期间内合并利润表中的其他收入（其他费用）的一部分进行记录。按照实际利率法在合并利润表中将投资所得的利息收益记录为利息收入。当权益投资的支付权已经建立时，投资所得的股息在合并利润表中作为其他收入（其他费用）确认。

按公允价值计量并计入利润表的财务资产。此类别包括所有其他应按公允价值计量的金融资产（例如，衍生工具）。

公司根据其资产负债表科目将其金融工具划分类别。

表 10-18 列示了根据 IFRS 9 计量类别分类的 2022 年 12 月 31 日金融工具的账面价值和公允价值。

表 10-18　根据 IFRS 9 计量类别分类的 2022 年 12 月 31 日金融工具的账面价值和公允价值

（单位：百万欧元）

	按公允价值计量且其变动计入损益	按公允价值计量且其变动计入其他综合收益	按摊余成本计量的金融资产和金融负债		金融工具总计	
			摊余成本	公允价值	账面价值	公允价值
资产						
其他投资和其他长期金融资产						
权益投资	1 474	1 166	0	0	2 640	2 640
客户融资	86	0	0	0	86	86
其他贷款	0	0	2 129	2 129	2 129	2 129
应收账款	0	0	4 953	4 953	4 953	4 953
合同资产	0	0	1 527	1 527	1 527	1 527
其他金融资产						
衍生工具	1 894	0	0	0	1 894	1 894
非衍生工具	0	0	1 429	1 429	1 429	1 429
证券	0	7 775	0	0	7 775	7 775
现金和现金等价物	11 135	1 001	3 687	3 687	15 823	15 823
总计	14 589	9 942	13 725	13 725	38 256	38 256

公允价值输入层级

金融工具的公允价值。报价投资的公允价值基于当前市场价格。如果金融资产市场不活跃，或者对未上市的金融工具，公司根据报告期末可获得的市场信息使用普遍接受的估值技术确定公允价值。衍生工具通常基于公司对特定交易对手的信贷风险的净敞口进行管理，并根据此基础向公司的主要管理人员提供公允价值信息。对于这些衍生工具，其公允价值是基于特定信贷风险敞口出售净多头仓位或转移净空头仓位所收到的价格来衡量的。

公允价值输入层级包括以下三级。

- 第一层级：活跃市场中相同资产的公开报价（未经调整）。
- 第二层级：其他直接或间接可见的市场变量。
- 第三层级：没有可见的市场变量，企业管理层必须依靠自身的假设和判断（非可见输入变量）。

对按摊销成本计量的金融工具所披露的公允价值反映为第二层级输入。公司一般主要根据第一层级输入和第二层级输入确定公允价值，较小程度上基于第三层级输入。表 10-19 列示了 2022 年 12 月 31 日以公允价值计量的金融资产的三个公允价值层级。

表 10-19　2022 年 12 月 31 日以公允价值计量的金融资产的三个公允价值层级

（单位：百万欧元）

2022 年 12 月 31 日	第一层级	第二层级	第三层级	总计
以公允价值计量的金融资产				
权益工具	1 896	0	744	2 640
衍生工具	0	1 894	0	1 894
证券	7 775	0	0	7 775
客户融资	0	0	86	86
现金等价物	11 135	1 001	0	12 136
总计	20 806	2 895	830	24 531

10.9　财务报表分析

管理层和很多财务报表使用者对企业的经营周期与现金周转感兴趣。一个企业的信用政策对销售收入有重要影响（信用期限可能是客户决定是否购买的重要考虑因素），对应收账款水平和现金周转天数也有重要影响。以下两个财务指标通常用来衡量信用政策的影响：应收账款周转天数和应收账款周转率。

$$应收账款周转天数 = 平均应收账款 / 净销售收入 \times 365$$

应收账款周转天数是提供给客户的平均信用期限。

$$应收账款周转率 = 净销售收入 / 平均应收账款$$

应收账款周转率衡量应收账款一年内周转的次数。

财务信息使用者必须观察分析这两个财务比率的变动情况，因为在大多数情况下应收账款周转率太低至少有四个消极影响。

（1）增加坏账风险。

（2）增加机会成本（回收的应收账款本来可以用于投资盈利更高的项目）。

（3）增加管理成本（需要管理回收款项）。

（4）收不回应收账款需要额外融资，这需要支付利息。

注释：

- 应当考虑应收账款的账面总值而不是账面净值，因为账面总值反映了提供给客户的实际信用期限。也就是说，用减去坏账准备金后的应收账款净值来计算就会人为地减少应收账款周转天数。但是，在实务操作中，很多公司并不披露应收账款的账面总值。因此，财务分析师只能用应收账款的账面净值计算以上两个财务比率。这种做法可以接受（虽然不是最佳选择），但是如果提取的坏账准备金比较重大或波动较大，这样做就会造成有偏差甚至错误的结果。如果可以获得应收账款的账面总值，最好使用该数据。

- 这两个比率中的应收账款通常使用期初和期末应收账款的平均值。在更精确的情况下，为了减少季节波动的影响，可以使用公布的四个季度末的应收账款的平均值（如果这些数据能够公布）。对外部分析师而言，在最坏的情况下通常只有期末应收账款的数据，在最好的情况下可以获得每个季度的应收账款来计算平均值。内部的管理者通常可以用 12 个月末（甚至 52 个星期末）的应收账款来计算平均值，以更精确地评估信用政策对客户的影响。

- 一些分析师建议在计算以上两个财务比率的时候只使用信用销售收入，不用考虑现金销售带来的偏差。虽然理论上这种做法更精确，但是实际操作中很难实现，因为年报中几乎不会分别披露信用销售和现金销售的数据。

- 已经贴现给银行或其他金融机构并从资产负债表中移除的应收票据，在计算以上两个财务比率时，应当加回应收账款的账面价值，以展示更真实的情况。实际上，卖方能够贴现票据使信用期限更宽松，当然卖方要承担贴现费用。

- 当销售收入包含增值税时，也要在应收账款中加上增值税。在计算以上两个财务比率时，为保持一致，分子和分母应该同时包含（或同时不含）增值税。但是，实际操作起来并不容易，例如，出口销售一般不需要在出口国交增值税，而且每个国家国内销售的增值税税率都不相同。所以，现在的惯例是忽略增值税，算出比率的近似值，这样做在总的趋势上不会有太大偏差，只要销售组合（现金销售和信用销售、国内销售和出口销售）没有太大变化。

例 10-7　爱立信（瑞典—IFRS—2022 年年报—通信和网络方案解决）

瑞典的通信网络服务商爱立信，因为大部分销售是出口销售，所以其计算应收账款周转天数考虑增值税会比较困难。所有数据源于 2022 年年报，如表 10-20 所示。

表 10-20　爱立信 2022 年应收账款情况分析（单位：百万瑞典克朗）

净销售收入	2022 年	（1）	271 546
瑞典净销售收入			3 239
应收账款	2022 年		48 413
应收账款	2021 年		45 399
应收账款	平均	（2）	46 906
应收账款周转天数（天）		（2）/（1）×365	63.0
应收账款周转率（次）		（1）/（2）	5.79

　　在这个例子中，我们选择不从应收账款中减去已经包含的增值税，因为爱立信在瑞典国内的销售收入占比非常小。这个例子中的信用期限看起来比较长，我们在第 18 章会讲到，不能单独以财务比率的表面数值来解释，而要分析其变动以及与行业内其他公司的比率做比较。

　　对于更好地分析资产负债表中的其他金融工具，编制同比分析报表非常有帮助。请记住，资产负债表静态地反映了某个时点企业的财务状况。为了更好地分析企业的财务状况，可以将企业的财务报表进行跨年度对比，或与同行业其他公司进行比较。

　　交易性金融资产是流动性非常强的资产，但是它们的市场价格波动较大。所以，资产负债表的时效性很重要，在分析交易性金融资产时，使用者要关注资产负债表公布后这类金融资产的价格变动情况。在某些情况下，这些变动会影响权益债务比率和对企业财务风险的分析。

关键知识点

- 根据 IFRS 9（2018 年 1 月 1 日起生效），金融工具包括三类：按摊余成本计量的金融资产、按公允价值计量且其变动计入其他综合收益的金融资产、按公允价值计量且其变动计入当期损益的金融资产。
- 金融资产的分类基于金融资产的合同现金流量特征和主体管理金融资产的业务模式。
- 现金包括库存现金（硬币、钞票和可使用的货币）和活期存款（可提取的银行存款）。
- 现金等价物指期限短、流动性强、易于转换成已知金额的现金，并且价值变动风险很小的投资。
- 根据 IASB 的规定，交易性流动投资应当在资产负债表中以公允价值计量，且其变动计入损益。
- 应收账款占总资产的比重与企业的经营活动相关：应收账款的绝对值（由信用销售政策和销售量决定）和固定资产的相对重要性。
- 每个会计期末都要评估分析应收账款回收的可能性。可疑的或有争议的应收账款，可能部分或全部收不回，需要根据潜在损失计提坏账准备金，并计入利润表中的准备金费用。
- 不可回收的金额应当冲销，计入坏账费用。
- 与应收账款相关的两个财务指标：应收账款周转天数和应收账款周转率。

实战练习

实战练习　伯格公司

要　　点：应收账款坏账的会计处理

难度系数：中

在会计期末 X3 年 12 月 31 日和 X4 年 12 月 31 日，伯格公司重新评估了应收账款，发现了两个可疑账户，如表 10-21 和表 10-22 所示。

表 10-21　X3 年 12 月 31 日，两个可疑应收账款账户

客户	应收账款余额	注释	可能的损失
Alban	200	申请破产保护	25%
Eve	300	申请破产保护	40%

表 10-22　X4 年 12 月 31 日，两个可疑应收账款账户

客户	应收账款余额	注释	可能或实际的损失
Alban	200	申请破产保护	70%
Eve	300	最终结算时，只支付了 50	250

要　　求

1. 请估计 X3 年期末的坏账准备金。
2. 请编制 X3 年期末的会计分录。
3. 请估计 X4 年期末的坏账准备金。
4. 请编制 X4 年期末的会计分录。

挑战练习

挑战练习 10-1　选择题

请选择正确答案（除非特别说明，正确答案只有一个）。

1. 坏账准备金是（　　　）。

　（a）受质疑的负债　　　　　　　　　（b）可能收不回的应收账款

　（c）以上都是　　　　　　　　　　　（d）以上都不是

2. 应收账款等同于（　　　）。

　（a）贸易债权人　　　　　　　　　　（b）贸易伙伴

　（c）贸易应付款　　　　　　　　　　（d）贸易应收款

　（e）以上都是　　　　　　　　　　　（f）以上都不是

3. 银行透支应当（　　　）。

　（a）计入固定金融资产　　　　　　　（b）计入流动资产

　（c）计入流动负债　　　　　　　　　（d）用于抵销其他银行的存款

　（e）以上都不是

4. 直接冲销法符合配比原则，提取坏账准备金法不符合配比原则。

（a）对　　　　　　　　　　　　　　　（b）错

5. 应收账款通常以下列哪一项价值入账？

（a）发票金额　　　　（b）可变现价值　　　　（c）未来现金流折现　　（d）以上都不是

6. 根据下列信息，应收账款周转率为（　　　　）（两个可能答案）。

期初应收账款	20
期末应收账款	40
期初现金余额	50
期末现金余额	60
现金销售	40
信用销售	300
净利润	35

（a）15　　　　　　（b）7.5　　　　　　（c）10　　　　　　（d）17

（e）8.5　　　　　　（f）11.33　　　　　（g）1　　　　　　（h）2

（i）2.5　　　　　　（j）3　　　　　　　（k）以上都不是

7. 100% 确定能回收的应收账款是现金等价物。

（a）对　　　　　　　　　　　　　　　（b）错

8. 当票据贴现时（　　　　）。

（a）应收票据从资产项移除

（b）应收票据仍然保留在资产项，同时记录一个相应负债

（c）应收票据是从资产项移除，还是仍然保留在资产项，同时记录一个相应负债，取决于当地通用会计准则的规定

（d）以上都不是

9. 冲减坏账准备金时（　　　　）。

（a）减少费用　　　　　　　　　　　　（b）增加收入

（c）以上两种都可以，取决于当地通用会计准则的规定

（d）以上都不是

10. 下列哪项说法不正确？（多项选择）

（a）金融资产公允价值变动的潜在利得永远都不会确认

（b）交易性金融资产的流动性非常高

（c）可供出售金融资产总是按公允价值入账

（d）流动性高的金融资产风险较低

（e）有时候需要对持有至到期资产提取准备金

挑战练习 10-2　马勒公司

要　　　点：估计坏账准备金

难度系数：中

表 10-23 是马勒公司 X2 年销售情况、应收账款和坏账准备金的信息。

表 10-23　马勒公司 X2 年销售情况、应收账款和坏账准备金的信息

（千货币单位）

X2 年销售收入	3 000
信用销售退回	100
X2 年 1 月 1 日应收账款余额	400
X2 年 1 月 1 日累计坏账准备金余额	40
X2 年收回的现金	1 000
X2 年冲销为坏账的应收账款	30

要　求

1. 请记录 X2 年冲销为坏账的不可回收的应收账款。
2. 请分别根据下列 3 种独立的情形，编制 X2 年 12 月 31 日记录坏账准备金的调整分录。
   （1）根据期末应收账款余额提取坏账准备金。X2 年 80% 的销售是信用销售。马勒公司的会计师根据以往经验估计，提取 X2 年 12 月 31 日应收账款余额的 10% 为坏账准备金。
   （2）根据信用销售净额提取坏账准备金。会计师估计 80% 的销售是信用销售，提取信用销售净额的 5% 为坏账准备金。
   （3）根据应收账款账龄提取坏账准备金。会计师编制的账龄表如表 10-24 所示。

表 10-24　应收账款账龄表

账龄（天）	金额（货币单位）	可收回的概率
0～30	900	95%
31～60	500	90%
61～90	250	80%
＞90	20	70%

挑战练习 10-3　博世 *

要　　点：报告应收账款

难度系数：中

　　博世是德国一家生产汽车设备、电动工具和家用电器的集团公司。截至 2022 年 12 月 31 日的合并财务报表，是根据 IFRS 和 IAS 以及在报告期末根据欧洲议会和理事会关于应用国际财务报告会计准则的法规（EC）No. 1606/2002，经欧盟采纳的 IFRS 解释委员会（IFRS IC）的相应解释进行编制的。此外，它还遵守了《德国商法典》第 315e 第 3 款的规定。公司 2022 年关于应收账款的信息如表 10-25～表 10-27 所示（资料来源：2022 年博世年报）。

表 10-25　合并资产负债表（节选）　　　　（单位：百万欧元）

	2022 年 12 月 31 日	2021 年 12 月 31 日
流动资产		
应收账款（附注 15）	16 528	14 034
……		
其他资产（附注 18）	2 422	2 148

附注 15：应收账款

2022 年度应收账款为 16 528 百万欧元（2021 年为 14 034 百万欧元）。与上年相同，没有超过一年到期的应收账款。"附注 31　资本和风险管理"中提供了关于应收账款估值准备金的信息。

附注 31：资本和风险管理

表 10-26 中列示出应收账款估值准备金变动的信息。

表 10-26　应收账款估值准备金变动　　　（单位：百万欧元）

	应收账款
2021 年 12 月 31 日	250
合并范围变化	0
增加	79
使用	−20
冲回	−13
汇率折算差异	−6
2022 年 12 月 31 日	290

表 10-27 列示出未减值应收账款账龄的分析。

表 10-27　未减值应收账款账龄分析　　　（单位：百万欧元）

	2022 年
应收账款	16 818
预期不会违约的应收账款	5 123
信用减值	293
非信用减值	11 402
未过期	10 096
过期少于 30 天	812
过期在 31~90 天	271
过期在 91~180 天	105
过期超过 180 天	118

表 10-28 列示出其他流动资产项目。

表 10-28　附注 18：其他流动资产　　　（单位：百万欧元）

	2022 年	2021 年
预付账款	257	225
应收税金（应收所得税除外）	1 718	1 451
客户的递延付款	112	105
其他资产	335	367
总计	2 422	2 148

要　求

1. 请将资产负债表中的项目和附注中的信息联系起来。

2. 请解释附注 31 中的"增加""使用""冲回"是什么意思。

3. 请判断并解释附注中报告的数据是账面原值还是账面净值。

挑战练习 10-4 拜耳 *

要　　点：应收账款的财务分析

难度系数：高

拜耳是德国一家化学制药集团。截至 2022 年 12 月 31 日的合并财务报表是根据 IASB 位于英国伦敦发布的 IFRS 以及截至 2022 年 12 月 31 日欧洲联盟批准和采纳的 IFRS IC 的解释进行编制的。合并资产负债表和利润表中的部分信息如表 10-29 和表 10-30 所示。应收账款及其减值如表 10-31 和表 10-32 所示（资料来源：2021 和 2022 年拜耳年报）。

表 10-29　合并资产负债表（节选）　（单位：百万欧元）

	2020 年 12 月 31 日	2021 年 12 月 31 日	2022 年 12 月 31 日
流动资产			
应收账款（附注 19）	9 552	10 047	10 312

表 10-30　合并利润表（节选）　（单位：百万欧元）

	2020 年	2021 年	2022 年
净销售收入	41 400	44 081	50 739

表 10-31　附注 19：应收账款　（单位：百万欧元）

	2020 年	2021 年	2022 年
应收账款（减值之前）	10 173	10 701	11 012
累计减值损失	（621）	（654）	（700）
账面价值，12 月 31 日	9 552	10 047	10 312

表 10-32　应收账款减值　（单位：百万欧元）

	2020 年	2021 年	2022 年
1 月 1 日累计减值损失	681	621	654
第一次使用新的减值模型	（103）	60	95
当期减值损失	（16）	（35）	（43）
减值损失转回或使用	17	0	0
外币折算差异	42	8	（6）
12 月 31 日累计减值损失	621	654	700

要　求

1. 请将资产负债表中的项目和附注中的信息联系起来。

2. 请仅仅根据资产负债表和利润表中的信息，计算应收账款周转天数和应收账款周转率。

3. 请根据财务报表和附注中的信息计算应收账款周转天数和应收账款周转率。

4. 请解释问题 2 和问题 3 计算结果的差异。

5. 请分析问题 2 和问题 3 的计算结果。

挑战练习 10-5　霍尔曼 *（1）

要　　点：应收账款的财务报表分析

难度系数：中

　　霍尔曼是瑞典一家造纸商，公司合并财务报表根据欧盟采纳的 IFRS 编制。2021 年和 2022 年合并财务报表附注中应收账款信息如表 10-33 所示（资料来源：2021 年和 2022 年霍尔曼年报）。

表 10-33　附注 16：应收账款　　　　　　（单位：百万瑞典克朗）

	集团			母公司		
	2022 年	2021 年	2020 年	2022 年	2021 年	2020 年
应收账款						
集团	—	—	—	12	108	14
联营公司	69	50	33	69	50	33
其他	2 860	2 343	1 982	2 373	1 910	1 440
应收账款总计	2 929	2 393	2 015	2 454	2 068	1 487
流动性应收账款	907	425	446	797	320	298
衍生工具	4 933	1 072	550	5 007	1 072	553
预付账款和应计收入	563	179	266	347	157	104
其他应收款小计	6 403	1 676	1 262	6 151	1 549	955
应收账款总计	9 332	4 069	3 277	8 605	3 617	2 442

　　利润表中，净销售收入信息如表 10-34 所示。

表 10-34　利润表净销售收入信息　　　　　　（单位：百万瑞典克朗）

	2022 年	2021 年	2020 年
销售净额	23 952	19 479	16 327

要　求

1. 请解释为什么集团报表的流动性应收账款（集团）下没有金额。

2. 请计算 2020～2022 年应收账款周转天数。

3. 请分析计算结果。

挑战练习 10-6　Vineyard 公司 *

要　　点：金融资产分类

难度系数：中

　　Vineyard 公司是澳大利亚最大的有机水果蔬菜上市批发商。Vineyard 公司投资了很多种植商。

　　Sarah Haydn 是 Alpha Performance 的一位分析师和基金经理，研究覆盖了 Vineyard 公司。Haydn 对 Vineyard 公司投资种植商对其财务报表的影响非常感兴趣。Haydn 发现，X7 年 12 月 31 日 Vineyard 公司的投资如下。

　　▪ 玉米种植公司是一家上市公司，Vineyard 公司拥有其 95 000 股股票，占玉米种植公司的 10%。这项投资从 Vineyard 公司成立的那年就开始了，被认为是长期战略投资。

但是，Vineyard 公司对玉米种植公司的决策没有重大影响。

- 甜菜农场公司是一家上市公司，一共发行了 250 万股普通流通股票，Vineyard 公司拥有其中的 5%。该投资按组合方式管理。
- 草莓种植公司是一家上市公司，Vineyard 公司拥有其 5 000 股面值为 1 000 货币单位的不可转换优先债券，打算持有至两年到期。

表 10-35 列示出 Haydn 收集到的关于上述投资的信息。

表 10-35　Vineyard 公司投资　　　　　　　　　　　　　（千货币单位）

	市值	
	X6 年	X7 年
玉米种植公司	3 675	5 892
甜菜农场公司	3 262	4 612
草莓种植公司	5 000	5 280

要　求

1. 假设 Vineyard 公司想降低利润的波动，请分析并解释 Vineyard 公司该如何根据 IFRS 9 划分在玉米种植公司、甜菜农场公司和草莓种植公司的投资。

（1）按摊余成本计量的金融资产。

（2）以公允价值计量且其变动计入其他综合收益的金融资产。

（3）以公允价值计量且其变动计入当期损益的金融资产。

2. 请计算 Vineyard 公司 X7 年资产负债表中金融资产投资总额。

3. Vineyard 公司 X7 年的利润将会受下列哪项投资公允价值变动影响？

a. 玉米种植公司

b. 甜菜农场公司

c. 草莓种植公司

4. 如果 Vineyard 公司购买了玉米种植公司 380 000 股股票，而不是 95 000 股，请问这项投资可以划分为金融资产吗？

参考书目

Abdel-Khalik A R. (2013) Accounting for Risk, Hedging and Complex Contracts. New York: Routledge Taylor & Francis Group.

EY (2015) Classification of financial instruments under IFRS 9.

IASB (2016) International Financial Reporting Standard No.13 Fair Value Measurement, London.

IASB (2017) International Accounting Standard No.7 Statements of Cash Flows, London.

IASB (2020a) International Accounting Standard No.32 Financial Instruments: Presentation, London.

IASB (2020b) International Accounting Standard No.39 Financial Instruments: Recognition and Measurement, London.

IASB (2020c) International Financial Reporting Standard No.3 Business Combinations, London.

IASB (2020d) International Financial Reporting Standard No.9 Financial Instruments, London.

IASB (2021) International Financial Reporting Standard No.7 Financial Instruments: Disclosure, London.

扩展阅读

Wahlen J M, Jones J P, Pagach D P. (2020) Intermediate Accounting: Reporting and Analysis, 3rd edition. Cengage Learning, USA.

注　释

1　见 Abdel-Khalik（2013）。

2　资料来源：EY（2015）。

3　衍生工具，顾名思义，就是从证券市场、期货市场或市场指数衍生来的金融工具。该术语已经变成代指所有新的和旧的金融工具的代名词。最常见的衍生工具包括期货、期权和可转换债券。除了这些传统的衍生工具，投行还研发出很多种其他衍生工具。

4　编制应收账款账龄表就是根据每笔交易将应收账款按到期日或过期日分类。大多数会计软件都会自动按到期日或过期日（例如，30 天、31～60 天，等等）将应收账款分类。

5　资料来源：Atradius Payment Practices Barometer 2018。截止 2023 年 6 月，Atradius 没有再颁布最新的 DSO。

第 11 章　股东权益

本章教给你什么

1. 商业组织的不同法律形式。

2. 什么是股本。

3. 如何报告股本变动。

4. 股票的不同种类。

5. 什么是股本溢价以及如何报告股本溢价。

6. 如何记录利润分配。

7. 资产负债表中公积的种类。

8. 如何记录股票期权计划。

9. 如何报告股东权益变动。

10. 如何分析股东权益。

    如第 1 章图 1-3 所示，为了创造价值或财富，企业必须先为生产活动融资，然后才可以创造并向客户输送价值和激活现金泵。企业两种主要的融资来源如下。

    （1）资本，由企业创立者和愿意承担风险的投资者（例如股东）提供，无时间限制，以换取企业未来收益（正收益或负收益）的索取权。

    （2）借入资金，一般从金融机构贷款，有时间限制，并在贷款合同中规定借款本金、还款日期和利息，无论企业经营成功与否都需要偿还。

    内部融资来源是企业可持续经营产生的收益，但当仅靠内部融资来源不足以支持企业的发展时，就可能需要进一步的外部融资。

资本的形式包括现金、有形资产、无形资产（如知识产权），有些形式的企业组织甚至包括劳务（代替报酬）。资本不像借入资金，没有特定的支付报酬的日期，通常并不保证任何回报。

描述投资者（资本提供者）的术语因企业组织形式的不同而异。在公司企业中，投资者被称为**股东**（shareholders 或 stockholders）。在合伙企业中，出资者被称为**合伙人**（partners 或 associates）。独资企业由个人出资创办并完全拥有。不管企业组织形式是哪种，关键是要区分个人和企业的权利责任。

资本是一项风险投资，意味着投资者参与管理决策（即使有时候这种参与只是理论上的或不实际的）。因此，投资者要对"他们的"企业经营活动业绩负责。但是，这种责任可能只局限于他们对企业的出资，如有限责任公司的出资人；责任也有可能是无限的，如独资企业的所有者。

因为有限责任公司的资本代表了投资者承担责任的上限，所以有限责任公司必须将资本的名义价值（或面值）告知所有与公司有业务往来的人。有限责任公司不得在未告知公众或违反公司章程的情况下擅自更改注册资本。

了解什么是资本和股东权益（或净资产）以及它们的记录与报告，对于投资研究者标准化关键投资回报指标非常重要，这些指标如每股收益、每股现金流和股票收益等。

本章重点讲解企业股东权益及其增加（通过企业经营留存收益或股本增资）或减少（发放股利或吸收累计亏损）。

IASB 理论框架（2018a）定义权益为主体的资产扣除所有负债后的剩余价值（§4.63）。权益就是我们第 1 章提到的资产净值（总资产减去总负债）。

因为公司企业比非公司企业创造了更大一部分全球财富总值（例如，用 GNP 衡量），所以从经济学角度看，权益或资产净值最重要的形式就是股东权益。为简便起见，本书中使用股东权益指代任何投资者对企业净值的剩余索取权（不考虑企业的组织形式）。我们会在每个案例中简要提及企业的组织形式，以表明投资者承担的责任。

在本章的第一部分（11.1～11.3 节），我们介绍完企业的不同组织形式后，探讨了股东权益的两个主要组成部分：股本和留存收益。之后，我们研究了股本和留存收益的变动，股本增加或减少以及股利发放是影响股东权益变动最常见的因素。

在本章的第二部分（11.4～11.11 节），我们探讨了一些与第一部分不同的特殊情况，包括：

- 发行新股份可能是非现金增资。
- 要合理记录和报告股份发行成本。
- 大多数公司可能会回购股份而影响股东权益。公司通常在找不到合适的投资机会增加股东投资回报率的情况下回购股份（通过减少股东投资回报率的分母，而有利的投资机会可以增加分子）。
- 综合收益（见第 6 章）可能会在股东权益中报告。
- 股东权益变动表是非常重要的报表，通常作为年报的一部分呈现。

11.1 企业组织形式

三种常见的法律组织形式界定了出资者的角色和责任：独资企业、合伙企业和有限责任公司。每个国家的法律系统都针对每种组织形式制定了相应的法规，详细讨论每个国家的规定超出了本书的范围。

公司代表了独立于个人或公司投资者的法律 / 经济实体。任何公司必须定期公布财务报表报告其经济活动（即使仅仅是为了税务）。作为法律实体的公司拥有财富、房产等权益与做出决策、签订债务合同、归还贷款、进行法律诉讼等责任。

值得注意的是，会计报告系统将公司的经济活动与个人或投资者的活动完全区分开。投资者和公司的完全分离在风险承担方面也有例外：一些公司是有限责任，而另一些却是无限责任。

11.1.1 独资企业

独资企业只有一个单独的出资者，其对企业未来创造的财富有 100% 的索取权，并承担所有风险。成立独资企业通常比较简单，这种简单性和低组织成本解释了为什么独资企业的规模通常比较小。

11.1.2 合伙企业

合伙企业有两个或两个以上所有者。在很多国家，合伙企业并不要求每个合伙人都对企业的经营活动承担全部责任。一些国家没有特别规定合伙企业这种组织形式，但通常也规定了类似的组织形式，如无限责任企业或股份合伙企业。

合伙企业组织形式适合于有限人数的合伙人（也有例外情况，见下）。每个国家的法规都规定了最少合伙人数，有时候还会限制最多合伙人数，这些规定因国家不同而异。这种法律组织形式非常灵活，允许企业的经营规模大幅度扩张，新的合伙人（出资人）可以通过比较简单的法律手续加入。合伙企业的组织成立成本高于独资企业，但是成立过程通常不会太烦琐。

11.1.3 有限责任公司

有限责任公司（the limited liability company），在美国也叫作公司（corporation），是大企业最常见的组织形式。投资者承担的责任仅限于其出资。有限责任公司的资本划分为可交易的股份，每一股金额相等且享有同等权利。每一股既代表了投资者的出资份额，也代表了投资者对公司未来盈利的索取份额。投资者被称为股东，股份通常可以独立于企业进行交易。

大多数国家规定了公司投资者的最低出资额，因为公司是不断成长和扩大的，投资者承担的责任也会随之增加。因为注册资本代表了一家公司承担的最大责任，所以公司的交易伙伴（供应商、客户和银行等）通常要求公司的资本与公司的经营规模相匹配。

有限责任公司通常在公开市场进行融资，有义务向股东公布财务报告。此外，有限责任公司通常需要聘请审计师对财务报告进行审计，以确保财务报告按照相关会计准则和法规编制，并真实、公允地反映了公司的财务状况和经营业绩。公司的监管通常比较严格，注册成立过程相对烦琐，组织成本也比较高。

很多国家通常存在两类有限责任公司。

- **私营有限责任公司**：注册资本要求通常较低，至少有两个不同的出资者，但是也有例外。例如，比利时、法国、德国和葡萄牙允许单一出资者注册成立私营有限责任公司。不同国家的公司法通常规定不同的出资人数上限。因为私营有限责任公司的股东人数通常比较少，股份一般不在公开金融市场交易，而且股份的买卖需要其他大多数股东的批准（合伙企业情况类似），所以私营有限责任公司的股份流动性不高，对投资者来说是灵活性较差的金融工具。

- **上市股份有限公司**：通常要求最低出资人数，而对最多出资人数一般没有限制。不同国家规定的最低出资人数不同。此外，每个国家都规定了最低出资额，通常要比私营有限责任公司高。在大多数情况下，上市股份有限公司的股份可以在公开金融市场自由交易，流动性较高，投资者可以以较低的交易成本买卖股份。股份交易的高流动性通常会给公司带来较低的资本成本。

图 11-1 总结了不同法律组织形式的主要特点。

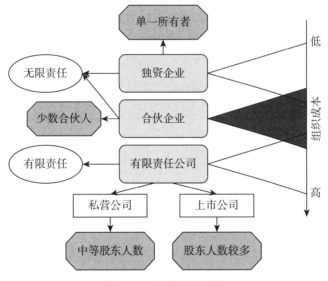

图 11-1 企业组织形式

虽然股东权益被 IASB 定义为剩余价值，但 IASB 理论框架指出，如果股东权益中的某些项受到特殊的法律法规的限制，可以将这些项单独分类。比如，在某些地区，主体只能在有足够公积的情况下才能将利润分配给股东。这些公积的单独列示和披露就可以提供有用的信息（IASB 2018a：§7.13）。以下几节将进一步探讨股东权益的分类。

11.2 股本

11.2.1 定义

股份或"股份认购证"代表了资本，是股东出资的证明。股份按股东出资额比例发放，每一股所代表的金额相等。股份通常不需要公司的批准就可以进行买卖、转移。每个股东都有权利：

- 参加股东大会投票，影响管理层决策。
- 获得股利和公司最终清算盈余的相应份额。
- 在公司发行新股时，优先认购（按现有持股比例）。

11.2.2 名义价值和面值

公司在注册成立时，通常会在公司章程（符合法律规定）中说明股票的面值，代表了公司的原始出资股份数额。股票的面值称为**名义价值**（nominal value）或**票面价值**（par value）。因此，公司的资本等于股份数额乘以每股股票的面值。但是，股票的市场价值通常与票面价值没有关联。一些国家的法规允许发行无面值股票，例如美国，在这里，我们忽略这种特殊情况。

股本（share capital）的票面价值或名义价值代表了公司承担的最小货币责任。公司通常会在向公众公布的正式文件中注明总股本的票面价值。通常来说，股票不能低于票面价值发行（即使股本分几个时期缴付，见11.2.3节）。公司将来发行新股带来的资金可能会比新增加的股本票面价值要多（见11.2.5节），即产生股本溢价，作为股东权益的一部分与股本分开列示。

11.2.3 股本的缴付

投资者通常不需要按股票份额一次性缴付所有的出资，因为一家新成立的企业通常不需要在一开始就要求所有的资本到位，而且也不能一开始就给股东提供有竞争力的回报。因此，公司可以让股东在董事会规定的期限内缴付出资、认购股份，但通常不超过5年。这种缴付规定对股东是有利的，可以让股东有时间筹集资金支付已经认购的股份。欧盟规定公司注册成立发行股份时至少需要缴付1/4的股本，大多数国家对最低缴付额也有类似规定。

下列是与股本有关的术语。

- **法定股本**（authorized capital）是公司章程中规定的公司最大股本总额，为公司法定的发行总额，等于最大股份数额乘以票面价值。法定股本的变动需要经股东大会批准。

- **认缴资本**（subscribed capital 或 issued capital）作为法定股本的一部分，是股东同意认购的股本总额。一些国家规定认缴资本等于法定股本。但是，如果认缴资本小于法定股本，可以给公司管理层很大的空间在适当的时候发行新股，而不需要通过股东大会批准增加法定股本，如在高层管理人员的薪酬中加入股票期权时。
- **催缴资本**（called-up capital）指股东已经认购但尚未缴纳股款，而公司随时可向股东催缴的那部分资本（资本的票面价值或一部分票面价值）。
- **实缴资本**（paid-in capital 或 contributed capital）指公司实际收到的股东的出资总额，是公司现实拥有的资本。
- **未催缴资本**（uncalled capital）指股东已经认购但还未被公司催缴的股款。未催缴资本随着股东兑现出资承诺而减少。
- **应收资本**（capital receivable）指已经被催缴但股东仍未支付的股款。应收资本随着股东兑现出资承诺而减少。
- **在外流通股本**（outstanding capital）（在外流通股份数额乘以票面价值）等于已认购资本（票面价值）减去公司买回的股份票面价值（库存股）。

总结：

$$在外流通股本 \leqslant 发行股本 \leqslant 法定股本$$
$$认缴资本 = 实缴资本 + 应收资本 + 未催缴资本$$

11.2.4 股票的不同种类

股票是授予股东某些权利的可流通证券。但是，公司可能赋予不同种类的股票不同的权利，以满足不同投资者的需求，或在不能完全保证公司可持续经营的情况下吸引投资者。拥有特殊权利的股票称为**优先股**（preferred shares 或 preference shares），区别于**普通股**（ordinary shares）。

1. 优先股和普通股

优先股的特殊权利使其对投资者的吸引力可能比普通股强，也可能比普通股弱。这些特殊权利有多种形式，可以合并使用，两种最常见的优先股特征包括：

- 金钱利益（pecuniary advantage）。例如，全部或部分可保证的股利、比普通股更多的股利、优先股利、累计股利[1]，等等。
- 投票权：优先股在股东大会上有与普通股不同的投票表决权（有时候有双倍表决权，有时候没有表决权）。

发行优先股主要是为了筹集资金而避免稀释普通股股权，或避免转移普通股股东的管理权，或正好相反，即发行优先股是为了将控制权转移给某一类股东（优先股有多重投票权的情况）。

总体来说，优先股代表了收益和控制权之间的博弈：要么更高的股利但是更少的投票权；要么更多的投票权但是更少的收益。普通股股东是公司的剩余所有者。在公司分配盈利或公司解散分配剩余财产时，优先股股东的分配或索偿权先于普通股股东。拥有同样权利的股票划分为同一类。

例 11-1　通用电气（美国—美国通用会计准则—2022 年年报—高科技工业）

2022 年年报附注 16 中有关股本的信息如表 11-1 所示。

表 11-1　合并财务报表的附注 16（节选）　（单位：百万美元）

12 月 31 日	2022 年	2021 年
优先股	6	6
普通股	15	15

注 16. 股东权益

优先股：GE 授权的优先股为 5 000 万股（面值为 1.00 美元），其中截至 2022 年 12 月 31 日尚有 5 795 444 股流通，截至 2021 年和 2020 年的 12 月 31 日，流通股均为 5 939 875 股。流通的优先股包括 GE D 类优先股的价值 55.5 亿美元，以及现有的 GE A 类、B 类和 C 类优先股共计 2.45 亿美元。截至 2022 年 12 月 31 日，GE 优先股的总账面价值为 55.795 亿美元。……2022 年 12 月 31 日结束的年度，GE 优先股的股息总额为 2.89 亿美元。

普通股：GE 授权的普通股包括 1 650 亿股，每股面值为 0.01 美元，已发行 1 462 亿股。2022 年和 2021 年的 12 月 31 日，流通的普通股分别为 1 089 107 878 股和 1 099 027 213 股。

2. 可赎回或可转换优先股

如果优先股的特殊权利只是暂时性的，那么这些优先股通常可以赎回或转换。**可赎回优先股**指公司可以按优先股发行合同中规定的价格和条件将优先股赎回。例如，优先股的可赎回价格可以根据合同中规定期限内股票的平均价格来确定。**可转换优先股**指允许优先股持股人在特定条件下或一定时期内，把优先股转换成债券或普通股。

3. 股票投票权

理论上，普通股股东的投票权与其持有股数成比例[2]。优先股的投票权可能不需要遵守"一股一票"的原则。如果普通股股东愿意稀释其分配利润的权利，而不愿牺牲其管理公司的权利，公司通常会发行有特殊投票权的优先股。有特殊投票权的优先股通常用于兼并收购中的防御型或进攻型策略。

例 11-2　爱立信（瑞典—IFRS 会计准则—2022 年年报—通信）

爱立信 2022 年年报中关于股本的信息如表 11-2 所示。

表 11-2　2022 年合并财务报表附注 E1

股本

母公司	A 类	B 类	总计
2022 年 12 月 31 日	1 309	15 363	16 672
2021 年 12 月 31 日	1 309	15 363	16 672

公司的股本分为两类：A 类（面值为 5 瑞典克朗）和 B 类（面值为 5 瑞典克朗）。两类股票对公司净资产和利润有等同的参与分配权。但是每股 A 类股票有一份投票权，而每股 B 类股票只有十分之一份投票权

股数

2022 年	A 类	B 类	总计
1 月 1 日	261 755 983	3 072 395 752	3 334 151 735
12 月 31 日	261 755 983	3 072 395 752	3 334 151 735
2021 年	A 级	B 级	总计
1 月 1 日	261 755 983	3 072 395 752	3 334 151 735
12 月 31 日	261 755 983	3 072 395 752	3 334 151 735

例 11-3　Meta（美国—美国通用会计准则—2022 年年报—社交网络）

Facebook 在 2012 年 5 月公开上市。公司创始人兼 CEO 马克·扎克伯格和一些投资者签订了少见的、不可撤销的但合法的协议[3]：扎克伯格控制这些投资者的投票权。因此，虽然扎克伯格只拥有公司 28.2% 的股票，但是他拥有 56.9% 的投票权。截至 2023 年，由于持有大量 B 类股份，马克·扎克伯格在 Meta Platforms（Facebook）的投票权仍然为 56.9%（也可参见 Meta 2022 年 10-K 报告，第 36 页"由于他控制我们流通股票大部分的投票权，我们的首席执行官掌握了关键决策的控制权"）。

11.2.5　股本溢价

股票的票面价值只是定义法定资本股票数量和每位股东决定权（与公司盈利或清算剩余价值相关的索取权）的一种方式。股票的市场价值根据公司的预期未来现金流的净现值（或股利加清算价值）估计。在公司注册成立之初，大多数股票按票面价值或名义价值发行，但是在后续的发行中，发行价格通常高于票面价值，以反映市场的预期。

股本溢价（share premium）是股票的发行价格和票面价值的差额。股本溢价代表了新股东资本投入超过法定股本的部分。股本溢价也称为**资本附加**（additional paid-in capital），在美国也称为**资本盈余**（capital surplus）。股本溢价作为股东权益的一部分列示。

11.2.6　股本的会计处理

无论是第一次发行股本还是之后上市募资（IPO），对股本发行的会计处理都是一样的。我们用 G 公司来举例说明股本发行的会计分录。

G 公司于 X0 年年初注册成立，法定股本为 100 000 股普通股，每股面值 1 货币单位。初始股本发行 10 000 股普通股，这次发行全部被认购，实收资本为 10 000 货币单位。在 X1 年，G 公司上市增发 90 000 股普通股，每股价格为 1.2 货币单位。上市增发条款规定新股的

认购者必须立即支付 50% 的股票面值（剩余的到催缴的时候再支付）和 100% 的股票溢价。这次上市增发共产生 18 000[=90 000 ×（1.2-1）] 货币单位的股本溢价。在 90 000 股股票的票面价值（90 000 货币单位）中，实际只收到 45 000 货币单位资本投入，剩余的 45 000 货币单位还未被催缴。所以，这次上市增发新股总共募集了 63 000（=18 000+45 000）货币单位。

图 11-2 显示了这两次发行股份的会计处理。

股本增加新发行的 90 000 股股票的票面价值还有一半未催缴，在一些国家（如美国），未催缴股本不作为资产列示，而是作为股本的减项（备抵项）列示在权益方。当然，两种会计处理的结果是一样的，通过详尽的披露都真实、公允地报告了企业的财务状况。当未催缴股本被催缴时，股东要付清剩余的资本投入，唯一需要的会计分录是增加现金账户，减少未催缴股本账户。

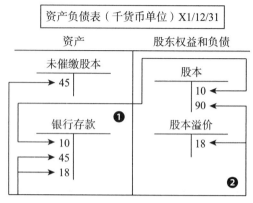

图 11-2　股本发行的会计处理

❶ 公司成立注册时发行股本（X0 年）。
❷ 增发新股募集资金。

11.2.7　股本的报告

IAS 1（IASB 2022：§79）规定了财务报表中股本报告的明细：主体应在财务状况表、股东权益变动表或附注中披露下列内容。

（1）对每类股本披露以下内容。

▪ 法定股数。

▪ 已发行且已收到全额股款的股数、已发行但尚未收到全额股款的股数。

▪ 每股面值，或无面值股票。

▪ 期初和期末发行在外股数的调节。

▪ 附于各类股本上的各种权利、优惠和限制，包括分配股利和归还资本的限制。

▪ 主体自身持有或者其子公司或联营主体持有的本公司股数。

▪ 为以期权和合同方式发售而储备的股数，包括条件和金额。

（2）对股东权益中每项公积的性质和目的的说明。

IAS 1（§137）进一步要求，主体应在附注中披露：①财务报表被批准报出之前，已提议或已宣告但未确认为当期向所有者分配的股利金额及相关的每股金额；②未确认的累计优先股股利的金额。

没有股本的主体（如合伙或信托），应披露与第 79 段（1）要求的信息相对等的信息，以反映当期每一类别中的权益和权利，以及附于每一类别权益上的优惠和限制条件的变化情

况。（IAS 1：§ 80）

例 11-4　兴业银行（中国—中国企业会计准则—2022 年年报—银行）

表 11-3 列示出兴业银行截至 2022 年优先股发行情况。

表 11-3　优先股的发行情况

优先股代码	优先股简称	发行日期	发行价格（元／股）	票面股息率（%）	发行数量	上市日期	获准上市数量	终止上市日期
360005	兴业优 1	2014 年 12 月 3 日	100	注释 1	130 000 000	2014 年 12 月 19 日	130 000 000	无
360012	兴业优 2	2015 年 6 月 17 日	100	注释 2	130 000 000	2015 年 7 月 17 日	130 000 000	无
360032	兴业优 3	2019 年 4 月 3 日	100	4.90	300 000 000	2019 年 4 月 26 日	300 000 000	无

注：1. 经中国证监会核准，公司于 2014 年 12 月非公开发行 1.3 亿股优先股，每股面值为人民币 100 元，第一个计息周期的票面股息率为 6.00%。自 2019 年 12 月 8 日起，兴业优 1 第二个计息周期的票面股息率调整为 5.55%。

2. 公司于 2015 年 6 月非公开发行第二期优先股，发行数量为 1.3 亿股，每股面值为人民币 100 元，第一个计息周期的票面股息率为 5.40%。自 2020 年 6 月 24 日起，兴业优 2 第二个计息周期的票面股息率调整为 4.63%。

股利发放

董事会审议的报告期普通股股息派发预案：每 10 股普通股派发现金股利 11.88 元（含税）。优先股股息派发预案："兴业优 1"优先股总面值 130 亿元，拟派发 2022 年度股息 7.22 亿元（年股息率 5.55%）；"兴业优 2"优先股总面值 130 亿元，拟派发 2022 年度股息 6.02 亿元（年股息率 4.63%）；"兴业优 3"优先股总面值 300 亿元，拟派发 2022 年度股息 14.70 亿元（年股息率 4.90%）。

11.3　利润分配

我们在第 2 章提到，企业产生的所有盈利理论上都是可以分配给股东的。但是，即使股东的所有权不变，企业每年产生的盈利也分为两部分：一部分留存在企业，称为留存收益（内部融资）；另一部分以股利形式发放给股东。

11.3.1　股利

股利指公司分配给股东的盈利。股利按股利登记日股东持有的股份比例发放[4]。股利发放数额由公司管理层提出，然后报股东大会批准。股东对公司盈利分配有最后的发言权。每个国家发放股利的时间安排各不相同：按月、按季度（大多数美国公司）或按年（大多数欧洲公司）发放。

11.3.2 公积账户

IASB 理论框架（IASB 2010：§4.21）：公积的设立，有时是法定的或其他法律所要求的，其目的是给主体及其债权人增加一种不受亏损影响的额外保障。如果税法准许在提存其他公积时免除或减少所得税负债，主体也可能会设立这些其他公积。这类因法律、法规和税法而设的公积是否存在及其金额大小，可能是与使用者决策相关的信息。这些公积的结转是留存收益的分拨，而不是费用。

在股利发放之前，盈利要先满足所有规定的公积账户。因此，用于发放股利或留存的利润的计算公式为：

年度盈利 − 分摊至法定公积账户的金额 = 可供分配或留存的利润

可供分配或留存的利润可以用来发放股利，或者转入任意公积账户（由董事会决定用于特殊目的并由股东大会批准），或者留存（留存收益）用于未来的投资分配[5]。

📠 **例 11-5　Danieli（意大利—IFRS 会计准则—2021/2022 年年报—钢铁）**

截至 2022 年 6 月 30 日，法定公积为 18 576 千欧元，与 2021 年 6 月 30 日相比没有变化：其金额超过了《意大利民法典》第 2430 条规定的要求，因此不再强制进行进一步的年度净利润分配。

总体来说，公积账户主要包括**法定公积**（legal reserve，statutory reserve）、**监管公积**（regulated reserve）、**重估公积**（revaluation reserve）、**库存股公积**（reserve for own shares）、**任意公积**（optional reserves）等。

11.3.3 报告留存收益和公积

资产负债表可能在利润分配前列示，也可能在利润分配后列示。这里的**分配**（appropriation）指股东或董事会决定发放股利还是将全部或部分盈利留存（或者根据公司章程或契约要求转入公积）[6]。在利润分配后列示资产负债表，则不会明晰地报告当期盈利，而是只报告留存收益的增加。当期盈利转入留存收益或公积。以下公式定义了每个时点的留存收益／公积。

以前年度累计留存收益和公积 + 当期税后利润金 − 宣布发放的股利金 − 转入法定公积账户 = 期末留存收益和公积

该公式是美国、加拿大和其他根据美国企业会计准则编制财务报表的公司（例如大多数在纽约证券交易所上市的公司）编制**留存收益变动表**（statement of retained earnings）使用的模板。留存收益变动表解释了以前年度的留存收益如何转换为当期的留存收益。

留存收益是股东权益的一部分，但是在分析财务报表时必须意识到，由于各个国家的法律和实务操作不同，留存收益代表的实际含义通常有差别。

11.3.4　股东权益的报告和会计处理

1. 公积和留存收益报告的简单例子

继续使用 G 公司的例子，X1 年和 X2 年的利润与股利发放如表 11-4 所示。

表 11-4　利润与股利发放　　　　　　　　　　　　（千货币单位）

	X1 年	X2 年
税后净利润	50	70
股利	0	30

表 11-5 是常用的两种方法下的股东权益列示。

表 11-5　资产负债表中股东权益的列示　　　　　　（千货币单位）

	X1 年	X2 年
方法 1（利润分配后）		
股本	100	100
股本溢价	18	18
留存收益（期末余额）	50	90①
股东权益	168	208
应付股利（负债）	0	30
股东权益和负债总计	168	238
方法 2（利润分配前）		
股本	100	100
股本溢价	18	18
留存收益（期初余额）	0	50
当期净利润（待分配）	50	70
股东权益	168	238

①　50（期初余额）+70（当期利润）-30（应发股利）。

注释：

- 两种方法对总股东权益和负债没有影响。
- 在方法 1 下，只要在报告期期末还未发放股利，就应该计入应付股利。如果在报告期期末股利已经发放，那么已经发放的股利直接减少现金（30 千货币单位），不需要计入负债。

2. 利润分配的会计处理

图 11-3 显示了 G 公司 X2 年资产负债表上利润分配的过程。利润分配在 X3 年股东大会批准后执行。因为方法 1 和方法 2 的会计分录实质上是一样的（做分录的时间不一样），我们只显示方法 2 下（利润分配前列示）的会计分录，方法 2 是欧洲大多数公司采用的方法。

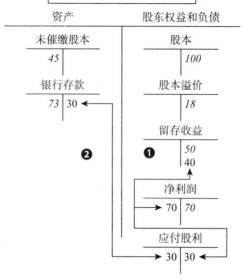

图 11-3　利润分配的会计处理

注：利润分配前的余额用斜体字表示。

❶ 冲销净利润，转入留存收益和应付股利。股利已经宣布但是还没有发放。

❷ 发放股利。

方法 1：利润分配后的资产负债表

📇 **例 11-6　ArcelorMittal（卢森堡—IFRS 会计准则—2022 年年报—钢铁）**

ArcelorMittal SA 2022 年年报有关权益的信息如表 11-6 所示。

表 11-6　合并资产负债表（节选）（单位：百万美元）

12 月 31 日	2022 年	2021 年
权益		
普通股	312	350
库存股	（1 895）	（2 186）
股本溢价	28 651	31 803
强制可转票据	509	509
留存收益	45 442	36 702
公积金	（19 867）	（18 072）
归属于母公司股东权益	53 152	49 106
少数股东权益	2 438	2 238
权益总计	55 590	51 344

注释：

▪ 本章第 7 小节将讲解库存股的概念。

▪ 2021 年到 2022 年留存收益的变动在合并权益变动表中有详细解释（见表 11-7）。

表 11-7　留存收益变动　（单位：百万美元）

2021 年 12 月 31 日余额	36 702
净利润（合并利润表）	9 302
股利	（332）
认沽期权	（177）
股本增加	（45）
其他变动	（8）
2022 年 12 月 31 日余额	45 442

股利在本年度支付，但是只在现金流量表（融资活动）中报告。（关于现金流量表的更多信息，见第 3 章、第 16 章和第 17 章）2022 年现金流量表中关于股利的信息如表 11-8 所示。

表 11-8　合并现金流量表（节选）　（单位：百万美元）

	12 月 31 日	
	2022 年	2021 年
股利支付（包括 2022 年和 2021 年支付给少数股东的股利分别为 331 和 260）	（663）	（572）
总计	（663）	（572）
支付给少数股东的股利	331	260
控制："留存收益"中的股利	（332）	（312）

方法 2：利润分配前的资产负债表

例 11-7　雷普索尔 YPF（西班牙—IFRS 会计准则—2022 年年报—石油和天然气）

雷普索尔 YPF 2022 年年报中有关权益的信息如表 11-9 所示。

表 11-9　合并资产负债表（节选）　（单位：百万欧元）

	2022 年 12 月 31 日	2021 年 12 月 31 日
权益和负债		
股东权益	24 611	22 320
其他累计综合收益	683	94
少数股东权益	679	380
股东权益	25 973	22 794
附注 6（节选）		
	2022 年 12 月 31 日	2021 年 12 月 31 日
股东权益	24 611	22 320
股本	1 327	1 527
股本溢价和公积	16 747	16 014
股本溢价	4 038	4 038
法定公积	314	314
留存收益和其他公积	12 431	12 303
股利发放	（33）	—
库存股	（3）	（641）
归属于母公司的当期利润	4 251	2 499
其他权益投资	2 286	2 280
其他累计综合收益	683	94
计入其他综合收益的权益投资变动	（15）	（4）
套期交易	（144）	51
外币折算差异	842	47
少数股东权益	679	380
股东权益总计	25 973	22 794

注释：

- 这里的留存收益代表上年度期末累计留存收益。
- 归属于母公司的当期利润代表本年度净利润。

11.4　发行股份以非现金增加股本的会计处理

不是所有股份发行都以现金增加股本。三种基本情况下可能出现非现金增加股本：

- 股东以非现金形式出资。
- 公积或留存收益转增股本（股东重新宣布对盈利的未来索取权）。
- 债权人将债务转换成股份。

11.4.1　股东以非现金形式出资

股东可能以非现金资产（实物）出资。例如，无形资产如专利权、知识产权、进入市场权或有形资产如土地、建筑物、机器、存货、应收账款（净值）等都是很重要的出资形式，尤其在公司成立的早期。以非现金形式出资在公司兼并与收购中也比较常见（见第 13 章）。非现金形式出资的价值理论上就是净资产的公允价值。但是这种公允价值与购买者的战略决策相关，通常比较难估计。

实物出资的分录和现金出资的分录相似，只是记录的资产账户不同（例如非流动资产、存货、应收账款等）。

我们继续以 G 公司的例子展示实物出资的分录。在 X3 年，新股东以价值 15 000 货币单位的专利权入股，获得 10 000 股普通股，面值 1 货币单位，产生 5 000 货币单位股本溢价。图 11-4 描述了这一过程。

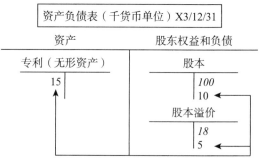

图 11-4　非现金增加股本的会计处理

注：期初余额用斜体字表示。

11.4.2　公积或留存收益转增股本

公积或留存收益转增股本称为**资本化**（capitalization）。转增股本的公积通常是任意公积（不是法定要保存的），如果是法定公积转增股本，则需要根据新股本重新提取法定公积。当累积未分配盈利相对于股本比例过大时，或股东希望向资本市场传达他们将在未来宣布对这些盈利的索取权的信号时，将全部或者部分公积或留存收益转增股本可能是一个很好的选择。因为：①股本增加可以提高公司股票的市场流动性；②向市场传达股东愿意承担更多责任的信息，为债权人提供了更好的保障。

公积或留存收益转增股本后（将股东权益结构重组或合并），股东权益的账面总值并不改变。但是股票的数量（极少数情况下股票面值）发生了变化。这种操作有不同的叫法：**股**

权分拆（主要是在北美，股票面值增加几乎不可能发生）、**发放红股**（bonus issue）或**公积资本化**（capitalization of reserves，取决于是否发行新股）。

除非公司提高股票的票面价值，否则公积或留存收益转增股本通常只是向现有股东发放新股。公积或留存收益转增股本时，通常按现有股东的持股比例发放红股。

大多数公积或留存收益（实质上是所有的公积或留存收益）作为股东的财产都可以转增股本。每个国家对于可转增股本的公积或留存收益有自己的规定，可转增股本的公积通常包括：

- 法定公积（在转增股本后要重新提取）。
- 公司章程约定公积。
- 监管公积。
- 任意公积。
- 重估公积。
- 股本溢价。

一些国家同时允许公司增加现有股份的票面价值和发放红股，但也有一些国家禁止其中之一。

我们继续用 G 公司的例子展示公积或留存收益转增股本的过程。X4 年，董事会决定（通过股东大会批准）将 30 000 货币单位的留存收益转增股本。为了避免稀释股份，公司按现有股东持股比例发行面值为 1 货币单位的股票 30 000 股（每 11 股发行 3 股新股，G 公司在 X4 年非现金增资后共有 110 000 股股票）。图 11-5 显示了相应会计分录。

图 11-5 只包含了留存收益转增股本的分录。留存收益的期初余额（150 千货币单位）是以前年度累积盈利和 X3 年当期利润的总和（90 千货币单位加上 X3 年留存收益，假设为 60 千货币单位）。

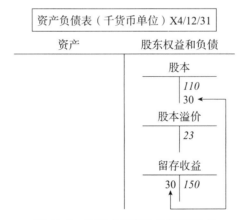

图 11-5　公积或留存收益转增股本

注：公积转增股本之前的余额用斜体字表示。

11.4.3　债转股

公司的债权人可能接受将债务转换成股份。在大多数情况下，债转股都是新股，增加了公司股本。在少数情况下，债转股来自公司持有的库存股。

以下 3 个原因解释了为什么债权人愿意把固定收益的债务转换成不确定收益的股份。

- 债务公司现金流困难或现在的经营状况不足以支付利息。为了避免债务公司的破产，债权人发现将贷款或应付账款转换成股份比让客户破产造成重大确定损失的风险小。在很多情况下，债权人利用这个机会有效地控制（或重大影响）了董事会的经营方式，获得更安全的未来保障。
- 公司发行了可转换债券。公司选择发行可转换债券通常是因为公司在股票市场上的表现给投资者的信心不足。可转换债券减少了债权人的下行风险，但是增加了上行风险：如果公司发展不如预期，债权人可以获得固定回报；如果公司发展超出预期，债权人可以选择将债券转换成股票，获得股利回报或股票升值。通过这种方式，债权人可以在决定是否成为公司股东之前观察公司的经营动向。
- 债权人是债务人的母公司，债转股是母公司长期战略的一部分，是母公司增加对子公司控制权的机会。当母公司的股票比子公司的债务更好出售的时候，母公司债转股可能将债务实质上转移给第三方。

债转股只需要一个简单的会计分录：减少债务，增加股本和股本溢价。

11.5 股票发行成本的会计处理

注册成立公司或增发股本都会产生重大成本。这些成本包括法律费用、审计师费用、银行佣金[7]。理论上，公司可以有 3 种不同的会计方法来处理这些成本。

- 作为期间费用直接记入利润表。
- 作为无形资产资本化并摊销（通常最多 5 年）。
- 冲销累积股本溢价。

如果法律法规允许，最后一种方法优于前两种方法，不影响年度利润，不会产生盈利波动。

从逻辑上来说，IASB 只允许最后一种方法，虽然 IASB 并没有明确规定发行成本冲销权益中的哪一项："在发行或回购自身权益工具时通常会发生各种费用。这些费用包括注册费以及其他监管费，法律、会计及其他专业服务费用，印刷成本及印花税等。权益交易费用中可直接归属于权益交易的增量费用（如果不发生该项交易则可避免）作为权益的扣减项进行核算。已放弃的权益交易所发生的成本确认为期间费用。"（IAS 32，IASB 2020：§37）在实务操作中，发行成本通常从股本溢价中扣除。中国上市公司也通常从股本溢价中扣除发行费用。

11.6 股本的减少

出于以下两个原因，公司可能会减少股本。

- 考虑到累积亏损。
- 将现金分配给股东。流通股数量减少后，每个股东获得的企业的剩余价值将会增加。

企业在回购流通股后，需要销毁库存股来减少股本。

第二种情况非常重要，我们将在 11.7 节探讨。因为股本的减少会相应减少股东承担的责任，大多数国家的公司法严格监管股本的减少，以保护债权人。

11.7 库存股

库存股（或自有股份）指公司发行后又购回置于公司库存中的股份。

11.7.1 公司为什么要回购自身的股份

公司通常不会持有自身股份，但是在大多数国家这是完全合法的。在某些情况下，公司可以买回自身的股份（库存股或自有股份）。下面列出一些公司买回自身股份的情况。

- 公司通过回购股份并销毁来减少股本。这样做通常是为了将现金分配给股东。此外，这样做可以增加公司股票的每股市场价值，因为有更少的股份对未来盈利有索取权。这样做也提高了每股盈利，因为股份数变少了。在没有更好的其他策略使现金可以带来更高收益的情况下，管理层可能使用现金将流通股购回[8]。
- 公司回购股份后在职工分红计划中或行使股票期权时发放给员工。在以下两种情况下，公司回购股份是更佳选择：①剩余股东不愿意股权被稀释；②所有法定股本都发行完毕，并且不经过股东大会同意很难或不可能增加法定股本。
- 上市公司为了在动荡的股市中平滑股票的市场价值，可能会回购股份，因为回购股份的行为向市场传达了管理层认为公司被低估的信息。
- 上市公司在防御恶意收购时可能会回购股份。越少的股份在市场中流通，恶意收购者就越难获得大部分投票权。
- 在一些国家，公司章程要求股东在抛售大量股票给新投资者时要获得其他股东的批准。在这种情况下，公司可以作为中间人，让股东在找到合适的新投资者之前先将股票卖给公司。

在以上 5 种情况中，严格来说，第一种情况并不会产生库存股或自有股份，因为这些回购的股份很快会被销毁，从账面移出。

11.7.2 回购股份减少股本

我们已经说过，回购股份的一个主要目的是增加每股收益或稳定股价。当然，回购股份也可能用于其他目的。例如，在一家小公司，一个股东因某种原因要离开公司。我们假设 G 公司股东发生争吵，其中一个股东乔治（拥有 20% 的股份）想退出，而剩下的股东既不愿意买下乔治的股份，又不愿意新的投资者买下乔治的股份。

G 公司的总股本是 140 000 货币单位（面值，见图 11-5）。乔治持有的股本票面价值是 28 000 货币单位，但是乔治的权益账面价值是 56 600[=20%×（140 000+23 000+120 000）]

货币单位。剩余的股东和乔治同意将乔治的股份定价为 56 000 货币单位。最简单的解决办法是公司（假设公司有足够的现金）回购乔治的股份然后销毁。如图 11-6 所示，该交易有两个步骤。乔治持有股票的市场价值和票面价值差额要从留存收益和股本溢价账户中移出（前者是留存收益的 20%，剩余的部分从股本溢价中移出）。在这个简单的例子中，我们假设股本溢价和留存收益都是不受限制的。

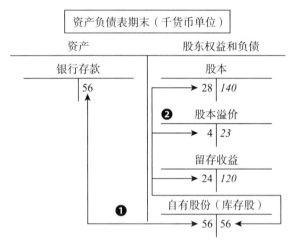

图 11-6　回购股份减少股本的会计处理

注：交易前的余额用斜体字表示。

❶ 公司以抛售股票的股东和其他股东都同意的价格购回股票。根据 IAS 32（IASB 2018c：§ 33）和北美实务经验，库存股作为权益的减项列示。我们在本图中遵循这种方法。另一种方法在一些欧洲国家使用：库存股记录在资产方。

❷ 销毁股份减少股本和所有股权。

• 通常来说，第二步（分录❷）和第一步同时发生。

• 在一些国家，两个分录合并成一个，而不使用库存股账户。

• 在一些欧洲国家，法律规定，尽管公司销毁股份，但是受限公积总额保持不变。在这种情况下，要单独设立一个特殊受限公积账户（库存股公积）弥补股本的减少（28 000 货币单位）。这里我们假设公积和股本溢价是不受限的。具体分录如下：公积账户减少和库存股公积账户增加。

11.7.3　公司持有的库存股

当公司购回股份并持有一段时间，无论出于什么目的（规范股票市场、反收购策略、职工分红计划），会计处理和图 11-6 中步骤 ❶ 一样。

如果股票最终出售（或者在股票期权计划下，转给员工获取现金），只要金额不变，只需要按图 11-6 步骤 ❶ 反向做分录。但是，金额很少会保持不变。如果再出售股票的价格和购回价格不同，就需要记录差额，有以下两种方法。

• 方法 1：在权益中记录股本溢价的增加或减少（这是 IFRS 会计准则和美国企业会计准则要求的方法）。

• 方法 2：在利润表中记录收益或损失。

如果公司遵循 IFRS 会计准则，则要遵守 IAS 32（IASB 2020：§ 33）的规定：如果主体回购自身权益工具，则这些工具（库存股）应从权益中扣除。在购回、出售、发行或取消主体自身权益工具时不应确认任何利得或损失。库存股可能由主体本身购回和持有，也可能由集团中合并范围内的其他主体购回并持有。支付或收取的款项直接在权益中确认。换句话说，如果回购的股份最终出售或分配给员工，交易产生的利得或损失要记录为权益的增加或减少。但 IAS 32 没有明确规定将其记录到权益中的哪一项，一般在实务中记录到股本溢价。值得注意的是，IASB 只允许采用上述方法 1。

11.7.4 库存股的报告

下面实例所示为报告库存股的一种方式。

📇 **例 11-8 Toray Industries（日本—日本企业会计准则—2021/2022 年年报—合成纤维及纺织品）**

Toray Industries 2022 年年报中有关权益的信息如表 11-10 所示。

表 11-10 合并资产负债表（节选）　　　　　　　　（单位：百万日元）

	2022 年	2021 年
股东权益		
归属于母公司股东权益		
普通股	147 873	147 873
股本溢价	120 493	120 698
留存收益	899 994	978 980
库存股（成本）	（19 985）	（19 813）
其他	89 476	177 853
归属于母公司股东权益总计	1 237 851	1 405 591

注：根据 IAS 32，库存股作为权益的减项。

11.8 股票期权计划

11.8.1 定义

股票期权计划是一种激励机制，是公司授予员工在一定期限内按照事先确定的价格购买公司一定数量股票的权利。通常在员工进入公司几个月或几年以后（等待期）并且业绩达到预期水平，公司才奖励股票期权。股票期权计划的实施由公司管理层决定。

员工只有在股票的市场价格高于行权价格的差额足够弥补交易成本（员工通常需要借入资金行使股票期权[9]），并有可观盈余的情况下，才会行使股票期权。

股票期权计划下出售给员工的股票可以是新股（还未认购的法定股本或增加的法定股本），也可以是公司从市场购回的库存股。IAS 没有明确区分这两种情况，但只有第一种情况会增加股东权益。第二种情况对股东权益的影响分两步：首先，库存股减少股东权益；然后，在员工行使期权的时候，股东权益增加。

11.8.2　股票期权计划的会计处理

　　IFRS 2（IASB 2018b）规定了对股票期权计划的会计处理。总体原则如下：在以股份为基础的支付交易中接受或取得的商品或服务不符合确认为资产的条件时，应当确认为费用。（§8）公司授予员工股票期权计划的会计流程如下。

- 在授予股票期权的日期，应用股票期权价格模型估计期权的价值。会计处理中将期权的价值记录为费用（员工费用）的增加和股东权益（股本溢价）的增加。无论期权是否行使，这个分录都需要做。

- 在期权行使日期，需要根据行权价格记录库存股的出售或新股的发行。具体会计分录如图 11-7 所示。

　　例如，假设 X1 年 B 公司董事会授予总经理克莱尔股票期权，可以在 X2 年 7 月 1 日之后以每股 1.8 货币单位的价格认购 1 000 股股票。在授予股票期权的日期，B 公司股票的市场价格是 2 货币单位。用股票期权价格模型计算出期权价值为 215 货币单位。期权价值是内在价值和投机价值总和。这里的内在价值等于股票的市场价格和行权价格的差额：（2−1.8）×1 000 = 200 货币单位。投机价值（15 货币单位）反映了期权行使前公司盈利和股票市场价格波动带来的可能增值（根据历史统计的主观判断）。当克莱尔行使股票期权的时候，公司需要发行 1 000 股新股。详细会计分录如图 11-7 所示。

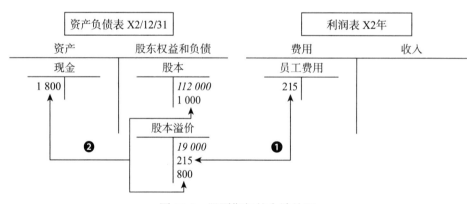

图 11-7　股票期权的会计处理

注：交易前的余额用斜体字表示。

❶ 授予股票期权的日期记录期权的公允价值。

❷ 行使股票期权的日期，以每股 1.8 货币单位的价格发行 1 000 新股（包括 1 货币单位的票面价值和 0.8 货币单位的股本溢价）。

11.9　股票股利和实物股利

　　通常来说，股利以现金发放，但是公司也有可能以资产形式发放股利（实物股利）。例如，公司可能发放股票组合中第三方的股票或一些不动产。虽然这种方式是完全可以想象的，但是产权问题是重大的法律问题，所以较少使用。

　　公司通常以自己的股票发放股利（股票股利）。这种方式对公司比较有吸引力，因为不影响公司的现金流，尤其是对于新兴企业和快速增长的企业来说。

公司章程通常会规定允许股东在股东大会上选择现金股利或股票股利。

在计算股票股利的价值时，有多种估值选择（因国家不同而异）。

- 面值。

- 公允价值（例如市场价值）。

- 面值或公允价值，由管理层决定。

- 面值或公允价值，根据股利发放多少决定。（在美国，通常根据发放的股利相对于股东权益的大小决定。如果是小规模发放股利，通常用公允价值；如果是大规模发放，通常用面值。）

如果以股票形式发放股利，公司需要记录股本增加和股本溢价。

我们举例说明股票股利的会计分录。M 公司有 6 个股东，股东权益包括 100 股股票的股本（每股面值 1 货币单位）和 900 货币单位的留存收益。在 X1 年，股东大会决定发放 100 货币单位的股利，股东可以选择以现金形式发放，也可以选择以股票形式发放。5 个小股东共持有 10 股，倾向于以现金形式发放，而第 6 个股东持有 90 股，选择以股票形式发放。

股利发放前一个星期的平均股价是 15 货币单位，因此，发放股票股利相当于发放 6 股新股[10]（公允价值为 15 × 6=90 货币单位）。股本面值增加 6 货币单位，而股本溢价增加 84（=90−6）货币单位。图 11-8 显示了股票股利的会计分录。

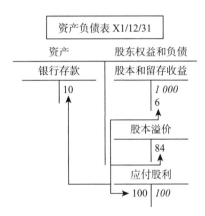

图 11-8　现金股利和股票股利的会计处理

注：交易前的余额用斜体字表示。

股票股利机制和将留存收益股本化本质上是相似的。在美国，实务操作中可能与我们的举例（遵循 IFRS 会计准则）稍有差异。

11.10　综合收益

我们在第 6 章已经定义了综合收益。IAS 1（IASB 2022：§ 81A）规定，利润表和其他综合收益表（综合收益表）应当列示：

- 净利润。

- 其他综合收益总额。
- 当期综合收益总额（净利润和其他综合收益总额）。

如果主体单独列报了利润表，就无须在综合收益表中再列示以上内容。

11.11　股东权益变动

因为股东权益账户的复杂性和多变性，IAS 1（IASB 2022）和很多国家的通用会计准则要求（或建议）公司编制股东权益变动表。

11.11.1　IAS 1 规定

IAS 1（IASB 2022：§106）规定：主体应列报股东权益变动表，并在股东权益变动表中反映如下内容。

（1）当期综合收益总额，并单独反映归属于母公司所有者和非控制性权益的金额。

（2）对权益的各组成部分，根据 IAS 8 确认的追溯应用或追溯重述的影响。

（3）（已删除。）

（4）对权益的各组成部分，期初和期末账面金额之间的调节过程，并单独披露（最低要求）以下项目产生的变动。

- 利润。
- 其他综合收益。
- 与所有者以所有者身份进行的交易，单独反映所有者投入和向所有者的分配，以及未导致丧失控制权的对子公司所有权份额的变动。

11.11.2　股东权益变动列示

在实务操作中，有两种方式报告股东权益变动。
- 通用版，累积所有权益账户：股东权益变动表。
- 删减版，收益和费用变动表。

值得注意的是，在 2007 年 IAS 1 修改后（2009 年 1 月生效），删减版不再允许使用。我们在这里提及删减版是因为不采用 IFRS 会计准则的国家或地区可能还使用这一方法。

1. 股东权益变动表

IAS 1 在"IAS 1 相关的 IASB 文件"中举例说明了股东权益变动表，表 11-11 节选自 IAS 1。

2. 实际案例

📖 **例 11-9　中石化（中国—IFRS 会计准则—2022 年年报—石油化工）**

合并资产负债表中股东权益明细如表 11-12 所示。

在综合利润表和资产负债表后，公司列示了合并股东权益变动表，如表 11-13 所示。

表 11-11 XYZ 集团 20X7 年股东权益变动表（截至 20X7 年 12 月 31 日）

（千货币单位）

	股本	留存收益	国外经营的货币折算	权益工具投资	现金流量套期	重估盈余	合计	少数股东权益	权益总计
20X6 年 1 月 1 日余额	600 000	118 100	（4 000）	1 600	2 000	—	717 700	29 800	747 500
会计政策变更	—	400	—	—	—	—	400	100	500
重述的余额	600 000	118 500	（4 000）	1 600	2 000	—	718 100	29 900	748 000
20X6 年权益变动									
股利	—	（10 000）	—	—	—	—	（10 000）	—	（10 000）
本年综合收益总计	—	53 200	6 400	16 000	（2 400）	1 600	74 800	18 700	93 500
20X6 年 12 月 31 日余额	600 000	161 700	2 400	17 600	（400）	1 600	782 900	48 600	831 500
20X7 年权益变动									
股本发行	50 000	—	—	—	—	—	50 000	—	50 000
股利	—	（15 000）	—	—	—	—	（15 000）	—	（15 000）
本年综合收益总计	—	96 600	3 200	（14 400）	（400）	800	85 800	21 450	107 250
转为留存收益	—	200	—	—	—	（200）	—	—	—
20X7 年 12 月 31 日	650 000	243 500	5 600	3 200	（800）	2 200	903 700	70 050	973 750

表 11-12 合并资产负债表（节选）

（单位：百万人民币）

权益	2022 年 12 月 31 日	2021 年 12 月 31 日
股本	119 896	121 071
公积	664 810	653 111
归属于母公司股东权益	784 706	774 182
少数股东权益	151 532	140 892
股东权益总计	936 238	915 074

表 11-13　合并股东权益变动表

（单位：百万人民币）

	股本	资本公积	股本溢价	法定盈余公积	任意盈余公积	其他公积	留存收益	归属于母公司股东权益	少数股东权益	股东权益总计
2022 年 1 月 1 日余额	121 071	27 062	55 850	96 224	117 000	2 495	354 480	774 182	140 892	915 074
当期利润	0	0	0	0	0	0	66 153	66 153	9 490	75 643
其他综合收益	0	0	0	0	0	19 126	0	19 126	2 703	21 829
当期综合收益总计	0	0	0	0	0	19 126	66 153	85 279	12 193	97 472
转入套期科目的金额	0	0	0	0	0	（15 363）	0	（15 363）	（439）	（15 802）
与股东交易，直接计入权益：										
购买自有股份	（1 175）	0	（3 004）	0	0	0	0	（4 179）	0	（4 179）
股东贡献和分配给股东的利益：										
2021 最终分红	0	0	0	0	0	0	（37 532）	（37 532）	0	（37 532）
2022 中期分红	0	0	0	0	0	0	（19 371）	（19 371）	0	（19 371）
划拨	0	0	0	4 610	0	0	（4 610）	0	0	0
分配给少数股东权益	0	0	0	0	0	0	0	0	（6 691）	（6 691）
贡献给少数股东子公司	0	0	0	0	0	0	0	0	5 395	5 395
其他贡献	0	2 678	0	0	0	0	0	2 678	2 191	4 869
股东贡献和分配给股东的利益总计	0	2 678	0	4 610	0	0	（61 513）	（54 225）	895	（53 330）
与少数股东交易	0	0	0	0	0	0	0	0	（1 713）	（1 713）
与股东交易总计	（1 175）	2 678	（3 004）	4 610	0	0	（61 513）	（58 404）	（818）	（59 222）
权益法下的其他权益变动	0	（1 009）	0	0	0	0	0	（1 009）	0	（1 009）
其他	0	22	0	0	0	149	（150）	21	（296）	（275）
2022 年 12 月 31 日余额	119 896	28 753	52 846	100 834	117 000	6 407	358 970	784 706	151 532	936 238

我们可以很容易地将权益变动表中权益的期初余额（915 074）和期末余额（936 238）与合并资产负债表中的权益数字相对应。

11.12　财务报表分析

11.12.1　股本增加对财务报表构架的影响

表 11-14 总结了股本增加的可能情况，及其对财务报表构架的影响。为了帮助读者更好地理解最右边一栏，我们先了解以下定义（详见第 15 章）。

$$净稳定资金 = 权益 + 长期负债 + 金融负债的流动部分 - 非流动资产$$

$$净营运资本（简单定义）= 流动资产（不包含现金）- 流动负债（不包含银行透支）$$

$$= 存货 + 应收账款 - 应付账款$$

$$现金 = 库存现金 + 银行存款 - 银行透支$$

表 11-14　股本增加的不同情况

增加种类	目的	过程	对资产负债表的影响	对财务报表构架的影响
现金	获得更多长期融资来源以支持公司的成长	发行新股，或溢价（增加股本溢价）发行，或增加现在股份的面值	增加流动资产和股本	增加净稳定资金和现金
公积金转增股本	将法定股本水平与公司资产实际价值相匹配，增加股本以提高股东承担的责任	分配股份或增加股票面值	减少公积金，增加股本	无影响
非现金实物	增加投入新的无形资产和有形资产，促进公司的进一步发展	新发行的股票价格接近于市价	增加资产，可能还会增加相应债务，增加股本	如果投入的是非流动资产，财务报表构架不受影响 如果投入的是非流动资产和长期金融债务，财务报表构架不受影响 如果投入的是固定资产和短期债务： • 减少净稳定资金 • 减少净营运资本 如果投入的是流动资产： • 增加净稳定资金 • 增加净营运资本 如果投入的是流动资产和长期或短期债务 • 增加净稳定资金 • 增加净营运资本
债转股	偿还债务但不影响现金：债权人用债务的索取权换取股份	新发行的股票价格接近于市价	减少负债，增加股东权益	如果抵销的债务是长期债务，财务报表构架不受影响 如果抵销的债务是短期债务（经营性或非经营性）： • 增加净稳定资金 • 增加净营运资本 如果转换的是短期银行信贷（如银行透支）： • 增加净稳定资金 • 增加净现金
股票股利	增强资本结构，而不影响现金	新发行的股票价格接近于市价	减少负债（应付股利），增加股本	增加净稳定资金 增加净营运资本

11.12.2　财务比率

市盈率（每股股价 / 每股收益，每股收益的定义见第 18 章）是分析师和投资者做投资决策时关注的关键性指标。当然，还有其他财务指标也可以帮助分析师评估股东权益和公司的可持续增长能力、抗风险能力和盈利能力。

1. 净资产收益率

最常见的用来评估管理投资效益的指标，毫无疑问是**净资产收益率**（return on equity，ROE）。净资产收益率的计算公式如下：

$$净资产收益率 = 净利润 / 平均股东权益$$

管理层通常从股东的角度使用这一财务指标，比较和评估不同的投资机会。如果新的投资机会的投资回报率（ROI，见第 2 章）低于公司现有的 ROE，那么这个投资会拉低整个公司的 ROE，不是一个可行的投资机会。新增加的投资项目按 ROI 从高到低排列，然后去掉所有投资回报低于公司现有 ROE 的投资项目。剩下的投资回报高于公司现有 ROE 的投资项目根据资金情况和长远战略利益按先后顺序投入。

如果只从普通股股东的角度考虑（不考虑优先股），有时会使用 ROE 的一个变体，叫作**普通股股东权益收益率**：

$$普通股股东权益收益率 = (净利润 - 优先股股利) / 平均普通股股东权益$$

2. 经济附加值

这一指标由斯图尔特咨询公司（Stern Stewart）设计（详见第 18 章），从稍有不同的角度来分析净资产收益率。**经济附加值**（economic value added，EVA）这一指标重新调整了净利润（反映公司的长期动态）和权益（反映股东的实际投资超出权益的账面价值，但没有完全用市值来替代）。

3. 权益比率

权益比率衡量股东投入占公司经营所需资金的比例。

$$权益比率 = 股东权益 / 股东权益和负债总计（或总资产）$$

如果股东对公司的投入太少，公司要么需要获取高成本外部资金（从而减少利润），要么需要供应商延长信用期（从而依赖销售增长和供应商），而供应商并不是慈善家，它们往往会将信用销售的成本转移到价格中。这里的一个相关问题是：如果股东加大投入，是否会降低原材料和零部件的采购价格？因此，需要进行成本收益分析：股东投入过少可能导致长期资本成本过高，而投入过多可能错失投资机会（见接下来的财务杠杆率）。

4. 债务 / 权益比率（财务杠杆率）

债务 / 权益比率描述了股东获得的财务杠杆，这一比率有很多不同的定义。

$$债务 / 权益比率（财务杠杆率） = 长期债务 / 股东权益$$

我们假设一家公司有一个 1 年期的投资机会。投资成本是 100 货币单位，预期回报是 20 货币单位。如果公司完全用自有资金投入，投资回报率是 20%；如果公司以 6% 的利率借入 60% 的投资成本，自有资金投入是 40 货币单位，投资回报率 =（20−60 × 0.06）/40=（20−3.6）/40=41%。所谓财务杠杆，就是用别人的钱（发生一定的成本）去投资，提高投资回报率，从而提高净资产收益率（见第 2 章）。

同样，这里也需要做一个成本收益分析，因为过高的财务杠杆率虽然可以带来较高的净资产收益率，但同时也使公司对市场变化的应对能力非常差，会降低公司的信用能力（尤其是在 2008 年金融危机以后）。财务杠杆率低的公司会被认为没有给股东带来足够的回报，但是安全性较高。

例如，即使在同一个行业，不同公司或不同时期的财务杠杆率都不相同。在 2022 财年，诺基亚每 1 欧元的非流动负债大约有 2.5 欧元的股东权益，而同期，爱立信每 1 瑞典克朗的债务有 1.9 瑞典克朗的股东权益，三星电子每 1 韩元的债务有 23.1 韩元的权益。尽管这些公司并不完全可比，但是这些公司在手机市场和电子通信行业面临的风险基本相似。值得关注的是，每家公司的战略导致了不同的财务比率，所以比较不同公司的财务比率不是一件容易的工作。然而，在某些行业中，比率可能更为相似，例如两家最大的工业和医疗气体生产商：法国的 Air Liquide（遵循 IFRS）和美国的 Air Products（遵循美国通用会计准则）。它们显示出相似的财务杠杆：2022 年，Air Liquide 的权益 / 非流动负债为 1.5，Air Products 为 1.4。

5. 市价 / 账面价值比率

股东权益定义了公司的账面净值。但是，股东权益的账面价值取决于资产和负债的估值。资产和负债通常按历史成本计入会计系统（某些按公允价值计量的资产和负债除外，见第 10 章），而公司的市场价值（股票价值）与未来现金流和风险相关。市场不仅考虑账面记录的固定资产和无形资产，还关注其他没有在资产负债表中报告的因素：满足客户需求的能力、专业能力、灵活性、多样性、研发能力、合法性、知识背景、客户忠诚度、员工忠诚度等。通常公司的市场价值要大于权益的账面价值。即使在清算的情况下出售资产的价值也通常大于其账面价值。

市价 / 账面价值比率衡量了权益的账面价值被低估的程度。该比率越高，说明隐性的无形资产（没有在资产负债表中报告）越多，未来现金流的增长率越高，未来现金流变动的风险越低，公司的可持续成长性越好。市价 / 账面价值比率的计算比较简单，但是该比率的解释比较复杂：

$$市价 / 账面价值比率 = 每股市价 / 每股账面净值$$

该比率反映了投资者愿意为公司每 1 单位的净资产支付的价格。由于分析师和投资者根据对公司未来的预测不断在市场上交易股票，所以公司股票的价格一直在变动。只有在分析公司长期发展的情况下，该比率才有用。

6. 实际案例

表 11-15 列出了瑞典 3 家公司公布的 4 个财务比率（因为位于同一个国家，所以会计准则造成的差异较小，所有数据都来自公司 2022 年年报）。虽然是在同一个国家，但因为技术、市场、融资和战略的不同，这些比率还是会有所差异。所以，在比较世界范围内的公司时，要特别注意可比性。注意，Sandvik 在计算权益比率时，与其他两家公司的计算方法不同：其计算权益比率的分母是总投入资本，而其他两家公司是总资产，所以不具有直接可比性。

表 11-15　权益比率的例子

公司	比率名称	计算	2022 年	2021 年	2020 年
Holmen（报纸杂志）	净资产收益率（%）	本年利润 / 平均股东权益（季度权益平均）	11.5	6.9	4.8
Rottneros（纸浆）	净资产收益率（%）	净利润 / 平均股东权益（每年期初和期末的平均）	29.9	14.0	−3.8
Sandvik（工程）	总净资产收益率（%）	当年合并净利润（亏损） / 平均股东权益	14.2	20.5	13.6
Holmen	权益比率（%）	股东权益 / 总资产	70	69	68
Rottneros	权益比率（%）	股东权益 /（股东权益 + 负债）	66	64	58
Sandvik	权益比率（%）	总权益 / 总投入资本	46	50	55
Holmen	债务 / 权益比率	净金融债务 / 总股东权益	4	9	10
Rottneros	债务 / 权益比率	净债务 / 股东权益	−16	−1	6
Sandvik	净债务 / 权益比率	（带息流动和非流动债务 − 现金及现金等价物） / 总股东权益	0.5	0.3	0.0
Holmen	未披露	收盘价 / 每股权益账面价值	1.2	1.5	1.5
Rottneros	股票市场价格 / 每股权益账面价值	—	0.8	1.0	1.0
Sandvik	市场报价 / 每股权益账面价值	年末股票市场价格 / 每股权益账面价值	410	388	370

关键知识点

- 企业长期融资的两个主要来源：①企业创立者和愿意承担风险的投资者；②债权人（将资金借给企业，收取利息，承担的风险比第一类投资者要少）。
- 企业家或投资者可以以现金、有形资产、无形资产（如知识产权）等形式进行出资。
- 投资者给企业投入资本以获得企业未来创造财富的部分索取权，没有时间期限。
- 股份代表了对公司股本的分割，按股东资本投入比例发放。
- 股票的面值称为名义价值或票面价值。股本等于股票数量乘以票面价值。
- 权益（或股东权益）是主体的资产扣除所有负债后的剩余价值。
- 股东权益的两个主要组成部分是股本和留存收益。
- 普通股股东的权利通常与优先股股东不同。
- 股本溢价是股票的发行价格和票面价值的差额。
- 企业产生的利润可以以股利形式发放给投资者，或作为留存收益，或提取法定公积。

- 股东权益变动表非常重要，它说明了当年的决策（不只是经营决策）是如何影响股东权益的。
- 与股东权益有关的财务比率：净资产收益率、权益比率、债务 / 权益比率和市价 / 账面价值比率。

实战练习

实战练习 11-1　科普兰公司

要　点： 以现金发行股票

难度系数： 中

科普兰公司的股本为 300 000 货币单位，3 000 股股票，每股面值为 100 货币单位。公司新发行了 1 000 股股票（每股面值为 100 货币单位），每股价格为 170 货币单位。科普兰公司经营所在国家要求发行新股的时候，支付全部股本溢价（这里是每股 70 货币单位），但只要求支付至少 25% 的票面价值。本次发行发生的成本（法律费用、审计费用、印刷费用、佣金和杂费等）从股本溢价中抵扣。所有发行成本都当即用支票支付，共 5 000 货币单位。

要　求

1. 请编制股本增加的会计分录。
2. 请对比发行新股前和发行新股后的资产负债表。

实战练习 11-2　梅诺蒂公司

要　点： 利润分配

难度系数： 中

X1 年 1 月 1 日，梅诺蒂公司共有 4 000 股股票，每股面值 100 货币单位。这些股票分为两类：1 000 股 A 类和 3 000 股 B 类。A 类股票享有面值 5% 的优先股股利（在普通股之前）。

表 11-16 是利润分配前的期末数据。

税务规定公司 X1 年增加 2 000 货币单位的监管公积。

公司章程中有如下规定：

- 每个年度，只要法定公积少于股本的 10%，就需要按本年度利润减去以前年度累积亏损净值的 5% 提取法定公积。
- A 类股票必须每年按面值的 5% 发放股利。
- A 类股票和 B 类股票有同等的权利享有普通股股利。

表 11-16　利润分配前的期末数据

股本	400 000
法定公积	39 000
监管公积	8 000
累积亏损	−5 000
税后净利润（X0 年 12 月 31 日）	40 000

董事会提议：①提取 10 000 货币单位的任意公积；②每股发放 4 货币单位的普通股股利。股东大会批准了这些提议。

分配后的剩余利润转入留存收益，累积到下一年。

要 求

1. 请编制一张表详细计算利润分配（包括每类股票的每股股利）。
2. 请编制利润分配的会计分录。
3. 请编制一张表详细列示利润分配前和利润分配后的股东权益与负债。

挑战练习

挑战练习11-1 选择题

请选择正确答案（除非特别说明，正确答案只有一个）。

1. 公司需要记录一个股东将股票出售给另一个股东。

    （a）对   （b）错

2. 一家公司发行了 5 000 股面值为 20 货币单位的股票，发行价格为每股 100 货币单位，并收到现金出资。发行价格的 50% 需要立即支付，剩下的在以后年度支付。请问在发行新股的时候，股本增加多少？

    （a）500 000   （b）250 000   （c）100 000   （d）50 000

    （e）400 000   （f）200 000   （g）以上都不是

3. 如果净利润不大于零，则不可以发放股利。

    （a）对   （b）错

4. 公司普通股每股价格和票面价值的差额称为（   ）（多项选择）。

    （a）资本盈余（capital surplus）

    （b）股本溢价（share premium）

    （c）资本附加（additional paid-in capital）

    （d）实缴资本（paid-in capital）

    （e）追加资本（additional contributed capital）

    （f）普通股股本（ordinary share capital）

    （g）超出面值股本（capital in excess of par value）

    （h）溢价资金（premium fund）

    （i）以上都是

5. 一家公司权益如下：

普通股：面值为 2 货币单位；250 000 股法定股；发行 100 000 股	200 000
股本溢价	30 000
留存收益和公积	50 000
净利润	20 000
股东权益合计	300 000

    股票的市场价格是 15 货币单位。请问每股股票的账面价值是多少？

    （a）2   （b）1.2   （c）3   （d）0.8

    （e）15   （f）2.3   （g）0.92   （h）以上都不是

6. 在所有有限责任公司中，股东都可能会递延股本出资的缴付。

　（a）对　　　　　　　　　　　　　　　　　（b）错

7. 法定股股数 > 流通股股数 > 发行股股数。

　（a）对　　　　　　　　　　　　　　　　　（b）错

8. 每股股票可能会被授予大于 1 票的投票权，但是绝不可能小于 1 票。

　（a）对　　　　　　　　　　　　　　　　　（b）错

9. 法定公积的主要目的是保护公司的股东。

　（a）对　　　　　　　　　　　　　　　　　（b）错

10. 根据 IAS1，下列哪一项应该在资产负债表或附注中披露？

　（a）法定股股数

　（b）已经发行且全部缴付的股票数量，以及已经发行但未完全缴付的股票数量

　（c）每股票面价值，或无票面价值

　（d）以上都是

挑战练习 11-2　艾维斯公司

要　　点：对股东权益的影响

难度系数：中

　　表 11-17 列示出艾维斯公司与股东权益相关的交易事项。每一个交易事项对股东权益的影响可能有三种：增加、减少或无影响。

要　求

　　请判断每一个交易事项对股东权益的影响。

表 11-17　艾维斯公司与股东权益相关的交易事项

	对股东权益的影响		
	增加	减少	无影响
按面值发行普通股（收到现金）			
按面值发行优先股（收到现金）			
宣布当年的现金股利			
支付上述宣布的现金股利			
按大于面值的价格发行普通股（收到现金）			
按大于面值的价格发行优先股（收到现金）			
将优先股转换成普通股			
发放股票红利			
将留存收益 / 公积转增为普通股			
按大于面值的价格将债券转换成股票			
按大于面值的价格发行股票（收到实物）			
公司回购并销毁股票			
回购股票（库存股 / 自有股）			

挑战练习 11-3　伯恩斯坦公司

要　　点：以现金发行股票

难度系数：中

伯恩斯坦是一家有限责任公司。X1年5月6日召开的年度股东大会投票表决通过增发 2 500 股新股（每股面值 550 货币单位），公开发行价格为 700 货币单位。投入资本将按法定最小数额催缴。新股由 X 银行从5月7日至5月30日代为发行。5月30日，银行宣布所有股票都已经出售，并收到所有催缴资本。

要　　求

请分别根据以下两个假设编制会计分录。

1. 法定最小催缴额是股票发行价格的一半。
2. 法定最小催缴额是股票面值的一半加上全部股本溢价。

挑战练习 11-4　吉尔伯特公司

要　　点：利润分配

难度系数：高

吉尔伯特公司在 X1 年年初注册成立。公司原始注册资本是 2 500 股，每股面值 100 货币单位。X9年12月31日公司资本的组成在公司章程第7条有详细描述（见下面几段）。

公司章程第7条：股本

吉尔伯特公司的股本是 3 780 000 货币单位，共有 37 800 股，每股票面价值是 100 货币单位。

公司共发行两类股票：

- 27 000 股 A 类股票，编号是 1～27 000。
- 10 800 股 B 类股票，编号是 27 001～37 800。

B 类股票是优先股，从 X9 年到 X15 年享有优先股股利。优先股股利 X9 年的支付率是基准利率减 1%，X10 年的支付率是基准利率加 2%，X11～X15 年的支付率是基准利率加 5%。

优先股股利支付率适用于股票的全部认购价格（包括股本溢价）。所有持有 B 类股票的股东都可以享有优先股股利。股利按公司章程规定的条件支付。

表 11-18 列示出 X9 年年末利润分配前的股东权益账户。

表 11-18　X9 年年末利润分配前的股东权益账户

股本		3 780 000
股本溢价		7 560 000
法定公积		370 000
留存收益（原值）	2 000 000	
前期结转亏损	−100 000	
留存收益（净值）		1 900 000
X9 年净利润		1 000 000
股东权益合计		14 610 000

董事会批准了一项决议：除了 X9 年利润分配，还将向所有股东发放第二次股利（每股不超过 10 货币单位）。如果还有剩余的利润，则全部转入留存收益。

公司章程中提到的 X9 年年度基准利率为 6%。

只要法定公积达到股本的 10%，就不需要再提取了。

要　求

1. 请给出你对 X9 年利润分配的建议。
2. 请根据你的分配方案编制会计分录。
3. 请编制一张表列示利润分配后的股东权益明细。

挑战练习 11-5　iliad-Free *（1）

要　　点：利润分配的报告

难度系数：高

iliad 集团是欧洲领先的电子通信公司之一，拥有 4 590 万订阅用户，在 2022 年的收入为 84 亿欧元，并拥有超过 16 700 名员工。自 1991 年成立以来，该集团已成为法国主要的互联网和电子通信公司（固定和移动）。2018 年，该集团扩大了其在意大利的地理覆盖范围。它继续在欧洲扩张，于 2020 年收购了波兰领先的移动电信运营商 Play，并于 2022 年 4 月收购了波兰的有线运营商 UPC Polska。iliad S.A. 是 iliad 集团的母公司，其在法国使用 Free、在意大利使用 iliad，而在波兰使用 Play 的商业名称。公司合并财务报表根据欧盟采纳的 IFRS 会计准则编制。表 11-19 列示了 2022 年年报中合并财务报表的节选部分。

表 11-19　合并财务报表节选　　　　（单位：百万欧元）

	2022 年 12 月 31 日	2021 年 12 月 31 日
股本	15	15
股本溢价	510	510
留存收益和其他公积	4 687	5 348
权益总计	5 212	5 873

表 11-20 列示了公司权益变动表。

表 11-20　股东权益变动表　　　　（单位：百万欧元）

	股本	股本溢价	自有股份	公积	留存收益	归属于母公司股东权益	少数股东权益	权益总计
2022 年 1 月 1 日余额	15	510	（110）	6	5 467	5 888	（15）	5 873
2022 年变动								
当期利润					754	754	3	757
利率和汇率对冲影响				（8）		（8）		（8）
公允价值变动影响				（13）		（13）		（13）
养老金收益计划影响				115		115		115
外币折算变动影响				（10）		（10）	（13）	（23）
综合收益总计	0	0	0	84	754	838	（10）	828

（续）

	股本	股本溢价	自有股份	公积	留存收益	归属于母公司股东权益	少数股东权益	权益总计
iliad S.A. 股本变动						0		0
iliad S.A. 支付的股利					（1 467）	（1 467）		（1 467）
子公司支付的股利							（12）	（12）
购买 / 出售自有股份			24			24		24
股票期权影响				10		10		10
少数股东权益变动影响				（2）		（2）	2	0
其他				（44）		（44）		（44）
2022 年 12 月 31 日余额	15	510	（110）	78	4 754	5 247	（35）	5 212

要　求

1. 请将表 11-19 中的项目和股东权益变动表中的项目一一对应。
2. 股东权益变动表中的"留存收益"代表了什么？在资产负债表中是列示在利润分配的前面还是后面？

挑战练习 11-6　霍尔曼 *（2）

要　　点：股东权益变动表

难度系数：高

　　霍尔曼是瑞典一家印刷和销售报纸、杂志的集团公司。公司的合并财务报表根据欧盟采纳的 IFRS 会计准则编制。表 11-21 列示出 2022 年合并财务报表中包括权益的信息（资料来源：2022 年年报）。

表 11-21　合并资产负债表（节选）　　　　（单位：百万瑞典克朗）

12 月 31 日	2022 年	2021 年
权益		
股本	4 238	4 238
其他资本	281	281
公积	20 689	14 748
留存收益（包括本年利润）	31 742	27 725
归属于母公司股东权益总计	56 950	46 992

　　在 2022 年，该集团的权益增加了 9 958 百万瑞典克朗，达到了 56 950 百万瑞典克朗。2022 年年度利润为 5 874 百万瑞典克朗，支付的股息为 1 854 百万瑞典克朗。其他综合收益包括养老金负债的重估（减少留存收益 3 百万瑞典克朗）、森林土地的重新评估、现金流量套期保值、国外运营的汇率折算差异，以及外国运营的货币风险套期保值（增加公积 5 941 百万瑞典克朗）等项目。

要　求

　　请用 IAS 1 中推荐的模板（见表 11-11）为霍尔曼集团编制简单的 2022 年股东权益变动表。

挑战练习 11-7　诺基亚 *

要　　点：权益财务比率

难度系数：高

诺基亚（芬兰）主营手机和其他无线通信。诺基亚的合并财务报表根据欧盟采纳的 IFRS 会计准则编制。表 11-22 和表 11-23 列示出诺基亚 2018～2022 年合并资产负债表（资料来源：2019～2022 年年报）和其他信息。

表 11-22　合并资产负债表　（单位：百万欧元）

12 月 31 日	2022 年	2021 年	2020 年	2019 年	2018 年
资产					
非流动资产					
商誉和无形资产	6 930	7 051	7 027	7 956	8 805
土地、房屋和设备	2 015	1 924	1 783	1 856	1 790
使用权资产	929	884	805	912	0
对联营和合营企业投资	199	243	233	165	145
非流动带息金融投资	697	0	0	0	0
其他非流动金融投资	828	758	745	740	690
递延所得税资产	3 834	1 272	1 822	5 124	4 911
其他非流动金融资产	252	325	306	445	373
养老金固定收益计划资产	6 754	7 740	5 038	4 830	4 224
其他非流动资产	239	255	217	292	308
非流动资产合计	22 677	20 452	17 976	22 320	21 246
流动资产					
存货	3 265	2 392	2 242	2 936	3 168
应收账款	5 549	5 382	5 503	5 025	4 856
合同资产	1 203	1 146	1 080	1 489	1 875
其他应收款	934	859	850	908	1 024
所得税资产流动部分	153	214	265	279	227
其他流动金融承诺资产	615	336	214	164	243
流动带息金融投资	3 080	2 577	1 121	97	612
现金和银行存款	5 467	6 691	6 940	5 910	6 261
流动资产合计	20 266	19 597	18 215	16 808	18 266
持有至出售资产	0	0	0	0	5
资产总计	42 943	40 049	36 191	39 128	39 517
股东权益和负债					
归属于母公司股东的权益					
股本	246	246	246	246	246
股本溢价	503	454	443	427	436
库存股	（352）	（352）	（352）	（352）	（408）
外币折算差异	169	（396）	（1 295）	（372）	（592）
公允价值和其他公积	3 905	4 219	1 910	1 382	1 063
不受限权益投资公积	15 487	15 726	15 656	15 607	15 606
留存收益	1 375	（2 537）	（4 143）	（1 613）	（1 062）
归属于母公司股东权益	21 333	17 360	12 465	15 325	15 289
少数股东权益	93	102	80	76	82
股东权益总计	15 371	16 218	20 975	10 524	8 669

（续）

12 月 31 日	2022 年	2021 年	2020 年	2019 年	2018 年
非流动负债					
长期带息负债	4 249	4 537	5 015	3 985	2 826
长期租赁负债	858	824	721	771	2
递延所得税负债	332	282	260	390	350
养老金固定收益计划负债	2 459	3 408	4 046	4 343	4 327
合同负债	120	354	566	915	1 113
递延收入和其他长期负债	103	436	541	712	852
准备金	622	645	736	556	572
非流动负债合计	8 743	10 486	11 885	11 672	10 042
流动负债					
短期带息负债	228	116	561	292	994
短期租赁负债	184	185	189	259	0
其他金融承诺负债	1 038	762	738	803	891
所得税负债流动部分	185	202	188	187	268
应付账款	4 730	3 679	3 174	3 786	4 773
合同负债	1 977	2 293	2 394	2 752	2 383
递延收入和其他流动负债	3 619	3 940	3 721	3 323	3 940
准备金	813	924	796	653	855
流动负债合计	12 774	12 101	11 761	12 055	14 104
负债总计	21 517	22 587	23 646	23 727	24 146
股东权益和负债总计	42 943	40 049	36 191	39 128	39 517

表 11-23　附加信息　　　　　　　　　　（单位：百万欧元）

12 月 31 日	2022 年	2021 年	2020 年	2019 年	2018 年
归属于母公司股东利润	4 250	1 623	（2 523）	7	（340）

要　求

1. 请计算以下权益财务比率。

（1）净资产收益率（%）：归属于母公司股东利润 / 归属于母公司股东平均权益。

（2）权益比率（%）：（归属于母公司股东权益 + 少数股东权益）/（总资产 − 预收账款）。

（3）净债务 / 股东权益（%）：（带息负债 − 现金和金融投资的流动部分）/（归属于母公司股东权益 + 少数股东权益）。

2. 请分析这些财务比率。

参考书目

IASB (2010) Conceptual Framework for Financial Reporting, London.

IASB (2018a) Conceptual Framework for Financial Reporting, London.

IASB (2018b) International Financial Reporting Standard No. 2 Share-based Payment, London.

IASB (2020) International Accounting Standard No. 32 Financial Instruments: Presentation, London.

IASB (2022) International Accounting Standard No. 1 Presentation of Financial Statements, London.

扩展阅读

Bamber L S, Jiang J, Petroni K R, Wang I Y. (2010) Comprehensive income: who's afraid of performance reporting? The Accounting Review, 85(1), 97-126.

Black D E. (2016) Other comprehensive income: a review and directions for future research. Accounting & Finance, 56(1), 9-45.

Boulland R, Lobo G J, Paugam L. (2019) Do investors pay sufficient attention to banks' unrealized gains and losses on available-for-sale securities? European Accounting Review, 28(5), 819-848.

Dhaliwal D, Subramanyam K R, Trezevant R. (1999) Is comprehensive income superior to net income as a measure of firm performance? Journal of Accounting & Economics, 26(1-3), 43-67.

Kanagaretnam K, Mathieu R, Shehata M. (2009) Usefulness of comprehensive income reporting in Canada. Journal of Accounting and Public Policy, 28(4): 349-65.

Maines L A, McDaniel L S. (2000) Effects of comprehensive-income characteristics on nonprofessional investors' judgments: the role of financial-statement presentation format. The Accounting Review, 75(2), 179-207.

注　释

1　累计股利指当期没有足够的利润支付股利，转入下一期，在其他股利之前优先支付。

2　实务中会有例外，为了鼓励股东持股的稳定持久性，持股期越长，每股获得的投票权越多。例如，《米其林 2022 股东指南》中规定：持股不少于四年，投票权加倍。这一规定导致了在 2022 年 12 月 31 日米其林在外流通股为 714 117 414 股，而投票权为 978 544 459 股。

3　在协议中，达斯汀·莫斯科维茨、肖恩·帕克和硅谷一个高官赋予扎克伯格不可撤销的代理权来控制他们的投票。这意味着，他们的股票和扎克伯格的股票有一致的决策。另外，扎克伯格在大部分情况下还控制 DST、Greylock、Accel Partners 和其他公司以及投资者的投票权。资料来源：VB Venturebeat.com，1 February 2012.

4　股利登记日是一个分界点：股利登记日之后获得公司股票的股东不享有当期股利。

5　所有转入留存收益或任意公积的利润对于股东来说仍然是可以在之后进行分配的。

6　见第 2 章。

7　Facebook 在 2012 年 5 月的 IPO 使承销商（摩根士丹利、摩根大通和高盛）获得 1.76 亿美元的发行费，相当于 Facebook 上市募集资金 160 亿美元的 1/100。资料来源：Bloomberg Business Week，May 18，2012.

8　例如，仅通过创新和成长，公司并不能保证提供给投资者与他们所承担风险相匹配的回报。大量回购股票并销毁的公司，通常给市场的信号是，它们已经没有了产生未来盈利和现金流的好的投资机会。

9　借入资金，行使期权买下公司股票，再卖出偿还借款，可能就发生在 24～48 小时内。

10　在实务中计算会更复杂一些，因为股东获得的股票可能是不到 1 股的分数式股票，我们在这里忽略这种复杂情况。

第 12 章　负债和准备金

本章教给你什么

1. 如何定义负债。

2. 负债的分类和报告。

3. 如何记录流动负债和非流动负债。

4. 如何区分负债、应计负债、准备金和或有负债。

5. 如何记录债券的发行。

6. 融资租赁和经营租赁的区别已经从 IFRS 会计准则中移除。

7. 如何记录和报告租赁资产。

8. 如何记录员工福利。

9. 如何分析负债。

负债（广义）是资产负债表的重要组成部分。IAS 37（IASB 2020a：§10）定义：

- 负债（狭义），指主体因过去事项而承担的现时义务，该义务的履行预期会导致含有经济利益的资源流出主体。

- 准备金，指时间或金额不确定的负债。

在本章内容中，我们将应用以上 IAS 的定义：**负债**（狭义）和**准备金**。

负债代表了企业除权益外所有其他资金的来源（直接现金投入、借款或延期支付现金、信用赊销）。负债是主体因过去事项而承担的义务，该义务的履行预期会导致未来主体资源，如资产（尤其是现金）或服务流向债权人。

债务的提供者可能是个人或组织，例如私人或机构债券持有人、银行、保险公司等金融机构；也可能是企业的交易伙伴，如客户（预付账款——订阅杂志或支付首期款）、供应商（应付账款）、税务或财政机关（如企业向社保机构交纳社保费通常是定期和事后的）；甚至可能是员工（通常在员工工作一段时间后的薪水支付日才发放工资或奖金，为公司提供了一定的现金流）。关于负债，主要讨论的问题是（和资产一样）：

- 定义（负债的构成）。
- 确认（何时确认义务）。
- 估值（确认的义务在资产负债表上报告的金额是多少）。
- 负债的分类报告。

负债报告原则和准备金的处理将在本章 12.1～12.6 节讲解，另外一些特殊的问题，如债券和租赁等**类似负债**（quasi-liabilities）将在本章 12.7 节和 12.8 节讲解。

负债反映了未来支付现金或提供产品、服务的义务。但是，如何定义义务和报告义务产生的金额是 IASB 试图解决的难点。负债或义务大致分为流动负债和非流动负债。负债占企业资金来源的比重，以及流动负债和非流动负债的比例，在不同行业与公司中不尽相同。

12.1 定义

IAS 37（§10）将负债定义为企业承担的现时义务，由过去事项产生，该义务的履行预期会导致含有经济利益的资源流出主体。IAS 37 指出，该准则对负债的定义在理论框架中对负债的定义进行修改后保持不变。2018 年颁发的理论框架（IASB 2018a）将负债定义为企业承担的现时义务，由过去事项产生，该义务的履行将会导致经济资源的转移。该定义中的一些概念非常重要，以下将逐一解析。

12.1.1 义务

IASB 理论框架（IASB 2018：§4.28）指出，负债的第一要素是主体承担着义务。义务是主体不具有实际能力避免的职责或责任（§4.29）。理论框架还指出，很多义务是通过合同、法律或类似方式建立的，并且其所欠的另一方在法律上可执行。然而，倘若该主体不具有实际能力，以不符合这些惯例、政策或声明的方式行事，义务也可以产生于主体的商业惯例、公开政策或特定声明。这些情况所产生的义务通常称为"推定义务"（§4.31）。

12.1.2 经济资源的转移

负债的第二个条件是，该义务将转移经济资源（IASB 2018a：§4.36）。在实践中，转移经济资源的义务包括以下例子（IASB 2018a：§4.39）。

- 支付现金的义务。
- 支付商品或提供服务的义务。

- 在不利条款下与另一方交换经济资源的义务。例如，此类义务包括，以当前不利条款出售经济资源的远期合约，或授予另一方买入主体经济资源的期权。
- 如果特定不确定未来事项发生，则转移经济资源的义务。
- 发行一项金融工具的义务，倘若该金融工具将使主体有义务转移一项经济资源。

12.1.3 过去事项

负债的第三个条件是，该义务是由过去事项导致的现时义务（IASB 2018a：§4.42）。仅在以下情况下，现时义务是由过去事项导致的（IASB 2018a：§4.43）。

- 主体已经获得经济利益或已采取行动。
- 结果是，主体将要或不得不转移一项其原本不需要转移的经济资源。

理论框架还指出，已获得经济利益可能包括诸如商品或服务，已采取行动可能包括诸如经营特定业务或在特定市场经营。如果随时间流逝，经济利益已获得或行动已采取，则所导致的现时义务可能应随时间而累计（IASB 2018a：§4.44）。

12.1.4 区分流动和非流动负债

我们在第 5 章提到，IAS 1（IASB 2022：§60）规定，主体应在资产负债表中将流动负债和非流动负债作为单独的类别列报，除非按流动性列报提供的信息是可靠的，并且更为相关。在这种例外情况下，主体对所有资产和负债应大体按其流动性顺序列报。在实务操作中，企业通常可以自由选择资产负债表中负债的报告形式。除了按流动性 / 非流动性将负债分类，企业还可以将负债按到期日（IAS 1 中叫作流动性）排列，或区分带息负债和非带息负债（在带息负债和非带息负债中，分别按负债到期日排列）。负债的报告旨在为投资者、贸易伙伴和分析师提供信息，每一种分类侧重强调某一种信息。例如，区分金融负债和经营负债（见图 12-1 中 ❶）强调经营周期，而区分短期负债和长期负债（见图 12-1 中 ❷）则侧重偿付能力。

IAS 1（IASB 2022：§69）规定，当某项负债符合以下标准之一时，主体应将其划分为流动负债：①主体预期在其正常经营周期中清偿；②主体主要为交易目的而持有该负债；③该负债在报告期后 12 个月内到期清偿；④主体不能无条件将负债的清偿延期到报告期后至少 12 个月。主体应将其他所有负债划分为非流动负债。

IAS 1 没有关于§60 中按流动性列示负债的明确规定，只是简单提到对于一些主体，例如金融机构，将资产和负债按照流动性的升序或降序列报，将会提供可靠的信息，并且相对于按照流动性 / 非流动性顺序列报更为相关，因为这些主体并未在一个清晰可辨的经营周期内供应产品或服务（§63）。因此，我们将不深入探讨按流动性顺序列示的分类，而重点关注更为普遍的流动性 / 非流动性分类。

如果我们参照 IAS 1（§69）给出的四种划分流动负债的标准，可以进一步扩展出以下两种分类（见第 5 章）：

- 在正常经营周期中清偿，我们称之为按性质分类（金融性负债和经营性负债）（§69 中（a））。
- 在报告期后 12 个月内到期清偿，我们称之为按期限分类（短期负债和长期负债）（§69 中（b））。

图 12-1 总结了这两种分类方法。

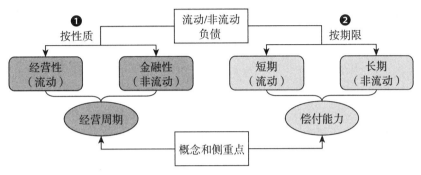

图 12-1　负债的分类

图 12-1 区分流动性和非流动性是比较模糊的，因为用同样的术语来指代金融性和经营性分类或短期和长期分类。这使得理解负债更为困难，所以有必要仔细研究这些术语和分类，以理解流动性 / 非流动性分类的真正含义（详见第 5 章）。

我们在第 2 章介绍过经营周期的概念：有些流动负债，如应付账款和应付雇员费用及其他应计经营费用，构成主体正常经营周期中使用的营运资本的一部分。主体应将这些经营性项目划分为流动负债，即使它们在报告期后超过 12 个月才到期清偿（IASB 2022：§70）。这段描述其实是比较模糊的，按照 IAS 1 的意思，一些应付账款即使期限已经超过 12 个月也应当划分为流动（经营性）负债。如果主体采用"经营性 / 金融性"分类方法，则可以采用这一原则；否则，如果按期限分类，长期应付账款应当划分为长期负债。

关于负债披露，IAS 1（§61）规定，无论采用哪种列报方式，对于包含了在下列期间预期将收回或清偿的金额的每个资产和负债单列项目，主体应披露超过 12 个月后预期收回或清偿的金额：报告期后 12 个月内，以及报告期后 12 个月之后。在实务操作中，如果主体采用经营性 / 金融性负债分类，一些负债可能同时包含短期和长期负债。在这种情况下，长期负债部分应当在附注中披露。

例 12-1　Sandvik（瑞典—IFRS 会计准则—2022 年年报—工程工具和材料技术）

Sandvik 2022 年年报中有关负债和权益的信息如表 12-1 所示。

表 12-1　合并资产负债表（节选）　　（单位：百万瑞典克朗）

	2021 年 12 月 31 日	2022 年 12 月 31 日
股东权益和负债		
股东权益		

（续）

	2021 年 12 月 31 日	2022 年 12 月 31 日
股本	1 505	1 505
其他实收资本	7 678	7 678
公积金	6 145	13 698
留存收益（包含当年利润）	61 872	58 346
归属于母公司股东权益	77 200	81 227
少数股东权益	132	43
股东权益总计	77 332	81 270
非流动负债		
养老金准备金	6 904	3 458
带息负债	23 646	42 364
递延所得税负债	2 988	4 005
其他准备金	1 390	826
其他负债	972	1 533
非流动负债总计	35 900	52 186
流动负债		
有息负债	10 704	9 693
应付账款	11 907	11 625
应付所得税	2 820	2 904
其他负债	6 306	8 060
其他准备金	2 516	2 947
应计费用	7 924	7 900
与持有至出售资产相关的负债	108	97
流动负债总计	42 285	43 226
负债总计	78 185	95 412
股东权益和负债总计	155 517	176 682

注：Sandvik 资产负债表展示了按照它们的非流动性与流动性性质（即按期限）呈现负债的方式。在每个类别内，资产负债表披露了带有利息的负债，这样可以通过推断来找到无息负债。

例 12-2　雅戈尔（中国—中国企业会计准则—2022 年年报—服装）

雅戈尔 2022 年年报有关负债的信息如表 12-2 所示。

表 12-2　合并资产负债表（节选）　　　　　　　（单位：人民币元）

12 月 31 日	2022 年	2021 年
负债和股东权益		
流动负债		
短期借款	12 972 543 870.45	15 296 759 808.12
应付票据	57 597 998.02	100 805 681.40
应付账款	1 146 866 514.10	1 049 519 257.86
预收款项	17 548 841.15	22 489 542.25
合同负债	7 440 892 406.09	12 830 346 214.58
应付职工薪酬	393 696 507.77	386 182 537.36
应交税费	2 021 227 747.50	1 828 717 821.57
其他应付款	3 023 515 232.78	4 313 804 987.49
一年内到期的非流动负债	3 606 900 605.75	2 255 328 146.38
其他流动负债	683 577 692.28	1 167 952 735.47

（续）

12 月 31 日	2022 年	2021 年
流动负债合计	31 364 367 415.89	39 251 906 732.48
长期借款	7 472 360 000.03	5 761 198 009.67
租赁负债	292 697 696.81	229 974 591.34
长期应付款	27 322 001.21	5 660 511.38
递延所得税负债	509 825 780.75	803 595 072.92
非流动负债合计	8 302 205 478.80	6 800 428 185.31
负债合计	39 666 572 894.69	46 052 334 917.79

注：中国公司在资产负债表中一般按流动负债 / 非流动负债列报。

12.2 负债在资产负债表中的比重

不同的国家、行业，甚至同一个行业的不同公司，负债（和准备金）在资产负债表中占的比重各不相同。表 12-3 列示出一些公司 2022 年年报中负债的比重。

表 12-3 资产负债表中负债的比重

公司（国家—行业）	货币	负债类型	负债金额	权益和负债总计	占权益和负债总计百分比
索尼（日本—音乐）	百万日元	流动负债	8 760 150		28.7%
		长期负债	14 523 568		47.6%
		负债总计	23 283 718	30 480 967	76.4%
Repsol（西班牙—石油天然气）	百万欧元	非流动负债	17 073		28.5%
		流动负债	16 918		28.2%
		负债总计	33 991	59 964	56.7%
Mountain Province Diamonds（加拿大—采矿）	千加元	流动负债	52 244		5.8%
		非流动负债	439 139		48.9%
		负债总计	491 383	898 541	54.7%
中国石化（中国—石油化工）	百万人民币	流动负债	667 385		34.2%
		非流动负债	345 017		17.7%
		负债总计	1 012 402	1 948 640	52.0%
United Internet（德国—互联网供应商）	千欧元	流动负债	1 835 590		17.7%
		非流动负债	3 224 492		31.1%
		负债总计	5 060 082	10 358 472	48.8%
ArcelorMittal（荷兰—钢铁）	百万美元	流动负债	22 398		23.7%
		非流动负债	16 559		17.5%
		负债总计	38 957	94 547	41.2%
Weyerhaeuser（美国—建筑材料）	百万美元	流动负债	1 740		10.0%
		长期负债	4 851		28.0%
		负债总计	6 591	17 340	38.0%
Infosys（印度—咨询、技术和外包服务）	万亿卢比	非流动负债	8 546		7.2%
		流动负债	33 603		28.5%
		负债总计	42 149	117 885	35.8%

注：因四舍五入，个别数据结果略有不同。

负债作为资金来源，对于企业来说是对战略性决策有用的信息，所有投资者在使用财务信息时都要了解企业的真实状况。

12.3 非流动（长期或金融性）负债

图 12-2 显示企业同时拥有非流动负债（长期或金融性负债，取决于列报方式）和流动负债（短期或经营性负债）。经营周期（第 1 章介绍的现金泵）要求企业不仅要有短期（流动或经营性）负债，还要有长期融资来源。如果企业的流动负债被"榨干"（例如，2008 年金融危机时供应商拒绝提供信用赊销），长期资金来源则可提供资金安全保障，用以维持企业现金泵运转和生产活动的进行。

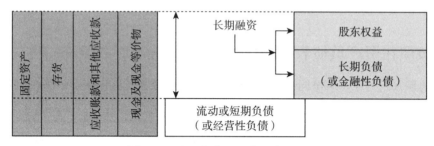

图 12-2　企业长期和短期融资来源

企业融资需要考虑以下 3 个因素。

- 成长性：为了不断发展，企业必须投资非流动资产（有形或无形）和经营性资产。
- 经营周期：存货、应收账款和应付账款通常会随着企业经营活动规模的扩大而增加，除非企业经营周期的运转速度大于企业规模扩张速度（几乎不可能）。因为企业对经营性资产的需求是经常性的，所以经营性资产增加的很大一部分资金来源是长期（永续或半永续）融资。
- 经营周期不同组成部分的暂时性不平衡（例如季节性影响）：虽然这种不平衡是短暂的，而且通常是可以自我修正的，但是会经常发生。所以企业需要长期资金来避免在这种情况下每次进行短期融资发生的交易成本。

长期融资需求（见图 12-2）= 非流动资产 + 流动资产 – 流动负债。两种主要的长期融资来源是：

- 股东权益（见第 11 章）。
- 长期负债（或金融性负债）(见本章)。

选择通过股东权益融资还是选择通过长期负债融资，是长期困扰所有企业的问题。财务杠杆效应[1]是公司财务或财务分析教材中的一个重要课题[2]。表 12-4 总结了选择通过股东权益融资还是选择通过长期负债融资需要考虑的一些重要问题。

表 12-4　负债和股东权益融资的特征比较

	负债	股东权益
是否需要偿还	需要偿还本金	无须偿还
灵活性	高度灵活（期限、金额、再融资等）	灵活性不高、交易成本高，一旦做出决策不可逆转

（续）

	负债	股东权益
资金成本	不管企业经济状况如何，都需要支付利息，利率基于市场规定	无直接规定的报酬。只在利润充足的情况下选择性发放股利。部分回报来自股票市价的增长。因为股东为他们的投资承担了风险，所以他们的隐性回报通常要高于贷款资金成本
资本成本的可减性	利息费用通常是可以抵税的	股利不能抵税
提供者的权利	债权人通常对企业的管理或决策没有影响力和控制权 新的债权人对现有债权人的影响仅限于新债务带来的利息支出会加重企业盈利的负担，从而加大企业破产的可能性	股东通常对企业管理和决策有影响力甚至控制权 新增加的股东可能会稀释现有股东的股份
资金使用	借入的资金通常和投入的项目相联系（例如抵押贷款）	募集的资金不可以全部投入单独一个项目

长期债务通常有两大类。

- 贷款：每一笔贷款都是一笔负债，通常只有一个资金来源。
- 债券：在这种情况下，债务被分成很多小份（通常是相等的），每一份作为债券（债务凭证）发放。债券持有人可以将债券在金融市场上交易。债券有票面价值和票面利息，需要支付利息给债券持有人（分期支付或到期支付），并在债券合同中约定偿还日期（在债券到期日偿还或分期偿还，以及债券持有人是否可以选择提前偿还）。

债券的会计处理将在 12.7 节讲解。贷款可以有很多不同的形式，取决于是否有抵押，例如，抵押负债就是以房产等为抵押的债务。

12.4 流动负债的会计处理

流动负债是在正常经营周期中产生的，在报告期后 12 个月内到期清偿。流动负债包括应付账款、应付票据、应付职工薪酬福利（将在 12.9 节详细讲解）、各项应付税金（如应付所得税），以及长期负债的流动部分。

12.4.1 应付账款

应付账款指因信用赊购材料、商品或接受劳务而欠供应商的债务。大多数公司都将应付账款单独列示在资产负债表的流动负债下。

图 12-3 显示了应付账款的会计分录。L 公司是一家音响设备制造商，从 G 公司信用赊购电子零件。电子零件在用于生产制造前先在仓库中作为存货存放一段时间。这些电子零件的购买价格为 100 货币单位，分两次支付：第 1 次是在交易 30 天后支付 90 货币单位，剩下的在 45 天后支付（第 2 次支付发生在 X2 年）。图 12-3 显示了商品存货购买 ❶ 和第 1 次支付 ❷ 的分录。

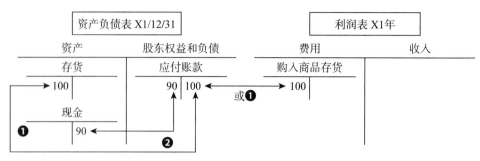

图 12-3　应付账款

注：1. 分录 ❶ 发生在购买商品存货的时候。通过直接增加存货成本（第2章的"方法1"）或作为费用记录
　　　为购入商品存货（"方法2"）。
　　2. 分录 ❷ 发生在第1次支付账款时。

12.4.2　应付票据

我们在第10章从卖方的角度介绍了应收票据。从买方的角度理解，应付票据是同样的概念（相当于应收票据的镜像）。图10-6同样适用于应付票据（作为应收票据的镜像理解）。

如果应付票据在未来12个月内支付，应该列示在流动负债下，否则应该报告为长期负债。

12.4.3　应付所得税

所得税的会计处理已经在第6章介绍过。

12.4.4　长期负债的流动部分

如果公司在资产负债表中分开报告长期和短期负债，那么长期负债在报告期后一年内到期的部分应当重分类为流动负债。图12-4中显示了相关分录。

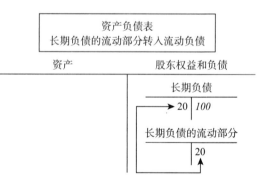

图 12-4　长期负债的流动部分转入流动负债

注：期初余额用斜体字表示。

12.5　报告负债

企业在资产负债表和附注中详细报告负债的情况，可以帮助分析师和投资者更好地理解企业的财务状况、变化和风险。

12.5.1　资产负债表上不区分短期负债和长期负债

如果资产负债表上的负债按经营性负债和金融性负债列示，通常不再区分短期（通常叫

"流动")负债和长期(通常叫"非流动")负债。这种情况下,通常在年报的附注中按到期日详细列出负债。这种披露是有必要的,因为在资产负债表中负债不是按到期日列报的。

12.5.2　在资产负债表上区分短期负债和长期负债

最常见的情况是,在资产负债表上将负债按短期负债和长期负债区分列示。长期负债指到期日在 1 年以上的负债。

例 12-3　ArcelorMittal(卢森堡—IFRS 会计准则—2022 年年报—钢铁)

公司按到期日在资产负债表上列示负债。

- 短期债务和长期债务的流动部分。
- 应付账款和其他。
- 短期准备金。
- 应计费用和其他负债。
- 所得税负债。
- 长期债务(流动部分除外)。
- 递延所得税负债。
- 递延员工报酬。
- 长期准备金。
- 其他长期负债。

财务报表附注中列出了这些负债的明细。例如,附注 6.1.2.1(见表 12-5)和附注 4.8(见表 12-6)给出了两种负债的明细。

表 12-5　附注 6.1.2.1:短期债务　　(单位:百万美元)

12 月 31 日	2022 年	2021 年
短期银行借款和商业票据	1 017	888
长期债务的流动部分	1 338	836
应付租赁款	228	189
总计	2 583	1 913

表 12-6　附注 4.8:应计负债和其他负债　　(单位:百万美元)

12 月 31 日	2022 年	2021 年
应计工资和员工费用	1 415	1 545
应计利息费用和其他应付款	1 049	1 207
应付无形资产、有形资产和金融资产账款	1 123	615
公共机构应付款	652	833
衍生金融工具	379	316
认沽期权负债	179	252
预收收入和应计负债	67	63
总计	4 864	4 831

12.6 负债、准备金和或有负债

类似负债的报告更为复杂。负债是将未来义务具体化，但义务的实现性和即时性是有争议的。类似负债指与非第三方交易产生的负债或（和）时间或金额不确定的负债。负债（广义）包括：

- 负债（狭义）。
- 准备金。
- 应计负债。
- 或有负债。

图 12-5 显示了每一类负债的特点，并根据三个义务特征的确定性程度总结了它们的不同：义务产生的因果原理、时效和金额。

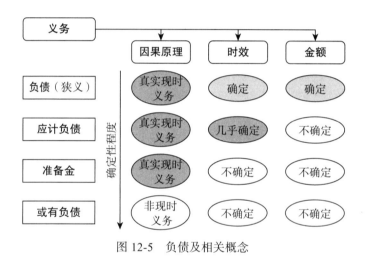

图 12-5 负债及相关概念

12.6.1 准备金和负债（狭义）

准备金是最终可能冲回的义务，因为其金额和时效具有不确定性（见图 12-5）。准备金代表的负债是潜在真实的，但是金额不能即时精确确定。负债（狭义）是不可冲回的，金额和时效都是确定的，只能根据合同条款来清偿债务。

IASB 理论框架（IASB 2018a：§4.19）不再涉及准备金负债的内容。

根据 IAS 37（IASB 2020a：§10），准备金指时间或金额不确定的负债。以下条件均满足时应对准备金予以确认：①主体因过去事项而承担了现时[3]的法定义务或推定义务；②履行该义务很可能要求含有经济利益的资源流出主体；③该义务的金额能够可靠地估计。如果没有满足这些条件，不应确认任何准备金。（§14）

关于是否构成准备金的争论对于理解公司报告的绩效非常重要。根据 IAS 37（§16），在几乎所有的情况下，过去事项是否已产生了一项现时义务是明确的。在极少数情况下，例

如在法律诉讼中，特定事项是否已发生，或这些事项是否已产生一项现时义务可能存在争议。在这样的情况下，主体应通过考虑所有可获得的证据（包括专家的意见等）来确定在报告期期末是否存在现时义务。应予考虑的证据包括报告期期后事项提供的追加证据。在这些证据的基础上：①如果在报告期期末多半会存在现时义务，则主体应确认一项准备金（如果满足确认标准）；②如果在报告期期末多半不会存在现时义务，那么，除非含有经济利益的资源流出的可能性极小，否则主体应披露一项或有负债。

重组准备金在年报中非常常见。IAS 37（§70）描述，以下事项是可能符合重组定义的例子。

- 一组业务的出售或终止。
- 在一个国家或地区的营业场所关闭，或营业活动由一个国家或地区迁移至另一个国家或地区。
- 管理层结构的变化，例如取消一个层级的管理层。
- 对主体经营性质和经营重点有重大影响的重要重组。

在处理重组准备金问题的时候，IASB 规定得非常严格。IAS 37（§71）补充：仅当满足第 14 段为准备金设立的一般确认标准时，才能对重组费用确认准备金。IAS 37（§72）列出一些详细的确认标准，重组的推定义务仅当主体有以下情况时形成。

（1）有一个详细、正式的重组计划，该计划至少明确了以下事项。

- 涉及的业务或业务的一部分。
- 受影响的主要场所。
- 因其服务被终止而将得到补偿的雇员的分布、职务和大概人数。
- 将承担的支出。
- 计划何时实施。

（2）通过开始实施该计划，或向那些受其影响的各方通告该计划的主要方面，已使受影响的各方形成了对主体将实施重组的合理预期。

重组准备金应仅包括重组引起的直接支出，这些直接支出应是重组所必须承担的以及与主体继续进行的活动无关的（IAS 37：§80）。

因为未来的成本很难客观衡量，所以很多管理者都偏好采用"重组准备金"来管理盈余或平滑利润。高估重组准备金可能会改善未来盈利（当未来实际发生的重组成本低于预期估计时，多出的部分将来要冲回，从而增加未来会计年度的利润）。

准备金账户的变动通常在财务报表的附注中披露。准备金变动报告和第 10 章讲解的应收账款变动报告类似，这里不再进一步探讨。

例 12-4　Bang & Olufsen（丹麦—IFRS 会计准则—2021/2022 年年报—电子消费品）

合并资产负债表和附注中信息分别如表 12-7 和表 12-8 所示。

表 12-7　合并资产负债表（节选）　　　　（单位：百万丹麦克朗）

	2022 年 5 月 31 日	2021 年 5 月 31 日
……		
准备金	41	39
……		
非流动负债总计	**233**	**254**
……		
准备金	56	49
……		
其他流动负债	1 185	889
准备金总计	97	88

表 12-8　附注 6.6：准备金　　　　（单位：百万丹麦克朗）

集团	质量保修或保修期外维修	员工福利	其他准备金	总计
2021 年 5 月 31 日	67	2	19	88
当期增加的准备金	52	0	6	58
当期减少的准备金	−36	0	−13	−49
2022 年 5 月 31 日	83	2	12	97

　　集团对客户不满意的产品在保修期内进行维修或更换。对于有些产品，在保修期过后仍然提供维修更换服务。因此，集团根据未来的维修和退货情况提取准备金。准备金是根据以往维修情况和退货情况估计的。未来实际发生的维修或更换可能会和历史记录有所不同，但是管理层认为准备金的提取是合理的。集团对某些产品提供 2～5 年的保修，承诺对客户不满意的产品进行维修或更换。对于有些产品，在保修期过后仍然提供维修更换服务，这部分义务也要确认。集团在 2022 年 5 月 31 日确认了 8 300 万丹麦克朗关于质量保修和维修的准备金。准备金金额大小和确认时点是根据以往的维修和退货金额大小和时点来估计的。其他1 200 万丹麦克朗的准备金主要与重组和法律条款有关。

　　注释：因为货币的时间价值可以忽略不计，这里提取的准备金不进行折现。

12.6.2　准备金和应计负债

　　应计负债是经营周期中已发生但还未支付、未出票的费用。IAS 37（§11）规定，准备金可以与诸如应付账款和应计项目等其他负债区分开来，因为准备金的偿付所要求的未来支出的时间或金额是不确定的。与准备金相反：①应付账款指为已收到或已提供并已开出发票或已与供应商达成正式协议的货物或劳务进行支付的负债；②应计项目指为已收到或已提供但还未支付、未开出发票或未与供应商达成正式协议的货物或劳务进行支付的负债，包括欠雇员的金额（例如，与应计的假期支付有关的金额）。虽然有时需要对应计项目的金额或时间进行估计，但其不确定性一般要比对准备金进行估计时面临的不确定性小得多。应计项目经常作为应付账款和其他应付款的一部分进行报告，而准备金则单独进行报告。

应计负债通常在期末记录（见第 4 章）。很多年报并不区分负债和应计负债，在资产负债表上合并成一项列示。但是，区分负债和应计负债可以帮助分析师和投资者更好地理解经营周期对企业的流动性和债务偿还能力的影响。年报的附注中通常会有更多应计负债的明细。

例 12-5　Sulzer（瑞士—IFRS 会计准则—2022 年年报—柴油机、离心泵）

Sulzer 2022 年年报中合并资产负债表节选如表 12-9 所示，有关负债和应计负债的信息如表 12-10 所示。

表 12-9　合并资产负债表节选　（单位：百万瑞士法郎）

	2022 年	2021 年
……		
其他流动和应计负债	874.7	828.1

表 12-10　附注 29：其他流动负债和应计负债（单位：百万瑞士法郎）

12 月 31 日	2022 年	2021 年
回购股份相关负债	92.9	98.1
应付股利	239.2	201.1
应付税金	33.0	34.3
衍生金融工具	7.0	6.7
应付票据	20.6	26.7
或有负债	1.9	4.0
其他流动负债	43.6	25
其他流动负债总计	**438.2**	**395.9**
合同成本	137.8	168.3
工资薪酬	108.9	116.8
假期和加班津贴	22.4	24.0
其他应计负债	167.4	123.1
应计负债总计	**436.5**	**432.2**
其他流动负债和应计负债总计	**874.7**	**828.1**

注：因为资产负债表上只报告了其他流动负债和应计负债总计，所以在附注中披露明细。

12.6.3　或有负债

或有负债（见图 12-5）义务产生的因果原理、时效和金额都是不确定的。"或有负债"，如其字面所暗示的，取决于企业不能控制的事项的发生。

IAS 37（IASB 2020a：§ 10）定义**或有负债**为：

（1）因过去事项而产生的潜在义务，其存在仅能通过不完全由主体控制的一个或数个不确定未来事项的发生或不发生予以证实。

（2）因过去事项而产生，但因下列原因未予确认的现时义务。

· 履行该义务不是很可能导致含有经济利益的资源流出主体。

· 该义务的金额不能可靠地计量。

12.6.4　准备金和或有负债

1. 讨论

准备金和或有负债的界限并不总是那么明晰。IAS 37（§12）解释，从一般意义上讲，所有准备金都具有"或有"性质，因为它们在时间或金额上是不确定的。IAS 37（§13）区分了准备金和或有负债。

（1）准备金，确认为负债（假定能做出可靠估计），因为它们是现时义务，而且履行该义务很可能导致含有经济利益的资源流出。

（2）或有负债不确认为负债，因为它们属于以下两者之一。

▪ 潜在义务，主体是否存在会导致含有经济利益的资源流出之现时义务还未得到证实。

▪ 不满足本准则确认标准的现时义务（履行该义务不是很可能导致含有经济利益的资源流出，或者不能对该义务的金额做出足够可靠的估计）。

IAS 37 没有解决承诺产生的义务确认问题（例如，为减少融资成本，母公司对子公司贷款的担保）。这些承诺理论上和实际上产生的义务都符合或有负债的标准。实务中，大多数公司都在年报附注的或有负债项下披露这类承诺事项。

2. 诉讼产生的或有负债

在对诉讼案件最坏结果估计的基础上，提取的准备金通常被认为是或有负债。因为诉讼案件通常都需要大量的时间来解决，根据发生的案件提取准备金符合配比原则。诉讼准备金通常作为或有负债的一部分进行披露。

例 12-6　爱尔眼科（中国—中国企业会计准则—2022 年年报—眼科医院）

附注十四 . 承诺及或有事项

2. 或有事项

资产负债表日存在的重要或有事项

（1）截至 2022 年 12 月 31 日，本集团境外子公司本年与患者发生的医疗纠纷事项，已计提预计负债 1 190 279.23 元，详见附注七、50。

（2）截至 2022 年 12 月 31 日，因本集团境外子公司少数员工的劳务合同，本集团很可能需要支付的薪酬、社保补偿款及其他费用，本集团已确认预计负债 11 348 776.27 元，详见附注七、50。

（3）子公司深圳爱尔眼科医院因租赁协议发生民事诉讼，目前案件尚在深圳市福田区人民法院审理中。本集团已确认租赁相关预计负债 12 193 622.89 元，详见附注七、50。

（4）子公司 CB、ISEC 及下属子公司办公及诊所租赁合同中约定合同结束后需装修复原，已按合同约定预计复原费用，确认预计负债 7 918 053.83 元，详见附注七、50。

（5）社保局对境外子公司 CB 公司收到的补助是否符合要求提出异议，子公司对此计提预计负债，详见附注七、50。

除上述事项外，集团没有需披露的重大或有事项。

3. 贴现票据或汇票产生的或有负债

我们在第 10 章讲解过，记录票据或汇票贴现的一种方法是直接冲销应收票据账户。在这种情况下，票据的贴现如果是有追索权的，就会产生一个或有负债（见第 10 章）。这类或有负债通常在附注中披露。在计算应收账款周转率考虑票据贴现时，要注意有追索权下的或有负债，因为如果贴现的票据最后没有支付，责任还是由企业承担。

但是，如果企业遵循 IFRS 9（2020b：§3.2.6）的规定，贴现票据仍然记录在资产负债表的资产方，在负债方记录一个银行债务，就不会产生或有负债。

4. 其他或有负债

年报中还会报告其他或有负债：贷款担保、产品质量保修等。

12.6.5　环境负债

越来越多的企业意识到，它们的经营活动可能对环境造成了危害。这些企业不仅治理这种危害，还愿意报告这种危害可能带来的负债（向客户和其他经营活动参与者释放信号，也为了向股东、分析师和投资者报告的完整性）。

12.7　债券

12.7.1　定义

为了吸引投资者的带息融资，公司通常发行债券。债券是债务的证明书，允许将债务分成很多份额向大量投资者（债券持有人）发放，每个投资者拥有一小部分债权（票面价值或溢价/折价发行的价格）。如果每份债券的面值较小，就可以面向更多的公众投资者发行募集资金。总体来说，发行债券募集的资金通常能满足公司全部或大部分的资金需求。

债券是持有人债务追索的凭证。追索权基于购买债券的投资者和发行债券的公司签订的债券合同。每一份债券都有面值、票面利息和到期日（或偿兑日）。债券的发行为公司提供了除银行借款外的募集资金的方式。与只是向单一（或有限的几个）金融机构募集资金的银行借款不同，债券在公开金融市场上面向公众发行，可以让公司通过不同的渠道（机构和个人）募集到资金。

发行债券的公司承担以下两项义务。

（1）在约定的到期日（债券偿兑日）支付给投资者指定金额的现金，可以是事先约定不可更改的日期，也可以是债券持有人指定的日期（通常是债券偿兑日之后）。在债券赎回日支付给债券持有人的金额称为本金、面值或到期值。

（2）按发行时约定的利率（固定利率或基于基准利率的浮动利率）定期支付给投资者现

金利息（通常在到期日之前）。

债券大多数情况下都可以在金融市场上交易，给投资者带来很大的流动性。

债券有以下两种基本类型。

- **定期债券**：发行的所有债券在同一天到期。例如，发行 500 份面值为 1 000 货币单位、期限为 5 年的定期债券，在发行后第 5 年到期时，要支付 500 000 货币单位的到期值。
- **分期偿还的债券**：发行的债券分期到期（具体哪些债券先到期常常由抽签决定）。例如，发行 500 份面值为 1 000 货币单位、期限为 5 年的分期偿还的债券，每年到期 100 份面值为 1 000 货币单位的债券。

零息债券是不付息，而于到期日按面值或到期值一次性支付本金和利息的债券。这类债券的发行价格比面值或到期值要低，而且对持有人起到节税作用，因为最后到期时才支付利息。零息债券对成长型公司在早期缺乏资金的时候非常有吸引力，因为不需要定期支付利息。

12.7.2　利息、折价和溢价

债券通常按固定利率或变动利率计息。我们将通过 B 公司的例子来解读与债券发行相关的主要概念。B 公司的基本资料如表 12-11 所示。

这个例子中的债券是定期债券，本金在 X5 年年末最后支付。债券的发行价格应该等于债券持有人未来收到现金流（所有期间支付的利息和期末支付的本金）的现值。

表 12-11　B 公司基本资料

发行日期	X1 年 1 月 1 日
期限	5 年
本金面值（1）	500 000
票面利率（2）	8%
年利息（1）×（2）	40 000
利息支付方式	每年 12 月 31 日
支付到期日	X5 年 12 月 31 日

在这个例子中，使用的利率（也叫折现率）是类似风险的金融工具的市场利率。表 12-13 列出了利率为 8%、6% 和 10% 情况下债券的价值。

表 12-12 总结了支付利息和偿还本金的现金流，而表 12-13 计算了这些现金流的现值。

表 12-12　债券的现金流

	X1 年 1 月 1 日	X1 年 12 月 31 日	X2 年 12 月 31	X3 年 12 月 31 日	X4 年 12 月 31 日	X5 年 12 月 31 日
支付利息		40 000	40 000	40 000	40 000	40 000
偿还本金						500 000
总计	债券价值＝这一行未来现金流的现值（见表 12-14）	40 000	40 000	40 000	40 000	540 000

表 12-13　现金流的现值

X1 年 1 月 1 日市场利率	基数	年数		利率为 8%	利率为 6%	利率为 10%
偿还本金的现值	500 000	5	（1）	340 292	373 629	310 461
支付利息的现值	40 000/ 年	5	（2）	159 708	168 495	151 631
债券发行价格			（3）＝（1）＋（2）	500 000	542 124	462 092
本金面值			（4）	500 000	500 000	500 000

（续）

X1 年 1 月 1 日市场利率	基数	年数		利率为 8%	利率为 6%	利率为 10%
溢价或（折价）			（5）＝（3）－（4）	0	42 124	（37 908）
基于发行价格的实际收益率				8%	6%	10%

注：（1）为本金／（1＋利率）⁵。

（2）为普通年金现值。

表 12-13 中的计算假设没有发行成本，发行成本通常从募集到的资金中支付，所以债券发行公司实际收到的资金比发行价格少。

案例 1：利率等于票面利率 8%。如果投资者获得的利率和债券的票面利率一样，都是 8%，则债券以面值发行，实际收益率为 8%。

案例 2：利率（6%）低于票面利率 8%。如果市场利率是 6%（投资者获得 6% 的回报），投资者会将债券的发行价格（面值为 500 000 货币单位）提高到 542 124 货币单位（债券的市场公允价值），因为票面利率 8% 高于现行的市场利率。这种情况下，实际收益率是市场利率 6%，债券将溢价发行，发行溢价为 42 124 货币单位（高于面值）。

案例 3：利率（10%）高于票面利率 8%。如果市场利率是 10%（投资者获得 10% 的回报），债券的发行价格（公允价值）将只有 462 092 货币单位（尽管面值是 500 000 货币单位），因为票面利率 8% 低于市场利率。在这种情况下，实际收益率是市场利率 10%，债券将折价发行，发行折价为 37 908 货币单位（低于票面价值），以吸引投资者。

发行债券时公司收到的资金和到期要偿还的本金的差额就是溢价（如果市场利率低于票面利率）或折价（如果市场利率高于票面利率）。

12.7.3　债券的会计处理

债券的会计处理如图 12-6 和图 12-7 所示。

1. 按面值发行债券

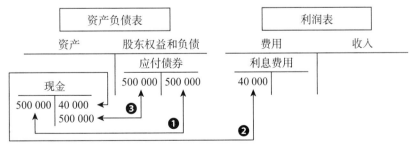

图 12-6　按面值发行债券的会计处理

❶ X1 年 1 月 1 日，发行当日：收到发行价格（等于债券的面值）。

❷ X1 年 12 月 31 日（以及以后 4 年的 12 月 31 日）：支付利息。

❸ 到期日（X5 年 12 月 31 日）：偿还本金。

2.溢价发行债券

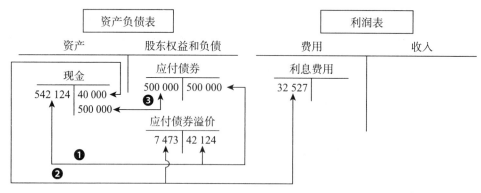

图 12-7　溢价发行债券的会计处理

❶ X1 年 1 月 1 日，发行日：收到发行价格，高于票面价值（也可以将应付债券和应付债券溢价记录在一个账户中）。

❷ X1 年 12 月 31 日（以及以后 4 年的 12 月 31 日）：支付利息和摊销溢价。这里的摊销和第 8 章中无形资产的摊销含义不完全相同，但都是将成本在一定时间内按配比原则分摊。也可以将这个分录分成两个不同的分录：支付现金利息（40 000）和溢价摊销（7 473）(减去利息费用)。

❸ 到期日（X5 年 12 月 31 日）：偿还本金。

分摊

公司发行债券收到的溢价代表了未来按票面利率支付的利息和按实际市场利率计算的利息的差额。溢价需要从未来支付的利息中抵销（分摊法），以遵循配比原则。两种分摊方法是：

- 实际利率法。
- 直线法。

（1）实际利率法。实际利率法将整个发行价格（包括溢价）进行分摊。定期利息费用通过将要分摊的金额（期初账面余额）乘以实际（市场）利率（6%）计算得到。发行公司每年支付 40 000 货币单位（票面利率 8%× 面值 500 000 货币单位）的利息，要高于实际利息（第 1 年是 32 527 货币单位，即实际利率 6%× 发行价格 542 124 货币单位），多出的利息分摊了一部分溢价。每期分摊的溢价就是按票面利率（8%）计算的利息和按实际市场利率（6%）计算的利息的差额。表 12-14 展示了这一计算过程。

表 12-14　利息和账面价值表：实际利率法（溢价）

期末	实际利率计算的利息	现金（支付的利息）	分摊的溢价（账面价值减少）	债券的账面价值
	（1）=6%× 上一期的（4）	（2）	（3）=（1）-（2）	（4）
				542 124
X1 年 12 月 31 日	32 527	40 000	-7 473	534 651
X2 年 12 月 31 日	32 079	40 000	-7 921	526 730
X3 年 12 月 31 日	31 604	40 000	-8 396	518 334
X4 年 12 月 31 日	31 100	40 000	-8 900	509 434
X5 年 12 月 31 日	30 566	40 000	-9 434	500 000
总计	157 876	200 000	-42 124	

（2）直线法。在直线法下，每一年的利息费用是一样的，等于支付的现金利息减去每年的溢价摊销（总溢价 / 债券年限），即 31 575.2（= 现金利息 40 000- 每年的溢价摊销 42 124/5）货币单位。

实际利率法下的利息模式更能反映经济实况。在大多数国家，如果实际利率法和直线法结果相差太大，必须使用实际利率法。

3. 折价发行债券

折价发行债券的处理方法和溢价发行相反。

12.8　租赁资产

企业可能希望长期使用一项资产但又不愿实际拥有。在这种情况下，资产使用者（承租人）可以和供应商或金融租赁公司（出租人）签订租赁合约。

在租赁合同中，资产的所有权不发生转移，但是资产的使用权（或控制权）在合同规定时期内转移给承租人，承租人向出租人支付一定的费用。分析师或投资者希望了解公司签订的租赁合同，因为获得资产的使用权相当于获得了创造价值的资源，并且签订了租赁合同使用设备、土地或建筑物，就有义务支付租金。因此，租赁是描述企业财务状况的重要活动，企业必须向财务信息使用者报告。

IASB 已于 2016 年 1 月 13 日发布了新的租赁会计准则"IFRS 16 租赁"，生效日为 2019 年 1 月 1 日。对于已经采用 IFRS 15 与客户签订合同产生的收入（见第 6 章），企业可以提前采用 IFRS 16。IFRS 16 代替了"IAS 17 租赁"（IASB 2003）。

该次修订租赁准则的目的是解决 IAS 17 中的一些规定不能满足财务报表使用者需求的问题，IAS 17 不要求承租人确认经营租赁产生的资产和负债。

我们在本书中着重强调 IFRS 16 中更新的部分。需要注意的是，IAS 17 中的知识仍然有用，因为其中大部分关于租赁资产资本化的准则在 IFRS 16 中仍然适用。

IAS 17（IASB 2003：§4）曾经区分融资租赁（指在实质上转移了与一项资产所有权有关的几乎全部风险和报酬的租赁）和经营租赁（指融资租赁以外的租赁）。具体来说，融资租赁相当于借债获得一项资产。

根据 IFRS 16（IASB 2021：附录 A，术语定义），租赁被定义为让渡在一段时间内对一项资产（或相关资产）的使用权以换取对价的合同或合同的一部分。如果合同赋予客户在一段时间内控制特定资产的使用的权利以换取对价，则该合同是一项租赁或包含一项租赁。IFRS 16 和 IAS 17 最大的区别是 IFRS 16 取消了承租人目前的经营 / 融资租赁的双重会计模式，取而代之的是一个单一的计入资产负债表的会计模式（§BC53），几乎所有租赁（少数除外）都将采用类似于目前的融资租赁的会计处理方式。

在本书中，我们将只从承租人的角度来探讨租赁的会计处理，不讨论出租人财务报表中租赁的报告，有兴趣的读者可以参考 IFRS 16（§§61-97）。

12.8.1　租赁的会计处理

IFRS 16 适用于所有租赁（IASB 2021：§3），除了其他会计准则特殊要求的租赁（例如 IAS 41 和 IAS 38）。

在以下两种情况下，企业可以选择不遵守 IFRS 16 中关于租赁资产资本化（IASB 2021：§5）的规定。

- 短期租赁。
- 低价值资产的租赁。

短期租赁指在租赁期开始日租赁期为 12 个月或更短的租赁。有购买权的租赁不是短期租赁（IASB 2021：附录 A，术语定义）。

关于低价值资产的租赁，IFRS 16 在 §§B3-B8 中给出了一些实践中的解释。总体来说，价值评估是基于所租赁资产的绝对价值，而非参考报告主体的规模。

满足以下两个条件的资产可以被认为是低价值资产。

- 承租人可以单从租赁资产的使用中获益或者从与其他资源相结合的使用中获益。
- 租赁资产的使用并不会在很大程度上取决于其他资产（§B5）。

低价值资产，比如平板电脑和个人电脑、办公用品或电话（§B8）等。

如果承租人使用了准则的例外，对租赁资产的会计处理可以依据 IAS 17 下对经营租赁的会计处理。

2016 年 2 月 25 日，美国 FASB 对租赁准则也进行了更新，在会计准则汇编中增加了 842 号内容。该新准则对于使用美国会计准则的上市公司，生效日为 2018 年 12 月 15 日。对于私人公司，该准则的生效日为 2019 年 12 月 15 日。

该新准则的宗旨与 IFRS 16 相似，承租人需要确认所有租赁的资产和负债（符合短期租赁定义的除外）。确认的负债等于租赁款的净现值。资产的确认则基于负债和调整（比如初始直接成本）。

但是，对于利润表，FASB 保留了之前的双重会计模式，要求将租赁归类为经营租赁或融资租赁。如果划分为经营租赁，租赁费用与按之前经营租赁的会计处理相似；如果划分为融资租赁，租赁费用则与按之前融资租赁的会计处理相似。划分的标准与 IAS 17 下的划分标准大致相同（见 ASC，§842-10-25-2）。

12.8.2　融资租赁资产的资本化

IFRS 16（2021：§22）指出，在租赁期开始日，承租人应确认使用权资产和租赁负债。根据 IFRS 16（§47），承租人应按如下要求对其在财务状况表中列报或在财务报表附注中披露。

- 将使用权资产与其他资产分开。若承租人未在财务状况表中单独列报使用权资产，则应该：
  - 将使用权资产计入若自有相关标的资产所应列报的资产项目。
  - 披露财务状况表中包括该等使用权资产的项目。

- 将租赁负债与其他负债分开。若承租人未在财务状况表中单独列报租赁负债，则应披露财务状况表中包括该等负债的项目。

以上记录租赁资产的方式通常被叫作租赁资产资本化。租赁资产资本化通常体现在合并财务报表中。但是，对于非合并财务报表，一些国家的会计准则不遵循 IFRS 会计准则，从而不要求在资产负债表中确认租赁资产（比如 2023 年法国和意大利）。事实上，从法律上考虑，在租赁期间，所有权依然属于出租人，因此，欧盟国家基于商业法的会计准则并不要求在非合并财务报表中将租赁资产资本化，而是将租赁款作为费用确认。不过，在一些欧洲国家，比如比利时、荷兰、瑞士和英国，倾向于尊重会计中"实质重于形式"的原则，要求按照 IAS 17（现在被 IFRS 16 替代）在资产负债表中披露租赁资产。

根据 IFRS 16，在租赁期开始日，承租人应当以成本计量使用权资产（§23）。使用权资产的成本包括以下内容：①租赁负债的初始计量金额；②在租赁期开始日之前预付的租赁款（除去收到的优惠）；③初始直接费用；④估计的拆卸、搬移或复原成本（§24）。

在租赁期开始日，承租人以未来租赁付款金额的现值来计量租赁负债。如果租赁中的内含利率可以确认，承租人应使用租赁中的内含利率计算租赁付款金额的现值。如果承租人不能较容易地确定租赁中的内含利率，那么承租人应使用其增量借款利率（§26）。增量借款利率指承租人在类似经济环境下为获得与使用权资产价值接近的资产，在类似期间以类似抵押条件借入资金而必须支付的利率（IFRS 16：附录 A，术语定义）。

在租赁期开始日之后，承租人应采用成本模式计量使用权资产（IFRS 16：§29）。采用成本模式的，承租人应按照成本计量使用权资产，并减去累计折旧和累计减值损失……（IFRS 16：§30）。在实践中，承租人应根据 IAS 16 中的折旧规定对使用权资产计提折旧（IFRS 16：§31）（见第 7 章）。

如果租赁期结束时标的资产的所有权将转让给承租人，或者使用权资产的成本反映出承租人将行使购买选择权，则承租人应在租赁期开始日至标的资产的使用寿命结束的期间对使用权资产计提折旧。否则，承租人应在租赁期开始日至使用权资产的使用寿命结束与租赁期孰短的期间内对使用权资产计提折旧（IFRS 16：§32）。

如果租赁资产资本化，租赁款要分为利息费用和租赁负债的减少。同样，租赁资产也要像公司自有资产那样进行折旧。在租赁期开始日之后，承租人应将租赁负债的利息……计入损益（IFRS 16：§38）。在损益和其他综合收益表中，承租人应分别列报租赁负债的利息费用与使用权资产的折旧费用（§49）。

12.8.3 租赁资产会计处理的举例 [4]

L 公司通过融资租赁租了一台设备（市场价值是 600 货币单位），合同期为 5 年，每年租金是 150 货币单位。在租赁期结束的时候，L 公司可以以 10 货币单位购买该设备。该设备的摊销年限一般是 8 年。

租赁内含利率可以由下面的公式计算得到。

$$\text{设备价值} \qquad\qquad\qquad 600\ \text{货币单位}$$
$$\text{总支付款项（} 5\times150+10 \text{）} \qquad 760\ \text{货币单位}$$

设备的价值计算公式如下（由此计算出 i）：

$$\text{租赁设备价值}=\text{租赁款}\times\sum_{t=1}^{5}\frac{1}{(1+i)^t}+\frac{\text{租赁到期购买价格}}{(1+i)^5}=150\times\sum_{t=1}^{5}\frac{1}{(1+i)^t}+\frac{10}{(1+i)^5}$$

在这个公式中，$\sum_{t=1}^{5}\dfrac{1}{(1+i)^t}$ 可以推导为 $\dfrac{1-(1+i)^{-n}}{i}$，n 是合同期限：5 年。

因为租赁到期购买价格是已知的，我们可以通过上述等式计算出 i。利率 i 可以通过统计软件或计算器计算得到。在上述例子中计算出 $i=8.357\%$。如果内含利率不能通过数学公式计算，可以使用承租人的增量借款利率。表 12-15 显示了隐性债务（应付租赁款）的分摊还款计划。

表 12-15　隐性债务的分摊还款计划

年份	应付租赁款期初余额	利息费用	减少应付租赁款	支付租赁款	应付租赁款期末余额
	（1）	（2）=（1）×8.357%	（3）=（4）-（2）	（4）	（5）=（1）-（3）
第 1 年	600.00	50.14	99.86	150.00	500.14
第 2 年	500.14	41.80	108.20	150.00	391.94
第 3 年	391.94	32.75	117.24	150.00	274.70
第 4 年	274.70	22.96	127.04	150.00	147.66
第 5 年	147.66	12.34	137.66	150.00	10.00
最后购买	10.00		10	10.00	0.00
总计		160.00	600.00	760.00	

需要注意的是，应付租赁款期初余额等于设备价值（600 货币单位），而不是总支付款项（760 货币单位）。换言之，资产和负债的初始价值等于支付租赁款用实际利率折现的现值。

租赁设备折旧的计算如表 12-16 所示，设备使用寿命是 8 年，直线折旧法下的折旧率是 12.5%。

表 12-16　租赁设备折旧表（直线折旧法）

年份	折旧基数	折旧费用	账面余额
第 1 年	600	75	525
第 2 年	600	75	450
第 3 年	600	75	375
第 4 年	600	75	300
第 5 年	600	75	225
第 6 年	600	75	150
第 7 年	600	75	75
第 8 年	600	75	0

图 12-8 显示了租赁设备第 1 年的会计处理（使用表 12-15 和表 12-16 中的信息）。

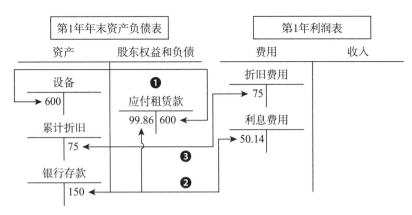

图 12-8　租赁设备资本化

❶ 租赁设备同时记录资产和负债（金额相等）。

❷ 支付的租赁款（150 货币单位）分为利息费用和减少应付租赁款。

❸ 租赁设备折旧年限为 8 年。

因为实际支付的费用（租赁款 150 货币单位）和报告记录的费用（折旧费用 + 利息费用 = 75+50.14=125.14 货币单位，第 1 年）不一致，产生递延所得税（见第 6 章和第 13 章）。

12.8.4　非资本化租赁资产

IFRS 16 中不再有关于经营租赁的内容。如果承租人的情况属于租赁资产不需要资本化的特例，IFRS 16 规定承租人应当将租赁款按直线法或其他系统性方法确认为费用（§6）。

12.8.5　向财务信息使用者报告租赁合同

因为租赁是公司取得资产控制权和使用权（而不直接拥有）的重要途径，所以报告租赁合同非常重要。

承租人应披露报告期间的如下项目金额（IFRS 16：§53）。

- 按照标的资产类别披露使用权资产的折旧费用。
- 租赁负债的利息费用。
- 与按照第 6 段进行会计处理的短期租赁相关的费用。此费用无须包含租赁期为 1 个月或以下的租赁的相关费用。
- 与按照第 6 段进行会计处理的低价值资产租赁相关的费用。此费用不应包含已包括在第 53（3）段中的低价值资产短期租赁的相关费用。
- 与未计入租赁负债的可变租赁付款额相关的费用。
- 转租使用权资产的收益。
- 租赁现金流出总额。
- 使用权资产的增加。
- 售后租回交易产生的利得或损失。
- 报告期末按照标的资产类别分类的使用权资产的账面金额。

IFRS 16规定，承租人应该在财务报表附注或单独章节中披露租赁信息（§52）。在资产负债表的单独章节中披露是财务报告的一个新特征。

实际案例

例12-7　Publicis（法国—IFRS会计准则—2022年年报—广告业）

表12-17列示出Publicis2022年合并资产负债表节选。

表12-17　合并资产负债表节选　　　　　　（单位：百万欧元）

	2022年12月31日	2021年12月31日
资产		
商誉，净值	12 546	11 760
无形资产，净值	1 247	1 379
租赁相关的使用权资产	1 753	1 489
厂房、土地和设备，净值	610	615
……		
非流动资产	16 791	15 719
……		
流动资产	19 107	17 127
资产总计	35 898	32 846
权益和负债		
……		
权益总计	9 600	8 555
长期借款	2 989	3 446
长期租赁负债	2 197	1 801
……		
非流动负债	5 909	6 064
……		
短期借款	627	184
短期租赁负债	360	288
……		
流动负债	20 389	18 227
权益和负债总计	35 898	32 846

附注

提前采用IFRS 16

租赁合同

在租赁日开始时，根据未来租赁款的折现价值在资产负债表的负债项"租赁负债"中确认，并与资产方的使用权资产对应。租赁款的折现价值根据租赁期限进行摊销。在利润表中，折旧和摊销费用在经营费用中确认，利息费用在财务费用中记录。由此产生的税收影响在递延税资产或递延税负债中确认。

低价值资产的租赁或短期租赁当期记录在利润表中。

表12-18中列示出附注24租赁合同中租赁资产的详细内容。根据标的资产的分类对使用权资产进行分析。

表 12-18　附注 24：租赁合同　　　　　　（单位：百万欧元）

	房地产	户外合同	其他资产	总计
2022 年 1 月 1 日原值余额	2 421	64	50	2 535
资产增加	120	609	14	743
合同终止	（175）	（36）	（15）	（226）
分租影响	（482）	—	—	（482）
合并范围变更	（11）	—	—	（11）
汇率变动及其他	73	—	1	74
2022 年 12 月 31 日原值余额	1 946	637	50	2 633
2022 年 1 月 1 日累计摊销	（972）	（48）	（26）	（1 046）
摊销和折旧	（214）	（93）	（19）	（326）
减值损失	（46）	—	—	（46）
合同终止	175	36	15	226
分租影响	343	—		343
合并范围变更	4	—		4
汇率变动及其他	（34）	（1）	—	（35）
2022 年 12 月 31 日累计摊销	（744）	（106）	（30）	（880）
2022 年 12 月 31 日净值	1 202	531	20	1 753

注：2022 年，租赁负债产生的利息费用是 87 百万欧元。

注释：

- 该例说明租赁资产单独计入资产负债表中的资产方（使用权资产），租赁负债计入负债方（长期租赁负债和短期租赁负债）。
- 附注 24 给出租赁资产的明细（总金额为 1 753 百万欧元）。
- 资产负债表以及附注 24 表明租赁资产资本化对资产负债表的影响非常重大，甚至超过了土地、厂房和设备。

例 12-8　法航 KLM（法国—IFRS 会计准则—2022 年年报—航空）

非资本化租赁资产的租赁合同种类

根据 IFRS 16 规定，集团对以下两种租赁资产选择不在资产负债表中确认：短期租赁和低价值资产租赁。

- 短期租赁：租赁期限短于 12 个月。集团中短期租赁主要是关于互惠通知期等于或短于 12 个月的俱乐部中心的地上区域、通知期等于或短于 12 个月的侨民宿舍以及租赁期等于或短于 12 个月的发动机部件。
- 低价值资产租赁：租赁资产的价值等于或少于 5 000 美元。集团中低价值资产租赁主要包括打印机、iPad、笔记本和手机的租赁。

以上附注 4.15 列示了非资本化租赁资产的概念。

12.9　员工福利和养老金会计

员工福利会带来未来比较复杂的义务。IAS 19（IASB 2018b）描述了员工福利的会计处理问题，其中第 5 段区分了短期雇员福利（员工在聘用期）、离职后福利、其他长期雇员福利以及辞退福利。前三种雇员福利的定义如下（IAS 19：§ 5）。

- 短期雇员福利，如现有雇员的工资、薪水和社会保障提存金、带薪年假和带薪病假、利润分享和奖金（如果应在期末后 12 个月内支付）以及非货币性福利（如医疗保障、住房补贴、无偿提供商品或服务，或对所购商品或服务提供补贴）。
- 离职后福利，如养老金、其他退休福利、离职后人寿保险和离职后医疗保障。
- 其他长期雇员福利，包括长期服务休假或高等院校教师的休假、节日或其他长期服务福利、长期伤残福利以及利润分享（如果在期末以后 12 个月内不全部支付）、奖金和递延酬劳。

图 12-9 简单地总结了雇员福利的会计处理问题。

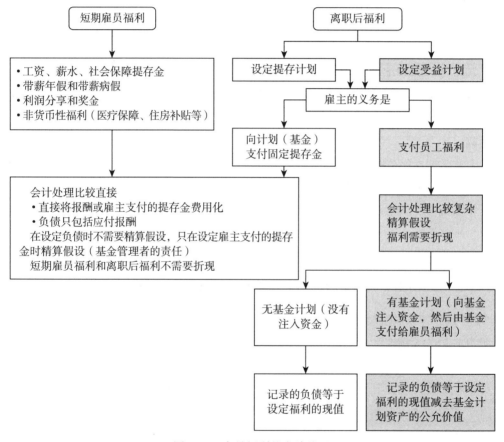

图 12-9　雇员福利的会计处理

下面我们逐一详细分析图 12-9 中的各部分。

12.9.1　短期雇员福利

短期雇员福利的会计处理相对直接，因为不需要对福利和成本做精算假设。公司应当确认短期雇员福利的非折现金额。

- 支付福利的时候直接记录为费用。
- 未支付的福利暂估入账记为负债（应计费用），例如，本期总的员工福利费用减去已经支付的福利费用。

雇主向雇员提供的劳务支付报酬（薪水、工资或其他报酬）。**薪水**（salary）按期固定支付（通常是每两个星期或一个月支付一次），薪水总额由雇员完成约定的总工时决定，而不管雇员的职位如何。**工资**（wage）按约定的小时工资率或工作量工资率，根据雇员实际工作的小时数或工作量计算，每天（每星期、每两个星期或每月）支付。从会计角度，工资和薪水的处理方式是一样的，都计入**报酬费用**（compensation expense）。

雇主通常会扣留员工的部分报酬，用以支付属于员工份额的医疗保险、社会保险、工会经费，甚至在一些国家还有所得税。在这种情况下，公司作为中间人帮员工交纳个人费用。雇主支付报酬的成本，还包括属于雇主份额的帮员工交纳的医疗保险、社会保险、工资税和其他额外福利等。这些福利费用增加了雇主的支付成本（除了实发工资）。

1. 报酬费用

图 12-10 记录了 L 公司的报酬费用。员工每个月的毛工资总数是 300 货币单位，实收工资是 235 货币单位，交纳社会保险 20 货币单位、个人所得税 45 货币单位。

代员工交纳的福利费用不是新增的雇主成本，300 货币单位的毛工资是雇主在支付工资税和员工福利前的报酬成本。

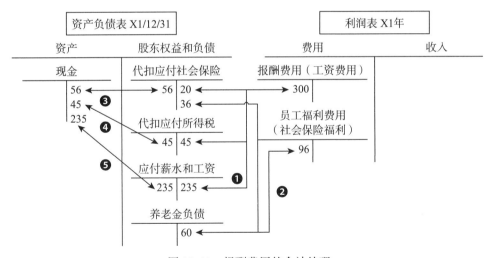

图 12-10　报酬费用的会计处理

注：1. ❶ 报酬费用。真正支付给雇员的净额记录到"应付薪水和工资"账户，但是利润表上最终确认的是报酬费用（包括应付薪水和工资、代扣应付所得税和代扣应付社会保险）。

2. ❷ 记录属于雇主份额为员工支付的福利费用。

3. ❸、❹ 和 ❺ 记录各项薪酬费用和福利费用 [代员工缴付的社会保险（20 货币单位）和雇主为员工交纳的社会保险（36 货币单位）通常同时支付]。

4. 员工费用总额为 300（报酬费用）＋ 96（员工福利费用）＝ 396 货币单位。

2. 工资税和其他额外福利

工资税和其他额外福利是雇主在工资薪水报酬外为员工支付的成本，有时候被称为**社会负担费用**（social expenses 或 social charges）。

工资税主要是为雇员交纳的社会保险、失业税、员工报酬税，以及支付给税务机关的税收费用。**其他额外福利**是属于雇主份额的帮员工交纳的养老金、医疗保险和假期津贴等。

L 公司经营活动所在国家要求支付的社会保险等于毛工资的 12%，养老金等于毛工资的 20%。因此，L 公司总共支付的报酬成本为 300+[300 ×（12%+20%）]＝396 货币单位，其中 300 货币单位是报酬费用，96 货币单位是员工额外福利费用。

详细会计处理如图 12-10 所示。

12.9.2　离职后福利

IAS 19（IASB 2018b：§ 26）规定的离职后福利包括：

▪ 退休福利，如养老金。

▪ 其他离职后福利，如离职后人寿保险和离职后医疗保障。

主体提供的离职后福利安排是离职后福利计划。

离职后福利的会计处理取决于福利计划的性质：设定提存计划或设定受益计划。这两种福利计划下的义务有很大不同。

1. 设定提存计划

设定提存计划指如下退休金储蓄计划：根据这种计划，雇主在员工聘用期间，向参与员工的退休金账户（通常由第三方管理，也可以由个人管理，或像在美国由雇主公司管理）定期支付固定提存金（通常和报酬一起支付），但是并不保证任何的退休福利（如果退休金账户没有足够资产支付雇员退休福利，雇主不再负有进一步支付提存金的法定义务或推定义务）。

员工受益人获得的离职后福利，只取决于设定提存计划中的提存金以及退休金账户投资的盈利（包括资本增值）。如果员工离开雇主，不管什么原因，雇主将停止向员工的退休金账户支付提存金。如果养老金账户被提空，前员工将停止获得离职后退休福利，不管其年龄和经济状况如何。

现在越来越多国家的公司采用设定提存计划，而不是设定受益计划，主要是因为很难保证预先设定的（养老金）福利水平。

雇主向养老金账户支付提存金，通常由第三方管理（根据退休日计算支付的福利），雇主公司不需要确认任何义务、准备金或负债。向设定提存计划支付费用的会计处理和短期雇员福利（薪水和工资等）完全一样。

欧洲设立了很多国有控制和运营的机构，作为第三方来管理员工离职后福利计划，而雇主只负责支付提存金。

在美国，设定提存金账户通常由雇主公司自己管理，更糟糕的是，设定提存金账户中的大部分甚至全部资金都投资了公司自己的股票，而几乎没有分散投资组合。如果公司股票价格下跌或公司宣告破产，将给员工带来很大的损失。

2. 设定受益计划

原则

在设定受益计划下，可以保证员工或员工及其配偶在退休后每个月（或每个季度）拿到预定的退休金。设定受益计划可能还包括退休后生活费津贴调整的条款。员工定期获得的退休金福利，取决于员工为雇主公司服务的时间长度及员工自身的报酬水平（通常按员工报酬最好的年份计算）。

在设定受益计划下，雇主对现有员工和前雇员承担支付预定未来退休福利的义务。这项义务需要估值并在雇主的资产负债表中报告。但是，对设定受益计划的会计核算比较复杂，因为计量义务和费用时需要运用精算假设，并有产生精算利得和损失的可能性。另外，义务是在折现的基础上计量的，因为它们可能要在雇员提供相关服务后的许多年才履行（IAS 19：§ 55）。

设定受益计划在政府职员养老金计划中还是比较普遍的，但是在其他行业的使用越来越少，因为在精算计算时假设非常复杂，实际支付福利能力有一定的风险，而且金融市场的投资回报波动越来越大。

除了向前雇员及其受益人支付退休金，很多公司还承诺根据员工在公司时间长度一次性支付退休红利。这种一次性退休红利的计算方法是公开的[5]，不能随意更改。这种一次性退休红利被认为是设定受益，应该在雇员的整个受雇期内确认为费用，因为它们是对雇员整个受雇期提供服务支付的报酬。

注入资金和不注入资金

雇主可以选择注入资金和不注入资金的设定受益计划。

- 设定受益计划没有注入资金。在这种情况下，雇主企业承担全部义务，向雇员支付约定的福利。雇主企业可以选择即时支付（pay-as-you-go，支付时即确认费用，这样做有风险，尤其是在企业活跃劳动力减少的速度大于受益员工减少的速度，或经济低迷、企业盈利和流动性差的时候），也可以选择在企业内部储蓄并管理养老金。另外，没有注入资金的设定受益计划可能会产生道德议题：如果企业储蓄养老金的资产价值增加（例如在牛市的时候），该资产的价值可能远远大于需要支付的养老金福利，雇主公司可能会撤回多余的资金。这种情况在过去也时有发生。而且当市场遭遇熊市的时候，会产生非常严重的后果。基于这些原因和风险，企业很少采用没有注入资金的设定受益计划。
- 设定受益计划部分或全部注入资金。在这种情况下，雇主企业以交纳提存金的方式向法律上完全独立于（理论上）报告主体的基金注入资金。资金由基金管理，以创造足够的资本支付未来的退休福利。这种设定受益计划是最常见的。注入资金相当于"强迫"企业储蓄。很多保险公司有管理这种基金的义务，因为它们有专门的精算师可以设定提存金的水平，以保证将来退休福利的支付。每一期向基金账户注入的提存金可能都不相同。简单来说，在资产负债表上确认为养老金受益负债的金额应当是以下项目金额的净额总计。

- 报告期期末设定的养老金受益义务的现值。
- 减去计划资产在报告期期末的公允价值（如果是注入资金的设定受益计划）。

在实务中，养老金受益计划的计算非常复杂，需要精算假设，这会在中级财务会计课程中讲解[6]。

12.10　财务报表分析

估计、记录和报告企业未来义务的方式影响财务报表使用者对企业财务状况的理解，而且还会影响资产负债表的资产方（通过将租赁资产资本化）和财务比率。

12.10.1　资本化租赁资产

在 IAS 17（IASB 2003）生效期间，对于那些没有将租赁资产资本化的企业（融资租赁和经营租赁的界限有时候比较模糊），财务分析师通常会调整公开的财务报表，将界限模糊的租赁统一调整成融资租赁，将租赁资产资本化，并记录相应负债。在重新调整的利润表中，支付租赁款的利息部分记为"利息费用"，剩余部分被认为等于租赁资产的折旧费用[7]。在这种情况下，租赁合同期限与租赁资产的使用年限被认为是相等的。

在 IFRS 16（IASB 2021）开始执行之后，分析师不需要再对财务报表进行重述，因为几乎所有的租赁资产都被资本化了。但是，上面提到的分析师重述对于非合并财务报表仍然是有用的，因为有些国家不要求非合并财务报表对租赁资产都进行资本化。

12.10.2　财务比率

我们将在第 18 章重点讲解财务比率，表 12-19 列出了一些与负债有关的财务比率。这些比率对于衡量投资一个企业的风险和回报非常重要。对负债的确认会影响这些比率。资产负债表和利润表都会受到租赁资产会计处理方式的影响，因此很多财务比率都会受影响。在计算债务比率时，通常将准备金（前面提到过，可以用来平滑利润）包含在负债中。一些分析师会根据财务报表附注的信息重新调整准备金和利润表，计算调整前和调整后财务比率的范围。

表 12-19　债务比率

比率名称	计算公式	含义
债务比率或债务总资产比率	总债务 / 总资产	企业偿还长期债务的能力，该比率越小，企业的偿还能力越强
债务权益比率	债务[8]/ 股东权益或债务 /（股东权益 + 债务）	
长期债务权益比率	长期债务 / 股东权益，或长期债务 /（股东权益 + 长期债务）	
利息覆盖率	经营利润（息税前利润）/ 利息费用	息税前利润可以支付几倍的利息默认法则：不小于 5
存货融资比率	应付账款 / 存货	供应商对经营周期融资的贡献。如果该比率大于 1，则供应商对企业成长做出了贡献

这些比率对于债权人或投资者衡量一个企业的风险非常关键。衡量企业风险的一个重要考虑是：一个企业的股东权益比例越大，负债比例越小，对于债权人来说，企业的风险越小，反之风险越大。表 12-19 中的前 3 个财务比率就和衡量企业风险的这一考虑有关。利息覆盖率反映了企业支付利息的能力，利息覆盖率通常被认为是衡量企业偿还短期或流动负债能力的指标。第 5 个指标反映了企业对供应商的议价能力，以及供应商对存货融资的贡献。

表 12-19 中财务比率的基本定义可以根据分析师的需要做出改变，可以改变分子或（和）分母。例如，一些分析师将比率中的长期负债严格定义为长期带息负债。

合并负债表中的少数股东权益（子公司中非母公司股东占的百分比）增加了一点计算债务比率的难度。关键问题是，少数股东权益作为负债处理还是股东权益处理。IFRS 会计准则将少数股东权益包括在权益项。第 13 章将会讲到这个问题。

关键知识点

- 负债是企业未来向第三方支付现金或提供商品、服务的义务，是企业融资的重要来源。
- 负债可以划分为流动负债和非流动负债，包含两种列示：经营性 / 金融性负债（强调经营周期）、短期 / 长期负债（强调偿付能力）。
- 负债在资产负债表中的比重和负债报告方式随着国家、行业、公司的不同而不同。
- 负债（狭义）应当与以下概念区分：应计负债、准备金和或有负债。判断标准是以下三个方面的确定性程度：义务产生的因果原理、时效和金额。
- 债券可以溢价发行（如果票面利率高于市场利率，可以以高于面值的价格发行）或折价发行（相反的情况，以低于面值的价格发行）。
- 租赁是获得非流动资产使用权非常方便和灵活的方式。
- IFRS 16 要求所有租赁（少数情况除外）都按照贷款购买设备的方式进行会计处理。
- 短期雇员福利的成本和离职后福利中设定提存计划的成本，在发生当期计入费用。
- 离职后福利中设定受益计划的会计处理非常复杂，需要在员工雇用期提取养老金准备金。

实战练习

实战练习 12-1 斯坦伯格

要　　点：偿还银行贷款

难度系数：中

斯坦伯格公司在 X1 年 6 月 30 日获得了银行贷款，贷款条款如下。
- 贷款金额：100 000 货币单位。
- 利率：10%。
- 从 X2 年 6 月 30 日起按普通年金方式偿还（每年偿还等额）。
- 贷款期限：5 年。

- 斯坦伯格公司的会计期末：12 月 31 日。

要　求

1. 请按实际利率法计算年金数（每年偿还的本金和支付的利息）。
2. 请编制债务偿还表。
3. 请编制如下日期的会计分录。
- 贷款日。
- 第 1 个会计期末。
- 第 1 个偿还日期。

实战练习 12-2　黑夫纳有限公司（1）

要　　点：准备金和或有负债

难度系数：高

黑夫纳有限公司是一家会计师事务所，它的一些客户遇到以下问题（对于每个问题，假设可以可靠估计未来现金流出）。

（1）Acme 制造公司（AME）在销售产品的时候有质量维修保证条款：AME 有义务在产品售出 3 年内对产品进行保修。基于过去的经验，将来会出现一些维修的情况。

（2）Stone Oil Industries Co.（SOI）在过去 50 年是一家中等规模的石油开采和精炼公司，业务遍布世界。有时候，SOI 会出现原油泄漏污染土地、海洋的情况。SOI 的管理理念是，只有在泄漏原油所在的国家要求清理的时候才组织清理。SOI 经营所在的一个国家没有法律要求清理石油污染，SOI 已经在这个国家污染土地和水很多年了，也没有采取清理措施。X1 年 12 月 31 日，该国家已经起草法案规定企业对过去造成的污染进行清理，该法案将在 X1 年年末后不久生效。

（3）Sudstrom 是一家高档零售连锁商店。Sudstrom 在客户中的良好声誉在于高质量产品以及无条件退货政策（即使有时候并没有相应法律义务）。

（4）X1 年 12 月 18 日，Zygafuss Agglomerated Enterprises Co.（ZAE）的董事会决定关掉一个业务部门。但是到会计期末（12 月 31 日），这个决定还没有向任何部门传达（甚至没有向工会传达），也没有就执行该决定采取进一步措施。

（5）X1 年 Mutter GmbH（MG）为 Scout AG 提供了贷款担保，Scout AG 是 MG 的贸易伙伴（MG 没有持有 Scout AG 任何股份），为 MG 的产品打开了 T 国的市场。Scout AG 那时候的财务状况是比较稳健的，而且经济前景不错。但是，银行仍然要求 Scout AG 提供担保，因为 Scout AG 开辟 T 国市场的时间较短，而且 T 国市场不稳定。在 X2 年，T 国市场经济低迷，Scout AG 的财政状况也逐渐恶化。X2 年 6 月 30 日，Scout AG 正式申请债权人保护。

要　求

请分析以上 5 种情况，并判断是否需要确认准备金。

挑战练习

挑战练习 12-1　选择题

请选择正确答案（除非特别说明，正确答案只有一个）。

1. 准备金记录在（　　　）。

（a）费用　　　　　　（b）收入　　　　　　（c）股东权益和负债

（d）资产备抵项　　　（e）以上都不是

2. 下列哪一项是金融负债？

（a）应付所得税　　　（b）预收账款　　　　（c）银行借款

（d）应付职工薪酬　　（e）以上都不是

3. 下列哪一项是流动负债？

（a）银行借款（长期部分）　　　　　　　（b）预收账款

（c）股本　　　　　　　　　　　　　　　（d）留存收益

（e）以上都不是

4. 下列哪一项不是流动负债？

（a）应计费用　　　　（b）预付费用　　　　（c）应付职工薪酬

（d）应付账款　　　　（e）预收账款　　　　（f）以上都不是

5. 保修成本在何时确认为费用？

（a）有质量保修承诺的产品销售的时候　　　（b）保修成本实际发生的时候

（c）以上都不是

6. 当资产负债表按性质列示负债的时候，长期负债的流动部分仍然列示在金融负债部分。

（a）对　　　　　　　　　　　　　　　　（b）错

7. 应付票据代表了本票或汇票。

（a）对　　　　　　　　　　　　　　　　（b）错

8. 工资净额（减去代扣部分）记录为费用。

（a）对　　　　　　　　　　　　　　　　（b）错

9. 或有负债记录为（　　　）。

（a）资产的一部分　　　　　　　　　　　（b）股东权益和负债的一部分

（c）收入的一部分　　　　　　　　　　　（d）费用的一部分

（e）以上都不是

10. 当公司决定关掉一个业务部门的时候，就可以确认重组准备金。

（a）对　　　　　　　　　　　　　　　　（b）错

挑战练习 12-2　不同行业对负债的报告

难度系数：中

　　请在网上或图书馆找到不同行业 4 家公司的年报。

要　　求

1. 了解资产负债表中负债是如何列示的？投资者或股东能从中获得什么信息？仅通过这些

信息，投资者难以做出哪些决策？

2. 有没有关于负债的附注？能为投资者做决策增加哪些信息？

3. 这些负债的会计处理如何？

4. 负债占股东权益和负债总计的百分比是多少？你能从这个比例中看出公司的什么战略？

挑战练习 12-3 同一行业不同公司对负债的报告

难度系数：中

请在网上或图书馆找到同行业 4 家公司的年报。

要 求

和挑战练习 12-2 的问题一样。

挑战练习 12-4 黑夫纳有限公司（2）

要 点：准备金和或有负债

难度系数：高

黑夫纳有限公司是一家会计师事务所，它的一些客户遇到以下问题（对于每个问题，假设可以可靠估计未来现金流出）。

（1）X1 年 12 月 9 日，SHANKAR 公司董事会决定关掉它的防御安全部门，X2 年 6 月 1 日正式生效。X1 年 12 月 20 日，董事会就关掉该部门的详细计划达成一致。X1 年 12 月 21 日，工会就该计划的详细方案进行了讨论和修改。接下来一个星期，公司发信息给客户，提醒它们寻找新的供应商，并发辞退信给不再被公司其他部门聘用的员工。SHANKAR 公司的会计期末是 12 月 31 日。

（2）政府修改法令，新的法令要求 AME 公司重新培训安全和质量控制员工。但是截至会计期末，AME 还没有对员工进行再培训。

（3）L 公司销售的机器设备导致了一场事故，5 人受伤。受伤者的律师已经正式对 L 公司启动法律程序，要求赔偿。L 公司为自己的责任辩护。在 X1 年 12 月 31 日，公司公布财务报表的时候，L 公司的律师认为证据可能会指向 L 公司没有责任。但是，1 年以后，该案有了新的进展，L 公司的律师认为 L 公司至少会被裁定部分责任。

要 求

请分析每一种情形，并判断是否需要确认准备金。

挑战练习 12-5 斯道拉恩索 *、雷普索尔 * 和泰利斯 *

要 点：报告准备金的变动

难度系数：高

表 12-20～表 12-22 是从 3 家公司的合并财务报表附注节选的报告准备金变动的信息。

斯道拉恩索（芬兰—IFRS 会计准则—2022 年年报—造纸）

表 12-20　附注 22：准备金　　　　　　　　　　（单位：百万欧元）

	环境	重组	其他义务	准备金总计
2021 年 12 月 31 日账面价值	75	88	68	231
外币折算差额	−4	−3	−2	−9
处置和持有至出售资产重分类	−3	−1	0	−4
利润表变化				
新增准备金	14	8	19	41
现有准备金金额增加	1	12	2	15
冲回现有准备金	−1	−16	−8	−25
支付减少准备金	−9	−67	−49	−125
2022 年 12 月 31 日账面价值	73	21	30	124
分摊至流动和非流动负债				
流动负债：在 12 个月内支付	10	19	14	43
非流动负债：12 个月后支付	63	2	16	81
2022 年 12 月 31 日总计	73	21	30	124

雷普索尔（西班牙—IFRS 会计准则—2022 年年报—汽油和天然气）

表 12-21　附注 15.1：准备金

流动和非流动或有事项和支出的准备金　　　　　（单位：百万欧元）

	清场成本准备金	二氧化碳排放准备金	诉讼准备金	其他准备金	总计
2021 年 12 月 31 日余额	1 709	469	779	1 331	4 288
准备金增加	113	1 099	29	468	1 709
准备金冲回	（28）	—	（25）	（60）	（113）
支付减少准备	（81）	—	（51）	（231）	（363）
变更合并报表范围	—	—	—	—	—
外币折算差额	26	（477）	47	15	（389）
重分类和其他变化	1 739	1 091	779	1 523	5 132
2022 年 12 月 31 日余额	1 709	469	779	1 331	4 288

泰利斯（法国—IFRS 会计准则—2022 年年报—电子系统）

表 12-22　附注 10.3：或有事项准备金　　　　　　（单位：百万欧元）

	2022 年 1 月 1 日	支付减少	增加	准备金冲回	外币折算差额和其他	2022 年 12 月 31 日
重组	100.5	（54.60）	17.3	（14.80）	1.6	50.0
技术和其他诉讼	354.0	（30.00）	44.1	（35.00）	（58.30）	274.8
质量保修	267.2	（70.80）	116.6	（18.10）	4.3	299.2
损失	443.2	（77.70）	89.9	（21.30）	（1.10）	433.0
合同准备金	387.1	（43.60）	109.9	（7.70）	（10.50）	435.2
其他	219.8	（67.60）	110.8	（15.80）	12.6	259.8
总计	1 771.8	（344.3）	488.6	（112.7）	（51.4）	1 752.0

以上 3 家公司，所有准备金总计或期末余额的金额都在资产负债表中报告。

要　求

1. 3 家公司列示准备金变动的主要不同点是什么？
2. 请说明每一张准备金变动表中术语的不同。
3. 请解释每一家公司的准备金变动。
4. 请解释每一种准备金的性质。
5. 这 3 家公司记录准备金的减少有什么不同？

挑战练习 12-6　尼尔森公司

要　　点：租赁

难度系数：高

尼尔森公司每年在 12 月 31 日关账。去年，尼尔森公司签订了租赁计算机服务器 3 年的合同，以支持电子商务活动的发展。租赁期限和租赁产品如图 12-11 所示，租赁合同如图 12-12 所示。

要　求

1. 请解释如果公司不将租赁设备资本化，该租赁合同该如何记录入账。
2. 请计算该租赁合同的内含利率。请编制债务分摊表，假设该债务和租赁款有相同的本金、支付要求和残余值，将每半年支付的债务偿还分摊到利息费用和债务的减少。
3. 假设租赁设备资本化，请编制相关会计分录。
4. 如果租赁设备没有资本化，请编制应当在财务报表附注中披露的相关信息。

注释：如果是直接拥有该服务器，尼尔森公司将根据直线折旧法按 5 年摊销。

X0 年 12 月 26 日
客户：尼尔森公司
编号：NO.982（尼尔森）
每日租公司租赁给尼尔森公司的设备的特征如下。
- 服务器价格（货币单位）　　　　　　　　　　　　　　　　　　　　　　　　1 500
- 生效日　　　　　　　　　　　　　　　　　　　　　　　　　　　　　　X1-01-01
- 在合同结束时计算机服务器的购买价格（货币单位）　　　　　　　　　　　　　10
支付计划和合同期限：每半年末支付 280 货币单位：X1-06-30、X1-12-31、X2-06-30、X2-12-31、X3-06-30、X3-12-31。

图 12-11　租赁期限和产品

该租赁合同双方：
出租人是每日租公司，注册资本是 2 000 000 货币单位；公司总部地址：英国伦敦租赁街 15 号
承租人是尼尔森公司
双方达成以下协议：
1. 订购和租赁承诺
出租人从 MICRO SERVER INCORPORATED（供应商）订购服务器，该设备由承租人从供应商处直接选取。设备包括微处理器 HEXIUM V，1 200MHz，采购价格为 1 500 货币单位。

图 12-12　租赁合同

- 承租人承诺运回并租下订购的设备。
- 租赁价格将反映供应商提供的价格，承租人确认已知该价格。
- 设备运送将遵循租赁合同总条款第 1 条，并取得供应商和承租人的同意。

2．租赁日和租赁期限
- 租赁期限为 36 个月，不可撤回。租赁日为租赁双方签字日。
- 残值：在租赁期结束时，承租人可以选择以设备实际价格的 0.67% 买下设备。
- 如果承租人选择在租赁期结束时买下设备，承租人将于 X3 年 12 月 31 日支付残余价值给出租人。

3．租赁款
- 第 1 次支付租赁款在运送设备后半年。
- 租赁款每半年支付一次，金额相等。

　　　　签　字　　　　　　　　　　　　　　　　　　签　字
　　　　出租人　　　　　　　　　　　　　　　　　　承租人

图 12-12　租赁合同（续）

挑战练习 12-7　联合互联网公司 *

要　　点：报告负债

难度系数：高

联合互联网公司是德国一家互联网服务供应商，表 12-23 报告了其 2022 年 12 月 31 日根据欧盟采用的 IFRS 会计准则编制的合并资产负债表（资料来源：2022 年年报）。

表 12-23　合并资产负债表（节选）　　　　　　（单位：千欧元）

12 月 31 日	2022 年	2021 年
负债		
流动负债		
应付账款	557 730	399 898
银行借款	206 175	248 185
应计所得税	187 938	130 195
合同负债	154 290	
其他应计负债	24 468	49 412
其他金融负债	124 092	135 658
其他非金融负债	45 047	47 753
流动负债合计	1 299 740	1 273 581
非流动负债		
银行借款	1 732 968	1 707 596
递延所得税负债	389 829	391 952
应付账款	9 024	9 023
合同负债	33 838	
其他应计负债	99 972	33 485
其他金融负债	86 976	97 537
非流动负债合计	2 352 607	2 239 593
负债总计	3 652 347	3 513 174

附注 34 列出其他流动负债的明细，如表 12-24～表 12-26 所示。

表 12-24　附注 34.1：其他流动金融负债　　　　　（单位：千欧元）

	2022 年	2021 年
租赁负债	109 744	102 172
频谱相关负债	61 266	61 266
薪酬负债	39 126	41 294
营销和销售费用	35 542	27 148
有条件购买负债	38 656	51 980
有贷方余额的债务人	13 147	11 464
法律咨询费和审计费	10 236	10 071
服务和维修费用	3 586	4 714
其他	22 248	19 068
总计	333 551	329 177

表 12-25　附注 34.2：其他流动非金融负债　　　　（单位：千欧元）

	2022 年	2021 年
应付税金	52 432	125 155
其他	16 524	10 578
总计	68 956	135 733

表 12-26　附注 34.3：其他非流动非金融负债　　　（单位：千欧元）

	2022 年	2021 年
频谱相关负债	763 858	825 124
租赁负债	537 210	413 048
其他贷款	8 150	8 151
其他	4 095	4 863
总计	1 313 313	1 251 186

要　求

1. 请将附注中的金额和资产负债表中的金额核对。

2. 请解释附注中每一项负债的含义（你可以到年报中搜索相关信息）。

挑战练习 12-8　法航 KLM*

要　　点：报告租赁

难度系数：高

　　法航 KLM 是世界上最大的航空公司之一，总部在法国。法航集团的核心业务是乘客和货物的运输。集团的业务还包括航空器维修、低成本运输（Transavia）和其他航空运输相关业务。

　　法航 KLM 2022 年 12 月 31 日合并财务报表根据欧盟采用的 IFRS 会计准则编制。

　　法航 KLM 选择 2022 年 1 月 1 日提前采用 IFRS 16。表 12-27～表 12-29 列示出合并资产负债表和附注节选（资料来源：2022 年年报）。

表 12-27 合并资产负债表节选 （单位：百万欧元）

	2022 年 12 月 31 日	2021 年 12 月 31 日
商誉	225	222
无形资产	1 337	1 235
飞行器	10 614	10 466
其他土地、厂房和设备	1 375	1 402
使用权资产	5 428	5 148
联营企业权益投资	120	109
养老金资产	39	—
其他非流动金融资产	1 184	951
非流动衍生金融资产	262	143
递延所得税资产	714	278
非流动资产总计	**21 298**	**19 954**
其他流动金融资产	620	484
流动衍生金融资产	327	469
存货	723	567
应收账款	1 785	1 511
其他流动资产	847	966
现金及现金等价物	6 626	6 658
持有至出售资产	79	74
流动资产总计	**11 007**	**10 729**
总资产	**32 305**	**30 683**
股本	2 571	643
股本溢价	5 217	4 949
库存股	（25）	（25）
永续债	933	3 151
公积和留存收益	（11 700）	（12 542）
归属于法航 KLM 母公司股东权益	**（3 004）**	**（3 824）**
少数股东权益	524	8
权益总计	**（2 480）**	**（3 816）**
养老准备金	1 634	1 939
租赁飞行器和其他准备金	4 149	4 055
非流动金融负债	9 657	11 274
非流动租赁债务	3 318	2 924
非流动衍生金融负债	21	25
递延所得税负债	1	1
其他非流动负债	2 343	2 555
非流动负债总计	**21 123**	**22 773**
租赁飞行器和其他准备金	740	885
流动金融负债	896	1 215
流动租赁债务	834	825
流动衍生金融负债	83	46
应付账款	2 424	1 850
递延收入	3 725	2 644
常旅客计划	900	888
其他流动负债	4 057	3 369
银行透支	3	4
流动负债总计	**13 662**	**11 726**
负债总计	**34 785**	**34 499**
权益和负债总计	**32 305**	**30 683**

表 12-28　附注 19：使用权资产 　　　　（单位：百万欧元）

	飞行器	维修	土地和房产	其他	总计
净值					
2021 年 12 月 31 日	2 476	1 898	608	166	5 148
新合同	742	368	71	13	1 194
合同变更	155	（114）	41	—	82
处置	—	（2）	—	—	（2）
重分类	（6）	457	—	（117）	334
外币折算	—	—	（1）	—	（1）
摊销	（616）	（431）	（120）	（15）	（1 182）
其他	—	（145）	—	—	（145）
2022 年 12 月 31 日	2 751	2 031	599	47	5 428

表 12-29　附注 33：租赁债务 　　　　（单位：百万欧元）

	2022 年 12 月 31 日			2021 年 12 月 31 日		
	非流动	流动	总计	非流动	流动	总计
租赁债务—飞行器	2 566	661	3 227	2 166	653	2 819
租赁债务—房地产	628	101	729	634	107	741
租赁债务—其他	35	18	53	40	23	63
租赁债务—飞行器零件	89	35	124	84	25	109
应计利息	—	19	19	—	17	17
租赁债务总计	3 318	834	4 152	2 924	825	3 749

要　求

1. 请一一核对附注和资产负债表中关于租赁资产的金额。

2. 根据附注 19，请解释资本化资产的性质（你可以到完整的年报中搜索相关信息）。

挑战练习 12-9　安塞乐米塔尔 *

要　　点：债务比率

难度系数：高

　　安塞乐米塔尔是一家全球钢铁制造商，总部在卢森堡，表 12-30 和表 12-31 披露了 2018～2022 年根据欧盟采用的 IFRS 会计准则编制的财务报表（资料来源：2019～2022 年年度报告）。

表 12-30　合并资产负债表 　　　　（单位：百万美元）

12 月 31 日	2022 年	2021 年	2020 年	2019 年	2018 年
资产					
流动资产					
现金及现金等价物	9 300	4 215	5 600	4 867	2 172
限制现金	114	156	363	128	182
应收账款和其他	3 839	5 143	3 072	3 569	4 432
存货	20 087	19 858	12 328	17 296	20 744
预付账款和其他流动负债	3 778	5 567	2 281	2 756	2 834
持有至出售资产			4 329		2 111

（续）

12 月 31 日	2022 年	2021 年	2020 年	2019 年	2018 年
流动资产总计	37 118	34 939	27 973	28 616	32 475
非流动资产					
商誉和无形资产	4 903	4 425	4 312	5 432	5 728
土地、厂房和设备以及生物资产	30 167	30 075	30 622	36 231	35 638
联营 / 合营企业投资	10 765	10 319	6 817	6 529	4 906
其他投资	1 119	1 146	2 980	772	855
递延所得税资产	8 554	8 147	7 866	8 680	8 287
其他资产	1 921	1 461	1 482	1 648	3 360
非流动资产总计	57 429	55 573	54 079	59 292	58 774
资产总计	94 547	90 512	82 052	87 908	91 249
负债和股东权益					
流动负债					
短期债务和长期债务的流动部分	2 583	1 913	2 507	2 869	3 167
应付账款和其他	13 532	15 093	11 525	12 614	13 981
短期准备金	1 101	1 064	935	516	539
应计费用和其他负债	4 864	4 831	4 197	4 910	4 709
所得税负债	318	1 266	464	378	238
持有至出售负债			3 039		821
流动负债总计	22 398	24 167	22 667	21 287	23 455
非流动负债					
长期债务（不包括流动部分）	9 067	6 488	9 815	11 471	9 316
递延所得税负债	2 666	2 369	1 832	2 331	2 374
递延员工福利	2 606	3 772	4 656	7 343	6 982
长期准备金	1 306	1 498	1 697	2 475	1 995
其他长期负债	914	874	1 148	2 518	3 019
非流动负债总计	16 559	15 001	19 148	26 138	23 686
负债总计	38 957	39 168	41 815	47 425	47 141
承诺和或有事项					
股东权益					
普通股	312	350	393	364	364
库存股	（1 895）	（2 186）	（538）	（602）	（569）
股本溢价	28 651	31 803	35 247	34 826	34 894
强制可转换票据	509	509	840		
留存收益	45 442	36 702	22 097	22 883	25 611
公积金	（19 867）	（18 072）	（19 759）	（18 950）	（18 214）
归属于母公司股东权益	53 152	49 106	38 280	38 521	42 086
少数股东权益	2 438	2 238	1 957	1 962	2 022
股东权益总计	55 590	51 344	40 237	40 483	44 108
负债和股东权益总计	94 547	90 512	82 052	87 908	91 249

表 12-31 合并利润表 （单位：百万美元）

12 月 31 日	2022 年	2021 年	2020 年	2019 年	2018 年
销售收入	79 844	76 571	53 270	70 615	76 033
销售成本	67 309	57 337	49 138	68 887	67 025
毛利润	12 535	19 234	4 132	1 728	9 008
销售和管理费用	2 263	2 258	2 022	2 355	2 469

（续）

12 月 31 日	2022 年	2021 年	2020 年	2019 年	2018 年
经营利润（亏损）	10 272	16 976	2 110	（627）	6 539
应占联营 / 合营企业投资收益（亏损）	1 317	2 204	234	347	652
财务费用（净值）	（334）	（1 155）	（1 256）	（1 652）	（2 210）
税前利润（亏损）	11 255	18 025	1 088	（1 932）	4 981
所得税费用	1 717	2 460	1 666	459	（349）
净利润（包括少数股东权益）	9 538	15 565	（578）	（2 391）	5 330

要 求

1. 请计算 2018～2022 年的 4 个债务比率：债务比率、债务权益比率、长期债务权益比率和利息覆盖率。

2. 请分析这些财务比率，并判断企业的财务风险和偿还能力。请注意，在计算这些比率的时候，通常将少数股东权益[9]包含在股东权益中。

参考书目

FASB (1976) Statement of Financial Accounting Standard No. 13 Accounting for lease, Norwalk, CT.

IASB (2003) International Accounting Standard No. 17 Leases, London.

IASB (2018a) Conceptual Framework for Financial Reporting, London.

IASB (2018b) International Accounting Standard No. 19 Employee Benefits, London.

IASB (2020a) International Accounting Standard No. 37 Provisions, Contingent Liabilities and Contingent Assets, London.

IASB (2020b) International Financial Reporting Standards No. 9 Financial Instruments, London.

IASB (2021) International Financial Reporting Standard No. 16 Leases, London.

IASB (2022) International Accounting Standard No. 1 Presentation of Financial Statements, London.

Vernimmen P, Quiry P, Le Fur Y. (2022) Corporate finance: Theory and practice. 6th ed.: Wiley.

Wahlen J M, Jones J P, Pagach D P. (2020) Intermediate Accounting: Reporting and Analysis, 3rd Edition. Cengage Learning, USA.

扩展阅读

Barthelme C, Kiosse P V, Sellhorn T. (2019) The impact of accounting standards on pension investment decisions. European Accounting Review, 28(1), 1-33.

Grahn A. (2020) Precision and manipulation of non‐financial information: the curious case of environmental liability. Abacus, 56(4), 495-534.

Kusano M. (2018) Effect of capitalizing operating leases on credit ratings: evidence from Japan. Journal of International Accounting, Auditing and Taxation, 30, 45-56.

Kusano M. (2019) Recognition versus disclosure of finance leases: evidence from Japan. Journal of Business Finance & Accounting, 46(1/2), 159-82.

Ma M, Thomas W B. (2023) Economic consequences of operating lease recognition. Journal of Accounting & Economics, 75(2/3), 101566.

Schneider T, Michelon G, Maier M. (2017) Environmental liabilities and diversity in practice under international financial reporting standards. Accounting, Auditing & Accountability Journal, 30(2), 378-403.

Spiceland C, Spiceland D, Njoroge P K. (2018) Tourist trap: the new lease accounting standard and debt covenants. Journal of Accounting Education, 45, 45-59.

Wheeler Spencer A, Webb T Z. (2015) Leases: a review of contemporary academic literature relating to lessees. Accounting Horizons, 29(4), 997-1023.

Wong J, Wong N, Jeter D C. (2016) The economics of accounting for property leases. Accounting Horizons, 30(2), 239-54.

注 释

1 我们通过下面一个小例子来说明财务杠杆效应：A 和 B 两家公司在其他方面完全相同，除了长期融资结构。每家公司在上个会计年度的息税前利润都是 100 货币单位。长期债务的市场利率是 5%。A 公司股东权益是 200 货币单位，长期债务是 1 000 货币单位。A 公司的税前净资产收益率为（100−5%×1 000）/200 = 25%。B 公司的股东权益是 500 货币单位，长期债务是 700 货币单位。B 公司的税前净资产收益率为（100−5%×700）/500 = 13%。A 公司的财务杠杆比 B 公司高，所以每单位股东权益产生的回报比 B 公司高。高杠杆意味着更高的净资产收益率，但是太高的杠杆（太少的股东权益）会加重利息负担，减少净利润（或现金流），给企业带来较大的风险（更高的利率或现金流不足）。

2 例如，见 Vernimmen et al.（2022）。

3 在图 12-5 中我们使用了"真实现时义务"这一术语，而不只是简单的"现时义务"。

4 这是 IAS 17 和 IFRS 16 中的例子。

5 计算方法是公司或行业特有的。

6 例如，见 Wahlen，Jones，and Pagach（2020）。

7 这只是简单的重述。如果有足够的信息，分析师可以采用 Linblad 例子中的方法（见 8.3 节）。

8 这里的债务代表长期和短期带息负债。

9 少数股东权益代表子公司经营净利润中不直接或间接属于母公司的部分（少数股东）。这一概念将在第 13 章企业合并中详细讲解。

第 13 章　企业合并

本章教给你什么

1. 什么是企业合并。

2. 为什么合并财务报表比单一财务报表更重要。

3. 三种合并方法，合并方法的选择取决于投资公司和被投资公司的关系。

4. 什么是非控制股东权益（少数股东权益），为什么需要报告非控制股东权益及如何报告。

5. 什么是商誉及商誉核算。

6. 合并程序。

7. 特殊合并规定不同于税务规定产生的递延所得税问题。

8. 如何记录外币报表折算。

9. 如何记录兼并。

　　IFRS 中关于本章（企业合并）的规定已经更改，从 2013 年 1 月 1 日起执行生效。表 13-1 中列出了 IFRS 会计准则中相关规定的演变。

　　企业通过使用并加工资源，生产产品或提供服务以满足客户的需求，为所有者创造价值，这就意味着企业从客户那里获得的资源要大于所提供的资源。

　　财务报表，尤其是利润表和现金流量表，反映了企业经营活动中资源周转的过程。但是，价值创造的过程需要企业超出自身"法人"的界限，拓展关系网络，更好、更持续地满足客户的需求，从而为投资者提供更高的回报。

　　除了战略联盟（超出本书范围），公司可以通过投资其他公司来拓展关联网络，这是本章的重点。

表 13-1　IFRS 会计准则相关规定的演变

准则编号	准则名称	采用日期	注释
IAS 27	独立财务报表	1989 年，2008 年更新，2014 年更改（IASB 2014）	部分被 IFRS 10 中的内容替代（前称"合并财务报表和独立财务报表"）
IAS 28	投资联营和合营企业	1989 年，2011 年更新，2018 年更改（IASB 2018a）	前称"投资联营企业"
IAS 31	合营企业权益	1990 年（IASB 2003b）	完全被 IFRS 11 和 IFRS 12 替代
IFRS 3	企业合并	2004 年，2020 年更改（IASB 2020b）	
IFRS 10	合并财务报表	2011 年，2018 年更改（IASB 2018b）	提出了基于控制的合并模式
IFRS 11	合营安排	2011 年，2017 年更改（IASB 2017）	
IFRS 12	披露其他主体中权益	2011 年，2018 年更改（IASB 2018c）	合并、加强、更改了子公司、合资企业、联营企业和非合并主体中权益披露的要求

我们在第 10 章中讲解过，如果公司的经营活动创造的资源（现金或现金等价物）超出了日常经营活动需要，就要将剩余的部分投资到有价证券，以保证这些流动性资源的购买价值，同时等待使用这些资源的更好机会。这样的投资总体来说是短暂的，"边等边看"，直到新的战略性投资机会出现。投资有价证券是被动的：进行投资的公司，对所投资的主体没有也不打算拥有重大影响或控制权。

本章主要讲解公司资源对金融资产（区别于有形或无形资产）的活跃性投资。这里的活跃指进行投资的公司主动投入资源增加其价值创造的潜力，而且该投入是长期的、战略性的，对所投资的主体有一定的决策权。在这类投资中，我们发现，无论是紧密联系型还是松散型公司网络，都围绕着一个擅长生产或（和）销售的"领头公司"。

一些公司网络不需要直接投资。例如，航空航天和汽车行业长期形成了集中在第 1、2、3 层的供应商网络。小公司网络的形成也越来越普遍。建筑行业往往有一个总的承包商，这就是中小公司松散型网络的例子。形成公司网络的动机是分担风险，加强对技术创新和市场机会的应对，同时保持每家公司自身的竞争力，从而提高资源创造价值的效率。

我们重点关注领头公司（进行投资的公司）这种活跃的金融性投资，它可以有很多种模式。以下三种常见的模式可以合并使用以满足公司的战略性需求。

（1）**借出资源模式**：建立关系网络最简单的方法是向其他主体（控制或非控制）借出资源帮助其发展，以培养可靠的供应商或忠诚的客户（客户可能难以从银行获得更有利的金融资助）。在借出资源模式下，出借公司不仅是金融机构的替代者，而且主动寻找第三方主体向供应商或客户贷款，帮助其研发技术或开发项目，提高产能或质量，获得先进设施设备，从而更好地向（借出资源的）公司提供产品或服务。

（2）**合营模式**：公司可以单独建立一个新的主体，也可以与一个甚至多个已经存在的公司建立活跃的合伙关系，并享有相似的权益。新的主体将比进行投资的公司拥有更强的核心竞争力（例如，更容易获得技术、资源或客户），能降低资源获取成本（例如，扩大需求量，从而更有效地使用技术——相互竞争的汽车制造商分享引擎技术就比较常见）。这里的问题是报告主体（资源提供者）对第三方合营企业的战略性控制程度如何，不同层次的战略性控制的报告方式不同。会计上通常区分为重大影响 [1]（significant influence）和控制 [2]（control）。

IAS 28（IASB 2018a：§ 5）规定，重大影响的界限是母公司拥有 20%～50% 的投票权。这意味着投票权小于 20% 的投资者通常没有重大影响 [3]。

控制权的界限是进行投资的公司拥有被投资主体超过 50% 的投票权。在有控制权的情况下，报告方式和下面收购模式的报告方式相同。但是，IFRS 10 对控制权的界定进行了修改，50% 的门槛不作为定义有效控制权唯一的条件。

（3）**收购模式**：第三种模式是兼并收购一家公司获得控制权（减少创立一家新公司的风险），以获得一项技术或市场份额，或者扩大企业规模以取得规模 / 范围经济效应。

在财经新闻中，我们经常可以看到商业实体之间加强其业务关系的例子。其中，微软于 2022 年 1 月以 687 亿美元收购了动视暴雪（Activision Blizzard），Broadcom 于 2022 年 5 月以 610 亿美元收购了 VMWare，而 Orange 于 2022 年 7 月与 Grupo MásMóvil 合并（交易价值为 213 亿美元）。[4]

第四种模式是公司之间达成合作协议，但不发生投资，所以没有会计上报告的要求。公司之间的这种合作主要来自家人或朋友之间的互惠互利。因为这种合作模式没有会计上报告的要求，可以选择只在年报中披露，所以我们对这种合作模式不做深入探讨。

本章的重点，是讲解如何向股东报告在这种颇为复杂又紧密联系的公司网络中的财务关系和创造价值的潜能。如果领头公司（整个公司关系网络的轴心）只报告自己的经营活动，而不报告其所投资公司创造的价值或创造价值的潜能，则不能向股东或投资者提供真实、公允的信息。轴心公司账面上可见的资产是向关联公司贷款或购买的关联公司股份，而关联公司的性质、潜能、机会、义务及相关风险都不能从财务报表的数字中直接反映出来。

合并财务报表则能很好地描述这种由公司间相互投资或借贷关系形成的公司集团中轴心公司的财务状况。集团对每个成员公司的管理程度和财富分配规则，都需要向财务信息使用者披露，这是本章的核心内容。

不像 20 世纪 70 年代那种综合在一起的单独法律主体，现在的这种公司集团更为复杂，也更为分散，以至于美国、加拿大等国家甚至不要求轴心公司报告自身个体的财务状况，因为这对于潜在投资者来说意义不大，而是要求报告公司集团的合并财务报表。

13.1～13.3 节首先介绍合并财务报表的编制方法及含义，13.4 节具体讨论编制合并财务报表的流程，接下来讨论合并财务报表编制中两个比较技术性的问题：合并分录中的递延所得税（第 6 章中讲到的暂时性差异）和外币报表折算。我们将继续探讨两家或多家公司合并成新的第三方主体的报告问题。

13.1 投资种类

之前提到的 3 种战略合作模式可以有 4 种非流动金融资产投资。

· 入股子公司。

- 入股联营公司。
- 入股其他公司（包括共同经营和合营公司）。
- 向子公司、联营公司或其他公司贷款。

我们将在本章讲解**子公司、联营公司**和**合营安排**的区别。我们在第 10 章讲解金融工具的会计准则时，并没有提到对子公司、联营公司和合营安排的投资，因为这些投资在合并过程中会被抵销（子公司或合营安排）或根据特殊规定重估（联营公司，见 13.2 节）。这些投资的记录和报告遵循 IFRS 10（IASB 2018b）、IAS 28（2018a）和 IFRS 11（2017）。

13.2 企业合并：原则

13.2.1 定义

企业合并指购买方获得对一个或多个业务的控制权的交易或事项。有时被称为"真实兼并"或"平等兼并"的交易也属于国际财务报告会计准则中规定的企业合并（IFRS 3，IASB 2020b：附录 A，术语表）。

企业合并有多种方式，下面列示出一些企业合并常见的方式。兼并收购专家（金融分析师和律师等）为每一个并购设计最佳方案。本质上，每种方案都是以下 5 种方式中的一种或多种。

- **收购其他公司主体的股份**：X 公司以现金或 X 公司股票交换收购 Y 公司足够的股份以获得 Y 公司的控制权。在这种情况下，Y 公司继续作为一个单独的法律主体（可能会被要求继续编制财务报表），但已是 X 公司的子公司。因此，Y 公司的财务报表要并入 X 公司的合并报表。
- **法定兼并** [legal（statutory）merger]：X 公司收购 Y 公司全部流通股份，Y 公司作为法人主体解散，所有资产和负债并入 X 公司。
- **吸收合并**（statutory consolidation）：X 公司和 Y 公司协议合并成第三方 Z 公司，X 公司和 Y 公司作为法人主体都解散，它们的资产和负债全部并入 Z 公司。
- **建立控股实体**：X 公司和 Y 公司协议合并成第三方控股公司 H 公司，但是不像上例，X 公司和 Y 公司并不解散。X 公司和 Y 公司的股东以他们原来的股票交换新成立的 H 公司的股票。H 公司成为 X 公司和 Y 公司唯一的股东，X 公司和 Y 公司成为 H 公司的子公司，它们的经营活动、资产和负债都合并到 H 公司（报告公司）。
- **收购资产和负债**：X 公司直接购买 Y 公司的所有资产，而不是购买 Y 公司的股票。Y 公司被清算，出售资产收到的现金先用来偿还债务，然后将多余的现金分配给股东，或投资新的公司成为完全不同的个体。

记录以上企业合并的方法称为**购买法**（purchase accounting）。这种方法的假设是合并主体的一方获得另一方的控制权。之前在一些不能确认收购者、合并主体的股东分享控制权的特殊情况下，可以采用另一种会计方法：合益法（pooling of interests）。但是这种方法已经于 2001 年在美国被禁止，现在又被 IFRS 3（IASB 2020b）禁止。

13.2.2　合并报表的有用性

公司主体对持股公司可能有控制权或重大影响。两家或多家公司通过投资合并形成的经济主体（其中一家公司对其他公司有有效控制权）称为集团，被 IFRS 10（IASB 2018b：附录 A）定义为"母公司和其所有子公司"。在大多数国家（除了德国），集团通常不作为法人，母公司（轴心公司）和其所控制的子公司通常作为独立的法人存在。

为了让投资者或股东更好地理解集团的财务状况和绩效，合并主体的管理层需要编制并公布合并财务报表。

合并财务报表的编制非常有必要，因为母公司的财务报表不能反映集团的经营状况和财务状况。母公司的非合并财务报表缺乏代表性的一些原因如下。

（1）如果母公司只是单纯的控股公司（例如，母公司的主要目的是持有和管理集团成员公司的股份并协助它们的经营活动，但是本身并不直接参与任何工业或商业活动）。

1）控股母公司的非合并财务报表非常简单，特征如下。

- 不包含任何"传统"的会计账户，如"销售收入""销售成本"或"购买商品"等。
- 收入主要包括"管理费"（向集团成员公司收取的管理服务费）和"投资收益"（收到的股利）。
- 费用主要包括管理费用（员工费用和设备折旧等），员工人数通常非常少。例如，在 2022 年，皇家阿霍德德尔海兹集团母公司全职员工只有 6 名，该集团经营国际连锁超市，在欧洲和美国经营 7 659 家连锁店，整个集团有 250 000 名正式员工（资料来源：2022 年年报）。

2）非合并财务报表在结构上有些不寻常。

- 可能不包含一些重要的会计账户，如应收账款、应付账款和存货等。
- 有形和无形资产的价值通常非常低。
- 金融投资占总资产很大比重，这些都是母公司拥有的集团成员公司的股份。因此，我们认为 IFRS 9（IASB 2020c：§2.1）并没有解决这些投资的估值问题，这些投资通常按购买成本报告。一些国家的会计准则允许甚至鼓励按权益估计这些投资（例如，投资的价值等于母公司持有的股份数乘以子公司或联营公司的每股账面净值）。在 2014 年，IASB 更新 IAS 27，允许在母公司单独的财务报表中按权益估计这些投资。

（2）如果母公司是混合型控股公司（母公司控制自己的经营活动，还管理着集团成员公司），母公司的非合并财务报表的信息量比单纯的控股母公司要大，至少报告了自身的经济活动绩效和控股财务结果。尽管如此，母公司的非合并财务报表仍然不能真实公允地反映集团的财务状况、绩效和风险：金融投资、投资收益和管理费隐藏了集团与市场之间的真实关系。

挑战练习 13-2 皇家阿霍德德尔海兹集团提供了一个关于母公司财务报表的例子。

由于非合并财务报表有以上不足，因此有必要要求公司编制合并财务报表，以反映集团的经济活动。IFRS 10（IASB 2018b：附录 A）定义，**合并财务报表**指将企业集团视为单一经济主体编制的财务报表，在该报表中，母公司及其所有子公司都作为单一经济主体列报资产、负债、权益、收入、费用和现金流。IASB 对合并财务报表的范围定义得比较严格，只包括了母公司和所有子公司。我们在下面可以看到，母公司和联营及合营公司之间也可能有关联关系，这些主体也可以被包含在合并范围内。本书与实务操作一致，对合并财务报表的理解包括子公司、联营公司和合营安排。

13.2.3 母公司和集团主体之间关系的性质

母公司和不同集团主体之间的关系决定了集团主体是否被包括在集团的合并财务报表范围内。

表 13-2 列出了 IASB 关于母公司和集团其他主体之间三种关系的定义。任何其他公司与母公司的关系若不属于表 13-2 中列示的三种关系，就不被认为是集团公司，不包括在合并财务报表范围内。

表 13-2　母公司和集团其他主体的关系

关系种类		集团公司种类		
控制	当投资方通过参与被投资方的相关活动而享有其可变回报，并通过对被投资方的权力，有能力影响这些回报时，则投资方控制了被投资方（IFRS 10：§6）	子公司	被另一主体所控制的主体（IFRS 10，附录A）	
重大影响	参与被投资方财务和经营政策决策的权力，但不是控制或共同控制这些政策（IAS 28：§3）	联营公司	投资者对其有重大影响的主体（IAS 28：§3）	
共同控制	对一项安排的合同性约定共享控制，且仅在相关活动的决策要求共享控制的各方一致同意时才存在（IAS 28：§3，IFRS 11：§7）	合营安排	两方或两方以上共同控制的安排（IAS 28：§3，IFRS 11：§4）	
			共同经营	拥有共同控制权的参与方（即共同经营方）对与该安排相关的资产拥有权利、对相关负债承担义务的合营安排（IFRS 11：§15）
			合营公司	拥有共同控制权的参与方（即合营方）对该安排的净资产享有权利的合营安排（IAS 28：§3，IFRS 11：§16）

1. 三种关系的详细定义

控制

IFRS 10（IASB 2018b）变更了对控制的定义。IAS 27（IASB 2008：§13）提到，若母公司直接或通过子公司间接地拥有一个主体超过半数的投票权，就假设存在控制关系。若母公司拥有一个企业半数或少于半数的投票权，且满足某些条件，也可以存在控制关系。

新准则（IFRS 10）去除了对控制的门槛定义，而采取了更广泛的定义，要同时满足三个条件：当投资方通过参与被投资方的相关活动而享有其可变回报，并通过对被投资方的权力，有能力影响这些回报时，则投资方控制了被投资方（§6）。因此，投资者只有在满足以下条件的情况下，才控制了被投资方。

- 对被投资方享有权力。
- 通过参与被投资方的相关活动而享有其可变回报。

- 通过对被投资方的权力，有能力影响回报（§7）。

新准则中的关键点是，即使母公司持有的股本少于半数，也可能拥有控制权，因为控制权的定义中不仅包括股本，还包括投票权（如第 11 章中提到的多重投票权或无投票权）。

新准则的关注点是同时享有权力和可变回报，而且通过权力可以影响回报。另外，新准则规定了难以衡量控制权情况下定义控制的要求，包括潜在投票权、代理关系、对特定资产的控制，以及投票权不是定义控制权的决定性因素的情况。IFRS 10（§b38）说明即使投资者持有少于多数的投票权，也可能对被投资者拥有权力。重要的是行使这种权力的能力，例如通过任命或解雇被投资者直接影响决策的关键管理人员。在实际中，这种权力可以通过以下几种方式行使：①与其他有投票权的股东签订协议；②其他合同协议；③投资者的投票权（例如，其他股东的投票权比较分散）；④潜在投票权。

重大影响

IAS 28（IASB 2018a：§5）规定，如果主体直接或间接（通过子公司）持有被投资者 20% 或超过 20% 的投票权，该主体就对被投资者有重大影响，除非能明确地证明该重大影响不存在。该准则还说明，即使主体持有被投资公司大部分或超过半数的所有权，也不排除主体对被投资公司没有重大影响。

在实务操作中，投资者具有重大影响，通常由下述一种或多种方式证实（IAS 28：§6）。

- 在被投资者董事会或类似权力机构中的代表情况。
- 政策制定过程的参与情况，包括股利分配或其他分配政策的参与情况。
- 投资者与被投资者之间的重大交易。
- 管理层人员的交换。
- 关键技术信息的提供。

共同控制

IAS 31 被 IFRS 11（IASB 2017）替换。**合营安排**是由两方或多方共同控制的一项安排（IFRS 11：§4）。合营安排具有以下特征（IFRS 11：§5）。

- 合营各方受合同约束。
- 合同赋予两方或多方共同控制权。

合营安排分为**共同经营和合营**（IFRS 11：§6）。

IASB 将共同控制定义为对一项安排的合同性约定共享控制，且仅在相关活动的决策要求共享控制的各方一致同意时才存在（IFRS 11：§7）。

2. 控制权百分比和权益百分比

控制权百分比和权益百分比影响会计账户的合并方式，以及如何分配创造的价值。

- 控制权百分比（也叫作投票权百分比）用来反映母公司对子公司或联营公司的控制程度。该比例越高，母公司对子公司或联营公司的控制程度越高，子公司或联营公司对母公司的依赖程度越高。该百分比衡量了母公司在关联公司中的投票权比例。控制权百分比常用来决定合并财务报表的编制方法（合并财务报表的两种编制方法是完全合并法和权益法）。后面也会介绍第三种方法：比例合并法。

- 权益百分比（也叫作所有权百分比）代表了母公司对子公司或联营公司股东权益（包括净利润）的索取权。该百分比常用在合并财务报表编制中定义母公司股东权益和少数股东权益。

母公司在子公司或联营公司中持有的控制权百分比和权益百分比有可能不相同。例如，在有间接持股的情况下。图 13-1 中，P 公司直接持有或通过 C1 公司（P 公司对 C1 公司没有控制权）间接持有 C2 公司的股份。

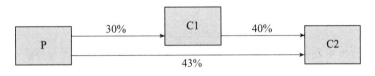

图 13-1 控制权百分比可能不同于权益百分比

P 公司对 C2 公司控制权百分比只有 43%，而不是 83%（=43%+40%），因为 P 公司对 C1 公司没有实际控制权（只有 30%），所以通过 C1 公司的间接影响，P 公司对 C2 公司的实际控制权为零。如果没有其他元素定义 P 公司和 C2 公司之间的关系，仅凭 43% 的控制权百分比，我们只能说 P 公司对 C2 公司有重大影响。

P 公司占 C2 公司权益百分比为 55%[=43% +（30%×40%）]。即使 P 公司拥有的权益百分比为 55%（高于 50%），P 公司对 C2 公司仍然只有重大影响，因为控制权百分比（只有 43%，低于 50%）占主导。

在直接持股关系中，控制权百分比等于权益百分比 [P 公司和 C1 公司之间是 30%，C1 公司和 C2 公司之间是 40%，P 公司和 C2 公司之间是 43%（仅限于直接持股关系）]。

13.3 报告获得的权益：合并方法

在有实际控制权或重大影响的情况下，通常需要合并财务报表。表 13-2 列示出三种主要控制或重大影响关系，图 13-2 列示出每种关系下的合并方法。

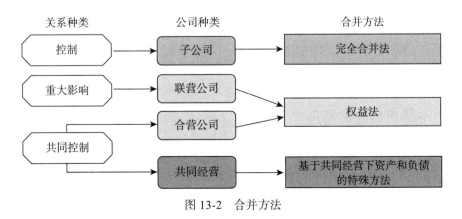

图 13-2 合并方法

IFRS 11 的一个重要特点是撤销了比例合并法，但是这种方法在 IAS 31 中是允许的。根据新的准则，合营方应当根据 IAS 28 规定的权益法来核算在联营企业中的投资（IFRS 11：§24）。对于共同经营，共同经营方应当确认如下在共同经营中的权益（IFRS 11：§20）。

- 资产，包括共同经营持有的资产份额。
- 负债，包括共同经营承担的负债份额。
- 出售共同经营产出份额获得的收入。
- 出售共同经营产出获得的收入份额。
- 费用，包括共同经营承担的费用份额。

13.3.1　收购对报告的影响

我们接下来分析主要的合并方法（完全合并法和权益法）以及比例合并法（会计准则中讨论得越来越少，但是在历史财务报表中还是可以见到）。另外，比例合并法对于财务报表分析也很有用。例如，一家控股公司很可能只拥有子公司 40% 的股权，却控制和完全合并子公司（40% 的股权可能实质上完全可以控制子公司），但是控股公司只享有子公司 40% 的现金流权益，因此一些注重分析控股公司信用度的分析师可能用比例合并法计算控股公司所占的 EBIDTA 或 EBIT。我们对适用于共同经营的方法不做讨论，因为实务中非常少见，而且超出了本书的范围。对于每种合并方法，我们都先介绍其概念，然后通过 L 公司收购 M 公司权益的例子进行说明。

X1 年年末，L 公司收购了 M 公司的权益，M 公司作为 L 公司的子公司继续存在。

我们将分 6 种情形讨论：首先讨论在不要求合并的情况下，收购 M 公司对报告的影响；然后分下列 5 种情形讨论在要求合并的情况下对报告的影响。

情形 1：L 公司收购 M 公司 100% 的权益，收购价格为 M 公司的权益账面净值（完全合并法）。

情形 2：L 公司收购 M 公司 90% 的权益，收购价格为 M 公司的权益账面净值的 90%（完全合并法）。

情形 3：L 公司收购 M 公司 100% 的权益，收购价格高于 M 公司的权益账面净值（完全合并法）。

情形 4：L 公司收购 M 公司 25% 的权益，收购价格为 M 公司的权益账面净值的 25%（权益法）。

情形 5：L 公司收购 M 公司 50% 的权益，收购价格为 M 公司的权益账面净值的 50%（比例合并法）。

13.3.2　不要求合并的情形

L 公司总部所在的国家只有在集团规模达到一定的门槛时，才要求合并财务报表。在收购 M 公司的时候，L 公司的规模没有达到规定的门槛。收购价格 320 货币单位等于 M 公司 100% 权益的账面净值（股本、留存收益、公积和当期未分配利润）。

表 13-3 显示了 L 公司收购前后的非合并财务报表。收购后 L 公司唯一的变化是增加了对 M 公司的投资,以及相应现金的减少。注意,收购后 L 公司的资产负债表并不是合并资产负债表,只是 L 公司单独的非合并资产负债表。

表 13-3 收购前后资产负债表

X1 年 12 月 31 日	收购前 L 公司	M 公司(单独)	收购后 L 公司(单独)
资产			
对 M 公司的投资	0		320
其他资产(包括现金)	2 000	500	1 680
总计	2 000	500	2 000
权益和负债			
股本	600	200	600
留存收益 / 公积	460	100	460
当期净利润	30	20①	30
负债	910	180	910
总计	2 000	500	2 000

① 股东大会决定当期净利润不进行分配。

13.3.3 要求完全合并的情形

图 13-3 显示了完全合并的基本原则。

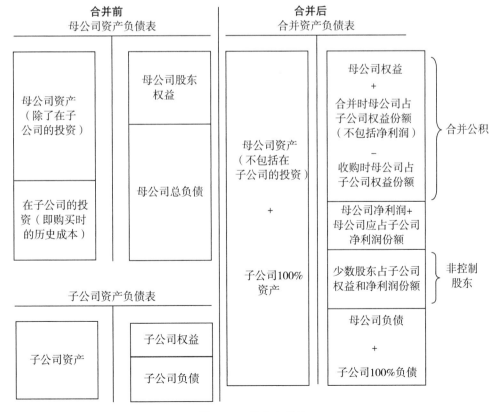

图 13-3 完全合并法

完全合并法的基本原则是子公司的所有资产和负债都要并入母公司（当然，母公司报表中对子公司的投资在合并过程中抵销）。从技术上来说，如果母公司对子公司不是100%完全持有，子公司的部分资产和负债（权益）属于少数股东，需要在合并财务报表中确认为少数股东权益（见L公司的情形2）。

两年以后（X3年年末），因为L公司规模不断扩大，被要求报告合并财务报表（X3年12月31日合并财务报表在X4年年初公布）。

L公司和M公司单独的未合并财务报表如表13-4所示。

表 13-4　X3 年 12 月 31 日财务报表

资产负债表（X3 年 12 月 31 日）	L 公司	M 公司
资产		
对 M 公司的投资	320	
其他资产（包括现金）	1 880	600
总计	2 200	600
权益和负债		
股本	600	200
留存收益 / 公积	500	300
当期净利润	50	40
负债	1 050	60
总计	2 200	600
利润表（X3 年）	L 公司	M 公司
销售收入	1 000	400
费用	950	360
税后净利润	50	40

1. 情形 1：合并—100% 权益—完全合并法

用完全合并法编制合并财务报表时涉及一系列抵销和调整分录。表 13-5 和表 13-6 显示了情形 1 下的合并资产负债表和合并利润表。

表 13-5　合并资产负债表（完全合并法）

X3 年 12 月 31 日	L 公司（单独）（1）	M 公司（单独）（2）	合并过程（3）=（1）+（2）	抵销和调整分录	（4）	合并资产负债表（5）=（3）+（4）
资产						
对 M 公司的投资	320		320	（A）	−320	0
其他资产（包括现金）	1 880	600	2 480			2 480
总计	2 200	600	2 800		−320	2 480
权益和负债						
股本	600	200	800	（A）	−200	600
留存收益 / 公积	500	300	800	（A）	−300	500
合并公积				（A）	180	180
当期净利润	50	40	90			90
负债	1 050	60	1 110			1 110
总计	2 200	600	2 800		−320	2 480

在运用完全合并法时，IFRS 10（§b86）规定，合并财务报表应将母公司和子公司的所有资产、负债、权益、收入、费用和现金流项目进行合并。但是，这样得到的合并财务报表并没有真实、公允地反映集团的财务状况，因为资产中包括了 L 公司对 M 公司的投资，权益中包括了 L 公司占 M 公司的权益份额。换言之，这样的合并资产负债表反映了集团内部的投资，所以在合并过程中要抵销母公司对子公司的投资账面净值。

IFRS 10（§b86）解释了这一操作，将母公司对子公司投资的账面价值与母公司占子公司的权益份额进行抵销（IFRS 3 解释了如何核算产生的商誉）。这一抵销操作见表 13-5。因此，合并主体的权益只代表了母公司的股本和公积（加上母公司和子公司的未分配净利润）。

图 13-3 和表 13-5 中显示了"合并公积"，主要是以下两项的差额。

- 合并时：母公司占子公司权益份额（权益百分比，不包括未分配利润）。
- 收购时：母公司占子公司权益份额（权益百分比，包括未分配利润）。

在我们的例子中，合并公积为（200 + 300）× 100% −（200 + 100 + 20）× 100% = 180 货币单位。

对完全合并法的另一种描述是，对子公司的投资（数学计算上和技术上）被母公司占子公司权益百分比的资产和负债账面价值所替代。我们将在情形 2 中看到，如果母公司占子公司权益百分比小于 100%，将确认非控制股东权益（non-controlling interests），列示在资产负债表的权益和负债方。

在合并过程中，集团内部的交易（母公司和子公司之间，以及各子公司之间）应当完全抵销。例如，如果 L 公司对 M 公司有 50 货币单位的应收账款，这也意味着 M 公司对 L 公司有 50 货币单位的应付账款，在计算合并资产和负债时，两个账户要抵销，这两个账户余额相等、方向相反。

表 13-6 显示了合并利润表，反映了合并集团的损益状况。

表 13-6　合并利润表（完全合并法）

X3 年	L 公司（单独）	M 公司（单独）	合并过程	抵销和调整分录	合并利润表
销售收入	1 000	400	1 400		1 400
费用	−950	−360	−1 310		−1 310
净利润	50	40	90		90

我们假设没有内部交易，所以表 13-6 中没有抵销和调整分录。因此，合并利润表是将母公司和子公司的利润表进行合并，并抵销内部交易。抵销内部交易实质上对集团的净利润没有影响，因为一方在单独利润表上确认销售收入，另一方即在单独利润表上确认销售成本。但是，抵销所有的集团内部交易仍然很重要，可以避免在计算单独包含销售收入和销售成本的财务比率时产生偏差。

2. 情形 2：合并—90% 权益—完全合并法—存在非控制股东权益

原则

我们假设 L 公司没有收购 M 公司 100% 的权益，只收购了 90%。在这种情况下，我们假设收购价格是 M 公司股东权益（股本、留存收益 / 公积和当期未分配利润）账面价值的

90%，即 288[=（200+100+20）×90%] 货币单位，全部用现金支付。我们将在情形 3 中讨论购买价格不同于股东权益账面价值的情况（更为普遍）。

我们在前面提到，母公司需要将子公司 100% 的资产和负债并入合并财务报表，因为母公司对子公司决策有实际控制权。但是，M 公司剩下的 10% 股东（少数股东）仍然对 M 公司的资产、负债、过去和未来的利润有部分追索权。合并财务报表中必须确认并报告这些非控制股东 / 少数股东（minority interests）的追索权。

IFRS 10（附录 A，术语表）将非控制股东权益定义为：既不直接也不间接归属于母公司的子公司权益。表 13-7 中显示了 X3 年年末合并资产负债表中少数股东权益的计算和报告。

在这个例子中，合并过程有两个抵销分录。表 13-7 中的分录（A）抵销了 L 公司对 M 公司的投资（理由和情形 1 中一样）。

收购价格为 M 公司股东权益净值的 90%，即 288 货币单位，计算如下（记住，在这个情形中，我们假设收购价格是基于账面价值，而不是市场价值）。

180 货币单位（M 公司股本 200 货币单位 ×90%）+

90 货币单位（收购时 M 公司累计留存收益 / 公积 100 货币单位 ×90%）+

18 货币单位（收购时 M 公司未分配利润 20 货币单位 ×90%）

= 288 货币单位

对累计留存收益 / 公积的调整为 270 货币单位，即 M 公司 X3 年年末累计留存收益 / 公积的 90%。合并公积为 162 货币单位：（200+300）×90%-（200+100+20）×90%=450-288=162 货币单位。

表 13-7　合并资产负债表（完全合并法，存在少数股东权益）

X3 年 12 月 31 日	L 公司（单独）	M 公司（单独）	合并过程	抵销和调整分录		合并资产负债表
	（1）	（2）	（3）=（1）+（2）		（4）	（5）=（3）+（4）
资产						
对 M 公司的投资	288		288	（A）	−288	0
其他资产（包括现金）	1 912	600	2 512			2 512
总计	2 200①	600	2 800		−288	2 512
权益和负债						
股本	600	200	800	（A）	−180	
				（B）	−20	600
留存收益 / 公积	500	300	800	（A）	−270	
				（B）	−30	500
合并公积				（A）	162	162
当期净利润②	50	40	90	（B）	−4	86
少数股东权益				（B）	54	54
负债	1 050	60	1 110			1 110
总计	2 200	600	2 800		−288	2 512

① 为简单起见，假设这里 L 公司资产负债表（单独）中的总资产和情形 1 一样，等于 2 200 货币单位。"其他资产"的金额等于总资产和对 M 公司的投资的差额。

② 这里仍然假设股东大会投票决定不分配当期利润。

分录（B）调整少数股东权益（包括权益和当期净利润），M 公司少数股东权益为 54 货币单位，即少数股东权益 20（= 股本 200×10%）货币单位加上 30（= 累计留存收益 / 公积 300×10%）货币单位再加上 4（= 未分配利润 40×10%）货币单位。

和之前的情形一样，合并财务报表将母公司和子公司的资产与负债合并在一起（抵销集团内部贷款，如果有的话）。合并财务报表中的股本和累计留存收益 / 公积代表了母公司的股本和累计留存收益 / 公积。

表 13-8 显示了有少数股东情况下的合并利润表。归属于集团的净利润与简单地加总母公司和子公司的净利润不同，差额为归属于少数股东的净利润。

表 13-8　合并利润表（完全合并法，存在少数股东权益）

X3 年	L 公司（单独）	M 公司（单独）	合并过程	抵销和调整分录	合并利润表
销售收入	1 000	400	1 400		1 400
费用	−950	−360	−1 310		−1 310
合并主体的净利润	50	40	90		90
少数股东损益（10%）				−4	−4
归属于母公司股东的净利润					86

报告非控制股东权益

IFRS 10（§22）规定，母公司应当将少数股东权益列示在合并资产负债表的权益方，并与母公司股东权益区分开。中国会计准则对少数股东权益的报告方法与 IFRS 一致。

例 13-1　斯道拉恩索（芬兰—IFRS 会计准则—2022 年年报—造纸）

斯道拉恩索 2022 年年报中有关少数股东权益的信息如表 13-9 和表 13-10 所示。

表 13-9　合并财务报表（节选）　　　（单位：百万欧元）

12 月 31 日	2022 年	2021 年
权益和负债		
归属于母公司股东权益		
股本	1 342	1 342
股本溢价	77	77
不受限权益基金投资	633	633
公允价值公积	3 002	2 175
累计外币折算调整	−415	−195
留存收益	7 893	6 650
归属于母公司股东权益合计	12 532	10 682
非控制股东权益	−30	−16
权益合计	12 502	10 666

表 13-10　合并利润表（节选）　　　（单位：百万欧元）

12 月 31 日	2022 年	2021 年
……		
税前利润（损失）	1 858	1 419

（续）

12月31日	2022年	2021年
所得税	−322	−151
本年净利润（亏损）	1 536	1 268
归属于		
母公司股东	1 550	1 266
非控制股东	−13	2
本年净利润（亏损）	1 536	1 268

注释：

▪ 斯道拉恩索使用"非控制股东权益"这一术语。

▪ 斯道拉恩索遵循 IFRS 10（§22）的规定，将非控制股东权益报告在权益方，与母公司股东权益区分开。

3. 情形3：合并—100%权益，但是收购价格不同于股东权益账面价值

原则

这种情形假设更符合现实情况。在大多数时候，收购公司的价格要高于被收购公司的净资产账面价值（否则被收购公司的股东不会批准）。在这个例子中，我们假设L公司在X1年收购了M公司100%的流通股（与情形1相同），但是，情形1中的收购价格是320货币单位，在情形3中我们假设收购价格为420货币单位。在收购的时候，M公司股东权益的账面价值为320货币单位，所以L公司支付了100（=420−320）货币单位的溢价。这个"溢价"被称为"第一次合并的差异"。"第一次合并"指该差异只在第一次将子公司的财务报表并入合并财务报表的时候计算，不管第一次编制合并财务报表在什么时候（这个差异或溢价不会改变）。因此，即使第一次合并发生在第一次收购几年后（注意，不一定在第一次收购后就立即要求编制合并财务报表。例如，大众汽车就历经了7年的时间完全收购保时捷），第一次合并也需要参考过去的存档数据和所有资产与负债在收购时的公允价值（这些资料在每次收购的时候都可以得到）。

如图 13-4 所示，投资公司支付给被收购公司超出净资产账面价值的溢价可以分成两部分。第一部分来自可辨认资产和负债的公允价值与权益账面价值的差额：估值差异。第二部分来自收购价格与可辨认资产和负债的公允价值的差额，这部分不能由估值差异解释，称为**商誉**（见第8章）。

IFRS 3（IASB 2020b：附录 A，术语表）将商誉定义为由企业合并中取得的、不能分别辨认并单独确认的其他资产所形成的代表未来经济利益的资产。在之前版本中，IFRS 3（2004）将商誉定义为企业合并的收购成本高于收购者占被收购者可辨认资产、负债和或有负债的净公允价值份额的差额。商誉代表了诸如客户忠诚度、客户关系、供应商关系等无形资产。图 13-4 描述了第一次合并对差异的分析。

在我们的例子中，假设M公司X1年的可辨认资产（无形或有形）减去负债后的价值为390货币单位。收购价格和被收购公司净资产账面价值的差异（100货币单位，在X1年收购的时候计算）可以如图 13-4 分成两部分（同样的原理在第8章图 8-2 中介绍过）。表 13-11

将 L 公司收购 M 公司第一次合并产生的差异进行了分解。

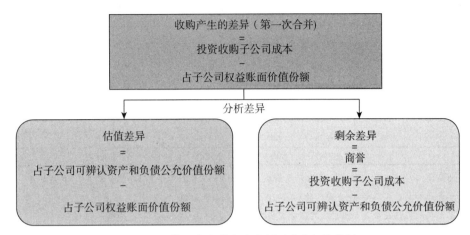

图 13-4　第一次合并产生差异（溢价）的分析

很多公司会在年报中披露对不同资产和负债的收购价格分摊表。

表 13-12 显示了 L 公司以 420 货币单位收购 M 公司后的合并资产负债表。

表 13-12 合并资产负债表中的抵销分录（A）和情形 1 中的相似（抵销 L 公司在 M 公司的投资）。我们再一次强调，抵销分录只考虑 M 公司权益的账面价值（320 货币单位）。在第二步 [调整分录（B）]，将第一次合并产生的差异（100 货币单位）分解为“其他资产”（70 货币单位）和“商誉”（30 货币单位）。我们在本书中不讨论商誉和非控制股东权益共存的复杂问题，有兴趣的读者可以参考高级教材 [5]。

表 13-11　第一次合并产生差异的分解

收购价格	420	（1）
收购时（X1 年）M 公司股东权益账面价值（包括净利润）	320	（2）
收购时（X1 年）L 公司占 M 公司股东权益账面价值（包括净利润）份额	320	（3）＝（2）×100%
第一次合并产生的差异（第一次合并发生在 X3 年）	100	（4）＝（1）－（3）
M 公司可辨认资产和负债的公允价值（X1 年的历史公允价值）	390	（5）
L 公司占 M 公司可辨认资产和负债的公允价值（X1 年的历史公允价值）的份额	390	（6）＝（5）×100%
估值差异（在 X3 年第一次合并时报告）	70	（7）＝（6）－（3）
商誉（只在 X3 年报告）	30	（8）＝（4）－（7）

表 13-12　合并资产负债表（完全合并和商誉）

X3 年 12 月 31 日	L 公司（单独）	M 公司（单独）	合并过程	抵销和调整分录		合并资产负债表
	（1）	（2）	（3）＝（1）＋（2）		（4）	（5）＝（3）＋（4）
资产						
对 M 公司的投资	420	0	420	（A）	－320	
其中：第一次合并产生的差异（基于 X1 年的公允价值）	100			（B）	－100	0
商誉				（B）	30	30
其他资产（包括现金）	1 780	600	2 380	（B）	70	2 450
总计	2 200①	600	2 800		－320	2 480

（续）

X3 年 12 月 31 日	L 公司（单独）	M 公司（单独）	合并过程	抵销和调整分录		合并资产负债表
	（1）	（2）	（3）=（1）+（2）		（4）	（5）=（3）+（4）
股东权益和负债						
股本	600	200	800	（A）	−200	600
留存收益 / 公积	500	300	800	（A）	−300	500
合并公积				（A）	180	180
当期净利润[2]	50	40	90		0	90
负债	1 050	60	1 110			1 110
总计	2 200	600	2 800		−320	2 480

① 为简单起见，假设这里 L 公司资产负债表（单独）中的总资产为 2 200 货币单位，"其他资产"的金额为总资产和 L 公司收购 M 公司的价格（420 货币单位）的差额。

② 这里仍然假设股东大会投票决定不分配当期利润。

商誉估值的后续报告

我们已经在第 8 章详细讲解过商誉的估值问题。IFRS 3（§b63）确认，IAS 38 对企业在合并中取得的可辨认无形资产的会计处理进行了规定。购买方应采用购买日所确认的金额减去累计的减值损失来计量商誉。如果公司收购时支付高于被收购主体可辨认资产和负债公允价值的溢价的理由减弱了，甚至消失了，那么就需要根据 IAS 36（IASB 2020a）对商誉进行减值。相对于其他无形资产，对商誉的减值不可冲回（见第 8 章）。

SFAS 141 "企业合并"（FASB 2001a）和 SFAS 142 "商誉和其他无形资产" [FASB 2001b，现已合并到 FASB 会计准则法典（ASC）中] 在很大程度上影响了 IASB。SFAS 142（2001 年 6 月采用）已经废除了之前商誉可摊销 40 年的规定，而用减值测试替代。加拿大在 2004 年前也做了同样的更改。

在 L 公司的例子中，为简单起见，假设商誉不要求减值。

13.3.4 权益法

如果收购主体获得的投票权在 20%～50% 或者是合营公司的情况，没有前面情形中严格意义上的合并，则用权益法来编制母公司的财务报表。

1. 原则

权益法指在母公司的财务报表上重新估计对联营 / 合营公司的投资（母公司对联营公司有重大影响或在合营公司中有联合控制权）。因此，权益法不需要合并加总资产和负债。权益法并不是严格意义上的合并，因为并不需要联营公司之间财务报表的"整合"。IAS 28（IASB 2018a：§3）定义权益法为投资最初以成本确认、以后根据投资后享有被投资者净资产份额的变动对其进行调整的会计方法。IASB 在同一段中还说明，投资者的损益包括被投资者的损益中属于投资者的份额，投资者的其他综合收益包括被投资者的其他综合收益中属于投资者的份额。对其他公司投资的资产价值按权益计量，反映了母公司占有的被投资公司股东权益的份额。

图 13-5 显示了权益法的基本原则。

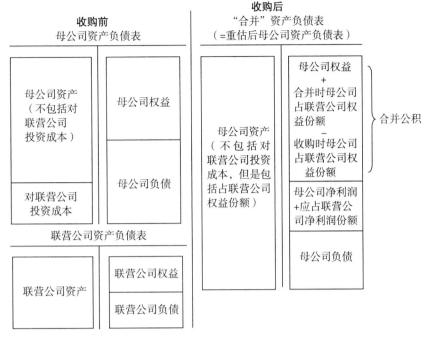

图 13-5　权益法

图 13-5 中"合并资产负债表"中的"合并"加了引号，是因为这并不是真正意义上的合并，而是重估。

2. 情形 4：25% 权益

我们回到 L 公司的例子，假设 L 公司只获得 M 公司 25% 的流通股份。M 公司不是 L 公司的子公司，而是联营公司。表 13-13 显示了"合并"资产负债表。

表 13-13　"合并"资产负债表（权益法）

资产负债表	L 公司按投资成本估值	L 公司按应占 M 公司权益估值
资产		
对 M 公司的投资	80	135[①]
其他资产（包括现金）	2 120	2 120
总计	2 200[②]	2 255
权益和负债		
股本	600	600
留存收益 / 公积	500	500
合并公积		45
当期净利润[③]	50	50
应占 M 公司净利润（25%）		10
负债	1 050	1 050
总计	2 200	2 255

① 按权益估值。

② 为简单起见，假设这里 L 公司资产负债表（单独）中的总资产为 2 200 货币单位。"其他资产"的金额为总资产和 L 公司投资 M 公司的历史价格的差额。

③ 这里假设股东大会投票决定不分配当期利润。

L 公司投资 M 公司的价格为 80[=（200+100+20）×25%] 货币单位。在本书中，我们不考虑投资联营公司价格高于应占联营公司权益份额的情况。实务中这种情况下，商誉的计算和情形 3 中的方法相同。

合并公积是合并时母公司占联营公司权益份额（不包括净利润）与收购时母公司占联营公司权益份额（包括净利润）的差额。

在我们的假设下，合并公积为 45[=（200+300）×25%-（200+100+20）×25%] 货币单位。收购完成后，母公司和联营公司开始合作经营，联营公司权益价值的变动与母公司历史收购成本无关（从联营预期收益的角度，希望联营公司的权益价值增加）。

因为 L 公司拥有 M 公司 25% 的权益份额，所以 L 公司对 M 公司的净利润有 25% 的分配权——10（=40×25%）货币单位。对 M 公司的投资价值为 135[=（200+300+40）×25%] 货币单位。

在权益法下，"合并"利润表等同于母公司（L 公司）单独的利润表加上应占 M 公司净利润的份额，如表 13-14 所示。

表 13-14　利润表（权益法）

X3 年	L 公司（单独）	应占 M 公司净利润调整	"合并"利润表
销售收入	1 000		1 000
费用	−950		−950
应占 M 公司净利润		10	10
净利润	50	10	60

13.3.5　比例合并法

1. 原则

IFRS 11（IASB 2017）撤销了比例合并法的使用。我们在这里对比例合并法进行讲解，是因为很多集团公司过去都采用比例合并法，在与历史财务报表进行对比分析时，仍然会看到比例合并法编制的财务报表。

此外，比例合并法对于财务报表分析来说非常有用。分析师可以根据控股公司对其他公司的占有比例计算现金流权益价值，这对分析陷入财务困境的控股公司的信用度非常有意义。

在比例合并法下，将母公司的财务报表和母公司所投资公司（合营公司）的财务报表（按母公司所占比例）进行合并加总。这种母公司投资的公司通常被称为合营公司。根据其定义，合营公司至少有两个母公司。在本书中，我们只关注其中一家母公司的状况（见图 13-6 中的母公司 1）。

IAS 31（IASB 2003：§3，现在被 IFRS 11 替代）定义比例合并法为：合营者将其在共同控制主体的各项资产、负债、收益和费用中所占的份额与自身财务报表的类似项目逐渐合并，或在自身财务报表中作为单列项目列示的方法。

图 13-6 显示了比例合并法的原理。

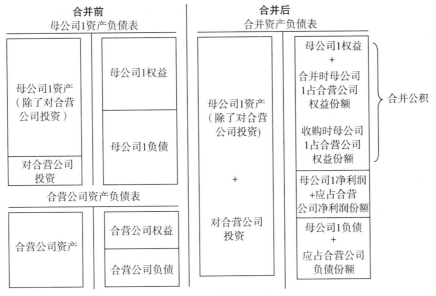

图 13-6 比例合并法

如图 13-6 所示，比例合并法是真正的合并方法，将收购时母公司占合营公司权益份额合并进来的时候，同时抵销母公司自己对合营公司的投资。但是，比例合并和完全合并有很大的不同：合营公司的资产和负债只是按照母公司占有的权益比例进行合并，因此没有非控制股东。

2. 情形 5：50% 权益（合营公司）

我们假设 L 公司与 S 公司对 M 公司进行联合控制，L 公司和 S 公司的控制权相等。L 公司支付 160 货币单位获得合营公司 M 公司 50% 的控制权。收购时的支付价格即为 M 公司股东权益账面净值的 50%：160[=（200+100+20）×50%] 货币单位。合并资产负债表如表 13-15 所示。

表 13-15　合并资产负债表（比例合并法）

X3 年 12 月 31 日	L 公司（单独）	M 公司（L公司应占M公司50%资产和负债份额）	合并过程	抵销和调整分录		合并资产负债表
	（1）	（2）	（3）=（1）+（2）		（4）	（5）=（3）+（4）
资产						
对 M 公司的投资	160		160	(A)	160	0
其他资产（包括现金）	2 040	300	2 340			2 340
总计	2 200[①]	300	2 500		−160	2 340
权益和负债						
股本	600	100	700	(A)	−100	600
留存收益 / 公积	500	150	650	(A)	−150	500
合并公积				(A)	90	90
当期净利润[②]	50	20	70			70
负债	1 050	30	1 080			1 080
总计	2 200	300	2 500		−160	2 340

① 为简单起见，这里假设 L 公司资产负债表（单独）中的总资产为 2 200 货币单位，"其他资产"的金额为总资产和 L 公司投资 M 公司的历史价格的差额。

② 这里假设股东大会投票决定不分配当期利润。

合并公积的计算与前两种情形下的计算方法一样：（200 + 300）× 50% −（200 + 100 + 20）× 50%。

合并利润表（见表 13-16）只合并了合营公司利润表账户的 50%。

表 13-16　合并利润表（比例合并法）

X3 年	L 公司（单独）	M 公司（单独报表的 50%）	合并过程	抵销和调整分录	合并利润表
销售收入	1 000	200	1 200		1 200
费用	−950	−180	−1 130		−1 130
净利润	50	20	70		70

13.3.6　报告合并方法

通常来说，公司会在财务报表的附注中提供所有（或者主要的）需要进行合并的子公司和联营公司，以及母公司所占的权益百分比，有时还会披露控制权百分比（投票权）。例如，Air France-KLM 在 2022 年年报的财务报表附注（见表 13-17）中披露了主要合并子公司。

例 13-2　Air France-KLM（法国—IFRS 会计准则—2022 年年报—航空）

附注 44 合并范围

截至 2022 年 12 月 31 日，合并范围包括 85 家完全合并的子公司、21 家权益联营公司和 1 家合作企业。

表 13-17　Air France-KLM 主要合并公司

实体	国家或地区	部门	所占权益百分比（%）	控制权百分比（%）
44.1 合并实体				
Air France SA	法国	多部门	100	100
Koninklijke Luchtvaart Maatschappij N.V.	荷兰	多部门	100	49
Airtrade Holdings B.V.	荷兰	互联网	85	42
Airtrade Holland B.V.	荷兰	互联网	85	42
……				
44.2 权益联营实体				
Adm Blue	马达加斯加	互联网	40	40
AAF Spares	爱尔兰	维修	50	50
Aerostructures Middle East Services	阿拉伯	维修	50	50
Aerotechnic Industries	摩洛哥	维修	50	50
……				
44.3 合作企业实体				
Airfoils Advances Solutions SAS	法国	维修	49	49

集团财务报表通常会包括"合并范围变更"这一节内容，列示出新增加的需要合并或不再需要合并的公司。

13.3.7 合并方法对集团报告收入和净利润的影响

IFRS 11 对共同经营（joint operations）的"合并"有特殊的规定。共同经营方应当根据在共同经营中的直接权利和义务，而不是在合营安排中的参与份额，确认权益。我们在本章前面提到，IFRS 11（§20）规定，共同经营方应当在自己的财务报表上确认共同经营拥有的或发生的资产、负债、收入和费用。

表 13-18 和表 13-19 总结了每种合并方法对合并销售收入和合并净利润的影响。从财务分析的角度看，理解这一影响非常重要。

表 13-18 在合并利润表中并入子公司、联营公司、合营公司或共同经营下的销售收入

合并方法	是否并入销售收入	并入百分比（如果适用）	被合并主体类型
完全合并法	是	100%	子公司
权益法	否	—	联营公司或合营公司
比例合并法	是	母公司所占权益百分比	合营公司（该方法已被 IFRS 11 撤销）
共同经营下的资产、负债、收入、费用	是	享有共同经营下产出的销售收入份额	共同经营

表 13-19 合并净利润（占集团份额）

合并方法	占集团份额（并入母公司净利润产生合并净利润）
完全合并法	100% 收入 −100% 费用 =100% 净利润 100% 净利润 − 非控制股东损益 = 占集团净利润份额
权益法	占联营公司净利润份额（＝占联营公司权益百分比 × 联营公司净利润）
比例合并法	占合并主体百分比 × 收入 − 占合并主体百分比 × 费用 = 占合并主体净利润份额
共同经营下的资产、负债、收入、费用	占共同经营下产出的销售收入份额 − 共同经营下发生的费用

表 13-20 显示了三种合并方法对利润表合并的影响，描述了一家公司与三种不同被合并主体的关系：子公司、联营公司和合营公司。

表 13-20 合并方法对利润表合并的影响

占权益百分比	80%		
利润表	母公司	子公司 / 联营公司 / 合营公司	
收入	120	100	
费用	−90	−80	
净利润	30	20	
利润表	母公司	子公司	完全合并法
（并入合并报表的百分比）		100%	
收入	120	100	220
费用	−90	−80	−170
净利润			50
净利润（非控制股东）			−4
归属于母公司股东净利润			46

（续）

利润表	母公司	联营公司 / 合营公司（新规定）	权益法
（并入合并报表百分比）		0	
收入	120	0	120
费用	−90	0	−90
净利润			30
应占联营公司 / 合营公司净利润份额			16
归属于母公司股东净利润			46

利润表	母公司	合营公司（旧规定）	比例合并法
（并入合并报表百分比）		80%	
收入	120	80	200
费用	−90	−64	−154
归属于母公司股东净利润			46

13.3.8 综述：IFRS 10、11、12 和 IAS 28 的关联

图 13-7 总结了集团内不同的合并关系和合并方法 [6]。

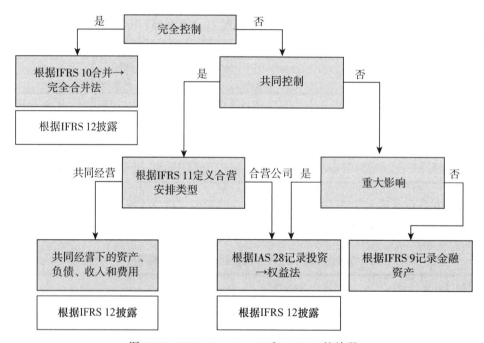

图 13-7　IFRS 10、11、12 和 IAS 28 的关联

13.3.9 独立财务报表下的权益法

2014 年 8 月，IASB 颁布了 IAS 27（2014）的修订版，单独合并报表下的权益法。该修订版适用于 2016 年 1 月 1 日及以后开始的会计年度。根据修订后的准则（§10），主体在单独制定财务报表时，应当采用以下方法之一来记录对子公司、联营公司和合营公司的投资。

- 成本法。
- IFRS 9 规定的方法。
- IAS 28 下的权益法。

13.4　合并程序

合并是一个复杂烦琐的过程，需要很好地组织步骤。合并开始前的准备工作包括：

- 列出所有在合并范围内的公司的明细，所有相关信息资料放在同一个数据库或文件夹。
- 制定一个合并指南，定期更新，详细描述每个步骤和责任分工。
- 发布集团会计准则指南，规定合并范围内的集团公司要遵循的会计原则、会计政策和方法。会计准则指南还要规定在当地会计准则与集团会计原则不一致的时候需要做的调整。
- 准备"合并包"，例如集团编制合并财务报表计算时的文稿、文件和表格等。

合并程序有以下四个标准步骤。

步骤 1：确认需要合并的经济主体

判断母公司投资的主体是否应当包括在合并财务报表范围内。根据控制百分比和权益百分比，判断对每个主体使用的合并方法。

步骤 2：合并前准备工作

根据当地通用会计准则和实务操作规范重述子公司或合营公司的财务报表，使之与母公司的会计政策一致。

- 所有合并范围内公司的单独财务报表都需要重述，与集团的会计准则指南保持一致。
- 如有需要，重述的财务报表还需要与母公司使用的职能货币一致。

步骤 3：合并分录

- 编制所有重述账户的综合余额表。
- 抵销集团内部（子公司之间或子公司和母公司之间）的交易和分录。合并财务报表中的交易只包括与集团外第三方的交易活动。忽略很小金额的交易，以提高报告的信息质量。
- 抵销集团内部（集团公司之间）的投资。如有需要，区分归属于集团母公司股东和非控制股东的权益与净利润。

步骤 4：编制合并财务报表

根据步骤 3 编制的综合余额表来编制合并资产负债表、合并利润表和附注，需要时，还要编制合并现金流量表和合并股东权益变动表。

步骤 3 的抵销集团内部的交易是合并程序中非常重要的一步，抵销的交易通常在附注中披露。

📊 **例 13-3** 中国东方航空公司（中国—IFRS/ 香港地区会计准则—2022 年年报—航空公司）

从中国东方航空公司年报附注中节选的关于合并程序的信息如下。

合并原则

子公司

集团公司之间的交易、余额以及未实现的交易收益将被互相抵销。除非交易提供了所转移资产受损的证据，否则未实现的损失也将被抵销。

权益法

集团与其联营企业和合资企业之间的交易中的未实现收益将按照集团在这些实体中的权益进行抵销。除非交易提供了所转移资产受损的证据，否则未实现的损失也将被抵销。

13.5　合并中的递延税

合并程序中的主体可能与母公司的纳税期不一致，或者是当地税务与集团会计准则指南对编制财务报表的规定不一致。第 6 章已经讲解过在这些情况下产生的递延税问题。总体来说，递延税产生于：

- 为与集团会计准则指南保持一致进行重述产生的递延税问题：集团内部公司之间的应纳税收入和可抵税费用计算方法可能不一样（例如，最常见的是折旧方法不一样以及租赁资产的记录方式不一样）。
- 为抵销分录对财务报表进行重述，但是这些抵销的分录在税务规定下是要求报告的。
- 抵销集团内部利润产生的税务问题（集团内不同公司经营地所在国家的税收制度各不相同）。

13.6　外币折算

根据集团会计准则指南，将各集团公司单独的财务报表进行重述，然后还需要将所有报表换算成同一种货币。合并财务报表中使用的单一货币或报告货币通常是母公司的报告货币（职能货币）。因此，外汇汇率会影响用外币编制的财务报表的折算（无论是完全 / 比例合并法还是权益法）。

13.7　法定兼并

两家公司间的"法定兼并"通常有两种形式。
- 被兼并公司的资产和负债转移到兼并公司，原被兼并公司解体。
- 两家公司的资产和负债都转移到一家新的公司，原来的两家公司都解体。

法定兼并中主要的会计问题是：

- 如何估计每家公司的价值。
- 如何确定股票交换率。
- 如何确定要发行的股票。
- 如何确定兼并溢价。
- 如何对兼并做会计分录，以编制新的资产负债表。

我们举个例子来讨论这些问题。

H 公司兼并 V 公司。表 13-21 显示了兼并前每家公司的资产负债表。

表 13-21 兼并公司（H 公司）和被兼并公司（V 公司）的资产负债表 （千货币单位）

资产	H 公司	V 公司	权益和负债	H 公司	V 公司
资产	1 500	500	股本	400	200
			留存收益 / 公积	800	50
			负债	300	250
总计	1 500	500	总计	1 500	500
股本中包含的股票数量（股）				4 000	2 000
面值（货币单位）				100	100

关于兼并的信息如下：

- H 公司兼并 V 公司，V 公司解体，使用购买法。
- 但是 V 公司资产的账面价值没有反映其公允价值，如表 13-22 所示。

表 13-22 V 公司资产（节选） （千货币单位）

	账面价值	公允价值	差异
资产	500	520	20（资产潜在利得）
其他未记录或未确认项目	0	30	30（潜在商誉）

在本例中，为简单起见，假设 H 公司的账面价值等于其公允价值，否则，要用公允价值来计算股票交换率。但是，在编制兼并财务报表时，兼并公司的公允价值不需要考虑（这种处理的差异是要区分兼并公司和被兼并公司的原因）。

13.7.1 确定兼并与被兼并公司的价值

表 13-23 显示了如何计算兼并与被兼并公司的价值。

表 13-23 公司的价值 （千货币单位）

		H 公司	V 公司
股本	（1）	400	200
留存收益 / 公积	（2）	800	50
股东权益	（3）=（1）+（2）	1 200	250
股票数量（股）	（4）	4 000	2 000
每股账面净值（货币单位 / 股）	（5）=（3）/（4）×1 000	300	125
资产的潜在利得	（6a）		20

（续）

		H公司	V公司
商誉	（6b）		30
净资产公允价值	（7）=（3）+（6a）+（6b）	1 200	300
每股公允价值（货币单位/股）	（8）=（7）/（4）×1 000	300	150

计算未上市公司价值的方法比较灵活，而上市公司的价值就是市值。在本例中，假设两家公司都没有上市，估值方法是可行的，且经过两家公司的同意。

13.7.2 确定股票交换比率

V公司和H公司每股价值的比率为：

V公司每股价值/H公司每股价值=150/300=1/2

股票交换比率是1股H公司股票兑换2股V公司股票。1股H公司股票的价值等于2股V公司股票的价值：300×1=150×2。

13.7.3 确定兼并中发行的股票数量

兼并公司（H公司）应该发行的新股票数量是2 000（V公司股票数量）×1/2=1 000股，给V公司的前股东。

13.7.4 确定兼并溢价

新增加的股本是100（面值）×1 000（新股数量）=100 000货币单位。V公司净资产价值（300 000货币单位）和新增加的股本之间的差异就是兼并溢价（见表13-24）。

表13-24 确定兼并溢价 （千货币单位）

	计算	H公司股本	兼并溢价
H公司股本		400	
V公司净资产公允价值	300		
新增加的股本	-100	100	
兼并溢价	200		200
总计	200	500	200

13.7.5 兼并的会计处理

表13-25显示了兼并后的资产负债表。

表13-25 兼并后H公司资产负债表 （千货币单位）

	H公司	兼并分录（见表注）		兼并后资产负债表
资产	1 500	520	（A）	2 020
商誉		30	（A）	30
总计	1 500	550		2 050

（续）

	H 公司	兼并分录（见表注）		兼并后资产负债表
股本	400	100	（B）	500
兼并溢价		200	（B）	200
留存收益 / 公积	800			800
负债	300	250	（A）	550
总计	1 500	550		2 050

（A）将被兼并公司按公允价值合并。

被兼并公司可辨认资产公允价值	520
− 被兼并公司负债	−250
+ 不可辨认差异（商誉）	+30
总计（被兼并公司净资产公允价值）	300

（B）兼并公司新增加的股本（100+ 兼并溢价 200）。

要注意兼并后资产负债表对决策的影响。

- 兼并是企业合并的一种，应该遵循 IFRS 3（IASB 2018c：§4）：主体应当采用购买法对各项企业合并进行会计处理。
- 兼并公司的留存收益和公积只是 H 公司的留存收益和公积。
- 兼并溢价是兼并资产的公允价值（300 千货币单位）和 H 公司新发行股票的票面价值（100 千货币单位）的差额。
- 企业合并中转移的对价应按其公允价值进行计量，即按购买方向被购买方原所有者转移的资产、承担的负债与购买方发行的权益在购买日的公允价值之和计算……对价可能的形式包括现金、其他资产、购买方的一项业务或子公司、或有对价、普通或优先权益性工具、期权、权证和共同主体的成员权益（IFRS 3：§37）。成本是收购方为获得被收购方的控制权而支付的金额。但是，在实务操作中，尤其是在兼并案例中，收购方并不一定真正要支付什么，可以通过发行新股给被收购方股东来获得被收购方的控制权。在上述例子中，企业兼并的成本等于 H 公司发行的新股的公允价值 300 000（=300×1 000）货币单位。该兼并成本首先分配到 V 公司的可辨认净资产 270 000（=520 000−250 000）货币单位。未分配的差异 30 000（=300 000−270 000）货币单位在资产方记录为商誉。
- 在购买日，购买方应单独于商誉确认取得的可辨认资产、承担的负债和被购买方的非控制性权益（IFRS 3：§10）。

关键知识点

- 合并财务报表描述了独立的法人主体通过投资、控制、贷款等关系形成集团的财务状况和业绩。
- 金融投资主要包括投资子公司，投资联营公司，投资其他公司，贷款给子公司、联营公司和其他公司。

- 子公司指由另一个主体（通常是母公司）控制的主体，联营公司指投资者能对其产生重大影响的主体。
- 企业合并指购买方获得对一个或多个业务的控制权的交易或事项。
- 记录企业合并的方法主要有两种：购买法和合益法，后者现在已经被 IFRS 会计准则和美国企业会计准则禁止使用。
- 因为母公司单独的非合并财务报表通常缺乏足够相关的信息，所以有必要编制合并财务报表。
- 母公司对集团其他公司的控制程度决定了采用的合并方法。
- 三种主要的公司关系是：控制、重大影响和共同控制。
- 三种合并方法是：完全合并法、权益法和比例合并法，比例合并法已经被 IFRS 会计准则禁止使用。
- 在控制关系中应使用完全合并法，在重大影响或共同控制（合营公司）关系中应使用权益法。
- IFRS 中新提出了共同经营的概念：共同经营下的资产、负债、收入和费用份额并入共同经营方的财务报表中。
- 在完全合并法下，如果母公司占子公司权益份额小于 100%，则需要报告非控制股东权益。非控制股东权益代表了子公司中净利润和净资产不（直接或间接）归属于母公司股东的部分。
- 如果收购价格超过了应占被收购主体的权益份额，差异第一部分来自可辨认资产和负债的公允价值与权益账面价值的差额——估值差异；第二部分来自收购价格与可辨认资产和负债的公允价值的差额，这部分不能由估值差异解释，称为商誉。
- 合并程序遵循非常严谨的方法。
- 合并通常会产生递延税。
- 集团所有公司的财务报表应当用同一种货币报告。如果集团公司编制财务报表的货币与报告货币不同，应当折算成报告货币。
- 法定兼并的会计问题包括确定兼并与被兼并公司的价值、股票交换率和兼并溢价等。

实战练习

实战练习　MF 公司

要　　点：合并资产负债表（3 种方法）

难度系数：中

MF 公司 X1 年 12 月 31 日的资产负债表如表 13-26 所示。（M 公司是母公司，F 公司是子公司。）

表 13-26　资产负债表

	M 公司	F 公司
X1 年 12 月 31 日		(千货币单位)
资产		
固定资产（净值）	1 500	550
对 F 公司的投资①	160	—
存货	930	510
其他流动资产	1 210	740
总资产	3 800	1 800
股东权益和负债		
股本	500	200
留存收益和公积	780	600
净利润②	220	150
债务	2 300	850
股东权益和负债总计	3 800	1 800

①　M 公司获得了 F 公司 80% 的股本。

②　净利润不进行分配。

要　求

请分别用以下 3 种方法编制合并资产负债表。

▪ 完全合并法。

▪ 比例合并法。

▪ 权益法。

挑战练习

挑战练习 13-1　选择题

请选择正确答案（除非特别说明，正确答案只有一个）。

1. 权益百分比（　　　）。

（a）用来定义公司间的依赖关系　　　（b）用来决定是否将公司并入合并范围

（c）代表了直接或间接控制的权益　　　（d）以上都不是

2.

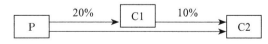

P 公司在 C2 公司中的控制权百分比（投票权百分比）是（　　　）。

（a）10%　　　　　（b）20%　　　　　（c）30%

（d）27%　　　　　（e）以上都不是

3. 在题 2 的图中，P 公司在 C2 公司中的权益百分比（所有权百分比）是（　　　）。

（a）10%　　　　　（b）20%　　　　　（c）30%

（d）27%　　　　　（e）以上都不是

4. 非控制股东权益如何报告（多项选择）？

（a）作为股东权益的一部分报告　　　　　（b）作为长期负债的一部分报告

（c）作为流动负债的一部分报告　　　　　（d）记录在股东权益和长期负债之间

（e）作为非流动金融资产的负债项报告　　（f）以上都不是

（g）以上都是

5. 联营公司和附属公司通常被认为是同义词。

（a）对　　　　　　　　　　　　　　　　（b）错

6. 获得一个公司超过50%控制权的唯一可能是获得超过50%的投票权。

（a）对　　　　　　　　　　　　　　　　（b）错

7. 下列哪一种合并方法需要报告非控制股东权益？

（a）完全合并法　　　（b）权益法　　　（c）比例合并法　　　（d）以上都不是

8. 商誉是股票购买价格（投资成本）和股票账面价格的差额。

（a）对　　　　　　　　　　　　　　　　（b）错

9. 在合营公司中，适用的合并方法是比例合并法。

（a）对　　　　　　　　　　　　　　　　（b）错

10. 控制权百分比超过30%，但是少于50%的时候应该使用权益法。

（a）对　　　　　　　　　　　　　　　　（b）错

挑战练习 13-2　皇家阿霍德德尔海兹集团 *

要　　点：母公司财务报表特征

难度系数：低

　　皇家阿霍德德尔海兹是一家荷兰集团，主要业务是在美国和欧洲经营食品零售商店与电商。2022年年报中列示了母公司财务报表，是根据《荷兰民法典》第2册第9章编制的。表13-27和表13-28列示出皇家阿霍德德尔海兹集团母公司的利润表和资产负债表。

表 13-27　皇家阿霍德德尔海兹集团母公司利润表　　（单位：百万欧元）

52 周	2023 年 1 月 1 日	2022 年 1 月 2 日
集团内部收入	67	72
管理费用	（63）	（64）
经营费用总计	（63）	（64）
经营利润	4	8
财务费用	（60）	（52）
其他财务收入（费用）	（50）	（59）
财务费用净值	（110）	（111）
税前亏损	（106）	（103）
所得税	39	36
子公司和合作企业应占利润，税后	2 614	2 313
税后净利润	2 547	2 246

表 13-28 皇家阿霍德德尔海兹集团母公司资产负债表（单位：百万欧元）

	2023 年 1 月 1 日	2022 年 1 月 2 日
资产		
厂房、土地和设备	—	—
无形资产	78	71
递延所得税资产	11	10
金融资产	23 119	21 475
非流动资产总计	23 208	21 556
应收账款	23	19
预付账款	35	24
现金和现金等价物	179	113
流动资产总计	237	156
资产总计	23 445	21 712
负债和股东权益		
发行时实收资本	10	10
增加的实收资本	9 603	10 988
外币折算公积	595	（75）
现金流套期公积	（1）	（2）
公积参与	454	449
累计亏损	2 198	104
当期净利润	2 546	2 246
股东权益	15 405	13 720
准备金	1	1
贷款	6 758	5 369
非流动负债总计	6 758	5 369
流动负债总计	1 281	2 622
负债和股东权益总计	23 445	21 712

要 求

请根据上述财务报表判断，皇家阿霍德德尔海兹集团母公司是什么类型的控股公司？并根据财务报表中的科目具体说明。

挑战练习 13-3 H & S

要　点：编制综合资产负债表和综合利润表

难度系数：低

H&S 公司（H 公司是控股公司，S 公司是子公司）X2 年 12 月 31 日的资产负债表在表 13-29 中列示。

表 13-29 X2 年 12 月 31 日单独资产负债表　　　（千货币单位）

	H 公司	S 公司
资产		
对 S 公司的投资	152	0
其他资产（包括现金）	2 550	800
总计	2 702	800

（续）

	H公司	S公司
股东权益和负债		
股本	400	140
留存收益/公积	500	110
净利润	100	50
负债	1 702	500
总计	**2 702**	**800**

当H公司在X0年收购S公司60%股份的时候，S公司的股东权益（股本、留存收益/公积和净利润）估值为220千货币单位。

H&S公司X2年12月31日的利润表在表13-30中列示。

表13-30　X2年12月31日单独利润表　　　　（千货币单位）

	H公司	S公司
销售收入	900	400
费用	−800	−350
净利润	100	50

要　求

1. 请用完全合并法编制合并资产负债表和合并利润表。
2. 请用权益法编制合并资产负债表和合并利润表。

挑战练习13-4　MT公司

要　　点：编制合并资产负债表和合并利润表

难度系数：中

M公司和T公司X1年12月31日的资产负债表如表13-31所示。（M公司是母公司，T公司是子公司。）

表13-31　X1年12月31日M公司和T公司单独的资产负债表（千货币单位）

	M公司		T公司	
非流动资产（净值）	22 000		16 000	
对T公司的投资	10 000	（1）	—	
存货	34 000		10 000	
其他流动资产	25 700	（2）	9 200	
资产总计	**91 700**		**35 200**	
股本	40 000		15 000	
留存收益/公积	14 000		6 000	
净利润	7 000		4 000	
债务	30 700		10 200	（3）
股东权益和负债总计	**91 700**		**35 200**	

（续）

	M 公司		T 公司	
（1）如果 M 公司收购了 T 公司 60% 的股权，子公司的股东权益（股本、留存收益 / 公积和净利润）估值为 16 000 千货币单位				
（2）包括 M 公司对 T 公司的贷款 1 000 千货币单位	1 000			
（3）包括 T 公司对 M 公司的债务 1 000 千货币单位			1 000	

M 公司和 T 公司 X1 年 12 月 31 日的利润表如表 13-32 所示。

表 13-32　X1 年 12 月 31 日 M 公司和 T 公司单独的利润表　（千货币单位）

	M 公司	T 公司
收入	30 000	10 000
费用	−23 000	−6 000
净利润	7 000	4 000

要　求

1. 请分别用以下 3 种方法编制合并资产负债表。
   - 完全合并法。
   - 权益法。
   - 比例合并法（可选题）。
2. 请分别用以下 3 种方法编制合并利润表。
   - 完全合并法。
   - 权益法。
   - 比例合并法（可选题）。

挑战练习 13-5　博斯曼和巴丁斯

要　　点：法定兼并

难度系数：中

博斯曼兼并巴丁斯后，巴丁斯将解体。两家公司的资产负债表如表 13-33 所示。

表 13-33　兼并与被兼并公司的资产负债表　（千货币单位）

	博斯曼	巴丁斯
资产		
非流动资产	700	500
存货	600	400
应收账款和现金	150	200
资产总计	1 450	1 100
股东权益和负债		
股本	400	600
留存收益 / 公积	500	280
负债	550	220
股东权益和负债总计	1 450	1 100
股票数量	4 000	6 000
面值	100	100

巴丁斯一些资产的账面价值和公允价值不同，如表 13-34 所示。

表 13-34 部分资产的账面价值和公允价值（节选） （千货币单位）

资产	账面价值	公允价值
非流动资产	500	560
存货	400	390
应收账款和现金	200	170

要　求

1. 请根据以下两种假设编制博斯曼兼并巴丁斯后的资产负债表。
   - 巴丁斯的净资产按公允价值并入。
   - 巴丁斯的净资产按账面价值并入。
2. 请根据博斯曼 – 巴丁斯兼并的资料讨论每种方法的利弊。

参考书目

Alexander D, Britton A, Jorissen A, Hoogendoorn M and van Mourik C. (2017) International Financial Reporting and Analysis, 7th edition. Cengage Learning, Andover, UK.

FASB (2001a) Statement of Financial Accounting Standards No. 141 Business Combinations, Norwalk, CT.

FASB (2001b) Statement of Financial Accounting Standards No. 142 Goodwill and Other Intangible Assets, Norwalk, CT.

IASB (2003) International Accounting Standard No. 31 Interests in Joint Ventures, London.

IASB (2014) International Accounting Standard No. 27 Separate Financial Statements, London.

IASB (2017) International Financial Reporting Standard No. 11 Joint Arrangements, London.

IASB (2018a) International Accounting Standard No. 28 Investments in Associates and Joint Ventures, London.

IASB (2018b) International Financial Reporting Standard No. 10 Consolidated Financial Statements, London.

IASB (2018c) International Financial Reporting Standard No. 12 Disclosure of Interests in Other Entities, London.

IASB (2020a) International Accounting Standard No. 36 Impairment of Assets, London.

IASB (2020b) International Financial Reporting Standard No. 3 Business Combinations, London.

IASB (2020c) International Financial Reporting Standard No. 9 Financial Instruments, London.

扩展阅读

Al J K，Citron D. (2009) The value-relevance of financial statement recognition versus note disclosure: evidence from goodwill accounting. European Accounting Review, 18(1), 123-40.

André P，Filip A，Paugam L. (2016) Examining the patterns of goodwill impairments in Europe and the US. Accounting in Europe, 13(3), 329-52.

Beatty A, Weber J. (2006) Accounting discretion in fair value estimates: an examination of SFAS 142 goodwill impairments. Journal of Accounting Research, 44(2), 257-88.

Busse V C W. (2004) New accounting for goodwill: application of American criteria from a German perspective, in Leuz C, et al. (eds) The Economics and Politics of Accounting. Oxford: Oxford University Press, 201-18.

Cooper J. (2007). Debating accounting principles and policies: the case of goodwill, 1880-1921. Accounting, Business & Financial History, 17(2), 241-64.

D'Arcy A，Tarca A. (2018) Reviewing IFRS goodwill accounting research: implementation effects and cross-country differences. The International Journal of Accounting, 53(3), 203-26.

Ding Y, Richard J, Stolowy H. (2008) Towards an understanding of the phases of goodwill accounting in four Western capitalist countries: from stakeholder model to shareholder model. Accounting, Organizations and Society, 33(7-8), 718-55.

Filip A, Lobo G J, Paugam L, Stolowy H. (2022) Disclosures about key value drivers in M&A announcement press releases: an exploratory study. Abacus, 58(1), 62-104.

Lapointe-Antunes P, Cormier D, Magnan M. (2009) Value relevance and timeliness of transitional goodwill-impairment losses: evidence from Canada. The International Journal of Accounting, 44(1), 56-78.

Li K, Sloan R. (2017) Has goodwill accounting gone bad? Review of Accounting Studies, 22(2), 964-1003.

Nobes C (2021) On translating goodwill. Accounting in Europe, 18(3), 407-418.

Paugam L, Astolfi P, Ramond O. (2015) Accounting for business combinations: do purchase price allocations matter? Journal of Accounting and Public Policy, 34(4), 362-91.

注 释

1 重大影响指参与决定被投资者的财务和经营政策的权力，但不是控制或共同控制这些政策（IASB 2018a，IAS 28：§3）。

2 当投资方通过参与被投资方的相关活动而享有其可变回报，并通过对被投资方的权力，有能力影响这些回报时，则投资方控制了被投资方（IFRS 10，IASB 2018b：附录 A）。

3 有很多例子表明，少数股东所持有的股份为投资者提供了显著的影响力。例如，AI Candelaria 是一个控股公司，通过该公司，私人投资者在哥伦比亚原油公司 Ocensa 中持有股份。在 2021 年，它进入了债券市场。Fitch 在评级债券时表示："尽管 AI Candelaria 是 Ocensa 的少数股东，但它在公司的分红政策上有'显著的影响力'。AI

Candelaria 指定了 Ocensa 的两名董事。"（Oliver West, AI Candelaria 克服哥伦比亚的波折，实现6亿美元收入，Global Capital，2021年5月11日。来源：Factiva 数据库）。

4　资料来源：DealRoom 官方网站。

5　例如，见 Alexander、Britton 和 Jorissen（2017）。

6　图 13-7 来自《IFRS 11 合营安排——项目总结和反馈声明》，IASB，May 2011，p.3。

第14章　利润表分析

本章教给你什么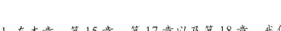

1. 在本章、第15章、第17章以及第18章，我们将看到财务分析是通过一系列工具、操作和程序来解读财务报表，提供给内部和外部决策者关于企业未来业绩和风险的信息。

2. 企业的利润表结构反映了企业战略。

3. 分析师可以比较利润表结构在不同时期的变化，也可以与同一风险级别的其他企业相比较，来分析企业战略的变化。

4. 不同企业间的比较以及同一家企业不同时期的比较，需要使用趋势分析法和同比分析法。

5. 根据管理决策水平分解利润表，如编制中间余额表可以更全面地理解企业财务业绩的动态状况。

6. 财务分析工具可以同等地运用于按性质和按职能编制的利润表，便于使用者分析任何会计准则下报告的财务报表。

7. 财务信息使用者如何使用财务分析工具做出决策。

在本书中，我们强调报告的财务信息对决策的有用性。在本章中，我们将详细地探讨决策者对财务信息的实际应用。报告给股东以及相关利益方的资料首先是对基本状况的描述，通常不能直接用于决策。为了从中提取对决策有用的信息，需要对这些资料进行分析、比较和解读。

财务分析通过一系列工具、操作和程序来解读财务报表，提供给内部和外部决策者关于企业未来业绩和风险的信息。财务分析主要理解企业过去的业绩是如何达到的，以及现有的财务状况和市场机会。财务分析通过综合会计和非会计资料以及其他补充信息[1]，对同一家公司的不同时期或不同公司的同一时期（或不同时期）进行对比分析。

信息使用者为了更好地对未来做出决策，会特别关注企业过去的状况。

- 企业的流动性、偿债能力、财务杠杆效应和盈利性的动态变化。

- 企业的资产管理及融资政策，例如利用所控制的资源创造价值的效率，以及投资政策（面对未来挑战的能力）。

- 企业为投资者创造价值的能力，以及投资者所承担的风险（盈利波动和对经济环境的敏感性）。

尽管不同国家在实务操作中使用的财务分析方法可能会有所不同，但是基本技巧（将在本章、第 15 章、第 17 章以及第 18 章介绍）是一样的。主要有以下 3 种不同的分析方法。

（1）可比分析（可以让信息使用者比较不同规模的企业）。

- **趋势分析**（trend analysis）或**水平分析**（horizontal analysis）：单独一个财务报表项目的时间趋势变化分析，或者多个财务报表项目（或不同公司同一报表项目）的时间趋势变化对比分析。

- **同比分析**（common-size analysis）或**垂直分析**（vertical analysis）：将财务报表中的项目列示成某一基准项目百分比的形式，利于不同财务报表之间的对比分析。

（2）分析每一张财务报表的结构及其动态变化。

- 利润表分析（见本章）。

- 资产负债表结构和现金等式（见第 15 章）。

- 现金流量表分析（见第 17 章）。

（3）分析同一或不同财务报表项目之间的动态关系。

- 财务比率分析（见第 18 章）。

在介绍完趋势分析法和同比分析法后，本章将重点介绍利润表的分析。

在本章，我们将介绍财务分析的基本特点，如同比分析或趋势分析。我们将这些方法运用于利润表分析。

- 趋势（或水平）分析，例如，单独一个收入或费用项目的时间变化趋势。

- 同比（或垂直）分析，例如，将利润表中的项目根据占基准项目（通常是净销售收入）的百分比进行衡量，或者比较利润表结构随时间的动态变化。

- **中间余额表**（intermediate balances），根据企业的经营计算员工费用、折旧费用、税金、利息支出和股利发放等。这些中间余额不仅是定义企业战略的基础，而且给分析师提供了利润创造的明细。这些中间余额是预测企业未来利润的基本工具（在分析的同时理解企业的经营环境）。

14.1　利润表的趋势分析

14.1.1　原则和意图

使用者通常有兴趣了解企业未来利润和现金流的特点。通过对企业过去和现在的利润及现金流的每个组成部分随时间的动态变化进行分析，可以了解利润和现金流的基本特点。通过对财务报表中一些项目在过去的会计期间内（或过去更长的时期内）变化的分析，或者通过对整套财务报表（资产负债表、利润表和现金流量表）随时间变化的分析，分析师和使用者可以更好地理解以下事项的动态状况。

- 创造利润（财富）的模式（效率和有效性）。
- 现金流的产生和消耗。
- 三张报表内在结构的变化。

这种比较财务报表（或财务报表中项目）随时间变化的方法叫作**趋势分析法**（或水平分析法）。

趋势分析法通常是将财务报表中的每一个项目（绝对值或百分比）与基准年（通常是上一年）的财务报表中对应的项目相比较。但是，趋势分析法不常用于资产负债表分析（见第15章），更多地用于利润表和现金流量表的分析。趋势分析法存在一定的局限性，与下面将要讲解的同比分析法相辅相成。

对企业的利润表进行趋势分析，突出了企业战略执行的动态变化。如果使用百分比变化分析方法，通常将基准年的利润表项目（销售收入、成本费用等）金额指数化为100，其他时期利润表项目的金额根据基准年的指数进行衡量。例如，当年的销售收入是去年的120%，销货成本是去年的125%，商业费用是去年的150%。这一例子显示企业正陷入"**挤压效应**"（scissor effect）——销货成本的增长速度超过销售收入的增长速度，因此"挤压"了毛利率，而且商业费用的增长速度也超过了销售收入的增长速度，因此，与上一年相比，当年的经营利润是下降的。

分析师在形成任何有意义的结论之前，都需要先确认企业的策略是否受市场状况的影响。例如，竞争的变化、新市场的开拓、销售产品组合的变化、新产品的推出、产品年限等，这些市场状况可能会影响利润表的动态变化。分析师可以通过分析季度利润表确定企业采取（或没有采取）何种策略来对付"挤压效应"，或者是否合理管理"挤压效应"，以减少其对企业未来的影响。

分析师还要进一步了解市场情况（供应商、竞争对手、客户、监管机构等），并考虑公司的哪些经营环境和战略信息是公开、已知的。例如，公司是否在开发新的产品，原材料是否短缺或资源价格是否上涨。像佛罗里达的严寒气候或巴西的暴雨天气（影响橘树的种植）对橘汁价格的影响，或墨西哥湾的飓风活动及政治关系紧张（影响石油产量）对能源价格的影响，或一些新兴国家等主要投资市场的经济增速放缓对钢铁价格的影响等。除了简单的观察，在对利润表进行趋势分析时，要考虑企业经营的市场环境。

14.1.2 趋势分析的优势和局限

趋势分析允许短时期（2年或3年）或长时期（如超过10年）的对比分析。长时期的分析并不总是有意义，因为主体的经营模式以及经营环境、竞争环境都可能发生了重大变化。

企业的商业模式通常很难确定，长期来看是不稳定的。为了使利润表的趋势分析更有意义，在分析人进行比较的时期内，商业模式应该是稳定的。对于任何商业模式上的变动（资产负债表附注通常会提供相关信息），分析人都应该察觉并详细了解。在对竞争企业进行趋势分析时通常比较模糊，因为即使这些企业拥有一些相同的产品市场，它们的商业模式也可能非常不同。此外，在进行趋势分析的时候也有必要对企业现在的商业模式提出质疑，探讨哪些方面可以改进。

诚然，不管企业的战略如何（例如，增强竞争力、改变商业模式等），其最终目的都是持续满足市场需求，有效使用控制的资源，增强盈利能力和增加对股东的回报。利润表的趋势分析对于理解净利润的变化是非常有用的，但是并不一定能完全解释利润变动的原因。

14.1.3　趋势分析的例子

我们假设一家 AG 公司，该公司主要向中小企业提供电脑服务（软件和技术支持）。表 14-1 中列示了 AG 公司 X1 年和 X2 年的利润表。

表 14-1　趋势分析　　　　　　　　　　（百万货币单位）

	X2 年	X1 年	金额变动	变动百分比 [（X2/X1）−1]
净销售收入	28 500	25 000	3 500	14.0%
销货成本	−14 700	−12 000	−2 700	−22.5%
毛利润	13 800	13 000	800	6.2%
销售费用	−5 500	−5 100	−400	−7.8%
管理费用	−5 000	−5 000	0	0
利息费用	−745	−570	−175	−30.7%
利息收入	50	90	−40	−44.4%
税前净利润	2 605	2 420	185	7.6%
所得税费用	−1 042	−847	−195	−23.0%
净利润	1 563	1 573	−10	−0.6%

这个简单的例子显示了收入和费用项目在 X1～X2 年变化的比例都不相同。读者可能会觉得税前净利润增加 7.6% 是个好的迹象。

但是，通过对成本和费用项目进行分析，初步（还未考虑企业经营背景）发现情况是恶化的。

- 销货成本的增长速度超过净销售收入，导致毛利润增长速度低于收入增长速度。
- X2 年的利息费用超过 X1 年。
- 利息收入减少。
- 净利润下降（尽管净销售收入增加）。

销售费用的增长速度低于销售收入本身不是异常现象，很多销售费用（佣金除外）通常都是固定成本，与销售收入无关。但是，在毛利率缓慢增长的情况下需要特别关注销售费用的变化。企业管理层当然比外部分析师更容易找到答案（尤其是对于中小企业而言），但是分析师仍然需要通过分析解决问题。

- 销售重心是否有意或无意地向低毛利产品或服务转移？
- 客户群体是否更倾向于购买成品（低毛利），需要较少的售后服务（高毛利）？
- 针对前面一点，我们可以分析出利息收入减少的端倪。如果我们假设利息收入主要来自将客户购买定制软件预先支付的现金投入年回报率为 2% 的投资项目，可以推导出客户预先支付的现金。在 X1 年，客户预先支付的现金金额为 4 500（=90/0.02）百万货币单位。我们可以推断出定制销售收入（AG 公司倾向于在定制销售时预先向客户收取现金）占净销售收入大约 18%（=4 500/25 000）（只有在知道产品销售周期和开发票日期时才可以确定实际的百分比）。但是在 X2 年，用同样的方法计算出预先支付的现金只有 2 500（=50/0.02）百万货币单位，高毛利定制产品的销售收入占净销售收入百分比不超过 8.8%(=2 500/28 500)。如果我们的假设是正确的，那么 X2 年定制产品的销售收入比 X1 年减少了 44%（=2 500/4 500-1）。AG 公司的销售模式发生了重大变化。
- 从 X1 年到 X2 年，向客户提供的信用销售期限是延长还是缩短了？信用销售期限的变化可以解释利息费用为什么增加了这么多：营运资金 [流动资产（不包括现金）- 流动负债（不包括银行透支）] 需求增加（见第 15 章）。AG 公司显然通过借款满足营运资金需求。利息费用增加的另一种解释是，公司进行了大量投资（可以通过 X1 和 X2 年的资产负债表与现金流量表等确认）。
- 供应商是否缩短了 AG 公司的信用赊购期限，导致更多的营运资金需求？
- 劳动力成本是否增加？可以部分解释为销货成本的增加。
- 新的竞争者是否使 AG 公司的市场地位发生了变化？
- 净销售收入增加了 14%，而销售费用只增加了 7.8%，说明 X2 年产生每货币单位销售收入发生的销售费用比 X1 年要少。这种对资源的有效利用本身是好事，但是，任何事情都有两面性。公司的管理层可能没有支付足够的销售费用（以及管理费用）来改善受销货成本增加影响的净利润（有时候短期内会奏效）。因为会计的谨慎性原则，很多资源消耗成本被管理者认为是投资成本，但是需要在利润表中确认为当期费用（见第 8 章）。减少这些费用的支出会增加当期利润，但是可能会损害企业的长期利益。

这个例子显示了趋势分析带来的信息非常丰富，但是也有一定的局限性——不仅要对比分析利润表中某一项目随时间变化的趋势，还要衡量该项目的变化与财务报表中其他项目和其他情境因素的关联，以及衡量该项目的变化对净利润的影响程度。在根据趋势分析得出结论和采取策略之前，关键是要确认影响净利润的因素（如商业模式）是否发生变化。

趋势分析的局限性引出了另一种分析利润表的方法：同比分析法。

14.2　利润表的同比分析

14.2.1　原则和意图

同比分析法，是资产负债表、利润表和现金流量表中每一个项目的金额重新列示为占同一个基准数的比例（该基准数通常指数化为 100，所以重新列示的结果通常是百分比）。这种重新列示的报表通常称为"同比报表"。在本章，我们将重点介绍如何将同比分析法运用于利润表。我们将在第 15 章介绍资产负债表中同比分析法的运用，在第 17 章介绍现金流量表中同比分析法的运用。

同比分析法有助于理解同一时期内财务报表中不同项目之间的关系。通过综合运用垂直分析法（同比分析法）和水平分析法（趋势分析法），可以评估不同时期内财务报表中不同项目之间的这种关系，突出"挤压效应"（squeeze effects）。

利润表的基准数通常是净销售收入。同比利润表通常叫作**利润结构表**（income statement structure）。

14.2.2　同比分析法的有用性

同比分析法是非常有用的内部分析工具，可以让分析师或管理者更方便地对比分析同一行业或同一风险级别的不同企业的财务报表。

管理者、分析师和使用者对同比财务报表最常见的运用，是将主体的财务报表数据与行业标杆或行业平均数据进行比较，或与评价一个"好"管理的默认法则进行比较。例如，资产负债表权益和负债方的"1/3 法则"：1/3 权益、1/3 长期债务和 1/3 短期债务，以及在餐饮业中原材料成本不超过收入 1/3 的默认法则。

图 14-1 列示了同比财务报表的使用。

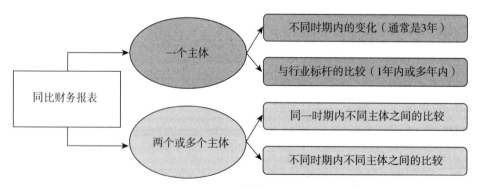

图 14-1　同比财务报表的使用

14.2.3　同比分析法举例

表 14-2 列示出 AG 公司的同比利润表，描述了利润表结构的变化。

表 14-2　同比利润表

	X2 年	X1 年	X2 年	X1 年
净销售收入	28 500	25 000	100.0%	100.0%
销售收入变化			+14.0%	
销货成本	−14 700	−12 000	−51.6%	−48.0%
毛利润	13 800	13 000	48.4%	52.0%
销售费用	−5 500	−5 100	−19.3%	−20.4%
管理费用	−5 000	−5 000	−17.5%	−20.0%
利息费用	−745	−570	−2.6%	−2.3%
利息收入	50	90	−0.2%	−0.4%
税前净利润	2 605	2 420	9.1%	9.7%
所得税费用	−1 042	−847	−3.7%	−3.4%
净利润（占净销售收入的百分比）	1 563	1 573	5.5%	6.3%

　　在同比利润表中，计算销售收入变化是必要的。对其他同比数据的分析都是基于收入变化，因为无论企业收入是增长、稳定还是下降，都是所有同比分析的基础。

　　表 14-2 证实了表 14-1 中销售费用增加 7.8% 是因为企业战略、市场需求或资源消耗成本控制的变化。表 14-2 也反映了销货成本的变化，从 X1 年占净销售收入 48% 增加到 X2 年的 51.6%。

　　和趋势分析法一样，同比分析法也不能给出完全充足的信息解释净利润的变动。每种分析方法都帮助决策者提出需要进一步探讨的问题，搜集更多的资料和信息，从而更好地解读财务报表。其中，一些需要讨论的问题和增加的新资料是非会计方面的。

　　例如，销货成本的增加可能有多种原因。

- AG 公司在 X2 年上市大量全新的服务或产品。
- 将新产品或服务引入市场有一定的困难。
- 新产品或服务的复杂性增加了成本（产品或服务越复杂，将其有效提供给客户的成本越高）。
- 销售产品组合发生变化。
- 销售收入的增长可能是因为低毛利、成熟产品或标准化产品的销售增加，而定制软件的销售减少。
- 企业发展效率不高，或发展能力饱和。

　　同比分析法的一个局限是有些被认为不重要（占基准数百分比不高）的项目实际上可能非常重要。例如，在同比分析法中，利息收入占净销售收入比重的变化被认为是不重要的（0.2% 在大多数情况下都不是一个重要的数字），但是如 14.1.3 所示，利息收入的变化对分析 AG 公司销售模式的改变非常有意义。

　　从这里以及 14.1 节可以看到，利润表项目列示成净销售收入的百分比，在解读这些数字对企业业绩的影响之前，必须先了解企业的经营环境。

14.2.4 同比利润表

我们在前面提到，在分析利润表时，基准数通常是净销售收入（减去退回和折扣后的净值）。我们分别对按职能和按性质（见第 5 章）编制的利润表进行同比分析，因为这两种利润表显示了业绩的不同方面。

1. 按职能编制的同比利润表

表 14-3 列示了宝洁公司按职能编制的合并利润表和同比合并利润表。表的上半部分列示了利润表项目的绝对数值，表的下半部分列示了利润表项目占当年净销售收入的百分比。

表 14-3 宝洁 2020～2022 年 6 月 30 日合并利润表和同比利润表（单位：百万美元）

	符号	2021/2022 年	2020/2021 年	2019/2020 年
净销售收入	+	80 187	76 118	70 950
销货成本	−	42 157	37 108	35 250
销售和管理费用	−	20 217	21 024	19 994
营业利润	=	17 813	17 986	15 706
利息费用	−	439	502	465
利息收入	+	51	45	155
其他非经营收益 /（费用），净值	+	570	86	438
税前收益	=	17 995	17 615	15 834
所得税	−	3 202	3 263	2 731
净收益	=	14 793	14 352	13 103
占净销售收入百分比		2021/2022 年	2020/2021 年	2019/2020 年
净销售收入	+	100.0%	100.0%	100.0%
销货成本	−	52.6%	48.8%	49.7%
销售和管理费用	−	25.2%	27.6%	28.2%
营业利润	=	22.2%	23.6%	22.1%
利息费用	−	0.5%	0.7%	0.7%
利息收入	+	0.1%	0.1%	0.2%
其他非经营收益 /（费用），净值	+	0.7%	0.1%	0.6%
税前收益	=	22.4%	23.1%	22.3%
所得税	−	4.0%	4.3%	3.8%
净收益	=	18.4%	18.9%	18.5%

同比利润表用来确认公司经营业绩的结构性变化。

2. 按性质编制的同比利润表和中间余额表

同比报表经常用于不同主体之间的比较，对按性质编制的利润表用同比分析法可能会有一定的困难，因为被比较的公司可能用不同的形式或者按职能报告利润表。按性质编制的利润表有多种可能的列报方式。即使将利润表同比化，也不一定能进行公司间的比较。因此，首先要按性质编制统一标准形式的利润表。

按性质编制的利润表必须重新组织结构，以确认一些重要的**中间余额项**（intermediate balances），图 14-2 显示了每一项中间余额的标准定义，这些中间余额是同一家公司不同时期比较或不同公司之间比较的**锚点**（anchor points）。例如，一些公司在供应链中可能会使用分包商，而其他一些公司可能希望直接控制资源来创造价值。中间余额例如**商业边际收益**（commercial margin）、**增加的价值**（value added）和**经营毛利润**（gross operating profit）突出了不同主体经营流程的异同。无论是按性质还是按职能编制的利润表，都可以分析计算出大多数中间余额（除了增加的价值等）。因为对于按性质编制的利润表来说，中间余额表最有用，所以我们将对按性质编制的利润表采用中间余额表分析，并确认在何种情况下对按职能编制的利润表也可以计算中间余额。

所有中间余额项都清楚确认，并且按性质编制的利润表称为**中间余额表**（statement of intermediate balances）。我们将讲解如何构建中间余额表。编制好中间余额表以后，可以选择有意义的基准数（通常是"产量"）对利润表进行同比分析。

图 14-2 显示了中间余额表的构建图。中间余额表描述了在当期净利润形成过程中不同层次的管理控制之间的联系。

实质上，中间余额表将利润表分成几个重要的部分，帮助使用者更好地理解和解读企业的经济活动。中间余额表可以以绝对金额列示，也可以按当期某个基准数的百分比列示（同比分析），还可以按前一期金额的百分比列示（趋势分析）。如果企业同时经营多条业务线，如生产活动（生产商品或提供劳务）和零售活动（购买商品存货再销售），中间余额表尤其重要。

下面，我们将介绍主要中间余额项的含义及其对决策的影响。

商业边际收益（销售商品的边际收益）

对于零售商来说，商业边际收益等于商品销售收入与销售成本的差额。公司通常将零售业务部门和其他业务部门分开报告，因为零售业务需要的资源以及成长驱动因素与制造部门不同。商业边际收益这一术语通常只针对批发和零售业务活动。

当期总"产量"

图 14-2 中使用的术语"产量"可能有点模糊，因为实质上还包括收入。该经济学术语描述了企业活动创造的潜在财富（然后考虑这些潜在财富是如何创造的）。

主体一定时期内的工业产出或"产量"，等于产成品总销售量乘以销售价格（销售收入），加上（减去）产成品和在产品存货（按成本计量）的增加（减少），加上自己生产非流动资产的成本。同样的定义适用于服务行业，服务行业通常有进展中合同，但是没有存货，自己生产的非流动资产通常是软件。

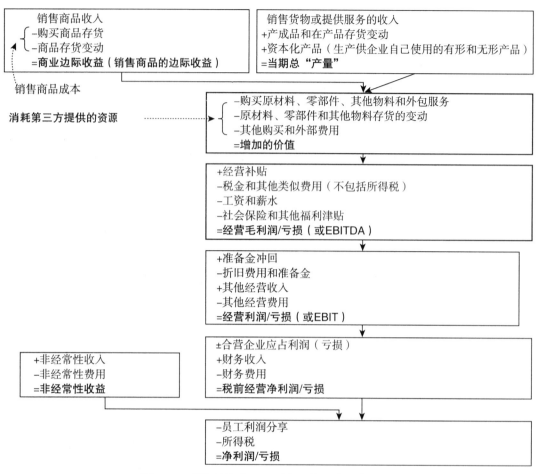

图 14-2　利润结构表——财务业绩的中间余额项

主体一定时期内的总产量很容易从按性质编制的利润表中计算得到。对于按职能编制的利润表，通过从年报中获得存货和自己生产的非流动资产的信息，也可以计算得到总产量。

消耗第三方提供的资源

消耗第三方提供的资源，指企业消耗非自身提供的所有经营资源（不包括财务费用），如原材料和零部件、咨询支持、广告公司服务等。劳动成本和生产力的消耗（折旧、摊销和折耗）是企业自身资源的消耗，因此不属于第三方提供的资源。简单来说，消耗的第三方提供的资源包括所有企业只能决定消耗与否，但没有短期或长期控制权的经营资源。

增加的价值[2]

增加的价值，指主体经营活动创造的价值超出主体消耗第三方提供的资源的价值。一般来说，公司的政策会将公司经营活动增加的价值，在以下 5 种帮助公司持续经营的贡献者中进行分配。

- 员工（劳动成本）。

- 生产能力的维持（弥补折旧、摊销和折耗）。
- 带息负债的提供者（财务费用）。
- 政府机关（税金）。
- 股东（股利和留存收益）。

企业增加的价值很少直接向股东报告。但是，财务分析师会将计算主体增加的价值作为基本分析工具。工会也经常把企业增加的价值作为工资谈判的筹码。如果利润表是按职能编制的，则很难计算增加的价值，因为不能直接得到劳动成本和消耗的第三方提供的资源，需要从其他报表或附注中获得相关信息。一些国家的公司习惯按性质编制利润表，则比较容易计算增加的价值，还有一些国家的公司选择直接报告增加的价值，如澳大利亚、比利时、法国、德国、南非、瑞士和英国。

经营毛利润或 EBITDA

经营毛利润或 EBITDA（利息、所得税、折旧及摊销前收益）衡量了主体经营产生的财富，但是与主体的财务战略无关（不包括财务收入和财务费用），与主体的折旧政策无关（不包括折旧和摊销费用），与其他特殊调整（如坏账准备）无关。如果主体的利润表是按职能编制的，则可能需要从现金流量表（间接法，见第 16 章）中获得折旧费用的信息。大多数公司都在年报中报告 EBITDA，作为衡量业绩的关键财务指标。

EBITDA 也被看作经营现金流的近似估值，因为计算 EBITDA 的时候只考虑了会对现金产生影响的收入和费用（第 16 章定义的现金项目）。

该财务指标可以帮助衡量企业管理层创造财富的短期能力，因为该指标不受长期财务战略（资本结构）和资本投资或财政政策的影响。EBITDA/ 销售收入（或会计产出）比率通常被认为是衡量企业内在盈利潜能最相关的财务指标，可以在不同企业主体之间进行比较，与企业管理层对一些特殊会计政策（如折旧方法）的选择无关。因此 EBITDA/ 销售收入比率是评估企业产生"真实"现金流潜能的最佳财务指标。

企业主体股票的市值（权益的市场净值）/EBITDA 衡量了企业是否容易成为被收购的目标。市值 /EBITDA 这一财务比率实际上粗略地估计了收购方需要多少年才能开始获得回报——完全收回收购时投入的资本（不考虑支付的超出市场估值的溢价和并购协同效应带来的成本节约）。在其他条件相同的情况下，该比率越低（开始获得回报需要的时间越短），企业越容易成为被收购的目标。

前面提到，EBITDA 衡量的是正常经营决策下的经济后果，而不考虑那些可供自由支配、选择的决策元素。

- 财务决策（企业主体的财务决策是可以自由选择、支配的，例如，对于财务杠杆程度就没有一个规范的准则）。
- 税款（受企业所在地税收政策的影响，例如，一些经济发展特区有免税政策）。
- 折旧和摊销政策（见第 7 章）。

一些公司从 EBITDA 衍生出其他的财务指标满足特殊需求，排除与经营活动不是特别相关或者可以通过其他途径获得的成本项目。

例如，建筑行业或航空运输行业中一些依赖租赁资产的企业主体，通常使用 EBITDAR 这一财务指标，代表了利息、所得税、折旧、摊销和租金前利润。例如，易捷航空在 2021/2022 年年报中披露了一个类似于 EBITDAR 的中间余额项，定义为"利息、所得税、折旧、摊销、飞行器租赁[3]成本前利润"。还有控股公司披露 EBITDAM，定义为利息、所得税、折旧、摊销和管理费前利润。例如，EBITDAM 可以用于私募公司评估投资组合公司的财务业绩或对组合公司进行估值。

经营利润或 EBIT

经营利润或 EBIT（息税前利润）代表了企业正常经营业务活动的业绩，而不考虑所得税、财务收入和费用，以及非经常（特殊）项目（见第 6 章）。这一中间余额项可以进行企业之间的比较，不考虑财务战略，但是考虑了折旧政策。尤其当同一行业的公司使用相似的折旧政策时，比较这些公司的 EBIT 非常有逻辑性。

税前经营净利润 / 亏损

税前经营净利润 / 亏损指企业非经常（特殊）项目和所得税费用之前的经营业绩。实务中通常根据税前经营净利润 / 亏损来预测下一年的经营业绩。

非经常性收益

非经常性收益（exceptional income，有时也叫作非经营性收益）代表了企业不经常发生的业务活动产生的利润或亏损，因此是非经常性的或特殊的。在大多数情况下，非经常性收益或亏损通常与出售非流动资产利得或损失相关。因为该收益不经常发生，所以应该作为单独一项列示在中间余额表，而不应该与其他项目合并列示。

净利润 / 亏损

中间余额表的最后一项是报告的净利润 / 亏损，称为"底线"（bottom line）。作为最后一项，它可以用来核对中间余额表和原始利润表是否一致。

除了编制中间余额表，按性质编制的利润表通常还可以按同比形式列示。当然，如果不编制统一结构的中间余额表，同比利润表可能不便于进行公司间的比较。

3. 实务中的中间余额表：对中国东方航空股份有限公司的分析

公司背景

中国东方航空股份有限公司（后文简称"东航"）1988 年成立于上海，当时的中国民用航空局（CAAC）[4]将航空业务分解成 6 个独立的主体。通过一系列并购整合，东航成为按飞机体量[5]中国排名第二大、世界排名第六大的航空公司。东航是国有控股企业，在上海、香港和纽约上市。东航及其子公司主要经营国内和国际的航空运输，包括运送旅客、货物、邮件和其他服务（资料来源：2022 年年报）。东航的基地机场主要是上海虹桥机场和上海浦东机场。

财务报表

表 14-4 列示了东航 2020～2022 年 12 月 31 日的合并利润表（资料来源：2021～2022 年年报）。该利润表按性质列示。东航的财务报表根据 IFRS 会计准则和《香港公司条例》的披露要求编制。

表 14-4　中国东方航空合并利润表　　　（单位：百万元人民币）

12 月 31 日	2022 年	2021 年	2020 年
收入	46 111	67 127	58 727
其他经营收益	3 613	6 079	5 698
经营费用			
飞行器燃料	（22 230）	（20 593）	（13 840）
起飞和下降费用	（6 253）	（10 251）	（9 331）
折旧和摊销	（21 799）	（22 718）	（22 255）
薪酬福利	（20 400）	（21 061）	（20 827）
飞机维修	（3 356）	（3 783）	（3 451）
食物和饮料	（1 030）	（1 655）	（1 589）
营销费用	（839）	（1 128）	（1 570）
低价值和短期租赁费用	（591）	（383）	（358）
地勤服务和其他费用	（586）	（532）	（872）
民航发展基金	（484）	（852）	0
减值损失	（97）	（22）	（184）
金融资产减值损失，净值	（29）	（28）	（32）
按公允价值计量且其变动计入损益的金融资产的公允价值变动	（12）	（11）	（26）
间接经营费用	（3 653）	（3 707）	（3 930）
经营费用总计	（81 359）	（86 724）	（78 265）
经营利润 /（亏损）	（31 635）	（13 518）	（13 840）
应占联营公司利润	（147）	（97）	（82）
应占合营公司利润	（50）	（44）	（13）
财务收入	494	1 958	2 660
财务费用	（8 816）	（5 812）	（5 213）
税前净利润	（40 154）	（17 513）	（16 488）
所得税费用	254	4 229	3 927
当期净利润 /（亏损）	（39 900）	（13 284）	（12 561）

2019 年年报中列示总收入为 120 986 百万元人民币。

财务报表附注中列示出其他经营收益明细（见表 14-5）。

表 14-5　财务报表附注　　　　　　　　　　（单位：百万元人民币）

	2022 年	2021 年	2020 年
合作路线收入（1）	1 904	3 696	3 650
路线补贴收入（2）	438	383	372
其他补贴收入（3）	911	803	1 326
处置固定资产和使用权资产利得	180	742	55
处置子公司、联营企业和合营企业利得	0	142	0
从售票代理商获得的报酬	9	63	53
其他	171	250	242
其他经营收益总计	3 613	6 079	5 698

注：1. 合作路线主要包括为支持当地经济与当地机构共同合作的飞行路线。补贴的计算主要基于所有合作方的协议。

2. 路线补贴收入主要包括当地机构为支持集团开拓国际和国内飞行路线提供的补贴。

3. 其他补贴收入主要包括当地机构提供的税收优惠或政府补贴。

因为该利润表是按性质列示的，比较容易编制中间余额表（见表 14-6）。

在分析中间余额表之前，我们先做如下说明。

- 根据财务报表附注中列示出的其他经营收益明细，我们获得以下信息。
  - 将合作路线补贴、补贴收益、其他以及从售票代理商获得的报酬包括在经营毛利润中，这些补贴包括各种当地政府机构的补贴，以支持东航拓展当地的飞行航线。
  - 将处置固定资产和使用权资产利得与处置子公司、联营企业和合营企业利得包括在非经常性收益中。
  - 将金融资产减值损失（净值）和以公允价值计量且其变动计入损益的金融资产包括在财务项目中。
- 因为财务报表附注中说明管理费用主要包括培训费用和海外销售发生的费用，所以我们将管理费用当作消耗第三方提供的资源。
- 减值损失主要是持有至出售资产和飞行设备零件发生的减值，我们将其包括在非经常性项目中。

分析

（1）收入 / 产量。

同比中间余额表是以当期总产量或者总收入为基准数计算其他项目所占的百分比，我们还加上了一行计算总产量（在这个例子中，等同于总收入）的年度变化。可以看到，东航在 2020～2022 年期间，总产量急剧下降。这一情形比较悲观，主要是受疫情影响。

（2）消耗第三方提供的资源。

消耗第三方提供的资源 / 总产量这一比率从 2020 年的 59.5% 上升到 2022 年的 84.6%。这一趋势说明公司的整体效率在下降。我们还注意到燃料成本是最重要的资源消耗。燃料成本占总产量的百分比从 2020 年的 23.6% 上升到 2022 年的 48.2%。对中间余额表进行同比分析，可以让使用者区分收入减少带来的影响和燃料成本带来的影响。这里我们可以看到，

表 14-6　中间余额表（绝对值和百分比）

12月31日	百万元人民币			占比		
	2022 年	2021 年	2020 年	2022 年	2021 年	2020 年
收入	115 278	102 475	98 904	100.0%	100.0%	100.0%
当期总产量	115 278	102 475	98 904	100.0%	100.0%	100.0%
总产量年度变化				12.5%	3.6%	5.3%
飞行器燃料	(22 230)	(20 593)	(13 840)	(48.2%)	(30.7%)	(23.6%)
起飞和下降费用	(6 253)	(10 251)	(9 331)	(13.6%)	(15.3%)	(15.9%)
飞机维修	(3 356)	(3 783)	(3 451)	(7.3%)	(5.6%)	(5.9%)
食物和饮料	(1 030)	(1 655)	(1 589)	(2.2%)	(2.5%)	(2.7%)
营销费用	(839)	(1 128)	(1 570)	(1.8%)	(1.7%)	(2.7%)
低价值和短期租赁费用	(591)	(383)	(358)	(1.3%)	(0.6%)	(0.6%)
地勤服务和其他费用	(586)	(532)	(872)	(1.3%)	(0.8%)	(1.5%)
民航发展基金	(484)	(852)	0	(1.0%)	(1.3%)	0
间接经营费用	(3 653)	(3 707)	(3 930)	(7.9%)	(5.5%)	(6.7%)
消耗第三方提供的资源	(39 022)	(42 884)	(34 941)	(84.6%)	(63.9%)	(59.5%)
增加的价值	7 089	24 243	23 786	15.4%	36.1%	40.5%
其他经营收入	3 433	5 195	5 643	7.4%	7.7%	9.6%
薪酬福利	(20 400)	(21 061)	(20 827)	(44.2%)	(31.4%)	(35.5%)
经营毛利润	(9 878)	8 377	8 602	(21.4%)	12.5%	14.6%
折旧和摊销	(21 799)	(22 718)	(22 255)	(47.3%)	(33.8%)	(37.9%)
经营利润（亏损）	(31 677)	(14 341)	(13 653)	(68.7%)	(21.4%)	(23.2%)
应占联营企业利润	(147)	(97)	(82)	(0.3%)	(0.1%)	(0.1%)
应占合营企业利润	(50)	(44)	(13)	(0.1%)	(0.1%)	(0)
财务收入	494	1 958	2 660	1.1%	2.9%	4.5%
财务费用	(8 816)	(5 812)	(5 213)	(19.1%)	(8.7%)	(8.9%)
金融资产减值损失，净值	(29)	(28)	(32)	(0.1%)	(0)	(0.1%)
按公允价值计量且其变动计入损益的金融资产的公允价值变动	(12)	(11)	(26)	(0)	(0)	(0)

（续）

12月31日	百万元人民币			占比		
	2022年	2021年	2020年	2022年	2021年	2020年
税前净经营（亏损）/利润	（40 237）	（18 375）	（16 359）	（87.3%）	（27.4%）	（27.9%）
处置固定资产利得	180	742	55	0.4%	1.1%	0.1%
处置子公司、联营企业和合营企业利得	0	142	0	0	0.2%	0
减值损失	（97）	（22）	（184）	（0.2%）	（0.0%）	（0.3%）
非经常性收益（亏损）	83	862	（129）	0.2%	1.3%	（0.2%）
所得税费用	254	4 229	3 927	0.6%	6.3%	6.7%
当年净（亏损）/利润	（39 900）	（13 284）	（12 561）	（86.5%）	（19.8%）	（21.4%）

东航 2020～2022 年平均燃料成本有所上升，主要是因为燃料平均价格的上涨。在年度报告中，东航对燃料价格变动影响进行了评估："假设其他因素不变，如果燃料平均价格上升或下降 5%，整个集团的燃料成本将增加或减少将近 1 112 百万元人民币。"

东航的飞机维修费用占总产量的百分比从 2020 年的 5.9% 增加到 2022 年的 7.3%。该变动的可能原因如下：更年轻的机队、更高质量和安全标准的维修等。东航的起飞和下降费用占总产量的百分比有所下降（从 2020 年的 15.9 下降到 2022 年的 13.6%）。年报中给出的解释是："上升下降的次数因为疫情的原因大幅减少。"

（3）增加的价值。

这一概念在美国的使用并不普遍，增加的价值显示了企业创造的价值如何在不同的利益相关者之间进行分配，以及主体对国家财富总值的贡献。东航增加的价值从 2020 年到 2022 年在下降（从 2020 年的 40.5% 下降到 2022 年的 15.4%）。与 2020 年相比，2022 年东航创造的可供分配（股东、员工报酬、折旧、银行和税金）的价值有所减少，对国家财富的贡献也有所减少。

增加的价值在不同的利益相关者之间进行分配，从短期来看是零和博弈，从长远来看，东航面临着战略挑战（或机遇）。

- 新航线的开发和高质量的空中、地勤服务带来招聘需求的增加，可能会增加员工薪酬福利。
- 机队建设和更新，会增加折旧费用。
- 机队规模扩张成本较高，可能需要进行外部融资，从而增加支付给银行和债券持有人的费用。
- 如果我们假设税率不变，剩下分配给股东的部分就会相应减少。

因此，管理层面临的挑战是如何不断提高增加的价值，满足每个利益相关者的增长预期。

（4）经营毛利润。

薪酬福利占总产量的百分比从 2020 年的 35.5% 增加到 2022 年的 44.2%。东航 2020 年和 2021 年的经营毛利率为正数（2020 年为 14.6%、2021 年为 12.5%），但是 2022 年为负数（–21.4%）。我们在前面提到，增加的价值下降的主要原因是燃料成本的下降和人工费用所占百分比的增加。在疫情危机之后，管理层将继续提高使用资源的效率来增加价值，保证公司的长远发展。

（5）经营净利润。

2020 年，东航的折旧和摊销费用占总产量的 37.9%，2022 年增加到 47.3%（可能是因为现有机队的负荷系数减少，或是购买的新飞机的美元价格相对人民币增值）。因为销售收入减少，而且费用占总产量的百分比在上升，东航的经营净利润为负数（2020 年为 –23.2%，2022 年为 –68.7%）。

（6）税前经营净利润。

2020～2022 年，东航大幅增加了利息费用占总产量的百分比，同时财务收入几乎为零。

因此，相对于其他中间余额项目（比如毛利经营利润），税前经营净利润率为负数，且不断恶化（2020 年为 –27.9%，2022 年为 –87.3%）。

（7）非经常性收益（亏损）。

东航每年的减值损失金额都比较小（小于总产量的 1%），主要是可供出售资产和飞机零部件的减值损失较小，而且有小部分出售有形资产的利得。

（8）净利润（亏损）。

东航 2020 年的净利润率为 –21.4%，2022 年为 –86.5%。

（9）综合分析。

对中间余额表的分析说明，仅仅关注净利润不足以理解公司的整个状况（进而对公司未来业绩做出预测，并采取相应战略）。其他中间余额项，例如增加的价值和经营毛利润，对于分析师来说也是非常重要的（分析师通常在业绩电话会议上就这些中间余额项与管理层进行讨论）。东航的例子中有财务报表及其附注的信息，还有我们对中间余额表的分析，如果再加上与其他航空公司的对比分析就更全面了。Baker、Ding 和 Stolowy（2005）比较了中国东方航空、美国西南航空（善于规避燃料价格上涨风险）和法国航空（在法国国内外的短途及长途航线结构与东航在中国国内和国际的类似）的中间余额表。

关键知识点

- 财务分析处理、评估和解读了报告的财务信息，帮助股东和投资者更好地做出决策。
- 管理层和外部使用者都可以进行财务分析，评估企业过去的业绩、现在的状况和未来的发展。
- 财务分析综合会计资料和相关补充信息，比较分析同一家公司或不同公司一定时期或不同时期的财务状况。
- 理解企业现在和过去的业绩可以帮助财务报表使用者和投资者更好地掌握企业的商业模式和相关风险。
- 财务分析方法：①趋势分析法或水平分析法（比较分析资产、负债、收入、费用项目随时间变化的动态趋势）；②同比分析法或垂直分析法（比较分析财务结构的动态变化）。
- 趋势分析法用来衡量利润表中项目不同时期的变化，反映了利润产生模式的动态变化。
- 对利润表的同比分析，是将利润表项目列示成净销售收入的百分比。
- 同比分析法让分析师更方便地分析同行业不同公司的利润表。
- 按性质编制的利润表可以分成不同级别的中间余额，来编制中间余额表。
- 中间余额表的项目主要有：增加的价值、经营毛利润（或 EBITDA）和税前经营净利润 / 亏损等。
- 增加的价值（净销售收入 – 消耗第三方提供的资源）要在员工、生产能力的维持、带息负债的提供者、政府机关和股东之间进行分配（至少在短期内是零和博弈）。企业的战略核心可以归纳为如何在这 5 种利益相关者之间分配价值。

实战练习

实战练习 14-1　德沃夏克公司（1）

要　　点：编制中间余额表

难度系数：中

表 14-7 和表 14-8 列示了德沃夏克公司 X1 年和 X2 年的资产负债表以及 X2 年的利润表（单位为千货币单位）。

表 14-7　德沃夏克公司资产负债表

资产	X1 年年末	X2 年年末
非流动资产（原值）	12 000	14 950
减：累计折旧	-3 700	-4 300
非流动资产（净值）	8 300	10 650
存货（原值）	2 300	2 000
减：累计准备金	0	0
存货（净值）	2 300	2 000
应收账款	1 650	2 300
银行存款	190	80
资产总计	12 440	15 030
股东权益和负债	**X1 年年末**	**X2 年年末**
股本	3 000	3 200
留存收益 / 公积	3 600	3 800
当期净利润 / 亏损	2 780	2 560
股东权益	9 380	9 560
金融负债①	3 000	4 350
应付账款	60	870
与非流动资产有关的应付账款	0	250
股东权益和负债总计	12 440	15 030
①金融负债中包括的银行透支	200	950

表 14-8　德沃夏克公司利润表

收入	X2 年
销售商品	14 100
其他经营收入	150
经营收入总计	14 250
财务收入	300
非经常性收益①	450
收入总计	15 000
费用	**X2 年**
购买商品	3 700
商品存货变动	300
其他购买和外部费用	550
税收费用	70
人工费用	4 310

（续）

费用	X2 年
折旧费用	1 400
准备金费用	0
经营费用总计	10 330
财务费用	580
非经常性费用②	250
所得税费用	1 280
费用总计	12 440
净利润	2 560
①非经常性收益为出售非流动资产的价格	450
②非经常性费用为出售非流动资产的账面价值	250

表 14-9 列示了公司的一些附加信息。

表 14-9 德沃夏克公司的附加信息

	X1 年年末	+	−	X2 年年末
非流动资产（原值）	12 000	4 000	1 050	14 950
累计折旧	3 700	1 400	800	4 300
累计准备金	0			0
金融负债（包括银行透支）	2 800	1 000	400	3 400
	X2 年年末			
支付的股利	2 580			

为简便起见，没有单独列示应付所得税（包含在应付账款中）。

要　求

请编制 X2 年中间余额表。

实战练习 14-2　Holmen*（1）

要　　点：按性质编制的同比利润表

难度系数：中

Holmen AB 是一家总部位于瑞典的集团，主要从事森林工业和纸浆与造纸工业。该公司将森林中的木材加工成用于气候智能建筑、可再生包装、书籍和杂志的木制品。此外，它还在自己的土地上生产可再生能源。

以下分别是截至 2020 年至 2022 年 12 月 31 日的合并利润表（见表 14-10，来源：2021 年和 2022 年的年度报告）。合并财务报表"是按照国际会计准则委员会（IASB）发布的国际财务报告会计准则（IFRS）制定的，并已获得欧盟的采纳，还已应用瑞典财务报告委员会的建议（RFR 1 集团补充会计规则）"。

表 14-10　合并利润表　　　　（单位：百万瑞典克朗）

	2022 年	2021 年	2020 年
净收入	23 952	19 479	16 327

（续）

	2022 年	2021 年	2020 年
其他经营收益	2 743	1 690	1 339
存货变动	364	1	−88
原材料和消耗品	−11 078	−10 110	−8 781
人工成本	−2 956	−2 720	−2 411
其他经营成本	−4 585	−3 814	−3 310
生物资产价值变动	509	466	581
折旧和摊销	−1 345	−1 261	−1 172
减值损失	−87	0	0
应占联营和合营企业利润	10	0	−6
经营利润	7 527	3 731	2 479
财务收入	12	9	11
财务费用	−98	−48	−53
税前利润	7 441	3 692	2 437
所得税	−1 567	−688	−458
当年净利润	5 874	3 004	1 979

2019 年经营收入为 16 959 百万瑞典克朗。

要　求

1. 利润表是按什么形式列示的?
2. 根据利润表编制同比表。
3. 重新调整利润表, 根据图 14-2 编制同比中间余额表 (可以在年报中搜集相关信息)。
4. 对上述不同的表进行评价。

挑战练习

挑战练习 14-1　选择题

请选择正确答案 (除非特别说明, 正确答案只有一个)。

1. 下列哪一种情况说明企业有挤压效应?
   (a) 利息费用的增长速度超过员工薪酬福利费用
   (b) 销货成本减少的速度小于销售收入
   (c) 销售收入增长的速度超过员工费用
   (d) 折旧费用和薪酬费用变动方向相反

2. 编制同比利润表, 通常是将利润表项目列示成以下哪一项的百分比?
   (a) 毛销售收入　　　(b) 经营利润　　　(c) 净销售收入　　　(d) 税前净利润

3. 如果一家公司将市场拓展到密集度较低的客户群基地, 那么至少短期内以下哪一项会发生 (假设销售产品组合不变)?
   (a) 销售费用 / 销售收入会变大　　　　　(b) 销货成本 / 销售收入会变大

(c) 总产量会减少 　　　　　　　　(d) 研发费用的绝对值会增加

4. Compagnie Générale des Eaux 成立于 1853 年，通过一系列并购和剥离整合，成为一家业务多元化的公司。公司在 2000 年 7 月更名为 Vivendi，2000 年 12 月更名为 Vivendi Universal，2006 年 4 月重新变回 Vivendi。2012 年，Vivendi 宣布将业务重心放在媒体业务。2013 年，公司出售部分股票，进行剥离业务。请问以下哪个时期适合做利润表的趋势分析？

(a) 1853～2012 年　　(b) 2006～2012 年　　(c) 2000～2006 年　　(d) 2013～2016 年

(e) 以上都不适合

5. 在利润表的同比分析中，下列哪一项 3 年的变化最能预测企业未来的利润状况？

(a) 税前净利润 / 净销售收入 　　　(b) 利息费用 / 带息总负债

(c) 非经常性收益 / 税后净利润 　　(d) 员工薪酬福利 / 净销售收入

6. EBIT 指（　　　）。

(a) 投资和运输费用前利润（earnings before investments and transport expenses）

(b) 投资和税前利润（earnings before investments and taxes）

(c) 在途利润（earnings borne in transit）

(d) 息税前利润

7. 企业战略的一个重要方面是决定如何在以下哪几种利益相关者之间分配增加的价值？

(a) 客户、投资者、投资和税款

(b) 员工、税款（政府）、银行、折旧和股东

(c) 客户、员工、银行、股东和政府（税款）

(d) 股东和银行（长期资金提供者）、供应商和投资者

8. 下列哪一项列示的全部是中间余额项？

(a) 总产量、增加的价值、经营毛利润（或 EBITDA）、非经常性收益和净利润

(b) 毛利率、增加的价值、销售费用、购买费用、营销费用和净利润

(c) 研发费用、销货成本、增加的价值、净利润和净财务收入

(d) EBIT、EBITDA、研发费用、净利润、商业边际收益和消耗的第三方资源

9. 如果利润表按职能编制，不需要任何调整就可以计算增加的价值。

(a) 对 　　　　　　　　　　　　　(b) 错

10. 如果租赁资产在 IFRS 规定下需要资本化，定期支付的租赁款则作为"消耗第三方提供的资源"的一部分，来计算企业增加的价值。

(a) 对 　　　　　　　　　　　　　(b) 错

挑战练习 14-2　斯美塔那公司（1）

要　　点：编制并分析中间余额表

难度系数：中

斯美塔那公司主要经营美容和化妆产品业务。表 14-11～表 14-13 列示出公司的资产负债表、利润表和附加信息（单位为千货币单位）。

要　求

1. 请根据利润表编制 X1 年、X2 年和 X3 年的中间余额表。

2. 从决策者对未来做出决策的角度分析这些报表。

表 14-11　斯美塔那公司资产负债表

资产	X1 年年末	X2 年年末	X3 年年末
非流动资产（原值）	15 000	22 000	27 400
减：累计折旧	−4 900	−5 500	−6 000
非流动资产（净值）	10 100	16 500	21 400
存货（原值）	1 520	2 300	3 400
减：累计准备金	0	0	−100
存货（净值）	1 520	2 300	3 300
应收账款	3 700	5 700	7 600
银行存款	1 150	250	240
资产总计	16 470	24 750	32 540
股东权益和负债	**X1 年年末**	**X2 年年末**	**X3 年年末**
股本	5 000	6 100	8 700
留存收益 / 公积	1 314	2 653	3 296
净利润 / 亏损	2 223	861	247
股东权益	8 537	9 614	12 243
金融负债①	3 900	8 500	11 500
应付账款	3 693	6 238	7 417
应付所得税	340	170	80
与非流动资产相关的应付账款	0	228	1 300
负债总计	16 470	24 750	32 540
①金融负债中包括的银行透支	100	1 000	2 000

表 14-12　斯美塔那公司利润表

收入	X1 年	X2 年	X3 年
销售商品收入	23 900	31 600	38 500
其他经营收入	85	140	235
经营收入总计	23 985	31 740	38 735
财务收入	15	40	85
非经常性收益①	0	200	400
收入总计	24 000	31 980	39 220
费用	**X1 年**	**X2 年**	**X3 年**
购买商品存货	9 350	14 130	18 180
商品存货变动	−230	−780	−1 100
其他购买和外部费用	1 310	2 070	2 940
税金	150	320	350
员工报酬费用	8 950	12 460	15 430
折旧费用	800	1 000	1 500
准备金费用	0	0	100

（续）

费用	X1 年	X2 年	X3 年
经营费用总计	20 330	29 200	37 400
财务费用	190	889	1 350
非经常性费用②	145	600	100
所得税费用	1 112	430	123
费用总计	21 777	31 119	38 973
净利润	2 223	861	247
①其他收益为出售非流动资产的价格	0	200	400
②其他费用包括出售非流动资产的账面价值	0	600	100

利润表是按性质编制的。

表 14-13　斯美塔那公司的附加信息

	X1 年年末	+	-	X2 年年末	+	-	X3 年年末
非流动资产（原值）	15 000	8 000	1000	22 000	6 500	1 100	27 400
累计折旧	4 900	1 000	400	5 500	1 500	1 000	6 000
累计准备金	0			0	100		100
金融负债（不包括银行透支）	3 800	4 000	300	7 500	3 000	1 000	9 500

	X2 年年末	X3 年年末
支付的股利	884	218

挑战练习 14-3　宝洁 *（1）

要　　点：按职能编制的同比利润表

难度系数：中

宝洁是美国的一家跨国公司。宝洁主营的消费品包括洗衣和家庭护理品（Ariel，Mr. Clean）、女性用品（Always）、医疗用品、食物和饮料、美容护肤品（Head & Shoulders）和婴儿护肤品（Pampers）[6]。宝洁的财务报表根据美国通用会计准则编制。表 14-3 中列示了宝洁 2020~2022 年的同比合并利润表。

要　求

1. 哪些对你分析企业业绩变化有影响的中间余额项没有列示在利润表中？
2. 作为一个决策者，你还有兴趣知道哪些信息？
3. 请分析该同比合并利润表。

挑战练习 14-4　iliad-Free*（2）

要　　点：编制中间余额表

难度系数：中

iliad 集团是欧洲领先的电子通信公司之一，拥有 4 590 万用户，在 2022 年的收入为 84 亿欧元，员工超过 16 700 人。自 1991 年成立以来，该集团已成为法国主要的互联网和电子通信（固定和移动）服务提供商。2018 年，该集团将其地理范围扩展到意大利。它在 2020 年通过收购 Play（波兰领先的移动电信运营商）继续在欧洲的扩张，并于 2022 年 4 月收购了波兰的有线运营商 UPC Polska。iliad S.A. 是 iliad 集团的母公司，该集团在法国以 Free，意大利以 iliad，波兰以 Play 的名义运营。

iliad 集团的合并财务报表根据欧盟采纳的 IFRS 编制。

表 14-14 列示出 iliad 集团 2018～2022 年的合并利润表（资料来源：2018～2022 年年报）。

表 14-14　iliad 集团的合并利润表　　　（单位：百万欧元）

12 月 31 日	2022 年	2021 年	2020 年	2019 年	2018 年
收入	8 369	7 587	5 871	5 332	4 891
购买商品	（2 508）	（2 516）	（2 013）	（2 083）	（2 129）
工资成本	（525）	（440）	（335）	（292）	（285）
外部费用	（1 229）	（973）	（654）	（526）	（579）
除所得税以外的税金	（169）	（153）	（117）	（104）	（97）
准备金增加	（84）	（46）	（73）	（109）	（26）
其他经营收益（1）	471	490	143	18	63
其他经营费用（2）	（221）	（269）	（128）	（54）	（83）
使用权资产折旧	（800）	（731）	（737）	（528）	0
利息、所得税、折旧摊销前利润（EBITDA）	3 304	2 949	1 957	1 654	1 755
股票支付费用	（39）	（50）	（37）	（27）	（14）
非流动资产折旧、摊销和减值费用	（1 909）	（1 751）	（1 364）	（1 183）	（1 051）
经常性经营活动利润	1 356	1 148	556	444	690
其他经营收益和费用（净值）（3）	267	（59）	257	1 683	（10）
经营利润	1 623	1 089	813	2 127	680
财务收入	0	1	1	1	1
财务成本（原值）	（313）	（181）	（94）	（69）	（47）
财务成本（净值）	（313）	（180）	（93）	（68）	（46）
租赁负债利息	（213）	（182）	（134）	（35）	0
其他财务收入	0	8	0	3	2
其他财务费用	（50）	（21）	（36）	（43）	（44）
公司所得税费用	（332）	（258）	（216）	（245）	（239）
权益投资应占利润	43	70	86	（13）	（23）
当期净利润	758	526	420	1 726	330
·从合作伙伴获得的收益	428	455	125	6	0
·客户合同终止赔偿金	11	10	9	8	9
·其他收入	32	25	9	4	18
·出售非流动资产所得	0	0	0	0	36
其他经营收益（1）	471	490	143	18	63
·与合作伙伴相关的成本	（161）	（199）	（82）	（5）	0
·特许经营费、版税费	（48）	（61）	（41）	（44）	（42）
·坏账	0	（1）	0	0	0
·其他	（12）	（8）	（5）	（5）	（9）
·剥离非流动资产相关金额	0	0	0	0	（32）
其他经营费用（2）	（221）	（269）	（128）	（54）	（83）
包括处置资产利得（3）	310	（10）	282	1 968	0

要　求

1. 请分析利润表是按什么形式编制的。
2. 请编制同比利润表。
3. 请根据图 14-2 编制利润表和中间余额表（绝对值和百分比）。
4. 请分析以上不同形式的表有什么不同。

挑战练习 14-5　深高速 *

要　　点：按职能和按性质编制同比利润表

难度系数：高

深圳高速公路集团股份有限公司位于中华人民共和国，并在香港和上海上市。集团的主要业务是在中国建设、运营、管理和投资收费公路以及环境保护。环境业务主要包括固体废物的回收和处理以及清洁能源。财务报表是按照中国通用会计准则（GAAP）编制的。

表 14-15 提供截至 2021 年 12 月 31 日和 2022 年 12 月 31 日的财务年度合并利润表（来源：2022 年年度报告）。

表 14-15　合并利润表　　　　　　　　　（单位：人民币元）

12 月 31 日	2022 年	2021 年
Ⅰ. 营业收入	9 372 582 546.59	10 889 580 617.88
减去：服务成本	6 353 596 261.96	7 105 227 107.44
营业税金及附加	40 442 395.71	78 340 603.31
销售费用	35 575 461.38	59 700 478.67
管理费用	443 718 875.29	571 854 287.68
研究费用	46 477 237.77	60 572 086.28
财务费用	1 386 671 418.30	909 118 714.52
加上：其他收益	31 950 022.73	42 452 054.53
投资收益	1 533 896 512.10	967 757 621.90
公允价值变动利得	95 175 495.33	348 270 358.31
信用减值冲回（损失）	（83 223 668.30）	（52 126 979.64）
资产减值冲回（损失）	（164 116 480.76）	（117 161 160.11）
资产处置利得	7 297 414.27	17 391 358.90
Ⅱ. 营业利润	2 487 080 191.55	3 311 350 593.87
加上：非营业收入	24 768 816.69	50 693 425.61
减去：非营业费用	27 323 961.12	4 940 377.55
Ⅲ. 利润总额	2 484 525 047.12	3 357 103 641.93
减去：所得税费用	531 669 555.05	551 149 034.15
Ⅳ. 净利润	1 952 855 492.07	2 805 954 607.78

2021 年年报列示 2020 年的收入为 8 026 737 100 元人民币。

利润表按职能列示。但是，在财务报表附注中，集团披露了按性质列示的费用明细（见表 14-16）。

表 14-16 附注 V49-50-51. 按性质列示的费用明细

12 月 31 日	2022 年	2021 年
销售费用		
工资费用	23 547 867.34	30 752 085.86
广告推销费用	4 265 619.98	8 597 562.32
低价值损耗	2 074 187.54	7 488 081.30
差旅费	2 018 173.12	6 612 286.85
折旧和摊销费用	782 850.92	785 663.77
商务招待费用	399 255.21	1 863 602.59
其他	2 487 507.27	3 601 195.98
总计	35 575 461.38	59 700 478.67
管理费用		
工资费用	227 545 001.54	398 135 311.82
折旧和摊销费用	109 663 514.25	52 979 341.65
法律咨询费用	36 161 698.21	42 132 057.53
审计费	13 383 978.38	8 609 406.99
办公及通信费用	7 808 493.10	9 045 514.86
租金	7 176 686.70	10 531 929.89
办公楼管理费用	7 045 488.98	5 662 883.18
证券交易所相关费用	6 363 352.28	5 712 853.77
商务招待费	5 218 442.89	7 078 225.96
差旅费用	3 778 271.08	8 635 189.60
车辆费用	1 519 638.33	1 897 023.80
其他	18 054 309.55	21 434 548.63
总计	443 718 875.29	571 854 287.68
研发费用		
劳动成本	25 107 407.13	28 842 278.32
折旧和摊销费用	8 314 618.32	9 232 976.77
直接损耗	6 042 787.93	7 706 742.62
技术服务费	5 259 101.59	8 493 335.14
其他	1 753 322.80	6 296 753.43
总计	46 477 237.77	60 572 086.28

要 求

1. 请按职能编制同比利润表。
2. 请核对附注 V.49-50-51 中的总计金额和利润表中的金额。
3. 请根据附注 V.49-50-51 中的信息,重新调整利润表,并编制中间余额表(同时列示绝对值和占销售收入的百分比,可以在年报中搜集相关信息)。
4. 请分析按职能编制的利润表。
5. 请分析按性质编制的利润表(中间余额表)。
6. 说明每种分析方法的比较优势。

参考书目

Baker C R, Ding Y, Stolowy H. (2005) Using 'statement of intermediate balances' as tool for international financial statement analysis in airline industry. Advances in International Accounting, 18, 169-198.

扩展阅读

Deppe L. (2000) Disclosing disaggregated information. Journal of Accountancy, 190(3), 47-52.

Haller A, Stolowy H. (1998) Value added in financial accounting: a comparative study of Germany and France. Advances in International Accounting, 11, 23-51.

Haller A, Van Staden C J, Landis C. (2018) Value added as part of sustainability reporting: reporting on distributional fairness or obfuscation? Journal of Business Ethics, 152(3), 763-81.

Haller A, Van Staden C, Rinaldi L. (2014) The value added statement - an appropriate instrument for Integrated Reporting. Accounting, Auditing & Accountability Journal, 27(7), 1190-216.

McLeay S. (1983) Value added: a comparative study. Accounting, Organizations & Society, 8(1), 31-56.

Pong C, Mitchell F. (2005) Accounting for a disappearance: a contribution to the history of the value added statement in the UK. Accounting Historians Journal, 32(2), 173-99.

Van Staden C. (2003) The relevance of theories of political economy to the understanding of financial reporting in South Africa: the case of value added statements. Accounting Forum, 27(2), 224-45.

注　释

1　我们将资料和信息区分开来。资料只是描述事实和数据，本身没有特殊的含义。信息则是对资料处理的结果（将资料进行对比分析、计算比率、分析变化趋势等），可以有效地用于决策模型中。新的信息可能让决策者改变原有决策，而仅仅是新增的资料则不会。

2　"增加的价值"也是宏观经济学（国民生产总值会计）中的一个基本概念，指某个主体对国家财富贡献的价值。

3　关于干租和湿租，我们已经在第5章挑战练习5-4中易捷航空利润表的注释中定义过。

4　中国民用航空局（前称中国民用航空总局）于1949年开始经营国内航空业务，1962年开始经营国际航空业务。

5　资料来源：福布斯。

6　宝洁集团还拥有很多其他品牌。

第 15 章　资产负债表分析

本章教给你什么

1. 如何分析资产负债表中的信息。
2. 通过财务结构表分析资产负债表。
3. 财务结构表将资产负债表中的三个重要组成部分联系起来：净稳定资金、净经营性营运资本和净现金。
4. 净稳定资金、净经营性营运资本和净现金可以是正数，也可以是负数。
5. 净稳定资金、净经营性营运资本和净现金符号的不同组合可以产生 6 种可能的财务结构。
6. 无论是按职能还是按期限编制的资产负债表，都可以进行分解，帮助使用者更好地分析任何会计准则下编制的财务报表。

在第 14 章，我们介绍了财务报表分析的基本特点，例如，同比分析法和趋势分析法，并将这些方法应用于利润表和中间余额表。在本章，我们将介绍资产负债表的分析和财务结构。

15.1　趋势分析法

在第 14 章，我们提及趋势分析法通常是将财务报表中的每一个项目（绝对值或百分比）与基准年（通常是上一年）的财务报表中对应的项目相比较。但是，趋势分析法不常用于资产负债表分析。

15.2 资产负债表的同比分析法

15.2.1 定义

第 14 章将同比分析法定义为将财务报表（这里是资产负债表）中每一个项目的金额重新列示为占同一个基准数的比例（该基准数通常指数化为 100，所以重新列示的结果通常是百分比）。在本章，我们将重点介绍如何将同比分析法运用于资产负债表。对于资产负债表，基准数通常是总资产（或总权益和负债）。

同比资产负债表通常被称为**财务状况表 / 资产负债结构表**（balance sheet structure）。

15.2.2 同比资产负债表

在运用同比分析法分析资产负债表时，同比基准数的选择通常取决于资产负债表的报告形式。无所谓一个基准数优于另一个基准数。实务操作中常用的基准数有：

- 总资产（或股东权益和负债）：在欧洲的大多数国家、美国和日本普遍使用。
- 股东权益：在英国和爱尔兰更常见。
- 长期资本（股东权益 + 长期债务）：在印度的一些公司使用。

除了因国家不同而异，基准数的选择还因资产负债表的列报方式不同而存在差异。

- 单步法 => 总资产。
- 多步法 – 权益平衡 => 股东权益。
- 多步法 – 长期资本平衡 => 长期资本。

表 15-1 列示了宝洁公司 2020～2022 年的同比资产负债表（资料来源：2020/2021 年年报和 2021/2022 年年报）。

表 15-1　合并资产负债表和同比资产负债表　　（单位：百万美元）

6 月 30 日	资产负债表（百万美元）			同比资产负债表		
	2022 年	2021 年	2020 年	2022 年	2021 年	2020 年
资产						
流动资产						
现金及现金等价物	7 214	10 288	16 181	6.2%	8.6%	13.4%
应收账款	5 143	4 725	4 178	4.4%	4.0%	3.5%
存货						
原材料	2 168	1 645	1 414	1.8%	1.4%	1.2%
在产品	856	719	674	0.7%	0.6%	0.6%
产成品	3 900	3 619	3 410	3.3%	3.0%	2.8%
存货总计	6 924	5 983	5 498	5.9%	5.0%	4.6%
预付账款和其他流动资产	2 372	2 095	2 130	2.0%	1.8%	1.8%
流动资产总计	21 653	23 091	27 987	18.5%	19.4%	23.2%
土地、厂房和设备（净值）	21 195	21 686	20 692	18.1%	18.2%	17.1%

（续）

6 月 30 日	资产负债表（百万美元）			同比资产负债表		
	2022 年	2021 年	2020 年	2022 年	2021 年	2020 年
商誉	39 700	40 924	39 901	33.9%	34.3%	33.1%
商标和其他无形资产（净值）	23 679	23 642	23 792	20.2%	19.8%	19.7%
其他非流动资产	10 981	9 964	8 328	9.4%	8.4%	6.9%
资产总计	117 208	119 307	120 700	100.0%	100.0%	100.0%
负债和股东权益						
流动负债						
应付账款	14 882	13 720	12 071	12.7%	11.5%	10.0%
应计和其他负债	9 554	10 523	9 722	8.2%	8.8%	8.1%
一年内到期债务	8 645	8 889	11 183	7.4%	7.5%	9.3%
流动负债总计	33 081	33 132	32 976	28.2%	27.8%	27.3%
长期债务	22 848	23 099	23 537	19.5%	19.4%	19.5%
递延所得税负债	6 809	6 153	6 199	5.8%	5.2%	5.1%
其他非流动负债	7 616	10 269	11 110	6.5%	8.6%	9.2%
负债总计	70 354	72 653	73 822	60.0%	60.9%	61.2%
股东权益						
可转换 A 类优先股	843	870	897	0.7%	0.7%	0.7%
普通股	4 009	4 009	4 009	3.4%	3.4%	3.3%
资本公积	65 795	64 848	64 194	56.1%	54.4%	53.2%
员工持股退休计划公积	（916）	（1 006）	（1 080）	（0.8%）	（0.8%）	（0.9%）
累计其他综合收益 / （亏损）	（12 189）	（13 744）	（16 165）	（10.4%）	（11.5%）	（13.4%）
库存股，成本	（123 382）	（114 973）	（105 573）	（105.3%）	（96.4%）	（87.5%）
留存收益	112 429	106 374	100 239	95.9%	89.2%	83.0%
少数股东权益	265	276	357	0.2%	0.2%	0.3%
股东权益总计	46 854	46 654	46 878	40.0%	39.1%	38.8%
负债和股东权益总计	117 208	119 307	120 700	100.0%	100.0%	100.0%

在列示同比资产负债表时，如果一些资产负债表项目不是分析的重点，可以将它们加总起来列示。

15.3 财务结构表和现金等式

15.3.1 财务结构表

管理层和其他使用者通过某一个时点的资产负债表来评估之前会计年度的决策结果。资产负债表中的一些项目可以加总起来简单列示，只突出关键问题。资产负债表中的项目通常被重新分类和排列：①在资产负债表的每边（资产方和权益负债方）按两种时间期限分开列示（流动性或短期、非流动性或长期）；②将基础建设相关资源、经营周转相关资源和现金（现金是企业整个系统的"润滑油"）区分列示。表 15-2 列示了一个简单的财务状况结构表。

表 15-2　财务状况结构表：简化版资产负债表

资产
• 非流动或固定资产
• 流动资产或经营性资产（不包括现金）
• 现金及现金等价物（正现金）
总资产
股东权益和负债
• 股东权益和金融负债（等于稳定资金）
• 流动负债（不包括短期银行借款和银行透支）
• 短期银行借款及银行透支（负现金）
总股东权益和负债

尽管简化版资产负债表已经包含了丰富的信息，但是还需要更多明细的信息，同比分析法可以提供更多信息，而传统的列示方式（资产列示在一方，权益和负债列示在另一方）可能无法呈现所有信息。如表15-2所示，简化版资产负债表包括了6个部分。这6个部分的加减组合可以生成新的中间项目：净稳定资金、净经营性营运资本和净现金。

15.3.2　现金等式：净稳定资金、净经营性营运资本和净现金

1. 原则

如果对简化版资产负债表的6个部分进行加减组合，可以得到一些关键的中间项目，它们对于管理企业以及衡量企业的成长性及风险非常有用（见表15-3）。

表 15-3　财务状况结构表和现金等式的关系

资产	=	股东权益和负债
非流动资产 + 流动资产 + 正现金及现金等价物	=	稳定资金 + 流动负债 + 短期银行借款及银行透支

或者保持等式平衡，将非流动资产移到等式的右边，短期银行借款及银行透支和流动负债移到等式的左边，得到：

(流动资产 – 流动负债)+(正现金及现金等价物 – 短期银行借款及银行透支)	=	(稳定资金 – 非流动资产)
净经营性营运资本 + 净现金	=	净稳定资金

或者将净经营性营运资本移到等式的右边，得到：

(正现金及现金等价物 – 短期银行借款及银行透支)	=	(稳定资金 – 非流动资产)–(流动资产 – 流动负债)
净现金	=	净稳定资金 – 净经营性营运资本

表15-4显示了现金等式（净稳定资金、净经营性营运资本和净现金之间的关系组合）。将现金等式以表格的形式列示，就形成财务结构表（statement of financial structure）。

因为股东权益加负债等于总资产，表15-3和表15-4可以总结为：

$$净稳定资金 – 净经营性营运资本 = 净现金$$

或　　　　　　　　　　净稳定资金 = 净经营性营运资本 + 净现金

或　　　　　　　　　　净经营性营运资本 = 净稳定资金 – 净现金

表 15-4　现金等式 / 财务结构表

−	股东权益和金融负债（稳定资金） 非流动（固定）资产净值（减去累计折旧后净值）
=	**净稳定资金**
−	流动资产（不包括现金） 流动负债（不包括短期银行借款及银行透支）
=	**净经营性营运资本**
−	正现金（现金及现金等价物） 短期银行借款及银行透支
=	**净现金**

净稳定资金 = 股东权益 + 金融负债（长期负债 + 金融负债的流动部分）– 净非流动资产。净稳定资金代表了超出非流动资产所需资金的稳定资金（例如，企业生产能力的会计衡量）。

管理层对净经营性营运资本的兴趣，主要是因为对于企业未来的经营状况，现金是未知的，而非流动资产、流动资产（不包括现金）和负债金额的变化可以通过管理层做出的决策进行预测：需要购置的新设备、应收账款可能会随销售量的增加而增加；信用销售期限可能会相应发生变化；存货水平会随着即时生产系统的采用（撤销）而减少（增加）等。对净经营性营运资本的了解，可以让分析师预测企业需要多少现金支持企业的成长以及企业需要增加多少长期和短期资本。管理层也需要了解企业净经营性营运资本，来决定需要增加多少资金来执行经营决策，当然管理层可以了解到更多的细节。在进行路演的时候，管理层在介绍完企业的财务业绩和市场状况后，通常会进一步详细说明企业下一年如何满足一定增长战略下的净经营性营运资本。

图 15-1 显示了净稳定资金如何成为衡量企业财务健康状况和坚固性的指标：确定了多少稳定资金可以用来支持经营周转。

充足稳定的长期融资可以减少短期融资中断带来的风险（例如 2008～2009 年金融危机带来的巨大冲击）。净稳定资金衡量了在经济状况极端的情况下，企业持续经营的可能性，即在部分或全部清算抵销流动负债后，还有多少流动资产可以满足经营周期（或现金泵）的持续运转。净稳定资金展现了企业失去所有短期融资来源后继续生存的能力。

对于所谓"合理"的净稳定资金水平，没有一个通用标准或默认法则。净稳定资金的合理水平与以下因素相关：企业的性质、成长机会与风险、与供应商和客户的关系、经营流程和商业周期。

目标净稳定资金水平可以定义为在没有短期融资支持的情况下，维持企业持续经营所需的资金。在衡量企业长期经营动态，以及将企业和其他同行业主体比较的时候，净稳定资金是一个非常有用的指标。净稳定资金水平越低，说明用于保证企业持续经营的稳定资金来源越少（相对较高的风险）。净稳定资金水平越高，企业的财务状况越安全（相对较低的风险）。

但是，净稳定资金水平过低以及过高，都不是最佳情形：过低 = 破产的风险；过高 = 降低盈利（维持经营运转的资源成本过高）。长期融资成本（贷款成本和权益成本）通常较高，而流动负债大多数是不带息的，成本较低。企业保持越高水平的净稳定资金越安全，但是长期融资成本越高。在其他因素等同的情况下，低风险意味着低盈利，而高流动风险（较少甚至负的净稳定资金）意味着高盈利。

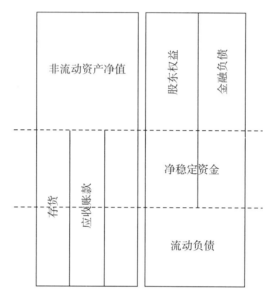

图 15-1　净稳定资金 = 股东权益 + 金融负债 − 非流动资产

起初，分析师只关注净稳定资金这一静态指标，而忽略了净经营性营运资本这一动态指标。净经营性营运资本衡量了销售增长或销售产品组合变动所带来的资金需求。净稳定资金应该保持正数，衡量了企业的财务安全性和持续经营能力。企业的融资结构应该长期保持稳定。现金本身不是最关键的问题。对于管理者来说，对现金水平和融资结构的管理才是最关键的决策。净经营性营运资本和净现金是净稳定资金的两个相关组成部分。

另外，大量零售企业的存在和新兴经济主体（服务和信息技术企业）的发展，使得负净稳定资金的情况完全可行。

例如，一家零售商的存货周转率为一年 52 次，没有应收账款，客户都用现金或等同于现金的信用卡支付，从供应商处获得 45 天的信用赊销期限，在这种情况下，净经营性营运资本为负数。在零售企业（不像制造企业），只要客户需求没有减少，负营运资金并不是高风险的迹象（例如，不能及时支付供应商欠款）。当然，如果客户需求下降，甚至停滞，销售收入可能不足以支付应付账款。在这种情况下，要么以较大的折扣出售存货，要么清算非流动资产，或采取其他手段募集需要的资金，这都会影响企业的持续经营。

净经营性营运资本（净稳定资金 − 净现金）定义了经营周期中的融资需求。现金等式将资产负债表的各部分联系起来，使分析师和投资者能够从经营周期的角度分析企业的状况。

2. 净稳定资金、净经营性营运资本和净现金的其他算法

简化资产负债表是编制财务结构表的重要步骤。一些资产负债表科目可能需要详细地解释，因为对它们的处理方式可能会有所不同。

市场化证券，又叫作短期投资，包括一年内到期的债务证券。市场化证券通常被划分为流动资产。但是，如果编制财务结构表的分析师认为市场化证券是一种现金管理工具，而且价值变动不大，市场化证券也可以被当作现金等价物。

非流动金融负债的流动部分通常在流动负债中单独披露（见第 5 章按期限划分的资产负债表）。将其纳入"净稳定资金"中，以更强调长期资本的"稳定"方面，因为被纳入净稳定资金中的长期资本是与净经营性营运资本（由营运周期产生的融资需求）融资相关的一个重要元素。出于同样的原因，与使用权资产相关的流动负债（见第 12 章第 8 节租赁资产）也包括在净稳定资金中。这样所有与租赁相关的负债都包括在该指标（净稳定资金）中，该指标还包含租赁资产（使用权资产）。最后，出于类似的原因，债券的流动部分也包括在净稳定资金中。

然而，根据分析的目标，可以考虑另一种观点。例如，分析师可能选择关注与公司相关的信贷风险。在这种情况下，将非流动金融负债的流动部分包括在净经营性营运资本的计算中可能是适当的。这种方法被认为更加保守。

虽然这些债务最初是为了长期而借入的，可能是为长期投资项目融资，但其在短期到期表示公司要么退出相应的投资，要么寻找到可替代的长期融资选项。在这些债务到期之前，它们只能用于支持公司的营运周期。

非流动资产相关的应付账款（非流动应付账款）通常被包括在流动负债下。它们也可以被作为净稳定资金。这种情况下，非流动应付账款就对应了包括在非流动资产下的净稳定资金。

最后，短期银行借款和短期借款的处理也是比较灵活的。因为到期期限，短期借款通常放在流动负债下列示。但是，对于它们的性质，可以有不同的解释：

- 如果短期银行借款是稳定地不断更新融资来源（银行持续不断地提供短期贷款），它们就可以被当作长期稳定的净稳定资金。银行借款金额的稳定性可以看出融资的持续性。
- 如果短期银行借款变动很大，它们可以被当作负现金。这是我们在表 15-2 中采纳的解决方案。需要注意的是，如果外部货币环境和相关公司自身的财务状况都是稳定的，银行通常会随着时间推移逐步续贷这些贷款。因此，在有大量短期借款的情况下，分析师必须保持警惕，并密切监控这种情况。

总结一下以上对部分科目的不同处理，最重要的是以下两点。

- 首先，从概念上讲，对财务结构表中科目的重新构造取决于分析的目的。如果分析师认同经营周期的方法以及长期融资来源的稳定性，对科目的重新列示就是相关的，一

些流动金融负债就可以被包括在长期融资里。相反，如果分析师更支持流动性的方法，对科目的重新列示就没有必要了，财务结构表中的流动资产和流动负债的列示应该与资产负债表一致。

- 其次，在实践中，只有相关信息在年报中有详细披露（比如短期投资的明细、非流动应付账款的金额，以及短期银行借款的明细），才能对以上科目进行不同的列示处理。

3. 净经营性营运资本和净现金组合的不同情形

上述定义的现金等式（表 15-3）的三个组成部分都可以是正数或者负数。将这三个组成部分的正数和负数进行组合，可以得到财务结构的 6 种可能的情形。图 15-2 显示了净稳定资金、净经营性营运资本、净现金的 6 种组合情形。

净稳定资金用深灰▇表示，净经营性营运资本是流动资产（除现金外）（用▨▨表示）和流动负债（用浅灰▢表示）的差额。

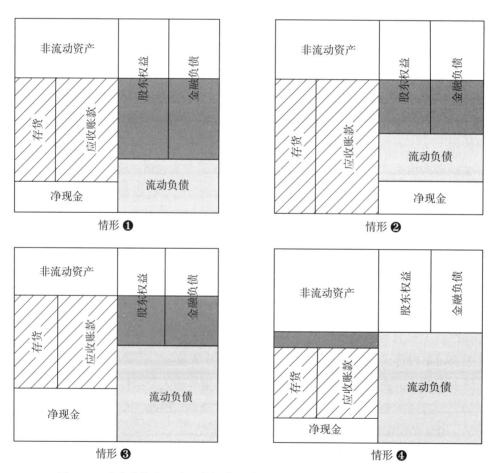

图 15-2　净稳定资金、净经营性营运资本、净现金财务结构的 6 种情形图

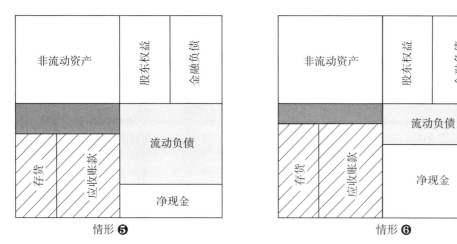

图 15-2　净稳定资金、净经营性营运资本、净现金财务结构的 6 种情形图（续）

图 15-3 列示出现金等式 3 个组成部分的正负数组合，与图 15-2 中 6 种情形相对应。

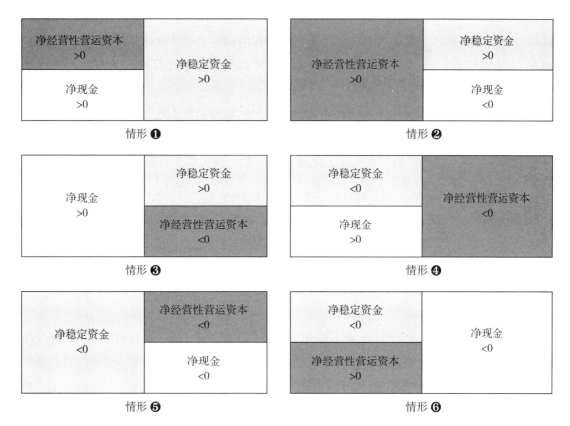

图 15-3　现金等式的 3 个组成部分

情形 ❶　制造企业传统的财务结构，净现金为正数。

情形 ❷　制造企业的财务结构，净现金为负数。

情形 ❸　零售企业传统的财务结构，净经营性营运资本是经营周期融资来源。

情形 ❹　零售企业的财务结构，净经营性营运资本是经营周期融资来源，净稳定资金为负数，说明过度投资固定资产。

情形 ❺　非典型且高风险的财务结构——负现金，而且经营周期融资来源实际上支持了部分非流动资产投资。

情形 ❻　非典型且更高风险的财务结构——负现金，支持了部分非流动资产投资和经营周期融资需求。

我们在前面提到，净稳定现金衡量了企业在失去短期信贷的情况下维持生存的能力。这里进一步提出一个问题：在这种情况下企业可以生存多久？实务工作者习惯用满足营运资金需求所需要的销售天数来衡量企业的短期生存能力。这一指标的计算如下：

$$净经营性营运资本（需要的销售天数）=（净经营性营运资本 / 销售收入）\times 365$$

15.3.3　实务中的财务结构表：埃克森美孚、中国石化和道达尔能源的对比分析

为了举例说明财务结构表的使用，我们将对比分析三家不同国家的石油化工公司[1]。这三家公司是美国的埃克森美孚、中国的中国石化和法国的道达尔能源。

1. 公司背景

埃克森美孚

埃克森美孚石油公司（Exxon Mobil，本案例中简称"埃克森美孚"）1882 年成立于美国的新泽西州。1999 年 11 月 30 日，美孚石油公司成为埃克森的全资子公司，新集团更名为埃克森美孚公司。埃克森美孚总部位于得克萨斯州的埃尔文市，在纽约证券交易所上市。根据 2022 年标普全球 250 强能源公司排名，埃克森美孚是全球第四大的石油和天然气公司[2]。

埃克森美孚从事原油和天然气的勘探、开采、运输与销售，还经营石油产品的生产、运输和销售，以及电力生产。公司还生产和销售石油化工产品，包括烯烃、芳烃、聚乙烯和聚丙烯塑料等。作为能源和石油化工业务的领头羊，埃克森美孚的业务遍布全球大多数国家。

中国石化

中国石油化工集团有限公司（Sinopec，本案例中简称"中国石化"）成立于 2000 年，总部在中国北京。中国石化在香港、纽约、伦敦和上海的证券交易所上市。中国石化及其子公司在中国综合经营石油、天然气和化工产品。

中国石化是中国主要的原油和石油产品的生产与供应商，其产品包括汽油、柴油和航空燃油，以及主要的石油化工产品，如石油化工中间产品、合成树脂、单体和聚合物、合成纤维、化肥等。

道达尔能源

道达尔能源（Total Energies，本案例中简称"道达尔能源"）于 1924 年在法国库尔布瓦成立。道达尔能源在巴黎、纽约、伦敦和布鲁塞尔的证券交易所上市。道达尔能源及其子公司在 130 多个国家经营石油和天然气业务。

道达尔能源的业务遍及石油行业所有部门，包括上游业务（碳氢化合物开采、开发和生产）和下游业务（石油化工产品精炼、原油和石油产品运输与营销）。道达尔能源还涉及可

再生能源业务。

2. 财务信息

- 表 15-5 列示了埃克森美孚 2020～2022 年的合并资产负债表，根据美国企业会计准则编制。
- 表 15-6 列示了中国石化 2020～2022 年的合并资产负债表，根据 IFRS 会计准则编制。
- 表 15-7 列示了道达尔能源 2020～2022 年的合并资产负债表，根据欧盟采纳的 IFRS 会计准则编制。

表 15-5　埃克森美孚 2020～2022 年合并资产负债表　　（单位：百万美元）

12 月 31 日	2022 年	2021 年	2020 年
资产			
流动资产			
现金及现金等价物	29 640	6 802	4 364
现金及现金等价物 – 限制	25	0	0
应收票据和应收账款，净值	41 749	32 383	20 581
存货——原油、产品和商品	20 434	14 519	14 169
存货——原材料	4 001	4 261	4 681
其他流动资产	1 782	1 189	1 098
流动资产总计	97 631	59 154	44 893
投资，预付款和长期应收款	49 793	45 195	43 515
土地、厂房和设备（减去累计折旧后净值）	204 692	216 552	227 553
其他资产（包括无形资产）(净值)	16 951	18 022	16 789
资产总计	369 067	338 923	332 750
负债			
流动负债			
应付票据和贷款 *	634	4 276	20 458
应付账款和应计负债 **	63 197	50 766	35 221
应付所得税	5 214	1 601	684
流动负债总计	69 045	56 643	56 363
长期债务	40 559	43 428	47 182
退休福利准备金	10 045	18 430	22 415
递延所得税负债	22 874	20 165	18 165
对权益债务的长期负债	2 338	2 857	3 253
其他长期负债	21 733	21 717	21 242
负债总计	166 594	163 240	168 620
承诺和或有负债			
股东权益			
无面值普通股	15 752	15 746	15 688
留存收益	432 860	392 059	383 943
累计其他综合收益	（13 270）	（13 764）	（16 705）
库存股	（240 293）	（225 464）	（225 776）
归属于埃森克美孚股东权益	195 049	168 577	157 150

（续）

12月31日	2022年	2021年	2020年
非控制股东权益	7 424	7 106	6 980
股东权益总计	202 473	175 683	164 130
负债和股东权益总计	369 067	338 923	332 750
* 银行借款	379	276	222
* 商业票据	74	1 608	17 306
* 一年内到期长期债务	181	2 392	2 930
* 包括一年内到期的租赁负债	1 532	1 371	1 172

表 15-6　中国石化 2020～2022 年合并资产负债表　　（单位：百万元人民币）

12月31日	2022年	2021年	2020年
非流动资产			
土地、厂房和设备（净值）	630 700	598 925	593 615
在建工程	196 045	155 939	125 525
使用权资产	264 856	268 408	266 012
商誉	6 464	8 594	8 620
投资联营企业权益	159 150	148 729	136 163
投资合营企业权益	74 791	60 450	52 179
以公允价值计量且其变动计入其他综合收益的金融资产	730	767	1 525
递延所得税资产	19 952	19 389	25 054
长期预付款和其他非流动资产	72 812	70 030	74 543
非流动资产总计	1 425 500	1 331 231	1 283 236
流动资产			
现金及现金等价物	93 438	108 590	87 559
金融机构定期存款	51 614	113 399	100 498
以公允价值计量且其变动计入损益的金融资产	2	—	1
衍生金融资产	19 335	18 371	12 528
应收账款	46 364	34 861	35 439
以公允价值计量且其变动计入其他综合收益的金融资产	3 507	5 939	8 735
存货	244 241	207 433	152 191
预付费用和其他流动资产	64 639	69 431	58 709
流动资产总计	523 140	558 024	455 660
流动负债			
短期债务 *	59 037	35 252	23 769
中国石化集团及其子公司的贷款	7 292	2 873	5 264
租赁负债	16 004	15 173	15 293
衍生金融负债	7 313	3 223	4 826
应付账款和应付票据	269 424	215 640	161 908
合同负债	125 444	124 622	126 241
其他应付账款	178 146	239 688	179 108

（续）

12 月 31 日	2022 年	2021 年	2020 年
应付所得税	4 725	4 809	6 586
流动负债总计	667 385	641 280	522 995
净流动负债总计	144 245	83 256	67 335
总资产 – 流动负债	1 281 255	1 247 975	1 215 901
非流动负债			
长期债务	85 706	78 300	72 037
中国石化集团及其子公司的贷款	22 255	13 690	11 778
递延所得税负债	166 407	170 233	171 740
租赁负债	8 079	7 910	8 124
准备金	47 587	43 525	45 552
其他长期负债	14 983	19 243	18 968
非流动负债总计	345 017	332 901	328 199
总资产 – 流动负债 – 非流动负债	936 238	915 074	887 702
股东权益			
股本	119 896	121 071	121 071
公积金	664 810	653 111	625 254
归属于母公司股东权益	784 706	774 182	746 325
非控制股东权益	151 532	140 892	141 377
股东权益总计	936 238	915 074	887 702
* 短期银行借款	14 461	24 959	16 111
* 短期其他借款	0	0	3
* 长期借款的短期流动部分	13 876	3 293	4 637
* 长期公司债券的短期流动部分	30 700	7 000	0
* 公司债券	0	0	3 018

表 15-7　道达尔能源 2020～2022 年合并资产负债表（单位：百万欧元）

12 月 31 日	2022 年	2021 年	2020 年
资产			
非流动资产			
无形资产（净值）	31 931	32 484	33 528
土地、厂房和设备（净值）	107 101	106 559	108 335
联营公司权益：投资和贷款	27 889	31 053	27 976
其他投资	1 051	1 625	2 007
非流动金融资产	2 731	2 404	4 781
递延所得税资产	5 049	5 400	7 016
其他非流动资产	2 388	2 797	2 810
非流动资产总计	178 140	182 322	186 453
流动资产			
存货（净值）	22 936	19 952	14 730
应收账款（净值）	24 378	21 983	14 068
其他流动资产	36 070	35 144	13 428
流动金融资产	8 746	12 315	4 630

（续）

12 月 31 日	2022 年	2021 年	2020 年
现金及现金等价物	33 026	21 342	31 268
持有至出售资产	568	400	1 555
流动资产总计	**125 724**	**111 136**	**79 679**
资产总计	**303 864**	**293 458**	**266 132**
负债和股东权益			
股东权益			
普通股	8 163	8 224	8 267
资本公积和留存收益	123 951	117 849	107 078
外币折算差异	（12 836）	−12 671	−10 256
库存股	（7 554）	−1 666	−1 387
归属于母公司股东权益	**111 724**	**111 736**	**103 702**
非控制股东权益	**2 846**	**3 263**	**2 383**
股东权益总计	**114 570**	**114 999**	**106 085**
非流动负债			
递延所得税负债	11 021	10 904	10 326
员工福利	1 829	2 672	3 917
准备金和其他非流动负债	21 402	20 269	20 925
非流动金融债务	45 264	49 512	60 203
非流动负债总计	**79 516**	**83 357**	**95 371**
流动负债			
应付账款	41 346	36 837	23 574
其他应付账款和应计负债	52 275	42 800	22 465
短期借款 *	15 502	15 035	17 099
其他流动金融负债	488	372	203
与持有至出售资产直接相关的负债	167	58	1 335
流动负债总计	**109 778**	**95 102**	**64 676**
负债和股东权益总计	**303 864**	**293 458**	**266 132**
* 短期金融债务（商业本票）	8 997	8 846	11 305
流动租赁负债	1 437	1 390	1 206
* 非流动金融债务的短期流动部分	5 068	4 799	4 588

3. 简化版资产负债表

我们使用三家公司资产负债表的信息来对比分析它们的财务结构。但是，在资产负债表列报形式不同的情况下（例如，在我们的例子中，三个不同国家的公司列报形式就不相同），首先要将资产负债表调整成统一形式。下面，我们将统一编制简化版资产负债表，然后编制财务结构表。

统一形式的第一步是根据不同公司的财务信息编制简化版资产负债表。在简化版资产负债表中，如表 15-2 所示，原始资产负债表的资产方分成三部分，股东权益和负债方分成三部分（也可能是四部分）。资产方分成的三部分是现金及现金等价物、流动资产（不包括现金）和非流动资产。在下面，我们将股东权益和负债方分成四部分（稳定资金进一步分成股东权益和金融负债）。

在编制简化版资产负债表时，项目列示的顺序应当与原资产负债表的顺序一致。为简单起见，我们在案例分析中采用统一顺序——按流动性递减顺序列示（埃克森美孚公司采用的列示顺序）。如果原资产负债表按流动性递增顺序列示，在简化版资产负债表中就要倒过来。该案例反映了第 5 章讲解过的一个要点：资产负债表的形式对其包含的信息没有实质影响。

例子中的三家公司采用了三种不同但都比较常见的列报方式。

- 单步法，按流动性递减顺序列示（典型的美国式资产负债表）：埃克森美孚。
- 多步法（英国大多数公司和一些中国公司采用）：中国石化。
- 单步法，按流动性递增顺序列示（常用于欧洲大陆）：道达尔能源。

编制简化版资产负债表是编制财务结构表前的准备工作，这也是最难的部分，因为需要将资产负债表项目重新在资产、负债甚至股东权益内进行分类。资产负债表中的一些项目可能比较难分类，这些项目可以同时属于两个类别。所以，分析师必须做出判断，分析师可能会对同一个资产负债表项目的划分有不同意见。例如，一位分析师将一些短期投资划分为"正现金"，而另一位分析师将它们划分为"流动资产（不包括现金）"，认为这些投资不容易转换成现金。重要的是，在进行比较的公司之间分类标准要统一。表 15-8 列示了埃克森美孚、中国石化和道达尔能源的简化版资产负债表。

表 15-8　埃克森美孚、中国石化和道达尔能源的简化版资产负债表

埃克森美孚（百万美元）	2022 年	2021 年	2020 年
现金和银行存款	29 665	6 802	4 364
流动资产（不包括现金）	67 966	52 352	40 529
非流动资产	271 436	279 769	287 857
资产总计	369 067	338 923	332 750
短期银行借款和银行透支	453	1 884	17 528
流动负债（不包括短期债务）	66 879	50 996	34 733
长期负债（包括 1 年内到期的长期债务）	99 262	110 360	116 359
权益	202 473	175 683	164 130
股东权益和负债总计	369 067	338 923	332 750
中国石化（百万元人民币）	2022 年	2021 年	2020 年
现金	145 052	221 989	188 057
流动资产（不包括现金）	378 088	336 035	267 603
非流动资产	1 425 500	1 331 231	1 283 236
资产总计	1 948 640	1 889 255	1 738 896
短期银行借款和银行透支	14 461	24 959	16 114
流动负债（不包括短期债务）	592 344	590 855	483 933
长期负债（包括长期借款的流动部分）	405 597	358 367	351 147
权益	936 238	915 074	887 702
股东权益和负债总计	1 948 640	1 889 255	1 738 896

（续）

道达尔能源（百万欧元）	2022 年	2021 年	2020 年
非流动资产	178 140	182 322	186 453
流动资产（不包括现金）	92 698	89 794	48 411
现金	33 026	21 342	31 268
资产总计	**303 864**	**293 458**	**266 132**
权益	114 570	114 999	106 085
长期负债（包括长期债务的流动部分）	86 021	89 546	101 165
流动负债（不包括短期债务）	94 276	80 067	47 577
短期银行借款和银行透支	8 997	8 846	11 305
股东权益和负债总计	**303 864**	**293 458**	**266 132**

为了编制简化版资产负债表，我们还需要附注中的信息。对于以上三家公司，我们采取了如下统一处理方式。商业票据是短期债务的一种。大部分商业票据的到期日非常短，通常是按天算，以满足短期融资需求。我们把商业票据归类为负现金，虽然商业票据严格意义上不算银行债务。我们在简化版资产负债表中也加入了长期债务的流动部分。我们还把短期银行贷款归入了负现金。

4. 财务结构表

编制好简化版资产负债表后，编制财务结构表就比较方便了。表 15-9 列示了埃克森美孚、中国石化和道达尔能源的财务结构表。

5. 分析

正如前面提到的，三家公司的资产负债表列示方式不同，而且每家公司的资产负债表的报告货币不同——美元（埃克森美孚）、人民币（中国石化）和欧元（道达尔能源），这些差异都通过财务结构表得到调整或标准化。这种标准化利于分析比较这些公司如何管理财务结构。下面的比较将显示，虽然三家公司处于同一个行业，但是采用了不同的财务结构。

表 15-9　埃克森美孚、中国石化和道达尔能源的财务结构表

埃克森美孚（百万美元）	2022 年	2021 年	2020 年
股东权益	202 473	175 683	164 130
长期负债（包括 1 年内到期的长期债务）	99 262	110 360	116 359
非流动资产	（271 436）	（279 769）	（287 857）
净稳定资金	**30 299**	**6 274**	**（7 368）**
流动资产（不包括现金）	67 966	52 352	40 529
流动负债（不包括短期债务）	（66 879）	（50 996）	（34 733）
净经营性营运资本	**1 087**	**1 356**	**5 796**
现金	29 665	6 802	4 364
短期银行借款和银行透支	（453）	（1 884）	（17 528）
净现金	**29 212**	**4 918**	**（13 164）**

（续）

中国石化（百万元人民币）	2022 年	2021 年	2020 年
股东权益	936 238	915 074	887 702
长期负债（包括 1 年内到期的长期债务）	405 597	358 367	351 147
非流动资产	（1 425 500）	（1 331 231）	（1 283 236）
净稳定现金	**（83 665）**	**（57 790）**	**（44 387）**
流动资产（不包括现金）	378 088	336 035	267 603
流动负债（不包括短期债务）	（592 344）	（590 855）	（483 933）
净经营性营运资本	**（214 256）**	**（254 820）**	**（216 330）**
现金	145 052	221 989	188 057
短期银行借款和银行透支	（14 461）	（24 959）	（16 114）
净现金	**130 591**	**197 030**	**171 943**
道达尔能源（百万欧元）	2022 年	2021 年	2020 年
股东权益	114 570	114 999	106 085
长期负债（包括 1 年内到期的长期债务）	86 021	89 546	101 165
非流动资产	（178 140）	（182 322）	（186 453）
净稳定现金	**22 451**	**22 223**	**20 797**
流动资产（不包括现金）	92 698	89 794	48 411
流动负债（不包括短期债务）	（94 276）	（80 067）	（47 577）
净经营性营运资本	**（1 578）**	**9 727**	**834**
现金	33 026	21 342	31 268
短期银行借款和银行透支	（8 997）	（8 846）	（11 305）
净现金	**24 029**	**12 496**	**19 963**

图 15-4 列示了每家公司的财务结构（参考图 15-3）。

图 15-4 三家公司的主要财务结构（使用 2022 年年末的简化版资产负债表）

表 15-10 用另一种方式（"+"代表正数、"-"代表负数）呈现了三家公司三年的财务结构。

表 15-10 三家公司的财务结构

	埃克森美孚			中国石化			道达尔能源		
	2022 年	2021 年	2020 年	2022 年	2021 年	2020 年	2022 年	2021 年	2020 年
净稳定资金	+	+	-	-	-	-	+	+	+
净经营性营运资本	+	+	+	-	-	-	-	+	+
净现金	+	+	-	+	+	+	+	+	+
情形（见图 15-3）	❶	❶	❻	❹	❹	❹	❸	❶	❶

埃克森美孚

埃克森美孚在2022年的财务结构对应于图15-2和图15-3中的情形❶，这代表了一个制造公司稳定的财务结构，其中净稳定资金、净经营性营运资本和净现金都是正的。这意味着埃克森美孚有足够的长期资本来资助其长期投资需求（因为净稳定资金>0），以及其持续的经营活动。

由于稳定资金的增加和非流动资产的同时减少，埃克森美孚的净稳定资金显著增加。由于净经营性营运资本的减少，净现金也增加。

道达尔能源

在2022年，道达尔能源的财务结构对应于情形❸，这代表了一个制造公司不寻常的财务结构，其中净稳定资金和净现金是正的，但净经营性营运资本是负的。这意味着道达尔能源有足够的长期资金来资助其长期投资需求（因为净稳定资金>0），并且持续的经营活动产生了融资来源。

然而，净稳定资金的不同指标的发展并不稳定。过去三年的趋势显示，净稳定资金略有增加，这被净经营性营运资本的减少所抵销，从而使从2020年到2022年的现金增加。

中国石化

在此期间，中国石化的财务结构与零售或分销公司相似，其中净稳定资金和净经营性营运资本都为负（参见图15-2和图15-3中的情形❹）。我们应该了解中国的商业环境。我们看到，由于高水平的投资与行业保持一致，中国石化的净稳定资金为负。然而，长期融资并不足够，净稳定资金在2020年至2022年的三年中一直保持负值。

其他的长期投资资金来源是如何生成的？它们来自应付账款（净经营性营运资本<0）。在一个更稳定的经济体中（一个相对稳定但增长缓慢的经济体），我们可能会得出这种财务状况非常有风险的结论。但是，由于中国石化在中国的行业地位，该公司在中国被认为是非常有信誉的，并且在与其供应商（包括其银行）的谈判中具有一定优势。因此，目前，负净经营性营运资本对于中国石化来说是一个可持续的解决方案。

同时，值得注意的是，中国石化未来的偿债能力仍然取决于其所进行的投资的质量。前一段中的解释是描述性的，并且仅涵盖了供应侧。在可预见的未来，如果中国石化的投资项目利润长期低于预期，该公司可能会遭受与20世纪90年代许多大型日本集团面临的类似的痛苦经历。

15.3.4　营运资本

营运资本的概念在许多国家和地区（例如，北美）经常被使用。它被定义为流动资产（包括现金）与流动负债（包括短期银行借款及银行透支）之间的差额。营运资本凸显了公司用其可用的现金、应收账款和存货账户来覆盖其短期负债的能力，即无须清算非流动（长期）资产，这样的出售可能会危及公司的持续经营本质。

它代表了需要多少长期融资来支持除流动负债、短期负债外的营运周期，其计算显示了在维持一个可行的营运周期的情况下，如果流动负债不可用，则需要什么。

负的营运资本在零售活动中比较常见，即供应商和其他提供短期资金的机构实际上是公司的净资金来源。这样的情况鼓励（某些情况下也可能限制）零售商持续增长其收入以保持生存能力。实际上，许多大型零售集团倾向于通过短期（供应商）信贷来为非流动资产融资。因此，它们在扩增并增加其盈利能力的同时也增加了信贷紧缩、库存周转放缓（可能是由于商店中提供的商品组合错误、采购困难、从外地供应商采购的交货时间日益延长等事件导致）或销售下降（由于影响其客户的经济条件）等风险。

关键知识点

- 财务报表使用者有兴趣了解一家企业的流动性、偿债能力、财务杠杆、盈利能力、资产管理政策和回报投资者的能力。
- 财务报表分析方法：①趋势分析法或水平分析法（比较分析资产、负债项目随时间变化的动态趋势）；②同比分析法或垂直分析法（比较分析财务结构的动态变化）。
- 趋势分析法衡量了特定财务报表项目或整个资产负债表在过去会计年度的变化。
- 同比分析法是将财务报表项目按占某个基准数（例如资产负债表中的总资产，通常指数化为 100）的比例列示。
- 同比分析法使分析师能够更简便地比较分析两家或多家同一行业公司的财务报表或风险水平，尤其当这些公司的规模不尽相同时。
- 简化版资产负债表通常在资产方与股东权益和负债方分别确定两个时间期限（流动 / 短期和非流动 / 长期）。
- 通过简化版资产负债表，可以得到现金等式，建立净稳定资金、净经营性营运资本和净现金之间的关系。
- 根据现金等式三个组成部分之间的关系，可以编制财务结构表。
- 净经营性营运资本（动态衡量）和净稳定资金（静态衡量）显示了企业对短期融资缺失的抵抗能力。
- 营运资本在北美是较为常用的概念，等于流动资产减去流动负债。
- 所有财务分析结果都需要根据企业经营的经济、政治、市场环境进行解读。

实战练习

实战练习 15-1　德沃夏克公司（2）

要　　点：编制财务结构表

难度系数：中

要　求

1. 请根据第 14 章实战练习 14-1 德沃夏克公司（1）中给出的资产负债表，编制 X1 年和 X2 年的简化版资产负债表（资产方分成三部分，股东权益和负债方也分成三部分，见表 15-2）。
2. 请编制 X1 年和 X2 年的财务结构表（计算净稳定资金、净经营性营运资本和净现金）。

实战练习 15-2　Holmen*（2）

要　　点：财务结构表

难度系数：中

　　Holmen 在第 14 章中有所提及（请参见实战练习 14-2）。以下是 2020～2022 年的 12 月 31 日的合并资产负债表（见表 15-11，来源：2021 年和 2022 年年度报告）。合并财务报表"按照国际会计准则委员会（IASB）发布的国际财务报告会计准则（IFRS）编制，并已获得欧盟的采纳。同时也遵循了瑞典财务报告委员会的建议（RFR 1 针对集团的补充会计规则）"。

表 15-11　合并资产负债表　　　　　　（单位：百万瑞典克朗）

12 月 31 日	2022 年	2021 年	2020 年
非流动资产			
森林资产			
生物资产	29 867	29 204	28 663
森林土地	22 284	17 876	14 538
非流动无形资产	427	539	555
土地、厂房和设备	10 124	9 711	9 226
使用权资产	242	240	284
联营企业和合营企业投资	1 680	1 756	1 717
其他股权投资	2	2	2
非流动金融应收款	97	268	290
递延所得税资产	2	3	1
非流动资产总计	64 725	59 599	55 276
流动资产			
存货	4 838	3 818	3 594
应收账款	2 929	2 393	2 015
流动应收税款	589	70	6
其他经营性应收款	6 402	1 676	1 262
流动金融应收款	18	39	43
现金及现金等价物	1 935	507	346
流动资产总计	16 711	8 503	7 266
资产总计	81 436	68 102	62 542
权益			
股本	4 238	4 238	4 238
其他股本	281	281	281
公积	20 689	14 748	11 541
留存收益	31 742	27 725	26 457
归属于母公司股东权益	56 950	46 992	42 517
非流动负债			
非流动金融负债	2 902	3 911	3 919

（续）

12 月 31 日	2022 年	2021 年	2020 年
与使用权相关的非流动负债	158	173	175
养老金负债	7	24	48
非流动准备金	441	409	491
递延所得税负债	13 489	11 611	10 570
非流动负债总计	16 997	16 128	15 203
流动负债			
流动金融负债 *	1 039	736	605
与使用权资产相关的流动负债	89	71	112
应付账款	3 848	2 836	2 496
流动应付税款	118	80	211
流动准备金	0	0	163
其他经营性负债	2 395	1 259	1 235
流动负债总计	7 489	4 982	4 822
负债总计	24 486	21 110	20 025
股东权益和负债总计	81 436	68 102	62 542
* 商业票据	0	200	500
* 衍生金融工具	7	23	5
* 应计利息	18	10	9
* 其他流动负债	1 014	503	91

要　求

1. 请问该资产负债表以何种形式列报？
2. 请编制简化版资产负债表（资产方分成三部分，权益和负债方也分成三部分，见表 15-2，可以在年报中搜索相关信息）。
3. 请编制财务结构表（计算净稳定资金、净经营性营运资本和净现金）。
4. 请对简化版资产负债表和财务结构表进行分析。

挑战练习

挑战练习 15-1　选择题

请选择正确答案（除非特别说明，正确答案只有一个）。

1. 同比分析基于同比财务报表的编制，资产负债表项目按同一个基准数（指数化为 100）的百分比列示。以下哪一项通常作为资产负债表的基准数？

　（a）净利润　　　　　（b）净销售收入　　　（c）总资产

　（d）总负债　　　　　（e）以上都不是

2. 以下哪一项等式是正确的？

　（a）净稳定资金 – 净经营性营运资本 = 净现金

　（b）净稳定资金 / 净经营性营运资本 = 净现金

（c）净稳定资金 × 净经营性营运资本 = 净现金

（d）净稳定资金 + 净经营性营运资本 = 净现金

3. 如何计算净稳定资金？

（a）股东权益 + 金融债务 – 非流动资产   （b）股东权益 + 金融债务 + 非流动资产

（c）非流动资产 + 流动资产   （d）非流动资产 – 流动资产

4. 如何计算净经营性营运资本？

（a）净稳定资金 – 流动资产（不包括现金）

（b）流动资产（不包括现金）– 流动负债（不包括短期银行借款及银行透支）

（c）金融债务 – 流动负债

（d）非流动资产 – 流动资产（不包括现金）

5. 如何计算净现金？

（a）短期银行借款 + 银行透支

（b）短期银行借款 + 银行透支 – 正现金及现金等价物

（c）正现金及现金等价物 – 银行透支

（d）固定资产 – 短期银行借款 + 正现金及现金等价物

6. 如果一家制造企业的净现金为负数，该企业的财务结构是以下哪一项？

（a）

净经营性营运资本	净稳定资金
净现金	

（b）

净现金	净稳定资金
	净经营性营运资本

（c）

净经营性营运资本	净稳定资金
	净现金

（d）

净稳定资金	净现金
净经营性营运资本	

7. 如果一家公司的净经营性营运资本为负，以下哪种情况最有可能？

（a）应收账款周转率高   （b）公司产品需求低

（c）公司很快结清供应商款项   （d）公司有大量的非流动负债

8. 正净经营性营运资本是销售行业公司的典型状况。

（a）对   （b）错

9. 只有按期限（而不是按职能）编制资产负债表的情况下，才可以计算现金等式及其三个组成部分（净稳定资金、净经营性营运资本和净现金）。

（a）对   （b）错

10. 如果资产负债表按期限编制，并按流动性递减排列，则不能计算现金等式及其三个组成部分。

（a）对   （b）错

挑战练习 15-2　斯美塔那公司（2）

要　　点：编制财务结构表

难度系数：低

斯美塔那公司主要经营美容和化妆产品业务。

要　求

1. 请根据第 14 章挑战练习 14-2 斯美塔那公司（1）中的资产负债表，编制 X1 年、X2 年和 X3 年的简化版资产负债表（资产方分成三部分，股东权益和负债方也分成三部分，见表 15-2）。
2. 请编制 X1 年、X2 年和 X3 年的财务结构表（计算净稳定资金、净经营性营运资本和净现金）。
3. 请分析简化版资产负债表和财务结构表。

挑战练习 15-3　中石油 *

要　　点：财务结构表

难度系数：中

　　中国石油天然气集团有限公司（简称"中石油"）主要从事以下业务：①原油和天然气的勘探、开发、运输、生产和营销，以及新能源业务；②原油和石油产品的炼制，主要是石油化工产品、衍生石油化工产品和其他化工产品的生产和营销，以及新材料业务；③精炼产品和非油产品的营销，以及贸易业务；④天然气的运输和销售。

　　中石油合并财务报表根据中国企业会计准则编制。表 15-12 列示出中石油 2020~2022 年的合并资产负债表（资料来源：2021 年和 2022 年年报）。

表 15-12　中石油合并资产负债表　　　　（单位：百万元人民币）

资产	2022 年 12 月 31 日	2021 年 12 月 31 日	2020 年 12 月 31 日
流动资产			
现金和银行存款	225 049	163 536	145 950
以公允价值计量且变动计入损益的金融资产	3 876	0	0
衍生金融资产	21 133	3 913	0
应收票据和应收账款	72 028	52 746	52 325
应收融资款	4 376	3 975	8 076
预付账款	13 920	14 598	21 626
其他应收款	45 849	39 554	26 834
存货	167 751	143 848	128 539
持有至出售资产	0	0	42 615
其他流动资产	59 885	58 668	60 802
流动资产总计	613 867	480 838	486 767
非流动资产			
对其他权益工具的投资	950	1 176	910

（续）

资产	2022 年 12 月 31 日	2021 年 12 月 31 日	2020 年 12 月 31 日
长期权益投资	269 671	265 884	250 698
固定资产	463 027	418 837	415 988
石油天然气资产	832 610	816 788	813 888
在建工程	196 876	223 671	222 215
使用权资产	132 735	139 359	144 338
无形资产	92 960	90 587	86 101
商誉	7 317	7 987	8 125
长期待摊费用	10 388	11 391	11 869
递延所得税资产	19 699	12 161	11 364
其他非流动资产	33 651	33 854	36 137
非流动资产总计	2 059 884	2 021 695	2 001 633
资产总计	2 673 751	2 502 533	2 488 400

负债和股东权益	2022 年 12 月 31 日	2021 年 12 月 31 日	2020 年 12 月 31 日
流动负债			
短期借款	38 375	40 010	41 354
公允价值变动计入损益的金融负债	1 698	0	0
衍生金融负债	11 146	3 881	0
应付票据	15 630	20 089	19 313
应付账款	289 117	233 221	220 318
合同负债	77 337	78 481	91 477
应付职工薪酬	9 385	8 975	8 649
应付所得税	53 514	76 774	63 724
其他应付账款	41 542	28 493	56 250
持有至出售负债	0	0	9 956
非流动负债的流动部分	70 561	19 893	81 769
其他流动负债	15 958	8 341	12 608
流动负债总计	624 263	518 158	605 418
非流动负债			
长期借款	169 630	198 005	160 140
应付债券	52 848	89 170	91 239
租赁负债	118 200	123 222	122 644
准备金	142 081	129 405	114 819
递延所得税负债	21 032	26 654	16 390
其他非流动负债	7 594	8 795	10 865
非流动负债总计	511 385	575 251	516 097
负债总计	1 135 648	1 093 409	1 121 515
股东权益			
股本	183 021	183 021	183 021
资本公积	123 612	127 375	127 222
专项储备	8 490	9 231	10 810
其他综合收益	（19 062）	（34 737）	（32 128）

（续）

负债和股东权益	2022 年 12 月 31 日	2021 年 12 月 31 日	2020 年 12 月 31 日
盈余公积	224 957	211 970	203 557
未分配利润	848 558	766 955	722 939
归属于母公司股东权益	1 369 576	1 263 815	1 215 421
少数股东权益	168 527	145 309	151 464
股东权益总计	1 538 103	1 409 124	1 366 885
负债和股东权益总计	2 673 751	2 502 533	2 488 400

要　　求

1. 该资产负债表是何种形式?

2. 请编制简化版资产负债表(资产方分成三部分,权益和负债方也分成三部分)。

3. 请编制财务结构表(计算净稳定资金、净经营性营运资本和净现金)。

4. 请分析财务结构表。

挑战练习 15-4　印孚瑟斯公司 *

要　　　点: 财务结构表

难度系数: 高

印孚瑟斯公司的总部在印度,主要业务是向全球客户提供咨询、软件、外包和下一代数字化服务。

公司的合并财务报表根据印度会计准则编制。表 15-13 是公司 2021～2023 年的合并资产负债表(资料来源: 2021/2022 年和 2022/2023 年年报)。

表 15-13　印孚瑟斯公司合并资产负债表　　　　　（单位: 千万卢比）

3 月 31 日	2023 年	2022 年	2021 年
资产			
非流动资产			
土地、厂房和设备	13 346	13 075	12 560
使用权资产	6 882	4 823	4 794
在建工程	288	416	922
商誉	7 248	6 195	6 079
其他无形资产	1 749	1 707	2 072
金融资产			
投资	12 569	13 651	11 863
贷款	39	34	32
其他金融资产	2 798	1 460	1 141
递延所得税资产（净值）	1 245	1 212	1 098
所得税资产（净值）	6 453	6 098	5 811
其他非流动资产	2 318	2 029	1 281
非流动资产总计	54 935	50 700	47 653

（续）

3 月 31 日	2023 年	2022 年	2021 年
流动资产			
金融资产			
投资	6 909	6 673	2 342
应收账款	25 424	22 698	19 294
现金及现金等价物	12 173	17 472	24 714
贷款	289	248	159
其他金融资产	11 604	8 727	6 410
所得税资产（净值）	6	54	——
其他流动资产	14 476	11 313	7 814
流动资产总计	70 881	67 185	60 733
资产总计	125 816	117 885	108 386
股东权益和负债			
股东权益			
股本	2 069	2 098	2 124
其他权益	73 338	73 252	74 227
归属于母公司的股东权益	75 407	75 350	76 351
少数股东权益	388	386	431
权益总计	75 795	75 736	76 782
负债			
非流动负债			
金融负债			
租赁负债	7 057	4 602	4 587
其他金融负债	2 058	2 337	1 514
递延所得税负债（净值）	1 220	1 156	875
其他非流动负债	500	451	763
非流动负债总计	10 835	8 546	7 739
流动负债			
金融负债			
租赁负债	1 242	872	738
应付账款	3 865	4 134	2 645
其他金融负债	18 558	15 837	11 390
其他流动负债	10 830	9 178	6 233
准备金	1 307	975	713
所得税负债（净值）	3 384	2 607	2 146
流动负债总计	39 186	33 603	23 865
股东权益和负债总计	125 816	117 885	108 386

要　求

1. 该资产负债表以何种形式列示？

2. 请编制简化版资产负债表（资产方分成三部分，权益和负债方也分成三部分，见表 15-2）。

3. 请编制财务结构表（计算净稳定资金、净经营性营运资本和净现金）。

4. 请分析简化版资产负债表和财务结构表。

挑战练习 15-5 iliad-Free*（3）

要　　点：财务结构表

难度系数：高

我们在第 14 章挑战练习 14-4 中介绍过 iliad-Free。iliad 集团的合并财务报表根据欧盟采纳的 IFRS 会计准则编制。

表 15-14 列示出 iliad 集团 2018～2022 年的合并资产负债表（资料来源：2019 年、2020 年、2021 年和 2022 年年报）。

表 15-14　iliad 集团合并资产负债表　　　　　　　　　（单位：百万欧元）

12 月 31 日	2022 年	2021 年	2020 年	2019 年	2018 年
商誉	717	562	2 437	294	215
无形资产	5 551	5 472	4 543	3 729	3 938
使用权资产	4 367	4 163	3 421	2 873	0
土地、房屋和设备	8 132	7 403	6 521	5 240	5 358
权益投资	749	1 243	1 364	982	318
其他金融资产	226	197	46	61	50
递延所得税资产	539	415	301	185	65
其他非流动资产	52	44	35	20	16
非流动资产总计	**20 333**	**19 499**	**18 668**	**13 384**	**9 960**
存货	324	65	84	86	90
流动所得税资产	3	12	25	14	28
应收账款和其他应收款	1 163	995	946	560	972
其他流动资产	1 153	1 162	1 029	554	0
其他金融资产	27	13	0	2	6
现金及现金等价物	1 470	959	574	563	15
流动资产总计	**521**	**704**	**686**	**1 593**	**181**
资产总计	**4 661**	**3 910**	**3 344**	**3 372**	**1 292**
股本	15	15	15	13	13
资本公积	510	510	468	464	439
留存收益和其他公积	4 687	5 348	5 020	3 354	3 154
股东权益	**5 212**	**5 873**	**5 503**	**3 831**	**3 606**
归属于：					
• 母公司股东	5 248	5 888	5 492	3 822	3 591
• 少数股东	（36）	（15）	11	9	15
长期准备金	109	106	121	164	2
长期金融负债	10 011	7 096	7 213	3 518	3 407
非流动租赁负债	3 951	3 652	2 681	2 291	0
递延所得税负债	309	264	51	9	2
其他非流动负债（1）	514	435	1 399	1 333	1 563

（续）

12 月 31 日	2022 年	2021 年	2020 年	2019 年	2018 年
非流动负债总计	14 894	11 553	11 465	7 315	4 974
短期准备金	79	55	127	156	35
应付所得税	149	265	23	0	0
应付账款和其他应付款（1）（2）	2 681	3 439	2 729	1 854	1 880
短期金融负债（3）	1 326	1 620	1 220	1 685	757
短期租赁负债	634	604	751	515	0
持有至出售负债	19	0	194	0	0
与股票回购相关负债	0	0	0	1 400	0
流动负债总计	4 888	5 983	5 044	5 610	2 672
股东权益和负债总计	24 994	23 409	22 012	16 756	11 252
（1）包括非流动资产的供应商	1 147	2 225	2 481	1 812	2 306
（2）非流动资产的供应商包括在流动负债中	648	1 812	1 126	508	762
（3）包括银行借款	745	476	691	1 665	715
（4）包括债券	0	647	498	0	23
（5）包括银行透支	2	2	5	3	7
（6）包括其他	579	495	26	17	12

要　求

1. 该资产负债表以何种形式列示？

2. 请编制简化版资产负债表（资产方分成三部分，权益和负债方也分成三部分，见表 15-2）。

3. 请编制财务结构表（计算净稳定资金、净经营性营运资本和净现金）。

4. 请分析简化版资产负债表和财务结构表。

挑战练习 15-6　宝洁 *（2）

要　　点：财务结构表

难度系数：高

　　我们在第 14 章介绍过宝洁（见挑战练习 14-3）。本章表 15-1 列示了宝洁 2020/2021 年和 2021/2022 年资产负债表（资料来源：2020/2021 年年报和 2021/2022 年年报）。表 15-15 列示出了宝洁的一些附加信息。

表 15-15　宝洁附加信息　　　　　　　　　　（单位：百万美元）

6 月 30 日	2022 年	2021 年	2020 年
1 年内到期的债务：			
长期债务的流动部分	3 647	3 620	2 508
商业票据	4 805	5 171	8 545
其他	193	98	130

要　求

1. 该资产负债表以何种形式列示?
2. 请编制简化版资产负债表 (资产方分成三部分,权益和负债方也分成三部分,见表15-2)。
3. 请编制财务结构表 (计算净稳定资金、净经营性营运资本和净现金)。
4. 请分析简化版资产负债表和财务结构表。

参考书目

Chan K, Chan L K C, Jegadeesh N, Lakonishok J. (2006) Earnings quality and stock returns. Joumal of Business, 79(3), 1041-1082.

Ding Y, Entwistle G M, Stolowy H. (2007) Identifying and coping with balance sheet differences: a comparative analysis of US, Chinese, and French oil and gas firms using the 'statement of financial structure'. Issues in Accounting Education, 22(4), 591-606.

扩展阅读

Cote J M, Latham C K. (1999) The merchandising ratio: a comprehensive measure of working capital strategy. Issues in Accounting Education, 14(2), 255-267.

注　释

1　这部分根据 Ding et al.(2007) 更新。
2　S&P 提供的全球能源公司排名主要是基于以下 4 个主要指标:资产价值、收入、利润和投资回报率。2022 年石油、天然气和能源公司全球前 12 强是:①沙特阿拉伯石油;②巴西国家石油公司;③俄罗斯卢克石油公司;④埃克森美孚;⑤俄罗斯天然气工业股份公司;⑥道达尔能源;⑦挪威国家石油公司;⑧雪佛龙;⑨壳牌公司;⑩康菲石油公司;⑪中国海洋石油公司;⑫中国石油化工集团。

第16章 编制现金流量表

本章教给你什么

1. 什么是现金流量表。

2. 多角度分析现金流量表的作用。

3. 很多国家要求公布现金流量表，尤其是上市公司。

4. 现金流量表根据特殊报告目的分为三部分：经营活动现金流、投资活动现金流和融资活动现金流。

5. 虽然各个国家的现金流量表的形式日趋一致，但对现金流使用和来源的分类仍存在着一定的差异。

6. 计算经营活动现金流的直接法和间接法。

7. 什么是"潜在现金流"，以及其在确定经营活动现金流中的作用。

8. 如何处理投资活动和融资活动产生的非现金项目。

我们在第1章和第3章提到过，"现金为王"以及现金泵是企业的心脏。将流动资产（应收账款和存货）快速地转换成现金的能力，对企业的当下生存非常关键。同样，满足企业经营活动和成长性需求而进行融资的能力，对企业的持续经营也至关重要。

资产负债表和利润表都不能呈现企业财务结构演变的动态视图，例如，财务结构的总体变化（资产方和股东权益与负债方同时变化）和现金状况的变化。

理解财务结构和现金状况的变化，对于企业管理层和外部财务分析师来说都非常重要。IAS 7（IASB 2017：§3）描述，主体财务报表使用者关注主体如何产生和使用现金及现金等价物，不论主体的业务性质如何，现金是不是主体的产品（如金融机构）。不管主体的主营业务如何不同，它们都基于同样的原因需要现金，它们都需要现金进行正常的生产经营、偿还债务和向投资者提供回报。

现金流量表（statement of cash flows）的编制能满足这些信息需求。我们在第 3 章展示过简单的现金流量表如何与资产负债表和利润表相关联。在本章，我们将展示 IASB 和大多数国家采用的现金流量表的模式。本章主要讲解如何编制现金流量表，我们将在第 17 章重点讲解如何分析现金流量表。

16.1　现金流量表的结构

IAS 7（IASB 2017：§1）规定，主体应根据本准则的要求编制现金流量表，并将其作为每期对外列报的基本财务报表之一。在一些国家 [如美国、英国、中国和法国（针对合并财务报表）等]，企业被要求编制现金流量表，而在其他一些国家 [如法国（针对单独财务报表）和意大利等]，是否编制现金流量表是可选择的。但是，在欧洲和其他一些国家（如澳大利亚等），从 2005 年开始采用 IFRS 会计准则的上市公司（详见第 5 章）被要求编制并公布现金流量表。在实务操作中，即使没有强制要求，大多数上市公司也会在年报中公布现金流量表。

根据定义，现金流量表的一个目的是提供影响现金状况的交易活动的信息。现金流量表报告了一定时期内产生和使用的现金。根据现金来源和使用目的，现金流量表中的现金流分成三个部分：经营活动现金流、投资活动现金流和融资活动现金流，如表 16-1 所示。

表 16-1　现金流量表的结构

经营活动净现金流入 / 流出	A
投资活动净现金流入 / 流出	B
融资活动净现金流入 / 流出	C
现金及现金等价物净增加 / 减少	D = A + B + C
期初现金及现金等价物	E
期末现金及现金等价物	F = D + E

对于根据活动类别将现金流分类，IAS 7（§11）规定，主体根据经营活动、投资活动和融资活动列报其现金流量时，应选择最适合其业务特点的方式。按活动类别提供现金流量信息，有助于报表使用者评价这些活动对主体的财务状况及现金和现金等价物金额的影响；同时也有助于评价这些活动之间的相互关系。

16.2　现金流量表的有用性

将现金流量表提供的信息与其他财务报表所提供的信息联系起来，能为使用者提供评价主体净资产变动情况、主体财务结构（包括其资产流动性和偿债能力）以及主体为适应环境和机会变化而对其现金流量的金额进行调整的能力所需的信息（IAS 7：§4）。现金流量表是非常有用的报表，正如利润表解释了净利润的产生，现金流量表解释了一定时期内现金的变化状况。

16.2.1　现金的重要性

现金是企业主体的"血液"，现金泵是经济主体最基本的商业模式。IAS 7(§4）强调"现金流量信息有助于评价主体产生现金及现金等价物的能力"。现金状况是管理层和财务分析师评估企业的经营活动和业绩的关键指标，包括短期现金状况（评估偿债能力）和长期现金状况（衡量融资需求）。现金状况的重要性（绝对角度和相对角度）以及现金流方向（流入或流出）可以反映企业的财务状况：健康良好、不堪一击、处于挣扎线上，等等。现金是预测企业财务困难程度和破产可能性非常有价值的指标，因为破产常常是没有足够的现金流及时偿还债务和支付利息导致的。同样，经营活动中现金消耗、产生或再补充的速度反映了企业的财务状况。

16.2.2　现金是客观的

现金流量表增强了不同主体间经营业绩报告的可比性，因为它不需要遵循权责发生制，消除了不同主体对同一交易事项采用不同会计准则或会计方法处理带来的影响。

16.2.3　有价值的预测工具

现金流量表不仅可以用于回顾性分析（资金来源和使用状况），还可以用于预测未来（如未来融资来源是否能满足主体经营战略需求，如果经营产生的现金流不足以支持企业的发展和成长，则需要寻求其他融资来源）。因此，现金流量表是企业经营计划和年度预算中重要的组成部分。

另外，现金流量表可以让财务信息使用者比较、评估不同主体未来现金流的可预测性和未来现金流的现值。

16.2.4　国际惯例的发展

在国际上，现在越来越趋向于采用相对统一的现金流量表形式，替代之前不同国家使用的不同形式。如资金流动表（funds flow statement），也叫作财务状况变动表（statement of changes in financial position），主要是对营运资金变动的分解 [营运资金定义为长期负债 + 股东权益 - 非流动资产，或流动资产（包括现金）- 流动负债，见第 15 章]。

即使在一些国家，当地会计准则不要求编制现金流量表，很多公司也会选择公布现金流量表，或许是因为它们选择根据 IFRS 编制年报，或许是因为它们在海外上市，或许仅仅是因为它们希望向投资者传递更完整的信息。

16.3　三种现金流活动的定义

根据产生和消耗现金的不同活动（经营活动、投资活动和融资活动）来划分现金流量表非常重要。IAS 7 对每一种活动都进行了定义，我们将逐一讲解。这些定义运用于各个国家的会计实务操作中，与各个国家关于现金流量表的准则规定一致 [例如，美国的 SFAS 95（FASB 1987）、英国的 FRS 102（FRC 2022）替代 FRS 1（ASB 1991,1996 年修改）、法国的 ANC 2020-01 等]。

有时候对一些活动的划分会比较困难。例如，如何划分财务费用就是一个引起激烈争论的问题，答案会影响"企业是干什么的"这一基本原理（通常将利息的支付看作经营活动现金流出的一部分）。另外，单一交易可能会产生属于不同活动的现金流。例如，分期贷款每个月或每个季度的现金支付，通常包括利息部分和本金部分。同样的问题在资本化的租赁款支付中也会产生（见第 12 章）。支付的利息部分通常被划分为经营活动现金流出，而本金的偿还通常被归类为融资活动。

16.3.1 经营活动

经营活动产生的现金流（通常简称为"经营活动现金流"）指主体主要业务或核心业务活动现金流。经营活动的交易通常会产生最后的净利润或净亏损。经营活动现金流是衡量企业经营活动是否产生足够现金流以维持良好财务状况（短期和长期）的关键指标。经营活动现金流反映了企业不需要通过外部融资来维持经营活动、偿还债务、支付股利甚至为企业发展投资新项目的能力。

表 16-2 中列出了 IAS 7（§14）中给出的经营活动现金流的例子。

一些交易活动，如出售非流动资产也可能产生利得或损失，用来确定最后的净利润或净亏损，但是这类活动产生的现金流应当归类为投资活动产生的现金流，因为企业的正常经营活动是不会出售非流动资产的。出售非流动资产是企业获得资金的一种方式，从而避免向债权人借入资金或向股东募集资金。

本章 16.4 节将讲解经营活动现金流的计算方法。

16.3.2 投资活动

投资活动指购入或出售非流动资产的活动。这些资产可以是有物理形态的，如土地、建筑物、机器、设备等，也可以是无形资产或金融资产，如长期证券、发放的贷款或第三方权益。

单独披露来自投资活动的现金流量是重要的，因为这些现金流量代表着主体为了获得未来的收益和现金流量而转出资源的程度。

表 16-2 中列示了 IAS 7（§16）中给出的投资活动现金流的例子。

不是所有投资活动产生的现金流都有利于企业未来的发展。一些投资活动如剥离非战略性业务或出售有价值的资产等，就不利于企业未来的发展。

📖 例 16-1

SunPower Corporation 是一家总部位于美国的太阳能技术和能源服务提供商，主要向美国和加拿大的客户提供全面的太阳能、储能和家庭能源解决方案。在 2022 年，该集团以 1.492 亿美元的价格出售了其商业和工业解决方案（C&I Solutions）业务。该集团还以 4.401 亿美元的价格出售了其股权投资。因此，2022 年的现金流量表报告显示，考虑到现金支付（例如，购买财产、厂房和设备以及股权投资的收购），投资现金流为正数，达到了 4.929 亿美元。

16.3.3 融资活动

融资活动包括从现有或新股东处募集资金，以及向股东支付股利（在大多数情况下是现金支付）；获取长期贷款，或通过发行债券进行长期融资，以及偿还债务。单独披露来自融资活动的现金流是很重要的，因为这些现金流有助于预测主体长期资金提供者对主体未来现金流的要求权，而且有助于更好地了解企业有多少现金来自股东或财务伙伴提供的"新资金"（见表 16-2 中融资活动现金流的例子）。

表 16-2 对三种现金流活动进行了总结。之后我们还会看到，一些项目的分类存在争议，表 16-2 列出的是现行实务操作的标准分类。

表 16-2 现金流活动的分类

活动	现金流入（接受）	现金流出（支付）
经营活动	• 销售产品和提供劳务所获得的现金收入 • 特许权使用费、劳务费、佣金以及其他现金收入 • 贷款和金融投资利息收入	• 支付给供应商和劳务提供者的现金 • 支付的工资、员工福利和社会保险 • 支付特许权使用费、劳务费和佣金 • 交纳税款 • 借款利息支出
投资活动	• 出售非流动资产、无形资产、有形资产和金融资产的现金收入 • 收到债务偿还	• 购置非流动资产、无形资产、有形资产和金融资产的现金支出 • 给其他主体的贷款
融资活动	• 发行新股的现金收入 • 出售自有股票的现金收入 • 发行债券的现金收入	• 购回主体股票的现金流出 • 偿还债务 • 支付股利

16.3.4 现金流活动分类的不同

一家公司的业务活动主要分为三种：经营活动、投资活动和融资活动。在大多数通用会计准则中，经营活动产生的现金流指能确定最后净利润的交易事项产生的现金流（除了上述提到的出售非流动资产的利得或损失）。因此，经营活动包括狭义上经营中的管理决策（如关于采购、制造、销售和分销等的决策）、贸易融资和现金管理，以及纳税、员工福利和利润分享等，这些都会影响经营活动现金流。

但是，有一些产生现金流入和流出的事项很难进行划分，包括支付利息、支付股利和交纳税款。如表 16-3 所示，IASB 允许报告主体进行一些选择，而美国企业会计准则则没有这种选择性，中国企业会计准则的规定与 IASB 和美国企业会计准则有所不同。

表 16-3　五种现金流的不同划分

	支付利息	收到利息	支付股利	收到股利	支付税款
IASB	经营或融资	经营或投资	经营或融资	经营或投资	经营、投资或融资
美国企业会计准则	经营	经营	融资	经营	经营
中国企业会计准则	融资	投资	融资	投资	经营

最好的实务操作是，不管采用哪种分类方法，都提供足够详尽的信息让财务报表使用者自己根据需要进行重分类。

16.4　计算经营活动现金流

计算经营活动现金流有两种方法：直接法和间接法。

16.4.1　计算经营活动现金流的直接法

直接法是将各交易活动产生的现金进行加总，换言之，就是分别列出各项经营活动的现金流入和流出：销售、购买、支付员工薪酬等。在实务操作中，直接法有以下两种类别。

- **"完全"直接法**：现金流直接从会计账户"银行存款"和"库存现金"进入现金流量表。
- **"半"直接法**：销售、购买及劳动成本账户的流动，根据存货变动和经营性应收应付账款的变动进行调整来产生当期现金流。例如，从客户处收到的现金等于销售收入减去应收账款的变动（X2 年期末应收账款余额减去 X1 年期末应收账款余额）。

16.4.2　计算经营活动现金流的间接法

间接法通过对权责发生制下的净利润或亏损调整如下事项来计算经营活动净现金流。

- 非现金项目，如折旧、准备金、递延税（第 6 章）、未实现外币折算利得和损失、未分配联营企业利润以及少数股东权益（第 13 章）等。
- 当期存货变动和经营性应收应付账款变动。
- 调整其他属于投资活动或融资活动的现金流（例如，将出售非流动资产产生的利得或损失调整到投资活动）。

16.4.3　报告经营活动现金流

图 16-1 对两种方法进行了总结。

使用直接法和间接法计算经营活动现金流将在之后详细讲解。大多数准则（IAS 7：§19、美国 SFAS 95 等）推荐报告中使用直接法，同时允许使用间接法。中国和澳大利亚的会计准则，要求企业采用直接法列示经营活动产生的现金流（流入和流出），同时要求在附注中披露用间接法将净利润／亏损调节为经营活动净现金流的信息。其他准则允许选择使用直接法或间接法（例如，英国的 FRS 102）。尽管直接法可以提供估计未来现金流的有用信息（间接法则不能），但是直接法的计算非常复杂，尤其对于制造企业来说，而且管理者认为直接法披露了企业太多经营活动的细节，"半"直接法的计算也比较复杂。

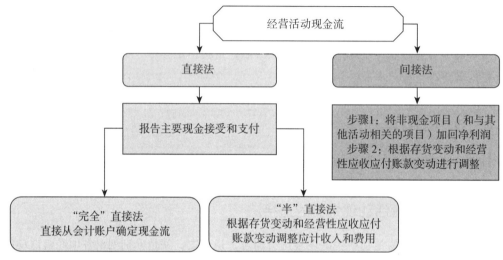

图 16-1　报告经营活动现金流的两种方法

　　因此，在可选择的情况下，大多数企业都选择使用间接法报告经营活动净现金流。有些公司例外，比如澳大利亚的 Coles Group 和中国的深高速[1]。当然，间接法下的信息含量要比直接法下的少很多。

　　最后，我们要强调经营活动现金流确认（企业内部计算）和报告的差异。一家公司很可能内部采用"半"直接法甚至"完全"直接法来计算经营活动现金流（流入和流出），但是决定用间接法来报告经营活动净现金流。换言之，从报告方式并不能判断出经营活动现金流是如何计算的。

16.5　现金及现金等价物

16.5.1　定义

　　根据 IAS 7（§6），现金指库存现金和活期存款。现金等价物指期限短、流动性强、易于转换成已知金额的现金并且价值变动风险很小的投资。金融投资只有在期限短（3 个月或更短）的情况下才被认为是现金等价物。权益投资通常不算现金等价物，除非它们实质上是现金等价物。例如，规定可赎回日而且期限较短的优先股。

　　银行借款一般被认为是融资活动（IAS 7：§8）。但是，IAS 7（§8）对银行透支的规定比较开放。例如，在有些国家（德国、法国和英国等），随时要求偿付的银行透支作为主体现金管理的一部分（IAS 7：§8）。IAS 7 规定，如果银行透支被认为是现金等价物，应当记录为负现金。这种银行业务安排的特点是，银行存款余额经常在结余和透支之间变动。

将银行透支包括在现金等价物范围内也有不好的地方。例如，将短期信贷和其他债务分开报告，使得不能完全解释债务的变动和正确估计债务杠杆。此外，有些主体（大多是高成长性主体）有类似永久性银行透支（quasi-permanent overdraft）的情况，这通常被认为是短期的金融工具，可能被一些企业用作中期或长期融资（如高速成长零售企业的应付账款）。

在实务操作中，很多公司认为 IAS 7 还有解释的空间。它们把银行透支当作短期融资[2]，归类到融资活动。

16.5.2　披露

主体应在现金流量表中披露其现金及现金等价物的构成，同时应列报对现金流量表中的金额与财务状况表中对应项目的调节（IAS 7：§45）。

例 16-2　Wipro（印度—IFRS 会计准则—2021/2022 年年报—航空）

财务报表附注

3. 会计政策信息—（iv）金融工具—a. 现金及现金等价物

公司的现金及现金等价物包括手头现金、银行存款和银行活期存款，银行活期存款可以随时提取，而不需事先通知或对本金处以罚款。

为了现金流量表，现金及现金等价物包括手头现金、银行存款和银行活期存款，扣除可按需偿还且被视为公司现金管理系统一部分的银行透支款项。在合并财务状况表中，银行透支款项列在流动负债中的借款下方。

11. 现金及现金等价物

现金及现金等价物的财务报表附注如表 16-4 所示。

表 16-4　现金及现金等价物　（单位：千万卢比）

3 月 31 日	2020 年	2021 年	2022 年
现金和银行存款	34 087	68 842	61 882
银行活期存款 *	110 412	100 951	41 954
	144 499	169 793	103 836

*银行活期存款可以随时提取，而不需事先通知或对本金处以罚款。

现金流量表中的现金及现金等价物如表 16-5 所示。

表 16-5　现金流量表中的现金及现金等价物　（单位：千万卢比）

3 月 31 日	2020 年	2021 年	2022 年
现金及现金等价物（同上）	144 499	169 793	103 836
银行透支	（395）	（130）	（3）
	144 104	169 663	103 833

注释：这段附注反映了对 IAS 7（§45）的应用。

16.6 现金流量表的例子

表 16-6 列示了一个大多数实务操作中通用的 X2 年现金流量表的模板。表 16-6 的第 3 栏在大多数公布的现金流量表中并没有列示，这里加上只是为了更好地说明现金流量表中每一项的来源。

为了更好地理解，表 16-6 中同时显示了用直接法和间接法计算经营活动现金流。当然，在实务操作中，现金流量表只会列示其中一种方法。

表 16-6 的间接法中出现了潜在现金流，这一术语通常不会出现在公布的现金流量表中，但是能帮助使用者更好地理解间接法的基本原理，潜在现金流通过对净利润调整非现金项目和非流动资产处置利得／损失得到。16.7.1 节将进一步讲解潜在现金流。

表 16-6　现金流量表的模板

		信息来源
经营活动现金流（间接法）		
净利润／亏损	±	IS X2
将净利润／亏损调整为经营活动净现金流		
折旧和摊销（不包括流动资产准备金，如存货和应收账款）	+	IS X2
出售非流动资产利得／损失	±	IS X2
潜在现金流	=	
经营性资产和负债变动		
应收账款变动（净值）	±	BS X1/X2
存货变动（净值）	±	BS X1/X2
预付账款变动	±	BS X1/X2
应付账款和应计费用变动	±	BS X1/X2
经营活动产生的净现金流入／流出 =(A)	=	
或		
经营活动现金流（直接法）		
从客户收取的现金	+	IS X2 & BS X1/X2
支付给供应商的现金	−	IS X2 & BS X1/X2
支付给员工的福利报酬	−	IS X2 & BS X1/X2
收到的现金利息和股利	+	IS X2 & BS X1/X2
其他经营现金收入	+	IS X2 & BS X1/X2
其他经营现金支出	−	IS X2 & BS X1/X2
支付现金利息	−	IS X2 & BS X1/X2
支付所得税	−	IS X2 & BS X1/X2
经营活动产生的净现金流入／流出 =(A)	=	
投资活动现金流		
购置非流动资产支出的现金	−	BS X1/X2 & AI X2
出售非流动资产收到的现金	+	IS X2 & AI X2
发放贷款	−	BS X1/X2 & AI X2
收到债务偿还	+	BS X1/X2 & AI X2

（续）

		信息来源
投资活动产生的净现金流入 / 流出 =(B)	=	
融资活动现金流		
发行长期债务收到的现金	+	BS X1/X2 & AI X2
发行股票收到的现金	+	BS X1/X2 & AI X2
支付股利	−	BS X1/X2 & AI X2
偿还长期债务	−	BS X1/X2 & AI X2
回购股份的支出	−	BS X1/X2 & AI X2
融资活动产生的净现金流入 / 流出 =(C)	=	
现金及现金等价物净增加 =(A)+(B)+(C)=(D)		
期初现金及现金等价物 =(E)		
期末现金及现金等价物 =(F)=(E)+(D)		

注：IS 为利润表，BS 为资产负债表，AI 为新增信息。

表 16-6 中使用间接法计算经营活动净现金流时，是基于应收账款和存货的净值变动。但是，如表 16-7 所示，用应收账款和存货的原值变动得到的结果是一样的。在这种情况下，"折旧和摊销"包括了流动资产的准备金（存货和应收账款）。

表 16-7　经营活动现金流（调节项原值变动）

		信息来源
经营活动现金流（间接法）(原值)		
净利润 / 亏损	±	IS X2
将净利润 / 亏损调整为经营活动净现金流		
折旧和摊销	+	IS X2
出售非流动资产利得 / 损失	±	IS X2
潜在现金流	=	
经营性资产和负债变动		
应收账款变动（原值）	±	BS X1/X2
存货变动（原值）	±	BS X1/X2
预付账款变动	±	BS X1/X2
应付账款和应计费用变动	±	BS X1/X2
经营活动产生的净现金流入 / 流出 =(A)	=	

注：IS 为利润表，BS 为资产负债表。

在表 16-6 中，银行透支没有包括在融资活动中，因此，它们作为负现金包括在现金及现金等价物中。表 16-8 显示了定义融资活动现金流的另一种做法：银行透支变动包括在融资活动中，而不是作为现金及现金等价物的一部分。

表 16-8　定义融资活动现金流的另一种做法

融资活动现金流		
发行长期债务收到的现金	+	BS X1/X2 & AI X2

（续）

发行股票收到的现金		+	BS X1/X2 & AI X2
支付股利		−	BS X1/X2 & AI X2
偿还长期债务		−	BS X1/X2 & AI X2
回购股份的支出		−	BS X1/X2 & AI X2
银行透支变动		±	BS X1/X2 & AI X2
融资活动产生的净现金流入 / 流出 =(C)		=	
现金及现金等价物净增加 =(A)+(B)+(C)=(D)			
期初现金及现金等价物（不包括银行透支）=(E)			
期末现金及现金等价物（不包括银行透支）=(F)=(E)+(D)			

注：BS 为资产负债表，AI 为新增信息。

16.7 编制现金流量表的方法

表 16-9 和表 16-10 列示出 L 公司——一家零售和批发商公布的资产负债表和利润表，用来编制现金流量表。

表 16-9　L 公司利润分配前可比资产负债表　（千货币单位）

	X2 年	X1 年	变动（X2 年 − X1 年）
资产			
非流动资产			
有形资产			
设备（原值）	615	460	155
累计折旧	−116	−70	−46
设备（净值）	499	390	109
金融资产（发放贷款）	115	174	−59
非流动资产总计	614	564	50
流动资产			
存货	144	100	44
应收账款	44	63	−19
现金和有价证券	25	15	10
预付账款[①]	4	7	−3
流动资产总计	217	185	32
资产总计	831	749	82
股东权益和负债			
股东权益			
股本	282	200	82
股本溢价	198	115	83
留存收益 / 公积	124	122	2
当期净利润（分配前）	9	10	−1
股东权益总计	613	447	166
负债			
长期负债（贷款和债券）	155	245	−90
流动负债			
应付账款	62	54	8

（续）

	X2 年	X1 年	变动（X2 年 – X1 年）
应付所得税	1	3	−2
流动负债总计	63	57	6
负债总计	218	302	−84
股东权益和负债总计	831	749	82

① 对应"其他经营费用"。

表 16-10　L 公司利润表　　　　　　　　　　　（千货币单位）

	X2 年
销售收入	800
销货成本	−570
毛利润	230
折旧费用	−60
其他经营费用	−162
经营利润	8
利息费用	−15
投资收益	18
设备处置利得	3
税前利润	14
所得税	−5
净利润	9

X2 年发生的与编制现金流量表相关的其他事项如下（单位为千货币单位）。

- 购买新设备支出 175。
- 一台原值为 20、累计折旧为 14 的设备出售价格为 9。
- 没有发放新的贷款，也没有获得新的贷款。
- 发行新股募集到现金 135（股本 66 加上股本溢价 69）。
- 可转债转换成价值 30 的股票（股本 16 加上股本溢价 14）。
- 支付到期债务面值 60。
- 支付现金股利 8（X1 年净利润分配）。

16.7.1　经营活动现金流

我们将依次用间接法和直接法来计算经营活动现金流。尽管从财务分析的角度来看，直接法提供的信息更相关，但在此还是从财务报告中最常用的间接法入手讲解。

1. 间接法

间接法是对净利润进行非现金费用（折旧费和准备金）和非现金收入（准备金冲回）、出售非流动资产利得／损失、存货变动和应收应付账款变动的调整。首先从非现金项目和潜在现金流开始，逐一探讨每一项调整。

非现金项目和潜在现金流

经营活动现金流不能直接从利润表中获得，利润表根据权责发生制而不是现金收付制记录收入和费用。因此，第一步是确定图 16-2 利润表中的现金和非现金项目"潜在现金流"。将收入和费用分成两类：第一类，按性质最终能产生真正现金流的现金项目或货币项目；第二类，最终不能产生真正现金流的非现金项目或非货币项目。

利润表中的大部分项目都是现金项目（销售收入、销货成本、报酬费用和经营费用等）。非现金项目包括折旧费用、摊销费用、折耗费用、准备金费用（非现金费用）和准备金冲回（非现金收入）。图 16-2 展示了利润表可以很容易地转换成计算潜在现金流的形式。

图 16-2　利润表中的现金和非现金项目

有以下两种方式计算潜在现金流（总费用＋净利润＝总收入）：

$$潜在现金流 = 现金收入 - 现金费用$$

或者

$$潜在现金流 = 净利润 + 非现金费用 - 非现金收入$$

第 1 种方式（现金收入－现金费用）用于直接法（见下面更多细节讨论）。

第 2 种方式（净利润＋非现金费用－非现金收入）用于间接法，强调了产生的现金流和净利润之间的差异：对净利润进行非现金项目调整产生潜在现金流。

出售非流动资产利得／损失

在我们的例子中（所有数据单位都是千货币单位），一台设备的初始成本为 20，累计折旧为 14，出售价格为 9，产生的利得为 3，计入当期净利润。计算如表 16-11 所示。

出售设备获得的现金流入（9）记录为投资活动现金流入（出售设备获得的现金收入）。

如果出售设备产生的利得包括在经营活动中，那么就会在现金流量表中记录两次：一次记录为经营活动（3）；另一次记录为投资活动（9），利得包含在销售价格中。出售非流动资产产生的利

表 16-11　出售设备利得的计算

销售价格		9
初始成本	20	
累计折旧	−14	
账面净值	6	−6
出售利得		3

得不应该包括在经营活动中。实际上，大多数企业将非流动资产出售利得 / 损失视为非现金项目，作为对净利润的调整项，得到潜在现金流。我们在本章遵循这种做法。

存货变动和应收应付账款变动

在之后的直接法中会看到，对净利润进行非现金项目和出售非流动资产利得 / 损失的调整产生的潜在现金流，还要根据存货变动和应收应付账款变动进行调整。这些资产和负债项变动的计算比较简单：X2 年余额减去 X1 年余额。但是，资产和负债的增减对现金流的影响不同，如表 16-12 所示。

表 16-12　资产和负债变动对现金流的影响

	变动（期末余额 – 期初余额）	对现金流的影响
资产	增加	–
	减少	+
负债	增加	+
	减少	–

图 16-3 总结了间接法中从潜在现金流到真正的经营活动现金流的过程。

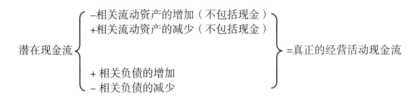

图 16-3　从"潜在现金流"到真正的经营活动现金流

从可比资产负债表的变动栏获得存货、应收账款、预付账款、应付账款和应付所得税的变动。这些账户的变动方向（正或负）是非常重要的。以应收账款为例，可比资产负债表中的负号表示应收账款的减少，对现金流有正面影响（这意味着客户支付的欠款大于客户新的赊账）。

间接法的总结

图 16-4 总结了用间接法计算经营活动现金流的过程。

L 公司的经营活动现金流（间接法）

L 公司经营活动现金流的计算如表 16-13 所示。

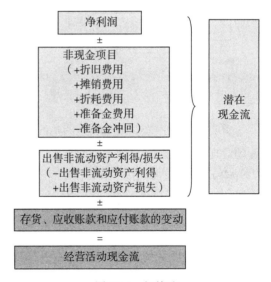

图 16-4　间接法

表 16-13　L公司经营活动现金流（间接法）

净利润		9
将净利润调整为经营活动净现金流		
折旧费用	60	
出售非流动资产利得	−3	
潜在现金流		66
调整资产和负债变动		
应收账款变动	19	
存货变动	−44	
预付账款变动	3	
应付账款变动	8	
应付所得税变动	−2	
调整总计	41	41
经营活动净现金流入/流出		50

　　因为用两种方法计算出的经营活动现金流是一样的，所以在介绍完直接法后，我们将核对与间接法计算出的经营活动现金流是否一致。

2. 直接法

　　我们使用前面介绍过的"半"直接法，根据存货变动和应收应付账款变动调整损益项目，得到经营活动现金流[3]。实质上，是将权责发生制基础下计算出的资金流转换成现金收付制下的现金流，如图16-5所示。

图 16-5　使用"半"直接法计算经营活动现金流

　　首先，确定用来对损益项做调整的资产和负债项的变动。然后，确定这些资产和负债项变动对现金流的影响方向。（这个问题在前面的间接法中已经介绍过，见图16-3和表16-12。）

　　图16-6简单地显示了直接法下计算经营活动现金流的过程，对应图16-3（间接法）。

　　图16-6中的等式显示每一个现金流项目的计算过程如下：将潜在现金流（每一个利润表现金项目）根据存货变动、应收应付账款变动进行调整，得到真正的经营活动现金流。

从客户处收到的现金

利润表项目	±	相关资产和负债项目变动	=	从客户处收到的现金流
销售收入（权责发生制） 800	+	应收账款变动 19（减少）	=	从客户处收到的现金 819

图 16-6   从利润表到"真正的经营活动现金流"(可以扩展到利润表中的每一个现金项目)

- "销售收入"从利润表中获得。在实际收到现金前,先通过"应收账款"账户记录。
- 应收账款变动来自可比资产负债表的变动栏。
- 应收账款的变动方向(正或负)是非常重要的。可比资产负债表中的负数(X2 年余额 –X1 年余额)代表了应收账款的减少,对现金流有正面影响。
- 在该例子中,销售收入产生的现金流,超出销售收入的部分就是应收账款的减少。
- 出售非流动资产产生的应收账款(如果有的话,我们的例子中没有)不应该包括在贸易应收账款中,而应该包括在投资活动产生的现金流的计算中。

与商品销售成本有关的现金支付(采购商品支付给供应商的现金)

分两步计算。第一步,剔除存货变动的影响,调整购买的金额。在第 9 章,我们讲过,零售公司商品存货销售成本的计算公式为:

购入存货 + 存货变动(期初存货 – 期末存货)= 销货成本

因为在表 16-9 中,资产负债表项目的变动计算是由 X2 年余额减去 X1 年余额(期末 – 期初),该公式变成:

购入存货 – 存货变动(期末存货 – 期初存货)= 商品销售成本

购入存货的计算公式为:

购入存货 = 存货变动(期末存货 – 期初存货)+ 商品销售成本

购入存货 = 存货变动 + 商品销售成本

614 = 44+570

第二步,计算相关的现金流。

利润表项目	±	相关资产和负债项目的变动	=	采购商品存货支付的现金流
购入存货 -614	+	应付账款变动 8(增加)	=	采购支付的现金 -606

在这里,我们假设所有的应付账款都与采购商品存货相关。

与其他经营费用相关的现金支出（支付给供应商的其他经营费用现金）

利润表项目	±	相关资产和负债项目的变动	=	与其他经营费用相关的现金流
其他影响现金流的经营费用 −162	+	预付账款变动 3（减少）	=	为其他经营费用支付的现金 −159

- 如果资产负债表中有应计负债、应付职工报酬福利，这些项目也应该包括在其他经营费用的调整项中。
- 折旧费用和分摊费用（在该例子中不存在分摊费用）对现金流没有影响，这些费用不包括在直接法的计算中。

利息的现金支出

在我们的例子中，资产负债表中没有应计利息支出。利息的现金支出就等于利息费用：−15。总体来说，利息的现金支出等于利息费用加上应付利息变动的调整。

投资收益收到的现金

在我们的例子中，资产负债表中也没有应计利息收入。现金收入就等于投资收益（收到的股利）：18。

所得税的现金支出

这样，就完成了对"其他经营费用"的调整。

利润表项目	±	相关资产和负债项目的变动	=	支付所得税的现金流出
所得税费用 −5	−	应付所得税变动 2（减少）	=	所得税现金支出 −7

出售设备利得

出售设备利得不包括在直接法的计算中。出售非流动资产的现金收入包括在投资活动中。

调整项总结

表 16-14 总结了与利润表项目相关的资产负债表项目（应收账款和应付账款等）。

表 16-14　利润表项目和相关资产负债表项目

利润表项目	相关流动资产	相关流动负债
销售收入	应收账款	从客户处收到的预付款 预先收到的收入（预收收入）
金融收入	应收利息 应计利息收入	预收利息收入
商品销售成本	存货 预付供应商款	应付账款
租赁费用	预付租赁款（预付费用）	应付租赁款 应计租赁款支出
职工薪酬和社保费用	预先支付的薪酬和社保费用（预付费用）	应付薪酬和社保费用 应计工资和社保费用支出

（续）

利润表项目	相关流动资产	相关流动负债
其他经营费用	预先支付的其他经营费用（预付费用）	应付其他经营费用 应计其他经营费用支出
税金（包括所得税）	预先支付的税款 – 预先支付的所得税（预付费用）	应付（所得）税 应计（所得）税支出
财务费用	预付利息费用	应付利息 应计利息支出

这张表中没有折旧费用和摊销费用，因为它们对现金流没有影响。一个利润表项目可能同时与资产项目和负债项目相关。

L 公司的经营活动现金流（直接法）

表 16-15 总结了经营活动现金流是如何计算的。

到这一步，我们可以核对用直接法计算出的经营活动现金流（50）和用间接法计算出的经营活动现金流，两种方法的计算结果是相等的。

图 16-7 呈现了两种方法下经营活动现金流的计算过程[4]，图 16-8 则以销售收入 4 为例演示了两种方法下经营活动现金流的计算[5]。

表 16-15　L 公司的经营活动现金流（直接法）

从客户收到的现金	819
购买商品存货支付的现金	-606
支付其他经营费用	-159
支付利息	-15
投资收益收到的现金	18
支付所得税	-7
经营活动净现金流入 / 流出	50

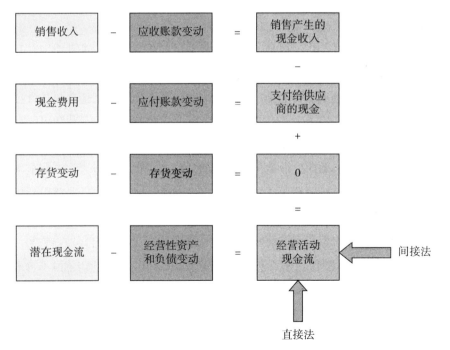

图 16-7　经营活动现金流的两种计算方法

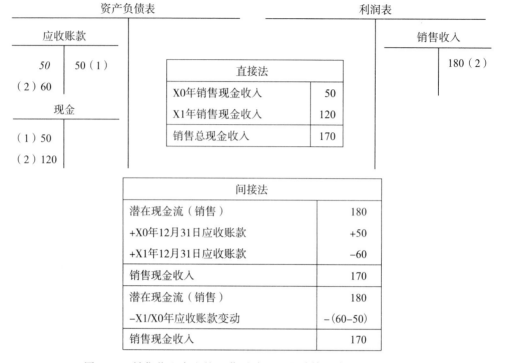

图 16-8　销售收入产生的经营活动现金流计算：直接法和间接法

注：括号里的数字代表了交易编码。

3. 制造企业的特例

　　注意，在我们的例子中，L 公司是一家零售公司。如果分析师或外部财务信息使用者想计算一家制造企业的经营活动现金流，而该制造企业在按职能编制的利润表中列示的是销货成本，那么计算方法比零售或服务企业的要复杂一些（当然，如果制造企业按性质编制利润表，确认总折旧费用，就不存在这个问题）。如果制造企业按职能编制利润表，那么能确认的折旧费用只是一个近似值，因为销货成本中包括了部分生产折旧费用，而另一部分生产折旧费用与存货水平相关（如果存货增加，生产折旧费用要少于实际包含在销货成本中的折旧费用；如果存货减少，生产折旧费用要多于实际包含在销货成本中的折旧费用）。

　　在研究生产制造企业的时候，要记住下面的等式（为简单起见，忽略在产品）。该等式解释了为什么按职能编制的利润表没有确认总折旧费用。

消耗的原材料和零部件（RM）＝购入的 RM 存货 +RM 存货期初余额 −RM 存货期末余额

存货生产成本 ＝消耗的 RM 存货的成本 ＋生产劳动成本 ＋生产折旧 ＋
生产间接费用（管理人员成本等）

存货销售成本 ＝存货生产成本 ＋期初产成品存货 − 期末产成品存货

　　在用间接法计算经营活动现金流时，必须知道总折旧费用（生产折旧费用 ＋非生产折旧费用），但是从按职能编制的利润表中不能直接得到总折旧费用。通过对资产负债表的分析，可以得到总折旧费用的近似值。

资产负债表中期初累计折旧和期末累计折旧的差异，相当于当期总折旧费用的近似值，然后根据附注中披露的当期非流动资产购买或出售的信息进行调整：购买价值和购买日期可能会披露，但是通常不会。资产的出售通常会报告，至少会报告所有出售资产的收入、账面价值和累计折旧。

因此，在这种情况下，用间接法计算经营活动现金流，不能直接使用按职能编制的利润表中直接报告的折旧费用（这个折旧费用只是非生产设备折旧费用，生产设备折旧费用包含在销货成本和存货水平变动中），而应该通过可比资产负债表的累计折旧差异近似得到，并考虑上一段提到的内容。

16.7.2　投资活动现金流

我们开始计算投资活动产生的现金流。L 公司投资活动相关资料如下（所有数字单位是千货币单位）。

- 购买设备的价格为 175。
- 一台设备的初始成本是 20，累计折旧是 14，出售价格是 9。
- 没有发放新的贷款。

对于受投资活动影响的资产负债表项来说，下面的公式非常关键。

$$期初余额 + 增加 - 减少 = 期末余额$$

$$A+B-C=D$$

关于该公式的应用见下面的例子。

1. 购买设备

期初余额	+	增加	-	减少	=	期末余额
设备（原值）460	+	购买的新设备（购买成本）175	-	出售的设备的初始成本 20	=	设备（原值）615

2. 出售设备

我们在前面提到过，设备的出售价格（9）应该包含在现金流量表中，因为它代表了现金的流入。如果出售该设备是信用出售（部分或全部），出售价格则代表了潜在现金流，应根据出售设备应收账款（区别于贸易应收账款）的变动调整，得到该交易产生的净现金流。

然后，核实期初和期末累计折旧的变动（但是该变动对现金流没有影响）。

期初余额	+	增加	-	减少	=	期末余额
累计折旧 70	+	当期折旧费用 60	-	出售的非流动资产的累计折旧 14	=	累计折旧 116

3. 发放给第三方的贷款的偿还

我们的例子中没有发放新的贷款，但是发放给第三方贷款的期末余额要低于期初余额，由此我们可以知道部分借款人偿还了债务。作为财务信息的外部使用者，我们可以推断出债务偿还的金额（对于 L 公司来说是现金流入），见下列公式。

期初余额	+	增加	−	减少	=	期末余额
贷款	+	新发放的贷款	−	偿还的贷款	=	贷款
174		0		?		115

174+0−X=115，所以 X=174−115=59。我们可以得出借款人当期偿还 L 公司的债务为 59。

4. L 公司投资活动现金流

表 16-16 总结了投资活动产生的现金流。

表 16-16　投资活动现金流

购买设备支付的现金	−175
出售设备收到的现金	9
借款人偿还的债务	59
投资活动净现金流入/流出	−107

16.7.3　融资活动现金流

融资活动相关信息如下（所有数字单位均为千货币单位）。

- 发行新股募集资金 135（股本 66 和股本溢价 69）。
- 面值为 30 的可转换债券转换成股票：增加股本 16 和股本溢价 14。
- 其他债券到期，偿还面值 60。
- 发放现金股利 8（分配 X1 年净利润）。

1. 发行新股

股本和股本溢价的变化主要是因为现金发行新股和债券转换成股票。

期初余额	+	增加	−	减少	=	期末余额
股本	+	新发行	−	购回	=	股本
200	+	66 + 16 = 82	−	0	=	282
股本溢价	+	新发行	−	购回	=	股本溢价
115	+	69 + 14 = 83	−	0	=	198

表 16-17 总结了以上两个交易。

表 16-17　发行新股

股本	现金发行新股	66
	债券转换成股票	16
	总计	82
股本溢价	现金发行新股	69
	债券转换成股票	14
	总计	83

发行新股时只有收到的现金能包括在现金流量表中（这个例子中是 66+69=135）。债券转换成股票（16+14=30）是非现金融资活动，将在现金流量表的附注中单独列示。

期初余额	+	增加	−	减少		=	期末余额
债券	+	新发行	−	偿还	转换成股票	=	债券
245		0		（60 + 30）			155

债券余额的减少主要是基于以下两个原因。

- 偿还债券：60（影响融资现金流）。
- 债券转换成股票：30（不影响现金流）。

2. 发放股利

如果资产负债表是按利润分配前列示的，留存收益 / 公积变动如下。

期初余额 X1 年 12 月 31 日	+	增加 （在 X1 年增加）	-	X2 年减少	=	期末余额 X2 年 12 月 31 日
X1 年利润分配前留存收益 / 公积 122	+	X1 年当期净利润 10	-	X2 年支付的股利或留存收益 / 公积资本化 8	=	X2 年利润分配前留存收益 / 公积 124

X2 年发放的股利通常是由 X1 年净利润分配的。但是，也有可能是 X2 年净利润分配股利提前发放。因为发放的股利（8）完全解释了留存收益 / 公积的变动，所以我们可以推测当期没有留存收益 / 公积资本化。（我们也可以得知资本的变化是由于现金的增加，而不是留存收益 / 公积转增资本，见第 11 章。）

表 16-18 总结了融资活动现金流的计算。

表 16-18　融资活动现金流

发行新股收到的现金	135
偿还长期债务	-60
支付股利	-8
融资活动净现金流入 / 流出	67

16.7.4　完整的现金流量表

至此我们已经完成了三种活动现金流的计算，现在可以将这三部分合并起来编制现金流量表。为简单起见，表 16-19 使用了间接法。如果要得到直接法计算的经营活动现金流，可以用表 16-15 中的内容（直接法计算经营活动现金流）替代表 16-19 中间接法计算的经营活动现金流。

表 16-19　X2 年 L 公司现金流量表（间接法）

经营活动现金流（间接法）	
净利润	9
将净利润调整为经营活动净现金流	
折旧费用	60
出售非流动资产利得	-3
潜在现金流	66
调整资产和负债变动	
应收账款变动	19
存货变动	-44
预付账款变动	3
应付账款变动	8
应付所得税变动	-2
调整总计	41

（续）

经营活动净现金流入（A）	50
投资活动现金流	
购买设备支付的现金	−175
出售设备收到的现金	9
借款人偿还的债务	59
投资活动净现金流出（B）	−107
融资活动现金流	
发行新股收到的现金	135
偿还长期债务	−60
支付股利	−8
融资活动净现金流入（C）	67
现金及现金等价物净增加（A）+（B）+（C）=（D）	10
期初现金及现金等价物（E）	15
期末现金及现金等价物（F）=（E）+（D）	25
非现金投资和融资活动	
债券转换成股票	30

总现金流（现金及现金等价物净增加）等于三种活动现金流的总和：50−107+67=10。这个数字与资产负债表中报告的现金变动（25−15=10）是一致的。

16.8　报告现金流量表

公司通常会报告影响或可能会影响现金余额的事项的其他相关信息。

- 非现金投资和融资活动。
- 其他更详细的现金流信息（例如支付的利息和税金的金额）。
- 公司收购净价。

16.9　非现金投资和融资活动

一些交易活动影响主体的资本和资产结构，但是对当期现金流没有任何直接影响。根据完整性和不可抵销原则，这些活动必须报告。非现金投资和融资活动事项如下。

- 通过直接负债或融资租赁（见第12章）购入资产。
- 只通过发行权益收购一个主体。
- 债券转换成权益（见第11章）。
- 留存收益/公积转增资本（见第11章）。

IAS 7（§43）以及大多数国家的会计准则规定，不使用现金及现金等价物进行交易的投资和融资活动不应该包括在现金流量表中，而应该在财务报表的其他地方（通常是附注）对所有相关信息进行披露。

例 16-3 联合航空有限公司（美国—美国企业会计准则—2022 年年报—航空）

表 16-20 显示了联合航空公司的补充现金流量信息。

表 16-20 补充现金流量信息 （单位：百万美元）

12 月 31 日	2022 年	2021 年	2020 年
不影响现金流的投资和融资活动：			
通过发行债务和融资租赁来购买房产和设备	19	814	1 968
通过经营租赁获得的使用权资产	137	771	198
交换货物和服务收到的投资收益	103	295	—
租赁转换	（84）	123	527
本期支付（收到）的现金：			
利息	1 573	1 424	874
所得税	8	—	（29）

注释： 以上信息来自现金流量表的最底部。非现金融资活动不会包括在现金流量表中，而是单独披露。该补充信息中还披露了"本期支付（收到）的现金"，因为公司采用间接法计算经营活动现金流（现金流量表中没有单独披露利息和所得税相关的现金流）。

关键知识点

- 财务报表使用者有兴趣了解主体如何产生和使用现金及现金等价物。
- 现金流量表可以帮助使用者更好地了解企业如何产生和使用现金。
- 现金流量表是财务报表的一部分。在大多数国家，企业被强制要求公布现金流量表，而在其他一些国家，企业可以选择是否公布现金流量表。在实务中，大多数上市公司都会在年报中公布现金流量表。
- 现金流量表根据 3 种活动区分现金流：经营活动、投资活动和融资活动。
- 经营活动现金流主要为主体的主营业务活动产生的现金流，这些主营业务活动交易事项通常带来最后的净利润或亏损。
- 投资活动现金流主要为主体购置能产生未来净利润和现金流的资源支付的现金和处置这些资源收到的现金。
- 融资活动现金流可以帮助预测主体的资本提供者对未来现金流的追偿权。融资活动净现金流是发行股票或债券收到的现金减去偿还债务、发放股利支付的现金后的净值。
- 银行透支可以不包括也可以包括在融资现金流中，取决于它们作为（如果不包括在融资现金流中）还是不作为（如果包括在融资现金流中）现金及现金等价物的一部分。
- 两种计算经营活动现金流的方法：很少使用的直接法（直接披露经营活动收到的现金和支付的现金）和使用更为普遍的间接法（根据非现金和非经营项目调整净利润或亏损，得到经营活动现金流）。

实战练习

实战练习　德沃夏克公司（3）

要　　点：编制现金流量表

难度系数：中

要　求

请根据第14章实战练习14-1中德沃夏克公司的资产负债表、利润表和附加信息，分别使用直接法和间接法编制X2年现金流量表。

挑战练习

挑战练习16-1　选择题

请选择正确答案（除非特别说明，正确答案只有一个）。

1. 下列哪一项不是现金流量表的主要作用？

　（a）提供主体一定时期内现金收入和现金支出的相关信息

　（b）解释现金的变动，就如同利润表解释如何产生净利润

　（c）提供关于经营活动、投资活动和融资活动的信息，以及这些活动对现金流的影响

　（d）解释期初和期末资产负债表中营运资本的变动

　（e）以标准形式报告一定时期内现金流产生和消耗的状况

　（f）向使用者提供一定报告期内主体现金流入和流出的相关信息

　（g）提供现金及现金等价物历史变动的信息

2. 在计算经营活动现金流的时候，下列哪一项不包括在内？

　（a）从客户处收到的现金　　　　　　（b）支付给供应商的现金

　（c）出售非流动资产收到的现金　　　（d）折旧和摊销费用

　（e）出售非流动资产利得

3. 下列哪些项不包括在投资活动中？（多项选择）

　（a）给子公司贷款的偿还　　　　　　（b）支付股利

　（c）购入非流动资产成本　　　　　　（d）折旧和摊销

　（e）出售非流动资产利得

4. 下列哪些项不包括在融资活动中？（多项选择）

　（a）发行新股收到的现金　　　　　　（b）收到的股利

　（c）偿还债务　　　　　　　　　　　（d）公积转增资本

　（e）支付的股利

5. 在使用间接法计算经营活动现金流的时候，下列哪一项不包括在内？

　（a）存货变动　　　　　　　　　　　（b）折旧费用

　（c）出售非流动资产利得　　　　　　（d）支付给员工的现金

　（e）净利润

6. 在使用直接法计算经营活动现金流时，下列哪一项不包括在内？

　　（a）从客户处收到的现金　　　　　　　（b）折旧费用

　　（c）支付给供应商的现金　　　　　　　（d）支付给员工的现金

　　（e）为其他经营费用支付的现金

7. 在不同的国家，利息支出可能被包括在经营活动或投资活动中。

　　（a）对　　　　　　　　　　　　　　　（b）错

8. 根据 IAS 7，银行透支既可以包括在现金及现金等价物中，也可以包括在融资活动中。

　　（a）对　　　　　　　　　　　　　　　（b）错

9. 收到的股利通常包括在哪一项中？

　　（a）经营活动　　　　　（b）投资活动　　　　　（c）融资活动

10. 间接法计算经营活动现金流包括下列哪些步骤？（多项选择）

　　（a）加上存货的增加　　　　　　　　　（b）减去应付账款的增加

　　（c）加上出售非流动资产的损失　　　　（d）减去折旧费用

　　（e）减去应付账款的增加

挑战练习 16-2　斯美塔那公司（3）

要　　点：编制现金流量表

难度系数：中

　　斯美塔那公司主要经营美容和化妆产品业务。

要　求

1. 请根据第 14 章挑战练习 14-2 中斯美塔那公司的资产负债表、利润表和附加信息，用直
　接法和间接法编制 X2 年和 X3 年的现金流量表。

2. 请单独编制一张报表，用间接法将净利润调整为经营活动净现金流。

挑战练习 16-3　哈斯公司

要　　点：编制现金流量表

难度系数：高

　　哈斯公司是一家制造企业。

要　求

1. 请根据以下资产负债表（见表 16-21）、利润表（见表 16-22）、留存收益变动表（见表 16-23）
　和补充信息，用直接法编制 X2 年的现金流量表。

2. 请单独编制一张报表，用间接法将净利润调整为经营活动净现金流。

表 16-21　哈斯公司可比资产负债表　　　　　（千货币单位）

12 月 31 日	X2 年	X1 年	变动（X2 年 –X1 年）
资产			
流动资产			
现金	65	20	45
应收账款	55	80	−25
预付账款①	8	10	−2
存货	131	80	51
流动资产总计	259	190	69
非流动资产			
金融资产（贷款）	150	140	10
有形资产设备			
设备	700	600	100
累计折旧	−110	−80	−30
设备（净值）	590	520	70
非流动资产总计	740	660	80
资产总计	999	850	149
负债和股东权益			
负债			
流动负债			
应付账款	136	135	1
应付所得税	40	35	5
流动负债总计	176	170	6
长期负债（债券）	160	180	−20
负债总计	336	350	−14
股东权益			
股本	300	250	50
股本溢价	150	120	30
留存收益 / 公积	213	130	83
股东权益总计	663	500	163
负债和股东权益总计	999	850	149

①　与其他经营费用相关。

表 16-22　哈斯公司 X2 年利润表

（千货币单位）

销售收入	1 000
销货成本	−600
毛利润	400
折旧费用	−60
其他经营费用	−150
经营利润	190
利息费用	−18
投资收益	16
出售设备损失	−5
税前利润	183
所得税	−60
净利润	123

表 16-23　哈斯公司 X2 年 12 月 31 日
留存收益变动表

（千货币单位）

留存收益（X1 年年末）	130
X2 年净利润	123
X2 年支付的股利	−40
留存收益（X2 年年末）	213

以下为编制 X2 年现金流量表的补充信息（所有数字单位均为千货币单位）。

- 一台设备的初始成本是 50，累计折旧是 30，出售价格是 15。
- 发放新的贷款，没有贷款偿还。
- 发行新股收到现金 80（股本 50 和股本溢价 30）。
- 偿还到期债券面值 70。

参考书目

ASB (1991, revised 1996) Financial Reporting Standard No. 1 Cash flow Statements, London.

FASB (1987) Statement of Financial Accounting Standards No. 95 Statement of Cash Flows, Norwalk, CT.

Financial Reporting Council (FRC) (2022) FRS 102 The Financial Reporting Standard applicable in the UK and Republic of Ireland, London.

IASB (2017) International Accounting Standard No. 7 Statement of Cash Flows, London.

IASB (2022) International Accounting Standard No. 1 Presentation of Financial Statements, London.

扩展阅读

Baik B, Cho H, Choi W, Lee K. (2016) Who classifies interest payments as financing activities? An analysis of classification shifting in the statement of cash flows at the adoption of IFRS. Journal of Accounting and Public Policy, 35(4), 331-51.

Boussard D, Colasse B. (1992) Funds-flow statement and cash-flow accounting in France: evolution and significance. European Accounting Review, 1(2), 229-54.

Canace T G, Wilkerson J J E. (2014) A practice-based statement of cash flows learning experience: an initial public offering for Contempri Homes? Issues in Accounting Education, 29(1), 195-216.

Charitou A, Karamanou I, Kopita A. (2018) The determinants and valuation effects of classification choice on the statement of cash flows. Accounting and Business Research, 48(6), 613-50.

Dichev I D (2021) Re-orienting the statement of cash flows around cash flows to equity holders. Abacus, 57(3), 407-420.

Gordon E, Henry E, Jorgensen B, Linthicum C. (2017) Flexibility in cash-flow classification under IFRS: determinants and consequences. Review of Accounting Studies, 22(2), 839-72.

Hales J, Orpurt S F. (2013) A review of academic research on the reporting of cash flows from operations. Accounting Horizons, 27(3), 539-78.

Haller A, Jakoby S. (1995) Funds flow reporting in Germany: a conceptual and empirical state of the art. European Accounting Review, 4(3), 515-34.

Kinnunen J, Koskela M. (1999) Do cash flows reported by firms articulate with their income statements and balance sheets? Descriptive evidence from Finland. European Accounting Review, 8(4), 631-54.

Lee L F. (2012) Incentives to inflate reported cash from operations using classification and timing. The Accounting Review, 87(1), 1-33.

Nissan S, Kamata N, Otaka R. (1995) Cash reporting in Japan. The International Journal of Accounting, 29, 168-80.

Rai A. (2003) Reconciliation of net income to cash flow from operations: an accounting equation approach. Journal of Accounting Education, 21(1), 17-24.

Stolowy H, Walser-Prochazka S. (1992) The American influence in accounting: myth or reality? The statement of cash flows example. The International Journal of Accounting, 27(3), 185-221.

Wallace R S O, Choudhury M S I, Adhikari A. (1999) The comprehensiveness of cash flow reporting in the United Kingdom: some characteristics and firm-specific determinants. The International Journal of Accounting, 34(3), 311-47.

Wallace R S O, Choudhury M S I, Pendlebury M. (1997) Cash flow statements: an international comparison of regulatory positions. The International Journal of Accounting, 32(1), 1-22.

注　释

1　根据 2022 年年报。

2　如果一家金融机构提供给公司可续透支，实质上相当于提供给公司一定的授信额度，这种透支应该被认为是公司融资活动的一部分。

3　我们没有呈现完全直接法，因为需要用到公司内部信息，这不符合本书使用者的角度（使用者不能获得公司内部信息）。

4　根据 Thomas Jeanjean（ESSEC Business School）的建议。

5　根据 Christine Guerlain（HEC Paris）的建议。

第 17 章　现金流量表分析和盈余质量

本章教给你什么

1. 如何分析现金流量表。

2. 企业的可用自由现金流和权益股东的可用自由现金流在财务报表分析中的重要性。

3. 用于分析现金流量表的财务指标。

4. 会计操纵的定义。

5. 会计操纵的不同形式。

6. 基于现金收付制和权责发生制的盈余管理的区别。

7. 如何使用间接法计算经营活动现金流来分析公司的盈余管理。

　　第 14 章讲解了利润表的分析，并逐步解释了股东价值的增加，以及中间余额表项目对管理决策的影响。第 15 章说明了理解资产负债表的结构对于理解企业未来创造价值的潜能非常重要。第 16 章强调了需要编制现金流量表来理解企业现金状况的变动。

　　现金流量表将现金产生和使用的活动分成三类，每一类都对应一种管理决策。在本章，我们将分析经营活动现金流（通常是一个稳定发展的企业主要的现金流来源）和其他两种现金流活动：投资活动和融资活动。17.1 节将介绍从经营活动现金流到最后的净现金流之间的每个组成部分。现金流的每个组成部分都满足企业管理层、投资者和其他利益相关者的战略信息需求。

　　企业任何一天的现金状况都是一个"硬数据"，而盈余（收益）是权责发生制下的结果。一定时期内某个时点的盈余近似为预期的长期现金流。即使从长期来看，收益流和现金流趋于一致，管理层仍然可以灵活地调整收益确认的时间（符合权责发生制原则或者不符合）。

因此，在分析现金流量表的时候，还需要讨论盈余管理（通过现金流量表可以衡量盈余管理的质量）。

功能锁定假设[1]（functional-fixation hypothesis，会计盈余可以用来估计股票价值），金融市场对企业是否达到预期盈余的敏感性（无论预期盈余是管理层提前公布的还是独立分析师预测的），管理层的薪酬与盈余数字挂钩，或者仅仅是对数字增加的偏好（在很多文化，尤其是资本主义文化中，总是越多越好，无论对错），这些都给予管理层动机去操纵盈余数字来达到预期，并显示出盈余稳定增长的趋势（金融市场倾向于预测性强的投资）。随意变更（增加或减少）盈余数字被称为"会计操纵"（accounts manipulation）。通常来说，会计操纵只是变更盈余确认时间，但也有可能存在欺诈。我们将在 17.2 节讲解会计操纵，17.3 节讲解如何发现实务中的会计操纵，尤其是通过分析现金流量表。

17.1　现金流量表的分析

财务报表使用者可以通过多种方法分析现金流量表。

17.1.1　现金流的代数符号

通常来说，经营活动现金流预期为正数[2]。实际上，大多数财务和商务分析师都认为经营活动现金流应该为正数，换言之，主体的核心活动应该产生正的现金流。经营活动负现金流在大多数情况下都是不好的迹象，而且负经营活动现金流意味着企业需要大幅度节约成本，或加快收入增长，或剥离吞噬现金的业务部门，或出售一些非战略性资产，以达到稳定的正经营活动现金流状态。但是，在公司经营周期的早期，经营活动现金流可以适当为负，因为公司刚进入市场，还未达到稳定的经营状态（见注释 2）。

在正常情况下，投资活动现金流应该总是负数，因为公司预期购买新资产投入的现金总是要大于出售报废非流动资产收到的现金。但是，在剥离业务的情况下，投资活动现金流可能为正数（有时候可能是较大的正数）。例如，出售子公司或公司的某个业务部门。但是，投资活动产生的正现金流通常是短暂的，因为收到的现金通常会再次投入其他项目（可能不是同一年），或者用来偿还债务（利息费用同时影响现金流和净利润），甚至在极少情况下用来支付特殊股利（这种情况通常说明管理层已经找不到合适的投资项目，对于"可持续经营"主体来说，是不好的征兆）。

融资活动现金流在任何一年都既可能为正数又可能为负数，这取决于管理层决策（基于以上两种现金流的状况）。

17.1.2　从经营活动现金流到权益股东自由现金流

第 16 章将现金流分为经营活动现金流、投资活动现金流和融资活动现金流。这种分类是静态的，描述了三种活动对企业现金的影响：①经营活动（企业的核心业务）；②投资活动；③融资活动。只有拥有足够的现金流，企业的决策才能执行。现金流（变动）水平衡量了企业的业绩。任何一家企业的目的都是在中长期产生正向稳定的现金流。在短期内，企业消耗的现金可能会超过产生的现金。但是为了生存和创造价值，商业企业必须在长期内产生正向现金流。这就解释了为什么企业信奉"现金为王"，因为现金反映了企业的业绩，决定了企业的成败。因此，有必要根据企业的业绩和企业的决策选择来对现金流进行新的分类。这些新的现金流分类对财务分析和衡量价值创造非常有用。

有两个概念对于计算和分析现金流非常有用。第一个概念是**企业的可用自由现金流**（free cash flow to the firm，FCFF）。这是企业产生的，在扣除维持企业竞争力必需的现金支出（比如，为了企业持续生产所投入的资本支出）后，长期稳定的现金流。这与企业的融资决定无关（无论企业进行权益融资还是债务融资，或者两者兼有）。FCFF 衡量了企业的核心业务的业绩。例如，如果一家公司出售炸薯条，FCFF 表明了扣除资本支出（比如购买新的油炸锅）后，出售炸薯条能给企业带来的现金流。FCFF 对于权益股东（比如支付股利、回购股票）和债权所有人（比如偿还债务、支付利息）来说是可以"自由"支配的。如果分析师的目的是评估一个企业的核心业务的价值，而不关心企业是如何融资的，FCFF 则是一个很好的财务指标。

第二个概念是**权益股东的可用自由现金流**（free cash flow to equity，FCFE）。这是企业产生的，是扣除维持企业竞争力必需的现金支出（比如，为了企业持续生产所投入的资本支出）和扣除净债务变动后的现金流。权益股东对企业的剩余价值有索取权。FCFE 就是权益股东可以"自由"支配的现金。这对于权益股东来说是个关键指标，因为他们的目的就是获得投资回报。例如，出售炸薯条的公司的 FCFE 代表了扣除资本支出和偿还的债权人利息后，出售炸薯条能给权益股东带来的现金流。如果分析师侧重从权益股东的角度衡量企业业绩，FCFE 是个非常有用的财务指标。当然，财务杠杆在分析 FCFE 中起了非常重要的作用。

我们接下来将讲解如何计算 FCFF、FCFE 以及扣除股利支付后的 FCFE（最近比较流行的衡量自由现金流的指标）。表 17-1 列示了这些概念。

1. 企业的可用自由现金流（FCFF）：经营活动现金流减去资本支出

除了传统的现金流，一些公司还报告扣除资本支出后的经营活动现金流，被定义为"经营活动现金流减去维持企业竞争力所需的最小投资活动现金流（绝对值）"。我们在第 6 章解释过，资本支出包括在投资活动现金流下。经营活动现金流减去资本支出是对 FCFF 的一个比较好的近似衡量，因为它衡量了在扣除维持企业竞争力所需的现金后企业核心业务产生的现金，在很大程度上取决于企业的主营业务。

维持企业竞争力所需的最小投资活动现金流代表了与支撑企业经营活动相关的非流动资产的置换所需要的现金支出。维持企业竞争力所需的最小投资活动现金流对于企业外的分析师来说，很难定义。因此，分析师通常使用的计算扣除维持企业竞争力所需的现金后经营活动现金流的近似方法是"经营活动现金流－（购买非流动资产支付的现金－出售非流动资产收到的现金）"，并假设公司管理层做出了适当的决策保持公司的竞争力。这种计算方法实际包括了在现有商业模式下企业增长需要的有形和无形资产投资，但是不包括财务性投资（比如并购）。这种近似计算的结果与真实值可能有一定的差异。

分析师倾向于直接联系企业的高层管理者，来估计维持企业竞争力所需的投资活动现金流。事实上，年报中的管理层讨论分析部分通常包含与企业发展和成长所需投资相关的信息。这个 FCFF 的近似衡量理论上主要代表了支持企业发展（购买新生产线的内部规模扩大或兼并收购第三方的外部扩张）和融资活动（如支付股利、偿还债务和回购库存股）的现金流。

企业对于可能的战略性举措（内部投资发展或融资决策）的选择取决于扣除最小资本支出后的经营活动现金流和外部融资的可能性。

当 FCFF 长期为负数时，企业需要正的融资活动现金流来弥补现金流的不足，如可以通过发行新的股份或债务（向银行贷款或发行债券）。

这个 FCFF 的近似衡量非常有用，而且很容易计算。但是，这仅仅是对真实 FCFF 的一个近似衡量，因为如果利息费用算在经营活动现金流下需要加回（IFRS 允许将利息费用放在经营活动现金流或融资活动现金流下）。此外，从技术上来说，分析师还要调整利息费用节约的所得税，因为利息费用可以减少所得税。事实上，真实的 FCFF 应该独立于融资决定，因此需要在支付利息费用之前进行计算。如果支付给债权人的利息金额比较大，而且算在经营活动现金流下，那么 FCFF 的近似衡量（经营活动现金流减去最小资本支出）将会低估真实的 FCFF。如果支付给债权人的利息金额不大或者算在融资活动现金流下，那么经营活动现金流减去最小资本化支出则是对 FCFF 比较好的估计。

2. 权益股东的可用自由现金流（FCFE）

FCFE 不是一个现成的财务数据，但是可以通过其他财务数据来计算，需要对自由现金流有比较透彻的理解。

FCFE 等于经营活动现金流（包括利息支付）减去资本支出（战略性投资）再加上净债务（债务发行减去债务偿还）。FCFE 是一定时期内可以通过股利或回购股票的方式分配给权益股东的现金流。FCFE 受企业融资决定的影响。支付给债权人的利息越多，FCFE 就越小。此外，如果企业决定偿还债务的话，FCFE 会大幅度减少。

正的 FCFE 可以用来回购库存股或发放股利。FCFE 可以帮助分析师估计权益价值，并衡量股利发放政策是否可以持续。

3. 扣除股利后的权益股东的可用自由现金流

大多数管理者和分析师都认为年度支付股利是企业的经常性义务，是维持主体竞争力的举措（在大多数情况下，发放股利可以获得股东的支持）。比如，美国跨国公司通用电气（GE），在历史上从 20 世纪 60 年代到 2008～2009 年的金融危机之前，一直稳定地发放股利，并且股利不断增长。不过，在 2008～2009 年的金融危机时，GE 发放的股利大幅减少。在金融危机过后，GE 才恢复股利发放的增长。不过在 2018 年，GE 的业绩不尽如人意，不断增长的股利发放被迫中止。当公司宣布 2018 年股利发放减少的时候，公司的股价大幅下降，大量投资者因为公司不能持续增长的股利发放政策而选择出售股票。[3] 从那以后，GE 每年只发放较少的股利（见 2020 年和 2022 年年报）。从这个角度来看，回购股票（见第 11 章）是比发放股利更为灵活的把现金回馈给权益股东的方式。

扣除股利后的 FCFE 被认为是更有用的财务指标，因为它代表了扣除满足权益股东要求后的现金流。表 17-1 总结了这三种现金流之间的关联。

表 17-1　三种自由现金流　（千货币单位）

经营活动产生的净现金流	100
购买非流动资产（有形资产和无形资产）	-30
出售非流动资产收到的现金	10
FCFF 的近似值	80
战略性收购其他公司的股份	-20
借款收到的现金	8
偿还债务支付的现金	-12
FCFE	56
支付的股利	-15
扣除股利后的 FCFE	41
其他融资活动现金流	-36
现金及现金等价物净增加	5

表 17-1 有时候很难得到，尤其是缺少有关收购公司的资料或难以区分非战略性资本支出和与公司活动相关的投资。可以采用更简便的方法（见表 17-2 和表 17-3）。

表 17-2　FCFF 的近似计算　（千货币单位）

经营活动产生的净现金流	100
投资活动使用的净现金流	-40
FCFF 的近似值	60
融资活动产生 / 使用的净现金流	-55
现金及现金等价物净增加	5

表 17-2 中 FCFF 的近似值（60）和表 17-1 中计算的 FCFF（80）不同，但是两者都是 FCFF 的近似值。在表 17-1 中，战略性收购金额是已知的，可以方便我们区分非战略性和战略性资本支出。在表 17-2 中，战略性资本支出金额是未知的。

4. 可用现金流计算举例

我们用 16.7 节中 L 公司的例子来说明三种现金流的计算（见表 17-4）。

L 公司的 FCFF 近似值为负数，但是公司并没有发行债务来填补负的 FCFF，扣除股利后的 FCFE 自然也是负数。这说明 L 公司的经营活动现金流不足以支持投资决策，因此，L

公司需要重新考虑降低发放的股利（但这是企业非常强烈的危急信号）或获取新的融资来源（如本例中的发放新股），来平衡现金流。

表 17-3 FCFE 和扣除股利后的 FCFE

（千货币单位）

经营活动产生的净现金流	100
投资活动使用的净现金流	−40
FCFF 的近似值	60
借款收到的现金	8
偿还债务支付的现金	−12
FCFE	56
支付的股利	−15
扣除股利后的 FCFE	41
其他融资活动现金流	−36
现金及现金等价物净增加	5

表 17-4 L 公司：FCFF 的近似值、FCFE、扣除股利后的 FCFE

（千货币单位）

经营活动产生的净现金流	50
投资活动使用的净现金流	−107
FCFF 的近似值	−57
借款收到的现金	0
偿还债务支付的现金	−60
FCFE	−117
支付的股利	−8
扣除股利后的 FCFE	−125
其他融资活动现金流	135
现金及现金等价物净增加	10

17.1.3 现金流量表财务比率分析

财务信息使用者需要以下问题的合理答案。

- 现金流和销售收入之间的关系如何。
- 现金流和盈余之间的关系如何。
- 企业偿还债务的能力如何。

一些财务比率可以帮助回答这些问题。

1. 经营活动现金流占销售收入的百分比

经营活动现金流占销售收入的百分比 = 经营活动现金流 / 销售收入

通过比较不同时期经营活动现金流占净销售收入的百分比，可以衡量企业将销售转化为现金的能力。对于 L 公司，这个比率是（50/800）= 6.25%。L 公司不算是"现金机器"。然而，微软公司是一个现金机器，在 2022 年其经营现金流与销售收入的百分比为 44.9%（比 2018 年的 39.8% 和 2015 年的 31.1% 有所增长）。值得注意的是，微软的销售从 2021 年到 2022 年增长了 18.0%，但其 2022 年财务报表上的现金和短期投资却减少了，反映出其改变了为未来重大战略举措留出现金的政策。2022 年经营活动的净现金流为 890 亿美元，这令人印象深刻，为公司的业务组合注入了巨大的复兴机会。为了更好地理解微软的情况，与微软形成对比，苹果公司 2022 年经营活动现金流占销售收入的百分比只有 31.0%。理解现金流量表确实可以分析出企业的战略决策。

2. 经营活动现金流比率或现金流产出率

经营活动现金流比率或现金流产出率 = 经营活动现金流 / 净利润

L 公司的经营活动现金流比率或现金流产出率为 50/9=5.56，是非常好的产出率。微软 2022 年这一比率为 1.22。该比率部分反映了公司折旧政策的影响，因为产生净利润和经营活动现金流差异的最重要的非现金项目之一就是折旧和减值费用（其他非现金项目包括存货、应收账款和应付账款的变动）。在比较两家除了折旧政策外其他条件完全相同的公司时，这个比率可以用来分析加速折旧法带来的现金优势何时终止（与直线折旧法相比）。理解企业的折旧政策对于使用该现金产出率非常关键。

3. 现金流动比率

$$现金流动比率 = 经营活动现金流 / 平均流动负债$$

该比率反映了用经营活动现金流偿还流动负债的能力。L 公司的该比率为 50/[（63+57）/2] = 83.3%。微软 2022 年的该比率为 96.9%。

4. 现金杠杆率

$$现金杠杆率 = 经营活动现金流 / 平均总负债$$

该比率反映了公司用经营活动现金流偿还总负债的能力。L 公司该比率为 50/[（218+302）/2] = 19.2%。微软 2022 年的该比率为 45.6%，与 2021 年的 41.0% 和 2020 年的 33.0% 相比有所增加。这个比率说明与 2019 年相比，贷款人向微软放贷时所承担的风险正在减少。

5. 其他比率

投资比率

$$投资比率 = 资本支出 / 折旧费用$$

投资比率（也叫生产性资产投资比率）反映了企业保持竞争力的潜能（折旧费用近似为长期资产生产力的损耗）。成长型公司该比率大于 1。

投资活动净现金流可以让分析师估计企业真实的资本支出：企业合并净现金支出 + 购买固定资产支付的现金 + 购买无形资产支付的现金。2022 年微软公司的资本支出为 459 亿美元，苹果公司的资本支出为 110 亿美元，投资比率分别为 3.6 和 1.3。

现金流充足率

$$现金流充足率 = 经营活动现金流 / （长期资本支出 + 股利 + 计划偿还的债务）$$

如果该比率大于 1，说明企业有超额的现金满足紧急需求，保持生产力。如果该比率小于 1，则需要向股东和债权人进一步融资或者出售资产。

6. 现金流结构表

现金流结构表的第一部分列示了投资活动净现金流和融资活动净现金流的总和占经营活动净现金流的百分比，呈现了管理层对三种现金流的来源和使用的平衡。

接下来需要分析每一种现金流活动的明细。分析师将每一种现金流活动中的每一项列示成该活动现金流的百分比。例如，比较不同时期发行股票收到的现金占融资活动现金流的百分比，可以了解公司有多少融资的来源是发行新股及该比重的动态变化。对于投资者来说，了解每种现金流来源占总净现金流增加的百分比是非常重要的。

17.2 会计操纵和财务报表质量

17.2.1 原则

大多数财务分析都基于净利润（底线）和其他中间盈利项（例如毛利率或增加的价值等）。因此，评估这些盈利值的质量（**盈余质量**[4]）非常重要。盈余质量受以下三种因素的影响。

- 会计方法（会计方法的选择和变动）。
- 会计估计和会计判断。
- 利润表中非经常（特殊）项目的分类。

对这三种因素的处理，实践中称为会计操纵（accounts manipulation），包含盈余管理（earnings management）和创造性会计（creative accounting）。盈余管理又包括平滑利润（income smoothing）和大洗澡操作（big bath accounting）。

Copeland（1968：p.101）定义操纵（manipulation）为，按意愿增加或减少报告的净利润的能力。同时，他隐性指出操纵至少来自三种行为模式：利润最大化（income maximizers）、利润最小化（income minimizers）和利润平滑化（income smoothers）。

但是，我们认为会计操纵的含义比 Copeland 描述的要广泛，还应当包括 Barnea 等人（1975，1976）以及 Ronen 和 Sadan（1975）提到的利润表分类操作和 Black 等人（1998）提到的与资产负债表相关的操作。实际上，现在这些实务操作比 Copeland 文章中提到的三种模式更重要。

这些会计操纵实务都基于股票定价的功能假说（functional fixation view）——会计报表的数字决定股票价格，尽管新古典主义的金融理论假设金融市场是有效的，能"识破"上市公司的会计操纵。同时，非上市公司不受市场分析师的监管，它们经营的制度环境与上市公司非常不同，可能因为其他原因操纵会计账户。例如，减少纳税，粉饰报表获得低利率贷款或高价出售公司。不管哪种情况，会计操纵都可能影响现金流和风险。

提供财务信息的目的是减少长期资本成本（包括权益资本和带息负债），根据这一原则，我们对不同的会计操纵进行区分。是否减少资本成本与投资者（债权人和股东）对企业的风险认知相关。如果债权人认为有本金不能偿还的风险或利息不能按时支付，会要求更高的贷款利率；股东则因需要承担风险（如果公司管理得不好，股东可能会损失所有投资）而要求高于无风险利率的报酬。

企业风险至少包括以下两个部分。

- 企业特有风险（firm-specific level of risk）：对于上市公司，通过 Beta[5] 衡量企业盈利和市场投资组合的关系。Beta 反映了企业管理层为获得超额回报（与市场其他参与者相比）所做出的决策的质量。

- 结构风险（structural risk）：债务 / 权益比率（该比率越大，风险越高）。

会计操纵的目的是至少改变以上两项中的一项，影响每股盈利和债务 / 权益比率。

每股盈利可以通过以下两种方式改变。

第一，增加或减少收入或费用（改变净利润）。

第二，通过定义某项目前或后的利润，计算出不同的每股盈利（分类操纵，例如，是否将某些项目列示为非经常项目）。

关于会计账户实践操纵的性质，相关研究主要讨论在会计准则中有合理解释的操纵，如权责发生制下的决策。但是，有些会计操纵是不合理或故意的。例如，重新排列交易的顺序，以产生更好的会计结果，或者在 IFRS 16（IASB 2021）实施之前，操纵租赁合同，对租赁资产不进行资本化，影响租赁费用的报告（见第 12 章）。

17.2.2　会计操纵的不同方式

Stolowy 和 Breton（2004）描述了 4 种会计账户的操纵方式。

1. 盈余管理

在盈余管理操纵方式下，管理层多少会人为地管理盈余，以达到预先设定的"预期"盈利水平（例如，分析师的预期或预测、管理层之前的估计或盈利趋势）（Fern et al., 1994；Healy and Wahlen, 1999；O'glove, 1987；O'glove and Sobel, 1998；Schipper, 1989）。在短期内，可以通过改变一些"酌量性费用"（discretionary expenses），如广告费、培训费、研发费等，来达到目标净利润，可能会以牺牲公司未来的盈利水平为代价（真实盈余管理的概念请见 Roychowdhury, 2006；Järvinen and Myllymäki, 2016）。

2. 平滑利润

平滑利润主要是为了减少利润波动。具体来说，平滑利润的目标是通过改变收入或成本的确认时间，产生稳定增长的净利润。这就意味着每年都要进行盈余管理来平滑利润。该操纵方式的例子，如提取或冲回准备金（在利润可观的时候提取准备金——可能是不正当的），或选择长期合同中收入确认的时间点，或出售低估的存货和非流动资产。例如，一家公司出售了大量旧电影存货的电视播放权，这些播放权是在该公司上一次收购的时候获得的，因为收购时市场对电视上播放电影的需求较小，所有这些播放权的入账价值较低。通过出售低估的播放权，该公司增加了股票价值，通过交换股票的方式更容易对其他公司进行收购（盈利能力强、现金充足或有大量的可抵税亏损的公司[6]）。

3. 大洗澡操作

大洗澡操作直观上很容易理解。新上任的CEO希望对会计账户进行大清理：①开始新的会计账户基数，以便更好地增加未来的利润；②提取准备金，以便将来平滑利润。新上任的CEO大幅度减少当年盈利，被认为是向股东保证公司未来的盈利性。（公众投资者的意识中还是存在功能锁定假设的！）Moore（1973：p.100）提出，新管理层对某些资产的价值以及现有合同的未来盈利性倾向于悲观态度，经常调低一些问题资产的价值或低估合同的盈利性。这种行为模式就通俗地称为"洗澡"（taking a bath）。

4. 创造性会计

"创造性会计"这一术语是由实务操作者和金融市场活动评论员提出的。创造性会计指不正当使用会计准则，粉饰公司的财务报表，呈现给投资者想看到的信息（通常是失实的信息），从而误导投资者，例如平稳增长的利润（功能锁定假设）。Griffiths（1986，1995）和Smith（1996）都研究过创造性会计。Mathews和Perera（1996：p.260）将伪造账簿（fiddling the books）、包装报告（cosmetic reporting）和粉饰账户（window dressing the accounts）都归为创造性会计。Griffiths（1986）书中的假设是：每家公司的利润都被粉饰过，每本账簿都被伪造过。对创造性会计含义的解释有很多，给读者理解会计操纵带来一定的困扰。创造性会计主要包括盈余管理（与平滑利润无关）和会计账户分类操纵（利润表账户或资产负债表账户）。

17.2.3 实务操作

实务中有不同的操纵方式，下面列出一个不完全清单。该清单不是按其流行程度和重要性排列，仅仅是按本章提及内容的顺序排列。

- 企业经营范围的变动（见第1章和第13章）。
- 利润确认的时点（见第6章）。
- 会计政策的变更（包括很多种可能性，见第6章）。
- 对政府补贴的会计处理（负债还是收入，见第6章）。
- 长期合同：完工百分比法还是完成合同法（见第6章）。
- 非经常性利得和损失的会计处理（分类操纵和跨期操纵，见第6章）。
- 从加速折旧法变更到直线折旧法或者变更非流动资产的预期使用寿命（见第7章）。
- 利息支出资本化还是费用化（见第7章）。
- 研发支出：资本化还是费用化，递延费用还是预期费用（见第8章）。
- 酌情会计决策（分期费用还是递延费用，见第8章）。
- 变更存货估值方法（先进先出法、加权平均成本法等，见第9章）。
- 提取准备金（存货、坏账、长期证券、有价证券等，见第9章、第10章和第12章）。

- 租赁资本化（见第 12 章）。
- 离职或退休金负债的确认以及精算利得 / 损失 [见第 12 章，见 Rapoport（2011）精算利得和损失]。
- 用公允价值还是账面价值来计量兼并（见第 13 章）。
- 第一次合并差异的计算（见第 13 章）。

17.2.4　现金收付制和权责发生制盈余管理的差异

另一种划分会计操纵的方法是分析其对报告期现金流的影响。

1. 现金收付制会计操纵

管理层对一些商业决定通常会有一定的斟酌处理权。通常，我们假设管理层在进行决策时，只是基于董事会的战略方针和他们对公司内外影响因素的理解。但是，管理层也可能因为一些非商业相关的原因利用这种斟酌处理权。例如，可能通过停止或减少一些资源的消耗（如广告费、研发费和培训费等）、出售资产确认利得或为促销产品对客户做出不实际的承诺等，来改善当期利润而牺牲未来利润。在其他一些情形下，管理层也可能减少当期利润，提高未来利润。这些操纵通常包含在管理层的日常商业决策中，因此很难被企业外人员（股东、审计师、潜在投资者、分析师或监管机构）发现：Byrnes（2002）等对通用电气 CEO 杰克·韦尔奇没有进行任何操纵，在 40 个季度中有 38 个季度达到了预期盈利，提出了质疑（见注释 6）。

2. 权责发生制会计操纵

这种操纵方式与传统的权责发生制会计定义相关。下面是一些将未来利润转移到现在的操纵方法。

- 将折旧费用和准备金降低到必要水平之下。
- 延长或缩短新购买资产的使用寿命，法国能源巨头 EDF 甚至将现有核发电厂的摊销期限从 20 年延长到 40 年，EDF 给监管机构和税务机构的解释是，在开始的时候没有很好地理解该技术，实践证明之前核发电厂的预期使用寿命被低估了（见第 7 章）。
- 提取不必要的准备金或冲回准备金，同时影响资产负债表（例如，资产减值准备和风险准备金）和当期利润表。
- 资产重估，增加资产的价值，将差异计入其他综合收益（累计放在权益的重估盈余下，见 IAS 16，IASB 2020：§39）。
- 虚增销售收入，通过运送超出客户要求的货物并开出发票，增加应收账款；之后客户退回货物或要求折扣，降低未来的毛利率。
- 虚增存货，产出超过预期销售，存货增加，将当期生产和购买的固定成本计入存货，从而减少利润表中的销货成本。

- 资本化，将费用支出资本化，从而减少当期利润表中的费用。资本化后的折旧费用要远远小于将其完全费用化（例如，研究费用资本化）。

同样，公司也可能采用相反的方法将当期利润递延到未来。这些基于权责发生制的操纵（对现金没有影响），会导致当期权责发生制下的会计盈利与现金流之间有很大差别。我们将在17.3节进一步分析这种差别。

17.2.5　会计操纵会降低财务报表的有用性吗

自从安然和世通的财务丑闻后，全球对信息披露的规定和监管都有了很大的改善，但是一些分析师认为财务报表几乎没什么价值，因为存在太多操纵的可能。我们不同意这么激进、悲观的结论，但是我们也认为现金流比盈利更能评估企业的潜能和价值。

根据美国通用会计准则编制的财务报表总是有用的。但是，使用者也要注意报表的可靠性和局限性。财务报表附注中的信息可以用来核实财务报表中报告的数字，甚至可以根据附注中的信息来重述报表，进行对比分析。此外，会计的一致性原则（见第4章）通常可以限制一些操纵行为。记住，大多数操纵，尤其是那些"伪造账目"的操纵，例如提取不适当的准备金，都将不可避免地在冲回相应准备金的时候产生相反的影响。这也是对管理层进行操纵的有效限制。

除了 IFRS 和美国通用会计准则的限制，审计师也可以查证财务报表有没有操纵行为。此外，所有的董事（执行和非执行董事）都有责任遵循会计准则，并对公司报告的内容负责（在安然财务丑闻事件后，对公司治理的监管趋于严格，见第18章）。

最后，财务信息的使用者也可以凭直觉和常识发现盈余操纵：一家公司不可能保持盈利的稳定持续增长。投资者要注意：如果好得难以置信，就很可能不是真的[7]。

17.3　使用间接法计算经营活动现金流来分析盈余质量

用间接法计算经营活动现金流（第16章图16-4），描述了如何从权责发生制下的净利润转换到现金收付制下的经营活动现金流。

在正常经营下，净利润和经营活动现金流通常会呈现很强的正相关，并且它们在不同时期的累计值逻辑上会趋于一致。如果净利润和经营活动现金流相差越来越多，通常可以判断出盈余质量较低。

净利润和经营活动现金流的差异是低盈余质量的根本原因，可以通过从净利润到经营活动现金流的三大调整来解释，即非现金项目，出售非流动资产的利得或损失，存货、应收账款、应付账款变动。

非现金项目会对当期净利润产生正面或负面影响，但是对现金流没有任何影响。如果一家公司采用了17.2.3和17.2.4中提到的基于权责发生制的盈余操纵方法，可能会导致净利润和现金流的不一致。例如，法国公司 Vivendi Universal 2001 年记录了135亿欧元的净损失，却报告了 45 亿欧元的正经营活动现金流。这个明显的不一致主要是因为冲减高估的商誉产生 190 亿欧元的折旧和摊销费用。

出售资产通常是现金交易的，但是出售资产不是公司的主营业务，不会经常发生。例如，2011 年，中国汽车制造商比亚迪在深圳证券交易所上市，报告净利润从 2010 年的 25 亿元人民币下降到 2011 年的 16 亿元人民币。但是，深入分析后发现情况更糟糕：比亚迪 2011 年处置权益投资，确认 5.02 亿元人民币的利得，使当年利润提高了 31.5%。

存货、应收账款、应付账款的变动通常被称为"营运资金需求管理"，可能会导致净利润和现金流之间不寻常的差异。例如，一家公司可能会报告较高的净利润和较低的经营活动现金流，可能是因为存货或应收账款的异常增加或应付账款的异常减少。在这种情况下，最好的解释是企业不能有效地管理营运资金需求或者失去了与供应商和客户的议价能力（盈余质量管理不好的信号）。最坏的解释是，企业操纵盈利，虚增销售或故意减少销货成本（同样是盈余质量不好的信号）。例如，当全球市值最大的汽车分销商庞大集团 2011 年上市时，其报告了 6.59 亿元人民币的净利润，但是经营活动现金流为 −2.58 亿元人民币。使用间接法计算经营活动现金流并分析发现，因存货的增加减少了 38 亿元人民币，应收账款的增加减少了 54 亿元人民币，而应付账款的增加只增加了 72 亿元人民币。

以上分析说明使用间接法计算经营活动现金流，对理解企业的盈余管理和评估盈余质量非常有帮助。总体来说，如果一家公司在很大程度上依赖非现金、非主营、非经常项目来增加当年利润，财务报表使用者可以合理地对公司未来的业绩状况产生怀疑。

使用间接法计算经营活动现金流，以发现盈余操纵也有一定的局限性。有些盈余操纵不能通过这种方法察觉：费用资本化不仅使费用从当期利润表中"消失"（除了相应资产的折旧费用，也很难从总折旧或摊销费用中得到），而且因为确认为获得资产，该"费用支出"从经营活动现金流出转移到投资活动现金流出。

关键知识点

- 经营活动、投资活动和融资活动现金流的代数符号本身就蕴含了有用的信息。
- 企业的可用自由现金流近似为经营活动现金流减去资本支出。企业的可用自由现金流衡量了企业业绩，而且不受企业融资方式的影响。
- 权益股东的可用自由现金流等于经营活动现金流减去资本支出再加上净债务。权益股东的可用自由现金流衡量了可以通过股利或者回购股票分配给股东的现金流。
- 一些财务指标反映了现金流量表的动态变化，最常用来分析的指标包括"经营活动现金流占销售收入的百分比"和"现金流产出率"（经营活动现金流 / 净利润）。
- 盈余质量受以下几方面的影响：①会计方法；②会计估计和会计判断；③利润表中非经常（特殊）项目的分类。
- 会计操纵方式有盈余管理（包括平滑利润、大洗澡操作）和创造性会计。
- 盈余管理可以基于现金收付制和权责发生制。
- 使用间接法计算经营活动现金流可以用来分析盈余质量，并发现管理层的一些利润操纵行为。

实战练习

实战练习 17-1　Coles*

要　　点：理解和分析现金流量表

难度系数：中

Coles 集团是澳大利亚领先的零售商，全国拥有超过 2 500 家零售店。它通过其旗舰超市连锁 Coles Supermarkets 进行运营。直到 2018 年 3 月，Coles 一直属于 Wesfarmers，后者宣布提议拆分 Coles。2018 年 11 月，Wesfarmers 的股东同意了这一拆分，Coles 于 2018 年 11 月 21 日在澳大利亚证券交易所上市。

Coles 财务报表根据澳大利亚会计准则委员会（AASB）发布的澳大利亚会计准则和 2001 年公司法（Cth）编制。财务报告还符合国际财务报告会计准则（IFRS）。

表 17-5 截自该集团 2020～2022 年期间的现金流量表（来源：2020/2021 年度报告和 2021/2022 年度报告）。

表 17-5　Coles 合并现金流量表　　　　　（单位：百万澳元）

52 周	2022 年 6 月 26 日	2021 年 6 月 27 日	2020 年 6 月 28 日
经营活动现金流			
从客户处收到的现金	41 887	41 138	39 971
支付给供应商和员工的现金	（38 309）	（37 510）	（36 486）
支付的利息	（41）	（47）	（37）
租赁付款中的利息部分	（363）	（390）	（399）
收到的利息	1	4	7
支付的所得税	（485）	（358）	（504）
经营活动产生（使用）的净现金流	2 690	2 837	2 552
投资活动现金流			
购买固定资产和无形资产支付的现金	（1 272）	（1 279）	（833）
出售固定资产得到的现金	136	181	211
收购子公司支付的净现金	（6）	（8）	（11）
净赎回贷款票据	0	0	（25）
投资活动产生（使用）的净现金流	（1 142）	（1 106）	（658）
融资活动现金流			
借款获得的现金	5 082	7 232	5 120
偿还借款支付的现金	（5 129）	（7 444）	（5 226）
偿还租赁费用的本金部分	（901）	（891）	（846）
支付的股利	（798）	（807）	（873）
股权激励计划下购买股票	0	（26）	（17）
融资活动产生（使用）的净现金流	（1 746）	（1 936）	（1 842）
现金及现金等价物净（减少）/增加	（198）	（205）	52
期初现金及现金等价物	787	992	940
期末现金及现金等价物	589	787	992

表 17-6 列示出财务附注 2.1 现金及现金等价物中的信息。

表 17-6　附注 2.1 现金及现金等价物　　　　（单位：百万澳元）

从净利润调整到经营净现金流	2022 年 6 月 26 日	2021 年 6 月 27 日	2020 年 6 月 28 日
净利润	1 048	1 005	978
调整：			
折旧和摊销费用	1 571	1 559	1 495
资产减值冲回	（10）	（3）	（41）
处置非流动资产亏损	14	12	39
应占联营公司和合营公司亏损	7	5	6
以股票支付的费用	25	32	13
其他	5	13	0
除去并购和剥离外的资产负债变动：			
存货（增加）/ 减少	（341）	59	（201）
应收账款和其他应收款（增加）/ 减少	（102）	66	（78）
预付款减少 /（增加）	4	（12）	（20）
其他资产的增加	（64）	（32）	（4）
递延所得税资产减少 /（增加）	51	（24）	（121）
应收所得税（增加）/ 减少	（102）	102	（42）
应付账款和其他应付款（增加）/ 减少	675	（77）	339
准备金减少 /（增加）	（130）	75	138
其他负债增加	39	57	51
经营活动净现金流	2 690	2 837	2 552

表 17-7 列示出资产负债表和利润表中的节选信息：

表 17-7　资产负债表和利润表中的节选信息　　　　（单位：百万澳元）

	2022 年 6 月 26 日	2021 年 6 月 27 日	2020 年 6 月 28 日
销售收入	39 369	38 585	37 408
净利润	1 048	1 005	978
流动负债	6 415	5 819	5 681
负债总计	15 712	15 310	15 734

要　求

第一步：理解

1. 请问 Coles 用什么方法计算经营现金流？

2. 附注 2.1 代表了什么？

3. 在附注 2.1 中，为什么现金流量表中用"（增加）/ 减少"描述应收账款、存货的变动，用"减少 /（增加）"描述预付款的变动？

4. 请计算潜在现金流 (潜在现金流的概念见第 16 章)。

第二步：分析

5. 请分析 2020～2022 年的现金流量表。

实战练习 17-2　巴托克公司

要　　点：对比财务分析（现金流量表）

难度系数：低

表 17-8 是 3 家公司财务报表中的信息。

表 17-8　3 家公司财务报表中的信息

	公司 1	公司 2	公司 3
股本增加	800		700
购买有形资产	900	900	1 400
购买金融资产	700		400
长期债务增加	100	1 500	1 100
偿还长期债务		300	
潜在现金流[①]	1 000	400	100
支付的股利	200	600	

① 对净利润进行非现金项目调整得到。

要　求

1. 请根据以上信息编制现金流量表。
2. 请对现金流量表进行分析。

挑战练习

挑战练习 17-1　选择题

请选择正确答案（除非特别说明，正确答案只有一个）。

1. 通常来说，经营活动现金流预期为负数。

　　（a）对　　　　　　　　　　　　　　　　　（b）错

2. 如何计算企业的可用自由现金流？

　　（a）经营活动现金流（假设为正数）＋投资活动现金流（假设为负数）

　　（b）投资活动现金流＋融资活动现金流

　　（c）经营活动现金流＋融资活动现金流

　　（d）经营活动现金流－支付的股利

3. 如何计算扣除股利后的权益股东的可用自由现金流？

　　（a）经营活动现金流＋投资活动现金流

　　（b）权益股东的可用自由现金流＋融资活动现金流

　　（c）权益股东的可用自由现金流－支付的股利

　　（d）权益股东的可用自由现金流－融资活动现金流

4. 如何计算现金流动比率？

（a）经营活动现金流 / 平均流动资产　　　　（b）融资活动现金流 / 平均流动负债

（c）融资活动现金流 / 平均流动资产　　　　（d）经营活动现金流 / 平均流动负债

5. 如何计算现金流产出率？

（a）经营活动现金流 / 净销售收入　　　　　（b）经营活动现金流 / 支付的利息

（c）经营活动现金流 / 净利润　　　　　　　（d）经营活动现金流 / 平均流动负债

6. 下列哪种会计操纵旨在减少利润的波动？

（a）创造性会计　　　　（b）盈余管理　　　　（c）平滑利润　　　　（d）大洗澡操作

7. 下列哪一项影响盈余质量？

（a）会计方法　　　　　　　　　　　　　　（b）会计估计

（c）利润表中非经常项目的分类　　　　　　（d）以上都是

8. 基于现金收付制的盈余管理比基于权责发生制的盈余管理更容易被发现。

（a）对　　　　　　　　　　　　　　　　　（b）错

9. 下列哪项表述不正确？

（a）处置资产获得的收益通常是非经常性的

（b）因为净利润基于权责发生制，所以很难操纵

（c）应收账款急剧增加可能是因为公司相对于客户的议价能力变弱

（d）当经营活动现金流远远大于净利润时，我们可以预期公司未来的高增长性

10. 仅通过比较净利润和经营活动现金流不能发现以下哪种操纵行为？

（a）研发支出资本化

（b）通过出售一块土地增加利润

（c）通过增加折旧或摊销费用减少利润

（d）伪造销售虚增销售收入（对现金流没有明显影响）

挑战练习 17-2　斯美塔那公司（4）

要　　点：分析现金流量表

难度系数：中

斯美塔那公司主要经营美容和化妆产品业务。

要　求

请分析第 16 章挑战练习 16-2 斯美塔那公司（3）中的现金流量表。

挑战练习 17-3　爱立信 *

要　　点：分析现金流量表

难度系数：中

爱立信是瑞典的一个集团（Telefonaktiebolaget LM Ericsson），是通信技术、电信设备和服务的重要提供者，是提供移动和固定电信网络的运营商。超过 180 个国家使用其网络设备。爱立信主要分为三个业务领域运营：网络（为所有网络频段提供多技术能力的无线接入

网络解决方案，包括集成的高性能硬件和软件）；云软件和服务（为核心网络、业务和运营支持系统、网络设计和优化以及网络托管服务提供解决方案）；企业（三个业务领域主要为企业提供解决方案：全球通信平台、企业无线解决方案和技术以及新业务）。第四个类别"其他业务"包括媒体业务以及其他未分配部门的业务。

爱立信各业务部门最近几年的销售收入如表 17-9 所示。

表 17-9　爱立信各业务部门 2020～2022 年的销售收入　　（单位：百万瑞典克朗）

爱立信（百分比）	2022 年	2021 年	2020 年
网络	193 468（71.2%）	167 838（72.2%）	165 978（71.4%）
云软件和服务	60 524（22.3%）	56 224（24.2%）	59 597（25.6%）
企业	15 380（5.7%）	6 236（2.7%）	4 792（2.1%）
其他业务	2 174（0.8%）	2 016（0.9%）	2 023（0.9%）
总计	271 546（100.0%）	232 314（100.0%）	232 390（100.0%）

表 17-10 是爱立信 2020～2022 年的现金流量表（来源：爱立信，2022 年年报）。爱立信的财务报表根据 IFRS 编制。

表 17-10　合并现金流量表　　（单位：百万瑞典克朗）

	2022 年	2021 年	2020 年
经营活动			
净利润	19 112	22 980	17 623
将净利润调整为现金流	17 638	17 143	19 931
	36 750	40 123	37 554
经营净资产变动			
存货	−7 740	−5 565	384
客户融资（流动和非流动）	−1 732	34	370
应收账款和合同资产	4 766	1 551	−3 185
应付账款	−1 995	1 385	4 303
准备金和退休后福利	2 339	−118	−2 669
合同负债	5 794	4 014	−560
其他经营资产和负债（净值）	−813	2 701	−2 280
	619	4 002	−3 637
收到的利息	344	8	763
支付的利息	−1 250	−974	−1 434
支付的税金	−5 600	−4 094	−4 313
经营活动现金流	30 863	39 065	28 933
投资活动			
购建固定资产	−4 477	−3 663	−4 493
出售固定资产	249	115	254
收购子公司和其他业务	−51 995	−389	−9 657
剥离子公司和其他业务	307	448	59
产品开发	−1 720	−962	−817
购买有息证券	−13 582	−35 415	−13 637

（续）

	2022 年	2021 年	2020 年
出售有息证券	40 541	20 114	12 289
其他投资活动	–3 720	–131	801
投资活动现金流	**–34 397**	**–19 883**	**–15 201**
融资活动			
发行债务收到的现金	10 755	7 882	3 219
偿还债务	–16 029	–5 791	–9 031
出售自有股票	0	42	163
支付股利	–8 415	–6 889	–5 996
偿还租赁负债	–2 593	–2 368	–2 417
其他融资活动	352	–2 183	1 570
融资活动现金流	**–15 930**	**–9 307**	**–12 492**
汇率变化对现金流的影响	3 763	563	–2 707
现金及现金等价物净变动	–15 701	10 438	–1 467
期初现金及现金等价物	54 050	43 612	45 079
期末现金及现金等价物	**38 349**	**54 050**	**43 612**

要　求

第一步：理解

1. 计算经营活动现金流使用的是间接法还是直接法？

2. "经营净资产"代表什么？

3. 请计算潜在现金流（见第 16 章潜在现金流的概念）。

第二步：分析

4. 请分析现金流量表。

挑战练习 17-4　中国石化 *

要　　点：现金流量表分析

难度系数：高

中国石化是一家综合能源化工公司（我们在第 15 章介绍过）。中国石化及其子公司的主要经营：

- 原油和天然气的勘探、开发和生产。
- 原油和石油产品的炼制、运输、储存和营销。
- 化学品的生产和销售。

中国石化编制两套财务报表：一套根据中国的《企业会计准则》编制，另一套根据 IFRS 编制。在本题中，我们使用第一套财务报表[8]。表 17-11 是中国石化 2020～2022 年的现金流量表（资料来源：2021～2022 年年报）。

表 17-11 中国石化现金流量表　　　（单位：百万元人民币）

12 月 31 日	2022 年	2021 年	2020 年
经营活动现金流			
销售商品、提供劳务收到的现金	3 550 138	2 980 918	2 295 665
收到的税费返还	12 010	4 641	2 985
收到的其他与经营活动有关的现金	269 895	158 049	212 918
经营活动现金流入小计	3 832 043	3 143 608	2 511 568
购买商品、接受劳务支付的现金	（2 914 966）	（2 317 629）	（1 749 873）
支付给员工以及为员工支付的现金	（102 171）	（95 778）	（85 481）
支付的各项税费	（385 818）	（325 348）	（282 390）
支付的其他与经营活动有关的现金	（312 819）	（179 679）	（225 304）
经营活动现金流出小计	（3 715 774）	（2 918 434）	（2 343 048）
经营活动产生的净现金流	116 269	225 174	168 520
投资活动现金流			
处置投资所收到的现金	1 980	9 812	11 651
收回投资所收到的现金	13 969	10 134	11 510
处置固定资产、无形资产和其他长期资产所收回的现金净额	212	1 478	2 656
处置子公司及其他业务主体收到的现金	10 041	5 205	49 869
收到的其他与投资活动有关的现金	103 157	38 208	58 669
投资活动现金流入小计	129 359	64 837	134 355
购建固定资产、无形资产和其他长期资产所支付的现金	（172 527）	（144 921）	（131 636）
投资所支付的现金	（10 456）	（13 085）	（12 740）
取得子公司及其他营业单位支付的现金净额	（7 881）	（1 106）	（340）
支付其他与投资活动有关的现金	（33 505）	（50 923）	（92 289）
投资活动现金流出小计	（224 369）	（210 035）	（237 005）
投资活动产生的净现金流	（95 010）	（145 198）	（102 650）
融资活动净现金流			
吸收投资收到的现金	3 946	1 001	3 946
其中：子公司吸收少数股东投资收到的现金	3 946	1 001	3 946
取得借款收到的现金	564 417	356 459	564 417
收到其他与融资活动有关的现金	989	133	989
融资活动现金流入小计	569 352	357 593	569 352
偿还债务支付的现金	（514 275）	（338 232）	（514 275）
分配股利、利润或偿付利息支付的现金	（71 831）	（49 027）	（71 831）
其中：子公司支付给少数股东的股利、利润	（5 249）	（8 068）	（5 249）
支付其他与融资活动有关的现金	（22 945）	（28 276）	（22 945）
融资活动现金流出小计	（609 051）	（415 535）	（609 051）
融资活动产生的净现金流	（39 699）	（57 942）	（39 699）
汇率变动对现金及现金等价物的影响	3 288	（1 003）	3 288
现金及现金等价物净（减少）/增加额	（15 152）	21 031	（15 152）
加上：期初现金及现金等价物	108 590	87 559	60 438
期末现金及现金等价物	93 438	108 590	87 559

财务报表附注包括一些现金流量表的补充信息，见表 17-12。

表 17-12　附注 56（a）将净利润调节为经营活动现金流　　（单位：百万元人民币）

	2022 年	2021 年	2020 年
净利润	75 758	85 030	42 097
加：资产减值损失	12 009	13 165	26 087
信用减值（冲回）/ 损失	（1 084）	2 311	2 066
使用权资产折旧	13 760	12 972	12 842
固定资产折旧	86 178	92 824	85 494
无形资产以及长期递延费用摊销	9 968	9 884	9 125
干井核销	6 416	7 702	5 928
非流动资产处置净损失	722	3 062	（398）
公允价值变动（收益）/ 损失	1 715	（3 341）	1 253
财务费用	10 503	9 286	10 395
投资收益	（14 462）	（6 032）	（47 486）
递延所得税资产减少	663	5 456	（10 143）
递延所得税负债增加	1 055	802	2 270
存货增加	（45 421）	（58 372）	22 407
安全基金储备	179	775	237
经营性应收项目的增加 /（减少）	1 974	（8 177）	（17 610）
经营性应付项目的（减少）/ 增加	（43 664）	57 827	23 956
经营活动产生的净现金流	116 269	225 174	168 520

从合并财务报表中获取的信息如表 17-13 所示。

表 17-13　合并财务报表　　（单位：百万元人民币）

	2022 年	2021 年	2020 年
主营业务收入	3 257 356	2 679 500	2 048 654
净利润（利润表）	75 758	85 030	42 097
流动负债	667 385	641 280	522 995
总负债	1 011 487	973 214	850 176

要　求

第一步：理解

1. 中国石化使用哪种方法计算经营活动现金流？

2. 附注 56（a）披露了什么内容，对财务信息使用者有什么作用？

3. 请计算潜在现金流（见第 16 章潜在现金流的概念）。

第二步：分析

4. 请根据以上补充信息分析现金流量表。

挑战练习 17-5　宝洁 *（3）

要　　点：分析现金流量表

难度系数：中

宝洁在第 14 章介绍过（见挑战练习 14-3）。合并财务报表根据美国通用会计准则编制。

表 17-14 是宝洁 2020～2022 年合并现金流量表（资料来源：2020/2021 年年报和 2021/2022 年年报）。

表 17-14　宝洁合并现金流量表　　　　　（单位：百万美元）

6 月 30 日	2022 年	2021 年	2020 年
期初现金及现金等价物	10 288	16 181	4 239
经营活动			
净收益	14 793	14 352	13 103
折旧和摊销费用	2 807	2 735	3 013
早期注销债务损失	0	512	0
股票薪酬	528	540	558
递延所得税	（402）	（258）	（596）
出售资产（利得）/ 损失	（85）	（16）	7
应收账款变动	（694）	（342）	634
存货变动	（1 247）	（309）	（637）
应付账款、应计费用和其他负债变动	1 429	1 391	1 923
其他经营资产和负债变动	（635）	（369）	（710）
其他	229	135	108
经营活动现金流总计	16 723	18 371	17 403
投资活动			
资本支出	（3 156）	（2 787）	（3 073）
出售资产收到的现金	110	42	30
收购支付的净现金	（1 381）	（34）	（58）
购买短期投资	0	（55）	0
出售短期投资收到的现金	0	0	6 151
其他投资变动	3	0	（5）
投资活动现金流总计	（4 424）	（2 834）	3 045
融资活动			
支付给股东的股利	（8 770）	（8 263）	（7 789）
超过三个月到期的短期债务增加	10 411	7 675	14 371
超过三个月到期的短期债务减少	（11 478）	（7 577）	（12 984）
其他短期债务增加 /（减少）	917	（3 431）	958
增加长期债务	4 385	4 417	4 951
偿还长期债务	（2 343）	（4 987）	（2 447）
回购库存股	（10 003）	（11 009）	（7 405）
Batteries 业务剥离注入资金购入的库存股	0	0	0
股票期权的影响及其他	2 005	1 644	1 978
融资活动现金流总计	（14 876）	（21 531）	（8 367）
汇率变动对现金及现金等价物的影响	（497）	101	（139）
现金及现金等价物变动	（3 074）	（5 893）	11 942
期末现金及现金等价物	7 214	10 288	16 181

合并财务报表中的补充信息如表 17-15 所示。

表 17-15　补充信息披露　　　　　　　　　（单位：百万美元）

	2022 年	2021 年	2020 年
现金支付			
利息	451	531	434
所得税	3 818	3 822	3 550
销售收入	80 187	76 118	70 950
净收益	14 793	14 352	13 103
流动负债	33 081	33 132	32 976
总负债	70 354	72 653	73 822

要　求

第一步：理解

1. 表 17-14 在列示期初和期末现金及现金等价物时，有什么不寻常的地方？
2. 计算经营活动现金流使用的是直接法还是间接法？
3. 为什么每一年的经营活动现金流都要多于净利润？

第二步：分析

4. 请根据题中所有的信息分析现金流量表。

挑战练习 17-6　iliad-Free*（4）

要　　点：现金流量表分析

难度系数：中

第 14 章讲解过 iliad-Free，见挑战练习 14-4。合并财务报表根据欧盟采纳的 IFRS 会计准则编制。

表 17-16 和表 17-17 列示出以下 2018～2022 年的信息。

- 合并现金流量表（资料来源：2018～2022 年年报）。
- 现金流量表分析。

要　求

请根据以下两张表对 iliad-Free 进行财务分析。

表 17-16　iliad-Free 合并现金流量表　　　　　（单位：百万欧元）

12 月 31 日	2022 年	2021 年	2020 年	2019 年	2018 年
当期利润（包括少数股东权益）	758	526	420	1 726	330
+/－ 非流动资产折旧、摊销、准备金和或有事项准备金（流动资产除外）	2 665	2 391	2 020	1 983	1 044
－ /+ 公允价值变动产生的未实现利得和亏损	23	（33）	（5）	（1）	（2）
+/－ 股票期权和其他股票报酬相关的费用和收益	37	36	27	22	12
－ /+ 其他收益和利得，净值	187	177	140	99	2

（续）

12 月 31 日	2022 年	2021 年	2020 年	2019 年	2018 年
–/+ 处置资产利得和亏损	（551）	（249）	（324）	（1 969）	（1）
+/– 应占权益投资利润	（43）	（69）	（86）	13	23
– 股利	（4）	0			
净财务费用和所得税费用后的经营现金流	3 072	2 779	2 192	1 873	1 408
+ 净财务费用	313	172	94	68	46
+/– 所得税费用（包括递延所得税）	332	258	216	245	239
净财务费用和所得税费用前的经营现金流（A）	3 717	3 209	2 502	2 186	1 693
– 支付的所得税（B）	（527）	（343）	（344）	（340）	（306）
+/– 营运资金需求变动（包括员工福利）(C1)	（68）	（227）	（53）	（106）	31
= 经营活动净现金流（D）=（A + B + C1 + C2）	3 122	2 639	2 105	1 740	1 418
– 购买固定资产和无形资产	（3 349）	（2 450）	（2 017）	（2 243）	（2 447）
+ 处置固定资产和无形资产	26	5	2	16	21
– 获得投资	（7）	（62）	0	0	0
+/– 集团结构变动 – 收购	（1 563）	0	（2 127）	（179）	（392）
+ 收到股利	254	21	153	0	0
+/– 贷款和垫款变动	（61）	（37）	（9）	（11）	10
– 获得租赁权支付的现金	0	（1）	（1）	（4）	0
+ 持有至出售资产产生的现金流入	1 708	1 248	150	1 791	5
– 持有至出售资产产生的现金流出	（197）	（318）	0	0	0
= 投资活动净现金流（E）	（3 189）	（1 594）	（3 849）	（630）	（2 803）
+ 资本增加	0	33	1 390	0	0
– 资本减少	0	0	（1 400）	0	0
+ 股票期权行权	0	9	10	25	6
–/+ 自有股票交易	0	（85）	1	（66）	（35）
– 支付的股利					
• 支付给母公司股东的股利	（1 467）	（176）	（152）	（52）	（40）
• 支付给少数股东的股利	（19）	（19）	0	（7）	0
+ 借款收到的现金（不包括金融租赁）	5 842	5 370	3 864	1 135	1 528
– 还款支付的现金	（3 272）	（5 130）	（1 955）	（68）	（86）
– 偿还租赁负债	（808）	（770）	（749）	（590）	0
– 支付的利息	（281）	（139）	（80）	（55）	（30）
= 融资活动产生的净现金流（F）	（106）	（86）	（91）	（15）	0
+/– 汇率变动影响（G）	1	（29）	0	0	0
= 现金及现金等价物净变动（D + E + F + G）	（177）	23	（906）	1 417	（42）
+/– 汇率转换对现金及现金等价物的影响	（6）	（2）	（4）	0	0
期初现金及现金等价物	702	681	1 591	173	215
期末现金及现金等价物	519	702	681	1 591	173

表 17-17 现金流量表分析　　　　　　　　（单位：百万欧元）

12 月 31 日	2022 年	2021 年	2020 年	2019 年	2018 年
经营活动现金流	3 122	2 639	2 105	1 740	1 418

（续）

12月31日	2022年	2021年	2020年	2019年	2018年
－购买固定资产和无形资产	（3 349）	（2 450）	（2 017）	（2 243）	（2 447）
＋处置固定资产和无形资产	26	5	2	16	21
企业的可用自由现金流（FCFF）近似值	（201）	194	90	（487）	（1 008）
其他投资现金流	134	851	（1 834）	1 597	（377）
＋借款收到的现金（不包括融资租赁）	5 842	5 370	3 864	1 135	1 528
－还款支付的现金	（3 272）	（5 130）	（1 955）	（68）	（86）
－偿还租赁负债支付的现金	（808）	（770）	（749）	（590）	0
－支付的利息	（281）	（139）	（80）	（55）	（30）
－支付租赁相关的利息	（106）	（86）	（91）	（15）	0
权益股东的可用自由现金流（FCFE）	1 308	290	（755）	1 517	27
支付的股利	（1 486）	（195）	（152）	（59）	（40）
支付股利后的权益股东的可用自由现金流（FCFE）	（178）	95	（907）	1 458	（13）
其他融资现金流	0	（43）	1	（41）	（29）
汇率变动影响	1	（29）	0	0	0
现金变动	（177）	23	（906）	1 417	（42）

挑战练习 17-7　九龙仓 *

要　　点：现金流量表和盈余质量

难度系数：高

九龙仓是一家在香港上市的房地产开发公司。下面给出了九龙仓 2021 年和 2022 年年报中对公司的简要描述。后面还附有 2021 年和 2022 年年报中截取的关于 2020～2022 年的下列信息。

（1）合并利润表（见表 17-18）。

（2）合并现金流量表（见表 17-19）。

（3）关于从经营利润调节到经营活动现金流的附注（见表 17-20）。

在 2022 年年报的第 111 页上关于其他净费用的附注 3 指出：

附注 3.a.："位于中国内地和中国香港的子公司持有的某些开发物业的减值准备总额为港币 4 240 百万元（2021 年：港币 3 336 百万元）。"

在 2022 年年报的第 115～116 页关于投资性质的附注 8 指出：

附注 8.d.："集团正在开发的投资性房地产按公允价值列报，取当公允价值首次可靠测量时或物业完成日期两者中较早的日期时候的公允价值。

截至 2022 年 12 月 31 日，独立的专业评估师事务所 Knight Frank 已对投资性房地产进行了重新评估。员工中有香港评估师学会的资深成员，具有在香港和中国内地估价物业的丰富经验。Knight Frank 根据市场价值基础对投资性房地产进行了重新估值，并考虑了各物业的净收入，适当考虑了回升潜力和物业的重建潜力。

投资性房地产重新评估所产生的增加或减少的金额在合并利润表的'投资性房地产公允价值增加/（减少）'项目中予以确认。"

在 2022 年年报的第 120～121 页关于物业、厂房和设备的附注 9 指出：

- 附注 9.c.："酒店物业、厂房和设备的账面价值在报告期末进行评估，如果有任何减值迹象，通过估计可回收金额来评估，该金额是其公允价值减去处置成本和使用价值中较大的那个。在评估减值时，从 Knight Frank 获得了基于市场价值的独立评估，并考虑了各物业的净收入，在适当的情况下考虑了回升潜力。"

要 求

1. 请根据利润表，评估分析 2020～2022 年业绩变动。
2. 请根据现金流量表，分析三种活动现金流之间的关联。
3. 请根据将经营利润调节为经营活动现金流的过程，分析当期盈余质量。

九龙仓简介

九龙仓（集团）有限公司，简称九龙仓，是一家成立于 1886 年的香港公司。在 2017 年将九龙仓房地产投资有限公司作为一个独立上市公司进行拆分后，该集团目前的业务包括中国香港和中国内地的投资物业、酒店和开发物业。其他业务还包括现代货柜码头和香港空运货柜码头的物流基础设施。

在香港，该集团的独家 Peak Portfolio 拥有一系列稀有的独特物业，继续展现出最高的定制品质和工艺，满足高端和有眼光的客户的需求。该集团在中国内地的投资物业方面，从大约 20 年前的一个小而初创的基础开始，到现在开始见效，计划在未来 20～30 年内获得适当的回报。九龙仓酒店管理公司在中国内地、中国香港和菲律宾经营着 16 家酒店，拥有超过 5 000 个房间和套房。该集团还拥有并运营着现代货柜码头，在香港和深圳是主要的货柜码头运营商，并且是香港空运货柜码头的创始合作伙伴。

表 17-18 九龙仓合并利润表

12 月 31 日	2022 年（百万港元）	2021 年（百万港元）	2020 年（百万港元）	2022 年	2021 年	2020 年
营业额	18 064	22 378	20 997	100%	100%	100%
直接成本和经营费用	（9 221）	（11 064）	（7 379）	（51%）	（49%）	（35%）
营销费用	（445）	（671）	（687）	（2%）	（3%）	（3%）
管理费用	（1 078）	（1 353）	（1 103）	（6%）	（6%）	（5%）
折旧、摊销、利息和税前经营利润	7 320	9 290	11 828	41%	42%	56%
折旧和摊销	（717）	（754）	（724）	（4%）	（3%）	（3%）
经营利润	6 603	8 536	11 104	37%	38%	53%
投资性房地产公允价值增加	（264）	1 018	（208）	（1%）	5%	（1%）
其他净收益	（5 367）	（1 019）	（1 827）	（30%）	（5%）	（9%）
	972	8 535	9 069	5%	38%	43%
财务费用	（646）	（266）	（780）	（4%）	（1%）	（4%）
应占以下企业税后净利润						
联营企业	21	719	172	0	3%	1%
合营企业	（121）	249	1 066	（1%）	1%	5%
税前净利润	226	9 237	9 527	1%	41%	45%
所得税	（1 660）	（2 898）	（4 743）	（9%）	（13%）	（23%）
当期净利润	（1 434）	6 339	4 784	（8%）	28%	23%

表 17-19　九龙仓合并现金流量表　　　　　（单位：百万港元）

12 月 31 日	2022 年	2021 年	2020 年
经营活动现金流入	5 141	7 534	9 996
营运资本变动	1 551	（3 981）	（3 330）
经营活动产生的现金流	**6 692**	**3 553**	**6 666**
支付的利息	（795）	（916）	（1 367）
收到的利息	663	422	740
收到联营公司 / 合营公司支付的股利	370	964	5 904
其他投资收到的股利	1 337	1 331	1 108
支付香港产生的利润所得税	（543）	（110）	（266）
支付海外税项	（1 541）	（2 690）	（2 517）
经营活动产生的净现金流	**6 183**	**2 554**	**10 268**
投资活动			
购买投资物业	（667）	（527）	（907）
购买固定资产	（348）	（473）	（380）
投资联营企业权益净（增加）/ 减少	844	1 057	3 365
投资合营企业权益净（增加）	2 294	（3 303）	3 307
购买其他长期投资	（12 093）	（12 174）	（27 548）
处置固定资产收到的现金	9	7	0
处置子公司收到的现金	0	304	0
处置投资物业收到的现金	0	3 139	23
处置其他长期资产收到的现金	14 273	23 284	5 722
（新增）/ 减少到期日多于三个月银行存款	0	0	2 201
投资活动净现金流	**4 312**	**11 314**	**（14 217）**
融资活动			
发行股份收到的现金	0	75	34
新增银行及其他借款	8 258	35 123	11 942
偿还银行及其他借款	（24 336）	（40 639）	（16 601）
支付租赁费用的本金部分	（43）	（39）	（39）
支付租赁费用的利息部分	（2）	（2）	（1）
支付股利	（1 222）	（1 222）	（839）
向非控股股东支付股利	（207）	（710）	（6）
融资活动净现金流	**（17 552）**	**（7 414）**	**（5 510）**
现金及现金等价物增加 /（减少）	**（7 057）**	**6 454**	**（9 459）**
1 月 1 日现金及现金等价物	23 559	16 668	25 091
汇率变动影响	（1 854）	437	1 036
12 月 31 日现金及现金等价物	**14 648**	**23 559**	**16 668**

表 17-20　将经营利润调节为经营活动现金流　　　（单位：百万港元）

12 月 31 日	2022 年	2021 年	2020 年
经营利润	6 603	8 536	11 104
调整：			
利息收入	（662）	（425）	（727）

（续）

12 月 31 日	2022 年	2021 年	2020 年
投资收到的股利	（1 517）	（1 331）	（1 108）
折旧和摊销费用	717	754	724
股票薪酬	0	0	3
经营活动产生的现金流	5 141	7 534	9 996
可供出售的待开发房地产（增加）	（5 186）	（15 459）	（3 678）
可供出售的完工房地产减少	6 432	8 197	3 989
应收账款和其他应收款减少/（增加）	261	413	（142）
应付账款和其他应付款增加/（减少）	927	1 555	（453）
房地产出售押金增加/（减少）	（919）	1 421	（3 109）
衍生金融工具（减少）	26	（107）	65
其他非现金项目	10	（1）	（2）
营运资金（增加）	1 551	（3 981）	（3 330）
经营活动净现金流	6 692	3 553	6 666

参考书目

Barnea A, Ronen J, Sadan S. (1975) The implementation of accounting objectives: an application to extraordinary items. The Accounting Review, 50(1), 58-68.

Barnea A, Ronen J, Sadan S. (1976) Classificatory smoothing of income with extraordinary items. The Accounting Review, 51(1), 110-22.

Black E L, Sellers K F, Manly T S. (1998) Earnings management using asset sales: an international study of countries allowing noncurrent asset revaluation. Journal of Business Finance & Accounting 25(9/10), 1287-317.

Byrnes N. (2002) Commentary: was Jack Welch's run all it was cracked up to be? Business Week, 28 April 2002.

Copeland R M. (1968) Income smoothing. Journal of Accounting Research, Empirical Research in Accounting, Selected Studies, 6(Supplement), 101-16.

Fern R H, Brown B, Dickey S W. (1994) An empirical test of politically-motivated income smoothing in the oil refining industry. Journal of Applied Business Research, 10(1), 92-9.

Griffiths I. (1986) Creative Accounting. London: Irwin.

Griffiths I. (1995) New creative accounting. Basingstoke: Macmillan.

Healy P M, Wahlen J M. (1999) A review of the earnings management literature and its implications for standard setting. Accounting Horizons, 13(4), 365-83.

IASB (2020) International Accounting Standard No. 16 Property, Plant and Equipment, London.

IASB (2021) International Financial Reporting Standard No. 16 Leases, London.

Järvinen T, Myllymäki E-R. (2016) Real earnings management before and after reporting SOX 404 material weaknesses. Accounting Horizons, 30(1), 119-41.

Mathews M R, Perera M H B. (1996) Accounting theory and development. Melbourne: Nelson-ITPC.

Moore M L. (1973) Management changes and discretionary accounting decisions. Journal of Accounting Research, 11(1), 100-7.

O'glove T L. (1987) Quality of earnings. New York: Free Press.

O'glove T L, Sobel R. (1998) Quality of earnings. New York: Simon Schuster.

Rapoport M. (2011) Rewriting pension history: some big firms move to recognize gains and losses in the years they occur, The Wall Street Journal, March 9, 2011.

Ronen J, Sadan S. (1975) Classificatory smoothing: alternative income models. Journal of Accounting Research, 13(1), 133-49.

Roychowdhury S. (2006) Earnings management through real activities manipulation. Journal of Accounting and Economics, 42(3), 335-70.

Schipper K. (1989) Commentary on earnings management. Accounting Horizons, 3(4), 91-102.

Smith T. (1996) Accounting for growth: stripping the camouflage from company accounts, 2nd edition. London: Century Business.

Stolowy H, Breton G. (2004) Accounts manipulation: a literature review and proposed conceptual framework. Review of Accounting and Finance, 3(1), 5-65.

Vernimmen P, Quiry P, Le F Y. (2022) Corporate finance: theory and practice. 6th ed.: Wiley.

扩展阅读

Bassemir M, Novotny‐Farkas Z. (2018) IFRS adoption, reporting incentives and financial reporting quality in private firms. Journal of Business Finance & Accounting, 45(7/8), 759-96.

Bornemann S, Kick T, Pfingsten A, Schertler A. (2015) Earnings baths by CEOs during turnovers: empirical evidence from German savings banks. Journal of Banking & Finance, 53, 188-201.

Bozzolan S, Fabrizi M, Mallin C A, Michelon G. (2015) Corporate social responsibility and earnings quality: international evidence. The International Journal of Accounting, 50(4), 361-96.

Cheng C, Liu C S, Schaefer T F. (1997) The value-relevance of SFAS No. 95 cash flows from operations as assessed by security market effects. Accounting Horizons, 11(3), 1-15.

Clacher I, Ricquebourg A D, Hodgson A. (2013) The value relevance of direct cash flows under international financial reporting standards. Abacus, 49(3), 367-95.

Clinch G, Sidhu B, Sin S. (2002) The usefulness of direct and indirect cash flow disclosures. Review of Accounting Studies, 7(4), 383-402.

Dal Maso L, Kanagaretnam K, Lobo G J, Terzani S. (2018). The influence of accounting enforcement on earnings quality of banks: implications of bank regulation and the global financial crisis. Journal of Accounting and Public Policy, 37(5), 402-19.

Dechow P M, Hutton A P, Kim J H, Sloan R G. (2012) Detecting earnings management: a new approach. Journal of Accounting Research, 50(2), 275-334.

Dechow P, Ge W, Schrand C. (2010) Understanding earnings quality: a review of the proxies, their determinants and their consequences. Journal of Accounting & Economics, 50(2/3), 344-401.

DeFond M L. (2010) Earnings quality research: advances, challenges and future research. Journal of Accounting and Economics, 5 (2-3), 402-9.

Dinh T, Kang H, Schultze W. (2016) Capitalizing research & development: signaling or earnings management? European Accounting Review, 25(2), 373-401.

Dyreng S D, Hillegeist S A, Penalva F. (2022) Earnings management to avoid debt covenant violations and future performance. European Accounting Review, 31(2), 311-343.

Ertan A. (2022) Real earnings management through syndicated lending. Review of Accounting Studies, 27(4), 1157-1198.

Fogel-Yaari H, Ronen J. (2020) Earnings management strategies for meeting or beating expectations. Journal of Accounting and Public Policy, 39(1), 106714.

Garcia O B. (2008) Board independence and real earnings management: the case of R&D expenditure. Corporate Governance: An International Review, 16(2), 116-31.

Gowthorpe C, Amat O. (2005) Creative accounting: some ethical issues of macro and micro-manipulation. Journal of Business Ethics, 57(1), 55-64.

Greusard O. (2022) Accrual-based earnings management and regulation: a literature review*. Accounting Perspectives, 21(4), 539-580.

Guggenmos R D, Vander S W A. (2020) The effects of creative culture on real earnings management. Contemporary Accounting Research, 37(4), 2319-2356.

Habib A, Ranasinghe D, Wu J Y, Biswas P K, Ahmad F. (2022) Real earnings management: a review of the international literature. Accounting & Finance, 62(4), 4279-4344.

Huang S, Roychowdhury S, Sletten E. (2020) Does litigation deter or encourage real earnings management? The Accounting Review, 95(3), 251-278.

Jeanjean T, Stolowy H. (2008) Do accounting standards matter: an exploratory analysis of earnings management before and after IFRS adoption. Journal of Accounting and Public Policy, 27(6), 480-94.

Krishnan G V, Largay III J A. (2000) The predictive ability of direct method cash flow information. Journal of Business Finance & Accounting, 27(1/2), 215-45.

Kwok H. (2002). The effect of cash flow statement format on lenders' decisions. The International Journal of Accounting, 37(3), 347-62.

Lo K. (2008) Earnings management and earnings quality. Journal of Accounting and Economics, 45(2-3), 350-7.

Markarian G, Pozza L, Prencipe A. (2008) Capitalization of R&D costs and earnings management: evidence from Italian listed companies. The International Journal of Accounting, 43(3), 246-67.

Orpurt S F, Zang Y. (2009) Do direct cash flow disclosures help predict future operating cash flows and earnings? The Accounting Review, 84(3), 893-935.

Pierk J. (2021) Big baths and CEO overconfidence. Accounting and Business Research, 51(2), 185-205.

Yang J, Hemmings D, Jaafar A, Jackson R H G. (2022) The real earnings management gap between private and public firms: evidence from Europe. Journal of International Accounting, Auditing and Taxation, 49, 100506.

注　释

1　功能锁定假设（与技术分析相关，假设用过去的业绩可以预测未来的业绩）受到很多理论的挑战，包括资本资产定价模型（capital asset pricing model，CAPM）和随机漫步理论（random walk theory）。这些都是金融教材的核心理论，但是这些内容已经超出了本书的范围（请见 Vernimmen et al.，2017）。

2　对于创业公司来说存在例外，尤其是生物技术或高科技公司，需要投入大量的经营设施来启动一个新的创业公司。消耗现金量较大的企业除非有足够的可用现金或从股东/金融机构募集资金或变卖资产，才能持续经营。特斯拉是美国电动车制造商，在 2018 年以前，经营活动现金流都是负数。

3　请见《金融时报》官方网站。

4　我们这里使用的盈余质量指企业报告的盈余真实公允地反映企业财务状况的情况。财务分析师有时候也会使用盈余质量这一概念，但是是指盈利波动较小、盈利预测性较强。

5　Beta（β）系数为企业收益与市场收益的协方差除以企业收益的方差，衡量了企业收益与整个市场收益之间的关系。在资本资产定价模型中，Beta 系数衡量了企业收益波动风险不能因分散投资组合而减少的部分。Beta 值为零，说明企业收益与市场收益无关；Beta 值大于零，说明企业收益与市场收益正相关；Beta 值为 1，说明企业收益与市场收益一致；Beta 值为负，说明企业收益与市场收益负相关。Beta 值衡量的是企业股票风险与市场投资组合风险之间的关系。

6　记住，亏损通常可以抵销往前 3 年和往后 5 年的应纳税利润（或者按每个国家自己的规定）。

7　例如，见 Smith R，Lipin S 和 Naj A K 描述的通用电气如何降低收益的波动（《华尔街日报》，1994 年 11 月 2 日）。

8　第 15 章中国石化的例子中使用的财务报表是按 IFRS 编制的。

第18章 财务比率分析、财务报表分析和 ESG 分析

本章教给你什么

1. 为股东创造价值是盈利主体的传统目标。因此，衡量如何创造价值以及创造出的数量，仍然是许多财务信息使用者关注的问题。

2. 通过收集不同来源的资料，财务比率的计算显示了企业商业模式中各要素之间的关系，部分回答了价值如何被创造的问题。

3. 财务比率中通常蕴含了丰富的信息，但是对财务比率的使用要非常谨慎，各要素之间的假设关系有严密的相关性。

4. 除了第14～17章介绍过的内容，财务报表分析还需要对其他来源的资料进行分析，例如与其他企业、竞争者、市场和经济环境相关的信息。越来越多有关环境、社会和公司治理（ESG）因素的数据必须整合到分析中。

5. 仅仅衡量并报告一定时期内的净利润，这样的信息量对于股东来说是不够的。

6. 衡量股东价值创造的最基本的指标是每股收益，该指标概念简单，但是计算很复杂。

7. 除了每股收益外，衡量股东价值创造的指标还有总资产回报率和长期资金来源回报率。

8. 通过对长期资金来源回报率（投入资本回报率）进行分解，可以有效地分析竞争对手的战略，或制定企业自己的战略。

9. 越来越多地采用 ESG 整合和分析，以了解并考虑公司的风险和机会。整合 ESG 因素到财务分析中有几种方法，如定性和定量 ESG 分析。

10. 将主体的商业模型分解成同性质的子模型或分部模型，可以提高主体未来经济利益的可预测性。

11. 计分模型可以用来衡量企业失败的风险。

12.如果企业没有道德行为规范和坚实的治理，所有价值创造的衡量就都没有意义。

　　为股东创造价值是盈利主体的"传统"目标。一些人认为，股东价值创造不是目标，而是为使股东继续投资及对管理团队满意（董事会代表股东任命高级管理者）必须满足的约束条件。此外，如果股东对风险和回报的估计在可接受的水平，还可以引导其他投资者投入资金支持企业的发展。不管是目标还是约束条件，从"承担风险的资本提供者"（如果企业宣布破产，可能会失去所有投资）角度来看，必须衡量和管理价值创造。

　　在第 5 章中，我们解释了可持续发展报告为何变得日益重要。对于财务分析，我们将依赖于 ESG 的相关概念，该概念允许将可持续发展报告分解为三个不同的维度。这种方法有助于分析这一复杂的概念。随着 ESG 投资在资产管理行业中变得越来越普遍，越来越多的投资者希望将 ESG 因素整合到公司绩效分析中。分析师基于不同的目标将 ESG 因素整合到分析中。这些目标包括满足受托责任和监管要求，满足客户和受益人的需求（对于专业投资者管理他人的资金），减少投资风险，增加投资回报，为投资专业人员提供额外的分析工具，改善与公司的互动和管理活动，并在公司和投资层面缓解声誉风险。ESG 分析面临两个主要挑战：①在考虑潜在来源的多样性时找到相关信息；②遵循严格的方法论将信息转化为有用的决策见解。

　　本章包括两个问题（也是所有财务分析师的工作重点）：（过去、现在和未来）创造多少价值和如何创造价值。"创造多少价值"的问题通过利润表来解答。但是，对于股东来说，他们可以自由地出售股票，将资金投入其他回报更高或风险更低的企业，这就涉及"在股东愿意承担的风险水平下，他们能获得多少回报"。对于这个问题，利润表不能给出充分的答案。

　　为了有足够的信心回答这个问题，还必须进行 ESG 因素的分析，因为这些因素会影响公司的绩效。表 18-1 提供了环境、社会和公司治理维度的 ESG 因素性质的概览，以及 ESG 因素如何影响公司绩效的几个示例。

表 18-1　环境、社会和公司治理维度的 ESG

环境因素	社会因素	公司治理因素
与自然界相关的因素。包括对可再生和不可再生资源（例如，水、矿物、生态系统和生物多样性）的使用和互动。 示例： • 气候变化 • 资源耗竭 • 废物 • 污染 • 森林砍伐	影响人类生活的因素。包括人力资本、非人类动物、当地社区和客户的管理。 示例： • 人权 • 现代奴隶制 • 童工 • 工作条件 • 员工关系	影响公司管理和监督过程的因素。这些因素涉及与国家和 / 或司法管辖区相关的问题。治理涉及人和流程。 示例： • 贿赂和腐败 • 高管薪酬 • 董事会多样性和结构 • 行业协会、游说和捐赠 • 税务策略

　　所有这些因素都可以影响公司的绩效。例如，一家在农业领域运营的公司可能由于极

端天气事件（如干旱或洪水）而经历作物产量下降和成本增加，导致收入和盈利能力降低。此外，旨在减少温室气体排放的更为严格的环境法规可能导致更高的合规成本和对基础设施或生产过程的昂贵升级需求。这些额外的开支可能对公司的底线造成压力，影响其财务绩效。而且，随着投资者和消费者对气候变化和可持续性的认识增加，那些未能应对环境风险并适应消费者偏好变化的公司可能面临声誉损害和市场份额流失，将进一步影响其财务绩效。

第 14 章、第 15 章、第 17 章侧重讲解了三张报表的决策有用性，回答了如何创造价值的问题。在讨论会计操纵（第 17 章）的时候，我们看到会计数字可以被操纵调整，有时候是在通用会计准则允许的范围内，但有时候是一种不道德的欺诈行为，需要进行监管。

为了完整地回答"如何创造价值"的问题，需要综合分析、比较、解读三张财务报表的内容。如果我们结合三张报表的信息以及企业的经营环境（比如 ESG 等非财务信息），就可以更详细地描述和解释企业的商业模式。

财务比率分析将在 18.1 节讲解，基于内部和外部的不同信息来源（18.2 节讲解外部信息来源）。财务比率分析是将三张财务报表中的项目、附注中的附加信息以及外部信息（通常是非财务信息）综合起来，分析和定义企业商业模式参数之间的关系。对企业商业模式的理解，必须和其他企业的商业模式进行对比。只有与其他企业对比，才能预测主体未来创造股东价值的能力。

过去创造的股东价值的会计衡量是净利润。但是，仅仅报告净利润对于大多数股东来说是不够的，因为利润表是对过去的描述，而股东感兴趣的是未来：股票的价值是未来现金流的现值。我们在第 17 章中讲过，理解主体如何产生和使用现金是衡量企业持续创造未来价值能力的关键。对于股东来说，现金为王。

股东价值创造的衡量标准，除了净收益外，必须包括收益的衡量标准（见 18.3 节）。这意味着至少应考虑每股收益，但也要考虑长期资本使用回报率或 ROCE（这是一个重要的指标，它解决了"多少"和"如何"的问题）。分部信息的披露是财务分析师的关键元素（见 18.4 节）。ESG 因素的整合和分析对于深入的财务分析也是核心内容（见 18.5 节）。

在企业经营失败的情况下，这两个问题是没有意义的。失败的风险是股东和管理层都关注的问题（见 18.6 节）。股东需要知道他们投资的公司是不是"持续经营"的，或是否会产生投资亏损。管理层需要评估关键供应商、客户和竞争对手持续生存的可能性，否则，任何基于过去的信息对"如何创造价值"的回答都是没有意义的。如果商业模式中的一个价值链伙伴经营失败，所有关系都要重新建立。没有人事先知道新的关系如何经营，而股东不喜欢不确定性。金融会计学者研究出预测模型，帮助管理层和财务信息使用者察觉危险的信号，及早做出反应。

最后，检验这两个问题答案真实质量的标准，是商业模式是否建立在坚实的管理和道德规范的基础上。在本章后面部分，我们将讨论有关公司治理和监管的问题（见 18.6 节）。

18.1　财务比率分析：回答 "如何创造价值"

18.1.1　定义

比率是分子和分母的比，假设分子和分母之间存在有意义的关系。分子和分母之间的因果关系，可以帮助使用者根据过去的信息理解 "价值是如何创造的"。分子和分母之间关系的动态变化，可以帮助使用者预测企业未来能 "创造多少价值"。

在财务报表分析中，所有用于财务比率计算的数据，来自三张财务报表，通常分子和分母来自不同的报表，如每货币单位销售收入的营运资金需求；或者将财务数据和其他反映商业活动的数据进行比较，如每位员工销售收入、每单位产品平均销售价格、销售收入占市场份额等。

各个国家计算和解释财务比率的方法类似。财务比率分析可能是管理层和决策者分析财务报表使用最广泛的工具。但是，在使用财务比率分析时要谨慎、全面考虑。

18.1.2　使用财务比率分析的条件

财务比率假设（反映）了企业商业模式中两个或多个参数之间有意义的关系。一个财务比率随时间变动的原因可能是分子随时间变动，或分母随时间变动，也可能是分子和分母都随时间变动。

核实计算财务比率的公式中各变量之间的逻辑关系和数量的一致性也很关键。使用者尤其需要考虑使用的变量是否：

- 属于同一个分析参数范围（例如，可能存在兼并、收购、投资和剥离等情形）。
- 遵循相似的会计原则和分类标准（例如，存货消耗成本计量方法下的加权平均成本法和先进先出法，见第 9 章）。
- 反映相同的经营假设（例如，关于有形资产或无形资产的使用寿命可能存在观点不一致、减值准备提取不同，或同一家公司不同年份采取不同的战略，或不同公司采取不同的战略）。
- 计量单位一致。
- 所处通货膨胀环境相似（或者通货膨胀的影响已经被中和）。
- 反映了相关参数的真实情况（例如，如果公司产品的需求存在较强的季节性，那么计算期初和期末存货的平均值就难以反映高峰期最大存货对营运资金需求的影响）。

使用比较或横截面财务比率进行分析的时候，应了解一个财务比率背后的因果关系，假设在不同主体之间可能存在不同的含义。例如，与大众汽车相比，丰田汽车更依赖汽车关键零部件的外包。另外，汽车制造商和销售商之间的关系不同，放置于销售商展厅的汽车存货属于汽车制造商。因此，在计算与存货相关的财务比率的时候，要考虑每家汽车制造公司与销售公司的战略关系。此外，各国的商务惯例也不尽相同。例如，供应商提供的信用期限，或作为长期资本提供者的金融机构所扮演的角色：在第 15 章，三家能源公司中的中国石化，其财务结构比率，从西方经济中持续经营的角度来看，绝对是不可思议的，但是在中国的经济环境下是合理的。

实质上，财务比率最好用来提出问题，作为一个有力的筛选工具，没有哪个财务比率可以反映出故事的全部。通常需要同时使用多个财务比率进行分析，才能解读企业的商业模式。分析师很少对财务比率进行直接解读，财务比率的计算通常是对财务报表中描述的状况的根本原因做财务尽职调查的第一步。

以下是一些在财务分析中合理使用财务比率的建议。

（1）通过合理比较进行分析，如相似的风险因素、相似的行业、相似的市场、相似的规模等。

（2）避免"信息过量"，无须计算那些看起来不同，但实质上包含相同信息的财务比率（互为倒数或总和为 1）。

- 股东权益 /（股东权益 + 长期债务）与长期债务 /（股东权益 + 长期债务）的总和为 1。
- 财务杠杆比率的计算方式不同，但实质上是一样的：长期债务 / 股东权益或长期债务 /（股东权益 + 长期债务）。
- 应收账款周转天数 [（平均应收账款 / 净销售收入）× 365] 是应收账款周转率的倒数（净销售收入 / 平均应收账款）乘以 365。存货周转率同理，只不过分子换成销货成本，分母换成平均应付账款。

（3）一些财务比率通常在很多国家有公认的标准名字。例如，分析师统一认为"流动比率"= 流动资产 / 流动负债，"速动比率"=（现金 + 有价证券 + 应收账款）/ 流动负债。但是，很多公司对一些财务比率有自己内部定义的名字，外部人员通常不能理解其含义。因此，在讨论财务比率的时候，要保证每一方对财务比率及其计算的理解是一样的，最好在报告的财务比率旁边注明计算公式和每个参数的定义，以避免混淆。

（4）分析师在计算财务比率之前应该知道计算财务比率的目的是什么，或许只计算一些关键的财务比率，就对解决问题有帮助，然后进一步深入探讨。

（5）只有合理选取的财务比率，才能有效地勾勒出企业的财务状况、业绩和前景。不应该盲目使用财务比率。

（6）有选择性：避免计算太多的财务比率。有时候，太多的树反而会掩盖整个树林的面貌（企业的商业模式）或者你真正需要看到的那些树（那些可以反映出企业是否有严重问题的财务比率）。

（7）财务比率要作为基于事实的证据来支持事先的设想或直觉。使用财务比率进行分析最好的方式是"三明治方法"（或"剥洋葱，一次剥一层"的方法）。例如，先由一层直觉提出问题，然后由一层基于事实的财务比率进行证实，再由一层新的直觉提出问题，接着再以一层新的财务比率进行证实，等等。

（8）注意财务报表的时效性导致的财务比率的局限性。资产负债表列示的是某一个时间点的数字，而利润表和现金流量表列示的是某一个时期内的数字。用不同报表的项目计算出来的财务比率可能会有误导性，尤其是在反映季节性或周期性活动的时候。对于资产负债表中的数字，解决季节性或周期性问题的办法是计算平均值：如果可行，从季度报表中获取每个季度的数字或至少计算资产负债表期初数和期末数的平均值。

（9）注意，财务比率的有效性取决于财务报表的质量。

（10）负财务比率可能比较难解释（分子或分母为负数，如净亏损）。注意，一家公司如果净亏损而且股东权益为负数的话，也有可能计算出很高的净资产收益率！纵向比率（项目随时间的变化而变化）的代数符号是有意义的，在分析的时候应该考虑，如果不考虑企业的经营环境，财务比率的绝对值就可能很难解释。例如，销售收入下降 5% 通常是坏消息，如果市场份额同时增加的话，就有可能变成好消息，如整个市场缩水的速度高于收入减少的速度，但是如果没有开发出新市场或市场回暖无望，就又变成了坏消息。

（11）不要试图找到统一标准的财务比率清单，这样的标准化清单是不存在的。财务报表中大量的项目可以组合成多种不同的财务比率，但不是所有的组合都是有意义的。18.1.4节中列示出一些常用的财务比率。一些财务指标对于特定的经营环境或特定的主体来说，也许并不适合。财务比率通常有行业特殊性、企业个体特殊性和时间特殊性。在选择相关的财务比率之前，分析师应当先了解企业的业务活动（例如，市场、战略和商业流程）。

（12）将某个国家定义的财务比率，用于分析另一个国家的财务报表时要特别小心。除了其他因素，财务比率的解读还与会计准则（尽管 IFRS 的普遍采用已经减少了差异）、商务惯例和当地文化有关。

- 在计算一些描述流动性和偿债能力的财务比率时，需要将资产负债表按流动性增加或流动性减少的顺序排列，但企业所在市场也许并不是按这样的惯例报告资产负债表。在一些国家，资产负债表没有按期限列示，则很难直接衡量企业的流动性和偿债能力。
- 不同国家应收账款的信用期限也各不相同：90 天的客户信用期限在突尼斯也许是正常的商业惯例，但是在丹麦或芬兰则被认为与客户有不正当的关系。在美国，经常有家具店提供给客户 12～36 个月的信用期限，而这在法国则被认为是不道德的或违法的。
- 不同国家的长期融资来源也不尽相同：美国的公司通常通过金融市场获得长期融资，德国的公司倾向于向银行借款获得长期融资，而中国、中东或北非的公司则通过不断进行短期借款来获得长期资金来源。
- 财务报表的分析要基于分析师的判断和对情境的解读。千万不要高估任何一个财务比率的解释功效。切记将对财务比率的分析融入整个财务报表和商业模式的分析之中。

18.1.3 财务比率比较

图 18-1 中列示了 3 种财务比率的比较方法。

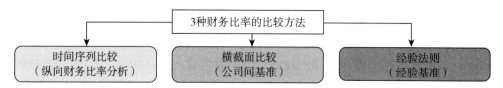

图 18-1　3 种财务比率的比较方法

1. 时间序列比较（纵向财务比率分析）

通常财务比率每年会计算几次。如果可行，最好使用季度数据计算，一年有四个季度，每次去掉最旧的季度数据，然后加上最新的季度数据。最新一年的财务比率与以前年度的财务比率进行比较。用来比较的期限没有统一的标准，若企业的经营环境或经营流程没有发生重大变化，惯例认为计算和比较 3 年滑移期间的财务比率通常可以给决策者提供足够相关和有用的信息。

例 18-1　米其林（法国—IFRS 会计准则—2015 年、2018 年和 2022 年年报—轮胎）

米其林年报中有关收入和利润的信息如表 18-2 所示。

表 18-2 给出的财务数据年度跨越较大。在 2012 年至 2018 年的部分，数据显示，尽管 2013 年、2014 年和 2016 年销售额有所减少，但米其林能够保持相对稳定（且相对较高）的营业利润率（经营利润 / 销售收入）。在 2019～2022 年部分，米其林明显受到新冠疫情危机的影响（2020 年销售收入减少了 15.2%），但成功地在期末恢复了高水平的销售收入，并保持了高营业利润率（经营利润 / 销售收入）。

2. 横截面比较（公司间基准）

一家企业的财务比率可以和竞争对手或行业平均值进行比较。例如，我们可以将米其林的经营活动和盈利能力与它的两个竞争对手进行比较：美国的 Goodyear Tire and Rubber（以下简称 Goodyear）和德国的 Continental AG（比米其林更多样化的公司），如表 18-3 所示。

除非分析师或管理层了解三家公司经营利润率不同的原因，否则仅仅从表 18-3 中财务比率的值不能直接看出什么端倪。虽然 Continental AG 在此期间的营业利润率（经营利润 / 销售收入）不断下降，但 Goodyear 在 2021 年提高了营业利润率，预计 2022 年将出现新的下降。有趣的是，米其林在此期间的营业利润率高于 Continental AG 和 Goodyear。鉴于这些数据涵盖了新冠疫情期间，我们可以假设米其林在这场危机中遭受的损失比其竞争对手要少。

从技术角度分析，以上方法有以下局限性：第一，财务报表的报告货币不同（米其林和 Continental AG 使用的是欧元，Goodyear 使用的是美元），原始的财务数据不能进行直接比较。但是，所占百分比还是可以用来比较的（不受报告货币的影响）。第二，经营利润不是一个所有公司通用的概念。表 18-3 中的经营利润数据计算如下：米其林使用的是其他收益和费用之前的经营利润；Continental AG 使用的是销售收入 − 销货成本 − 研发费用 − 销售物流费用 − 管理费用；Goodyear 使用的是净销售收入 − 销货成本 − 销售管理费用。这些是根据我们对三家公司财务报告的解读计算出来的。

表 18-2 米其林年报中有关收入和利润的信息

	2022 年	2021 年	2020 年	2019 年	2018 年	2017 年	2016 年	2015 年	2014 年	2013 年	2012 年	2011 年
净销售收入（百万欧元）	28 590	23 795	20 469	24 135	22 028	21 960	20 907	21 199	19 553	20 247	21 474	20 719
销售收入年增长率	20.2%	16.2%	-15.2%	9.6%	0.3%	5.0%	-1.4%	8.4%	-3.4%	-5.7%	3.6%	15.8%
经营利润（百万欧元）	3 396	2 966	1 878	3 009	2 775	2 742	2 692	2 577	2 170	2 234	2 423	1 945
经营利润/销售收入	11.9%	12.5%	9.2%	12.5%	12.6%	12.5%	12.9%	12.2%	11.1%	11.0%	11.3%	9.4%

表 18-3 米其林的经营活动盈利能力与竞争者的比较

	Continental AG（百万欧元）			Goodyear（百万美元）		
	2022 年	2021 年	2020 年	2022 年	2021 年	2020 年
净销售收入	39 408.9	33 765.2	31 864.4	20 805.0	17 478.0	12 321.0
销售收入年增长率	16.7%	6.0%	—	19.0%	41.9%	—
米其林销售收入年增长率	20.2%	16.2%	—	20.2%	16.2%	—
经营利润	454.4	813.3	916.1	1 054.0	1 087.0	-208.0
米其林经营利润	2 775	2 742	2 692	2 775	2 742	2 692
经营利润/销售收入	1.2%	2.4%	2.9%	5.1%	6.2%	-1.7%
米其林经营利润/销售收入	11.9%	12.5%	9.2%	11.9%	12.5%	9.2%

资料来源：2021 年和 2022 年年报。

行业比较的一个问题是没有所谓的"平均商业流程"或"平均战略"，而且，用于比较的企业（甚至是一家跨国公司在不同国家的子公司）的商业流程和商业模式很少能够提供一致的比较基础。另一个问题是有时候很难获得同一行业竞争对手的相关财务比率。

例 18-2

诺基亚（芬兰—IFRS—手机和通信设备网络解决方案）

爱立信（瑞典—IFRS—通信设备网络解决方案）

摩托罗拉解决方案（美国—美国企业会计准则—通信设备网络解决方案）

（资料来源：2021～2022年年报）

三家公司2021年和2022年存货周转天数的数据如表18-4所示。

表 18-4　三家公司 2021 年和 2022 年存货周转天数的数据

存货周转天数：（平均存货/销货成本）×365	诺基亚	爱立信	摩托罗拉解决方案
2022 年	70.28	93.42	68.88
2021 年	63.26	87.75	57.25

解读每一家公司的存货周转天数都需要了解公司的战略。诺基亚的战略和经营范围与爱立信和摩托罗拉解决方案有所不同。诺基亚主营手机和通信网络建设（与西门子合作）。爱立信则在2011年年末将其手机业务剥离给索尼，专注于通信网络设施。摩托罗拉解决方案和爱立信一样，完全专注于通信网络设施。不管在哪个行业，通常认为存货周转速度快优于慢。

切不可只看单个财务比率的表面值，还要考虑企业的经营环境，并结合其他财务比率进行分析。

3. 经验法则（经验基准）

企业的财务比率还可以与选择的基准数进行比较，如竞争对手的财务比率或行业的经验基准。很多咨询公司，如美国的 Hackett Group，部分销售收入来自提供行业基准财务比率的服务。每个国家都有很多咨询公司或会计师事务所提供类似的服务。

但是，根据经验基准来解读企业的财务比率也有困难，原因如下。

- 将企业的财务比率与行业数据进行比较，也会遇到在进行横截面比较时遇到的问题。例如，营运资金应该为正数的规则在零售分销行业不断被打破（见第15章中国石化的例子，中国的银行系统运营方式与"传统"的西方欧洲模式不同）。另外一个是餐饮行业的"1/3"法则，为了保证正常盈利，销售价格应该是原材料成本的3倍。尽管这个法则在大多数情况下是适用的，但有可能不适用于快餐行业（一般认为价格应该是原材料成本的2倍）或美食餐厅（经验法则是价格为原材料成本的4～6倍，甚至可能达到10倍）。餐厅的选址也会直接影响相应的法则：大都市和乡村的劳动力成本及每平方米租金有天壤之别。

- 如果财务比率基于的经验法则没有一个合理的基础，对该财务比率的分析就应该受到质疑。例如，经常会听到"欧洲某行业一家健康的公司，每名员工每年至少应该产生 15 万欧元的收入"，但是这种说法没有考虑一个事实：即使在同一个行业，不同公司价值增加的程度或员工在产生收入中的内在作用也大不相同。例如，一家飞机制造公司可能只专注于设计、工程、组装和售后服务，而它的竞争对手除了开展这些业务外，还采用劳动密集型生产方式生产机身的关键零部件。这两家公司不仅劳动力成本不相同，零部件或原材料的质量和价格也可能不一样。一家三星级餐厅的原材料和附近一家餐馆的原材料看起来很相似，但可能购买成本并不相同，而且这两家餐馆的员工人数和劳动力成本也大不相同。军用级和航空航天工业级微芯片的成本，可能是供一般消费者使用的微芯片的 800 多倍（往往是因为生产量、容差极限以及功能的不同）。软件或电脑游戏"生产商"的大部分成本发生在设计阶段，而不是生产和销售产品阶段，对于大商家来说有协同效应，而对于小生厂商来说就比较困难。炼油企业的石油成本可能占总成本的 90%，而一家石油精炼化工企业的石油成本可能不到总成本的 30%，尽管它们同属一个大行业。

18.1.4　一些关键的财务指标

根据股东或决策者需要解决如何创造价值和创造多少价值的问题，财务指标分成四类：①衡量短期流动性和偿债能力；②衡量长期偿债能力和财务杠杆；③衡量资源使用的有效性，如盈利性；④衡量股东回报（资源使用的效益）。

表 18-5 列出了一些关键的财务指标，在使用这些指标的时候要非常小心，它们并不是在所有的情况下都适用。这份财务指标清单只是一个"工具箱"，使用者在从其中选择合适的分析工具之前，必须先了解企业的性质和相关问题。

表 18-5　一些关键的财务指标 [1]

财务指标名称	计算公式	注释
短期流动性指标（企业满足日常经营和偿还短期负债的能力）		
流动比率（或营运资金比率）	流动资产 [2]/流动负债（例如，应付账款＋一年内到期的长期负债）[3]	衡量企业用流动资产偿还流动负债的能力 经验法则：理想的值是大于 1（除第 15 章提到的例外）
速动比率	（现金＋有价证券＋应收账款）/流动负债	衡量企业用除存货以外的流动资产偿还流动负债的能力
现金比率	（现金＋有价证券）/流动负债	衡量企业用现金及现金等价物支付流动负债的能力
应收账款周转天数	（第 2 年应收账款＋第 1 年应收账款）/2 × 365/ 销售收入	收回应收账款的平均天数
应付账款平均支付期	（第 2 年应付账款＋第 1 年应付账款）/2 × 365/ 购买商品和服务的成本 [4]	支付应付账款的平均天数
存货周转率	销货成本 /[（第 2 年存货＋第 1 年存货）/2]	企业 1 年内存货周转的次数

（续）

财务指标名称	计算公式	注释
长期偿债能力指标（企业偿还长期负债的能力）		
债务比率	总债务 / 总资产	衡量企业偿还债务的能力或杠杆率 该比率越小，企业的财务状况越稳健
债务权益比率	债务[5]/ 股东权益或债务 /（股东权益 + 债务）	
债务 / 有形净资产比率	债务 /（股东权益 – 无形资产）	
长期债务权益比率	长期债务 / 股东权益或长期债务 /（股东权益 + 长期债务）	衡量企业偿还长期债务的能力 该比率越小，企业的财务状况越稳健，反映了企业的财务杠杆
利息偿付率	息税前利润（EBIT）/ 利息费用	息税前利润可以偿还多少倍的利息费用 经验法则：最小值为 5
盈利指标（衡量企业使用资源的有效性和业绩）		
净资产收益率（ROE）	净利润 / 平均股东权益[6] 或息税前利润（EBIT）/ 平均股东权益	每货币单位的股东权益可以产生多少利润
投入资本回报率（ROCE）	息税前利润（EBIT）/ 投入的资本（平均长期负债 + 平均权益）	每货币单位的长期资金可以产生多少利润。第 18.1.5 节将详细解读该指标
毛利率	毛利润 / 销售收入	每货币单位的销售收入除去销售成本外，剩下的毛利润占销售收入的百分比
销售回报率（净利率）	净利润 / 销售收入	每货币单位的销售收入可以产生多少净利润
总资产周转率	销售收入 /[（第 2 年的总资产 + 第 1 年的总资产）/2]	衡量企业资产产生销售收入的能力
总资产收益率（ROA）	净利润 / [（第 2 年的总资产 + 第 1 年的总资产）/2]	衡量企业资产产生利润的能力
每位员工销售收入	销售收入 / 员工人数	衡量员工的销售效率
市场价格和股利支付比率（衡量股东回报以及企业股票在金融市场上的价值）		
每股收益	净利润 / 平均流通股数	衡量股票表现
市盈率（P/E）	每股市场价格 / 每股收益	投资者愿意为企业每货币单位的盈利支付的价格，反映了市场对企业盈利（或现金）增长的信心和预期
市净率	每股市场价格 / 每股账面净值	投资者愿意为企业每货币单位净资产支付的价格（投资者支付的溢价反映了企业未确认无形资产的价值，如商誉、商标和客户关系等）
股息率	每股现金股利 / 每股市场价格	投资一家企业的现金回报
股息支付率	每股现金股利 / 每股收益	用来支付股利的盈利比例

18.1.5　关于财务比率计算的一些问题

　　财务分析方法首先使用现代财务分析中的关键比率——投入资本回报率（ROCE）的计算来分析投入资本的盈利能力，目的是通过分析其内在经济盈利能力来了解所研究公司的业务性质，这意味着评估其资产的绩效，而不考虑其融资方式。为了衡量公司的盈利能力，有必要将所考虑期间的活动产生的结果与期初使用的资本联系起来。因此，计算 ROCE 的公式为：

$$ROCE = 营业利润 / 投入资本$$

分子衡量企业的绩效水平，而分母衡量企业投资的金额。ROCE 可用于分析销售汉堡的企业，例如快餐店。让我们考虑这样一个场景：汉堡连锁店在其门店、设备和供应链上投入了大量资金。通过计算 ROCE，我们可以评估公司如何有效地利用其投入资本来产生利润。

假设汉堡连锁店的年营业利润为 100 万货币单位，投入资本为 500 万货币单位。ROCE 可以通过营业利润除以投入资本来计算。在这种情况下，ROCE 将为 20%（= 100 万货币单位 /500 万货币单位）。这里的一个关键因素是，我们不考虑是谁提供了 500 万货币单位资本（即为业务提供资金的股权和债务组合），从而可以仅关注业务的执行情况。

一方面，高 ROCE 表明企业正在有效地利用其资本来创造利润。这表明该公司对其网点、设备和运营的投资正在产生良好的回报。另一方面，较低的 ROCE 可能表明资本效率低下或利用不足，这可能会凸显企业可以改进以提高财务绩效的领域。

通过定期监控和分析 ROCE，汉堡连锁店可以评估其运营的盈利能力，将其与行业基准进行比较，并做出明智的决策，以优化其资本配置并随着时间的推移提高财务绩效。

1. 分子：营业利润

该比率的分子应是考虑支付资本提供者报酬之前的结果，以便独立于现有的融资安排。因此，这是扣除净财务费用之前的结果，理论上是扣除理论税款（称为"零债务税"）后的结果，该理论税款相当于公司完全由股权资本融资时应缴纳的税款。

分子通常近似为息税前利润（EBIT）或税后营业利润（EBIT × [1 – τ]），其中 τ 是所得税税率。如果目标是将 ROCE 与资本成本（考虑了税收影响）进行比较，则必须整合所得税的影响。如果目标只是检查一项活动如何创造价值，则可以使用息税前利润作为分子。

分析师必须仔细考虑经常影响营业利润的非经常性项目。经常性或非经常性收入和支出的概念非常主观，重要的是要仔细考虑管理者倾向于将收入视为经常性项目，而将某些支出视为非经常性支出。例如，管理者可能将重组费用视为非经常性费用，但有些公司每年都会面临重组费用，从而使其实际上成为经常性费用。

2. 分母：投入的资金

ROCE 的分母等于公司投入的资金。这可以通过两种方式定义，要么基于资产负债表的资产，要么基于资产负债表的权益和负债方面。在第一种情况下，投入的资金定义为非流动资产和净经营性营运资本（已使用资本）的总和。在第二种情况下，投入的资金对应于投入资本，即股本与净金融债务（扣除现金后的银行贷款和其他金融债务）之和。图 18-2 说明了这两种资本使用观点。

第 15 章详细介绍了如何计算净经营性营运资本。出于 ROCE 分析的目的，净经营性营运资本计算如下：

$$净经营性营运资本 = 存货$$
$$+ 应收账款$$
$$+ 其他流动资产$$
$$- 应付款项$$
$$- 其他流动负债$$

图 18-2　投入资本回报率分析：关注投入的资金

正如第 15 章所解释的，净经营性营运资本对应于由于公司营运周期而具有永久性的基本固定资金。净经营性营运资本确实是一项取决于公司活动水平的投资。在大多数工业生产周期中，随着公司的发展，净经营性营运资本往往会增加，从而需要投入更多资本来为这种增长提供资金。

3. 投入资本回报率分析：杜邦分析公式

弗兰克·唐纳森·布朗在 1920 年为杜邦公司设计了一套财务比率金字塔模型。杜邦是一家庞大的跨国集团，总部需要和所有的分支机构沟通来提高投入资本回报率。（管理层报酬通常根据 ROCE 指标来进行衡量，而且通过该指标，每一层级的管理层可以定义自己的责任和应该采取的决策。）图 18-3 描述了杜邦分析公式。因为投入资本回报率并没有考虑企业的财务战略或财务杠杆（投入资本包括股东权益和长期债务），因此杜邦分析适用于任何规模的公司，甚至大型集团下面的分支机构。布朗先为杜邦公司研究出杜邦分析公式，然后在 1921 年出任通用汽车财务主管的时候应用了杜邦分析。

通过杜邦分析，可以将各分支机构的投入资本回报率合并得到整个集团的投入资本回报率。杜邦分析作为分析管理工具，广泛地应用于全球的公司。大多数分析师也使用杜邦公式来构建财务分析，而且杜邦分析中使用到的数据大多可以从公司年报中直接获得。

18.1.6　与净资产收益率相关的财务比率金字塔和战略

其他比率（例如 ROE 和 ROA）也可以以有用的方式分解，以进一步了解"如何"这一问题的答案。ROE 和 ROA 也是重要的比率。图 18-4 显示了一个比率金字塔。将比率发展为子比率可以帮助管理层和分析师更好地理解商业模式。

图 18-4 描述了如何将净资产收益率分解为总资产收益率和财务杠杆率。总资产收益率又可以进一步分解为净利率乘以资产周转率。净利率和资产周转率可以让使用者更好地分析

企业的战略，而不用考虑其使用的财务杠杆。如图 18-5 所示，用净利率和资产周转率可以
建立总资产收益率的二维图。

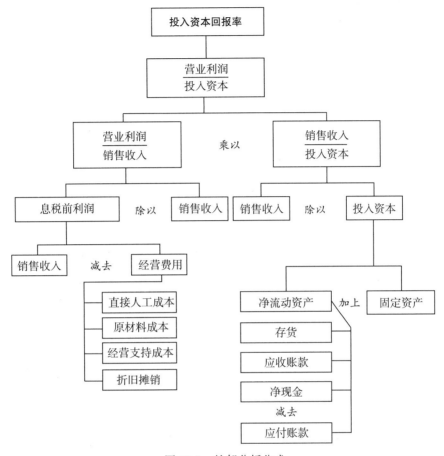

图 18-3　杜邦分析公式

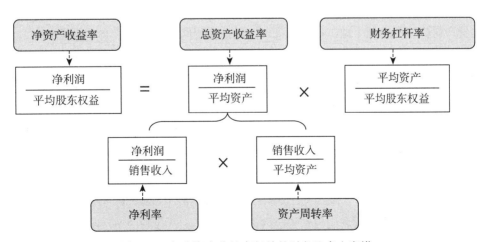

图 18-4　与净资产收益率相关的财务比率金字塔

从图 18-5 中我们可以看出，不同的战略可以导致相同的总资产收益率（即使在同一个

行业）：一家公司净利率较高，为 6%，资产周转率较低，为 2，得到总资产收益率为 12%。
这可能是商业街上一家商品种类多样的商店（存货周转不快）。另一家公司可能是一家薄利
多销的商店（big box store），净利率只有 2%，但是提供高需求的少数产品种类，因此资产
周转率高达 6，最后同样得到 12% 的总资产收益率。由净利率和资产周转率的不同组合产生
相同总资产收益率的曲线叫作 ISO 曲线。

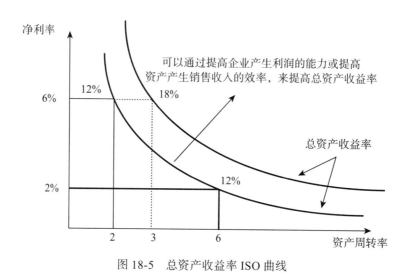

图 18-5　总资产收益率 ISO 曲线

我们可以看到，企业可以通过改善净利率或资产周转率或同时改善两者来提高总资产收
益率。只有得到"更高"的 ISO 曲线，才真正改善了企业的总资产收益率。

两家公司即使战略完全不同，也可能产生相同的总资产收益率。管理层和分析师需要了
解采取什么措施可以得到更高的 ISO 曲线。商业街的商店可能比较容易将资产周转率提高
到 3 而保持净利率为 6%，得到 18% 的总资产收益率；而薄利多销的商店则需要将净利率提
高到 3% 或将资产周转率提高到 9，才可以得到 18% 的总资产收益率。两家公司的管理层都
在权衡资产周转率和净利率做出相应决策，以保持在相同的或更高的 ISO 曲线上。

图 18-5 描述的情况可以让企业在经营环境变化的时候更好地做出决策。例如，如果商
业街的商店发现净利率在下降（可能是因为竞争加剧、供应商抬高价格、外币汇率变化等），
那么保持总资产收益率不变的唯一方法是提高资产周转率。

为了分析 ROCE，可以根据杜邦分析公式将该比率分解为两个部分。因此，ROCE 可以
是两个关键指标的乘积：营业利润率和资产周转率。

$$ROCE = 营业利润 / 投入资本$$
$$= 营业利润 / 销售收入 \times 销售收入 / 投入资本$$

营业利润率定义为营业利润与销售收入之间的比率。营业利润率反映了在考虑与生产和
交付商品或服务直接相关的成本后，每个单位销售额转化为营业利润的比例。它提供了有关
公司控制费用和从核心业务中产生利润的能力的见解。

资产周转率考虑了资本密集度，表示一项资产（此处由投入的资本表示）用于产生 1 个单位（例如 1 欧元）销售额的次数。因此，一年资产周转率为 4 的资产意味着资本密集度相对较低，因为用于产生 1 个单位销售额的资产相对较少。

18.1.7　关于财务比率计算的一些问题

表 18-5 包括了应付账款平均支付期（应付账款 / 购买商品和服务的成本 ×365）。尽管这个财务比率对衡量现金周转非常有用，但对于外部分析师来说，要计算这个比率并不容易，原因在于：按职能编制的利润表不会列示购买商品和服务的成本，而且通常也不会在财务报表附注中报告。然而，根据按性质编制的利润表则很容易计算该比率，而且在企业内部财务分析时，也会计算该比率，因为该比率对管理现金周转速度至关重要。

计算与盈利相关的财务比率时，通常用息税前利润（EBIT）代替净利润，因为可以剔除企业融资政策和所得税的影响（所得税费用可能不受企业管理层的控制），更利于横截面比较和时间序列比较。

18.1.8　财务踪迹：建立一个"商业模式"的模型

企业的财务数据和关键财务指标可以用来建立一个模拟模型，或者建立一个简单的财务踪迹模型。例如，一个演示如何由基本的商业活动得到总资产收益率或净资产收益率的动态模型。作为一个模拟工具，财务踪迹模型可以让管理层和分析师衡量一些可变因素对总资产收益率或净资产收益率的影响。图 18-6 列示了一个财务踪迹模型的例子。

18.2　企业主体的信息来源

我们在前面提到，分析财务比率的时候应考虑企业的经营环境。企业主体的财务、经营和战略信息很多是免费公开的，如给股东的年度报告、给金融市场监管机构的报告、商业杂志和报刊、数据库和行业统计数据以及相关法律文件等，这些信息可以综合起来分析。

18.2.1　给股东的年度报告

在分析公开上市交易的公司时，定期向股东公布的年度报告是主要的信息来源。我们已经在第 5 章 5.2 节介绍过年报的内容，各个国家的公司年报内容非常相似，总体来说包括：

- 董事会主席给股东的致辞（当年焦点和观点）。
- 管理层讨论分析，也叫作管理层报告，报告企业的分部信息和对企业本年经营财务状况的分析。
- 合并财务报表（资产负债表、利润表、财务报表附注，在一些国家还有现金流量表和股东权益变动表）。有些国家的公司年报还包括母公司财务报表。

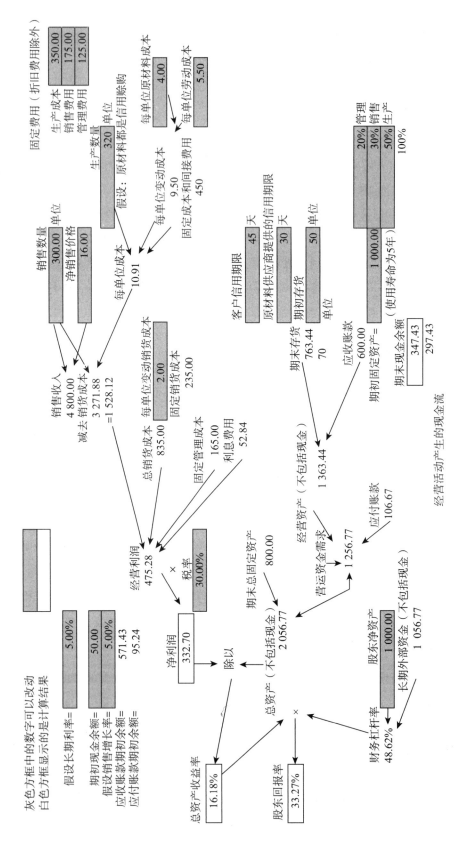

图 18-6 一家制造企业的财务踪迹模型

- 审计报告。
- 股票数据，如流通股数量、股票期权、回购股票、股价变动等。
- 经营状况汇总（通常报告 3～5 年的关键经营数据）。

网上有多种途径可以找到上市公司的年度报告。

- 公司官方网站上的"投资者关系"或者使用搜索引擎搜索。Yahoo.com 专门提供了一个财经网站，可以免费获取一些公司的核心分析。
- 金融市场监管机构网站，公布上市公司年报。
- 商业数据库，包括世界上大多数上市公司的年报。

18.2.2　公司可持续发展报告

第 5 章第 2 节中介绍的企业可持续发展报告，也称为可持续发展或 CSR（企业社会责任）报告，是公司发布的用于传达其环境、社会和公司治理（ESG）绩效和实践的综合文件。这些报告提供了有关公司可持续发展举措及其对员工、客户、社区和环境等各个利益相关者的影响的透明度和问责制。

企业可持续发展报告通常涵盖广泛的主题，并披露有关公司可持续发展战略、目标、成就和挑战的信息。它们可能包括与能源和资源消耗、温室气体排放、废物管理、用水、社会倡议、员工多样性和福利、社区参与、供应链实践、道德标准、治理结构等相关的数据和指标。

企业可持续发展报告通常是按照国际公认的报告框架或指南编写的，例如全球报告倡议组织（GRI）或可持续发展会计准则理事会（SASB）。在撰写本书时，正在引入新的强制披露标准，例如 ISSB 和 EFRAG 制定的标准（见第 5 章）。这些框架提供了标准化的原则和指标，以确保不同公司和行业之间的一致性和可比性。它们是 ESG 分析的主要信息来源。

用于 ESG 分析的企业可持续发展报告的局限性之一是主观报告的可能性，因为企业在选择和呈现信息方面拥有自由裁量权，这可能会导致比较不同组织之间绩效的不一致。

还有很多 ESG 数据库可以使用：MSCI ESG Research、Sustainalytics、Bloomberg ESG Data、Refinitiv ESG Data（原汤森路透 ESG 数据）、CDP（原 Carbon Disclosure Project）、道琼斯可持续发展指数（DJSI）、FTSE Russell ESG 评级、RobecoSAM（现为 S&P Global 的一部分）、ISS ESG 或 Vigeo Eiris。所有这些数据库都有专用的方法，这可能会导致估计的 ESG 绩效存在一定程度的差异。

18.2.3　商业报刊

大多数国家都有报告经济金融新闻和事件的报纸和杂志，它们提供经济环境、战略和财务信息，对分析师非常有用。

18.2.4 财务和非财务数据库

一些公司专门经营经济财务数据库，提供世界各国公司的财务报告。四家主要的国际数据库：Global（标准普尔）、Infrontanalytics、Worldscope（Thomson Financial）和 Osiris（Bureau Van Dijk）。其他一些区域性数据库包括 Compustat North America（标准普尔，主要提供美国和加拿大公司的数据）、法国的 Diane（Bureau van Dijk）、中国的 Wind 等。

18.2.5 提交给税务机关或司法机构的财务报表

在一些国家（尤其是很多欧洲国家），一些特定的企业主体（主要是有限责任公司）有义务向政府机构（如财政部门或司法机构）提交财务报表并公之于众。

18.3 衡量投资者回报

企业主体的业绩（对创造多少价值的简单回答）包括过去产生的利润和未来创造价值的潜能，并不是股东想要监督的全部信息。股东想知道的是在特定风险水平下，投资该公司是否获得了足够的回报，或者是否需要将投资转移。

每股收益和净资产收益率作为普遍使用的衡量企业业绩的财务指标，对于金融市场来说仍然非常重要，尽管每股经营现金流、每股净现金流和每股自由现金流等财务指标在投资决策中使用得越来越频繁。正如在前面的章节中不断提到的，"盈利"的定义非常复杂。

每股收益定义为税后净利润（如果有优先股股利，还需要将其扣除）[7]与计算净利润当期平均股数的比率。计算分子净利润和定义分母都可能非常复杂。例如，如果同时存在普通股、可转换优先股和库存股，该如何处理？针对如何计算企业公布的每股收益中的净利润和股票数量，很多国家颁布了相应规定或准则，以便让金融市场的投资者能明白其中的含义，如美国的 SFAS 128（FASB 1997a，现已合并到 FASB Accounting Standards Codification 中的 Topic 260）。

关于计算股票数量，最烦琐的是"股票等价物"，如股票期权、认股权证、可转股金融工具（在符合事先预定条件的情况下，可以转换成股票）。在计算"完全稀释每股收益"的时候，分母股票数量包括所有以上这些在一定条件下可转换成股票的股票等价物。完全稀释每股收益显示，如果股票期权或可转换金融工具的持有者选择行使转换权，实际的每股收益就会低很多。

假设一家高科技公司的股本是 100 万货币单位（10 万股股票，每股 10 货币单位），该公司发行了股票期权以吸引管理层和高科技人才。股票期权为 20 万股。假设公司现在的每股收益为 2 货币单位（例如，盈利为 20 万货币单位，EPS=2=20 万货币单位/10 万股）。如果盈利在第二年增加 50% 至 30 万货币单位，而且所有的股票期权都被行使，原来的股东会沮丧地发现每股收益下降为 1 货币单位：200 000 × 1.5/（100 000+200 000）=1。

每个会计准则都规定了计算和列示每股收益的原则，以提高同一时期不同主体的可比性，或同一主体不同时期的可比性。

所有规定都适用于公开上市交易的公司，尤其是合并财务报表。同时，这些规定是常识，同样可用于非公开交易的公司和非合并财务报表。

IAS 33（IASB 2014）区分了基本每股收益和稀释每股收益。很多公司还计算了根据经营项目 / 非经营特殊项目和商誉减值进行调整后的每股收益，以让投资者更好地理解公司正常经营活动的业绩。因此，可以计算以下 4 种每股收益。

- 基本每股收益。
- 稀释每股收益。
- 调整后基本每股收益。
- 调整后稀释每股收益。

1. 基本每股收益

IAS 33（§10）定义基本每股收益为：

基本每股收益 = 归属于母公司普通股股东的损益 / 当期流通普通股加权平均数

在这个定义中，计算利润的时候要扣除优先股股利。表 18-6 列示出两种计算当期流通普通股加权平均数的方法，得到的结果是一样的。

表 18-6　普通股的加权平均数

		发行的股数	库存股股数	流通股股数	
		（1）	（2）		
X1 年 1 月 1 日	期初余额	3 100	400	2 700	=（1）-（2）
X1 年 4 月 30 日	现金发行的新股数	900	—	3 600	
X1 年 11 月 1 日	现金购回的股数	—	600	3 000	
X1 年 12 月 31 日	期末余额	4 000	1 000	3 000	=（1）-（2）

		余额	股票流通的月份数	加权平均余额
		（1）	（2）	（1）×（2）/12
方法 1	X1 年 1 月 1 日～X1 年 4 月 30 日	2 700	4	900
	X1 年 5 月 1 日～X1 年 10 月 30 日	3 600	6	1 800
	X1 年 11 月 1 日～X1 年 12 月 31 日	3 000	2	500
	加权平均股数			3 200
方法 2	X1 年 1 月 1 日～X1 年 12 月 31 日	2 700	12	2 700
	X1 年 4 月 30 日～X1 年 12 月 31 日	900	8	600
	X1 年 11 月 1 日～X1 年 12 月 31 日	-600	2	-100
	加权平均股数			3 200

时间权重是特定股份外发的天数占当期总天数的比重（IAS 33：§20）。

2. 稀释每股收益

IAS 33（§31）说明，为计算稀释每股收益，主体应考虑所有稀释性潜在普通股的影响，调整归属于母公司普通股股东的损益和外发股份的加权平均数。"潜在普通股"指可转换成普通股的各种金融工具或合同。

IAS 33 说明，为计算稀释每股收益，主体应当调整归属于母公司普通股股东的损益，考虑下列各项的税后影响来计算：

- 为得出归属于母公司股东的损益，要扣减所有与稀释性潜在普通股相关的股利或其他项目。
- 当期确认的、与稀释性潜在普通股相关的所有利息。
- 因稀释性潜在普通股转换引起的收益或费用上的所有其他变化。

换言之，稀释性潜在普通股转换成普通股节省（增加）的股利、利息和其他费用将会增加（减少）当期利润。表 18-7 列示出基于可转换债券的稀释每股收益的计算方法。

表 18-7　计算稀释每股收益

报告净利润[8]（货币单位）（扣除所有利息费用）	（1）	5 000
普通股流通股数	（2）	2 500
基本每股收益（货币单位 / 股）	（3）=（1）/（2）	2
可转换债券数（面值 5 货币单位，票面利息 5%，期限 10 年）	（4）	200
转换条件（2 年后）：10 份债券换 4 份股票	（5）	0.4
可转换成的潜在普通股股数	（6）=（4）×（5）	80
可转换债券的当期利息费用 [如果将债券转换成股票，该利息费用将不会发生，所以要将该利息费用加回（1）]	（7）=200×5×0.05	50
与可转换债券利息相关的当期和递延税盾（税率为 40%）。如果将债券转换成股票，利息费用将不会发生，也就失去了避税效应，将减少净利润	（8）	20
调整净利润（假设可转换债券完全转换成股票）	（9）=（1）+（7）-（8）	5 030
用于计算稀释每股收益的普通股股数	（10）=（2）+（6）	2 580
假设可转换债券完全转换成股票后的稀释每股收益	（11）=（9）/（10）	1.95
潜在稀释效应（1.95-2.00）/2.00	（12）=[（11）-（3）]/（3）	-2.5%

在我们的例子中，股东为了获得低于市场利率的债券融资利率，承担每股收益被稀释2.5% 的风险，发行可转换债券吸引债权人。债权人在低于市场利率可保证的回报与高风险高回报（如果股价上涨）之间进行博弈（例如，2 年后股票回报率高于 5%，可以将债券转换成股票）。当然，如果债券市场利率低于 5%，将原有债券赎回重新发行新的债券进行融资对于股东来说是有利的选择。股东于是决定将债券赎回（如果债券契约允许），给予债权人补偿或让债权人将债券转换成股票。不管是哪种情况，股东都将稀释风险锁定在最大为 2.5%。对于债权人来说，将回报锁定在最小为 5%，以防股票回报率没有达到预期的 5%。

股票期权、认证股权和股票等价物也在 IAS 33 中提及，在计算稀释每股收益时，主体应假定会行使该主体的具有稀释性的期权和认股权证。来自这些工具的收入，应看作按当期普通股平均市场价格发行普通股所取得的。已发行普通股股数，与当期原本按普通股的平均市场价格发行的普通股股数之间的差额，应作为未收取对价的普通股发行处理（IAS 33：§45）。

如果期权和认股权证将导致普通股以低于当期该普通股的平均市场价格发行，它们就具有稀释性。稀释金额为当期普通股的平均市场价格减去发行价格。因此，要计算稀释每股收益，需要将潜在普通股看作由以下两部分组成：①按当期普通股的平均市场价格发行一定数量普通股的合同。此类普通股被认为是公允定价的，而且既不具有稀释性也不具有反稀释性。计算稀释每股收益时它们被忽略了。②发行剩余普通股不是为了收取对价的合同。此类普通股不产生收入，并不会对可归属于流通普通股的损益有影响。因此，此类股份具有稀释性，且在计算稀释每股收益时会加到流通普通股股数中（IAS 33：§ 46）。

例 18-3　Irish Continental Group（爱尔兰—IFRS 会计准则—2022 年年报—船舶运输、游客与货物渡轮和集装箱）

年报附注 11（见表 18-8）提供了关于每股收益的详细信息。在表 18-8 的下半部分，我们提供了每股收益的 4 种衡量方式。

表 18-8　附注 11

股票股数（千股）		2022 年	2021 年
期初发行的股数		182 795	186 980
当期新增股数		23	134
当期回购股数		（5 044）	（398）
基本每股收益下流通股的加权平均数		177 774	186 716
稀释性潜在普通股的影响：股票期权		2 363	0
稀释每股收益下流通股的加权平均数		180 137	186 716
归属于普通股东净利润（百万欧元）			
基本每股收益和稀释每股收益根据以下数据计算：			
收益		2022 年	2021 年
用来计算基本每股收益和稀释每股收益的收益：			
当期归属于母公司股东净利润		59.8	（4.9）
养老金固定收益计划资产净利息成本的影响		（0.1）	（0.1）
用来计算调整后基本每股收益和稀释每股收益的收益		59.7	（5.0）
		2022 年	2021 年
基本每股收益		33.6	（2.6）
稀释每股收益		33.2	（2.6）
调整后基本每股收益		33.6	（2.7）
调整后稀释每股收益		33.1	（2.7）
计算			
当期归属于母公司股东净利润（百万欧元）	（1）	59.8	（4.9）
基本每股收益下流通股的加权平均数（千股）	（2）	177 774	186 716
基本每股收益（分欧元）	（1）/（2）×100 000	33.6	（2.6）
当期归属于母公司股东净利润（百万欧元）	（3）	59.8	（4.9）
稀释每股收益下流通股的加权平均数（千股）	（4）	180 137	186 716
稀释每股收益	（3）/（4）×100 000	33.2	（2.6）
当期归属于母公司股东调整后净利润（百万欧元）	（5）	59.7	（5.0）

（续）

股票股数（千股）		2022 年	2021 年
基本每股收益下流通股的加权平均数（千股）	（6）	177 774	186 716
调整基本每股收益	（5）/（6）×100 000	33.6	（2.7）
当期归属于每公司股东调整后净利润（百万欧元）	（7）	59.7	（5.0）
稀释每股收益下流通股的加权平均数（千股）	（8）	180 137	186 716
调整稀释每股收益	（7）/（8）×100 000	33.1	（2.7）

3. 市盈率

市盈率的计算公式为：

$$市盈率 = 每股市场价格 / 每股收益$$

市盈率用来衡量市场对公司股票的预期，可以解释为需要多少年的盈利（忽略企业的成长性和货币时间价值）才可以补偿投资者购买股票支付的价格。股票的市场价格反映了投资者对公司股票的需求，该需求基于对公司未来现金流的预期。因此，在每股收益水平相同的情况下，市盈率越高说明股东对企业未来盈利成长性预期越高。市盈率的倒数称为净收益率。

18.4 分部报告

分部报告企业的经营活动，指按市场类别、客户类型、产品或服务种类、技术种类、区域、外币种类等将企业主体的经营活动分解成多个部分进行报告。分部报告财务信息可以帮助财务报表使用者：

- 进一步理解主体的经营模式，根据企业过去的经营状况评估企业未来的业绩。
- 更好地评估企业主体的风险和回报、机会和威胁（每个分部可能各不相同）。
- 更准确地对企业整体进行全面判断。
- 评估企业是否从复杂的商业模式中获得了协同效应，或者是否应该将主体进行分解，分部出售。

企业经营活动的各个分部通常有不同的盈利状况和成长机会，甚至有不一样的前景和风险。分部报告对于企业管理层做分配资源决策尤其重要，对于有多个分部业务的企业（相当于分散投资风险）的股东来说，也非常重要。IFRS 8（IASB 2021）[替代 IAS 14（IASB 1997）] 和美国的 SFAS 131（FASB 1997b）（现已合并到 FASB Accounting Standards Codification 的 Topic 280）规定了分部报告的原则和实务操作。这些规定分部报告信息的准则，主要适用于公开上市交易的公司，尤其是它们的合并财务报表。当然，这些准则也可以用于非公开上市交易的公司和非合并财务报表，帮助这些公司提升管理水平和财务信息质量。

18.4.1 定义

IFRS 8（§5）将经营分部定义为主体的组成部分：①该部分从事可取得收入并产生费

用的经营活动（包括与同一主体其他组成部分进行交易产生的收入和费用）；②主体首席经营决策者定期评价该部分的经营成果，以决定向其分配的资源和评价其业绩；③能获得该部分单独的财务信息。

18.4.2　披露

IFRS 8（§11）规定，主体应单独报告超过其第 13 段量化界限的经营分部。如果经营分部满足以下任一量化界限，主体应单独报告该经营分部的信息：①该分部的报告收入，包括对外部客户的销售和内部跨分部销售或转移，达到或超过所有经营分部合并（内部和外部）收入的 10%。②该分部报告的利润或亏损的绝对数达到或超过以下两项绝对数较大者的10%：未报告亏损的所有经营分部的合并报告利润和报告亏损的所有经营分部的合并报告亏损。③该分部的资产达到或超过所有经营分部资产合计数的 10%。

不满足以上任一量化条件的经营分部也可能作为报告分部，并进行单独披露，前提是管理层认为这些分部报告的信息对于信息使用者来说是有用的（IFRS 8：§13）。

在实务操作中，主体应向财务报表使用者披露信息，使其能够评价主体所从事的经营活动的性质和财务影响，以及其经营所处的经济环境（IFRS 8：§20）。为实施 IFRS 8 第 20段原则，主体应在编报综合收益表的每一期间披露下列信息：①本国际财务报告会计准则第22 段描述的一般性信息；②本国际财务报告会计准则第 23 段至第 27 段中描述的报告分部利润或亏损信息，包括包含在报告分部利润或亏损中的特定收入和费用、分部资产、分部负债和计量基础；③将分部收入总和、报告分部利润或亏损、分部资产、分部负债和其他重要的分部项目，与按本国际财务报告会计准则第 28 段描述的主体的对应数据进行调节的信息（IFRS 8：§21）。

IFRS 8（§22）规定，主体应披露以下一般性信息：①确定主体报告分部所考虑的因素，包括组织架构（例如，管理层是否按照产品和服务、地理区域、监管环境差异或综合各种因素进行组织管理，以及分部是否加总等）；②报告分部取得收入的产品和服务的类型。

IFRS 8 采取了所谓的"管理方法"（management approach）。

- 主体报告分部与内部管理报告相关。
- 主体报告的分部信息与年报其他内容一致。
- 某些主体报告更多的分部信息。

IFRS 8 撤销了原来 IAS 14 中区分首级和次级报告形式的规定。根据 IAS 14 原来的规定，每个主体都需要报告首级和次级分部信息。例如，首先按市场、产品或服务分类；然后按地理区域分类（或者反过来）。

IFRS 实例

表 18-9 列示了 IFRS 8（§IG3）建议的一种披露报告分部的利润或亏损、资产及负债信息的格式。

表 18-9 报告分部信息的建议格式

	汽车零部件分部	内燃机船分部	软件分部	电子器分部	财务分部	其他	合计
从外部客户取得的收入	3 000	5 000	9 500	12 000	5 000	1 000	35 500
从内部其他部分取得的客户收入	—	—	3 000	1 500	—	—	4 500
利息收入	450	800	1 000	1 500			3 750
利息支出	350	600	700	1 100			2 750
净利息收入	—	—	—	—	1 000		1 000
折旧与摊销	200	100	50	1 500	1 100		2 950
报告分部利润	200	70	900	2 300	500	100	4 070
其他重要的非现金项目：							
资产减值	—	200					200
报告分部的资产	2 000	5 000	3 000	12 000	57 000	2 000	81 000
报告分部非流动资产支出	300	700	500	800	600		2 900
报告分部的负债	1 050	3 000	1 800	8 000	30 000	—	43 850

例 18-4 Toray Industries（日本—Japanese GAAP—2021/2022 年年报—合成纤维和纺织品制造商）

公司报告了 5 个业务部门（见表 18-10）和 3 个地理区域（见表 18-11）的经营状况。

读者可能会注意到虽然 Toray Industries 提供了业务分部和地理区域的信息，但是没有具体提供某个地理区域各业务分部的混合信息。当然，向外部使用者公布这样的信息未免过细，从战略上来看，是不明智的。

表 18-10 按业务部门报告

2022 年 3 月 31 日　　　　　　　　　　　　　　（单位：百万日元）

	业务报告部门					其他	总计	调整	合并总计
	纤维和纺织品	化工产品	碳纤维复合材料	环境工程	生命科学				
外部客户的销售收入	836 182	910 000	215 215	199 285	51 954	15 887	2 228 523	0	2 228 523
内部业务部门间的销售收入	1 263	18 557	642	42 612	0	25 962	89 036	（89 036）	0
销售收入总计	837 445	928 557	215 857	241 897	51 954	41 849	2 317 559	（89 036）	2 228 523
核心营业利润	42 191	90 961	1 581	16 549	1 373	3 018	155 673	（23 610）	132 063
业务部门资产	886 645	1 153 120	601 914	299 077	71 422	87 650	3 099 828	（55 947）	3 043 881
其他项目									
折旧和摊销	31 111	47 819	29 204	6 503	3 506	2 467	120 610	（241）	120 369
减值损失	3 753	23 101	289	134	167	0	27 444	0	27 444
资本支出	23 311	47 211	16 008	10 177	3 001	2 667	102 375	（1 439）	100 936

"其他"代表与服务相关的业务，例如分析、物理评估和研究。

核心营业利润的"调整"包括部门间抵销和未分配给每个可报告部门的公司费用。

总资产的"调整"包括部门间抵销和未分配给每个报告部门的公司资产。

表 18-11　按地理区域报告　　　　　　　　　　（单位：百万日元）

外部客户的销售收入		
3 月 31 日	2021 年	2022 年
日本	829 191	901 039
中国	367 856	446 647
亚洲其他	373 514	477 648
北美，欧洲和其他	313 039	403 189
总计	1 883 600	2 228 523

18.5　公司 ESG 分析

根据相关背景，存在各种类型的 ESG 分析，它们涵盖不同的方面。基本评估一般评估风险、业务模式、政策和准备情况等因素。运营评估侧重于碳影响、水资源压力和人力资本管理等特定领域。基于披露的评估一般分析公司提供的信息。此外，基于算法和新闻的评估将传统或社交媒体中发现的 ESG 争议纳入分析中。

在深入研究 ESG 分析之前，我们可以回顾一下公司报告及其与 ESG 因素的关系。更广泛的公司报告如图 18-7 所示。

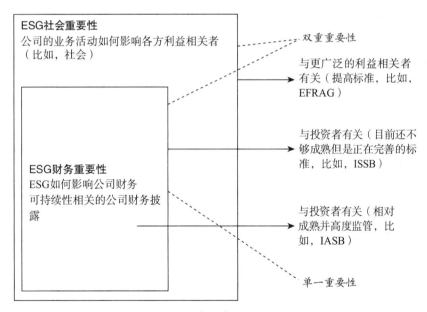

图 18-7　公司报告概览，单一重要性和双重重要性

资料来源：Barker and Eccles (2020)。

单一重要性和双重重要性是公司报告中用于确定可持续发展披露的范围和重点的概念。

单一重要性是指公司主要注重披露与其内部运营和影响相关的信息的传统方法。它强调对公司财务业绩有直接影响的问题的财务重要性。这种方法通常侧重于披露对公司本身具有重要意义的风险和机遇，例如运营效率、成本节约和监管合规性。

双重重要性将报告范围扩大到公司内部运营之外，包括公司业务活动对经济、环境和社会的外部影响。它认识到公司对利益相关者负有更广泛的责任，并应披露有关可能影响公司财务业绩和外部可持续发展成果的重大 ESG 因素的信息。这种方法考虑了财务重要性以及更广泛的社会和环境影响。

双重重要性的概念承认公司的可持续发展绩效可能对其长期生存能力和价值创造以及社会和环境的福祉产生影响。它反映了财务和非财务因素的相互关联性，并鼓励公司考虑其对直接运营之外的利益相关者的影响。

在企业报告中，采用双重重要性意味着企业不仅要报告对自身运营具有财务重要性的问题，还要考虑和披露对外部环境和社会的影响和依赖。这种更广泛的视角有助于投资者、监管机构和其他利益相关者更全面地了解公司的可持续发展绩效及其对可持续发展的贡献。

公司报告的一个重要领域是温室气体排放报告。温室气体排放（GHG）是气候变化的主要原因，它使热量滞留在地球大气中并导致全球变暖。2015 年通过的《巴黎协定》是一项国际协议，旨在通过制定减少温室气体排放的目标和促进全球合作以实现低碳和可持续的未来来减缓气候变化。公司通常按照温室气体排放协议提供有关其温室气体排放的信息，如表 18-12 所示。

表 18-12　温室气体排放（GHG）协议

范围 1	范围 2	范围 3
· 燃料燃烧 · 公司车辆 · 无组织排放	· 购买电力、热力和蒸汽	· 购买的商品和服务 · 商务旅行 · 员工通勤 · 废物处理 · 已售产品的使用 · 运输和配送（上游和下游） · 投资 · 租赁资产和特许经营权

温室气体议定书是一种广泛认可和常用的用于量化和报告温室气体排放的核算工具。温室气体议定书为企业和组织提供了衡量和管理温室气体排放的指南和标准。它由两个主要部分组成：报告公司自身运营的排放量（范围 1 排放量和范围 2 排放量）与范围 3 排放量，涵盖价值链活动的间接排放量。温室气体议定书已成为企业跟踪和披露其排放量的基本框架，支持应对气候变化和促进可持续发展的努力。

📖 例 18-5　施耐德电气（法国—2022 年气候报告—能源管理和工业自动化）

表 18-13 显示了施耐德电气报告的温室气体排放数据示例。

表 18-13　报告的温室气体排放数据示例

施耐德电气范围 1 和范围 2	范围 3：上游供应商	范围 3：下游客户
实地能源消耗：0.17 $MtCO_2e$	购买产品和服务：7.6 $MtCO_2e$	使用出售的产品：47.3 $MtCO_2e$
公司车辆：0.06 $MtCO_2e$	运输：0.7 $MtCO_2e$	产品寿命终止（六氟化硫）：4.6 $MtCO_2e$
天然气泄漏：<0.01 $MtCO_2e$	其他：0.4 $MtCO_2e$	运输：0.4 $MtCO_2e$

注：$MtCO_2e$ = 百万吨二氧化碳当量。

范围 3 温室气体排放数据很大，因为它们涵盖了公司整个价值链产生的间接排放，包括购买的商品和服务、运输和分销以及产品的使用和处置等活动，反映了公司对环境的广泛影响，超出其直接运营范围。

18.5.1　ESG 整合方法

有多种方法可将 ESG 分析整合到金融投资等决策过程中，本节内容概述了主要方法。重要的是要了解 ESG 分析可以按定性或定量的方式进行。同样，ESG 分析的整合可以是纯粹定性的，例如将管理质量的意见纳入投资分析，也可以通过将 ESG 因素纳入财务模型或估值来量化。有些技术（例如记分卡）通过将定性判断转化为定量分数，将定性和定量方法的要素结合起来。某些工具可能更适合特定环境或投资策略。

1. 定性 ESG 分析

定性 ESG 分析通常用于依赖公司特定研究、基本面分析和股权投资的决策。这种方法一般遵循这样的流程：

（1）分析师评估 ESG 数据，以评估公司解决特定 ESG 问题（例如气候变化）的能力。

（2）分析师将公司 ESG 风险管理策略的特定方面与不同的价值驱动因素（例如成本、收入、利润和资本支出要求）联系起来，将此评估与财务分析相结合。

（3）分析师的目标是通过调整模型中使用的假设（例如增长、利润率或资本成本），以可量化的方式将其评估纳入财务模型。

某些定性技术可能更适合（或分配不同的权重）不同的资产类别。例如，对管理层激励的评估（治理分析的一部分）可能对公共股权和私募股权具有更大的意义，对固定收益投资者的权重较小，甚至可能被认为与主权债券投资者无关。

2. 定量 ESG 分析

定量 ESG 分析通常用于利用定量模型来识别有吸引力的投资机会的投资流程。在这种情况下，ESG 数据通常会合并为 ESG 因子或分数，并纳入定量模型中。这可能涉及使用筛选流程来建立投资范围，或使用量化模型根据各种因素（包括 ESG 考虑因素）调整估值。

定量 ESG 分析的专业人士经常在研究阶段评估 ESG 因素，通常依赖第三方数据库（例如下文所述的 ESG 评级机构）或第三方和内部专有数据的组合。这种评估通常在更大范围内进行，重点关注股票或债券的数据集，而不是单个公司的评估。虽然一些分析师可能会根据个别公司的评估制定自己的专有评分，但重点是在更广泛的数据集中收集数据。例如，全球数据集可能包含数千家公司，每家公司大约有 100 个数据点。这些数据点可以从公司自愿披露的 ESG 信息、国家机构（例如美国国家环境保护局）或行业专家处获得。

定量因素投资者通常将 ESG 因素与价值、规模、动量、增长和波动性等其他因素结合起来，这些因素往往与股票回报相关。其中一些因素可能来自第三方模型。ESG 数据被纳入其投资流程，从而调整分配给证券的权重，包括潜在的消除。例如，可能会寻求环境因素中的有利分数。系统方法旨在确定相关性，以了解 ESG 因素如何随着时间的推移影响财务绩效，并相应地对这些因素进行适当加权。投资者试图评估现有第三方 ESG 评分以及专有评分之间的关系。算法方法利用 ESG 数据，其中包括从互联网新闻文章中抓取信息，并根据预定义的基于规则的公式调整公司或行业权重。

3. 用于计算定量碳强度得分的温室气体排放数据示例

在这里，我们来看看属于同一行业的 6 家公司的温室气体排放数据。第一个变量衡量 X5 年范围 1 和范围 2 的碳强度，第二个变量是 X0 年和 X5 年之间碳排放量的变化（见表 18-14 和表 18-15 ）。

表 18-14　量化 ESG 分析

公司	碳排放强度（MtCO$_2$e/ 单位）	碳排放动量（百分比变化）
1	94.0	−3.0%
2	38.6	−5.5%
3	30.4	+5.6%
4	74.7	−16.8%
5	97.1	−3.5%
6	103.1	−9.1%

我们得到下面跟环境相关的分数：

$$分数 = 70\% \times E1 + 30\% \times E2$$

这里 E1 和 E2 根据行业排名乘以 100。（比如，在 MtCO$_2$e 排放强度最差的公司得分为 16.6 = 1/6 × 100，而排放强度最好的公司得分为 100 = 6/6 × 100。）

表 18-15　环境得分计算办法

公司	碳排放强度（MtCO$_2$e / 单位）	E1（标准化）	碳排放动量（百分比变化）	E2（标准化）	分数 = 70% × E1 + 30% × E2	排名
1	94.0	50	−3.0%	33	45	4
2	38.6	83	−5.5%	67	78	1
3	30.4	100	5.6%	17	75	3
4	74.7	67	−16.8%	100	77	2
5	97.1	33	−3.5%	50	38	5
6	103.1	17	−9.1%	83	37	6

利用这种方法，纳入温室气体碳排放强度及其随时间变化的环境评分可用作筛选工具，以识别符合环境可持续投资策略的股票，从而使投资者能够优先考虑排放强度较低且在减排方面有积极趋势的公司。公司 2 在该维度上拥有最好的排名。

18.5.2　ESG 评级者

一些市场参与者专门提供 ESG 评级。为了生成评级，评级提供者需要执行一系列任务。

首先，他们考虑重要性映射，确定与正在评估的特定部门最相关的关键指标。接下来，他们从各种来源收集与已识别指标相关的数据点，例如公司公开披露、调查回复、非结构化公司数据或第三方数据。所收集的数据会经过一致性审查，在某些情况下，可能会估计缺失的数据点，尽管并非所有评级提供商都参与数据估计。定性数据点通过评分或排名方法进行量化，而定量数据点则使用类似的技术进行评估。然后，根据预定的权重系统将这些数据点组合起来，从而得出被评估公司相对于同行的绩效相对分数或绝对分数。识别 ESG 因素的过程对于每个评级提供商来说都是主观的，甚至在考虑各种加权和评分方法之前也会存在意见差异。

有众多评级提供商可供选择，其中 MSCI 和 Sustainalytics 历来在股票评级领域占据着重要的市场份额。此外，还有一些专注于特定国家或债券相关评估的服务，例如世界银行提供的服务。值得注意的是，本书并不偏爱任何特定方法，因为不同评级提供商采用的方法在细节和方法方面可能存在很大差异。

18.6　公司治理

我们在第 1 章提到，会计对经济主体的经济活动进行计量和量化。会计实务操作必须遵循第 4 章提到的会计原则。当然，我们也看到，通用会计准则对经营活动的记录、分类和报告仍然有很多操纵的余地，尤其是收入与成本的确认和准备金的提取。

会计系统处理的数据是人为努力的结果。管理者是风险承担者：股东回报和管理层的风险管理是相关联的。道德（或不道德）的行为、风险管理实务操作以及经营过程中使用主体资源的方式，都影响了财务报告数字的真实性和有用性。

18.6.1　公司治理

"治理"（governance）并不是一个新的概念。亚当·斯密早在 1776 年出版的《国富论》中就提到了代理机制（尽管是悲观的语调），并引申出治理的需要。

管理者比其他人更直接地成为股东的代理人，使用股东提供的资源创造财富。

1992 年，阿德里安·卡德伯里（Adrian Cadbury）将治理定义为"指导和控制公司的机制"[9]。1999 年，阿德里安·卡德伯里在为世界银行工作的时候，提出了关于治理更为广泛的定义：公司治理（enterprise governance）是……维持经济和社会目标、个人和群体目标的平衡。治理的框架鼓励有效地利用资源和公平地分配资源。治理的目的是整合个体、公司和社会的利益。公司的动机是达到经济利益目的，并吸引投资。国家的目的是促进经济发展，并杜绝欺诈和管理混乱。[10]

虽然我们承认企业主体的社会角色和社会治理的必要性，但是在本小节中我们采用更狭隘的定义：公司治理是规范董事会和管理层的职责与决策，目的是：①提供战略指引；②保证达成企业目标；③合理地控制风险；④保证企业资源的有效利用。[11]

本书提及的公司治理，主要关注该定义的最后两项。还有一个更大的问题：企业主体过去、现在和将来的经济状况与价值创造，是否真实而公允？

18.6.2 公司治理、内部控制和职责监督

公司治理建立在"内部控制的基础上"。内部控制包括所有保证战略执行和报告遵循相关规定并建立职责监督的操作系统与程序。

18.6.3 业务治理和价值创造

业务治理解决了在一定风险政策下企业有效使用资源的问题。业务治理的目的是考察管理团队是否真正履行了代理义务和为股东创造了价值。

价值创造可以通过一系列分析工具来衡量。所有衡量价值创造的工具都是以会计为基础的，因此会产生"回顾性"（retrospective view）偏差。一个持续经营的主体，只有将产生的现金流和利润有效地用于企业的长期发展，才真正创造了价值。在这种情况下，研发投入、市场开发、产能提升和风险管理成为管理层的主要职责。把握机遇、提升职能、加强战略性研发、评估和应对风险成为企业未来发展的关键举措。

18.6.4 业务治理指标

执行管理团队的战略视角很难评估和衡量，所以董事会的职责是对管理层进行监督，保证机遇得到合理的把握，风险得到合理的控制。

关于价值创造的报告，有三套衡量体系，每一套都解决了不同的问题。

- 企业现在的盈利状况如何？企业利用现有的资产产生持续的正现金流的能力如何？回答这些问题的衡量指标包括每股收益、毛利率、自由现金流、投入资本回报率和经济增加值等。
- 企业现在的价值如何？在没有企业市场价值的情况下，可以用行业股票平均价格 / 盈利乘数或股东权益乘数来衡量，但是最可靠的指标还是未来现金流的净现值。
- 从时期 t 到时期 $t+1$，企业和管理团队增加了多少价值？（可以用上面提及的衡量方法定义价值，对于上市公司，就使用股东权益的市场价值。）解决这个问题最常用的衡量指标是总股东回报（TSR）。总股东回报 =[（$t+1$ 时期的价值 −t 时期的价值）+ 支付的股利]/t 时期的价值。

18.6.5 监管公司治理

经过近些年一系列破产和丑闻事件，包括工业行业的克莱斯勒、通用汽车、安然、帕玛拉特、萨蒂扬、世通，金融行业的美国国际集团、雷曼兄弟、美联银行、富通银行、硅谷银行的破产，冰岛银行系统的崩溃，伯尼·麦道夫的庞氏骗局丑闻，Galleon Hedge Fund 未报

告的风险，据说一些投资者已经开始怀疑公司报告的可信度，以及董事会和外部审计师监管的有效性。世界各国的政府和监管机构都颁布了相应的法律和规定，以防止类似丑闻的再次发生。从 2002 年美国的《萨班斯－奥克斯利法案》到世界银行 2002 年对发展中国家公司治理的建议，再到在阿拉伯联合酋长国证券交易所上市的公司从 2010 年 4 月 30 日起执行的公司治理监管法规（受美国《萨班斯－奥克斯利法案》和世界银行的公司治理建议的影响），几乎所有国家都有自己的公司治理监管机制。

这类公司治理监管法规的典范是美国的《萨班斯－奥克斯利法案》（只适用于美国的公司或者在美国上市的外国公司）。这个法案的规定比较复杂，包括 3 个与报告有用性相关的重要规定。

- Section 302：CEO 和 CFO 必须核实和保证季度与年度财务报表的正确性。
- Section 404：公司必须清楚地规定建立和维持有关保护资产与编制财务报表的内部控制的责任；公布内部控制有效性的评估报告。
- Section 409：公司必须实时（两天内）报告影响财务状况的重大事件。这类重大事件包括失去重要客户、财务风险评级机构对企业评级的更改或工会谈判后员工福利的变动等。

这些严格的规定只能机械地执行，但并没有完全解决丑闻背后的实际问题：贪婪和个人欲望的膨胀（Cohen et al., 2010）导致了更多的风险，并扭曲财务报告掩盖个人行径（很多美国近些年的银行破产和金融丑闻都发生在《萨班斯－奥克斯利法案》颁布之后）。

安然和其他发生丑闻的公司都不断滥用资产负债表外承诺事项。它们都没有报告（或不清楚地报告）资产负债表外承诺事项，而这些承诺事项都是潜在的负债项目。2008 年衍生金融工具，尤其是信用违约互换合约的丑闻，摧垮了很多有实力的银行，就是因为对资产负债表外承诺事项的轻率处理。资产负债表外承诺事项必须在财务报表附注中披露，必须能够反映企业真实的财务状况和风险。这也就是为什么本书一再强调财务报表附注的重要性。2011 年奥林巴斯公司的丑闻——"日本公司历史上最大和最持久的隐藏亏损的操纵安排"[12] 说明，如果管理层用尽一切手段隐藏事实真相，财务信息使用者确实很难从附注中读出真实的信息。

信息透明是一项重要的会计原则，但是现在商业活动的复杂性使信息完全透明很难实现，即使有时候并没有刻意掩盖真实信息。

18.6.6　违反治理原则的原因

2003 年，国际会计师联合会（IFAC）针对发生的公司报告丑闻，组织了一支研究队伍研究公司治理框架。研究人员研究了世界各国的 27 个案例，提出了两类问题：一类是公司治理问题；另一类是战略定义和执行问题。

关于公司治理问题，研究人员列示出以下违反真实、公允原则的可能原因。

- 首席执行官的角色（占主导、有感召力、独裁并且不受挑战，通过兼并收购专注于外部扩张，缺乏明确的战略方针等）。

- 董事会的角色（董事会成员过于友好或者与高级执行官有关联，而无法挑战或指引高级执行官）。
- 高管薪酬计划（不和谐的激励机制、过于激进的目标）。
- 高层管理者的道德水平、文化和态度（高层管理者的道德水平较低，对在战略执行中遇到的困难应对较慢）。
- 内部控制（内部控制较弱，过度滥用资产和人力资源）。

以上这些负面的因素导致管理层进行盈余管理，做出违背道德的行为和掩盖真实信息。

18.6.7　规范道德

《萨班斯 – 奥克斯利法案》试图对以上提到的这些问题进行监管，但是法律精神经常只是尊重法案的字面含义。像《萨班斯 – 奥克斯利法案》这样的法律规定并没有充分阻止所有的资产负债表外承诺事项的不完整披露甚至欺诈报告。但是如果没有这类法律规定，可能会出现更多的问题。例如，福特汽车公司过去不在资产负债表中报告汽车租赁相关的信贷风险（2000 年福特汽车公司未报告的租赁风险比资产负债表上的长期负债要大 4 倍），而现在通过提取准备金在资产负债表上完全披露了这种租赁风险。前面提到的《萨班斯 – 奥克斯利法案》中的 3 个规定对于营造良好的信息披露风气非常关键。但是，没有人可以确切地说目标是不是太苛刻、风险是不是太大、领导者是不是太有感召力或者战略是不是很好地被执行。就像彼得·德鲁克经常说的："没有商业道德这一回事 [13]……只有道德：我们每一天的行为都要用道德标准来衡量。"

企业价值始于高级管理层，并受董事会监管，但真正代表的是股东的利益。股东的职责是选举真正能代表股东的董事会成员。

18.7　财务计分模型

我们在前面提到，如果企业不能持续经营，讨论"创造多少价值"以及"如何创造"是没有意义的。因此，对于管理者和财务信息使用者来说，衡量企业不能持续经营的可能概率是非常重要的。

18.7.1　原则

分析师的首要任务是衡量企业失败的可能性。一些研究者（例如，Altman，1968；Sands and Springate，1983；Fulmer，1984）已经开发出一些计分模型 [14]，主要是根据企业某个时点的财务比率和财务报表项目进行线性多元回归分析（或线性多元判别分析），计算出一个"评分"。如果该评分高于或低于某个经验阈值，企业失败的概率将偏高或偏低。

18.7.2　例子：奥尔特曼 Z 计分模型

奥尔特曼的 Z 计分模型（Altman's Z Score）可能是衡量企业失败概率模型的鼻祖。最初始的 Z 计分模型是基于有限的已经申请破产的大型制造企业的样本，得出如下等式（系数根据样本分析得出）：

Z=1.2×（营运资金 / 总资产）+ 1.4×（股东权益 / 总资产）+ 3.3×（税前收益 / 总资产）+
　　0.6×（权益的市场价值 / 债务的账面价值）+ 1.0×（销售收入 / 总资产）

如果进行分析的企业与上述样本中的制造企业类似，分析师可以将计算出来的 Z 计分和经验阈值进行比较，就能得到企业破产的概率：

- 如果 Z < 1.81 破产概率较高。
- 如果 1.81≤Z≤2.99，难以判断（忽略该区间）。
- 如果 Z > 2.99，破产概率较低。

Z 计分模型，根据相关样本与经济环境对等式中的系数进行调整，已经被证明是较成功的模型。运用 Z 计分模型能成功地预测出 72% 的企业将会在 2 年后破产。

Z 计分模型中的系数和相应经验阈值要根据不同类别的公司进行调整（例如，根据企业规模和行业进行调整）。Z 计分模型的系数不是标准化的，但是其中大多数财务比率对样本中美国制造企业是适用的。

分析师通常需要依赖计分模型及其他模型帮助预测企业经营中的重大事件。

关键知识点

- 财务报表分析是对向股东和金融机构报告的资料进行处理、评估和解读，以便使用者更好地做出决策。
- ESG 分析和整合越来越普遍地用于理解和整合 ESG 风险和机遇。
- 管理者和企业外部分析师需要通过财务报表分析来回答以下问题：企业是如何创造价值的？企业创造了多少价值？
- 财务信息的使用者希望了解企业的流动性、偿债能力、财务杠杆和盈利性，以及资产管理政策和投资回报。
- 比率是两个数字的商，显示分子和分母的关系。
- 财务比率分析通过分子和分母的动态因果关系，描述企业的商业模式。
- 使用财务比率的时候要谨慎，分子和分母必须是同一时期的数据，而且比较基础也要一致（不是所有的财务报表项目都是有关联的）。
- 三种比较方法可以增加财务比率的信息含量：①时间序列比较；②横截面比较；③经验法则。
- 财务分析师除了获取财务信息外，还会寻找其他信息来源。
- 每股收益和投入资本回报指标帮助股东决定是否继续投资某一家企业。
- 投入资本回报率是分析公司活动表现的关键绩效指标。它独立于融资决策。
- 将企业的经营活动进行分部报告可以提高企业未来经济利益的可预测性。

- 分析师可以进行定性或者定量 ESG 分析。
- 财务分析师也会研究企业破产的风险，财务计分模型可以帮助他们预测企业的状况是健康的还是有危机的。
- 财务分析受到管理层和董事会成员道德行为的影响。公司治理是很多国家试图进行监管的问题。

实战练习

实战练习　比赛大家具公司

要　　点：综合财务报表分析

难度系数：高

　　比赛大家具公司的总部和工厂在突尼斯的比赛大，该地区有税收优惠政策。比赛大家具公司生产一系列高端家具，并通过高端区域的家具店销售。比赛大家具公司在地中海盆地的批发客户包括独立的家具零售商、区域连锁店和百货商店。零售商除了销售比赛大家具公司的产品，还销售其他竞争者的产品，接受订单，并提供送货服务。比赛大家具公司本身没有零售业务，但是会在各个市场进行品牌推广活动。

　　不像突尼斯的家具进口商经常拖延送货或有大量家具存货，比赛大家具公司对家具的设计以及复杂灵活的设备进行了大量的投资。比赛大家具公司的大量存货主要是窑干木材和薄木板等。如果收到家具零售商的订单，这些存货可以让公司在两周内生产 70% 的产品并发货，30% 的产品立即发货。

　　一家家具生产商成功的关键因素当然涉及设计、品牌和质量，但是可观赏性和实用性是所有因素中最关键的。然而，只有在家具生产商提供信用赊销的情况下，零售商才愿意把家具存货放在自己的店里销售。因此比赛大家具公司及其竞争者提供的信用期限对它们品牌的成功至关重要。

　　X3 年 5 月，比赛大家具公司的信用分析师 Leila Smaoui 重新审核所有客户的信用状况。经济低迷影响了整个家具市场。比赛大家具公司 X3 年第一季度的销售额同比下降 25%。X2 年最后一个季度的销售量同比下降 5%。

　　比赛大家具公司的两家零售商的销售量占其在突尼斯销售量的 10%，占总销售量的 4%，它们正在考虑比赛大家具公司是否会继续供应家具产品并延长信用期限。这两家零售商分别是突尼斯的 Galleria 和斯法克斯的 Le Grand Marché。

　　Galleria 是一家高档家具零售商，主要在三个地方经营：突尼斯市中心、哈马马特（在这个旅游小镇上，Galleria 2/3 的销售来自酒店）和莱贝尔赫斯迪拉克（在突尼斯郊区，X1 年年末在这里新开了一家高档家具店，规模很大，发展迅速，周围有各种零售商店、轻工业和服务业、公司总部和写字楼、私人住宅和酒店）。比赛大家具的销售占 Galleria 总销售收入的 60%。Galleria 的销售经理坚持在销售家具的时候，客户先支付 20% 的现金定金，剩余的可以货到付款（占销售的 75%）或者分 6 个月分期付清。

　　Galleria 7 年前在突尼斯市开设第一家门店的时候，就已经是比赛大家具公司的客户了，与比赛大家具公司的关系一直比较令人满意。

虽然 Le Grand Marché 成立得较早，却是在 3 年前才成为比赛大家具公司的客户。Le Grand Marché 在斯法克斯有一家规模可观的家具店。Le Grand Marché 提供种类多样的家具，满足不同客户的需求，它们的客户包括机构客户、高端市场客户和低端市场客户。机构客户主要是附近吉尔巴岛旅游胜地的酒店。比赛大家具的销售只占 Le Grand Marché 总销售收入的 40%。从 X2 年年末开始，Le Grand Marché 累积了很多未支付的发票，它只要求客户下订单的时候支付 10% 的首期款，剩下的一般在送货后 2 个月内分期支付。但是后来，越来越多的客户要求延长 1～2 个月的信用期限。

比赛大家具公司提供给这两家客户的信用期限是突尼斯的行业标准：在收到发票后 10 天内支付有 1% 的折扣，发票金额必须在送货后 30 天内支付。比赛大家具公司的 CFO Souad Mahmoudi 和 Leila Smaoui 还有销售经理之前达成的协议，是提供给 Galleria 130 000 突尼斯第纳尔的信用额度，给 Le Grand Marché 105 000 突尼斯第纳尔的信用额度。这些信用额度是否仍然有效是 Leila Smaoui 正在考虑的问题。

比赛大家具公司本身需要较高的流动性来扩大生产能力，Souad Mahmoudi 让 Leila Smaoui 关注所有客户的财务状况。Leila Smaoui 通常每年审核一次客户的财务报表，如果她发现客户的情况在变糟糕（例如，过期未支付的发票金额超过信用额度的 10%），就会要求半年审核一次。Galleria 和 Le Grand Marché 未支付的发票金额都超过了信用额度的 10%。

X3 年 5 月初，Leila Smaoui 收到了 Galleria 和 Le Grand Marché（两家公司的会计期末都是 3 月 31 日前的最后一个周六）未经审计的 X2～X3 年的年度报告。表 18-16～表 18-19 列示出这些财务报表。

在 X3 年年初，家具的市场需求仍然较弱，但是销售收入的下降幅度没有 X1 年下半年和 X2 年上半年那么大。零售商的订单比预期要少，尤其是新产品的订单，而且还减少了经典产品的订单。比赛大家具公司的销售团队还提到，所有零售商的家具店的家具存货都是满的。传统的年末大销售并没有给家具店清仓，留出空间给新产品。比赛大家具公司的困境是既要保持对零售商的销售量（要求延长信用期限），又要将应收账款余额和风险控制在一定的范围内。

要 求

1. 请分析 Galleria 和 Le Grand Marché 的财务报表，理解这两家公司是如何应对家具市场低迷的。请根据财务报表进行分析，例如财务比率分析、纵向分析，并解释你选择进行分析的财务指标。
2. 关于这两个客户，你对比赛大家具公司有什么建议，是否应该延长信用期限？

表 18-16　Galleria 利润表　　　（单位：千突尼斯第纳尔）

3 月 31 日	X1 年	X2 年	X3 年
毛销售收入	22 000	18 000	18 100
减去退回和折扣	-1 980	-2 160	-1 450
净销售收入	20 020	15 840	16 650
销货成本	-10 010	-8 712	-9 657
毛利润	10 010	7 128	6 993

（续）

3 月 31 日	X1 年	X2 年	X3 年
经营费用	−7 800	−6 345	−7 710
经营利润	2 210	783	−717
利息费用或收入（净值）	−293	−321	−381
税前收益	1 917	462	−1 098
所得税	−479	−115	0
净利润（亏损）	1 438	347	−1 098
附加信息			
支付的股利（第 2 年支付）	210	210	0

表 18-17　Galleria 资产负债表 　　（单位：千突尼斯第纳尔）

	X1 年 3 月 31 日	X2 年 3 月 31 日	X3 年 3 月 31 日
现金	85	40	50
应收账款净值	2 600	3 100	3 300
存货	4 430	3 600	3 650
流动资产总计	7 115	6 740	7 000
土地	300	900	600
建筑物、设施和设备	5 200	6 147	6 313
减去累计折旧	−800	−1 200	−1 650
建筑物、设施和设备净值	4 400	4 947	4 663
预付账款	211	120	0
资产总计	12 026	12 707	12 263
应付账款	2 900	3 478	3 920
应付工资薪酬	40	165	442
应付所得税	479	115	0
长期债务的流动部分	155	360	220
客户的首期预付款	450	250	50
流动负债总计	4 024	4 368	4 632
长期借款	4 000	4 200	4 800
普通股	900	900	900
股本溢价	100	100	100
留存收益	1 564	2 792	2 929
当期净利润	1 438	347	−1 098
负债和权益总计	12 026	12 707	12 263

表 18-18　Le Grand Marché 利润表 　　（单位：千突尼斯第纳尔）

3 月 31 日	X1 年	X2 年	X3 年
毛销售收入	64 125	60 265	52 970
减去退回和折扣	−5 825	−5 600	−5 841
净销售收入	58 300	54 665	47 129
销货成本	−36 105	−34 851	−32 388
毛利润	22 195	19 814	14 741

（续）

3 月 31 日	X1 年	X2 年	X3 年
经营费用	−18 080	−16 995	−18 765
经营利润（亏损）	4 115	2 819	−4 024
所得税	−1 028	−704	0
税后净利润（亏损）	3 087	2 115	−4 024
附加信息			
支付的股利（第 2 年支付）	725	600	25

表 18-19　Le Grand Marché 资产负债表（单位：千突尼斯第纳尔）

	X1 年 3 月 31 日	X2 年 3 月 31 日	X3 年 3 月 31 日
现金	165	140	75
应付账款	4 900	6 825	5 678
存货	4 612	3 541	2 493
预付费用	140	145	155
流动资产总计	9 817	10 651	8 401
非流动资产净值	1 140	1 201	1 161
租赁物改良净值	4 480	3 712	3 050
资产总计	15 437	15 564	12 612
应付账款	10 305	9 612	10 699
客户首期预付款	630	60	45
流动负债总计	10 935	9 672	10 744
普通股	1 220	1 220	1 220
留存收益	195	2 557	4 672
当期净利润	3 087	2 115	−4 024
负债和权益总计	15 437	15 564	12 612

挑战练习

挑战练习 18-1　选择题

请选择正确答案（除非特别说明，正确答案只有一个）。

1. 下列哪一项不正确？
   (a) 财务比率反映了商业模式中两个或多个参数间的关系
   (b) 在使用财务比率进行对比分析时，财务比率中分子和分母间的因果关系在不同主体中可能有不同的含义
   (c) 很少使用比率分析法对财务报表进行解读
   (d) 计算财务比率通常只是分析财务报表的第一步

2. 将公司某一年的财务比率与历史财务比率进行比较，是下列哪一种比较方法？
   (a) 与竞争对手标杆的比较　　(b) 与行业经验标杆的比较
   (c) 时间序列比较　　(d) 横截面比较

3. 如何计算现金比率？

(a)（现金 + 有价证券 + 应收账款）/ 流动负债　(b) 每股现金股利 / 每股收益

(c) 现金 / 有价证券　(d)（现金 + 有价证券）/ 流动负债

4. 如何计算市盈率？

(a) 每股市价 / 每股账面价值　(b) 每股市价 / 每股收益

(c) 每股现金股利 / 每股市价　(d) 每股现金股利 / 每股收益

5. 如何计算利息偿付率？

(a) 经营利润（息税前利润）/ 利息费用　(b) 净利润 / 利息费用

(c) 股东权益 / 利息费用　(d) 长期债务 / 利息费用

6. 经济增加值指扣除消耗第三方提供的资源后，企业的经营活动创造或增加的价值。

(a) 对　(b) 错

7. 分部报告财务信息如何帮助财务报表使用者？

(a) 帮助使用者更好地理解主体的经营模式，根据过去的经营状况更好地预测未来的业绩

(b) 帮助使用者更好地估计主体的风险和回报、机会和威胁

(c) 更好地对企业整体进行判断评估

(d) 以上都是

8. IFRS 8 区分了业务分部和地理分部。

(a) 对　(b) 错

9. 根据 IFRS 8，在确认分部时应该考虑以下哪些因素？

(a) 经济状况的相似度　(b) 不同地理区域经营活动的关系

(c) 某个地区经营活动的特殊风险　(d) 以上都是

10. 根据 IFRS 8，下列哪一项不需要在分部报告中披露？

(a) 外部客户的分部销售收入

(b) 分部资产的账面价值

(c) 分部利润中包括的分部资产的折旧和摊销费用

(d) 获得分部有形资产和无形资产的总成本

挑战练习 18-2　特斯拉 *

要　　点：财务比率分析

难度系数：高

　　特斯拉（Tesla, Inc.）是一家于 2003 年 7 月 1 日在美国特拉华州注册成立的公司。特斯拉设计、开发、制造、销售和租赁高性能全电动汽车以及能源生成和存储系统，并提供与其产品相关的服务。特斯拉通常直接向客户销售产品，并通过由车辆服务中心、移动服务、车身修理厂、超级充电站和目的地充电器组成的全球网络发展其面向客户的基础设施。特斯拉经营两个可报告部门：①汽车部门；②能源生产和存储部门。

　　合并财务报表是根据美国通用会计原则（GAAP）编制的。

　　表 18-20 至表 18-22 提供以下信息：

- 截至 2020 年 12 月 31 日、2021 年 12 月 31 日和 2022 年 12 月 31 日的财务年度合并利润表（资料来源：2022 年 10-K 报告）。

- 截至 2020 年 12 月 31 日、2021 年 12 月 31 日和 2022 年 12 月 31 日的合并资产负债表（资料来源：2020 年和 2022 年 10-K 报告）。
- 截至 2020 年 12 月 31 日、2021 年 12 月 31 日和 2022 年 12 月 31 日的财务年度合并现金流量表（资料来源：2022 年 10-K 报告）。

表 18-20　特斯拉合并利润表　　　　　　　　（单位：百万美元）

12 月 31 日	2022 年	2021 年	2020 年
收入			
汽车销售	67 210	44 125	24 604
汽车信用收入	1 776	1 465	1 580
汽车租赁	2 476	1 642	1 052
汽车业务总计	71 462	47 232	27 236
能源生产和存储	3 909	2 789	1 994
服务和其他	6 091	3 802	2 306
收入总计	81 462	53 823	31 536
销货成本			
汽车销售	49 599	32 415	19 696
汽车租赁	1 509	978	563
汽车业务销货成本总计	51 108	33 393	20 259
能源生产和存储	3 621	2 918	1 976
服务和其他	5 880	3 906	2 671
销货成本总计	60 609	40 217	24 906
毛利润	20 853	13 606	6 630
经营费用			
研发费用	3 075	2 593	1 491
销售管理费用	3 946	4 517	3 145
重组费用和其他	176	（27）	0
经营费用总计	7 197	7 083	4 636
经营利润	13 656	6 523	1 994
财务收入	297	56	30
财务费用	（191）	（371）	（748）
其他（费用）收入，净值	（43）	135	（122）
税前净利润	13 719	6 343	1 154
所得税费用	1 132	699	292
净利润	12 587	5 644	862

2019 年 12 月 31 日的销售收入为 24 578 百万美元。

表 18-21　特斯拉合并资产负债表　　　　　　　　（单位：百万美元）

	2022 年 12 月 31 日	2021 年 12 月 31 日	2020 年 12 月 31 日
资产			
流动资产			
现金及现金等价物	16 253	17 576	19 384
短期投资	5 932	131	0

（续）

	2022 年 12 月 31 日	2021 年 12 月 31 日	2020 年 12 月 31 日
应收账款，净值	2 952	1 913	1 886
存货	12 839	5 757	4 101
预付账款和其他流动资产	2 941	1 723	1 346
流动资产总计	40 917	27 100	26 717
经营性租赁汽车，净值	5 035	4 511	3 091
太阳能系统，净值	5 489	5 765	5 979
土地、厂房和设备，净值	23 548	18 884	12 747
经营性租赁使用权资产	2 563	2 016	1 558
电子资产，净值	184	1 260	
无形资产，净值	215	257	313
商誉	194	200	207
其他非流动资产	4 193	2 138	1 536
资产总计	82 338	62 131	52 148
负债			
流动负债			
应付账款	15 255	10 025	6 051
应计负债及其他	7 142	5 719	3 855
递延收入	1 747	1 447	1 458
客户存款	1 063	925	752
债务和金融租赁流动部分	1 502	1 589	2 132
流动负债总计	26 709	19 705	14 248
债务和金融租赁非流动部分	1 597	5 245	9 556
递延收入非流动部分	2 804	2 052	1 284
其他长期负债	5 330	3 546	3 330
负债总计	36 440	30 548	28 418
对子公司可赎回少数股东权益	409	568	604
可转换高级债券	0	0	51
权益			
股东权益			
普通股	3	3	1
资本溢价	32 177	29 803	27 260
累计其他综合收益（亏损）	（361）	54	363
留存收益	12 885	329	（5 399）
股东权益总计	44 704	30 189	22 225
子公司少数股东权益	785	826	850
负债和权益总计	82 338	62 131	52 148

表 18-22　特斯拉合并现金流量表　　　　（单位：百万美元）

12 月 31 日	2022 年	2021 年	2020 年
经营活动现金流			
净利润	12 587	5 644	862

（续）

12 月 31 日	2022 年	2021 年	2020 年
从净利润调整到经营活动净现金流：			
折旧、摊销和减值	3 747	2 911	2 322
股票报酬	1 560	2 121	1 734
存货和购买承诺减值	177	140	202
外币折算未实现（亏损）/利得	81	（55）	114
非现金利得和其他经营活动	340	245	525
电子资产（亏损）/利得，净值	140	（27）	—
经营性资产和负债变动：			
应收账款	（1 124）	（130）	（652）
存货	（6 465）	（1 709）	（422）
经营性租赁汽车	（1 570）	（2 114）	（1 072）
预付账款和其他流动资产	（1 417）	（271）	（251）
其他非流动资产	（2 551）	（1 291）	（344）
应付账款和应计负债	6 029	4 578	2 102
递延收入	1 131	793	321
客户存款	155	186	7
其他长期负债	1 904	476	495
经营活动净现金流入	14 724	11 497	5 943
投资活动现金流			
购买土地和设备（不包括金融租赁），净值	（7 158）	（6 482）	（3 157）
购买太阳能系统，净值	（5）	（32）	（75）
购买数字资产	0	（1 500）	0
出售数字资产获得的现金	936	272	0
购买无形资产	（9）	0	（10）
投资支付的现金	（5 835）	（132）	0
投资到期收到的现金	22	0	0
获得政府补贴收到的现金	76	6	123
企业合并支付的净现金	0	0	（13）
投资活动净现金流出	（11 973）	（7 868）	（3 132）
融资活动现金流			
公开发行普通股获得的净现金	0	0	12 269
发行债务获得的现金	0	8 883	9 713
偿还可转债和其他债务	（3 364）	（14 167）	（11 623）
偿还抵押租赁	0	（9）	（240）
股票期权行权和其他股票发行获得的现金	541	707	417
偿还金融租赁本金	（502）	（439）	（338）
债务发行成本	0	（9）	（6）
少数股东权益投资获得的现金	0	2	24
分配给少数股东权益的现金	（157）	（161）	（208）
买断少数股东权益支付的现金	（45）	（10）	（35）
融资活动净现金流入/（流出）	（3 527）	（5 203）	9 973

（续）

12 月 31 日	2022 年	2021 年	2020 年
现金及现金等价物外币折算影响	（444）	（183）	334
现金及现金等价物和限制性货币资金（减少）/增加	（1 220）	（1 757）	13 118
现金及现金等价物，期初余额	18 144	19 901	6 783
现金及现金等价物，期末余额	16 924	18 144	19 901
非现金投资和融资活动补充			
负债中包含的获得土地和设备	2 148	2 251	1 088
补充披露			
当期支付的利息，净值	152	266	444
当期支付的税费，净值	1 203	561	115

要　求

1. 请编制 2020～2022 年的同比利润表。
2. 请分析 2020～2022 年的同比利润表。
3. 请计算本书第 2 章、第 14 章、第 17 章和第 18 章介绍的财务指标。
4. 请分析这些财务指标。

挑战练习 18-3　Agfa Gevaert*

要　　点：综合财务报表分析

难度系数：中

Agfa Gevaert 集团主要为开发、制造和销售印刷行业、医疗保健领域和特定工业应用的模拟和数字系统。该集团拥有四个部门：医疗保健 IT、放射学解决方案、数字印刷与化学品以及胶印解决方案。

Agfa Gevaert 的总部和母公司位于比利时的莫策尔。该集团主要的生产和研究中心位于比利时、美国、加拿大、德国、奥地利、中国和巴西。该集团在全球 40 多个国家拥有全资销售组织进行商业活动。

"截至 2022 年 12 月 31 日合并财务报表按照国际会计准则委员会（IASB）发布的已由欧盟采纳的国际财务报告会计准则（IFRS）编制"。表 18-23 列示了 Agfa Gevaert 2022 年年度报告开头的"关键财务数据"。

表 18-23　Agfa Gevaert 2022 年年度报告开头的"关键财务数据"

（单位：百万欧元）

	2018 年	2019 年	2020 年	2021 年	2022 年
净利润					
销售收入	2 191	1 975	1 709	1 760	1 857
与上一年同比变化	−8.0%	−9.9%	−13.5%	2.9%	5.5%
医疗保健 IT	490	241	230	219	244
占集团销售收入的百分比	22%	12%	14%	12%	13%
放射学解决方案	514	536	485	464	462
占集团销售收入的百分比	24%	27%	28%	26%	25%

（续）

	2018 年	2019 年	2020 年	2021 年	2022 年
数字印刷与化学品	337	355	289	330	372
占集团销售收入的百分比	15%	18%	17%	19%	20%
胶印解决方案	850	843	704	748	779
占集团销售收入的百分比	39%	43%	41%	43%	42%
毛利润	701	589	494	497	528
经营利润	62	（34）	（52）	9	（160）
净财务成本	（39）	（36）	（31）	（8）	（19）
所得税费用	（34）	（14）	（15）	（15）	（42）
净利润（亏损）	（15）	（48）	621	（14）	（223）
归属于母公司股东净利润（亏损）	（24）	（53）	613	（17）	（221）
归属于少数股东净利润	9	5	7	4	（2）
重组／非经常性项目费用	（66）	111	88	33	（192）
调整后息税前利润	128	77	36	42	31
调整后息税折旧前利润	182	153	99	104	94
现金流					
经营活动净现金流	（44）	123	（153）	（116）	（100）
资本支出	（40）	（38）	（33）	（26）	（33）
资产负债表（12 月 31 日）					
股东权益	290	130	620	685	561
净金融债务	144	219	（502）	（325）	72
流动资产减去流动负债	607	473	952	742	568
资产总计	2 367	2 294	2 204	2 095	1 756
股票信息（欧元）					
每股收益	（0.14）	（0.32）	3.66	（0.11）	（1.41）
每股净经营现金流	（0.26）	0.88	（0.81）	（0.65）	（0.55）
毛股利	—	—	—	—	—
期末流通普通股股数	167 751 190	167 751 190	167 751 190	160 438 653	154 820 528
普通股加权平均股数	167 751 190	167 751 190	167 751 190	165 003 570	156 236 319
员工数（期末）					
全职员工	9 662	7 892	7 337	6 993	6 580

要　求

作为 Agfa Gevaert 集团的长期投资者，你希望快速了解集团的财务状况和经营活动，以便做出进一步的投资决策。请根据以上关键财务数据做一个简单的综合财务报表分析。

你可以计算一些财务指标，但是因为时间有限，请控制数量。请解释每个财务指标蕴含的信息。

挑战练习 18-4　南石油和北石油公司

要　　点：对比财务报表分析

难度系数：高

表 18-24～表 18-30 列出了两家虚构的石油公司的三张主要财务报表及 X1 年到 X3 年

的每桶石油平均价格。两家公司都从事石油的开采、运输和精炼。它们在不同国家的销售不同，取决于控制的销售渠道和分销商。

南石油公司成立于20世纪后期，主要在地中海盆地进行陆上石油开采、精炼和分销。南石油公司最初受到政府的监管和保护，但是现在必须在开放市场自由竞争。南石油公司最初只在陆地上进行石油开采，但是现在必须在较远的陆地（最近在巴西和安哥拉获得开采权）、地下和深海进行石油开采。南石油公司在全球进行石油销售，客户群非常广泛。

北石油公司在20世纪20年代就已经成立，在第二次世界大战的时候经营规模萎缩。但是从20世纪50年代开始，北石油公司复兴。从20世纪60年代开始，北石油公司研发出深海钻井技术，因为传统的陆上石油正在渐渐枯竭（在20世纪70年代后期完全枯竭）。在2013年，北石油公司被认为是深海钻井和大陆架中层钻井的领头羊。北石油公司在很多国家进行石油开采，产品销往世界各地，客户群也非常分散。

要　求

假设你是一名投资咨询师，为一个打算投资石油行业的实业家提供咨询服务。请问你会向客户推荐两家公司中的哪一家以及原因是什么？（你分析的依据只是这两家虚构公司的财务数据。）即使你认为分散投资对客户来说是有好处的，你也必须只选择其中一家。

本案例中没有给出两家公司的资本市场总值（股票价格乘以股票数量），以防干扰你的判断，因为一家公司的股票价格会反映出该公司相对于其他公司的投资吸引度。

请记住，虽然过去的财务状况可以帮助预测未来的状况，但是过去毕竟是过去，而投资者寻求的是未来的投资机会（请根据过去的财务数据分析企业未来的成长性、风险水平以及可持续性）。

本案例没有给出市场数据，如石油储量、石油储量替换率等，这些市场数据对投资决策肯定是有用的。但是，本习题的目的是仅仅使用给出的两家公司的财务数据进行分析并给出投资建议。

表 18-24　南石油公司利润表　　　　（千货币单位）

	X3年12月31日	X2年12月31日	X1年12月31日
销售收入	114 484	88 327	68 476
销售成本	（52 700）	（42 364）	（26 716）
毛利润	61 784	45 963	41 760
销售管理费用	（24 290）	（12 885）	（11 515）
其他费用（研发费用等）	（9 134）	（7 405）	（5 571）
经营利润（亏损）	28 360	25 673	24 674
其他净收益/费用	154	274	547
息税前利润	28 514	25 947	25 221
利息费用或收入	（493）	（413）	（342）
税前利润	28 021	25 534	24 879
所得税费用	（6 739）	（6 555）	（6 997）

（续）

	X3 年 12 月 31 日	X2 年 12 月 31 日	X1 年 12 月 31 日
少数股东损益	0	（250）	（786）
持续性经营业务净利润	21 282	18 729	17 096
净利润	21 282	18 729	17 096
优先股和其他调整	（8 845）	（8 205）	——
普通股净利润	12 437	10 524	17 096

表 18-25　南石油公司资产负债表　　　　　　　　（千货币单位）

	X3 年 12 月 31 日	X2 年 12 月 31 日	X1 年 12 月 31 日
资产			
现金和现金等价物	11 453	6 611	10 242
短期投资	0	0	29
应收账款净值	8 045	4 349	3 669
存货	12 129	9 748	7 779
其他流动资产	67	89	92
流动资产总计	31 694	20 797	21 811
长期投资	3 992	7 169	3 701
土地、厂房和设备	104 591	79 800	66 601
商誉	0	0	0
无形资产	3 960	477	387
累计摊销	0	0	0
其他资产	1 107	588	659
长期预付款	0	960	1 097
非流动资产总计	113 650	88 994	72 445
资产总计	145 344	109 791	94 256
负债和股东权益			
应付账款	22 918	18 476	15 520
短期借款 / 长期借款的流动部分	4 241	4 585	3 557
其他流动负债	0	0	0
流动负债总计	27 159	23 061	19 077
长期债务	5 441	4 568	5 656
其他负债	3 537	2 497	1 759
长期预收款	2 770	2 511	2 574
少数股东权益	0	3 507	3 298
非流动负债总计	11 748	13 083	13 287
负债总计	38 907	36 144	32 364
普通股	25 092	22 950	22 199
留存收益	52 892	32 718	35 807
其他股东权益	28 453	17 979	3 886
股东权益总计	106 437	73 647	61 892
负债和股东权益总计	145 344	109 791	94 256

表 18-26　南石油公司现金流量表　　　　　　　　　　（千货币单位）

	X3 年 12 月 31 日	X2 年 12 月 31 日	X1 年 12 月 31 日
经营活动产生的现金流			
净利润	21 282	18 729	17 096
折旧和减值	11 150	5 219	7 398
应收账款变动	（3 696）	（680）	20 460
流动负债变动	4 098	4 098	2 739 036
存货变动	（2 381）	（1 969）	（1 971 104）
经营活动产生的现金流总计	30 453	25 397	812 886
投资活动产生的现金流			
资本支出	（23 651）	（16 718）	（14 784）
投资其他公司	（1 691）	（2 847）	3 975
其他投资活动现金流	88	（748）	（547）
投资活动产生的现金流总计	（25 254）	（20 313）	（11 356）
融资活动产生的现金流			
支付的股利	（9 688）	（8 666）	（6 839）
出售或回购股票	9 267	191	2 498
借款	59	（200）	（946）
其他融资活动现金流	—	（7）	—
融资活动产生的现金流总计	（362）	（8 682）	（5 287）
外币折算影响	5	（33）	（57）
现金及现金等价物变动	4 842	（3 631）	796 186
现金及现金等价物期初余额	6 611	10 242	1 658 996
现金及现金等价物期末余额	11 453	6 611	10 242

表 18-27　北石油公司利润表　　　　　　　　　　（千货币单位）

	X3 年 12 月 31 日	X2 年 12 月 31 日	X1 年 12 月 31 日
销售收入	404 552	377 635	370 680
销售成本	（233 857）	（214 306）	（213 801）
毛利润	170 695	163 329	156 879
销售和管理费用	（87 571）	（83 857）	（86 698）
其他（研发费用等）	（12 250）	（11 416）	（10 253）
经营利润（亏损）	70 874	68 056	59 928
其他净收益/费用	0	0	0
息税前利润	70 874	68 056	59 928
利息费用	（400）	（654）	（496）
税前利润	70 474	67 402	59 432
所得税费用	（29 864）	（27 902）	（23 302）
少数股东损益	0	0	0
持续性经营业务净利润	40 610	39 500	36 130
净利润	40 610	39 500	36 130
优先股和其他调整	0	0	0
普通股净利润	40 610	39 500	36 130

表 18-28 北石油公司资产负债表 （千货币单位）

	X3 年 12 月 31 日	X2 年 12 月 31 日	X1 年 12 月 31 日
资产			
现金及现金等价物	33 981	32 848	33 275
短期投资	519	0	0
应收账款净值	36 450	28 942	27 484
存货	11 089	10 714	9 321
其他流动资产	3 924	3 273	3 262
流动资产总计	85 963	75 777	73 342
长期投资	28 194	23 237	20 592
土地、厂房和设备	120 869	113 687	107 010
商誉	7 056	0	0
其他资产	0	6 314	7 391
非流动资产总计	156 119	143 238	134 993
资产总计	242 082	219 015	208 335
负债和股东权益			
流动负债			
应付账款	55 929	47 115	44 536
短期借款 / 长期借款的流动部分	2 383	1 702	1 771
其他流动负债	0	0	0
流动负债总计	58 312	48 817	46 307
长期债务	21 549	6 645	6 220
其他负债	13 278	21 047	20 181
长期预收款	22 899	24 858	24 441
少数股东权益	4 282	3 804	0
负商誉	0	0	0
非流动负债总计	62 008	56 354	50 842
负债总计	120 320	105 171	97 149
普通股	4 933	4 786	5 743
留存收益	228 518	195 207	163 335
库存股	（113 678）	（88 911）	（60 437）
资本公积	0	0	0
其他股东权益	1 989	2 762	2 545
股东权益总计	121 762	113 844	111 186
负债和股东权益总计	242 082	219 015	208 335

表 18-29 北石油公司现金流量表 （千货币单位）

	X3 年 12 月 31 日	X2 年 12 月 31 日	X1 年 12 月 31 日
经营活动产生的现金流			
净利润	40 610	39 500	36 130
折旧	10 533	10 127	8 336
应收账款变动	（7 508）	（1 458）	（3 700）
流动负债变动	9 495	2 510	7 806

（续）

	X3 年 12 月 31 日	X2 年 12 月 31 日	X1 年 12 月 31 日
存货变动	（375）	（1 393）	（434）
经营活动产生的现金流总计	52 755	49 286	48 138
投资活动产生的现金流			
资本支出（净值）	（17 387）	（15 462）	（13 839）
投资（净值）	（3 149）	（1 848）	（2 467）
其他投资活动现金流	5 808	3 080	6 036
投资活动产生的现金流总计	（14 728）	（14 230）	（10 270）
融资活动产生的现金流			
支付的股利	（7 910）	（7 867）	（7 478）
出售 / 回购股票	（31 402）	（28 878）	（17 961）
借款	541	73	（1 502）
其他融资活动现金流	369	462	—
融资活动产生的现金流总计	（38 402）	（36 210）	（26 941）
外币折算影响	1 508	727	（787）
现金及现金等价物变动	1 133	（427）	10 140
现金及现金等价物期初余额	32 848	33 275	23 135 000
现金及现金等价物期末余额	33 981	32 848	33 275

表 18-30　每桶石油平均价格

X3 年	X2 年	X1 年
100	70	61

挑战练习 18-5　微软公司 *

要　　点：每股收益

难度系数：高

微软公司主要从事软件产品的开发、生产和技术支持。微软公司的普通股在纳斯达克上市。公司合并财务报表根据美国通用会计准则编制。公司 2021/2022 年年报（会计期末为 6 月 30 日）包括以下信息：基本每股收益根据当期流通普通股加权平均股数计算，稀释每股收益根据当期普通股加权平均股数加上稀释性潜在普通股股数计算。稀释性潜在普通股包括股票期权、股票激励等。

微软公司 2021/2022 年流通普通股加权平均股数为 7 496 百万股，稀释性潜在普通股为 44 百万股。利润表显示净利润为 72 738 百万美元。

要　求

请编制微软公司 2021/2022 年的基本每股收益和稀释每股收益的计算表。

参考书目

Altman E I. (1968) Financial ratios, discriminant analysis and the prediction of corporate bankruptcy. The Journal of Finance, 23(4), 589-609.

ASB (1998) Financial Reporting Standard No. 14 Earnings per Share, London.

Barker R, Eccles R G. (2020) Comment letter in response to the consultation paper on sustainability reporting.

Cohen J, Ding Y, Lesage C, Stolowy H. (2010) Corporate fraud and managers' behavior: evidence from the press. Journal of Business Ethics, 95(Supplement 2), 271-315.

Eidleman G J. (1995) Z scores: a guide to failure prediction. The CPA Journal, February.

FASB (1997a) Statement of Financial Accounting Standard No. 128 Earnings per Share, Norwalk, CT.

FASB (1997b) Statement of Financial Accounting Standard No. 131 Disclosures about Segments of an Enterprise and Related Information, Norwalk, CT.

Fulmer J G, Moon J E, Gavin T A, Erwin M J. (1984) A bankruptcy classification model for small firms. Journal of Commercial Bank Lending, July, 25-37.

IASB (1997) International Accounting Standard No. 14 Segment Reporting, London.

IASB (2014) International Accounting Standard No. 33 Earnings Per Share, London.

IASB (2021) International Financial Reporting Standard No. 8 Operating Segments, London.

Sands E G, Springate G L V, Var T. (1983) Predicting business failures. CGA Magazine, May, 24-27.

Smith A. (2003) The Wealth of Nations (1776). New Edition. New York: Bantam Classics.

Woodford M. (2012) Exposure. London: Penguin.

扩展阅读

Aleksanyan M, Danbolt J. (2015) Segment reporting: is IFRS 8 really better? Accounting in Europe, 12(1), 37-60.

Beaver W H, Correia M, McNichols M F. (2010) Financial statement analysis and the prediction of financial distress. Foundations and Trends in Accounting, 5(2), 99-173.

Blanco B, García Lara J M, Tribó J. (2014) The relation between segment disclosure and earnings quality. Journal of Accounting and Public Policy, 33(5), 449-69.

Botosan C A, Huffman A, Stanford M H. (2021) The state of segment reporting by U.S. public entities: 1976–2017. Accounting Horizons, 35(1), 1-27.

Bugeja M, Czernkowski R, Moran D. (2015) The impact of the management approach on segment reporting. Journal of Business Finance & Accounting, 42, 310-66.

CFA Institute. (2023) Certificate in ESG Investing Curriculum.

Cho Y J. (2015) Segment disclosure transparency and internal capital market efficiency: evidence from SFAS No. 131. Journal of Accounting Research, 53(4), 669-723.

Cote J M, Latham C K. (1999) The merchandising ratio: a comprehensive measure of working capital strategy. Issues in Accounting Education, 14(2), 255-67.

Gao F, Dong Y, Ni C, Fu R. (2016) Determinants and economic consequences of non-financial disclosure quality. European Accounting Review, 25(2), 287-317.

Göttsche M, Küster S, Steindl T. (2021) The usefulness of non-IFRS segment data. Journal of International Accounting, Auditing and Taxation, 100382.

Haller A, Park P. (1994) Regulation and practice of segmental reporting in Germany. European Accounting Review, 3(3), 563-80.

Jain T, Jamali D. (2016) Looking inside the black box: the effect of corporate governance on corporate social responsibility. Corporate Governance: An International Review, 24(3), 253-73.

Leung E, Verriest A. (2015) The impact of IFRS 8 on geographical segment information. Journal of Business Finance & Accounting, 42, 273-309.

Prencipe A. (2004) Proprietary costs and determinants of voluntary segment disclosure: evidence from Italian listed companies. European Accounting Review, 13(2), 319-40.

Street D L, Nichols N B, Gray S J. (2000) Segment disclosures under SFAS No. 131: has business segment reporting improved? Accounting Horizons, 14(3), 259-85.

Wang Q. (2016) Determinants of segment disclosure deficiencies and the effect of the SEC comment letter process. Journal of Accounting and Public Policy, 35(2), 109-33.

注　释

1　假设计算的是某一年或某一期间的财务比率。

2　流动资产包括现金。

3　流动负债包括银行透支。

4　如果利润表按职能编制，不能直接计算购买商品的成本，分母可以换成销货成本，见 18.1.5 节。

5　债务包括长期和短期带息负债。

6　平均股东权益＝（期初股东权益＋期末股东权益）/2。

7　不同国家的公司在计算每股收益时对特殊项目的调整可能会不一样。

8　在合并财务报表中，这里应该是归属于母公司股东的净利润。

9　The Report on the Financial Aspects of Corporate Governance, 1992.

10　Sir Adrian Cadbury: "Corporate Governance: a Framework for Implementation"，世界银行。

11　Information Systems Audit and Control Foundation, 2001。

12　*The Wall Street Journal*，2011 年 11 月 7 日。

13　也是 John C. Maxwell 一本书的名字：Warner Business Books，New York，NY，2003。

14　计分模型是根据已知的信息分布点预测未知的信息。